Bei den Recherchen zu seinem Buch »Rückkehr nach Lemberg« begegnet Philippe Sands dem Sohn Otto Wächters, einstiger SS-Mann und NS-Gouverneur in Polen. Horst Wächter ist überzeugt, dass sein Vater 1949 vergiftet wurde, kurz vor seiner geplanten Flucht über die Rattenlinie nach Argentinien.

Philippe Sands will die Wahrheit herausfinden und rekonstruiert Leben, Flucht und Tod Otto Wächters. In Wien geboren, studiert Wächter Jura und heiratet seine große Liebe Charlotte. Beide sind überzeugte Nationalsozialisten, Otto wird 1939 NS-Gouverneur von Krakau, ab 1942 von Galizien. Nach 1945 als Massenmörder gesucht, gelingt ihm eine abenteuerliche Flucht nach Rom, wo er Charlotte wiedersieht und schließlich stirbt.

Doch Sands erzählt nicht nur Ottos Geschichte, er schildert auch seine Begegnungen und Gespräche mit Horst Wächter. So gelingt ihm eine vielschichtige Erzählung über Liebe, Schuld und die Suche nach der Wahrheit.

»Eine fesselnde Reise durch die Zeit und ein Porträt des Bösen in all seiner Komplexität, Banalität und Selbstgerechtigkeit.« *Stephen Fry*

Philippe Sands, geboren 1960, ist Anwalt und Professor für Internationales Recht und Direktor des Centre on International Courts and Tribunals am University College London. Leidenschaftlich setzt er sich für humanitäre Ziele und das Völkerrecht ein. Er formulierte u. a. die Anklage gegen den chilenischen Diktator Pinochet. Sein Buch »Rückkehr nach Lemberg« wurde ausgezeichnet mit dem renommierten Baillie Gifford Prize 2016 und dem Wingate-Literaturpreis 2016 und war Buch des Jahres bei den British Book Awards 2017. 2026 wurde Philippe Sands mit dem Friedenspreis des Deutschen Buchhandels ausgezeichnet.

Weitere Informationen finden Sie auf www.fischerverlage.de

Philippe Sands

DIE RATTENLINIE

EIN NAZI *auf*
der FLUCHT

LÜGEN, LIEBE *und die* SUCHE
nach der WAHRHEIT

Aus dem Englischen
von Thomas Bertram

FISCHER Taschenbuch

5. Auflage Juli 2026

Erschienen bei FISCHER Taschenbuch
Frankfurt am Main, Mai 2022

Die englische Originalausgabe erschien 2020 unter dem Titel
»The Ratline. Love, Lies and Justice on the Trail of a Nazi Fugitive«
bei Weidenfeld & Nicolson, einem Inprint der Orion
Publishing Group Ltd., London.

Satz: Dörlemann Satz Lemförde
Druck und Bindung: CPI books GmbH, Leck
ISBN 978-3-596-70459-0

Kontaktadresse nach EU-Produktsicherheitsverordnung:
produktsicherheit@fischerverlage.de

Für Allan, Marc und Leo,
Väter und Söhne,

und

in Erinnerung an Lisa Jardine

»Denn siehe, ich will die Meder gegen sie erwecken,
die nicht Silber suchen oder nach Gold fragen,
sondern die Jünglinge mit Bogen erschießen und
sich der Frucht des Leibes nicht erbarmen und
die Kinder nicht schonen.«

Jesaja 13:18

»Es ist wichtiger, den Schlächter zu verstehen
als das Opfer.«

Javier Cercas

INHALT

TEIL III: FLUCHT

TEIL IV: TOD

ANHANG

Mitteilung an den Leser

Die in diesem Buch erzählte Geschichte umspannt einen Zeitraum, in dem Grenzverläufe, Herrschaftsverhältnisse und Ortsnamen sich häufig änderten. So war beispielsweise die Stadt, die wir heute als Lwiw kennen, während des 19. Jahrhunderts allgemein als Lemberg bekannt und lag am Rand der Österreichisch-Ungarischen Monarchie. Kurz nach dem Ersten Weltkrieg wurde sie Teil der soeben ausgerufenen unabhängigen Zweiten Polnischen Republik und hieß fortan Lwów, bis sie nach Ausbruch des Zweiten Weltkriegs von den Sowjets besetzt und in Lwow umbenannt wurde. Im Juli 1941 eroberten überraschend die Deutschen die Stadt, die sie wieder Lemberg nannten und zur Hauptstadt des Distrikts Galizien im Generalgouvernement machten. Nachdem die Rote Armee im Sommer 1944 die Nazis vertrieben hatte, wurde die Stadt Teil der Ukraine und trägt seitdem den Namen Lwiw. Lemberg, Lwiw, Lwow und Lwów sind derselbe Ort.

Wie die Stadt und andere Orte, deren Namen sich im Lauf der Jahre änderten, auf den Seiten dieses Buches genannt werden sollten, war eine schwierige Frage. Ich habe mich weitgehend an die Namen gehalten, die von denjenigen benutzt wurden, die den jeweiligen Ort zu der Zeit beherrschten, über die ich schreibe.

Hauptpersonen

Die Familie Wächter

Ottos Familie

Josef Wächter, geb. 29.12.1863, Hawran, Vater
Martha (Pfob) Wächter, geb. 23.9.1874, Wien, Mutter
Hertha (Wächter) Chaterny, geb. 1888, Schwester
Ilse (Wächter) von Böheim-Heldensinn, geb. 1900, Schwester
Otto Gustav, geb. 1901
heiratet Charlotte (Bleckmann) Wächter, geb. 1908
Otto Richard, geb. 1933
Otto, geb. 1961, ein Neffe von Horst
Lieselotte (Liesl), geb. 1934
Dario, geb. 1969, ein Neffe von Horst
Waltraut, geb. 1937
Horst Arthur, geb. 1939
Heidegund (Heide), geb. 1940
Sieglinde (Linde), geb. 1944

Charlottes Familie

August von Scheindler, geb. 1852, Großvater
Henriette (Schwippel) von Scheindler, geb. 1856, Großmutter

Carl Walther Bleckmann, geb. 1868, Vater
Margarete (Meta) (von Scheindler) Bleckmann, geb. 1878, Mutter
Hanne (Sterz) Bleckmann, geb. 1902, Schwester
Helene (Küfferle) Bleckmann, geb. 1903, Schwester

Heinrich Bleckmann, geb. 1904, Bruder
Charlotte (Wächter) Bleckmann, geb. 1908
Wolfgang Bleckmann, geb. 1909, Bruder
Richard Bleckmann, geb. 1914, Bruder

Horsts Familie
H. heiratet Jacqueline (Ollèn) Wächter, geb. 1951
Magdalena Wächter, geb. 1977, Tochter
heiratet Gernot Galib Stanfel, geb. 1968

Ottos Kameraden (1930–45)

Otto Bauer, kommissarischer Amtschef im Distrikt Galizien, Lemberg, 1943–44
Hanns Blaschke, Deutscher Klub, Juliputschist, Bürgermeister von Wien, 1943–45
Martin Bormann, Privatsekretär von Adolf Hitler, 1943–45
Josef Bühler, Stellvertreter des Generalgouverneurs Hans Frank, Generalgouvernement für die besetzten polnischen Gebiete, 1939–45
Josef Bürckel, Gauleiter und Reichsstatthalter in Wien, 1939–40
Eugen Dollmann, deutscher Diplomat, SS-Angehöriger, Botschafter des Deutschen Reiches beim Heiligen Stuhl, 1939
Georg von Ettingshausen, Wiener Anwalt und NSDAP-Mitglied
Helga Ettingshausen, seine Ehefrau
Hans Fischböck, Generalkommissar in den Niederlanden, 1940–45
Trudl Fischböck, seine Ehefrau, Charlottes Freundin
Ludwig Fischer, Gouverneur des Distrikts Warschau, 1941–45
Hans Frank, Generalgouverneur der nicht in das Deutsche Reich eingegliederten polnischen Gebiete (Generalgouvernement), 1939–45
Brigitte Frank, Ehefrau von Hans Frank
Niklas Frank, Sohn von Hans Frank, geb. 1939
Alfred Frauenfeld, Juliputschist, Gauleiter der NSDAP in Wien, 1930

Odilo Globocnik (»Globus«), Gauleiter von Wien, 1938, Höherer SS- und Polizeiführer, 1939–43

Reinhard Heydrich, Chef der Gestapo, 1934–39, Leiter des Reichssicherheitshauptamtes (RSHA), 1939–42

Heinrich Himmler, Reichsführer SS und Chef der deutschen Polizei, 1933–45

Wilhelm Höttl, SS-Sturmbannführer und Geheimdienstoffizier, Kollege in Italien

Ernst Kaltenbrunner, Deutscher Klub, Führer der SS in Österreich, Leiter des Reichssicherheitshauptamtes (RSHA), 1943–45

Friedrich (Fritz) Katzmann, SS- und Polizeiführer von Galizien mit Sitz in Lemberg

Albert Kesselring, Generalfeldmarschall, Luftwaffe

Erich Koch, Reichskommissar für die Ukraine, 1941–44

Friedrich-Wilhelm Krüger, Höherer SS- und Polizeiführer, Generalgouvernement für die besetzten polnischen Gebiete, 1939–43

Karl Lasch, Gouverneur des Distrikts Galizien, 1941–42

Ludwig Losacker, Amtschef von Otto im Distrikt Galizien, Lemberg, 1941–43

Kajetan Mühlmann, Kunsthistoriker und SS-Offizier

Hermann Neubacher, Bürgermeister von Wien, 1938–40

Rudolf Pavlu, Juliputschist, Ottos Freund und Kollege, Bürgermeister von Krakau, 1941–43

Walter Rafelsberger, SS-Führer und Staatskommissar für Privatwirtschaft und Leiter der Vermögensverkehrsstelle, Wien, 1938–40

Burkhard (Buko) Rathmann, 24. Waffen-Gebirgs-(Karstjäger-)Division der SS, 1943–45

Walter Rauff, SS-Standartenführer, Gruppenleiter Amtsgruppe II D (Technik) im Reichssicherheitshauptamt (RSHA), 1941–43, Chef des Sicherheitsdienstes (SD) in Norditalien, 1943–45

Alfred Reinhardt, Ingenieur

Baldur von Schirach, Reichsjugendführer, 1931–40, Gauleiter und Reichsstatthalter in Wien, 1940–45

Albert Schnez, Wehrmachtsoffizier

Arthur Seyß-Inquart, Bundeskanzler von Österreich, 1938, Reichskommissar für die besetzten niederländischen Gebiete, 1940–45, Horsts Pate

Karl Wolff, SS-Obergruppenführer, Höchster SS- und Polizeiführer in Italien, 1943–45

Verbindungen

Stephan Brassloff, Professor, Universität Wien, Ottos Lehrer, 1925

Emanuel (Manni) Braunegg, enger Freund von Otto, Wien

Engelbert Dollfuß, Bundeskanzler von Österreich, 1932–34

Luise Ebner, Freundin von Otto, Bozen

Reinhard Gehlen, Wehrmacht-Geheimdienstoffizier

Friedensreich Hundertwasser, Künstler, für den Horst arbeitete

Josef Hupka, Professor, Universität Wien, Ottos Lehrer, 1925

Herbert Kappler, Kommandeur der Sicherheitspolizei und des SD in Rom, 1940–44

Georg Lippert, Architekt, Wien

Eleonore (Nora) von Hößlin, geb. Oberrauch, Freundin von Otto, Bozen

Ferdinand Pawlikowski, Bischof, Freund der Familie Bleckmann

Erich Priebke, SS-Offizier, Rom, entkam über die Rattenlinie nach Argentinien

Dr. Franz Rehrl, Landeshauptmann von Salzburg, Eigentümer eines Hauses in Thumersbach

Franz Hieronymus Riedl, Journalist, Südtirol

Lothar Rübelt, Fotograf, Wien

Franz Stangl, Kommandant von Treblinka, entkam über die Rattenlinie nach Brasilien

Hansjakob Stehle, Historiker und Autor, Bekannter von Charlotte

Josef Thorak, Bildhauer, Nachbar der Wächters, Thumersbach

Melitta Wiedemann, Journalistin

Simon Wiesenthal, Nazi-Jäger

Karl-Gustav Wollenweber, deutscher Diplomat in Rom, 1940–44

PROLOG

Rom, 13. Juli 1949

Der Zustand des Mannes in Bett neun war ernst. Gequält von hohem Fieber und einem akuten Leberleiden, konnte er weder essen noch sich auf die Dinge konzentrieren, die ihn in seinem ehrgeizigen Bestreben über weite Strecken seines Lebens angetrieben hatten.

Das Krankenblatt am Fußende des Patientenbettes bot nur spärliche Informationen: »Am 9. Juli 1949 wird der Kranke namens Reinhardt [...] eingeliefert.« Das Datum stimmte, der Name nicht. Sein bürgerlicher Name war Wächter, allerdings hätte die Verwendung dieses Namens die Behörden darauf aufmerksam machen können, dass der Patient ein ranghoher Nazi war und wegen Massenmordes gesucht wurde. Er hatte früher als Stellvertreter von Hans Frank fungiert, dem Generalgouverneur der besetzten polnischen Gebiete, der drei Jahre zuvor wegen der Ermordung von vier Millionen Menschen in Nürnberg gehängt worden war. Auch Wächter war angeklagt, wegen »Massenmords«, der Erschießung und Hinrichtung von mehr als einhunderttausend Menschen. Es war eine niedrige Schätzung.

»Reinhardt« war in Rom, er war auf der Flucht. Wegen »Verbrechen gegen die Menschlichkeit« und »Genozids« glaubte er sich von Amerikanern, Polen, Sowjets und Juden gejagt. Er hoffte, es nach Südamerika zu schaffen.

Sein Vater war auf dem Krankenblatt als »Josef« benannt, was korrekt war. Der für seinen Taufnamen vorgesehene Platz war leer. »Reinhardt« benutzte den Namen Alfredo, aber sein bürgerlicher Name war Otto.

Als Beruf des Patienten war »Schriftsteller« angegeben, was nicht ganz falsch war. Otto Wächter schrieb Briefe an seine Frau und führte ein Tagebuch, das allerdings nur wenige Einträge enthielt, die, wie ich erfahren sollte, in einer Kurzschrift oder einem Code verfasst waren, was ihre Entzifferung erschwerte. Außerdem schrieb er Gedichte, und kürzlich hatte er sogar, um die tristen Stunden eines ablenkungsbedürftigen Mannes auszufüllen, ein Drehbuch und ein Manifest über die Zukunft Deutschlands verfasst. Letzterem hatte er den Titel *Quo Vadis Germania?* gegeben.

Als er mächtig und frei gewesen war, hatte der Patient seinen Namen unter Dokumente gesetzt, die Menschen zu Freiwild erklärten. Sein Name erschien am Fuß wichtiger Briefe und Erlasse. In Wien beendete er die Karrieren von zweien seiner Universitätslehrer. In Krakau genehmigte er die Errichtung des dortigen Ghettos. Ein anderes, in Lemberg unterzeichnetes Schriftstück verbot es Juden zu arbeiten. Es wäre daher treffender gewesen, den Patienten hinsichtlich seiner beruflichen Beschäftigung als Anwalt, Gouverneur oder SS-Gruppenführer zu bezeichnen. In den zurückliegenden vier Jahren hatte ihn hauptsächlich der Versuch beschäftigt zu überleben – ein Mann, der sich versteckte und zu entkommen suchte und der glaubte, dass es ihm gelungen sei.

Als Alter nannte das Formular »45 Jahre«. Tatsächlich war er drei Jahre älter und hatte kürzlich seinen Geburtstag gefeiert.

Sein Familienstand wurde mit »ledig« angegeben. In Wirklichkeit war er mit Charlotte Bleckmann verheiratet, die er in seinen Briefen als Lotte oder Lo bezeichnete. Sie nannte ihn »Hümmchen« oder »Hümmi«. Das Paar hatte sechs Kinder, obwohl es mehr hätten sein können.

Auf dem Krankenblatt fand sich keine Adresse in Rom. Tatsächlich führte der Patient ein Leben im Verborgenen, in einer Mönchszelle im Dachgeschoss des Klosters Vigna Pia, das abseits am Stadtrand nahe einer Biegung des Tiber lag. Er schwamm gerne.

Das Krankenblatt ließ unerwähnt, dass der Patient von zwei Mönchen, die in Vigna Pia lebten, in das Hospital gebracht worden war.

Über seinen Gesundheitszustand wurde Folgendes vermerkt:

»Der Kranke gibt an, dass er seit 1.7. nichts mehr essen konnte, am 2.7. hohes Fieber bekam, am 7.7. eine Gelbsucht auftrat. Der Kranke ist Diabetiker; die klinische Analyse ergibt einen positiven Leberbefund: akute gelbe Leberatrophie (*icterus gravis*).«

Aus anderen Quellen wissen wir, dass »Reinhardt« während seines Aufenthalts im Hospital Santo Spirito drei Besucher empfing. Einer war ein Bischof, der früher Papst Pius XII. nahegestanden hatte. Ein weiterer war ein Arzt, der während des Krieges an der Deutschen Botschaft in Rom tätig gewesen war. Der dritte war eine preußische Dame, die Gattin eines italienischen Wissenschaftlers, mit dem sie zwei Kinder hatte. Sie besuchte den Patienten jeden Tag, einmal am Sonntag, dem Tag nach seiner Aufnahme, zweimal am Montag, einmal am Dienstag.

Am Mittwoch, dem 13. Juli, besuchte sie ihn zum fünften Mal. Bei jedem ihrer Besuche brachte sie ein kleines Geschenk mit, ein Stück Obst oder eine kleine Süßigkeit, wie vom Arzt vorgeschlagen.

Für die preußische Dame war es schwer, Zutritt zur Sala Baglivi zu erlangen, wo »Reinhardt« lag. Bei ihrem ersten Besuch wurde sie von einem Wächter eingehend befragt, doch sie konnte, wie der Mann sagte, »keine genaueren Angaben machen«. Man hatte sie gewarnt, sie solle diskret sein, lediglich sagen, sie gehöre zu den »Freunde[n] von der Kirche«. Sie wiederholte die Worte, am Ende ließ der Bewacher sich erweichen. Mittlerweile, bei ihrem fünften Besuch, erkannte man sie bereits.

Die Dame zeigte sich beeindruckt von der Weitläufigkeit der Sala Baglivi. »Wie eine Kirche«, erzählte sie der Frau des Patienten, die laut Krankenblatt nicht existierte. Sie war dankbar für die Kühle des weiten Raumes, der eine Zuflucht vor der Hitze des Tages bot, wenn sie von ihrer Wohnung zu Fuß herkam, vorbei an der Piazza dei Quiriti und dem Brunnen, der Mussolini zu der Äußerung veranlasst hatte, in einem Park hätten vier nackte Frauen nichts verloren.

Sie ging vorbei an der kleinen Kapelle, wandte sich nach rechts, betrat die Sala Baglivi und näherte sich dem Bett des Patienten, wo sie anhielt. Sie begrüßte ihn, sprach ein paar Worte, verschaffte ihm mit einem feuchten Tuch Kühlung, wechselte sein Hemd. Sie zog den kleinen Hocker unter dem Bett hervor und setzte sich, um Konversation und Trost anzubieten. Ein neuer Patient im Bett nebenan bedeutete weniger Privatsphäre, was sie auf ihre Worte achten ließ.

Der Patient hatte wenig zu sagen. Zur Behandlung der Infektion hing er an einem Penicillin-Tropf, das Medikament senkte zwar das Fieber, schwächte ihn aber auch. Er sollte nur wenig zu sich zu nehmen, Kaffee mit Milch, ein paar Tropfen Orangensaft mit einem Teelöffel Traubenzucker. Die Ärzte ermahnten ihn, seinen Magen zu schonen.

Bei jedem Besuch bemerkte die Dame eine Veränderung. Am Montag war der Patient schwach und sprach wenig. Am Dienstag wirkte er frischer und gesprächiger. Er erkundigte sich nach Briefen, die er erwartete, und äußerte die Hoffnung, dass sein ältestes Kind, das ebenfalls Otto hieß, ihn vielleicht besuchen würde, bevor der Sommer vorbei war.

Seine heutigen Worte waren ermutigend, auch wenn der Körper schwächer wirkte. »Es geht viel, viel besser«, sagte der Patient. Sie flößte ihm einen Teelöffel Orangensaft ein. Einen einzigen. Sein Verstand war klar, seine Augen strahlten.

Der Patient schaffte einen längeren, zusammenhängenden Gedanken: »Wenn Lo jetzt nicht kommen kann, so macht das gar nichts, ich bin ihr in den letzten langen Nächten so unendlich nah gewesen, und ich bin froh, dass wir so stark verbunden sind, sie versteht mich ganz und es ist alles richtig, so wie es war …«

Er loderte innerlich, verspürte aber keinen Schmerz. Er wirkte ruhig, lag still da, hielt die Hand der Dame. Sie erzählte ihm von ihrem Tag, dem Leben in Rom, den Kindern. Bevor sie ging, strich sie ihm sanft über die Stirn.

Er sprach ein paar letzte Worte zu ihr. »Ich danke Ihnen, ich bin in guten Händen, und auf morgen.«

Um halb sechs Uhr nachmittags verabschiedete sich die preußische Dame von dem Patienten, der als »Reinhardt« bekannt war. Sie wusste, das Ende war nahe.

Noch am selben Abend empfing der Patient den Bischof. Gegen Ende des Besuchs, so die Darstellung des Bischofs, in dessen Armen er angeblich gelegen hatte, sprach der Patient seine letzten Worte. Darin gab er einer vorsätzlichen Handlung die Schuld an seinem Zustand und identifizierte den Giftmörder. Es sollten viele Jahre vergehen, bevor die Worte, die er angeblich zu dem Bischof sprach und bei denen niemand sonst zugegen war, anderen zur Kenntnis gelangten.

Der Patient erlebte den nächsten Tag nicht.

Ein paar Tage später schrieb die Besucherin an Charlotte Wächter, die Witwe. Auf zehn handschriftlichen Seiten schilderte sie, wie sie Wächter ein paar Wochen vorher, kurz nach dessen Ankunft in Rom, kennengelernt hatte. »Ich weiß von ihm von Ihnen, von den Kindern und allem, was ihm das Leben wert machte.« »Reinhardt« hatte der Besucherin von seiner Arbeit vor und während des Krieges und in den folgenden Jahren, die er hoch oben in den Bergen verbrachte, erzählt. Der Brief beschrieb einen Zustand der Ruhelosigkeit und erwähnte einen Wochenendausflug in die Umgebung von Rom, den »Reinhardt« unternommen hatte. Den Namen des Ortes oder der Person, die er besucht hatte, verriet sie nicht.

Der Brief endete mit ein paar Worten über die Diagnose. Der behandelnde Arzt glaubte, dass die Todesursache eine »akute Leberatrophie« sei, eine möglicherweise durch Lebensmittel oder Wasser verursachte »innere Vergiftung«. Die Dame äußerte Gedanken über die Zukunft, wie sehr Charlotte ihren »sonnige[n], freundliche[n] Kamerad[en]« vermissen werde. Sie solle nur an die Kinder denken, fügte sie hinzu, sie bräuchten eine couragierte, glückliche Mutter.

»... gerade Ihren tapferen Frohsinn, Ihr mitten im Leben stehen liebte ja Ihr Mann an Ihnen.« Mit diesen Worten beschloss sie den Brief, der über den wahren Namen des Patienten stillschweigend hinwegging.

Der Brief war auf den 25. Juli 1949 datiert. Er ging von Rom nach Salzburg, wo er an den Wohnsitz von Charlotte Wächter und ihren sechs Kindern zugestellt wurde.

Charlotte bewahrte den Brief 36 Jahre lang auf. Nach ihrem Tod im Jahr 1985 ging er mit anderen persönlichen Unterlagen in den Besitz ihres ältesten Sohnes, Otto junior, über. Nachdem Otto junior 1997 gestorben war, fiel der Brief an Horst, das vierte Kind. Horst bewohnte ein riesiges, verfallenes, leeres, prachtvolles Schloss in dem alten österreichischen Dorf Hagenberg zwischen Wien und Brünn (Brno, Tschechien). Hier geriet der Brief über Jahre in Vergessenheit.*

Dann, nachdem zwei Jahrzehnte vergangen waren, besuchte ich an einem ungewöhnlich kalten Tag Horst in dem Schloss. Ich hatte einige Jahre zuvor über eine dritte Person von ihm erfahren und wusste um den Tausende von Seiten umfassenden Nachlass seiner Mutter. Irgendwann im Verlauf unseres Gesprächs fragte er, ob ich gerne das Original des Briefes der preußischen Dame sehen würde. Ja. Er verließ die Küche, stieg die steilen Steinstufen hinauf, betrat sein Zimmer und ging zu einem alten hölzernen Vitrinenschrank, der neben seinem Bett stand, in der Nähe einer Fotografie seines Vaters in SS-Uniform. Er nahm den Brief heraus, legte ihn auf den alten Holztisch und fing an, laut vorzulesen.

Seine Stimme stockte und, nur einen Moment lang, schluchzte er.

»Es ist nicht wahr.«

»Was ist nicht wahr?«

»Dass mein Vater an einer Krankheit starb.«

Die Scheite im Ofen knackten. Ich beobachtete, wie sein Atem kondensierte.

Ich kannte Horst jetzt seit fünf Jahren. Er wählte diesen Moment, um mir ein Geheimnis anzuvertrauen: die Überzeugung, dass sein Vater ermordet worden war.

»Was ist die Wahrheit?«

»Am besten, wir beginnen ganz am Anfang«, sagte Horst.

* Schloss Hagenberg liegt in dem 200 Einwohner zählenden Dorf gleichen Namens, das zur Großgemeinde Fallbach im Bezirk Mistelbach, 60 km nördlich von Wien, gehört. Nicht zu verwechseln mit der denkmalgeschützten Schlossanlage Hagenberg im oberösterreichischen Mühlviertel. Zu Schloss Haggenberg (so die barocke Schreibweise) siehe: https://haggenberg-castle.at/schloss/ [Anm. d. Übers.].

ÖSTERREICHISCH-
UNGARISCHE MONARCHIE,
1901
0
100
200
Kilometer
DEUTSCHES REICH
RUSSISCHES REICH
ÖSTERREICHISCH-UNGARISCHE
MONARCHIE
Leipzig
Frankfurt
Breslau
(Wrocław)
Łódź
Hawran
Prag
BÖHMEN
GALIZIEN
Lemberg (Lwiw)
Krakau
KAPARTEN
Hagenberg
Wien
München
Zürich
Salzburg
Mürzzuschlag
Budapest
Iaşi
TIROL
Bozen
(Bolzano)
Mailand
Venedig
Triest
Zagreb
SIEBENBÜRGEN
RUMÄNIEN
Bukarest
Belgrad
DINARISCHES
GEBIRGE
Zadar
(Zara)
Sarajevo
BOSNIEN-
HERZEGOWINA
SERBIEN
Niš
Sofia
BULGARIEN
MONTE-
NEGRO
ALBANIEN
ITALIEN
KORSIKA
(FRANKREICH)
Rom
Adriatisches Meer
Elbe
Weser
Oder
Vistula
Dnister
Donau
Theiß
Pruth
Drau
Mureş
Save
Po
Olt
Danube

I

LIEBE

»Ich kannte das Wien der Zwischenkriegszeit nicht, und ich bin noch zu jung, um mich an das alte Wien mit seiner Musik von Strauß und seinem falschen, leichtlebigen Charme zu erinnern.«

Graham Greene, *Der dritte Mann,* 1950

1

2012, Hagenberg

Den Anfang markierte mein erster Besuch bei Horst Wächter im Frühjahr 2012, als das vierte Kind von Otto und Charlotte Wächter mich in seinem Haus begrüßte. Ich überquerte einen nicht mehr genutzten Burggraben und passierte die großen hölzernen Tore von Schloss Hagenberg, hinter denen mich ein moderiger Geruch empfing, der Duft von brennendem Holz, der an Horst haftete. Wir tranken Tee, ich lernte seine Frau Jacqueline kennen, er erzählte mir von seiner Tochter Magdalena, seinen fünf Geschwistern. Ich erfuhr damals auch von den Nachlassunterlagen seiner Mutter, obwohl noch viele Jahre vergehen sollten, bevor ich sie alle sehen würde.

Der Besuch war ein Zufall. Achtzehn Monate zuvor war ich in die Stadt Lwiw in der Ukraine gereist, um einen Vortrag über »Verbrechen gegen die Menschlichkeit« und »Genozid« zu halten. Vordergründig diente die Reise einem Besuch der juristischen Fakultät, doch der wahre Grund war mein Wunsch, das Haus zu finden, in dem mein Großvater geboren worden war. Im Jahr 1904 war die Stadt von Leon Buchholz als Lemberg bekannt, eine regionale Hauptstadt der Österreichisch-Ungarischen Monarchie.

Ich hoffte, Lücken in Leons Lebensgeschichte zu füllen, herauszufinden, was mit seiner Familie geschehen war, über die er diskretes Stillschweigen bewahrt hatte. Ich wollte etwas über seine – und meine – Identität erfahren. Ich fand Leons Haus und stellte fest, dass die Ursprünge der 1945 entwickelten Rechtsbegriffe »Genozid« und »Verbrechen gegen die Menschlichkeit« sich bis in seine Geburtsstadt zurückverfolgen ließen. Das literarische Produkt dieser Reise war ein Buch, *Rückkehr nach Lemberg*, das die Geschichte von vier Männern erzählt: Leon, dessen große Familie aus Lemberg und dessen Umland im Holocaust ausgelöscht wurde; Hersch Lauterpacht und Rafael Lemkin, die ebenfalls aus der Stadt stammten und die Rechtsbegriffe »Verbrechen gegen die Menschlichkeit« und »Genozid« in die Nürnberger Prozesse und das Völkerrecht einbrachten; und Hans Frank, Generalgouverneur der deutsch besetzten polnischen Gebiete, der im August 1942 in Lemberg eintraf und eine Rede hielt, auf welche die Vernichtung der Juden in der Region, die damals als Galizien bekannt war, folgte. Vier Millionen Menschen wurden Opfer der Maßnahmen Franks, für die er später in Nürnberg verurteilt und gehängt wurde. Unter ihnen waren die Familien von Leon, Lauterpacht und Lemkin.

Im Verlauf meiner Nachforschungen stieß ich auf ein bemerkenswertes Buch mit dem Titel *Der Vater. Eine Abrechnung*, das Niklas Frank über seinen Vater, Hans Frank, geschrieben hatte. Ich machte Niklas ausfindig, und eines Tages trafen wir uns auf der Terrasse eines feinen Hotels in der Nähe von Hamburg. Über mein Interesse an Lemberg im Bilde, erwähnte er im Lauf unserer Unterhaltung Otto Wächter. Als einer der Stellvertreter von Hans Frank amtierte Wächter von 1942 bis 1944 als Gouverneur des Distrikts Galizien in Lemberg, und Niklas kannte einen seiner Söhne, Horst. Da ich mich für die Stadt interessierte und da Leons Familie während Wächters Amtszeit dort umgekommen war, bot Niklas mir an, den Kontakt zu ihm herzustellen. Allerdings warnte er mich gleich: Im Gegensatz zu ihm, Niklas, der seinem Vater keinerlei Sympathie entgegenbringe – »Ich bin gegen die Todesstrafe, außer im Falle meines Vaters«, hatte er in der ersten Stunde unserer Begegnung erklärt –, sehe Horst seinen Vater in einem positiveren Licht. »Aber Sie werden ihn mögen«, sagte Niklas mit einem Lächeln.

Horst reagierte positiv auf die Empfehlung. Ich flog von London nach Wien, mietete ein Auto und fuhr nach Norden über die Donau, vorbei an Weinbergen und niedrigen Höhenzügen, zu dem winzigen alten Dorf Hagenberg. »I'll dance with you in Vienna«, tönte es aus dem Radio, »I'll bury my soul in a scrapbook.« Während der Fahrt verspürte ich eine gewisse Beklommenheit, da Otto Wächter höchstwahrscheinlich eine Rolle beim Schicksal von Leons Verwandten in und um Lemberg gespielt hatte, von denen bis auf einen alle während seiner Herrschaft umkamen. Sein Name schien aus der Geschichtsschreibung über diesen Zeitraum getilgt worden zu sein. Immerhin bekam ich heraus, dass er Österreicher gewesen war, Ehemann und Vater, Rechtsanwalt und ranghoher Nazi. Im Jahr 1934 war er in die Ermordung des österreichischen Bundeskanzlers Engelbert Dollfuß verwickelt. Nach dem »Anschluss« Österreichs an das nationalsozialistische Deutsche Reich im März 1938 bekleidete er eine hohe Position in der neuen Regierung in Wien, wo meine Großeltern lebten. Im November 1939 wurde er zum Gouverneur des Distrikts Krakau und im Dezember 1942 dann zum Gouverneur des Distrikts Galizien ernannt. Nach dem Krieg war er plötzlich wie vom Erdboden verschwunden. Ich wollte wissen, was ihm widerfahren war, ob Gerechtigkeit geübt worden war. Dafür wollte ich nichts unversucht lassen. Die Reise begann.

Wegen Horst hätte ich mir keine Gedanken zu machen brauchen. Er begrüßte mich überschwänglich, ein großgewachsener, gutaussehender Mann in rosafarbenem Hemd und Birkenstock-Sandalen, der mit seiner einnehmend tiefen, warmen und weichen, dabei stockenden Stimme und dem Augenzwinkern einen leutseligen Eindruck machte. Er war hocherfreut, dass ich die Reise zu dem baufälligen Barockschloss unternommen hatte, das sein Zuhause war. Es war ein stattliches, quadratisches Gemäuer, vier Stockwerke hoch, um einen Innenhof errichtet, mit dicken Steinmauern und einem von wucherndem Gestrüpp bedeckten Schlossgraben.

Ein berühmter Schauspieler sei gerade zu Besuch gewesen, schwärmte er, zusammen mit einem italienischen Regisseur. »Zwei Oscar-Preisträger in meinem Schloss!« Sie drehten *The Best Offer – Das höchste Gebot*, eine Geschichte von Liebe und Verbrechen, die in ganz Europa spielt, in Wien, Triest, Bozen und Rom. Damals ahnte ich noch nichts von der Bedeutung dieser Orte für die Wächters.

Begleitet von einer Katze, betraten wir das Schloss, einen wuchtigen Bau, der schon bessere Tage gesehen hatte. Wir liefen an einer Werkstatt vorbei, voller Werkzeuge und anderer Arbeitsgeräte, trocknenden Früchten und Kartoffeln und weiterem Gemüse, und begegneten dem Schlosshund. Horst war in den 1960er Jahren auf den Bau gestoßen, als er noch eine Künstlerkolonie beherbergte. Ein Ort »heimlicher Festlichkeiten«, erklärte er. Zwei Jahrzehnte später kaufte er das Schloss mit Hilfe eines bescheidenen Erbes, das Charlotte ihm nach ihrem Tod hinterlassen hatte.

Er erzählte mir die Eckdaten seines Lebens. Geboren am 14. April 1939 in Wien, erhielt er seinen Namen zu Ehren von Horst Wessel, des Verfassers des gleichnamigen Liedes. Als zweiten Vornamen wählten seine Eltern Arthur, zu Ehren von Arthur Seyß-Inquart, Kamerad und Freund seines Vaters und Horsts Pate. Seyß-Inquart war ein Rechtsanwalt mit Schildpattbrille, der mit dem Parteikader des Dritten Reiches an Adolf Hitlers Tisch saß und nach dem »Anschluss« für kurze Zeit als österreichischer Bundeskanzler und als Reichsstatthalter der »Ostmark« amtierte, wie Österreich im Dritten Reich offiziell hieß. Kurz nach Horsts Geburt wurde Seyß-Inquart zum Reichsminister ohne Geschäftsbereich in Hitlers Kabinett ernannt und wenig später auf den Posten des Chefs der Zivilverwaltung (Reichskommissar) in den besetzten Niederlanden berufen. In Hitlers politischem Testament, geschrieben 1945, wurde Seyß-Inquart zum Außenminister des Reiches ernannt. Der Rechtsanwalt und Pate wurde schon im Mai 1945 in Den Haag von kanadischen Soldaten festgenommen, in Nürnberg verurteilt und für die von ihm begangenen Verbrechen 1946 gehängt.

Ich war daher einigermaßen überrascht, in der Nähe von Horsts Bett eine kleine Schwarz-Weiß-Fotografie von Seyß-Inquart zu erblicken. Sie steckte in dem Rahmen eines Fotos von seinem Vater Otto, das wiederum in der Nähe eines Ölgemäldes hing, welches seinen Großvater, General Josef Wächter, zeigte, der während des Ersten Weltkriegs als Soldat in der k. u. k. Armee gedient hatte. An einer anderen Wand des Schlafzimmers hing ein Foto von Charlotte, aufgenommen 1942. Horst schlief im Kreise seiner Familie.

Horst machte mich mit seiner Frau Jacqueline (Ollèn) bekannt, einer Schwedin. Sie bewohnten zwei behagliche Räume im Erdgeschoss des Schlosses, die von einem großen Holzofen beheizt wurden, doch die beiden schienen keine allzu zärtliche Beziehung zu führen. Er bereitete Tee zu und sprach deutlich liebevoller von seinen Eltern, als es Jacqueline tat. Es war unmittelbar ersichtlich, dass sie weiterhin einen besonderen Platz in seinem Herzen einnahmen. Besonders nahe schien er seiner Mutter zu stehen, die er in ihren letzten Lebensjahren gepflegt hatte. Später sollte ich erfahren, dass Horst ihr Lieblingskind gewesen war. Charlottes Verhältnis zu den vier Schwestern von Horst war schwieriger, und als sie erwachsen wurden, zogen drei von ihnen ins Ausland.

Während dieses ersten Besuchs versicherte Horst mir eindringlich, dass er seinen Vater kaum gekannt habe, der während der Kriegsjahre meist weg gewesen sei, an weit entfernten Orten. Während die Familie in Österreich lebte, war er mal in Krakau, mal in Lemberg oder Italien oder auch in Berlin. Ich erfuhr, dass er ein »Frauenheld« war, dass er nach dem Krieg verschwand und schließlich in Rom starb.

Das war alles, was Horst mir bei diesem ersten Besuch erzählte. Irgendwie, indirekt, erklärte er, sei das Schloss ein Geschenk von Otto, ein Ort der Zuflucht und des Trostes. »Ich stieg aus der Normalität aus«, sagte er. Da war er in seinen Dreißigern. Wegen der Geschichte seines Vaters ließ er ein geregeltes Leben hinter sich, in der Hoffnung, einen alternativen Weg für sich zu finden.

Die Normalität endete für Horst 1945. Der Krieg war verloren, da war er gerade mal sechs Jahre alt. »Ich wurde wie ein kleiner Jung-Nazi erzogen, dann, von einem Tag auf den anderen, war plötzlich alles futsch.« Es war ein Trauma, national wie persönlich, als das Regime fiel und das Leben rings um die Familie zusammenbrach, eine glückliche Kindheit zunichtewurde. Er rief eine Erinnerung an seine Geburtstagsfeier im April 1945 wach, wie er vor seinem Elternhaus in Thumersbach saß und über den Zeller See blickte: »Ich war allein und wusste, dass ich mich mein ganzes Leben an diesen Moment erinnern würde.« Er sprach leise, ihm versagte die Stimme, als er sich daran erinnerte, dass britische und amerikanische Flugzeuge unbenutzte Bomben über dem Gewässer abwarfen. »Das Haus fing an zu beben, ja, ich erinnere mich …« Er verstummte, seine Augen wurden feucht, ich spürte das Beben. Er schluchzte, leise, für einen kurzen Moment.

Später führte mich Horst durch das Schloss, einen Ort mit vielen Räumen, großen und kleinen. Wir machten es uns in seinem Schlafzimmer bequem, im ersten Stock, unter den Blicken von Josef, Otto, Charlotte und Pate Arthur. Horst holte Charlottes Fotoalben heraus, wir saßen zusammen, die Bilder auf unseren Knien. Er erwähnte ein umfangreiches Familienarchiv, eine zahlreiche Briefe umfassende Korrespondenz seiner Eltern, die Tagebücher seiner Mutter und ihre Erinnerungen, die sie für die Kinder und die Nachwelt aufgeschrieben hatte. An diesem Tag sah ich diese Materialien nicht, aber sie hinterließen eine Erinnerung und hatten meine Neugier geweckt.

Was ich sah, waren ein paar Seiten aus einem Tagebuch von 1942, ein winziges Büchlein, dessen Seiten in der geschäftigen Handschrift seiner Mutter gefüllt waren. Ich interessierte mich für den 1. August, den Tag, an dem Hans Frank die Wächters in Lemberg besuchte und dort die Durchführung der »Endlösung« im gesamten Distrikt Galizien ankündigte. Franks Rede bedeutete das Todesurteil für Hunderttausende von Menschen. Aus dem Tagebucheintrag für diesen Tag erfuhren wir, dass Frank mit Charlotte Schach spielte.

Wir wendeten uns wieder den Fotografien aus den Alben zu. Sie erzählten vom Familienleben, von Kindern und Großeltern, von Feiern und Urlauben in den Bergen. Die Wächters zusammen, eine glückliche Familie. Die Fotos zeigten Seen und eines davon Otto beim Schwimmen, das einzige, das ich je sehen würde. »Mein Vater schwamm für sein Leben gern«, erklärte Horst. Auf der gegenüberliegenden Seite meißelte ein Mann lächelnd ein Hakenkreuz in eine Mauer, da-

tiert 1931. Ein anderer Mann stand vor einem Gebäude, begrüßt von einer Reihe zum Hitlergruß gereckter Arme. *Dr. Goebbels* lautete der Text unter der Fotografie. Drei Männer im Gespräch in einem überdachten Hof. Zwei Buchstaben unter dem Foto: *A. H.* Dies war Ottos eckige Handschrift. Adolf Hitler mit Heinrich Hoffmann, wie ich erfahren sollte, seinem Fotografen, und einem dritten Mann. »Nicht mein Vater«, sagte Horst. »Vielleicht Baldur von Schirach.« Also der Reichsjugendführer und Chef der Hitler-Jugend, der ebenfalls in Nürnberg verurteilt wurde und dessen Enkel Ferdinand Strafverteidiger sowie ein ausgezeichneter Schriftsteller und Dramatiker ist.

Wir blätterten weiter. Wien, Herbst 1938, Otto in seinem Büro im Bundeskanzleramt, in SS-Uniform. Polen, Herbst 1939, ein ausgebranntes Gebäude, Flüchtlinge. Eine bevölkerte Straße, Menschen in warmer Kleidung gegen die Kälte, eine alte Dame mit Kopftuch und einer weißen Armbinde. Ein Jude im Warschauer Ghetto, fotografiert von Charlotte. Ein Foto von Horst mit dreien seiner vier Schwestern. »März 1943, Lemberg«, hatte Charlotte daruntergeschrieben. Ein strahlend sonniger Tag, der lange Schatten warf. Eine Nachricht von Horst für Otto: »Lieber Papa! Ich habe dir ein paar Blümchen gepflückt. Bussi. Dein Horsti-Borsti.« Er war fünf damals, 1944.

Behutsam näherten wir uns heikleren Themen. Er fragte nach meinem Großvater, hörte sich schweigend die Details an. Ich erkundigte mich nach seinen Eltern und ihrer Beziehung. »Meine Mutter war überzeugt, dass mein Vater recht hatte, dass er das Richtige tat.« Sie sprach nie ein schlechtes Wort über ihn, nicht in Horsts Gegenwart, aber irgendwann wurde ihm klar, dass es eine dunkle Seite gab. »Natürlich fühlte ich mich schuldig wegen meines Vaters.« Er wusste von den »schrecklichen Dingen«, die das Regime getan hatte, aber in seinen Alltag drangen sie erst später vor. Die Zeit nach dem Krieg war eine

Zeit des Schweigens. Niemand in Österreich wollte über die Ereignisse sprechen, damals nicht, heute nicht. Er spielte auf Schwierigkeiten mit der Familie an, mit seinen Neffen und Nichten, nannte aber keine Einzelheiten.

Wir wechselten zu anderen Themen. Charlotte wollte, dass Horst ein erfolgreicher Rechtsanwalt wurde, wie sein Vater, aber er entschied sich für ein anderes Leben. Er wolle nicht mehr studieren, teilte er Charlotte mit. Er würde von der Bildfläche verschwinden, sich ein anderes Leben aufbauen. »Auf Wiedersehen, Mutter.« Sie war zutiefst enttäuscht, dass er seinen eigenen Weg ging. In Wien machte er in den 1970er Jahren die Bekanntschaft eines Malers, Friedensreich Hundertwasser. Die beiden Männer taten sich zusammen. »Ich wusste, Hundertwasser würde mich brauchen, wir würden gut miteinander auskommen, weil er ein schüchterner Mensch war, genau wie ich.« Horst arbeitete als Assistent des Künstlers, fuhr mit seinem Schiff, der *Regentag*, von Venedig nach Neuseeland, begleitet von seiner Frau Jacqueline, die er kurz zuvor geheiratet hatte. Während dieser Reise wurde ihr einziges Kind geboren, eine Tochter, Magdalena. Das war im Jahr 1977.

»Irgendwie fühlte ich mich wohl damit, dass Hundertwasser Jude war«, fuhr Horst fort. »Vielleicht geht es mir bei Ihnen ähnlich, Philippe, weil Sie Jude sind, irgendwie ist das reizvoll für mich.« Die Mutter des Künstlers hatte Angst vor Horst. »Sie kannte den Namen meines Vaters, wusste, wer er war, sie erinnerte sich an den Krieg und wie es war, mit einem Davidstern herumzulaufen …« Während er sprach, tanzten seine Finger über seinen Arm, dort, wo eine Armbinde hätte sitzen können.

Doch die historische Verantwortung seines Vaters, erklärte er, sei eine komplexe Angelegenheit. Otto sei gegen die Rassentheorien gewesen, habe die Deutschen nicht als »Übermenschen« und alle anderen als »Untermenschen« betrachtet. »Er wollte etwas Gutes tun, etwas bewegen, eine Lösung für die Probleme nach dem ersten Krieg finden.«

Das war Horsts Sichtweise. Sein Vater war ein anständiger Mensch, ein Optimist, der versuchte, Gutes zu tun, aber in Gräuel verwickelt wurde, die auf das Konto anderer gingen.

Ich hörte geduldig zu, weil ich die Atmosphäre unserer ersten Begegnung nicht trüben wollte.

Zurück in London erhielt ich ein paar Tage später eine Nachricht von Horst. »Ihr Besuch in Hagenberg hat mir gutgetan, so habe ich von der tragischen Geschichte der Familie Ihres Großvaters in Lemberg erfahren.« Er nannte mir die Adresse eines Mannes aus Lemberg, eines polnischen Juden, dem sein Vater, wie er sagte, das Leben gerettet hatte. Damals, fügte er hinzu, »wurde die bedauerliche Situation der Juden allgemein als Schicksal hingenommen«.

Was seine eigene Situation betraf, meinte er, habe mein Besuch seine Einsamkeit erträglicher gemacht. Anderen Mitgliedern der Familie widerstrebte es, über die Vergangenheit zu sprechen. Sie stünden seinen Bemühungen kritisch gegenüber und würden nicht wollen, dass das Leben Otto von Wächters in den Brennpunkt des öffentlichen Interesses rückte.

Ich selbst war nach unserer ersten Begegnung ebenso neugierig wie fasziniert. Ich konnte nicht anders, als Horst zu mögen. Er war liebenswürdig und aufgeschlossen und hatte anscheinend nichts zu verbergen. Gleichzeitig war er nicht bereit, die Vorstellung zu akzeptieren, dass Otto von Wächter irgendeine echte Verantwortung für die schrecklichen Ereignisse tragen könnte, die sich in dem Territorium zugetragen hatten, das er als Gouverneur verwaltet hatte. Ich wollte mehr über seine Eltern erfahren. Es kommt auf die Details an.

2

1901, Otto

Otto Gustav Wächter wurde am 8. Juli 1901 in Wien geboren. Sein Vater, Josef Wächter, war ein glühender Monarchist und Offizier in der österreichisch-ungarischen Armee Kaiser Franz Josephs I. und von Oktober 1921 bis Mai 1922 Minister für Heerwesen in der jungen Republik. Er stammte aus der kleinen sudetischen Gemeinde Hawran, nördlich von Prag am Rand des Reiches, war Nationalist und unversöhnlicher Antisemit. Er heiratete Martha Pfob, Tochter einer wohlhabenden Wiener Familie, und das Paar bekam drei Kinder.

Otto hatte zwei ältere Schwestern, Hertha, geboren 1898, und Ilse, geboren 1900, doch als einziger Sohn und jüngstes Kind war er der Liebling der Eltern. Ein frühes Familienporträt wurde von einem k. u. k. Hoffotografen aufgenommen, als Otto gerade ein paar Monate alt war. Martha, die Töchter und Josef, in Uniform und mit eindrucksvollem Schnurrbart, der behutsam und voller Stolz Otto hält. Das Porträt hat einen formellen Charakter, spiegelte ein Leben in treuer Ergebenheit gegenüber Monarchie und Reich wider.

Seine Jugendjahre verbrachte Otto in Wien, einer Stadt auf dem Höhepunkt ihrer Strahlkraft. Es war eine Zeit des Wohlstands und der künstlerischen Kreativität. Gustav Mahler war Direktor des K. k. Hof-Operntheaters, Sigmund Freud entwickelte neue Ideen zur Psy-

choanalyse, Josef Hoffmann und Koloman Moser leiteten die Wiener Werkstätte, eine progressive Gemeinschaft von Künstlern und Designern. Bürgermeister Karl Lueger regierte mit eiserner Faust und antisemitischer Autorität. Otto besuchte die Volksschule in der Albertgasse im 8. Bezirk. Zeugnisse benoteten seinen Lernfortschritt als »sehr gut«.

Als er sieben Jahre alt war, zog die Familie nach Triest an der adriatischen Küste, wo seine Eltern ihn an der Deutschen Volksschule in der Via della Fontana in der Nähe des Hauptbahnhofs anmeldeten. Er lernte Italienisch, zeigte eine Begabung für Sprachen und machte »löbliche« Fortschritte, außer im Schreiben, wo seine Leistungen nur »befriedigend« waren. Er empfing seine Erste Heilige Kommunion, wechselte auf die höhere Schule und lernte in der Militärschwimmschule Schwimmen. Er war zielstrebig und selbstbewusst und fühlte sich damals schon wohl in seiner Uniform.

Die Familie lebte in Triest, als im Sommer 1914 der Krieg ausbrach. Als Major in der Gemeinsamen Armee (k. u. k. Armee) wurde Josef in Galizien stationiert und später befördert, um das 88. Infanterieregiment in der Nähe von Lemberg zu befehligen. Otto zog mit seiner Mutter und den Schwestern nach Budweis in Südböhmen (heute in der Tschechischen Republik), ein Jahr verbrachte man im nahe gelegenen Krumau. In Ottos Geschichtsunterricht wurden Caesar und die gallischen Kriege kurz gestreift, und die Stunden in Leibeserziehung sollten auf den bewaffneten und unbewaffneten Kampf vorbereiten.

Im Jahr 1916 starb Kaiser Franz Joseph I. nach einer Herrschaft von fast 68 Jahren. Zwei Jahre später war der Krieg vorbei, und vier Jahrhunderte habsburgischer Herrschaft fanden ein Ende. Von Österreichs einstiger Pracht blieb nur ein kümmerlicher Rest. Für die Familie Wächter, die nach Triest zurückkehrte, waren dies magere Zeiten. Josef hatte das Vermögen der Familie in Staatsanleihen investiert, die im Zuge des finanziellen Zusammenbruchs, der auf den Krieg folgte, allen Wert verloren. Indes war ihm der Militär-Maria-Theresien-Orden für Tapferkeit verliehen worden. Die Zeremonie wurde für die Nachwelt gefilmt und der Film aufbewahrt, was bedeutete, dass ich nachträglich Zeuge des Moments werden konnte, als er damit verbunden in den Adelsstand erhoben wurde. Diese Ehrung gestattete es ihm – und später Otto –, den Titel Freiherr zu führen, so dass aus den männlichen Wächters die von Wächters wurden.

Im Sommer 1919 machte Otto seinen höheren Schulabschluss. Das Reifezeugnis ermöglichte ihm, sich an der juristischen Fakultät der Universität Wien einzuschreiben, wo er am 18. Oktober 1919 sein Studium aufnahm. Es war eine Zeit der Unruhen, geschürt durch das Ende des Kaiserreichs und die Russische Revolution. Unter den Flüchtlingen, die aus den östlichen Ländern des früheren Habsburgerreiches nach Wien strömten, war Hersch Lauterpacht aus Lemberg, der sich wie Otto an der juristischen Fakultät einschrieb und ein Vierteljahrhundert später den Rechtsbegriff »Verbrechen gegen die Menschlichkeit« entwickeln sollte, in die sein Kommilitone verwickelt werden würde.

Ottos Studentenausweis zeigt einen zielstrebigen jungen Mann mit Adlernase, üppigem Haarschopf und einer großen Fliege. Er verbrachte

neun Semester an der juristischen Fakultät, wo er bei renommierten Professoren studierte, darunter Hans Kelsen, der Seminare in Verfassungsrecht anbot, und Alexander Hold-Ferneck, ein aggressiver Nationalist, der die Überzeugung vertrat, dass eine Million Jahre vergehen würden, bevor »das eigentliche Völkerrecht« entstünde. Zu seinen jüdischen Lehrern gehörten Stephan Brassloff, Spezialist für römisches Recht, und Josef Hupka, Experte für Handels- und Wechselrecht.

Otto war ein guter Sportler und trat dem Wiener Ruderverein Donauhort bei. Mit dem Achter wurde er österreichischer Meister. Im Jahr 2017 veröffentlichte der Verein zur Feier seines einhundertfünfzigjährigen Bestehens eine Broschüre, in der Otto als besonders erfolgreiches und beliebtes ehemaliges Mitglied vorgestellt wurde. Er war aktiver Bergsportler, kletterte und verbrachte Wochenenden in einem Skiort in der Nähe von Wien. Zu seinem großen Freundeskreis gehörten auch Frauen, die seine Energie ebenso schätzten wie seine Feinfühligkeit bei körperlichen Berührungen.

An der juristischen Fakultät engagierte Otto sich politisch, ermutigt durch die Ansichten seines Vaters, dessen Nationalismus im deutschsprachigen Sudetenland geprägt worden war. Josef gehörte zu den ersten Mitgliedern des Deutschen Klubs, einer konservativen, ausschließlich aus Männern bestehenden Gesellschaft, deren Mitglieder den Pangermanismus befürworteten und dem vermeintlichen Einfluss von Juden und anderen Flüchtlingen aus den Ländern des früheren Habsburgerreiches entgegentraten. Das Mitteilungsblatt des Klubs riet seinen Mitgliedern: »Kauft nur bei arischen Geschäftsleuten«.

Im März 1921, kurz vor der Ernennung seines Vaters zum österreichischen Heeresminister, nahm Otto in Wien an einer großen antijüdischen Demonstration teil, die von dem zwei Jahre zuvor gegründeten Antisemitenbund organisiert worden war. 40 000 Teilnehmer forderten, den Juden grundlegende Bürger- und Eigentumsrechte abzuerkennen sowie sämtliche nach dem September 1914 eingetroffenen Juden auszuweisen. Dabei wurden jüdische Geschäfte und Trambahnfahrgäste attackiert. Otto wurde verhaftet, vor dem Wiener Landesgericht angeklagt, für schuldig befunden und zu 14 Tagen Arrest verurteilt, die für ein Jahr zur Bewährung ausgesetzt wurden. In der Presse wurde er als »Monarchist« bezeichnet. Mit noch nicht einmal 20 Jahren hatte Otto zum ersten Mal die Schwelle zur Kriminalität überschritten.

Nach dieser Erfahrung fand Otto noch mehr Gefallen an der Politik. In einem Archiv in Wien stieß ich auf eine Kopie seiner Mitgliedskarte der Deutschen Nationalsozialistischen Arbeiterpartei (DNSAP) für das Jahr 1923. Mit 22 zählte er zu den ersten Anhängern von Adolf

Hitler, einem früheren Wiener. Antimarxistisch, antisemitisch und ehrgeizig, schloss sich der junge Jurastudent der DNSAP, dem österreichischen Zweig einer in München gegründeten politischen Partei, an, eine erste Verbindung zu Deutschland. Ein Jahr später machte Otto seinen Abschluss an der juristischen Fakultät. Mittellos, aber adelig und mit akademischem Titel, ließ er sich eine Visitenkarte drucken, die ihn als Dr. Otto Freiherr von Wächter auswies, und begann Praktika an verschiedenen Gerichten, um an seinen Fähigkeiten als Anwalt im Gerichtssaal zu feilen. Im Dezember 1925 bescheinigte ihm das Präsidium des Oberlandesgerichts in Wien die absolvierten Praktika, seine juristischen Kenntnisse sowie »tadelloses Verhalten«.

Im Jahr 1926 starb unerwartet seine Mutter, und Otto zog in eine kleine Wohnung in der Bräunerstraße 3 in der Nähe des Stephansdoms im Herzen Wiens. Er legte sich einen neuen Briefkopf zu – ein goldenes W mit einer Freiherrenkrone darüber, ein Hinweis auf seinen Adelsstand – und begann eine Reihe von Praktika im Handelsrecht. Im Frühjahr 1929 arbeitete er für einen Dr. Völkert in einem Gebäude aus dem 19. Jahrhundert im 4. Bezirk. Politisch aktiv und gesellschaftlich engagiert, begab sich der nationale Rudermeister und Anwaltspraktikant am Samstag, dem 6. April, zum Südbahnhof, um ein Skiwochenende im nahe gelegenen Schneeberg zu verbringen. Begleitet von einem Mann und einer Frau stieg er in den Zug nach Puchberg, betrat ein Abteil und nahm Platz. Ihm gegenüber saß eine attraktive junge Frau mit brünettem Haar.

In diesem Moment eröffnete sich ihm eine neue Welt, eine Welt der Industrie, des Geldes und noch höherer Ziele.

3

1908, Charlotte

Die junge Brünette war Charlotte Bleckmann, eine zwanzigjährige Kunststudentin, die übers Wochenende in die Berge fuhr, wo sie hoffte, einen Verehrer zu finden. Vor nicht allzu langer Zeit war sie von einem einjährigen Aufenthalt in England zurückgekehrt.

Charlotte war sieben Jahre jünger als Otto. Sie wurde 1908 in Mürzzuschlag geboren, 100 Kilometer südwestlich von Wien. Eingerahmt von den Steirischen Voralpen, liegt die kleine Stadt in einem Tal am Ufer der sanft dahinfließenden Mürz. Sie war berühmt als Endstation der Semmeringbahn, der ersten normalspurigen Gebirgsbahn Europas, die Mitte des 19. Jahrhunderts eröffnet wurde. Heute ist die Gemeinde ziemlich unbedeutend und meist nur deswegen bekannt, weil Johannes Brahms hier seine vierte Sinfonie komponierte und einige Jahrzehnte später die Schriftstellerin und Literaturnobelpreisträgerin Elfriede Jelinek in Mürzzuschlag das Licht der Welt erblickte.

Charlotte war das vierte der sechs Kinder von Walther Bleckmann, einem wohlhabenden, bibeltreuen Protestanten, und Meta, seiner katholischen Ehefrau. Die Familie besaß ein Stahlwerk, das von Charlottes Großvater gegründet worden war. Das Unternehmen war berühmt für die Qualität ihres Produkts, das für die Herstellung feiner Klingen und Werkzeuge verwendet wurde. Das Werk beschäftigte 2000 Arbeiter, ein Viertel der Einwohnerschaft der Stadt.

Ein Jahrhundert später war fast keine Spur mehr von den Bleckmanns zu sehen. Das Stahlwerk hatte andere Besitzer, und das am Eingang des Betriebes gelegene Herrenhaus, in dem Charlotte geboren worden und mit ihren fünf Geschwistern aufgewachsen war, war mitsamt des großen Gartens längst verschwunden. Die nahe gelegene Villa Luisa, wo ihre Cousins gewohnt hatten, beherbergte nun das Herta Reich Gymnasium und Realgymnasium, benannt nach einer jüdischen Bewohnerin von Mürzzuschlag, die zusammen mit weniger als einem Dutzend weiteren jüdischen Bürgern der Stadt nach dem März 1938, als die Nazis die Macht übernahmen, vertrieben worden war. Die Fotografien in Charlottes Album vermittelten einen Eindruck von der Welt ihrer Kindheit: holzvertäfelte Räume, handgeschnitzte Möbel, Ölgemälde, Bücher, ein Holzpferd und Charlottes riesiges Puppenhaus.

Im Februar 1914, nach der Geburt des sechsten und letzten Kindes, lichtete ein Fotograf die Familie Bleckmann ab. Die sechsjährige Charlotte, den Blick in die Kamera gerichtet, strahlt eine gewisse Selbstsicherheit aus. Aufrecht und ungezwungen, mit einer Blume im Haar, dabei von kindlichem Eigensinn, wurde sie abgöttisch geliebt von dem strengen Walther und der sanften Meta. Die Bleckmanns standen an der Schwelle zu Veränderung und Reichtum, da der Krieg die Nachfrage nach Stahl für Rüstungsgüter und die Herstellung von Dampfloks für die Lokalbahnen steigen ließ. Im Jahr 1916 baute die Firma Orenstein & Koppel die »Lotte«, eine Lokomotive, benannt nach Tochter Charlotte. Sie sollte auf der Schmalspurlinie zwischen Fabriken in Mürzzuschlag und Hönigsberg verkehren.

Im November 1918 endete der Krieg. Staatskanzler Karl Renner berichtete dem österreichischen Parlament, dass die Österreichisch-Ungarische Monarchie am Boden liege, und um der Knechtschaft gegenüber ausländischen Kapitalisten zu entgehen, legten nationale Demütigung und wirtschaftliche Not eine Vereinigung mit Deutschland nahe. Stattdessen verpflichtete der im September 1919 unterzeichnete Vertrag von Saint-Germain Österreich zur Unabhängigkeit und zu unveränderlichen Grenzen. Südtirol fiel an Italien, das mehrheitlich deutschsprachige Sudetenland

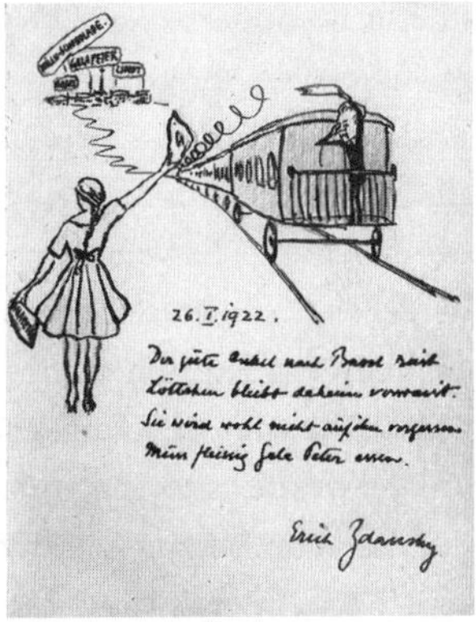

wurde Teil der neu gegründeten Tschechoslowakei, und große Teile der Steiermark und Kärntens schlossen sich dem ebenfalls neuen Staat Jugoslawien an. Mürzzuschlag fand sich am östlichen Ende des nunmehr winzigen Österreich wieder, in der Nähe des Königreichs der Serben, Kroaten und Slowenen.

Inmitten dieses politischen Chaos ging das Alltagsleben weiter. Zu Charlottes 13. Geburtstag schenkte ihre Tante Auguste ihr ein Notizbuch, ein *Stammbuch*, wie Charlotte es nannte. Darin verzeichnete sie alltägliche Ereignisse, und sie behielt es für den Rest ihres Lebens. Die Seiten versammelten Eintragungen, Liedchen und Zeichnungen, Erinnerungen an Familie und Freunde. Der Inhalt spiegelte eine Welt des Überflusses wider. Das Leben der Familie spielte sich zwischen der großen elterlichen Wohnung in der Wiener Belvederegasse und Mürzzuschlag ab, unterbrochen von häufigen Urlauben in ganz Europa. Von einem Freund der Familie, einem namhaften Radiologen, stammt eine Federzeichnung von »Gala Peter«, der Schweizer Milchschokolade, nach der das junge Mädchen verrückt war. Ein englischer Verehrer steuerte eine Zeile des Dichters Robert Browning bei (»all's love, yet all's law«). Ein Bewunderer zeichnete Charlotte in einem knallgelben Kleid, in den Händen einen zarten Strauß dunkelroter Blumen, ein anderer eröffnete ihr die Aussicht auf eine Zugreise.

Als Tochter eines Stahlfabrikanten verlebte Charlotte eine glückliche, begüterte Kindheit, mit Eltern, die zwar streng, aber gerecht waren. Nachdem sie anfangs von einem Privatlehrer zu Hause unterrichtet worden war, wechselte sie später auf ein kleines Realgymnasium in Wien und dann auf das katholische Realgymnasium in der Wiedner Hauptstraße. Schüchtern, aber umgänglich, war Charlotte eine wahre und treue Freundin, und viele, die sie in jungen Jahren kennenlernte, sollten ihr bis ans Ende ihres Lebens verbunden bleiben.

Ein besonders enges Verhältnis hatte sie zu ihrem Großvater mütterlicherseits, August von Scheindler, einem klassischen Philologen und Schulinspektor, der Latein-Lehrbücher verfasste, Homers *Ilias* und *Odyssee* ins Deutsche übersetzte und es genoss, mit seiner Enkelin durch den Belvedere Schlossgarten zu bummeln. »Ja, dieser bereits in Pension stehende alte große Mann, leicht vorgebeugt und mit den Händen am Rücken einherschreitend, spazierte mit Großmutter [...] pünktlich wie eine Uhr«, erinnerte sie sich viele Jahre später. Die Parkanlage wurde zum Schauplatz für Treffen mit jungen Männern.

Mit siebzehn zog Charlotte bei Tante Auguste in Wien ein. Ihre Eltern hofften, dass die klassische Sängerin die aufsässigen Seiten ihrer Tochter ein wenig abmildern würde. Charlotte begann damit, ein Tagebuch zu führen, eine Gepflogenheit, die sie während des nächsten Vierteljahrhunderts beibehielt. Im ersten Eintrag vom 1. Januar 1925 beschrieb sie den mit ihren Eltern verbrachten Silvesterabend. In den folgenden Jahren protokollierte sie ein Leben aus Schule und Mittagessen, Englischstunden, Friseurterminen, Klavierunterricht, Opernbesuchen, Reisen aufs Land mit Freundinnen wie Vera und Pussi, Urlauben in Zell am See, sportlichen Aktivitäten auf dem Tennisplatz und in den Bergen. In einer wohlhabenden Familie aufzuwachsen bedeutete, dass Charlotte zu den ersten Frauen in Mürzzuschlag gehörte, die ein Automobil fuhren.

Im September 1925 fuhr sie mit ihren Eltern und Bruder Heini nach England. Die Monotonie der »riesig fad[en]« Reise durch Europa wurde unterbrochen von gelegentlichen Flirts. So tauschte sie etwa Blicke »mit einem Juden, der ganz fesch war«, wie sie im Zug zwischen Nürnberg und Frankfurt in ihr Tagebuch notierte. Ihre Eltern lieferten sie im Granville House in Eastbourne ab, einer Pension für junge Damen. Sie verbrachte das Schuljahr in der Oberstufe, wo sie unter Anleitung der Rektorin, Mrs. Ida Foley, ihr Englisch verbesserte. Foley war die Schwester von Arthur Conan Doyle, dem Erfinder von Sherlock Holmes. Fido, wie Charlotte sie nannte, wurde eine Freundin.

In Granville House spielte Charlotte Hockey und wurde eine versierte Reiterin. In Briefen nach Hause berichtete sie vom Besuch der örtlichen katholischen Kirche, von Rhetorikstunden und Ausflügen ins Theater, wo sie unter anderem *Julius Caesar* (»Ganz gut. Brutus nicht so besonders«) und *Der Kaufmann von Venedig* (»Ganz fabelhaft gespielt & ich sehr begeistert«) sah. Sie entwickelte eine Leidenschaft für die Oper – vor allem Wagner und Tschaikowski – und schätzte die Gedichte von Rupert Brooke und William Wordsworth. Ein Fotografieunterricht weckte ihr Interesse an Galerien und Kunst, und sie verbrachte einen Großteil der Weihnachtsferien in London, wo sie Museen wie die National Portrait Gallery (»herrlich«), die Tate (»fabelhaft«) und die National Gallery (»Ich konnte mich nicht satt sehen«) besuchte. Im British Museum schwärmte sie für die Bibliothek im Erdgeschoss.

Charlotte war äußerst gesellig. Sie liebte es, Menschen zu beobachten (»Tea im Strand [...]. Fabelhafter fescher Herr dort«) und durch die Straßen zu schlendern (»herrlich«). Sie machte Friseure ausfindig, besuchte Bälle (maskiert oder nicht), ging ins Kino, ins Theater oder in die Oper (*Der Rosenkavalier, Carmen, Der fliegende Holländer, Tristan und Isolde*, alle in einem Monat). Im Frühjahr 1926 machte sie mit ihrer Freundin Lieselotte Lorenz und ohne Begleitung eines männlichen Aufpassers Urlaub; die beiden bereisten Südengland mit dem Auto. Da sie wusste, dass sie es verbieten würden, hatte sie ihre Eltern gar nicht erst um Erlaubnis gefragt. »Ich war schon ein schreckliches Kind«, gestand sie später. Die beiden Freundinnen fuhren nach Dorchester, Exeter und Totnes, weiter nach Cornwall und über Oxford zurück. Eine zweite Reise, nach Paris, wurde wegen des Generalstreiks im Mai 1926, des ersten in der britischen Geschichte, gestrichen.

Viele Freundinnen mit englischen Namen fanden Eingang in das *Stammbuch*: Cynthia Cottrell, Joyce Smith, Bette Clarke, Ruth Bennett. Auch ein paar deutsche Freundinnen gab es, darunter Mizzi Getreuer, deren Namen ich auf einer Liste der Personen fand, die nur zwei Jahrzehnte später im Konzentrationslager Stutthof in Polen umkamen.

Ende Juli ging ihre Zeit in England zu Ende. Sie traf sich zu einem Abschiedsessen mit Fido und nahm ein Schiff nach Dänemark. Völlig niedergeschlagen stand sie an Deck, »bis die Lichter meines teuersten

England verschwanden«. »Ich hätte heulen können«, schrieb sie, »tat es aber nicht.«

Im Herbst kehrte Charlotte in die elterliche Wohnung in der Wiener Belvederegasse zurück und schrieb sich an der Wiener Frauenakademie und Schule für freie und angewandte Kunst ein, die sich in der Siegelgasse im 3. Bezirk befand. Zusammen mit dreihundert Mitschülerinnen belegte sie Kurse in Zeichnen und Gestaltung, die von namhaften Künstlern, meist Männern, angeboten wurden. Unter Anleitung des Designers Josef Hoffmann von der Wiener Werkstätte entwickelte sie ein gutes Auge.

Außerhalb der Schule ging sie unter Leute, unternahm mit ihrem Großvater August Spaziergänge durch Wien, besuchte Konzerte der Wiener Philharmoniker, verbrachte Urlaube in Mürzzuschlag und fuhr in die nahe gelegenen Berge zum Skifahren und Klettern. Im Mai 1927 feierte die Familie im Herrenhaus die Goldene Hochzeit von Charlottes Großeltern mütterlicherseits, den Scheindlers. Den Segen erteilte ein lokaler Würdenträger, Bischof Ferdinand Pawlikowski, ein einflussreicher Freund der Familie mit ausgezeichneten Beziehungen zum Vatikan.

Charlotte zeigte keinerlei Anzeichen politischen Engagements. Hingegen war sie sehr mit der hochwichtigen Aufgabe beschäftigt, sich einen respektablen Ehemann zu angeln.

4

1929, Wien

Am Morgen des 6. April, einem Samstag, erwachte Charlotte im elterlichen Haus in der Belvederegasse. Als die Uhr der katholischen Pfarrkirche St. Elisabeth achtmal schlug, klingelte das Telefon. Ein Freund wollte wissen, ob sie Lust hätte, ein Wochenende auf dem nahe gelegenen Schneeberg, einem der Wiener Hausberge, zu verbringen. Als versierte Skirennläuferin kannte sie den Berg gut, aber andere Attraktionen hatte der Anrufer zunächst nicht zu bieten. Weil er ihr Zögern wahrnahm, sagte er, dass die Eiskunstlauf-Weltmeisterin und Olympiasiegerin Herma Szabó sich ihnen anschließen würde. Entfernt mit Charlotte verwandt, war Herma stets umringt von attraktiven jungen Männern.

Am Südbahnhof war keiner der acht männlichen Begleiter Hermas von unmittelbarem Interesse für Charlotte, und sie entschied, im Zug nach Puchberg in einem getrennten Abteil zu reisen. Drei gutaussehende junge Leute stiegen zu, ein Mädchen und zwei Männer. »Mir gefiel besonders der eine große blonde Kerl«, erinnerte sich Charlotte, aber er war offenbar mit dem Mädchen zusammen, also beschloss sie, sich weiter keine Hoffnungen zu machen. Der »große blonde Kerl« wurde ihr als »Baron Wächter« vorgestellt, und sie plauderte liebenswürdig mit Otto von Wächter über Belanglosigkeiten.

Als der Zug Puchberg erreichte, erfuhr Charlotte, dass die junge Frau Ottos Schwester Hertha war, so dass sie sich gegen ein erwachendes Interesse nun nicht mehr wehrte. »Mein neuer ›Baron‹ war groß, schlank, überaus sportlich, ein sehr feines Gesicht und wunderschöne Hände«, notierte sie. »Auf der rechten Hand trug er einen Brillantring am kleinen Finger. Er war absolut eine feine & vornehme Erscheinung, die einem Mädchen auffallen musste.« Am Ende verbrachte Charlotte das Wochenende mit der Gruppe und teilte sich ein Zimmer mit Hertha. Sie liefen Ski – sie zog Otto auf, als er ihre Skier wachste, denn »dies tat noch kein Kavalier« – und aßen in der Fischerhütte zu Mittag. Mit jeder Stunde wurde Otto für sie reizvoller.

Emanuel – Manni – Braunegg stieß zu ihnen, Ottos engster Freund an der Universität, von dem sie mehr über den nationalen Rudermeister erfuhr, der ein wichtiger Anwalt werden wollte. Gemeinsam kehrten sie nach Wien zurück. Otto versprach anzurufen, aber da sie ihm nicht recht traute, besorgte sie sich sicherheitshalber seine Telefonnummer. An diesem Abend schrieb sie seinen Namen in ihr Tagebuch und unterstrich ihn: »Baron <u>Wächter</u>«. Wie sie sich Jahre später erinnerte, war dies der Tag, an dem sie sich »in den hübschen und heiteren Otto restlos verliebte«.

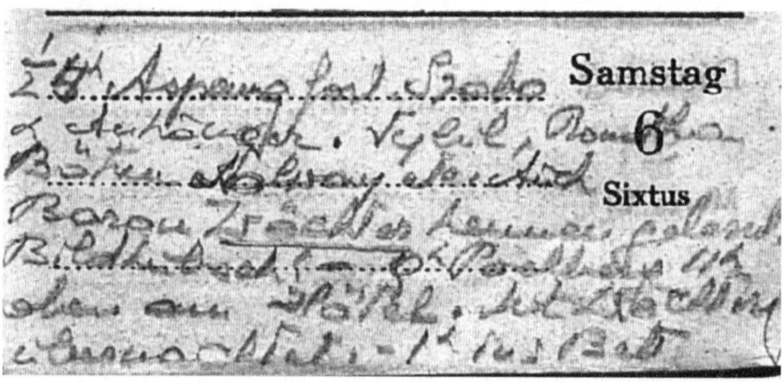

Einzelheiten der gemeinsamen Gespräche behielt sie für sich. Ob sie über ihr Kunststudium sprachen oder seine politischen Aktivitäten, seine strafrechtliche Verurteilung oder seinen Eintritt in die österreichische Nazi-Partei 1923 (deren Mitgliedschaft er ab Ende 1924 aufgrund parteiinterner Konflikte ruhen ließ), wissen wir nicht.

Zwei Wochen verstrichen ohne Kontakt, dann hatte Charlotte einen Zusammenstoß mit einer Pferdekutsche. Die Tatsache, dass sie einen Anwalt brauchte, lieferte einen Vorwand, sich mit Otto in Verbindung zu setzen, und er suchte sie am nächsten Tag in der Kunstakademie auf, um seinen Rat anzubieten. Drei Wochen später sahen sie sich wieder, nachdem sie von einem Urlaub in Italien zurückgekehrt war. Aus Rom hatte sie ihm am 4. Mai eine Ansichtskarte von der Engelsburg geschickt, auf der im Hintergrund der Petersdom, nicht weit vom Hospital Santo Spirito entfernt, zu sehen war. »Damit Sie sehen, wie ich immer meine Versprechen halte«, schrieb sie. »Montag komme ich wieder.« Eine andere Sorge vertraute sie ihm nicht an. »Und wer weiß, was für andere Mädchen ihm in der Zwischenzeit den Kopf verdrehen werden«, vermerkte sie privat. Die Angst sollte viele Jahre anhalten.

Zwei Wochen später gingen sie tanzen. Otto fuhr sie nach Hause und versuchte sie zu küssen. Sie wehrte sich nicht, aber am nächsten Tag entschuldigte er sich und fragte: »Und im übrigen möchtest du mich heiraten?« Sie lachte und lehnte ab. Einerseits war sie sich nicht sicher, ob er es ernst meinte, andererseits war sie ganz auf ihr Kunststudium fixiert und verspürte noch nicht den Wunsch, eine »gute Hausfrau« zu werden. Insgeheim aber war sie freudig erregt. »Ach wie herrlich war unsere junge, knospende Liebe, und wie froh war ich gestimmt.«

Sie erfuhr mehr über ihren ehrgeizigen, fröhlichen, witzigen, einem Flirt nie abgeneigten Otto. Er war stolz auf seinen Vater Josef und traurig über den unerwarteten Tod seiner Mutter, die aus der wohlhabenden Wiener Familie Pfob stammte. Das Geld der Familie ging verloren, als Josef es gegen Kriegsende in Kriegsanleihen investierte, »aus Vaterlandsliebe«, wie er ihr erzählte. Otto mochte mit einem Titel ausgestattet sein, aber eine Mitgift würde es nicht geben.

Während dieses langen ersten Sommers redeten sie viel, machten Spaziergänge im Stadtpark, besuchten den Prater, saßen auf Bänken am Heldenplatz, fuhren Boot in Tulln. An seinem 28. Geburtstag sah sie zu, wie der »rudernde Eckerle« auf der Donau antrat, eine kleine Berühmtheit, und die Wettkämpfe gewann. Ihren Eltern erzählte sie nichts von Otto, da er ständig von anderen Frauen umringt war, mit denen er oft in ihrer Gegenwart flirtete. Ihr fiel auf, dass er ungewöhnlich viel körperliche Nähe suchte und gerne alle in seiner Umgebung umarmte und berührte, ein Verhalten, das in ihr die Saat einer nie nachlassenden Eifersucht legte. Als er ihrer Freundin Anita eine Rose schenkte, schmollte sie. Künftig hielt sie sich andere Optionen offen und nahm Einladungen an, wie die von einem Fremden, den sie während einer Zugfahrt kennengelernt hatte. Selbst Victor Klarwill, auch genannt Ziebel, den sie als »Halbjuden« bezeichnete, erlaubte sie, ihr weiter vergeblich den Hof zu machen.

In jenem Sommer unternahmen sie und ihre Mutter zusammen mit Bischof Pawlikowski und seinem korpulenten Freund Monsignore Allmer, einem Mann mittleren Alters, der gern mit Charlotte flirtete, mit dem Auto eine Urlaubsreise durch Europa. Sie fuhren durch die Schweiz und Frankreich nach Spanien. Lourdes »machte auf mich einen schrecklichen [...] Eindruck«, Hunderte von Leuten auf Krücken in einer Prozession zum Hauptplatz. In Barcelona besuchten sie die Weltausstellung, tranken Moscato-Weine, bestaunten die Sagrada Família, sahen sich in Lloret de Mar einen Stierkampf an und besichtigten den »romantischen Gesteinsblock« von Montserrat. In Figueres machte Charlotte sich bei den albernen Witzen von Monsignore Allmer vor Lachen in die Hose.

Charlotte und Otto, der auf der Rhône Kanu fuhr, schrieben sich Ansichtskarten und Briefe, die alle aufbewahrt wurden. Am Ende des Sommers fuhr Otto nach Mürzzuschlag, aber die Beziehung blieb ein Geheimnis. »Obwohl ich sterblich verliebt war, durfte ich meine Gefühle den Eltern gegenüber nicht zeigen.« Mutti, wie Charlotte ihre Mutter nannte, wäre hingerissen gewesen beim Gedanken an einen schneidigen Freiherrn. Im Herbst, als der Studienbetrieb wieder losging, fuhr Charlotte Otto – den sie »Tschaps« nannte, abgeleitet von dem englischen Wort *chap*, »Bursche«, »Kerl« – »von einer Verhandlung zur anderen«. Da er sich nicht sonderlich für Opern oder Konzerte interessierte, gingen sie stattdessen ins Kino. Aus Anlass der erfolgreichen Rechtsanwaltsprüfung beim Oberlandesgericht Wien modellierte sie in Ton eine Vase mit eingeritzten Darstellungen ihrer gemeinsamen Aktivitäten.

Über die Weihnachtstage fuhr Otto zum Skilaufen nach Kitzbühel, ohne sie. Sie bat, ihn begleiten zu dürfen, aber ihr Vater verweigerte die Erlaubnis. Also blieb sie zu Hause, wo sie »todunglücklich« war. Sie telefonierten jeden Tag, einmal dauerte ein Anruf eine Stunde und neun Minuten, eine kostspielige Angelegenheit.

Otto konnte sich nicht entscheiden, während das Jahr 1930 Charlotte neue Verehrer bescherte, die sie umschwirrten. Im Januar besuchten beide einen Ball, sie umwerfend in einem gelben Abendkleid, Crêpe de Chine mit kleinen Volants. Sie tanzten bis spät in die Nacht, so dass sie sich gestattete, zuversichtlich zu sein, aber dann herrschte wieder drei Tage lang Funkstille. Ein weiterer Ball, ein Ausflug auf den Schneeberg, ein Skirennen in Altenmarkt im Pongau. Otto wendete seine Aufmerksamkeit Melita zu, einer früheren Flamme, und rief Charlotte tagelang nicht an. »Denn ganz sicher war ich nie bei ihm. Seine Art, jedem anderen Mädchen um den Hals zu fallen, machte mich immer wieder zweifeln, ob er es ernst meint.«

Im Spätfrühjahr schienen die Dinge sich zu bessern. Sie machten einen Wanderausflug, bergauf zu Fuß, talwärts auf Skiern. Einmal brachen sie morgens um vier auf, um zu einer Berghütte aufzusteigen, von der sich atemberaubende Aussichten auf die Königsspitze boten. Eine Lawine nach der anderen, ohrenbetäubendes Donnern, »unvergesslich schön«, notierte Charlotte. Dann hinauf zur Schöntaufspitze, auf 3000 Metern, wo sie sich umarmten. Drei Stunden bergan, zehn Minuten nach unten, dann zu einer Burg mit herrlichem Blick auf Meran. Eine intime Nacht in Bozen, aber ganz gab sie sich ihm nicht hin.

Während die Beziehung sich entwickelte, wenn auch langsamer, als sie sich erhoffte, machte Charlotte die ersten Schritte ins Berufsleben. Sie eröffnete ein Atelier in ihrem Elternhaus, und ihre Stoffdesigns fingen an, sich zu verkaufen. Im ersten Jahr »verdiente ich 1350 S., das war sehr viel für Anfänger«. Ausgestattet mit Skizzenbüchern, unternahm sie Reisen nach Dresden und Hannover, die Umsatz und Liebeleien erbrachten, aber sie blieb Otto treu.

Im Herbst machten sie eine dreiwöchige Reise nach Italien, ohne ih-

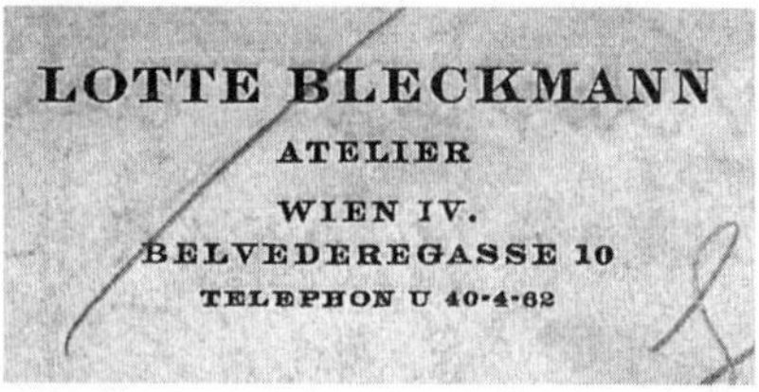

ren Eltern vorher etwas davon zu sagen, begleitet von Manni Braunegg, Booten, einer weichen Luftmatratze und drei Zelten. In Verona besuchten sie eine Vorstellung von Modest Mussorgskis *Boris Godunow*, und am Gardasee übernachteten sie bei Sirmione in einem Olivenhain. »Schöne Signorinas« umschwirrten Otto, und Charlotte fragte sich, ob sie sich jemals daran gewöhnen würde, dass er so viel Aufmerksamkeit auf sich zog. In Venedig verbrachten sie eine Nacht in einem Hotel am Canal Grande. Ihre Haut war mittlerweile von Olivenöl so dunkel geworden, dass jemand sie *I Negri*, »die Schwarzen«, nannte. »Es war die schönste Ferientour meines Lebens«, erinnerte sie sich, »voll junger Liebe, voll Glück & Romantik.«

In Wien erkrankte Charlotte an Gelbsucht. Otto besuchte sie; sie hoffte auf einen Heiratsantrag, aber er erfolgte nicht. Kein Interesse, ein »reiches Mädl« zu heiraten, sagte er ihr. Weihnachten brachte neue Hoffnung. »Ich gehörte ihm so ganz & liebte ihn über alles«, einen Mann, der ihr seinen Willen aufzwingen konnte. »Das gefiel mir«, und »vor allem hatte er immer recht« in allem, was er sagte.

Etwa um diese Zeit trat Otto erneut der Nazi-Partei bei. Seine Mitgliedsnummer lautete 301 093.

Das Jahr 1931 wurde beherrscht vom Tod von Charlottes geliebtem Großvater, Dr. Scheindler, dem Schulinspektor, der an einer Lungenentzündung starb. Nur ihm hatte sie das Geheimnis ihrer Liebe zu Otto und die Hoffnung auf eine Eheschließung anvertraut. »Du musst heiraten und 10 Kinder kriegen«, riet er ihr.

Das Leben verfiel in Routine. Kunstakademie, Slalomrennen am Schneeberg, Abende mit alten Freunden, Begegnungen mit neuen wie Hans und Trudl Fischböck. Ottos anhaltendes Interesse an anderen Frauen, etwa an ihrer reichen Cousine Paula – klein, blond, »Negerlippen«, die Charlotte noch weitere vier Jahrzehnte kirre machen sollte –, ärgerte sie weiterhin. Beim Skifahren hatte Paula allerdings keine Chance gegen ihre Cousine, und am Berg kletterte Charlotte buchstäblich allen Rivalinnen davon: Einmal brauchten sie und Otto nur vier Stunden, um den Gipfel des 3507 Meter hohen Zuckerhütl in den Stubaier Alpen zu erreichen, nur mit Hilfe eines Seils und zweier Pickel.

Im März 1931 machte Charlotte, ganz im Einklang mit der Zeit und seinen Interessen, Otto ein Geschenk, ein Exemplar von Adolf Hitlers *Mein Kampf.* Dunkelblauer Einband, kein Titel, ein vergoldeter Adler rittlings auf einem Hakenkreuz. »Durch Kampf & Liebe«, schrieb sie auf das Vorsatzblatt, »dem Sturme trotz an's Ziel!« Viele Jahre später verbarg sich das Buch auf einem Regal in Horsts Schloss, und ich griff es zufällig heraus. »Ich wusste gar nicht, dass ich das hatte!«, freute sich Horst aufgeregt. Das Exemplar, das ihm von seinem Paten Arthur Seyß-Inquart geschenkt worden war, hatte er verloren.

Zwei Monate nach dem Geschenk trat Charlotte mit der Mitgliedsnummer 510379 ebenfalls in die Partei ein. Das war am 28. Mai 1931. In ihrem Tagebuch finden sich kaum Hinweise auf Ottos politische Aktivitäten. Seine Nazi-Mitgliedschaft oder die Tatsache, dass er in die oberen Ränge des Wiener Gaus aufgestiegen war, wurden gar nicht erwähnt. Als Gauamtsleiter Wien der Nazi-Partei folgte er seinem Vater in den Deutschen Klub, wo er im Januar 1932 in den Vorstand gelangte. Hier lernte er Mitglieder kennen, die später eine bedeutsame Rolle in seinem Leben spielen sollten, wie den Journalisten und Volkstumsforscher Franz Hieronymus Riedl, die Anwälte Hans Fischböck, Arthur Seyß-Inquart und Ernst Kaltenbrunner sowie Hanns Blaschke, von 1943 bis 1945 Bürgermeister von Wien. Wilhelm Höttl und Charlottes Bruder Heinrich Bleckmann wurden ebenfalls Mitglieder des Klubs, der in seinen Räumen im Leopoldinischen Trakt der Hofburg Vorträge und Konzerte anbot. Im Januar 1931 war Hans Frank aus Deutschland zu Gast, um einen besonderen Vortrag zu halten, der gut besucht war, weil Frank als Anwalt für Adolf Hitler arbeitete. Der Klub wurde zu einem Zentrum für die Ränke und Intrigen österreichischer Nazis.

Otto verbrachte in jenem Sommer fünf Wochen in München auf der Reichsführerschule, einer Sommerschule für aufstrebende Nazis. »Habe hier arg viel zu tun«, schrieb er Charlotte. Er war »zum Tagebuchsführer des Lehrgangs bestimmt worden«, einer Gruppe von 90 Nazis, verbunden durch »eine prächtige Kameradschaft«. Der Tagesablauf war militärisch geregelt: »Wecken, Frühturnen, Baden, Frühstück, Vortrag 1, Vortrag 2, etc., Essen u.s.w.« Abends sang man und spielte Spiele, tagsüber wurde exerziert und marschiert. »Die ganze Sache ist für mich sehr interessant und lehrreich, wir hören die großen ersten Parteikräfte. Auch Hitler hat schon ganz prächtig zu uns gesprochen.«

Er kehrte mit Fotografien zurück, die ins Familienalbum geklebt wurden, jenes Album, das Horst mir bei meinem ersten Besuch zeigte. Allerdings enthielt das Album keinen Abzug eines berühmten Fotos der Teilnehmer an dem Sommerlehrgang, auf das ich anderswo stieß. Aufgenommen von Heinrich Hoffmann, Hitlers Fotografen, zeigt es Otto in der zweiten Reihe stehend, direkt links von Hitler.

»Tschapsli telefoniert nach 5 Wochen wieder«, notierte Charlotte in ihrem Tagebuch, das auch politische Entwicklungen verzeichnete: Zwei Wochen nach seiner Rückkehr notierte sie »Heimwehrputsch« in ihrem Tagebuch, ein Hinweis auf einen gescheiterten Putschversuch durch eine nationalsozialistische Gruppe. Viele ihrer Mitglieder sollten irgendwann zu Otto bei der Nazi-Partei stoßen.

Im September verbrachte sie einige Zeit in Mürzzuschlag, wo sie an Stoffentwürfen arbeitete, die Berge genoss und Besucher empfing. Alles sei »so schön« weit weg von Wien. »All diese Juden, wo man geht und steht, brachten mich vollends zur Verzweiflung. Tschapsli«, warnte sie Otto, »wenn sich mein Radikalismus so weiterentwickelt, werde ich bald nur mehr mit Dolchen herumwandeln.« Einer der Besucher war Alfred Frauenfeld, der vor kurzem zum NSDAP-Gauleiter Wien ernannt worden war. Er bot Charlotte an, sie Adolf Hitler vorzustellen und sie auf ihren Reisen zu begleiten. »Du hast mir immer gesagt, England ist sehr wichtig & dort müsste man viel eher Propaganda machen als bei uns«, schrieb sie Otto. Und Frauenfeld hob, wie sie frotzelnd bemerkte, ihr von ihm »so sehr niedergeknebeltes Selbstbewusstsein«. »Sonst höre ich nämlich immer nur in der Bräunerstraße (z. B.), dass ich sehr dumm & hässlich bin, mit einer jüdischen Nase & kleinen Füßen.«

Im Oktober reiste sie nach England, um Stoffmuster zu verkaufen. Auf der Reise ergab sich eine Unterhaltung mit einem Franzosen, in der sie sich für einen »Anschluss« Österreichs an Deutschland aussprach. Eine Verbindung zwischen Deutschland und Frankreich sei unmöglich, erklärte sie ihm, und das Gerede von internationaler Zusammenarbeit sei bloß ein »jüdischer Trick«. Überglücklich, wieder in London zu sein, besuchte sie in der Österreichischen Botschaft ein Konzert und feierte ihren Geburtstag mit ihrem Bruder Heini, der vor Ort das elterliche Stahlwerk repräsentierte. In Manchester wurde sie Mr. Caswell von der Calico Printers' Association vorgestellt, der für eine ansehnliche Summe Muster kaufte, sich in sie verliebte und sie nach Paris einlud. Sie lehnte ab, weil er verheiratet war und zwei Söhne hatte.

Der Besuch in Großbritannien fiel zusammen mit der Kampagne für die Wahlen zum Unterhaus im Oktober 1931 und Charlottes eigenem politischen Erwachen. Sie bewertete die Stimmungslage positiv und fühlte sich wohl in einem Land, dessen Unternehmen sich größtenteils weigerten, ausländischen Stahl zu kaufen, selbst den von Heinis Konzern. »Man atmet direkt auf in einem Land, dessen Einwohner fast ausschließlich noch so viel nationales Empfinden haben und wo dies eine Selbstverständlichkeit ist«, schrieb sie Otto, obwohl sie »die Judenfrage vielleicht noch nicht so betont haben«. Viele, die sie traf, hätten sich aufgeschlossen für nationalsozialistisches Gedankengut gezeigt, und Charlotte »gewann sie noch mehr für unsere Idee«.

Sieger der Unterhauswahl am 27. Oktober waren die Konservativen. Die von Labour und der Liberal Party seit August 1931 getragene Mehrparteien-Regierung des National Government wurde fortgeführt. »Jeder einzelne glaubt durch den Nationalismus an eine bessere Zukunft«, schrieb sie am 28. Oktober Otto. Den Deutschen möge »so ein nationales Zusammenhalten wirklich als Beispiel dienen«. Diesem Beispiel würden sie hoffentlich folgen, ihre Meinungsverschiedenheiten zurückstellen und sich »unter der Fahne, die A. Hitler hissen wird, [...] die Hände reichen«. Wer glaube, solche Ideen seien untauglich, der solle nach England reisen. Eine Woche später plante sie ihre Rückkehr nach Österreich über München. »Hole mich ab von dort & verbinde es mit deinem Besuch bei Hitler.«

Die Reise nach Großbritannien war ein Erfolg, und mit dem verdienten Geld – mehr als 10 000 Schilling – konnte sie sich ein kleines Haus mit Garten in der Anzengrubergasse 5 kaufen, auf einer Anhöhe in Klosterneuburg-Weidling mit schönen Ausblicken auf die Donau. Das Haus diente als Atelier und als Ort, um Feiern zu veranstalten, etwa einen Kindergeburtstag, bei dem sie die Geschenke »sehr nett, nat[ürlich] unter [dem Symbol des Hakenkreuzes]« auslegte. Der Nationalsozialismus gehörte nun voll und ganz zu ihrem Alltagsleben. In ihrem Tagebuch vermerkte sie eine Versammlung, die sie mit Otto besuchte, und über die Seite mit dem Eintrag tanzte ein Hakenkreuz.

Das folgende Jahr, 1932, begann mit keinem Heiratsantrag. Charlotte reiste kreuz und quer durch Deutschland und dann wieder nach England, um weitere Stoffentwürfe zu verkaufen. Otto beendete seine Ausbildung und eröffnete gemeinsam mit Dr. Georg Freiherr von Ettingshausen, einem Freund und Parteigenossen, eine eigene Anwaltskanzlei in der Margarethenstraße 47 im 4. Bezirk. Otto praktizierte in Handelsrecht und verdiente in den ersten vier Monaten 8000 Schilling, während Charlotte im Vorjahr 14 000 Schilling verdient hatte. Seine Fälle waren abwechslungsreich. So musste er unter anderem in einem Urheberrechtsfall vor dem Wiener Landesgericht erscheinen, wo er den Fotografen Lothar Rübelt vertrat, der wegen der Verletzung seiner Rechte durch den Schriftsteller Karl Kraus klagte. Es ging um die ungenehmigte Veröffentlichung einer Rübelt-Fotografie von Baron Alfons von Rothschild in der satirischen Zeitschrift *Die Fackel.*

Otto hatte noch ein anderes Arbeitsgebiet. Hier bot er Parteimitgliedern, die in Schwierigkeiten waren, und der Partei selbst Rechtsberatung an, eine Tätigkeit, die mit seinem politischen Engagement in Einklang stand. Im April 1932 trat er als Mitglied mit der Nummer 235 368 in die Schutzstaffel – die SS – ein, die als persönliche Leibwache Adolf Hitlers gegründete paramilitärische Elitetruppe. Als Mitglied des Verbandes deutsch-arischer Rechtsanwälte Österreichs verbrachte er immer mehr Zeit im Deutschen Klub, von wo Charlotte ihn oft abholte.

Im Frühjahr machten sie Bootsferien, und im Juni segelten sie auf dem Neusiedler See. Im Sommer fuhr Charlotte wieder nach England, wo sie Heinis reiche, schöne Freundin kennenlernte, deren Vater sich weigerte, einer Eheschließung seiner Tochter mit einem Österreicher zuzustimmen. In Dublin besuchte sie zusammen mit ihrer Mutter und Bischof Pawlikowski den 31. Eucharistischen Weltkongress, der zur Feier des 1500. Jahrestages der Ankunft des heiligen Patrick in Irland im Juni im Phoenix Park abgehalten wurde.

Zurück in Wien feierten sie am 8. Juli in seiner kleinen Wohnung mit Wein, Schnaps und Liebe Ottos Geburtstag. Nach dreieinhalb Jahren »hartnäckig[er] und zäh[er]« Zurückhaltung konnte sie nicht mehr widerstehen und gab sich ihm ganz hin. In dieser Nacht enthüllte sie ihm, wie sie es ausdrückte, das »größte Geheimnis«.

Immer noch ohne Heiratsantrag wuchsen Charlottes Zweifel. Sie machte sich Gedanken über Ottos verschlossenes und zurückhaltendes Wesen, seine Schüchternheit, die »kindliche« Art, wie er sich benahm.

Er war ehrgeizig und unfähig, seine Gefühle zu zeigen; aber sie liebte ihn.

Einen Monat später, nach einer Kanutour, begann sie sich unwohl zu fühlen. Nachdem ein Arzt ihr mitgeteilt hatte, dass sie schwanger war, eröffnete sie Otto die Neuigkeit in einem Café in der Margarethenstraße, in der Nähe seiner Kanzlei. Er bot nicht an, sie zu heiraten, und sie verbrachte die Nacht allein, in Tränen aufgelöst.

Zwei Tage später lenkte Otto auf Druck von Manni Braunegg ein. Er drängte auf eine rasche Eheschließung und schenkte ihr den Ehering seiner verstorbenen Mutter. Sie reisten nach Mürzzuschlag, um es ihren Eltern zu sagen, die sofort einverstanden waren. Stolz, einen Freiherrn zum Schwiegersohn zu bekommen, fragte Mutti gar nicht erst nach dem Grund für die plötzliche Eile. Einen Tag später besuchte das Paar General Josef von Wächter im Hotel Straubinger in Bad Gastein, wo er zur Kur weilte. Er sei beinahe umgekippt, als er die Neuigkeit hörte, erinnerte sich Charlotte, dann habe er sie fest umarmt. Auch er gab seine Zustimmung.

Die Hochzeit fand am Sonntag, dem 11. September, in der Basilika von Mariazell statt. Bischof Pawlikowski leitete die Zeremonie, Manni Braunegg und Charlottes Bruder Heini fungierten als Trauzeugen. Nur wenige Gäste waren eingeladen, kaum genug, um ein Ereignis daraus zu machen, da Otto eine dezente Feier wollte. Charlotte trug ein traditionelles steirisches Dirndl, um ihre Schwangerschaft zu verbergen; Otto erschien im maßgeschneiderten Steireranzug. »Ich konnte das Ende kaum erwarten. Eine Fliege saß mir am Arm & juckte«, erinnerte sich Charlotte.

Nach dem anschließenden Festmahl verbrachten die Frischvermählten die Nacht in einem kleinen Gasthof in der Nähe von Leopoldstein. Am nächsten Morgen kehrten sie früh nach Wien zurück, weil Otto einen Gerichtstermin hatte. Ob es dabei um eine Wirtschaftssache ging oder er die Partei vertrat, vermerkte Charlotte nicht.

5

2013, Hagenberg

Nach meinem ersten Besuch in Hagenberg tauschten Horst und ich weiter freundliche E-Mails aus. Horst schrieb ausführlich über das Schloss, dessen ursprünglicher Erbauer Heinrich von Hackenberg, ein Tempelritter, sich dem Kreuzzug Kaiser Friedrichs II. im 13. Jahrhundert ins Heilige Land angeschlossen hatte. Der Grundriss sei Elementen des Salomonischen Tempels nachempfunden, erklärte Horst, und im ausgehenden 17. Jahrhundert wurden die Gärten neu gestaltet und das Innere umgebaut. Eine große zweigeschossige Haupthalle wurde angebaut, mit dem »Tempel« zu Ehren des Hermes Trismegistos – »des dreimal größten Hermes«, angeblicher Verfasser der nach ihm benannten hermetischen Schriften. Horst berief sich gern auf den Namen und die Verbindung.

Er schrieb mir Gedanken an seine Eltern und schickte österreichische Zeitungsausschnitte. Zu einem gehörte ein Foto, eine »Demonstration schöner Mädchen für die SS-Division, die mein Vater dort aufstellte«, wie Horst es ausdrückte. Gemeint war die SS-Freiwilligen-Division »Galizien« (14. Waffen-Grenadier-Division der SS oder 14. Galizische SS-Freiwilligen-Infanterie-Division), die im Frühjahr 1943 von Otto aufgestellt wurde. Sein Vater sei nicht verantwortlich für irgendwelche Verbrechen, versicherte Horst mir. Vielmehr sei er ein »gefährdeter Häretiker« im nationalsozialistischen System gewesen, der gegen die in den deutsch besetzten Gebieten Polens und der Ukraine angewandten rassischen und diskriminierenden Maßnahmen gewesen sei.

Zu dieser Zeit war die Ukraine einmal mehr Thema in den Nachrichten, ein Land im Spannungsfeld zwischen Russland und der Europäischen Union. Wie es schien, bewegte die Geschichte sich im Kreis. Ein Jahrhundert zuvor, im September 1914, hatte die Armee des Zaren Nikolaus II. Lemberg besetzt, eine Stadt, die Horst zu besuchen hoffte. Der Gedanke führte zu einem Auftrag für mich, nämlich eine Kurzbiographie über ihn für die *Financial Times* zu schreiben. Im tiefsten Winter kehrte ich bei klirrender Kälte mit einem Fotografen nach Hagenberg zurück.

Horst empfing uns in einem langen Mantel und mit einer hellroten Wollmütze auf dem Kopf. Wir verbrachten zwei Tage vor einem großen Feuer in der zweigeschossigen gewaltigen Halle und in seinem Schlafzimmer, das von einem großen Holzofen, dessen weiße Kacheln durch jahrzehntelangen Gebrauch geschwärzt waren, kaum erwärmt wurde. Die Flammen tanzten, während Horst erzählte, Geschichten, mit denen er mich davon zu überzeugen versuchte, dass sein Vater anständig gewesen war, während ich ihn drängte, kritischer über Otto nachzudenken. Es war ein Spiel mit einem doppelten Plädoyer, eines, das Jahre dauern sollte.

Horst saß in einem großen Sessel und sah sich die Fotoalben der Familie an. Hin und wieder ging er in ein anderes Zimmer, um mit ein oder zwei Schriftstücken aus Charlottes Nachlass zurückzukehren. Bisweilen bemerkte er, wie mein Blick durch den Raum schweifte, zum Porträt seines Großvaters Josef oder zu den Fotografien von Otto und

Seyß-Inquart oder zu einem alten Druck einer Ansicht von Krakau. »Vielleicht hat meine Mutter das Bild entwendet«, meinte er. Einmal, so erklärte er, habe sie versucht, bestimmte Stücke an Polen zurückzugeben, aber ohne Erfolg. Kein Thema war tabu.

Wir sprachen über seine Kindheit, aber er konnte sich kaum an sie erinnern. Seine Erinnerungen waren bestimmt von den Fotos, die in Alben klebten, oder Charlottes Amateurfilmen, die inzwischen verlorengegangen waren. Ihr Verschwinden sei »sehr unerfreulich«, und er hoffte noch immer, dass sie wieder auftauchen würden, vielleicht im Keller seiner Schwägerin. Die Schuld an dem »Debakel« gab er einer Art »panischer Geheimhaltung« vonseiten seines seit vielen Jahren verstorbenen Bruders Otto, der den Vater und die Familie am liebsten totgeschwiegen hätte. Sein Neffe Otto, der Sohn von Otto junior, hatte davon abgeraten, sich auf mich einzulassen. »Sie wollen nichts wissen«, sagte er über die Familie.

Das Familienleben war nie einfach gewesen. Vor Jahren aß Horst zweimal zu Abend, zuerst mit seiner Mutter und etwas später mit seiner Frau. Die enge Bindung an Charlotte war ein Problem, das Jacqueline schließlich dazu brachte, ihn zu verlassen. Als seine Mutter erkrankte, pflegte er sie. Nach ihrem Tod 1985 kehrte Jacqueline zurück. Sie war hochgewachsen und feingliedrig, energisch und besaß einen scharfen Verstand. Ihre Familie war durchdrungen von »progressiven« Werten, und Jacquelines Vater war ein angesehener Journalist in Schweden. Die beiden Familien hatten nichts füreinander übrig, und irgendwann, als Jacqueline und ich uns bei einer Tasse Tee allein unterhielten, erzählte sie, dass sie sich von Horst wegen seiner übertriebenen Zuneigung zu Charlotte hatte scheiden lassen. »Wir kamen erst wieder zusammen, nachdem sie gestorben war.« Sie sei »bis zu dem Tag, an dem sie starb, ein Nazi« gewesen, flüsterte Jacqueline. Als wir aufbrachen, sagte sie dasselbe zu dem Fotografen, der mich begleitete.

Horst vertraute mir eine Erinnerung an, wie er Otto das letzte Mal gesehen hatte, 1948, an Weihnachten. Ihm sei damals nicht klar gewesen, dass es sein Vater war, zu Hause in Salzburg, ein Mann mit einem

Schnurrbart, der nachts in sein Zimmer kam. Ein entfernter Verwandter, erzählte ihm Charlotte. Er wusste damals nicht, dass sein Vater auf der Flucht war, ja nicht einmal, dass er noch lebte. Er erinnerte sich an kein Gespräch mit Otto, keine echte Beziehung. »Ich habe meinen Vater nicht geliebt«, sagte er freiheraus, »wie hatten einfach zu wenig Kontakt.« Doch Ottos Ruf sollte sein Leben beherrschen.

Horst erinnerte sich an eine Kindheit in einer geächteten Familie in Salzburg nach dem Krieg. »War mein Vater wirklich ein Verbrecher?«, begann er sich zu fragen. Seine Mutter war nicht dieser Ansicht, und er gelangte zu einer Auffassung, die es ihm ermöglichte, Otto in sanfterem Licht zu sehen. Sie beruhte auf einer Unterscheidung: der Vater als Individuum, als bloßes Rädchen in einem mächtigen System, als Teil einer größeren verbrecherischen Gruppe. Horst leugnete nicht die Gräuel, den Holocaust, die Ermordung von Millionen Menschen. Es war geschehen, und es war falsch, und Schluss. »Ich weiß, dass das System verbrecherisch war, dass mein Vater ein Teil davon war, aber ich halte ihn nicht für einen Verbrecher.«

Andere sprachen gut über Otto – ein guter Ehemann und Vater, ein anständiger Mann, der seiner Verantwortung gerecht geworden war. Sicher, er befolgte Befehle, und dann sprach er den Eid auf Hitler. Doch er sei ein Idealist, ein ehrenwerter Mann gewesen, der glaubte, das System könne verbessert werden, und der versuchte, es zu verbessern. Er konnte nicht aus dem System aussteigen, erklärte Horst, und er habe Juden gerettet, nicht ermordet. Als ich nach Einzelheiten oder Namen fragte, erwähnte Horst Erwin Axer, den angesehenen polnischen Theaterregisseur, der ihm einen Brief geschickt hatte, auf Deutsch. »Ihrem Vater bin ich nicht begegnet«, schrieb Axer, obwohl er sich erinnerte, dass er, als Schlosser, für Charlotte, die Freiherrin, eine Kiste aufschloss. »Vielleicht wird Sie interessieren, dass ich den Adjutanten Ihres Vaters, den Hauptsf. Stasny, kannte und nicht vergessen habe«, fügte er hinzu. »Er hat geholfen, mir das Leben zu retten.«

Ich spürte, dass Horsts Sympathie für Otto eine Art von verlagerter Liebe war, für Charlotte oder Josef. »Ich kann nicht behaupten, dass ich meinen Vater liebe, obwohl ich meinen Großvater durchaus liebe« – dessen Porträt über dem Bett hing. Auch etwas anderes spielte eine Rolle, Elternliebe als Pflichtübung. »Ich habe eine Verantwortung ihm gegenüber, eine Verpflichtung, zu verstehen, was wirklich geschehen ist, die Wahrheit zu sagen und für ihn zu tun, was ich kann.« Mehr als einmal zitierte Horst das vierte Gebot, in einer von Martin Buber übersetzten Variante – »Ehre deinen Vater und deine Mutter«*. Er wollte sich auf das Positive konzentrieren, nicht bloß verurteilen. Schreckliche Dinge waren geschehen, aber andere waren verantwortlich: das Generalgouvernement, die SS, Himmler. Nur in diesem Sinne treffe Otto tatsächlich eine indirekte Verantwortung. Aber selbst diese Worte äußerte Horst beklommen, und seine Augen wurden feucht.

Während dieses zweiten Besuchs erfuhr ich etwas mehr über Charlottes Nachlass, aber nicht viel. Horst sprach bei dieser Gelegenheit zum ersten Mal über Ottos Tod in Rom im Sommer 1949. Unerwartet, sagte er, aber mehr nicht, und er nannte keine Einzelheiten.

In den folgenden Wochen schrieb Horst mir oft. Er zog die Redlichkeit meiner Absichten nicht in Zweifel und gestand zu, dass sein Vater »ein führender Teil einer entsetzlichen Maschinerie war, die so viel Tod und Elend verursachte«, machte sich aber Sorgen wegen der Folgen des Artikels, an dem ich arbeitete. Es gebe hier viele »Fanatiker«, die darauf aus seien, Rache an Nazi-Verbrechern und deren Nachfahren zu üben. »Ich bin zuversichtlich, dass Sie mich niemals für irgendetwas wirklich verantwortlich machen werden«, fügte er hinzu, dass ich die Realität der »Situation« seines Vaters am Ende anerkennen würde, der unter schwierigen Umständen sein Möglichstes getan habe und im Grunde ein integerer Mensch gewesen sei.

Auch Horst agierte als Anwalt. Er verwies mich auf Auszüge aus den Erinnerungen von Dr. Ludwig Losacker, einem der Mitarbeiter seines Vaters in Lemberg, mit Übersetzungen ins Englische, die Otto in günstigem Licht zeigten. Sollten wir vielleicht die Witwe von Herrn

* Buber-Rosenzweig-Übersetzung (1929); http://www.obohu.cz/bible/index.php?styl=BRU&kap=20&k=Ex

Losacker besuchen? Ein Artikel in der *Zeit*, 20 Jahre zuvor von einem bekannten Historiker verfasst, bot eine andere Sichtweise. Losacker wurde als einschlägiger Antisemit beschrieben und als »eine für den Judenmord in Galizien zentrale Figur«.

Horst schrieb wieder – an Hitlers Geburtstag, wie er anmerkte – und präsentierte eine andere Unschuldstheorie. Das Generalgouvernement sei zweigeteilt gewesen: Ein Teil habe der von Hans Frank geführten Zivilverwaltung unterstanden; der andere der SS-Verwaltung unter Kontrolle von Heinrich Himmler und seinen Handlangern. Zwei parallele Verwaltungen mit getrennten Verantwortlichkeiten. Otto habe keine Verantwortung für die »wahnsinnigen Taten« der SS-Verwaltung getragen. Der wahre Schuldige in Lemberg sei SS-Gruppenführer Fritz Katzmann gewesen, der SS- und Polizeiführer von Galizien, erklärte Horst. Ja, sein Vater habe von den Gräueln gewusst, auch von den »Todeslagern«, und dieses Wissen habe einen »gewaltigen Druck« verursacht, aber er habe nie die »Todeslager« inspiziert. Weil, wie Charlotte ihm einmal erzählte, er gewusst habe, dass es nicht in seiner Macht stand, etwas gegen sie zu unternehmen oder irgendjemandem zu helfen.

Als ich in Washington für das Porträt von Horst recherchierte, suchte ich das US-Justizministerium auf. Auf meine Anfrage hin, welches Material über Otto das Ministerium habe, zeigte man mir drei Dokumente, die angeblich seine Verstrickung belegten. Bei zweien handelte es sich um Schriftstücke, die sich mit der »Aussiedlung der Juden« und dem »Arbeitseinsatz von Juden« befassten. Sie wurden 1942 verfasst, und eines ist von ihm unterschrieben. Das dritte, ein auf den 25. August 1942 datierter Brief, deutete an, dass Otto nicht zu einer Bürotätigkeit in Wien zurückkehren, sondern auf seinem Posten im besetzten Polen bleiben wollte, um seine Arbeit fortzusetzen. Ich zeigte Horst die Dokumente. Ja, sie bezögen sich auf »schlimme und restriktive Maßnahmen«, die gegen Juden in Lemberg ergriffen wurden, aber da sie explizit weder »Vernichtungen« noch Tötungen erwähnten, seien sie kein Beweis für die Schuld seines Vaters. Er erwähnte einen anderen Brief, einen, den Otto am 16. August 1942 an Charlotte geschrieben hatte und der zeige, dass er nicht verantwortlich sein könne. Er würde ihn mir schicken, aber ich solle berücksichtigen, dass Otto wusste, dass die Briefe von der SS überprüft wurden, so dass er achtgab bei dem, was er schrieb.

Im Mai 2013 veröffentlichte die *Financial Times* die Kurzbiographie von Horst. Sie trug den Titel »My Father, The Good Nazi« und enthielt ein Porträtfoto von Horst in Mantel und mit roter Mütze, wie er gelassen in der großen Halle sitzt.

Der Artikel löste die unterschiedlichsten Reaktionen aus. Der österreichische Botschafter in London beschwerte sich: dass Horst seinen Vater nicht verurteile, bedeute nicht, dass man in Österreich heute so denke. Andere begrüßten Horsts Mut, das Bemühen des Sohnes, das Gute in seinem Vater zu finden. Ein Leser hielt Horsts Haltung für »irgendwie großmütig«, nach Ansicht dieses Lesers war sie Ausdruck der Liebe des Sohnes für seinen Vater.

Horst war nicht zufrieden mit dem Artikel. Das teilte er mir nicht direkt mit, sondern in ein paar Worten, die er auf der Website der Zeitung postete. »Ihr Artikel gefällt mir nicht so richtig«, schrieb er. Ich hätte zu viel ausgelassen, beispielsweise das Ansehen, das Otto heute in Lwiw bei vielen Menschen genieße, darunter auch bei Polen, Ukrainern und Juden. Jacqueline fand, der Artikel stelle ihn als Verrückten dar, blind gegen erdrückende Fakten. Nichtsdestotrotz, schloss Horst, habe er nach unserer gemeinsamen Zeit ein Gefühl der Ruhe und Kraft verspürt.

Ich befürchtete, den Kontakt zu ihm zu verlieren, aber das geschah nicht. Horst hielt mich weiter über die Reaktionen anderer auf dem Laufenden. Sein Neffe Otto warf ihm vor, egoistisch gehandelt zu haben, als er mir das Interview gab, ohne die möglichen Konsequenzen für ihn zu bedenken, einen österreichischen Anwalt, der für eine Kanzlei mit einem Büro in New York arbeitete und viele jüdische Kollegen hatte. »Vielleicht könnten Sie mit ihm reden?«, schlug Horst vor. »Ich habe ein Recht darauf, die Geschichte meines Vaters aufzuarbeiten«, fügte er hinzu. »Wenn er bis zum Kalten Krieg gelebt hätte, dann hätte er eine Schlüsselfigur für den Westen werden können.«

Mit der Zeit verflog Horsts Enttäuschung über den Artikel. »Ich habe schon sehr viel von Ihrer Einmischung profitiert«, schrieb er ein paar Monate nach der Veröffentlichung. Er verstehe und akzeptiere meine Position, und einige Leute hätten ihm geschrieben und sich zustimmend geäußert. Er sprach von »Wellen der Dankbarkeit«. Möglicherweise wären diese Reaktionen hilfreich bei den Bemühungen um eine Restaurierung des Schlosses. Er wolle Gewissheit haben, ergänzte er. »Ich will die Vergangenheit verstehen, will wissen, warum und wie Dinge geschehen sind.«

Horst versuchte in der Folge noch stärker, mich davon zu überzeugen, dass sein Urteil über seinen Vater richtig sei, dass Otto in Wahrheit einen anständigen Charakter gehabt habe, dass er nicht in Dinge verwickelt gewesen sei, die irgendeine strafrechtliche Verantwortung oder Schuldfähigkeit begründen könnten. Inzwischen standen wir seit fast zwei Jahren in Kontakt, und ich nahm an, dass unser Gedankenaustausch seltener werden, die Kommunikation allmählich verstummen würde. Ich irrte mich. Ein Keim war am Sprießen, die Beziehung schlug eine neue Richtung ein, gehegt von einem stetigen Informationsfluss und unerwarteten Details.

6

1933, Wien

Ottos wahrer Charakter sollte bald auf die Probe gestellt werden. Ein paar Monate nach der Hochzeit, am 30. Januar 1933, kam es zur nationalsozialistischen »Machtergreifung« in Deutschland, als Adolf Hitler von Reichspräsident Paul von Hindenburg zum Reichskanzler ernannt wurde. Damit veränderte sich auch der Status der Nazi-Partei in Österreich, wo die öffentliche Meinung hinsichtlich der Entwicklungen im Dritten Reich äußerst gespalten war. Bischof Pawlikowski, ein erklärter Gegner des Nationalsozialismus, veröffentlichte in seiner Diözese einen von einem Amtskollegen verfassten Hirtenbrief, der den »nationalsozialistische[n] Rassenstandpunkt« als »mit dem Christentum völlig unvereinbar« zurückwies. Das jüdische Volk »nur wegen seiner Abstammung [zu] verachten, hassen und verfolgen, ist unmenschlich und antichristlich«, hieß es dort. Dennoch, so weiter, habe jeder »überzeugte Christ« die Pflicht, den schädlichen Einfluss des »jüdischen, internationalen Weltgeistes« zu bekämpfen, den »viele gottentfremdete Juden« sich zu eigen gemacht hätten. »Das entartete Judentum im Bunde mit der Weltfreimaurerei« sei »auch vorwiegend Träger des mammonitischen Kapitalismus und vorwiegend Begründer und Apostel des Sozialismus und Kommunismus, der Vorboten des Bolschewismus«.

Angesichts der Umwälzungen in Deutschland identifizierte sich Otto noch stärker mit der »verbotenen Partei«. Er verbrachte noch mehr Zeit im Deutschen Klub, wo er mit Kameraden und anderen Nazis Ränke schmiedete, während Charlotte geduldig zu Hause wartete, eine schwangere Fußsoldatin, die Hakenkreuze auf Kleidungsstücke stickte, »weil ich immer ein bisschen revolutionär war«, wie sie sich erinnerte. Als begeisterte Anhängerin der »Bewegung« hoffte sie, die Nazis würden für Ruhe sorgen und für ein Ende des Chaos in Österreich und Europa. Am 5. März gewann die NSDAP die Reichstagswahl, ein Moment, den Charlotte zum Anlass nahm, ihrer Freundin Helga Ettingshausen eine Ansichtskarte mit der Fotografie eines lächelnden Führers zu schicken. Am 21. März reiste Otto nach Potsdam, um an den Feierlichkeiten zur Eröffnung des neuen Reichstags teilzunehmen (das Reichstagsgebäude in Berlin war durch ein Feuer zerstört worden), und bei dieser Gelegenheit begegnete er, laut Charlotte, Hitler zum ersten Mal persönlich. Zwei Tage später verabschiedete der Reichstag das »Gesetz zur Behebung der Not von Volk und Reich«, das sogenannte »Ermächtigungsgesetz«, das Hitler den Weg zur absoluten Macht ebnete.

Ein paar Tage nach der Rückkehr ihres Mannes aus Potsdam setzten bei Charlotte die Wehen ein. Früh am Morgen des 2. April begab sie sich alleine in die Klinik Rudolfinerhaus, wo Otto junior geboren wurde. Der Vater blieb zu Hause im Bett liegen und tauchte später verlegen mit einem Blumenstrauß im Krankenhaus auf. »Völlig unwissend«, wie Charlotte in ihrem Tagebuch vermerkte, und mit einer tiefsitzenden Abneigung gegen Krankenhäuser und den Geruch von Desinfektionsmitteln. Zehn Tage später war Charlotte wieder zu Hause, und Otto junior wurde von Monsignore Allmer getauft.

Im Mai verbot der österreichische Kanzler Dollfuß mehrere politische Parteien, darunter die Nationalsozialisten. Otto verlegte seine politischen Aktivitäten in den Untergrund, aktiv unterstützt von seinem Vater und Charlotte, und steckte schon bald in Schwierigkeiten. Im Sommer berichtete die Zeitung *Der Abend* über eine bei einer Hausdurchsuchung »ausgehobene Nazizentrale«, eine »geheime Propagandazentrale«, die »unter dem Deckmantel eines Zeitungskorrespondenzbüros« tätig war. Die Polizei stellte Propagandamaterial sicher, 21 Personen wurden verhaftet und in Gewahrsam genommen, unter ihnen auch der »Nazirechtsanwalt Dr. Wächter«. Gegen ihn wurden polizeiliche Verfahren »wegen der Fortsetzung der verbotenen politischen Tätigkeit der Nazi« und der Pflege illegaler Verbindungen »mit verantwortlichen reichsdeutschen Stellen« eingeleitet.

Einmal mehr radikalisierte der Konflikt mit dem Gesetz lediglich Ottos politische Orientierung und verstärkte Charlottes aktive Unterstützung. Im September reiste das Paar an den Lido von Venedig, um an einem Treffen von Parteifunktionären aus Deutschland und Österreich teilzunehmen. Von seinem Vater Josef einberufen, war unter den Teilnehmern der Zusammenkunft auch Rudolf Weydenhammer, ein deutscher Industrieller. Ziel der Verschwörer war ein nationalsozialistischer Umsturz in Österreich.

Im Oktober vertrat Otto vor Gericht Rudolf Dertil, ein Parteimitglied und ehemaliger Soldat der österreichischen Armee, der sich wegen der versuchten Ermordung von Kanzler Dollfuß verantworten musste. Dertil wurde zu fünf Jahren Haft verurteilt.

Im Dezember reiste Charlotte erneut nach London, um weitere Stoffentwürfe zu verkaufen. Sie wohnte im Bonnington Hotel in der Southampton Row, aber diesmal war die Reise kein Erfolg und deckte kaum die Unkosten, obwohl sie einige Leute »von Wert« kennenlernte. Frühere Bekannte »fanden, ich sehe blendend aus«, übersahen aber den neuen Ehering. »Ich war nach wie vor Miss Bleckmann.« Sie war wieder schwanger, so dass die Reise nicht leicht war.

Im Jahr 1934 schaffte Charlotte sich ein neues Tagebuch an, ein »Pinguin-Hausfrauen-Taschenbuch«. »Ich liebe alles, was Du tust«, schrieb Charlotte über Otto. »Ob Du mir treu bist & es bleibst, ob Du in andre Augen schaust, ich trau Dir, wie Du mir auch traust.« Im Frühjahr reiste Otto nach Berlin, um sich mit Theodor Habicht zu treffen, Hitlers Kontaktmann in Österreich, der aber ein Jahr zuvor des Landes verwiesen worden war. Anscheinend begegnete Otto bei diesem Besuch Hitler zum zweiten Mal. Dies erfuhr ich nicht von Horst oder aus Charlottes Nachlass, sondern aus einem wissenschaftlichen Aufsatz, dem eine unscharfe Fotografie von Otto in Uniform beigefügt war, auf der er zwischen dem Führer und Alfred Frauenfeld steht, seinem Wiener Kameraden, der ein Auge auf Charlotte geworfen hatte. Otto wurde ins Reichsaußenministerium eingeladen, um über die Lage in Österreich zu referieren, und dort traf er Gerhard Köpke, einen Karrierebeamten, der einen Aktenvermerk verfasste. »Heute suchte der österreichische Rechtsanwalt Baron Wächter mich auf, um mir, wie er einleitend bemerkte, Grüße von den Herren unserer Gesandtschaft zu überbringen«, schrieb Köpke, »Herr v. Wächter, eine frische, jugendliche Erscheinung, macht den Eindruck einer zielbewussten und energischen Persönlichkeit.« Otto »entwarf ein Bild von der Lage in Österreich, das in manchen Farben noch dunkler und ernster war« als in früheren Berichten, da die österreichischen Nazis sich auf Terrorakte verlegten. Besorgt darüber, dass die Sturmabteilungen – die SA – außer Kontrolle waren, meldete Otto, die österreichischen Nazis bräuchten eine effektive Führung, und drängte auf ein Einschreiten Hitlers. »Es müsse bald ein Wandel geschaffen und die einheitliche Führung wiederhergestellt werden«, meinte Otto und ersuchte um ein Treffen mit Hitler. Köpke sagte, seine Auffassungen würden Außenminister Konstantin von Neurath übermittelt werden. Köpkes Bericht über das Treffen schlummerte viele Jahre in einem Berliner Aktenschrank. Im Jahr 1945 tauchte er als Beweisstück in Neuraths Prozess in Nürnberg auf.

Im Juni reiste Otto nach Zürich, um sich mit Habicht, Fridolin Glass (dem Führer der Wiener SS-Standarte 89, für die Otto als Rechtsberater fungierte) und Rudolf Weydenhammer, der Kontaktperson seines Vaters, zu treffen. Bei der illegalen Zusammenkunft wurde über den Sturz von Dollfuß gesprochen. Man vereinbarte eine Aufteilung der Verantwortlichkeiten: Otto sollte die politischen

Bemühungen leiten, Glass die militärische Führung übernehmen und Weydenhammer als Kontaktperson zwischen den beiden fungieren. Anton Rintelen, der österreichische Gesandte in Italien, wurde zum Dollfuß-Nachfolger im Amt des Bundeskanzlers bestimmt.

Im selben Monat wurde Charlotte von ihrem zweiten Kind entbunden, einer Tochter, Lieselotte Hertha Margarete Marta. Bei Charlotte entwickelten sich ein Blutgerinnsel und eine Thrombose. Schwer krank, war sie Ende Juli immer noch im Krankenhaus, als ihre Schwester einen Sohn zur Welt brachte und sie Tante wurde. Dieser Tag, der 25. Juli 1934, war noch aus einem anderen Grund bedeutsam. Während Charlotte im Krankenhaus lag, stand Otto an der Spitze des Versuchs österreichischer Nazis, die Regierung Dollfuß zu stürzen. Der Juliputsch begann mit dem Überfall einer Gruppe bewaffneter Männer auf das Bundeskanzleramt am Wiener Ballhausplatz mit der Absicht, den Kanzler in seinen Amtsräumen zu stellen. Die Dinge gerieten zunehmend außer Kontrolle, und Oskar Planetta, ein entlassener Armeefeldwebel, erschoss Dollfuß. Ob aus Versehen oder mit Absicht, war ebenso wenig klar wie die Frage der Beteiligung Berlins und Hitlers. Der sterbende Kanzler bat in seinen letzten Worten »um einen Priester, [und] ließ Mussolini – mit dem ihn eine Art Freundschaft verband – ausrichten, er möge für seine Frau sorgen«.

Der Putsch scheiterte. Einige der Beteiligten wurden verhaftet und vor Gericht gestellt, für schuldig befunden, zum Tode verurteilt und gehängt. Rintelen wurde des Hochverrats angeklagt und zu lebenslanger Haft verurteilt. Während andere flohen, tauchte Otto, der nie an Dollfuß' Amtssitz ankam, unter. Einige Berichte behaupteten, er sei im Hotel Imperial festgehalten worden, andere, er sei geflüchtet. Charlotte würde die Ereignisse des Tages später aus einer Unterhaltung mit einem früheren Mandanten Ottos, dem Fotografen Lothar Rübelt, rekonstruieren, der in der Zwischenzeit an Leni Riefenstahls Film *Der weiße Rausch – neue Wunder des Schneeschuhs* mitgearbeitet hatte.

Rübelt, dem der Plan gesteckt worden war, hoffte, den Putsch fotografieren zu können. Er kam zu spät und kehrte nach Hause zurück. Als er gerade mit seiner Mutter zu Mittag essen wollte, tauchte unerwartet Otto auf. Er war vollkommen aufgewühlt, fürchtete, gefasst und hingerichtet zu werden, und suchte nach einem Ort, wo er sich verstecken konnte. Otto aß mit den Rübelts zu Mittag, führte ein einziges Telefonat und wurde von einem Unbekannten abgeholt. Rübelt stellte Otto keine Fragen, schnappte aber Gerüchte auf, dass er Zuflucht in einer Wohnung gefunden habe, die dem deutschen Botschafter gehörte. Rübelt sah Otto erst wieder, als ihre Wege sich 1936 bei den Olympischen Spielen in Berlin kreuzten.

Die Beamten, die vor ihrem Krankenhauszimmer kampierten, während sie genas, verhörten Charlotte. Sie sagte ihnen, sie wüsste nichts. Ja, Otto habe sie am Tag vor dem Putschversuch besucht, aber sie sei in so schlechter Verfassung gewesen, dass sie sich kaum an die Unterhaltung erinnern könne. Ihr sei nichts Ungewöhnliches an seinem Verhalten aufgefallen, aber hätte sie gewusst, was er im Sinn hatte, hätte sie ihn unterstützt. Schließlich würde Kanzler Dollfuß österreichische Nazis hängen lassen.

Jahrzehnte später erzählte sie dem Historiker Hansjakob Stehle, dass Otto nicht der Kopf hinter dem Juliputsch gewesen sei. Der sei vielmehr von österreichischen SS-Mitgliedern geplant worden, dilettantisch und ohne richtige Führung. Otto habe sogar versucht, sich Zugang zum Ballhausplatz zu verschaffen, mindestens dreimal, konnte aber nicht hineingelangen. Ihrer Tante Lola Matsek gegenüber entwarf Charlotte in einem anderen Gespräch ein ganz anderes Bild der Ereignisse. Ja, Otto sei »verwickelt« gewesen in den Plan, und nur eine Serie unglücklicher Umstände habe ihn daran gehindert, den Amtssitz des Bundeskanzlers zu betreten. Dollfuß' Tod sei nicht beabsichtigt gewesen. »Das kam eben leider, wie das ist, wenn einer eine Pistole in der Hand hat, das war eine Affekthandlung, der hat gesehen, es läuft einer davon und der ist nicht stehen geblieben, und da hat er eben geschossen.«

Zum dritten Mal überschritt Otto die Grenze zur Kriminalität. Vom österreichischen Staat wegen Hochverrats angeklagt, wurde er ein gejagter Mann und tauchte unter. Charlotte ließ er allein mit zwei kleinen Kindern.

7

1934, Berlin

Weil sie die Ehefrau eines Mannes auf der Flucht war, wurde Charlotte in Wien einer genauen Überprüfung unterzogen. Nach dem Juliputsch blieb sie noch mehrere Tage im Krankenhaus, wo sie wiederholt von der Polizei befragt wurde. Im offiziellen Verhör erwies sie sich als gewieft und gab sich reserviert. »Ich weiß nichts«, sagte sie den Beamten, während sie lernte, was es bedeutete, eine »illegale Person« zu sein. Die Polizei beschlagnahmte das Haus in Klosterneuburg, ein Auto, Kleidung, ihren Pass und 5000 Schilling in bar.

Über inoffizielle Kanäle erfuhr Charlotte, dass Otto in Sicherheit war. Nach mehreren Tagen ohne Neuigkeiten kam die Nachricht, dass er sich in Deutschland aufhielt. Nach und nach erfuhr sie Einzelheiten: dass er sich an den Ufern der Donau versteckt hatte, als Schiffer verkleidet auf einen Kohlenkahn geklettert, flussabwärts gefahren und am 28. Juli in Budapest angekommen war. Dort war er von einem ungepflegten Journalisten mit Monokel empfangen worden, Herrn Kornhuber, der ihm geholfen hatte, nach Deutschland zu gelangen und ein neues Leben zu beginnen. Ein SS-Mann auf der Flucht konnte mit der vollen Unterstützung der Regierung und der Partei rechnen. Im Lauf der nächsten vier Jahre nahm Otto mehrmals an militärischen Übungen teil, wurde als »ehrenamtlicher SS-Führer z.b.V. [zur besonderen Verwendung] in der SS-Sammelstelle« Berlin geführt, ins Deutsche Reich eingebürgert und erhielt die Zulassung zur großen Staatsprüfung aufgrund des Gesetzes über die Befähigung zum Richteramt. In den Reihen der SS stieg er schnell auf und wurde binnen vier Monaten zum Hauptscharführer, Untersturmführer und schließlich Obersturmführer befördert.

Er lernte, was es bedeutete, ein Flüchtling zu sein, achtzugeben. Seine Briefe nach Hause enthielten verschlüsselte Anweisungen für Charlotte, Informationen über seinen Bedarf (darunter Kleidung und Wäsche) und den Ernst seiner Lage sowie die Gefahren, denen sie als seine Ehefrau ausgesetzt war. »Du scheinst doch ziemlich überwacht, bez[iehungsweise] deine Umgebung bespitzelt zu werden«, warnte er und wies sie an, auf der Hut zu sein. Den Kindern schickte er Federzeichnungen, Geschichten ohne Worte. Horst zeigte mir ein paar Fotos aus dieser Zeit, die Charlotte in ein Familienalbum geklebt hatte. Otto in einer Kaserne, bei einer Wehrübung. Otto in schwarzer SS-Uniform. Otto in einer ruhigen Wohnstraße, er trägt eine Armbinde mit Hakenkreuz. Otto vor seinem neuen Haus, einer Villa aus den 1930er Jahren in einem Außenbezirk Berlins. Otto, wie er lässig an seinem Auto lehnt (einem »gute[n] Steyr«), selbstbewusst und stolz, in einem dunklen Anzug und mit Hut.

Die Bilder vermittelten nicht den Eindruck eines Mannes auf der Flucht. Kurt Schuschnigg, der die Nachfolge von Dollfuß als Kanzler antrat, war ein Konservativer der Christlichsozialen Partei, ein entschiedener Verfechter der österreichischen Unabhängigkeit von Deutschland, ein Befürworter der Todesstrafe für Männer wie Otto. Als unversöhnlicher Gegner der Nazis hielt er das Verbot der Nazi-Partei in Österreich aufrecht.

In Ottos Abwesenheit erholte sich Charlotte. Sie verließ das Krankenhaus und ging mit Otto junior und Liesl nach Mürzzuschlag. Die drei bewohnten zwei Räume im Erdgeschoss des elterlichen Hauses, des Herrenhauses, obwohl ihre Eltern die meiste Zeit in Wien waren. Ihr Vater war nun im Ruhestand, aber die schmaleren Einkünfte reichten noch immer für ein Auto mit Chauffeur und ein Hausmädchen, das Charlotte zur Hand ging. In ihrer Erinnerung war es eine Zeit der Lustlosigkeit und Verzweiflung, des eingeschränkten Kontakts zu Otto, unter Bedingungen äußerster Geheimhaltung. Ihr Tagebuch enthielt verstohlene Hinweise auf heimliche Telefonate mit ihrem Mann, und später erzählte sie ihren Kindern, dass die Gerissenheit, die sie in jener Zeit lernte, ihr später gute Dienste leisten sollte.

Ihr Rettungsanker war Mutti, die aus Erfahrungen mit verwundeten Soldaten in dem Genesungsheim schöpfte, das sie während des Ersten Weltkriegs in Mürzzuschlag geleitet hatte. Ende 1934 bekam Charlotte das Haus in Klosterneuburg und ihren Pass zurück, so dass sie an Weihnachten zum Wintersport nach Davos in der Schweiz reisen konnte. Während des unerlaubten Wiedersehens mit Otto benutzten sie einen falschen Namen, »Wartenberg«, und wurden begleitet von den Ettingshausens, die ebenfalls aus Österreich geflohen waren und nun in München lebten.

Charlottes »Thrombose-Bein« erschwerte das Skilaufen, und sie klagte, Otto sei unaufmerksam, bis er sich selbst auf der Piste verletzte. Von Davos fuhren sie nach Berlin, dann ging es nach Süden. »Abend in Berchtesgaden«, notierte Charlotte am 12. Januar 1935 in ihrem Tagebuch. Bei der kleinen Stadt nahe der österreichischen Grenze hatte Hitler mit den Tantiemen für *Mein Kampf* ein Anwesen gekauft, den Berghof, der ihm als Rückzugsort diente. Otto kehrte nach München zurück, und Charlotte reiste nach Salzburg, Wien und Mürzzuschlag, um nach den Kindern zu sehen, Schach zu spielen und Besucher zu empfangen, darunter die Fischböcks. Sie musste sich regelmäßig auf einem Polizeirevier in Wien melden, besuchte die Gerichtsverhandlung von Anton Rintelen und verfolgte den Prozess gegen Hanns Blaschke, einen weiteren Kameraden, in dessen Verlauf Ottos Rolle bei dem Putschversuch beleuchtet wurde. »Die Person des Dr. Wächter stand für mich in ihrer Sauberkeit außer Zweifel«, sagte Blaschke dem Richter. »Seine Auskunft war so klar, dass in mir eine Vermutung auf einen Putschplan gar nicht aufkommen konnte.«

Im Deutschen Reich wurden die Nürnberger Gesetze verabschiedet, um die Reinheit der »arischen Rasse« zu schützen, während sie die

Juden zu Bürgern zweiter Klasse degradierten. Als »Staatsangehörige« standen sie fortan unter den »Reichsbürgern« als »alleinige Träger der vollen politischen Rechte nach Maßgabe der Gesetze« (Reichsbürgergesetz vom 15.9.1935). Otto meldete sich zur militärischen Ausbildung. Er diente in Freising bei München, wie Fotos von ihm und der Kaserne belegen, die, ich im Familienalbum fand.

An Weihnachten traf sich das Paar in der Tschechoslowakei in einem Hotel auf der Schneekoppe, dem höchsten Berg des Landes. Charlotte trug sich unter ihrem Mädchennamen Bleckmann ein, Otto als Wartenberg. Zu ihnen gesellten sich der Monokel tragende Journalist Kornhuber und seine Freundin, die sich als verheiratet ausgaben, so wie Charlotte und Otto vorgaben, es nicht zu sein, was sie köstlich amüsierte. »Nun, die Zeit war doch schön«, erinnerte sich Charlotte, aber sie ging zu schnell vorbei. Sie entschied, dass die Familie im folgenden Jahr, 1936, wieder vereint sein sollte.

Zu Beginn des neuen Jahres trafen sie sich in Garmisch-Partenkirchen, bei den Olympischen Winterspielen, um die Einzelheiten des Umzugs zu besprechen. »Skispringen mit Hitler«, notierte Charlotte am 13. Februar in ihrem Tagebuch. Im März vermerkte sie die deutsche Besetzung des Rheinlands, gefolgt von »Abendkino«. Sie beschlossen, im Herbst nach Berlin zu ziehen, sobald Ottos Militärdienst in der Wehrmacht beendet war.

Charlotte blieb in Kontakt mit Ottos Freunden und Kameraden. Sie besuchte Rudolf Pavlu in der Zeit, nachdem er die Haftstrafe für seine Rolle im Juliputsch abgesessen hatte und bevor er nach Berlin zog, wo er als Parteiangestellter in dem von Hitler-Stellvertreter Rudolf Heß gegründeten Flüchtlingshilfswerk der NSDAP für verfolgte Nazis beschäftigt wurde. Sie traf sich mit Arthur Seyß-Inquart und Theodor Habicht, die als Mittler für sie und Otto fungierten, und mit Ottos bestem Freund Manni Braunegg. Er wohnte in der Oberen Donaustraße, wie ich aus ihrem Tagebuch erfuhr, im 2. Wiener Gemeindebezirk, der Leopoldstadt. Ich kannte die Straße, weil es zufällig die war, in die meine Urgroßmutter Amalia Buchholz 1939 verbannt wurde, nachdem sie zur Räumung ihrer Wohnung gezwungen worden war.

Ihr letztes Wiener Domizil war eine Durchgangsstation auf dem Weg nach Treblinka, wo sie drei Jahre später ermordet wurde.

Im Sommer unterzeichnete Kanzler Schuschnigg eine Vereinbarung mit Hitlers Regierung. Auf der Grundlage dieses sogenannten Juliabkommens wurde neben Guido Schmidt als Staatssekretär für Äußeres ein anderer Kollege von Otto – Edmund Glaise-Horstenau – als Minister ohne Portefeuille in die österreichische Regierung aufgenommen. Seyß-Inquart wurde Mitglied des Staatsrats und fungierte als Kontaktperson zwischen der verbotenen Nazi-Partei und dem österreichischen Kanzler.

Nachdem Otto im Herbst seine militärische Ausbildung in Freising beendet hatte, bewarb er sich um eine Arbeitsstelle bei der SS, wobei er seine Erfahrung in Österreich und im Reich hervorhob und sich ganz auf die SS als Garantin der Einheit und Stärke der Partei verpflichtete, die entscheidend für die deutsche Außenpolitik seien. »Ich stand zur SS schon in der Kampfzeit in einem engen Verhältnis«, schrieb er in seiner Bewerbung. »Dabei habe ich meine Bindung an die SS stets über meine Anwaltspflichten gestellt.« Der Leiter des NSDAP-Flüchtlingshilfswerks unterstützte ihn, er könne »als hervorragender Nationalsozialist angesprochen werden«. Eine andere Referenz, ein früherer SS-Kollege aus Wien, charakterisierte Otto in seiner Funktion als Rechtsberater der 11. SS-Standarte in Österreich als gewissenhaften, loyalen und energischen Arbeiter. Bei mehreren Gelegenheiten, so berichtete der Gewährsmann, habe Otto seinen Ruf riskiert, indem er das Engagement für die SS über alle beruflichen und ethischen Pflichten stellte.

Im Herbst brachte Charlotte die Familie nach zwei Jahren Trennung endlich nach Berlin. Sie und die Kinder holten Otto an der Kaserne in Freising ab, und gemeinsam fuhr man nach Berlin, wo sie in eine Etagenwohnung einer Villa am Höhenweg 12 in den westlichen Außenbezirken der Stadt zogen, die von »eine[r] lebenslustige[n] Dame« vermietet wurde. Sie hatten drei Schlafzimmer und einen Garten mit Blick auf die Seenlandschaft der Havel. »Nun endlich war die Familie beisammen«, notierte Charlotte.

Otto wurde eine neue Tätigkeit im Hauptamt des Sicherheitsdienstes des Reichsführers SS angeboten. Der SD war der Nachrichtendienst der SS. In seiner Akte wurde ihm ein offenes und verständiges Wesen bescheinigt, womit er perfekt in »dieses Amt der Spitzel & Überwachungsdienste« passte, wie Charlotte den SD bezeichnete. Otto arbeitete in der Zentralabteilung II 2 »Lebensgebietsmäßige Auswertung« in der Prinz-Albert-Straße 8, in einem Gebäude, das man sich mit Gestapo und SS teilte.

Hier geriet Otto in den Dunstkreis von Reinhard Heydrich, dem Chef des SD-Hauptamtes, und Heinrich Himmler, der kürzlich von Hitler zum Chef der Deutschen Polizei ernannt worden war. Der SD war ein Arbeitsplatz für selbständige und hochqualifizierte Individuen, die zu gegebener Zeit überall in den vom Reich besetzten Gebieten in die oberen Ränge der Macht vorstoßen würden. Im Berliner Bundesarchiv fand ich den »Stabsbefehl für das SD-Hauptamt Nr. 3/37« vom Januar 1937, in dem Ottos Name auftauchte. Zu seinen Kollegen in einer kleinen und straff gebündelten Organisation gehörten SS-Hauptscharführer Adolf Eichmann und SS-Unterscharführer Karl Hass.

Nichts deutete darauf hin, dass Otto etwas anderes als hocherfreut war, hier zu arbeiten, obwohl Charlotte später beteuern sollte, dass ihm die Arbeit eigentlich nie gefallen habe, und »sicher sah er viel, was von ihm aus nicht zu ändern war – doch gegen seine Überzeugungen entschieden wurde«. Widersprüchlich wie stets bezeichnete sie diese Zeit zugleich als größte Glückseligkeit und Harmonie, eine perfekte Kombination aus wiedervereinigter Familie, nationalsozialistischer Machtausübung und einem weltweit im Aufstieg begriffenen Berlin. Es blieb sogar Zeit für gemeinsame Urlaubsreisen in die Berge.

Allerdings waren diese Jahre nicht ganz frei von

privaten Spannungen. Charlotte kam dahinter, dass Otto wieder eine Affäre hatte, diesmal mit einer jungen Deutschen namens Traute. Es war weder das erste noch das letzte Vorkommnis dieser Art. Hinzu kam, dass Charlotte wieder schwanger war, und entsprechend heftig fiel ihre Reaktion aus. Sie erzwang das Ende des Verhältnisses und war entschlossen, Otto zu bestrafen. Das tat sie, indem sie die Schwangerschaft abbrach. Schlussendlich eine harte Entscheidung, wie sie fand, aber notwendig, um ihren Mann nicht zu verlieren.

Zu Beginn des neuen Jahres, 1937, wurde Otto zum SS-Obersturmbannführer befördert und unternahm weitere notwendige Schritte, sich den Weg nach ganz oben zu ebnen. In seiner SS-Personalakte fand ich einen Brief, den er im April schrieb und in dem er sich gänzlich dem Dienst am Führer verschrieb: »Ich melde hiermit, dass ich am 15. d. M. meinen Austritt aus der römisch-katholischen Kirche durchgeführt habe.« Er unterzeichnete mit einem »Heil Hitler! Wächter«. Er erklärte sich als »gottgläubig«, verpflichtet auf ein frommes und tugendhaftes Leben ohne Zugehörigkeit zu irgendeinem religiösen Bekenntnis. Die Idee war von Heinrich Himmler propagiert worden und sollte die totale Verpflichtung auf die Ideale des SD, der SS und des Führers widerspiegeln.

Otto verbrachte mehrere Monate in der Zentralabteilung II 2, dann wechselte er zum Flüchtlingshilfswerk der Partei, wo er mit Rudolf Pavlu zusammenarbeitete. Die Tätigkeit ermöglichte es ihm, durch Europa zu reisen, nach Belgrad, Triest, Zagreb, Dubrovnik und Venedig, und Kontakte für die Zukunft zu knüpfen. Er bestand die staatliche Zulassungsprüfung zur Anwaltschaft. In seiner Personalakte heißt es über ihn, er besitze einen »offene[n] Charakter« und »feste[n] Wille[n]«. Sein »rassisches Gesamtbild« wird wie folgt charakterisiert: »großer schlanker Körperbau, nord. Erscheinung«.

Die Familie rechnete mit einem längeren Aufenthalt in Berlin. Charlotte unternahm kurze Ausflüge nach Österreich, nach Mürzzuschlag und Wien, verkaufte das Haus in Klosterneuburg und erlangte anderen Besitz zurück, der nach dem Juliputsch beschlagnahmt worden war. Zurück in Berlin, war sie erneut schwanger, und diesmal entschied sie, das Kind zu behalten. Im November 1937 setzte sie sich hinters Steuer und fuhr selbst ins Krankenhaus zur Geburt ihres dritten Kindes – ein Mädchen, zu Ottos großer Enttäuschung, der davon geträumt hatte, sechs Söhne zu bekommen. Charlotte ärgerte ihn noch ein bisschen mehr, als sie darauf bestand, der neuen Tochter den Namen Traute (Waltraud) zu geben, zu Ehren seiner jüngsten Affäre. »Und es soll Dir ganz besonders gefallen«, schrieb sie.

Während die Beziehungen zwischen Österreich und Deutschland sich verschlechterten – Kanzler Schuschnigg beschwor mit der Parole »Rot-weiß-rot bis zum Tod!« die Eigenständigkeit Österreichs –, traf Charlotte Vorbereitungen für den Aufenthalt in Berlin. Sie ging auf Haussuche, schnitt Anzeigen aus und klebte sie in ihr Tagebuch. Im Januar 1938 beförderte Himmler Otto zum SS-Standartenführer. Offizielle Porträts wurden in Auftrag gegeben: Otto am Telefon, beim Aktenstudium, im Gespräch mit Kollegen. Die Bilder vermittelten nach außen Macht und Autorität, die tiefschwarze SS-Uniform, das Gesicht mit der Adlernase, so ausgeleuchtet, dass die feinen Wangenknochen betont wurden, die leicht schräg sitzende Mütze, die nun einen Totenkopf trug, der ihn als SS-Mann auswies, der über Macht gebot.

Charlotte fand ein Haus im Bezirk Kleinmachnow, in der Nähe von Potsdam. Der Preis war annehmbar, die Größe angemessen, der Kauf rasch abgeschlossen. Jetzt besaßen sie ein Haus mit vier Schlafzimmern, einer Bibliothek, ein »ganz besonders apart[es]« Haus mit einem Reetdach, Einbauschränken, einem schönen Garten und »allem drum & dran«. »Wir freuten uns alle schon ganz mächtig«, hielt Charlotte in ihrem Tagebuch fest. Sie hatte vor, spätestens im Mai einzuziehen.

Der Umzug fand nie statt. Am 12. Februar 1938 empfing Adolf Hitler den österreichischen Bundeskanzler Kurt Schuschnigg auf dem

Berghof bei Berchtesgaden. Um kurz nach vier Uhr nachmittags übergaben Diplomaten Schuschnigg einen von den Deutschen vorbereiteten Vertragsentwurf, der Österreich die Verpflichtung auferlegte, die freie politische Betätigung von Nationalsozialisten zuzulassen, inhaftierte Nazis auf freien Fuß zu setzen und ihnen zu gestatten, auf ihre früheren Arbeitsstellen im öffentlichen Dienst zurückzukehren. Zwei hochrangige Nazis sollten in Österreichs Regierung eintreten, beides enge Kameraden von Otto: Arthur Seyß-Inquart (»ein guter Bekannter vom ›Deutschen Klub‹ aus Wien«, notierte Charlotte) als Innen- und Sicherheitsminister und Dr. Hans Fischböck als Staatsrat.

Unter starkem Druck unterzeichnete Schuschnigg dieses sogenannte Berchtesgadener Abkommen. Bei seiner Rückkehr nach Wien ergriff er Maßnahmen zu seiner Umsetzung und kündigte eine Volksbefragung an, um die Unabhängigkeit Österreichs zu bekräftigen und eine Vereinigung mit Deutschland zu verhindern. Hitler befahl, das Plebiszit abzusagen. Als Schuschnigg einlenkte, verlangte Hitler seinen sofortigen Rücktritt. Unter Androhung einer bewaffneten Intervention fügte Schuschnigg sich. Am 11. März übernahm Ottos Freund Seyß-Inquart die österreichische Kanzlerschaft.

Am darauffolgenden Morgen, dem 12. März, marschierten deutsche Truppen in Österreich ein. Damit wurde der »Anschluss« faktisch vollzogen, die Nazis übernahmen die Macht in Österreich. Es war ein einmaliger Fall von Annexion, Fusion und Okkupation. Charlotte sah die Sache auf ihre eigene Art: Seyß-Inquart wurde zum Statthalter von

Österreich ernannt und forderte Hitler dann zur Besetzung des Landes auf: »So wurde unser Führer quasi durch die Österr[eichische] Regierung zur Übernahme gebeten.«

Die Entwicklung veränderte das Leben von Charlotte und Otto. Nach Jahren in der österreichischen Bedeutungslosigkeit würden sie nun die absolute Macht kennenlernen.

II

MACHT

»Abendessen bei Wächter, Gouverneur von Krakau,
gerade heute zum Gouverneur von Lemberg ernannt.
Seine Frau empfängt uns. Reizend.
Wächter ist ebenfalls Wiener […].«
Curzio Malaparte, *Journal Secret*, 1942

8

1938, Wien

Die Eheleute Wächter hatten keine schnelle Rückkehr nach Österreich erwartet, erinnerte sich Charlotte. »Und doch sollte mit einem Mal ein großes Ereignis alles wenden. Der größte Traum, den wir eigentlich fast als unmöglich aufgaben, wurde plötzlich erfüllt.«

Sie schrieb einen langen Bericht über die Ereignisse vom März 1938, als der Führer nach Österreich kam und die Wehrmacht das Land besetzte. In ihren Worten, die 40 Jahre nach den Ereignissen zu Papier gebracht wurden und von mir weitere 40 Jahre nach ihrer Niederschrift gelesen wurden, lag eine spürbare Freude.

> Großen Jubel empfand jeder Nazi über dieses Wunder, und alle lagen sich in den Armen. Ja, es war einer der entschiedensten Augenblicke in unserem Leben und der 100 000 Tausenden, die alle nach Deutschland flohen & als »Illegale« lebten. Sie waren aus der schönen Heimat ausgestoßen und lebten als Verfemte, teilweise getrennt von ihren Familien in einem Land, das wohl nicht weit an km entfernt war von der Heimat, das aber unerreichbar für alle war, die es bei Nacht & Nebel verließen. Ja, ich hatte auch großes Heimweh nach allen meinen Lieben & nach den Bergen, Fluren, Wäldern. Als Trautchen kam, war ich mehr versöhnt mit unserem Schicksal, obwohl ich ja doch immer wieder über die Grenze durfte. Doch Otto hätte es niemals wagen dürfen. Nun dieses große Geschehen, der Führer an der Spitze eines großen Reiches – das ließ alle Pläne plötzlich vergessen, eine Bleibe in Berlin zu gründen. Es wurden alle Freunde & Verwandten angerufen, und im ersten Moment war ein völliges Durcheinander, nicht nur in unserem Hirn, sondern bei allen, die wegen diesem »Traum« ihr Le-

ben eingesetzt haben, Ihre Familie verließen und alles teilweise aufgaben.

Freunde beschlossen, von Deutschland nach Wien zu fahren, und sie begleitete sie. Die Reisegruppe verließ Berlin am Morgen des 10. März – eine Fahrt »voller großer Begeisterung über das große Geschehen in unserer Heimat« – und traf am selben Abend in Wien in der Belvederegasse 10 ein, wo Charlottes Eltern und ihre Geschwister wohnten.

> Als ich nach Wien kam, lief ich nächsten Morgen wie eine Wahnsinnige von einer Stelle zur anderen, um irgendeinen der alten Freunde von Otto zu finden, der noch in Österr[eich] resp[ektive] Wien weilte und der Otto von Berlin nach Wien zitieren hätte können. Wenn man denkt, dass all dies so leicht getan gewesen wäre wie gedacht, der irrt. Seyß-Inquart war fort & fuhr Hitler entgegen, um ihn auf der Grenze zu empfangen oder [in] Linz zu treffen. Keiner wusste etwas. Es herrschte ein unbeschreibliches Chaos und vom Portier an wusste niemand, wer nun in dem … jenen Gebäude, Zimmer, Posten, Sessel saß. Beim Bundeskanzleramt war die Regierung in Auflösung, bei der Polizeidirektion war der Direktor bereits abgetreten & kein neuer ernannt. Nun was und wohin.
>
> Da erfuhr ich, dass Globocnik [Globus], der der Verbindungsmann in der illegalen Zeit war, im Sicherheitsgebäude am Hof residieren soll. Ich eilte hin & nach langem Suchen im ganzen Gebäude fand ich ihn in einem Zimmer im 2. Stock (denk ich) am Schreibtisch thronend. Er erkannte mich gleich und frug nach meinem Wunsch. Ich bat ihn um den Anruf nach Berlin und die Verbindung mit Otto, um ihn nach Wien zu bitten, damit er am 13. III. 1938 bei der Parade am Heldenplatz sein kann, wo man eben beim Einmarsch des Führers dabei sein konnte. Der etwas langsame, umständliche Globus meinte: »Das ist unmöglich. Alle Telefonleitungen blockiert & wo soll ich ihn erreichen, und wie soll ich den Befehl erteilen, ohne Rücksprache mit …?«
>
> Da schlug ich mit der Faust auf seinen Schreibtisch, dass er zusammen-

zuckte & sagte: »Alles hat Otto für die Partei geopfert, bei der er seit 1923 ist, sein Leben riskiert, sein Vermögen verloren und am 13. III. soll er nicht dabei sein? Was denken Sie, Herr Glob? Wenn das unser Lohn ist, am größten Tag der Geschichte nicht dabei sein zu können, dann interessiert mich nichts mehr!«
»Nun was soll ich tun?« frug mich Globus. »Die Situation ist schwierig und ein Tag bis dahin ist wenig?«
»Dann geben Sie mir den Befehl, dass Otto mit Ihrem Einverständnis kommen kann!« platzte ich heraus.
»Ja wenn Sie's schaffen – bitte machen Sie das«, sagte er.
»Kann ich es nun ernstnehmen?«, sagte ich.
Globus: »Ja, ich befehle es Ihnen, dass Sie ihn verständigen.«
Und so rannte ich mit Dankesbezeugung & frohem Herzen in die Belvederegasse zu den Eltern, wo ich mich sofort an den Apparat schwang & nachdem alle Leitungen gesperrt waren, ein Blitzgespräch nach Berlin anmeldete. Ich weiß noch, es haben drei Minuten S 90 gekostet, eine Menge Geld, doch wert der Sache. In ein paar Stunden erreichte ich ihn im Amt des Obergruppenführers Rodenbücher, der die oberste Betreuung aller »Flüchtlinge« hatte. [...] Nun, er kam ans Telefon. Voll Freude und großem Stolz sagte ich: »Ich gebe Dir hiermit den von Globocnik erteilten Befehl, sofort und unverzüglich nach Wien zu fahren, um bei dem Einmarsch des Führers dabei sein zu können.« Das war eine unwahrscheinliche Überraschung! Er frug nach, und kann denn das wirklich wahr sein? Ich versicherte ihm die Richtigkeit & er hoffte bald und rechtzeitig nach Wien kommen zu können. Wie glücklich war ich damals, denn ich wusste, dass es wirklich ein Wunder war, ihn erreicht haben zu können. Bin überzeugt, dass Globus niemals daran dachte, dass ich am Telefon den Kontakt so schnell bekommen könnte. Vielleicht hätte er es sich überlegt.
Ja, und nächsten Morgen stand er als Brigadeführer in seinem schwarzen SS-Mantel, weißen Aufschlägen und SS-Uniform um 7 h früh an der Eingangstür unserer elterlichen Wohnung in Wien. Er sah trotz der großen Strapazen & Müdigkeit strahlend aus. Nun wurde gebadet, Café getrunken und kurz telefoniert gleich in die Stadt gefahren. Sein

> Chauffeur war auch bereit, und was musste es für ein Gefühl gewesen sein, nach vier langen, bangen Jahren, wieder die Heimatstadt sehen zu können! Mittags kam er wieder, mit zwei Teilnahmekarten am Heldenplatz oben am Balkon. Es blieben nunmehr etliche Stunden bis zum großen Ereignis, und so waren wir voller Erwartung.
> Am 13. März 1938 fuhren wir schon bald in die Stadt mit dem großen Mercedes und forschten nach unseren Freunden und nach dem zugewiesenen Platz. Fischböcks, Lehrs u. a. waren alle mit uns. Plötzlich hörte man ein lautes entferntes Rufen und Schreien, bis dieser Ausbruch der überwältigten Freude des Rufes »Heil Hitler« immer näher kam. Wie ein wogendes Menschenmeer rauschte es stets näher und stärker, und der Weg am Heldenplatz, der von Menschenmassen, die Kopf an Kopf standen, ganz ausgefüllt war bis zum Rathaus, Ballhausplatz und herum, wurde nun ganz langsam und schwer frei gehalten. Der Führer stand mit erhobener Hand & grüßte die begeisternd tobende Menge. [...] Es war ein spontan & aus dem Herzen kommender Ausbruch der Freude, denn alle wurden von dem Gefühl der aus dem Herzen kommenden Freude mitgerissen.
> Seyß-Inquart & Frau und noch viele andere kamen mit dem Führer, der langsam die Treppe über die Hofburg am Balkon hinaufschritt. Er stand 1 m vor mir und ich konnte ihn gut sehen und hören. Nach einer Begrüßungsansprache begann er seine Rede. Er als Österreicher war tief gerührt & konnte es vielleicht selbst kaum fassen. Es dauerte nicht allzu lange, doch Otto schien sich mit Seyß zu unterhalten und nahm auch alle anderen Freunde wahr.

Für Charlotte sollte die Zeit mit Hitler auf dem Balkon des Heldenplatzes immer »der schönste Augenblick [...] meines Lebens« bleiben. Im Fortgehen fragte Otto Charlotte am Fuß der Marmortreppe, die von dem Balkon hinunterführte, ob es ihr lieber wäre, wenn er wieder als Anwalt praktizieren und Geld verdienen würde, oder ob er in den öffentlichen Dienst eintreten und einen Posten in der neuen Regierung annehmen solle. »Wähle das, was dich persönlich am meisten interessiert«, sagte sie ihm, »zum Essen werden wir da auch genug haben.«

Nachdem sie ihm so grünes Licht gegeben hatte, besiegelte er ihren Pakt mit einem Handkuss.

Nach der Eingliederung ins Deutsche Reich wurde aus Österreich die »Ostmark«. An der Spitze der neuen Regierung stand Seyß-Inquart, und ihr gehörten Kameraden aus dem Deutschen Klub an. Ernst Kaltenbrunner, Ottos engster Freund in der SS, wurde »Staatssekretär für das Sicherheitswesen im Lande Österreich« und unterstand direkt Himmler; Hans Fischböck wurde zum Wirtschaftsminister ernannt; und Odilo Globocnik wurde Gauleiter von Wien. Bischof Pawlikowski, kurzzeitig im Gefängnis, weil er gegen die Festnahme eines Amtskollegen protestiert hatte, wurde aus der Haft entlassen und schloss sich der allgemeinen Begeisterung an, als die Kirche ins Boot geholt wurde.

Aus Deutschland wurden verlässliche Beamte in die »Ostmark« versetzt. Josef Bürckel aus dem Persönlichen Stab Himmlers wurde Reichskommissar für die Wiedervereinigung Österreichs mit dem Deutschen Reich. Zu seinen Aufgaben gehörten der Vollzug der Nürnberger Gesetze und die »Lösung der Judenfrage«. Er gründete die Zentralstelle für jüdische Auswanderung in Wien unter Leitung von Ottos früherem Kameraden beim SD Adolf Eichmann, der sich im Hotel Metropol einrichtete. Die Zentralstelle forcierte die zwangsweise Auswanderung oder Ausweisung der österreichischen Juden und organisierte später ihre Deportation. Nach wenigen Monaten hatten mehr als 100 000 Juden das Land verlassen. Einer von ihnen war mein Großvater Leon Buchholz, der im November 1938 seines Spirituosenunternehmens beraubt, staatenlos gemacht und per Gerichtsbeschluss aus dem Reich ausgewiesen wurde.

Otto traf sich schon früh mit Seyß-Inquart am Ballhausplatz, in jenem Gebäude, zu dem er vier Jahre zuvor während des Juliputsches keinen Zutritt erlangt hatte. Man bot ihm eine Stelle als Staatssekretär an, ein Umstand, über den nicht nur deutsche und österreichische Zeitungen berichteten, sondern auch die *New York Times*:

> Dr. Arthur Seyß-Inquart, Reichsstatthalter von Österreich, hat einen der Organisatoren des Nazi-Putschs vom Juli 1934, Dr. Otto Wächter, zum Staatskommissar für Personalangelegenheiten [genauer: zum persönlichen Referenten des Staatskommissars im Rang eines Staatssekretärs] ernannt. Als er erfuhr, dass der Putsch gescheitert ist, floh er nach Deutschland.

Einen Monat später war Hitler wieder in Wien, um dort an den Feierlichkeiten zum »Tag des Großdeutschen Reiches« teilzunehmen. Am 9. April stieß Charlotte zu einer Zusammenkunft im Rathaus, aß mit Otto bei Meissl & Schadn, dem berühmten Restaurant am Neuen Markt, zu Mittag und besuchte ein Konzert. »2. Reihe gesessen. Herrlich.« Am folgenden Tag votierten die Österreicher in einer Volksabstimmung für die Vereinigung mit dem Deutschen Reich, wobei Juden und andere Personen, die als »unerwünscht« galten, von der Stimmabgabe ausgeschlossen waren. Unter Druck von vielen Seiten, darunter der Führer der Sozialdemokraten Karl Renner und die katholische Kirche, stimmten die Österreicher mehrheitlich mit Ja. Bischof Pawlikowski befürwortete die Vereinigung und setzte, möglicherweise durch den kurzen Gefängnisaufenthalt weichgeklopft, seinen Namen unter einen Aufruf zur »Unterdrückung des verderblichen Einflusses des Weltjudentums in Wirtschaft und Kultur«.

»Früh gewählt«, notierte Charlotte in ihrem Tagebuch. Sie gehörte zu den 99,74 Prozent, die für die Vereinigung gestimmt hatten, ein Ergebnis, das die momentanen Verhältnisse zementierte und es Charlotte ermöglichte, zur fleißigen Partygängerin zu werden, die zu Cocktails, Gesellschaften und Empfängen für die »Prominenz« eingeladen wurde. Sie und Otto gaben ein glamouröses Paar ab, wenn sie Konzerte und die Oper besuchten oder die Premiere von Leni Riefenstahls Film *Olympia* samt anschließendem Empfang. Die Seyß-Inquarts und die Fischböcks wurden zu häufigen Besuchern in Mürzzuschlag.

Otto erhielt weitere positive Nachrichten, als Himmler ihn darüber informierte, dass Hitler die Einstellung der Untersuchung zu den Gründen für das Scheitern des Juliputsches angeordnet hatte. Dies befreite Otto von dem Vorwurf einer möglichen Verantwortung für den peinlichen Fehlschlag, eine Anschuldigung, die er energisch von sich wies. »In jedem Stadium der Aktion war ich der vollen Überzeugung, im Auftrag der Partei und damit als Vollzieher des Willens meines Führers zu handeln«, schrieb er. Am 8. Juli gab Charlotte zur Feier des 37. Geburtstages ihres Mannes eine aufwendige Abendgesellschaft. Zu den Gästen gehörten Manni Braunegg und andere alte Freunde, Kameraden aus dem Juliputsch wie Pavlu und Blaschke und politische Schwergewichte – Ernst Kaltenbrunner, Leiter des Sicherheitswesens und Chef des SS-Oberabschnitts Donau, und Walter Rafelsberger, Staatskommissar für Privatwirtschaft und Leiter der Vermögensverkehrsstelle (Arisierungen). Hermann Neubacher, der neue Nazi-Bürgermeister von Wien, wurde ebenso eingeladen wie Professor Norbert Gürke, der an Ottos Alma Mater berufene führende antisemitische Rechtsprofessor.

Charlotte besuchte die Salzburger Festspiele und fuhr mit Trudl Fischböck nach Bayreuth, wo Wagners *Ring* aufgeführt wurde. »Herrlich«, schrieb sie auf eine Ansichtskarte, die das mit Hakenkreuzen behängte Haus der Deutschen Erziehung zeigte, jeder Tag sei schöner als der vorherige. »Führer ist da. Oben mit H. beisammen essen«, ein Hinweis auf Himmler. »Trude [...] bei Frau Goebbels & Führer gewesen«, am Tag vor der *Götterdämmerung*.

Zwei Wochen später saß Charlotte in einer Loge der Wiener Staatsoper neben Arthur Seyß-Inquart und sah eine Aufführung von Verdis *Falstaff*. Sie wusste noch nicht, dass sie mit ihrem vierten Kind schwanger war, das sie in den Tagen glückseliger Erregung unmittelbar nach dem »Anschluss« empfangen hatte. Neun Monate später wurde Horst Arthur Wächter in Wien geboren, am 14. April 1939. Seyß-Inquart willigte ein, als Pate zu fungieren, und schenkte seinem Patenkind ein Exemplar von Hitlers *Mein Kampf*. Charlotte war entzückt von Horst, ihrem zweiten Sohn, mit seinem langen schwarzen Haarschopf. Auf einer Veranda ihres neuen Zuhauses, der Villa Mendl, empfing sie, inmitten leuchtend blühender Azaleen, Besucher. »Ich stillte Horst mit Freude & er gedieh soweit gut, war aber recht zart und spie gerne.«

9

2014, London

»Ich war ein Nazi-Kind.« So hatte Horst sich bei unserer ersten Begegnung selbst bezeichnet, aber damals kannte ich weder die Einzelheiten, noch war mir bewusst, wie wahr seine Worte waren. Nun konnte ich seine Erleichterung über den Titel des in der *Financial Times* veröffentlichten Artikels, »My Father, The Good Nazi«, verstehen.

In den Monaten nach der Veröffentlichung entstand die Idee einer möglichen Veranstaltung in London. Es sollte ein öffentliches Gespräch zwischen Niklas Frank und Horst Wächter werden, zwei Söhnen, die sich ihren Vätern auf unterschiedliche Weise näherten. Horst hegte anfangs Zweifel. Niklas, »mein Leidensgenosse«, sehe beide Väter einfach zu negativ, sagte er mir, und der Artikel in der *Financial Times* bereite seinem Neffen Otto »Schwierigkeiten«. Mir schien das ein Vorwand, aber ich behielt diesen Gedanken für mich.

Bald änderte Horst seine Meinung. »Ich habe mich entschlossen, Ihre Einladung nach London anzunehmen«, schrieb er mir. Sein Beweggrund sei Pflichtgefühl, der Wunsch, den von der Vergangenheit aufgeworfenen Fragen nicht aus dem Weg zu gehen, auch nicht der Verantwortung seines Vaters und seiner eigenen Verantwortung, sich mit der Wahrheit auseinanderzusetzen. Auf diese Weise könne er vielleicht zu einer menschlicheren Zukunft beitragen.

Im Februar 2014 trafen wir uns im Southbank Centre in London. Ein paar Tage vor der Veranstaltung erkundigte sich Horst, ob seine Tochter Magdalena, die Ende dreißig und Künstlerin war, dazukommen dürfe. Natürlich, war meine Antwort. Aber, fügte Horst hinzu, sie trage ein Kopftuch, denn sie sei kürzlich zum Islam übergetreten. Niemand wäre schockiert, beruhigte ich ihn, seine Ängste seien unangebracht. Also kam Magdalena, und auch Niklas' Tochter Franziska erschien. Die ausverkaufte Veranstaltung fiel zusammen mit den Protesten auf dem Kiewer Majdan gegen Versuche Russlands, die Ukraine davon abzuhalten, ein Assoziierungsabkommen mit der EU zu unterzeichnen. »Alle auf nach Kiew! Helfen wir dem Majdan!«, notierte der Schriftsteller Andrej Kurkow in seinem Tagebuch, während wir uns in der intimen Atmosphäre des holzvertäfelten Purcell Room versammelten.

Ich saß zwischen den beiden Siebzigjährigen, Horst zu meiner Rechten, Niklas zur Linken. Während wir uns unterhielten, wurden Schwarz-Weiß-Fotos der Väter und Familien auf eine große Leinwand über uns projiziert. Hans Frank mit Adolf Hitler, 1928. Otto Wächter mit Heinrich Himmler, 1942. Zwei Paare, die Franks und die Wächters, auf der Wawel-Burg, 1942. Die Familien in Bayern, im Landhaus der Franks, 1943. Frank auf der Anklagebank in Gerichtssaal 600 in Nürnberg, 1945. Frank, hingerichtet, 1946. Charlotte mit Horst und Geschwistern, eine Fotografie, die sie Frau Frank schickte, 1948.

Horst bat darum, vor allem ein Foto zu zeigen, »das, wo mein Vater sich auf mich stützt, 1944, auf dem Bahnhof in Zell am See«. Otto in Uniform, die SS-Mütze schräg aufgesetzt, mit Charlotte und Traute und Horst in weißen Socken.

Im Purcell Room liefen Filmkameras unter der Regie von David Evans, der anwesend war, weil er den *Financial Times*-Artikel gelesen hatte und meinte, das Thema – Erinnerung und der Schatten der Verantwortung – könnte eine interessante Dokumentation abgeben. Wir hatten bereits Niklas in Bayern und Horst in Hagenberg gefilmt, bei meinem dritten Besuch im Schloss.

Die Veranstaltung lief länger als die vorgesehenen 90 Minuten, und es gab keine Pause. Ein aufmerksames, stilles Publikum aus mehreren hundert Londonern lauschte gebannt zwei konkurrierenden Versionen von Geschichte, von Verantwortung und Familienleben. »Elektrisierend und spontan«, titelte eine Zeitung. Horsts Haltung war die schwierigere, und die Fragen an ihn waren schärfer, aber seine Herzlichkeit und Aufrichtigkeit und das Gefühl der Offenheit, das er vermittelte, nahmen viele im Publikum für ihn ein. Er freue sich, in London zu sein, erklärte er, wo man offen sprechen könne. »Diese Art des Zuhörens wäre in Österreich unmöglich, wir wissen nichts, und wir wollen nichts wissen.«

Ja, gestand er zu, sein Vater habe durchaus eine Rolle bei den schrecklichen Ereignissen im besetzten Polen während des Krieges gespielt. Aber nein, er trage keine strafrechtliche Schuld an den Gräueln, für die er keine Verantwortung trage und nicht tragen könne, angesichts seines »anständigen Charakters«. Richtig, es gebe belastende Dokumente aus seinen Amtszeiten als Gouverneur in Krakau und Lemberg, aber Ottos Unterschrift tauche auf ihnen nicht auf. Als ich die drei Briefe erwähnte, die mir vom US-Justizministerium in Washington anvertraut worden waren, tat Horst diesen Hinweis unwirsch ab.

Niklas reagierte schroff. »Sie sagten mir einmal, ich solle Frieden schließen mit meinem Vater«, meinte er zu Horst. »Ich habe Frieden mit meinem Vater, weil ich seine Verbrechen anerkannt habe.« Pause. »Und Sie, Sie winden sich. Wozu? Die Akten sprechen auch gegen Ihren Vater.« Eine weitere Pause. »Tut mir leid, lieber Freund.«

»Ich sehe die Struktur der ganzen Judenvernichtung völlig anders«, entgegnete Horst, bequem auf seinem Stuhl sitzend. Nach Wien und Krakau habe sein Vater in Lemberg unabhängig sein können und nahe bei den Ukrainern. »Er wollte etwas Positives tun in einer ehemaligen österreichischen Provinz.« Er hätte gehen können, aber er zog es vor zu bleiben, warf ich ein, mich auf einen Brief stützend, der von Himmler nach Berlin geschickt wurde und aus dem klar hervorging, dass Otto ein Angebot, Lemberg für eine Schreibtischtätigkeit in Wien zu verlassen, abgelehnt hatte.

»Weil er sich für die Menschen verantwortlich fühlte«, erwiderte Horst.

»Für einige Menschen.«

»Für einige … das Einzige, was er für die Juden tun konnte, war, die Distriktsbefehle ändern, und das tat er, um jüdische Arbeiter zu retten.« Gegen die Aktionen der SS sei er machtlos gewesen, und er habe nicht aus dem System aussteigen können, da er sich zu sehr einsetzte für »die Menschen«. Horst führte Charlottes Nachlassunterlagen an, Dokumente, die ich nicht gesehen hatte. »Wenn Sie die Tagebücher meiner Mutter lesen, da waren immer Polen und Ukrainer in seiner Nähe, mit denen er versuchte, Kontakt aufzunehmen, und er versuchte, nett zu sein.«

Horst zog es vor, sich auf das Positive zu konzentrieren, und ihm ging es nicht um Frieden mit seinem Vater. »Es ist meine Pflicht als Sohn, Dinge zurechtzurücken, das ist alles«, sagte er, eine Ansicht, die bei einigen im Publikum Widerhall gefunden haben dürfte. Er habe schließlich nichts zu verbergen und wolle offen sein. »Und meine liebe Familie war wütend und ist immer noch wütend.«

Bedauerte er es, vor einem solchen Publikum aufzutreten?

»Ja, natürlich«, antwortete er mit einem breiten Lächeln. Die Äußerung führte zu einem gedämpften nervösen Lachen, das die Anspannung löste.

Fragen folgten, auf die er sich höflich einließ, etwaige feindselige Untertöne geflissentlich überhörend.

Nein, seine Meinung über seinen Vater habe sich im Laufe der Zeit nicht geändert.

Ja, Ottos Geschichte habe sein eigenes Interesse an jüdischer Gelehrsamkeit und Kultur geweckt.

Nein, von seinem Vater unterzeichnete Tötungsbefehle existierten nicht.

Ja, wenn man ihm einen solchen Befehl vorlegte, würde er Otto verurteilen, aber er könne sich nicht vorstellen, dass so ein Schriftstück existiere. »Für mich wäre es unmöglich, dass er es getan hätte.«

Nein, Otto habe sich nach dem Krieg nicht gestellt. Warum nicht? Weil er, hätte er es getan, an die Russen ausgeliefert und sofort hingerichtet worden wäre. »Für ihn hätte es keine Gerechtigkeit gegeben.«

Nein, Otto wäre nicht nach Nürnberg geschickt worden. »Es gab keine Anklage nach dem Krieg, er lebte vier Jahre versteckt, und es gab keine Anklage gegen ihn, er wurde nicht gesucht.«

Diese Aussage verlangte nach einer Richtigstellung. Denn es gab eine polnische Anklage, über die in der *New York Times* berichtet worden war, obwohl ich ein entsprechendes Dokument bisher noch nicht gefunden hatte. Das war 1942, erwiderte Horst, lange vor dem Ende des Krieges. Wie auch immer, er besitze ein anderes Schriftstück, aus dem hervorgehe, dass Otto sein Möglichstes tat, um Menschen zu retten. »Ich glaube nicht, dass er von den Polen oder den Ukrainern angeklagt worden wäre.«

Seine Schlussfolgerungen beruhten auf privaten Unterlagen in seinem Besitz, erklärte er, mehr als 800 Briefe, die Charlotte und Otto einander schrieben, über viele Jahre hinweg. Sie stützten die positive Ansicht, die er vertrat, auch wenn die Beziehung seiner Eltern nicht immer einfach gewesen sei. »Mein Vater war ein gutaussehender Mann, meine Mutter war eifersüchtig.« Und, räumte er ein, »einige der Briefe fehlen«, vernichtet von Charlotte. Er besitze nicht alles, was sie einander schrieben, aber das, was er besitze, sei positiv.

Ja, er verstehe, warum manche glaubten, Otto sei mitverantwortlich für Verbrechen. »Ich würde das System niemals akzeptieren«, fügte er hinzu, »aber ich akzeptiere diesen Vater als meinen Vater.«

Die Fragen gingen weiter. Als der Abend sich dem Ende näherte, fragte Horst, ob er ein paar abschließende Worte sagen dürfe. Er nahm das Mikrophon und sprach mit fester Stimme. »Mein Vater wurde in Lwiw und der Westukraine verehrt, und er wird es heute noch, und zwar wegen seiner unnachgiebigen Haltung gegenüber den Sowjets und dem Kommunismus.«

Das waren seine Worte, und so endete der Abend.

Ein paar Tage später schickte Horst ein paar freundliche Dankesworte. Er habe die Gelegenheit begrüßt, für seinen Vater einzutreten, aber nun müssten unsere Verabredungen ein Ende haben. Und zwar wegen einer Äußerung von mir beim Mittagessen in einem kleinen griechischen Restaurant einen Tag nach der Veranstaltung, im Beisein von Magdalena. Wenn Otto gefasst worden wäre, dann wäre er vor Gericht gestellt, für schuldig befunden und verurteilt worden, genau wie Hans Frank, so meine Worte.

Was ich gesagt hatte, gefiel Horst nicht. »Sie haben meinen Vater auf eine Stufe gestellt mit den Vollstreckern des Holocaust«, was in seinen Augen grundfalsch war.

»Ich sehe keinen Sinn darin, das hier fortzusetzen.«

Wir waren an einem Schlusspunkt angelangt.

10

1938, Wien

Ottos Tätigkeit als personalpolitischer Referent des Staatskommissars für die Wiedervereinigung Österreichs mit dem Deutschen Reich im Rang eines Staatssekretärs verschaffte ihm Macht und Vergünstigungen, ein Büro im Bundeskanzleramt und ein Porträt im *Völkischen Beobachter*, der führenden Nazi-Tageszeitung. Nach dem Verkauf der kürzlich in Berlin erworbenen Immobilie und des Hauses von Charlotte in Klosterneuburg wurden die Wächters mit einem neuen Mercedes und einem neuen Heim versorgt. Im Juli zogen sie in die Villa Mendl. Der neue offizielle Wohnsitz der Familie Wächter war mit Hilfe von Georg Lippert, einem Freund, Architekten und erst jüngst zur nationalsozialistischen Sache Bekehrten, verfügbar gemacht worden. Zu dem Anwesen in der Wallmodengasse 11 im vornehmen 19. Bezirk gehörte ein eigener Park. Die Besitzer, die Familie Mendl, Inhaber der namhaften Großbäckerei Ankerbrot, waren im Zuge der »Arisierung« jüdischen Besitzes enteignet worden.

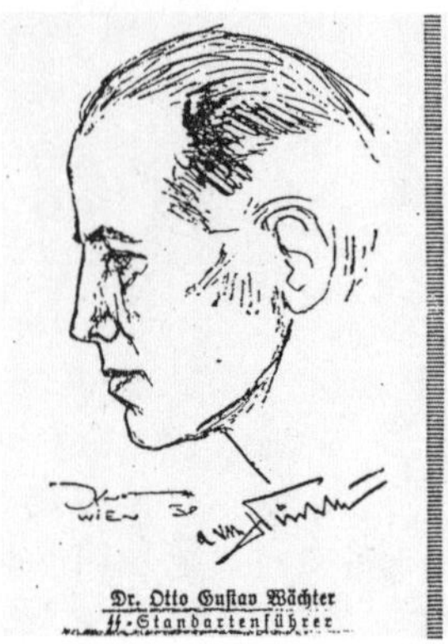

Es sei nicht viel auf dem Markt gewesen, aber Lippert »verschaffte uns [...] das Haus der Jüdin Bettina Mendl«, so drückte Charlotte es aus. Bettina Mendl, Absolventin des Cheltenham Ladies' College, führte das von ihrem Vater gegründete Unternehmen. Als leidenschaftliche Nazi-Gegnerin hatte sich Bettina, die eine gute Reiterin war, geweigert, 1936 bei den Olympischen Spielen in Berlin anzutreten. Als zwei Jahre später deutsche Truppen in Österreich einmarschierten, floh sie aus Wien und landete schließlich in Sydney, Australien. Aus einem von ihrer Tochter verfassten Erinnerungsbuch geht hervor, dass Lippert einer von Bettinas engsten Freunden und ein häufiger Gast in der Villa war, wo er Tennis spielte und Konzerte und Gesellschaften besuchte. Er hofierte die Nazis, »und um die Gunst seiner Nazi-Kollegen zu gewinnen, hatte er angeregt, die Villa Mendl als Residenz für SS-Gruppenführer Otto Wächter zu requirieren«. Nach Darstellung der Tochter raubten die Wächters die Schätze der Familie Mendl, »einschließlich der Kunstsammlung und der Gegenstände aus Kristallglas«. »In den Jahren nach dem Zweiten Weltkrieg waren mehrere Versuche unternommen worden, Wächter wegen seiner Kriegsverbrechen vor Gericht zu bringen«, fuhr sie fort, aber die Bemühungen scheiterten, denn er »hatte offenbar die Beute aus der Villa Mendl dazu benützt, sich einen sicheren Unterschlupf im Vatikan zu erkaufen.«

Die Villa Mendl habe zweifelsohne »eine herrliche Lage«, aber sie sei, wie Charlotte klagte, »im schlechten Zustand« – nur ein Flügel sei bewohnbar – und für ihren Geschmack »höchst ungemütlich«. Allerdings schätzte sie das riesige Wohnzimmer, die schöne Bibliothek und die Veranda mit Blick auf einen eleganten Park, wo sie Gäste empfangen konnte. Sie behielt die Baumgartners als Hauswarts-Ehepaar (»die waren noch vom rechten, alten Schlag« und übertrugen rasch ihre Loyalität auf die Wächters), stellte ein Kindermädchen ein (eine Perle, »weich, warm & mollig«) und beschäftigte einen Koch.

Im Oktober feierte Charlotte in der Villa Mendl ihren 30. Geburtstag, aus dessen Anlass Arthur Seyß-Inquart ihr zehn Rosen schenkte. Der Monat war angefüllt mit Konzert-, Theater- und Filmbesuchen: *Don Carlos* in der Wiener Staatsoper, *Unter den Dächern von Paris* im Kino und *Der Kanzler von Tirol* am Theater in der Josefstadt. In Gesellschaft der Seyß-Inquarts wurde sie Reichsmarschall Hermann Göring vorgestellt, der aus Berlin zu Besuch in Wien weilte.

Ottos Arbeit war mit Reisen durch das Reich und Europa verbunden. Im September fuhren er und Charlotte nach Nürnberg, wo sie vier Tage beim zehnten Reichsparteitag der NSDAP, dem »Reichs-

parteitag Großdeutschlands« verbrachten. Eine Dreiviertelmillion Menschen nahmen teil; es war die bis dahin größte Zusammenkunft dieser Art, aber auch die letzte. In ihrem Tagebuch vermerkte Charlotte die täglichen Themen: »09.09. ›Polit. Leiter‹; 11.09. ›SA‹; 12.09. ›Wehrmacht‹.« Am letzten Tag kam Hitler in seiner Schlussrede auf den »Anschluss« Österreichs zu sprechen, als er »unter uns heute als Volksgenossen und Bürger des Deutschen Reiches« auch »die Kämpfer der ältesten deutschen Ostmark« begrüßte. Es folgten die üblichen Tiraden gegen die »kapitalistische Demokratie« und die »parlamentarischen Parteien«, die »mit dem Marxismus Hand in Hand« gingen und »auf das grausamste gegen die natürlichen Volkinteressen, ja gegen jede Menschenwürde« handelten. Nachdem er sich über die angebliche »Verschwörung zwischen Demokratie und Bolschewismus«, zwischen »jüdischem Kapitalismus und theoretischem kommunistischem Antikapitalismus« ausgelassen hatte, richtete er eine unverhohlene Drohung an die »jüdischen Elemente«, weil das deutsche Volk nicht mehr bereit sei, »sich noch länger von diesen Parasiten aussaugen zu lassen«. Charlotte klebte ein Foto ins Familienalbum, eine Nachtaufnahme.

Ein paar Tage später vermerkte sie die Sudetenkrise in ihrem Tagebuch. »Chamberlain mit Führer in Godesberg«, schrieb sie, »gruselige

Situation.« Seyß-Inquart versicherte ihr, dass Krieg vermieden würde, aber vorsichtshalber kaufte sie Gasmasken für die Familie.

Ottos lange Arbeitstage und die Angst, dass er sich wieder auf außereheliche Abenteuer eingelassen haben könnte, stürzten Charlotte in ein Stimmungstief. Am 8. November kaufte sie ein Gemälde und verbrachte einen grauenhaften, traurigen Abend allein. Am Tag darauf stellte sie Otto in seinem Büro zur Rede, wobei sie ihr eigenes Verhalten als »ekelhaft« bezeichnete. Abends besuchte sie im Burgtheater die Premiere von *Cromwell*, einem neuen Theaterstück zur Feier einer »starken Führung im Dienste einer geeinten Nation«. Falls sie beim Verlassen des Theaters die Geschehnisse der »Reichskristallnacht« auf den Straßen Wiens bemerkte, so blieben sie in ihrem Tagebuch ohne Erwähnung. Parteimitglieder zogen durch Wien, plünderten jüdische Geschäfte, zerstörten Synagogen, verprügelten Juden und inhaftierten sie anschließend.

Am nächsten Vormittag tauchte sie wieder in Ottos Büro auf. »Ich [war] wieder sehr böse & ekelhaft«, urteilte sie in ihrem Tagebuch über die neuerliche Konfrontation. Mittags war sie wieder zurück in der Villa, wo sie den ganzen Nachmittag nur darauf wartete, dass er nach Hause kam. Sie verbrachten einen »bangen« Abend zusammen. Doch binnen einer Woche besserte sich ihre Laune, und es kehrte wieder Ruhe ein. Sie besuchte ein Konzert mit Werken von Mozart und Beethoven, dirigiert von Furtwängler, und eine Vorstellung der *Fledermaus*. Der Silvesterabend wurde beim Opernball im Volkstheater verbracht. »Danach heim & alleine [auf Mitternacht] gewartet«, schrieb sie in ihr Tagebuch. Dennoch sei das Jahr 1938 »wohl ein sehr, sehr glanzvolles in der Geschichte, und für uns brachte es auch eine große Wende in unserem Leben! […] Wir sind nun ein großes Land und haben unseren Führer an dessen Spitze.«

Ottos Arbeit führte ihn immer tiefer ins Innerste der nationalsozialistischen Macht. Er reiste häufig nach Berlin, oft zusammen mit Seyß-Inquart oder mit Walter Rafelsberger, der bis Ende 1938 mehr als 26000 kleine und mittlere jüdische Unternehmen »arisiert« und beschlagnahmt hatte.

Als Staatssekretär hatte Otto ein Büro am Ballhausplatz, im ehemaligen Bundeskanzleramt, und das Familienalbum enthielt mehrere Fotografien davon. »Wieder in Wien!«, schrieb er auf die Rückseite von einer. Ansonsten Innenaufnahmen, eine Treppe, der Kongresssaal, ein Porträtfoto Ottos in der *Neuen Freien Presse*, Ansichten von seinem Büro und dem von Seyß-Inquart, eine große Karte der »Ostmark«, ein Sitzungssaal, ein Wartezimmer. »Blick aus meinem Zimmer in den Wiener Frühling«, beschriftete er ein anderes Foto. Bei seiner Arbeit halfen ihm frisch aus Deutschland importierte Gesetze. Binnen einer Woche nach dem »Anschluss« ermöglichte eine neue Verfassungsbestimmung die Reform der öffentlichen Körperschaften. Die »Verordnung zur Neuordnung des österreichischen Berufsbeamtentums«, kurz »Berufsbeamten-Verordnung«, die am 31. Mai 1938 in Kraft trat, ordnete den österreichischen Beamtenapparat neu. Sie ermächtigte Otto, jeden Beamten von seinem Posten zu entfernen. Paragraph 3 bewirkte mehr oder weniger automatisch die Entlassung aller Juden und »Halbjuden« (»jüdische Mischlinge ersten Grades«). Paragraph 4 gab Otto die Macht, diejenigen zu entlassen oder »in den Ruhestand zu versetzen«, »die nach ihrem bisherigen politischen Verhalten nicht die Gewähr dafür bieten, dass sie jederzeit rückhaltslos für den nationalsozialistischen Staat eintreten«. Ottos Entscheidungen waren endgültig, eine Berufung vor einem Gericht war nicht möglich.

Er war befugt, Beamte in großer Zahl ihrer Posten zu entheben, weil sie Juden oder politisch unzuverlässig waren. Seine Entscheidungen wurden in sorgfältig archivierten Briefen und anderen Schriftstücken dokumentiert. Ich konnte kein einziges Beispiel finden, wo er eine Ausnahmeregelung in der Gesetzgebung angewendet hätte oder Milde hätte walten lassen. Beispiele für die Personen, die er ins Visier nahm, waren nicht schwer zu finden. So entfernte er den Wissenschaftstheoretiker, Philosophen und Bibliotheksassistenten in der Universitätsbibliothek Wien Victor Kraft aus seinen Stellungen, weil er eine jüdische Ehefrau und früher dem Wiener Kreis angehört hatte. Friedrich König war ein weiteres Zielobjekt in der Universitätsbibliothek. Er hatte als Freiwilliger in der k.u.k. Armee ein Bein und ein Auge verloren. Am 5. Juni 1939 informierte Otto ihn schriftlich, dass er entlassen werde, weil er ein »Mischling 1. Grades« sei.

Die genaue Anzahl der Personen, die Ottos »Säuberungsaktionen«, wie seine Tätigkeit genannt wurde, zum Opfer fielen, war schwer zu ermitteln, da viele der nach Berlin geschickten Akten verlorengegangen sind. Archivunterlagen in Wien dokumentieren, dass Otto mindestens 16 237 Beamte maßregelte oder entließ, von denen 5963 als »Beamte leitender Stellen« klassifiziert waren. »Entlassen, beziehungsweise ausgeschieden« wurden »zum Beispiel aus dem Personalstande des Bundeskanzleramtes 238, Sicherheitsdienstes 3600, Justizdienstes 1035, Unterrichtswesens 2281, Finanzdienstes 651, Postdienstes 1467«.

Ottos »Säuberungsaktionen« wurden mit unbeirrbarer Zielstrebigkeit durchgeführt und hatten erhebliche Konsequenzen. »Ich habe bei Wächter mancherlei für alte Kameraden versucht«, berichtete ein älterer Mitarbeiter, »kam aber in den seltensten Fällen durch.« Beispielsweise »wurde es denen, die von Wächters Schwert getroffen oder gestreift waren, unmöglich, eine Nebenbeschäftigung zu bekommen«. In einigen Fällen hatten Ottos Maßnahmen tödliche Folgen. So schrieb er dem vierundsechzigjährigen früheren Generalprokurator Robert Winterstein, der als Justizminister in Schuschniggs Regierung gedient hatte:

> Auf Grund des § 4 Abs. 3 der Verordnung zur Neuordnung des österreichischen Berufsbeamtentums vom 31. Mai 1938, RGBl. I S. 607, werden Sie entlassen.
> Die Entlassung tritt mit dem Tage der Zustellung dieses Bescheides in Wirksamkeit.
> Ein Rechtsmittel gegen die Entlassung steht Ihnen nicht zu.
> i. V.
> gez.: Wächter

Der frühere Minister wurde in der »Reichskristallnacht« verhaftet, als Charlotte das Burgtheater besuchte, und ins Konzentrationslager Buchenwald deportiert. Achtzehn Monate später war er tot.

Selbst einige seiner früheren akademischen Lehrer an der juristischen Fakultät der Universität Wien nahm Otto ins Visier. Professor Josef Hupka beispielsweise (links), der ihn in Handels- und Wechselrecht unterrichtet und sein Universitäts-Abschlusszeugnis unterschrieben hatte, war eines seiner Opfer. Professor Stephan Brassloff, bei dem er drei Vorlesungen gehört hatte, unter anderem über römisches Strafrecht, war ein anderes. Im Sommer 1938 von ihren Universitätsstellungen entfernt, verloren beide binnen sechs Monaten ihre Pensionsansprüche. Beide Professoren wurden am Ende in Lager deportiert, wo sie umkamen.

Die Aufgabe, den österreichischen Beamtenapparat zu säubern – nur ein »Übergangsposten«, wie Seyß-Inquart durchblicken ließ –, war nicht ohne Probleme. »Ich erinnere mich noch, dass er sehr unglücklich in dieser Tätigkeit war«, schrieb Charlotte in ihren Erinnerungen, obwohl mir die damals zeitgleich geschriebenen Tagebücher keinerlei Hinweis auf Unzufriedenheit oder ein Unglücksgefühl boten. Er sei gezwungen gewesen, »die Säuberungen der ganzen Leute, die eben keine Nazis waren, gegen die Nazis waren«, durchzuführen, erzählte sie dem Fotografen Lothar Rübelt. Mit anderen Worten, um ihre Ansicht zu paraphrasieren, er musste säubern, wollte es aber eigentlich gar nicht.

Dennoch gestand sie zu, dass seine Stellung ihm sehr wohl erlaubte, seine Liebe zur Politik auszuleben, auch wenn sie Anlass zu Intrigen und, wenn die Dinge schlecht liefen, Tadel gab. Otto sei »sehr unglücklich in dieser Tätigkeit«, und er »kam stets mehr in Teufelsküche«. »Die ›Nazis‹ meinten, er war zu wenig hart & durchschlagkräftig – die Gegner klagten, dass er zu streng urteilte!« Er wurde krank, bekam Zahnfäule. Ein Zahnarzt empfahl ihm, sich zehn Zähne ziehen zu lassen, ein anderer offerierte eine weniger drakonische Lösung, eine Wurzelbehandlung. Solcherart waren die Qualen, denen Otto Wächter ausgesetzt war.

Dann wurde unerwartet Seyß-Inquart als Reichsstatthalter Ostmark durch Josef Bürckel ersetzt. »Er war ein norddeutscher Pfälzer«, notierte Charlotte – klein, fett, rüpelhaft, ein Trinker ohne eine Spur von Feingefühl oder Takt. Otto wollte raus, und der Kriegsausbruch erlöste ihn. Im August 1939 unterzeichneten Deutschland und die Sowjetunion den deutsch-sowjetischen Nichtangriffspakt, dessen Geheimes Zusatzprotokoll die Aufteilung Mitteleuropas in »Interessensphären« regelte. Am Morgen des 1. September, einem Freitag, fand Deutschland einen Vorwand, Polen anzugreifen, was Großbritannien und Frankreich – zu Charlottes großer Enttäuschung – zu Kriegserklärungen veranlasste. Zwei Wochen später, als die Rote Armee von Osten her in Polen einmarschierte, einigten sich Deutschland und die Sowjetunion darauf, das Land zu teilen und eine neue Grenze zu schaffen.

Am 8. Oktober annektierte Hitler große Teile Westpolens, in der Absicht, dieses Territorium dem Großdeutschen Reich einzuverleiben. Ein paar Tage später verkündete er die Einrichtung eines Generalgouvernements »für die besetzten polnischen Gebiete«, die nicht in das Reich eingegliedert wurden, und ernannte Dr. Hans Frank zu seinem persönlichen Bevollmächtigten als Generalgouverneur. Arthur Seyß-Inquart wurde Höherer SS- und Polizeiführer in Krakau und Stellvertreter Franks, und Josef Bühler, die Nummer drei, fungierte als Amtschef des Generalgouverneurs in Krakau, ab März 1940 im Rang eines Staatssekretärs. Das Territorium des deutsch besetzten Polen wurde in vier Distrikte aufgeteilt – Krakau, Lublin, Radom und Warschau –, deren jeweilige Gouverneure unmittelbar Hitler und Dr. Frank unterstellt waren.

Am 17. Oktober wurde Otto auf Empfehlung von Seyß-Inquart zum Chef der Verwaltung für den Distrikt Krakau ernannt. Er war hocherfreut, Charlotte ebenso. »Nun wurde er voll Freude versetzt & hoffte auf bessere Arbeit«, vermerkte sie.

Er musste nicht lange warten auf die bessere Arbeit.

11

1939, Krakau

Nun »war Polen gewonnen & Seyß-Inquart kam als Gouverneur v. Krakau in die Stadt«, notierte Charlotte. Horsts Pate berief Otto zu seinem Stellvertreter, ein Posten, den »er mit Freude annahm«, da sein Vater während des Ersten Weltkriegs in dem Gebiet gedient hatte. Nachdem er den österreichischen Beamtenapparat von Juden gesäubert hatte, suchte er eine neue Herausforderung.

Noch im Oktober 1939 trat Otto seine Stelle als Verwaltungschef im Distrikt Krakau an. Binnen Monatsfrist wurde Seyß-Inquart befördert und Otto zum Gouverneur von Krakau ernannt, ein zuverlässiger Helfer, der künftig unter Dr. Frank diente. Seinen Dienstsitz richtete er im Potocki-Palais ein, auf Krakaus Hauptplatz. Aus diesem Anlass ließ er ein neues *Ex Libris* für seine Bücher entwerfen, eine elegante Verschmelzung seines Namens mit dem Familienwappen, dem Krakauer Rathausturm und einer flatternden Hakenkreuzfahne. Die Familie blieb in Wien. »Otto kam nur selten heim«, notierte Charlotte, aber er schrieb oft. In seinen Briefen schilderte er das Leben in Krakau und im Palais und redete Charlotte und den Kindern zu, sich ihm bei diesem neuen Abenteuer anzuschließen. Lieber heute als morgen, hoffte er.

Die Familie traf ein Jahr später ein, im Winter 1940, die Kinder wurden an der deutschen Schule in Krakau angemeldet. Charlotte hatte ihre Freude an der neuen Arbeit ihres Mannes und daran, »wie menschlich und einfühlend er dort regierte«. Auch andere seien dieser Ansicht, glaubte sie, darunter Universitätsprofessoren und Angehörige der polnischen Intelligenz, von denen er »sehr geachtet wird, ob seiner Anständigkeit und ob seines guten Charakters«. Die Wächters bewohnten eine große Villa außerhalb von Krakau, während Ottos Cousin, ein Architekt, an einem neuen Palais auf dem gegenüberliegenden Weichselufer arbeitete. Zum Hauspersonal gehörten eine Köchin, ein Küchenmädchen, ein Stubenmädchen und ein Kindermädchen, ein Gärtner, ein Kutscher, ein Chauffeur und zwei Leibwächter für Otto sowie eine Haushälterin namens Helena Scharkow.

Während die Familie sich in Krakau häuslich einrichtete, stellte Otto fest, dass das Arbeitsleben mit Dr. Frank nicht immer ganz einfach war, wenngleich Charlotte die Sache positiver sah. »Sehr intelligent«, vermerkte sie. »Ich schätzte ihn sehr, weil er hoch musikalisch & geschichtlich versiert war«, aber auch »intuitiv, sehr sprunghaft und ein Künstlertyp«. Sie genoss seine Gesellschaften im Haus Kressendorf, einem Palais aus dem 19. Jahrhundert, das als Sommerresidenz requiriert worden war, und wurde eine Vertraute seiner Frau Brigitte. Otto besuchte solche Veranstaltungen nur selten – weil er keine Zeit hatte oder keine Lust –, aber Charlotte schlüpfte in die Rolle der »Hofdame«, die stets verfügbar war, um mit Frau Frank Konversation zu machen oder mit dem Generalgouverneur Schach zu spielen.

»Na, Wächterin«, sagte er gern, »wollen Sie's wieder mal wagen?« Sie tat es und gewann oft, was nicht gut ankam. Frau Frank, älter als ihr Mann, korpulenter und kleiner als Charlotte, »war [bei anderen] maßlos eifersüchtig, doch hatte keinen Grund bei mir«, erzählte Charlotte später den Kindern. »Da sie wusste, wie gerne ich meinen Otto hatte, war sie niemals eifersüchtig auf mich, sondern erzählte mir alle ihre intimsten Geschehnisse und Erlebnisse.«

Ein Wochenendbesuch in Kressendorf im Frühjahr 1940 blieb Charlotte in Erinnerung. Als sie sich am Sonntagnachmittag anschickte, nach Krakau zurückzukehren, erkundigte sich Dr. Frank, ob sie nicht Lust hätte, ihn und Brigitte nach Wien zu begleiten, in einem »Sonderzug«, einem Nachtzug mit Schlafwagen. Sie wollte die Einladung nicht annehmen, aber der Generalgouverneur blieb hartnäckig und Otto redete ihr zu, also sagte sie ja. Im Zug spielten sie mehrere Partien Schach, die Charlotte gewann, dann zog sie sich in ein fürstliches Schlafabteil zurück. Sie erwachte um sieben Uhr am Morgen, als der Zug in Wien einfuhr.

»Das Gefühl, wieder in meiner geliebten Vaterstadt und noch dazu als Gast zu sein, ließ mein Herz höher schlagen.« Der Generalgouverneur lud sie zu einem Spaziergang durch die von Neuschnee bestäubte Stadt ein, während Brigitte sich in ein Hotel zurückzog. An einem klaren, frischen Tag schlenderten sie und Frank aus dem Ostbahnhof, blieben vor dem Stephansdom stehen, besichtigten das Palais Schwarzenberg und seine Gartenanlage und bewunderten die Silhouette von Wien und das Riesenrad im Prater, das »neugierig hervor[guckte]«.

»Was gibt es schöneres als wirklich schön gestaltete Vergangenheit«, schrieb sie. Zusammen gingen sie weiter zur Karlskirche, die sie noch nie besichtigt hatte und in der ihre Eltern geheiratet hatten. Frank sprach angeregt über Kunstgewerbe und Bauwesen und bestand darauf, dass sie die Gräber der Habsburger in der Kapuzinergruft besuchten. »Eine lange Reihe von Regierenden war dort für die Ewigkeit gebettet, & die vergänglichen Denkmäler zeugten von ihrer Existenz, ihrem Schalten und Walten. Sie reihen sich in die Vergangenheit ein.« Sie besichtigten ein Haus, in dem Beethoven gewohnt hatte, gegenüber der Universität, und liefen dann zu Fuß zum Hotel Bristol am Kärntner Ring, wo sie mit ihren Eltern Tee tranken. »Mutti war sehr begeistert, sprach impulsiv & anregend und alle unterhielten sich blendend.« An diesem Abend gingen sie in die Oper, wo *Der Rosenkavalier* gegeben wurde, komponiert von Franks Freund Richard Strauss. Charlotte kehrte allein nach Krakau zurück, im Zug des Generalgouverneurs.

Frank blieb in Wien, ihn beschäftigten andere Dinge. Ein paar Tage später kehrte auch er nach Krakau zurück, um seine Absicht bekanntzugeben, die Stadt zur »judenreinsten Stadt des Generalgouvernements« zu machen. Einen Monat später wurden die erforderlichen Befehle aufgesetzt und unterschrieben, die von Otto ausgeführt werden sollten. Die meisten Juden sollten ausgewiesen werden, und nur ein Viertel der jüdischen Bevölkerung – etwa 15 000 Personen – sollte bleiben dürfen.

Charlotte erwähnte solche Dinge weder in ihrem Tagebuch noch in ihren Briefen. Gelegentlich kam sie auf die Anforderungen der Arbeit mit Frank zu sprechen oder den Machtkampf mit SS-Obergruppenführer Friedrich-Wilhelm Krüger, dem SS- und Polizeiführer in dem Gebiet. Einmal sagte Otto, so schrieb sie, Frank und Krüger »auch offen ins Gesicht: ›Erst bis Ihr beide unter der Guillotine stehen werdet, wird Euch Euer Streit zur Vernunft bringen.‹«

In Zeiten der Trennung konzentrierten sich die Briefe oder Postkarten, die Charlotte und Otto sich schrieben, auf das Positive, es war ein wechselseitiger Strom herzlicher und liebevoller Gefühle. Die Korrespondenz enthielt weder Hinweise auf private Schwierigkeiten noch Andeutungen, dass Aspekte seiner Arbeit Otto Unbehagen verursachten. Auch in seiner SS-Akte finden sich keinerlei Anzeichen dafür, dass ihm bei seinen beruflichen Aufgaben Bedenken gekommen wären. Das Leben war schön, und Otto befand sich auf einem ausgezeichneten Weg, der nach oben führte.

Dies war auch Charlottes Sicht der Dinge, als sie viele Jahre später zurückblickte. Von ihrer Warte aus ließ sich seine Amtszeit als Gouverneur in Krakau mit einem einzigen Wort charakterisieren: Menschlichkeit. »Er lehnte es ab, Unschuldige zu erschießen, und sagte stets, ›man muss versuchen, das Volk zu verstehen und mit Liebe zu regieren‹.«

Charlotte war mit ihrer eigenen Säuberungsaktion beschäftigt. Was Ottos Tätigkeit genau beinhaltete, stand auf einem anderen Blatt.

Otto wurde ein paar Tage nach der berüchtigten »Sonderaktion Krakau« Gouverneur von Krakau. Als er dem Generalgouverneur meldete, dass aus Anlass des polnischen Unabhängigkeitstages verbotene »Hetzplakate[n] […] in einigen Gegenden« angebracht worden waren, ordnete dieser an, in jedem Haus, an dem ein solches Plakat angebracht war, einen männlichen Bewohner zu verhaften und zu erschießen. »Auf Befehl Franks hat Dr. Wächter als Vorsichtsmaßnahme 120 Geiseln festgesetzt.« Professoren, Dozenten und Doktoren wurden zu einer Versammlung in der Jagiellonen-Universität bestellt, wo man sie festnahm und anschließend ins Konzentrationslager Sachsenhausen in der Nähe von Berlin oder nach Dachau bei München deportierte. Einige kehrten nicht zurück. Dass Otto mit der Aktion befasst war und sie augenscheinlich unterstützte, beschädigte seinen Ruf bei den Einheimischen. »Zu dieser Zeit war Wächter bereits für seine Brutalität bekannt«, und daran hat sich bis heute nichts geändert.

Es war nicht die einzige derartige Aktion. An seinem ersten Tag als Gouverneur unterschrieb Otto eine Anordnung mit dem Titel »Kennzeichnung der Juden im Distrikt Krakau«. Sie besagte, dass Juden »im Alter von über 12 Jahren« ein »sichtbares Kennzeichen« in Form einer »mindestens 10 cm« breiten Armbinde mit einem blauen Davidstern auf weißem Grund tragen mussten. Die Anordnung trat am 1. Dezember in Kraft, und wer ihr zuwiderhandelte, hatte »strenge Bestrafung zu gewärtigen«. Auf Plakaten, die Ottos Unterschrift trugen – »Wächter, Gouverneur« – wurde sie auf Deutsch und Polnisch überall bekannt gemacht.

Der Distriktschef von Krakau

ANORDNUNG

Kennzeichnung der Juden im Distrikt Krakau

Ich ordne an, dass alle Juden im Alter von über 12 Jahren im Distrikt Krakau mit Wirkung vom 1. 12. 1939 ausserhalb ihrer eigenen Wohnung ein sichtbares Kennzeichen zu tragen haben. Dieser Anordnung unterliegen auch nur vorübergehend im Distriktsbereich anwesende Juden für die Dauer ihres Aufenthaltes.

Als Jude im Sinne dieser Anordnung gilt:

1. wer der mosaischen Glaubensgemeinschaft angehört oder angehört hat,
2. jeder, dessen Vater oder Mutter der mosaischen Glaubensgemeinschaft angehört oder angehört hat.

Als Kennzeichen ist am rechten Oberarm der Kleidung und der Überkleidung eine Armbinde zu tragen, die auf weissem Grunde an der Aussenseite einen blauen Zionstern zeigt. Der weisse Grund muss eine Breite von mindestens 10 cm. haben, der Zionstern muss so gross sein, dass dessen gegenüberliegende Spitzen mindestens 8 cm. entfernt sind. Der Balken muss 1 cm. breit sein.

Juden, die dieser Verpflichtung nicht nachkommen, haben strenge Bestrafung zu gewärtigen.

Für die Ausführung dieser Anordnung, insbesondere die Versorgung der Juden mit Kennzeichen, sind die Ältestenräte verantwortlich.

Krakau, den 18. 11. 1939.

Wächter
Gouverneur

Etwa um diese Zeit schrieb Otto Charlotte einen überschwänglichen Brief, der ihr von Hanns Blaschke, dem Vizebürgermeister von Wien, der kürzlich Krakau besucht hatte, persönlich überbracht wurde. »Hier ist viel los«, informierte er Charlotte. Mehrere prominente Kameraden besuchten ihn, darunter der Reichsjugendführer Baldur von Schirach und Reichswirtschaftsminister Walther Funk. Die Wiener Philharmoniker gaben ein Gastspiel in Krakau. »Ein großer Erfolg«, berichtete Otto. Frank sei sehr zufrieden mit den Fortschritten während seiner ersten Tage als Gouverneur.

Es gab aber »andererseits auch nicht Schönes« zu berichten. Er erwähnte sowohl Sabotageakte und Erschießungen als auch Autobomben und einen Attentatsversuch auf »G. G.«, den Generalgouverneur. Solche Fälle verlangten eine sofortige und brutale Antwort. »Ich muss morgen wieder 50 Polen erschießen lassen«, schrieb er in einem Brief an seine Frau, und »ob es nicht leichtsinnig ist, Euch zu gefährden.« Es sei keine gute Zeit für einen Besuch. Er würde in Krakau bleiben zur »volksdeutschen« Weihnachtsfeier und am 22. nach Wien zurückkehren, rechtzeitig zur Familienfeier. »Dir und den lieben Hunkus alles Gute und Liebe!«, schloss er. »Dein Hümmi!«

Die Hinrichtung der Polen war eine berüchtigte Tat, die erste derartige Vergeltungsmaßnahme im deutsch besetzten Polen, ein Verbrechen, an das noch heute mit einer jährlichen Veranstaltung erinnert wird. Der Befehl kam direkt aus Berlin, um ein Zeichen zu setzen, denn unmittelbar vorausgegangen war ein Angriff der »Weißen Adler«, einer Partisanengruppe, auf eine Polizeistation in Bochnia, einer Stadt in der Nähe von Krakau. Zwei deutsche Polizisten, angeblich Wiener, wurden getötet, zwei Täter wurden gefasst und an Straßenlaternen aufgehängt.

Am 18. Dezember 1939, einem klaren, kalten Morgen, wurden etwa 50 Männer aus Bochnia – die Zahl wurde nicht genau dokumentiert – zusammengetrieben. Dürftig bekleidet, führte man sie über ein schneebedecktes Feld, wo sie zu kleineren Gruppen zusammengefasst und gezwungen wurden, in eisiger Kälte auszuharren, bevor sie von einem Kommando aus deutschen Wehrmachtsoldaten erschossen und in einem von ortsansässigen Juden zuvor ausgehobenen Massengrab verscharrt wurden. Ein Mann flüchtete, wie es hieß. Er wurde später gefasst und überlebte die Inhaftierung in Auschwitz, bevor er in Amerika ein neues Leben begann.

Ich fand Berichte, die nahelegten, dass Otto den Exekutionen beiwohnte, die 40 Kilometer vom Krakauer Potocki-Palais entfernt stattfanden. Nach dem Bericht eines Augenzeugen schritt er angeblich ein, um sich für die Freilassung von fünf Männern – »fünf an einen Brunnen gelehnte, halb erfrorene und verhungerte Gestalten« – einzusetzen, auf die Seyß-Inquart aufmerksam geworden war, als er mit Wächter und anderen über den Hauptplatz von Bochnia zur Exekutionsstätte fuhr. Charlotte erwähnte den Vorfall nie. Ich stieß außerdem auf Hinweise darauf, dass die Erschießungen möglicherweise von einem Fotografen dokumentiert und die Bilder hinterher in einem Album gesammelt wurden, von dem angeblich vier Kopien angefertigt wurden, je eine für Hitler und Reichsmarschall Hermann Göring sowie für die Witwen der beiden ermordeten deutschen Polizisten.

Charlotte war inzwischen mit ihrem fünften Kind schwanger, was sie indes nicht davon abhielt, auf dem Schneeberg Ski zu laufen. Sie stürzte und brach sich ein Bein. »Es war so sehr schmerzhaft, dass ich die fünf Stunden des Abtransportes schrie. Die übergroßen Schmerzen kamen vom Spiralbruch, bei dem sich das Bein in das Fleisch so hineinbohrte, dass ich alle Engel singen hörte.« Die Genesung dauerte Wochen, die sie größtenteils in einem kürzlich erworbenen Bauernhaus in der Kleinstadt Thumersbach am Zeller See verbrachte. Die Familie kannte die Gegend gut, da Ottos Vater vor Jahren gehofft hatte, dort ein Anwesen zu kaufen – Schloss Prielau –, bevor er das Vermögen der Familie mit Kriegsanleihen verlor. Früher im Besitz der Witwe Hugo von Hofmannsthals, des Schriftstellers und Librettisten von Richard Strauss' *Rosenkavalier*, wurde Schloss Prielau nun von Josef Thorak bewohnt, einem von Hitler und Albert Speer geschätzten Bildhauer. Er wurde der Nachbar der Wächters.

Das Bauernhaus in Thumersbach wurde mit Geld aus dem Verkauf des Hauses in Berlin »gekauft«. Charlotte nannte es »ein kleines Sommerhaus« – 16 Hektar, eine Bauernkate, Stallungen und die Familie Schifferegger als Pächter. Die größeren und attraktiveren »in Frage kommenden Häuser oder Höfe waren bereits in festen Händen«. Die Herkunft des Anwesens beschönigte sie. Es sei ein Angebot des örtlichen Parteichefs gewesen – »alter Parteigenosse und sehr netter Kerl« –, nachdem es mit Hilfe von Ernst Kaltenbrunner von Dr. Franz Rehrl beschlagnahmt worden war, dem ehemaligen Landeshauptmann von Salzburg, der das Bauernhaus am See gegen eine Holzpritsche im Konzentrationslager Ravensbrück eintauschen musste. »Weil er Hitlergegner war«, erklärte Charlotte nonchalant, nachdem sie den ebenfalls interessierten Herrn Porsche von den VW-Werken aus dem Feld geschlagen hatte. Erst später, lange nach dem Krieg, deutete sie Skrupel wegen des Erwerbs an, aber die waren schnell vergessen. »Wie komme ich [ohne das Bauernhaus] aus der Stadt Wien heraus, um irgendwo Ruhe und Frieden zu finden!«

Thumersbach war ein Ort für »gute[n], gesunde[n], Erholungstage[n]«, weil »stets Freude und Leben darinnen herrschten«. Während sie diese Worte schrieb, befand sich Otto auf einer Dienstreise ins sowjetisch kontrollierte Lemberg, um einen Flüchtlingsaustausch zu vereinbaren, doch eine Übereinkunft wurde durch den Wunsch »zahlreiche[r]« Juden, ins Generalgouvernement oder ins Reich zurückzukehren, verhindert (»Wir sitzen lieber im Reich im Konzentrationslager als im Sowjetgebiet«, protokollierte er die Äußerung eines von ihnen, denn »der Führer hat gesagt, er wird auch die Judenfrage lösen«). Otto wollte den Juden nicht erlauben zurückzukehren, wie es andere Flüchtlinge durften, und die Verhandlungen endeten »ergebnislos«.

Europa befand sich in einem Zustand des Chaos, da die Nazis an vielen Fronten vorrückten. »Holland kapituliert«, vermerkte Charlotte am 15. Mai 1940 in ihrem Tagebuch. Drei Tage später: »Brüssel eingenommen.« Dann, am 19. Mai: »Seyß [nach] Holland«, wo Horsts Pate als Reichskommissar in den besetzten niederländischen Gebieten Vertreter des Führers in Den Haag wurde. Und am 23. Juni: »Frankreich hat gestern Friedensvertrag unterzeichnet«, womit der Akt der Kapitulation gemeint war. Die Siege machten Charlotte glücklich und führten Besucher nach Thumersbach, darunter Josef Wächter und Ottos nazivernarrte Schwester Ilse von Böheim (»eine wunderbare Hilfe in der Küche, und wir verstanden uns sehr gut. Sie wusste alles von mir, half bei der Kindererziehung & war ein ganz bes[onders] guter Kamerad, der ich alles erzählen und vertrauen konnte. Die Kinder liebten sie auch bes[onders], obwohl sie streng war«). Gleichzeitig kam der Krieg der Heimat näher, als die Royal Air Force im September Berlin und Hamburg bombardierte, was Charlotte ebenfalls in ihrem Tagebuch vermerkte.

Heidegund, ihr fünftes Kind, wurde am 16. Oktober in Wien geboren, »ein liebes, intelligentes Wesen«. Weil er, aufgehalten vom Krieg, nicht wegkam aus Krakau, traf Otto erst zwei Tage nach der Geburt ein. »Leider kein Ende abzusehen«, schrieb er Charlotte. Mutti und Josef kamen zu Besuch, stolze Großeltern. Heinrich Himmler übermittelte Glückwünsche, zusammen mit einem Geschenk. »Der Reichsführer hat uns einen sehr hübschen Leuchter aus weißem Porzellan

mit einer dicken gelben Kerze [...] übersandt«, schwärmte Otto ein paar Wochen später. Er bat Charlotte, ihm ein neues Foto zu schicken, da er Himmler das geschickt habe, »auf dem Horsti an seinem Finger lutscht«.

Während der Krieg wütete, verbrachte die Familie Weihnachten in der Hohen Tatra, in Zakopane, wo das Hotel Palace seit Oktober 1939 als Sitz der Gestapo diente. Sie wurden von einem Kindermädchen begleitet, was Charlotte ermöglichte, mit Otto und den beiden älteren Kindern Ski zu fahren. Liesl hielt sich dicht bei ihrer Mutter, Otto und Otto junior kamen »einer nach dem anderen«. In Krakau kehrten sie in ein neues Zuhause zurück, das Charlotte trotz der Bemühungen des Architekten Lippert nicht sonderlich zusagte. Otto versuchte ihre

Stimmung mit Plänen zum Kauf einer vierten Immobilie zu heben, eines großen Schlosses an der Weichsel mit großartigem Blick auf Krakau. Er würde es Wartenberg nennen, zu Ehren des Namens, den er 1934 auf seiner Flucht benutzt hatte. Er hoffte, eines Tages den Titel Otto Wächter von Wartenberg anzunehmen.

Otto stürzte sich in seine Arbeit und hörte auf, das Adelsprädikat seines Vaters (»von«) zu benutzen. Als Gouverneur, der für die gesamte Zivilbevölkerung sowie für das Transport-, Wohnungs- und Ernährungswesen zuständig war, setzte er getreulich die Entscheidung um, Zehntausende jüdischer Einwohner der Stadt in die umliegenden ländlichen Gebiete auszuweisen. Im November 1940 unterzeichnete er eine weitere Anordnung, die Juden das Betreten Krakaus ohne Sondergenehmigung untersagte. Alle anderen sollten ausgewiesen werden, wobei sie 25 Kilogramm persönlichen Besitz mitnehmen durften, aber nicht mehr.

Anfang 1941 vollzog Otto den logischen nächsten Schritt. Nach der Kennzeichnungspflicht für Juden, der Aberkennung ihrer Rechte und der Ausweisung aus Krakau erarbeitete er eine Verordnung zur zwangsweisen Unterbringung derjenigen, die noch in der Stadt verblieben waren, an einem einzigen Ort. Am 3. März unterschrieb er den Erlass zur Errichtung des Krakauer Ghettos. Etwa um diese Zeit, als sie sich auf einer Rückreise nach Wien befand, schrieb Charlotte, um ihm mitzuteilen, dass sie wegen eines Herzfehlers behandelt werde, der eine Zeit der Ruhe erfordere. »Es ist scheinbar wieder einmal der Zeitpunkt eingetreten, in welchem das Schicksal feststellte, dass ich eben nicht zu glücklich sein darf«, ließ sie Otto wissen. Sie machte sich Gedanken, weil er, im Gegensatz zu ihrer desolaten Verfassung, »noch so jung & rüstig« sei. Sie schickte Anweisungen für die Renovierungsarbeiten im neuen Haus: Er solle die Möbel auf den Dachboden bringen, ihr einen Einbauschrank zur Aufbewah-

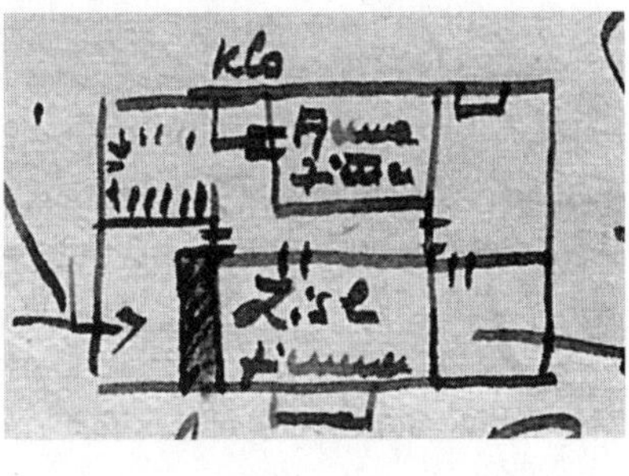

rung von Wäsche und Kleidung anfertigen und sich ansonsten nach dem Plan richten, den sie dem Brief beilegte. Sie zeichnete eigenhändig einen kleinen Wohnungsgrundriss.

Ottos Erlass zwang alle verbliebenen Juden der Stadt zum Umzug in das Ghetto, andernfalls drohte die Todesstrafe. Tausende mussten ihre Wohnungen im Krakauer Stadtteil Kazimierz auf dem gegenüberliegenden Weichselufer räumen und wurden nach Podgórze, einem Viertel im südlichen Teil der Stadt, umgesiedelt. Nicht jüdische Einwohner wurden aus dem Ghettobezirk entfernt. Mitglieder der katholischen Gemeinde St. Josef, deren Kirche unmittelbar an der Ghettomauer lag, protestierten, aber Otto wischte die Einwände beiseite: »In Krakau gibt es ohnehin zu viele Kirchen. Seid froh, dass sich keine davon auf dem Gebiet des Ghettos befindet; denn dann würdet ihr alle Gläubigen aus der Pfarrgemeinde verlieren«, beschied er den Pfarrer.

Ein paar Nichtjuden entschieden sich, im Gebiet des Ghettos zu bleiben. Tadeusz Pankiewicz hielt seine Apotheke *Pad Orlem* (»Unter dem Adler«) am Plac Zgody geöffnet. Er erlebte die Folgen von Ottos Verordnung aus der Nähe. »Die Apotheke [...] wurde zur Zeugin der unmenschlichen Deportationen, abscheulicher Verbrechen und der fortwährenden Zerstörung von menschlicher Würde und Selbstachtung der Ghettobewohner.«

Diese Schilderung erinnerte mich an eine Passage in einem Roman mit dem Titel *Kaputt* von Curzio Malaparte. Das Buch erschien 1944, zwei Jahre nachdem der Autor als Kriegsberichterstatter im Auftrag des *Corriere della Sera*, der italienischen Tageszeitung, Polen besucht hatte. Und anscheinend lernte er damals die Wächters kennen. »Abendessen bei Wächter«, notierte Malaparte im Januar 1942 in seinem Tagebuch. »Seine Frau empfängt uns«, schrieb er, in einem schönen Landhaus auf einer Anhöhe, etwa acht Kilometer außerhalb von Krakau. »Reizend«, stellte er fest. »Wächter ist ebenfalls Wiener, ging in Triest zur Schule, spricht Italienisch.« Die Worte des Journalisten wirkten sachlich und atmosphärisch.

Kaputt ist im Stil des Journalisten geschrieben und beruht auf persönlicher Erfahrung, wie der Tagebucheintrag und drei Artikel, die er im *Corriere* veröffentlichte, deutlich machen (»Dr. Wächter ist Wiener, jung, elegant und spricht sehr gut Italienisch, mit einem melodiösen Akzent aus Triest«, berichtete Malaparte). Eine Szene in dem Roman schildert eine üppige Abendgesellschaft im Brühlschen Palais in Warschau, die Gouverneur Ludwig Fischer für den Generalgouverneur Frank und einige geladene Gäste gab, darunter auch Charlotte und Otto. Im Verlauf des Essens, während Wein serviert wird, wendet sich die Unterhaltung den Bewohnern des von Otto eingerichteten Ghettos und einem Bericht Malapartes über eine Begegnung mit zwei Juden zu, ein alter Mann und ein Junge von 16 Jahren. Beide waren nackt. Ist diese Unterhaltung eine Tatsache oder Fiktion oder eine Mischung aus beidem?

Anschließend gibt der Schriftsteller und Journalist Ottos »liebenswürdig[en]« Bericht darüber wieder, wie die Juden, die von der Gestapo aus dem Ghetto geholt wurden, sich auszogen und ihre Kleidungsstücke an Verwandte und Freunde verteilten, da sie keine Verwendung mehr für sie hatten. Malapartes Ich-Erzähler erklärt, auch er habe das Ghetto besichtigt und es »sehr interessant« gefunden, was Charlotte zu einer Reaktion veranlasst.

> »Ich gehe nicht gern ins Ghetto«, sagte Frau Wächter, »es ist sehr traurig.«
> »Sehr traurig? Weshalb?«, fragte Gouverneur Fischer.
> »Es ist so schmutzig«, sagte Frau Brigitte Frank.
> »Ja, so schmutzig«, bestätigte Frau Fischer.

Es besteht kein Zweifel, dass Malaparte während seines Polenbesuchs diese Personen traf. Doch ob die Worte und Gefühle, die er dokumentierte – einschließlich der Reaktion Charlottes – tatsächlich geäußert wurden, ist nicht klar.

> »Im Krakauer Ghetto«, sagte Wächter, »habe ich eingeführt, dass die Familie des Gestorbenen die Bestattungskosten bezahlen muss. Ich habe gute Ergebnisse damit erzielt.«

»Ich bin sicher«, sagte ich ironisch, »dass die Sterblichkeit von einem Tag auf den anderen gesunken ist.«

»Sie haben richtig geraten: sie ist gesunken«, lachte Wächter.

Von Gouverneur Fischer wird berichtet, er habe, während er sich Sauce auf sein Fleisch träufelte, erzählt, wie Juden im Ghetto begraben wurden:

> »Eine Schicht Leichen und eine Schicht Kalk«, wie wenn er sagte: »Eine Scheibe Fleisch und eine Schicht Sauce, eine Scheibe Fleisch und eine Schicht Sauce.«

»Es ist das hygienischste System«, erwidert Wächter, während sie essen.

Ein paar Tage später nahm Malaparte an einem zweiten Abendessen teil, das Hans Frank im Schloss Belvedere in Warschau zu Ehren von Max Schmeling, dem früheren Boxweltmeister im Schwergewicht, gab. Charlotte war zugegen. Nach dem Essen besichtigte die Gruppe das Warschauer Ghetto. »Ich fuhr im ersten Wagen, mit Frau Fischer, Frau Wächter und Generalgouverneur Frank«, schreibt Malaparte in dem Roman, während andere Gäste in getrennten Fahrzeugen folgten. Die Wagen hielten vor einem Tor in der hohen Mauer aus roten Backsteinen, die das Ghetto umgab. Es war der Eingang zur »Verbotenen Stadt«, und die Gäste stiegen aus.

> »In Krakau«, [sagte] Frau Wächter, »hat mein Mann um das Ghetto eine orientalische Mauer bauen lassen, mit eleganten Krümmungen und anmutigen Zinnen. Die Krakauer Juden können sich bestimmt nicht beklagen. Eine wirklich elegante Mauer, in jüdischem Stil.«

Angeblich lachten die Gäste, während sie mit den Füßen auf dem gefrorenen Schnee aufstampften. Waren Charlottes Anwesenheit bei diesem Besuch im Ghetto und der Stolz, den sie über die Mauer ihres Mannes äußerte, eine Ausgeburt der Phantasie Malapartes? Möglicherweise nicht. Ihr eigenes Tagebuch verzeichnete einen früheren Besuch im Warschauer Ghetto, am 2. April 1941. »Schreckl[icher] Schneefall & sehr kalt«, schrieb sie. Noch am selben Tag ging sie einkaufen, sie suchte nach Schuhen, aber ohne Erfolg. Am Abend besuchte sie ein klassisches Konzert.

Es heißt, eine Linie scheide Tatsache und Fiktion, das Reale und das Imaginierte. Doch wo sie verläuft und wie sie sich im Lauf der Zeit verschiebt, ist nicht immer ganz eindeutig.

12

Bronisława

Während der Arbeit an diesem Buch besuchte ich mehrmals Krakau. An einen Besuch erinnere ich mich noch gut, als ich vor einem der wenigen Fragmente der Ghettomauer stand, die noch übrig waren, und mir vorstellte, wie Charlotte durch das Tor den inneren Bereich betrat.

Ein anderes Mal erstieg ich den Hügel zur Wawel-Burg, von 1939 bis 1945 Regierungssitz des Generalgouverneurs. In Begleitung von Niklas Frank stand ich vor Leonardo da Vincis *Dame mit dem Hermelin*. Später standen wir auf dem Balkon, den er aus seiner Kindheit kannte, und blickten über die Stadt.

Im Potocki-Palais, wo Otto Briefe unterschrieb, auf von Huber & Lerner aus Wien hergestelltem Briefpapier, schlenderte ich durch die Gänge, deren Wände zeitgenössische Schränke und Vitrinen säumten, in denen sich das private und amtliche Schreibpapier des Generalgouverneurs befunden haben könnte. Ich setzte mich auf ein altes Sofa.

Ein Freund machte mich mit Bronisława (Niusia) Horowitz bekannt. Sie ist die letzte Überlebende der von Oskar Schindler geretteten Gruppe, sie war Arbeiterin in einer seiner Fabriken. Niusia war neun Jahre alt, als die Wehrmacht Krakau einnahm – »Panik, Flugzeuge und Sirenen, aber alle sagten, dass Krieg käme, also waren wir nicht überrascht« – und Otto Gouverneur des Distrikts Krakau wurde. Sie war ein Kind, zu jung, um sich an den Moment oder seinen Namen zu erinnern. Woran sie sich erinnerte, war ein Besuch von den Deutschen, die ihnen befahlen, ihre Wohnung zu räumen. Ein Detail blieb ihr im Gedächtnis, als die Besitztümer der Familie aus einem Fenster geworfen wurden: »Vieles war fliederfarben, meine Mutter liebte diese Farbe.«

Die Erwähnung eines von Otto unterzeichneten Erlasses, nämlich der Verordnung, die Juden verpflichtete, Armbinden mit dem Davidstern zu tragen, weckte eine weitere Erinnerung. »Ich weiß noch, dass ich die kurze, weiße Armbinde trug«, erinnerte sich Niusia. »Ich fand nichts dabei, sie zu tragen, aber ich hatte Angst, ich war klein.« Ihre Reaktion war nichts im Vergleich zu der ihrer Eltern, die ihre Besorgnisse auf die Kinder übertrugen.

Im März 1941 ordnete Otto die Errichtung des Ghettos an, und Niusia lebte dort vom ersten Tag an. »Anfangs wohnten wir in der Limanowski-Straße 20, dann am *Rynek*, dem Hauptmarkt, in der Nummer 1, in der Nähe der Mauer. Später zogen wir in ein einzelnes Zimmer, das voll mit Leuten war.« Dort verbrachte sie mehr als ein Jahr, zusammen mit ihrem Bruder. Im Frühjahr 1942 erfuhren ihre Eltern, dass das Ghetto aufgelöst werden sollte, wussten aber nichts von dem Befehl für die »Umsiedlung« seiner Bewohner, der ein paar Wochen nach der Wannsee-Konferenz von Ottos Kameraden und Freund Rudolf Pavlu unterzeichnet worden war. Otto hatte Pavlu nach Krakau gebracht, ein Mann, der von einer Sekretärin, die in Ottos Verwaltung arbeitete, als »entsetzlicher Judenhasser« bezeichnet wurde, vor dem »man nicht einmal das Wort [...] aussprechen dürfe, ohne dass er Wutanfälle bekäme«.

Niusia und ihre Familie flohen nach Bochnia, wo Otto die öffentliche Hinrichtung von 50 Polen beaufsichtigt hatte, in ein anderes Ghetto. Später wurden sie in das von Amon Göth geleitete Konzentrationslager Plaszów am Stadtrand von Krakau überstellt. Dort sah Niusia Galgen, Hunger und Kindstötungen, Säuglinge und Kleinkinder, die auf dem Territorium des Gouverneurs Wächter ermordet wurden. »Die Leute trafen auf Lastwagen und in Bussen ein, versuchten die Kinder zu beruhigen, und binnen weniger Minuten wurden den Kindern die Haare geschoren, sie wurden in einen großen Graben gestellt und getötet.« Dies geschah zwei- oder dreimal am Tag, manchmal fünfmal.

Ihre Familie arbeitete. Niusia stellte Pinsel her, während ihr Vater in einem Lagerraum schuftete. Ihr Onkel, ein Musiker, spielte in Amon

Göths Haus, wo er Oskar Schindler begegnete, der sich einschaltete, um die Familie zu retten, indem er sie für die Belegschaft seiner Deutschen Emailwarenfabrik anforderte. Niusia war eine von zweihundert Frauen, die von Schindler aus Auschwitz gerettet und dann in ein anderes Arbeitslager gebracht wurden, nach Brünnlitz östlich von Prag, wohin Schindler seine Fabrik verlegte.

Niusia überlebte den Krieg und wurde später Kosmetikerin. Sie stellte Fragen über Otto, den Mann, der die Erlasse unterzeichnete, die sie zwangen, eine weiße Armbinde zu tragen und in einem Ghetto zu leben, und über seine Familie. Während ich Antworten gab, wirkte sie empfindungslos. Das Trauma sei unverändert da, sagte sie mit matter Stimme. »Da sind Schmerz, Drama und Leid, die ich nicht vergessen kann; die Sonne kann scheinen, oder es kann Sommer sein, da ist immer eine Dunkelheit.« Sie konnte nur mit Hilfe von Medikamenten schlafen.

»Ein Fragment der Ghettomauer steht noch«, sagte Niusia. Jedes Jahr schloss sie sich einem jährlichen Rundgang an, der daran vorbeiführte, ein schmerzlicher Akt der Erinnerung. »Ich gehe, weil man mich bittet, aber würde man mich nicht bitten, würde ich nicht gehen – es ist traurig und für mich zu schwer.«

Ich erzählte ihr, was Charlotte über die Mauer geschrieben hatte, über ihren reizvollen orientalischen Stil. »Das hat niemanden interessiert«, erwiderte Niusia scharf. »Wir hatten Hunger, haben versucht zu überleben.« Das Licht in ihren Augen strahlte hell. »Es ist absurd.«

13

1941, Krakau

Hegte Otto irgendwelche Skrupel, was seine Arbeit in Krakau betraf? Wenn ja, dann fanden sie in den vielen Karten und Briefen, die er Charlotte schickte, keinen Niederschlag.

Ein Brief, geschrieben kurz nachdem er die Errichtung des Krakauer Ghettos angeordnet hatte, bestätigte seine Verpflichtung auf die Grundsätze, für die seine Verwaltung stand. Es war eine Antwort auf einen Brief von seinem Vater Josef, der ihn auf die schweren Belastungen eines Bekannten aufmerksam machte. Herr Otto Schremmer hatte eine Tochter, die mit einem Juden verheiratet war, und ein kleines Kind, für das die antijüdischen Gesetze galten. Ob Otto intervenieren könne, um dem Kind zu helfen, das in seinem Herrschaftsbereich lebte?

Otto antwortete umgehend, persönlich zugewandt, aber entschieden in der Sache. »Lieber Papa!«, der Fall von Herrn Schremmer sei »verwickelt und unangenehm«, daher habe er ihn dem Leiter der Abteilung Innere Verwaltung, Oberregierungsrat Dr. Wilhelm Engler, übergeben, der die Angelegenheit überprüft habe und in einem schriftlichen Bericht zu dem Schluss gekommen sei, dass Herrn Schremmers Enkelin zu Recht »als Jude« gelten müsse. Sie habe keinen Anspruch auf einen normalen Ausweis. Gesetz sei Gesetz, beschied Otto seinen Vater, und er hoffe, die Klarstellung sei hilfreich. Solche Fälle von Nationalität und Rasse hätten eine »unglückliche« Seite, aber er wolle klarstellen: Die Gesetze mögen für die betroffenen Einzelpersonen »bedauerlich« sein, aber sie seien »notwendig [...] im Interesse des Volksganzen«.

Er schloss den Brief mit Bekundungen kindlicher Zuneigung. Er hoffe, der alte Mann freue sich, bei seiner Schwiegertochter und den Enkelkindern zu sein, und vor allem bei seinem »besonderen Schützling Horsti«.

Im Juni 1941, während Charlotte die Seyß-Inquarts in Den Haag besuchte, startete Hitler das Unternehmen Barbarossa, einen Überraschungsangriff auf das sowjetisch besetzte Polen. Die Wehrmacht stieß mit hohem Tempo Richtung Osten vor, und nach wenigen Tagen wurden der Distrikt Galizien und Lemberg, seine Hauptstadt, eingenommen und in das Generalgouvernement eingegliedert. Karl Lasch wurde Gouverneur des neuen Territoriums, ein neuer Gouverneurskollege für Otto, unter der Befehlsgewalt von Hans Frank.

Die Entwicklung fiel zusammen mit einem schwierigen Moment für Otto und Charlotte, die von einer neuen Affäre ihres Mannes erfahren musste. »Wie er nachher erzählte, hatte er eine Waldtraute kennengelernt, die sich sehr in ihn verliebte.« Sie verbrachten den Großteil des Sommers getrennt voneinander, er in Krakau, sie in dem Bauernhaus in Thumersbach. Mit den Franks reiste sie zu den Salzburger Festspielen, deren Höhepunkt eine Aufführung des *Freischütz* war. Otto kam kurz zu Besuch, und obwohl sie wütend auf ihn war, klagte Charlotte, es sei »sehr fad ohne Otto. Bin traurig, dass wir immer getrennt sind, wo wir uns so lieb haben.«

Anfang September reiste sie nach Wien. »Alles in Ordnung«, notierte sie in ihrem Tagebuch, zweimal in einer einzigen Woche, auch wenn es das nicht war. Zwei wütende und verbitterte Briefe an Otto tippte sie mit Schreibmaschine, möglicherweise wurden sie abgeschickt, vielleicht aber auch nicht. Im ersten Brief rügte sie ihn, weil er sie auf eine Reise nach Budapest nicht mitgenommen hatte, wie Hans Frank seine Frau. Aber »wenn die Herren auf einer gewissen Höhe angelangt sind«, schrieb sie, »dann braucht man eben die eigenen Frauen nicht, die scheinen wohl hinderlich. Ich bin immer nur der Trottel.« »Ich mag nicht immer deine Amme und Haushälterin spielen«, erklärte sie, und sie wolle keine weiteren Kinder mehr. »Wenn ich eben nicht gut genug für Deine Reisen bin, such Dir eine hübsche Sekretärin [...] aus, die

Dir gut genug erscheint. [...] Es gibt ja viele Frauen, die gerne einen ›Gouverneur‹ auf eine Zeit besitzen.«

Doch binnen weniger Tage schlug Charlottes Stimmung um, wie es anscheinend oft passierte. »[...] doch fühle ich mich so glücklich und jung wie schon lange nicht«, schrieb sie in einem zweiten Brief und wünschte ihm Erfolg bei der Arbeit. Sie würde auf Distanz bleiben, wenn er der Meinung sei, sie und die Kinder wären lästig. Er solle über ihre gemeinsame Zukunft nachdenken. »Überleg es Dir noch gut«, schrieb sie, bevor sie mit einem »Heil Hitler!« schloss und als »Lotte Wächter« unterschrieb.

Lange konnte sie nicht auf Distanz bleiben. Ein paar Wochen später war die Familie in Krakau wieder beisammen, und abermals kehrte eine gewisse Harmonie ein, während ihr prächtiges neues Zuhause den letzten Schliff erhielt. »Otto hat dort den letzten Nagel in einen Balken eingeschlagen«, schwärmte Charlotte beim Richtfest von Schloss Wartenberg mit Blick auf die Weichsel. Das war am 15. November. Es folgte ein Konzert der Krakauer Philharmoniker, die, begleitet von der Pianistin Elly Ney, Brahms' zweites Klavierkonzert und Beethovens siebte Sinfonie aufführten.

Ottos Arbeitstage waren lang, sie begannen früh und endeten spät; viele Besprechungen zogen sich bis nach Mitternacht. »Ich sehne mich direkt nach einem getrennten Schlafzimmer«, schrieb Charlotte, da ihr Mann früh aufstand, um Anordnungen über Unterbringung, Ernährung, Transport und die Errichtung eines neuen Ghettos zu unterzeichnen, gepaart mit einem Erlass, der Juden bei Überschreiten der Ghettogrenzen mit drakonischen Strafen drohte. Es kam zu Konflikten, darunter ein erbitterter Streit zwischen Frank und SS-Obergruppenführer Krüger über die Aufgabenverteilung zwischen der Zivilverwaltung und der SS.

Otto nahm an Kabinettssitzungen auf der Wawel-Burg teil. Eine wichtige Sitzung fand am 20. Oktober statt, und das Protokoll vermerkte Ottos Auffassung, dass eine »letztlich radikale Lösung der Judenfrage unvermeidlich« sei. Ein paar Wochen später, am 16. Dezember, nahmen die Gouverneure aller fünf Distrikte des besetzten Polen an einer Sitzung des Gesamtkabinetts teil. Ebenfalls anwesend waren die SS- und Polizeiführer Galizien und Lublin, Friedrich Katzmann und Odilo Globocnik. Globus war auf Anordnung von Heinrich Himmler aktiv in die Errichtung eines ersten Vernichtungslagers auf dem Gebiet des deutsch besetzten Polen eingebunden, das in der Nähe von Belzec, einer Stadt mit ausgezeichneten Bahnverbindungen nach Lemberg, gebaut wurde.

Im Vorfeld einer Besprechung, die im Januar 1942 in einer Villa am Großen Wannsee in Berlin stattfinden sollte, informierte Frank das Kabinett über eine neue Politik und sprach im Zusammenhang mit den »jetzt 3,5 Millionen Juden« im Generalgouvernement über »Eingriffe [...], die irgendwie zu einem Vernichtungserfolg führen« müssten. In jedem Distrikt des Generalgouvernements seien in Zusammenarbeit mit der SS und der Polizei alle erforderlichen Maßnahmen zu treffen. Otto und die anderen Führer wurden angehalten, »sich gegen alle Mitleidserwägungen zu wappnen. Wir müssen die Juden vernichten, wo immer wir sie treffen und wo es irgend möglich ist«, heißt es unter dem 16. Dezember 1941 im Diensttagebuch von Generalgouverneur Frank. Die Diskussion verlief glatt, es gab keinerlei Einwände, weder von Otto noch von sonst jemandem.

Vier Tage nach der Kabinettssitzung übermittelte Otto Frank herzliche Wünsche für die Feiertage und das Neue Jahr und für das einzigartige neue Unternehmen, bei dem er nun mit dabei war. »Mir wird es auch im kommenden Jahre Freude und stolze Befriedigung sein, an Ihrem Aufbauwerk als Ihr treuer Gefolgsmann mitzuarbeiten.«

Einen Monat später wurden auf der Wannsee-Konferenz die Einzelheiten der jüdischen »Auswanderung« geregelt. Unter der Leitung von SS-Obergruppenführer Reinhard Heydrich, Ottos früherem Vorgesetzten beim SD in Berlin, wurden Aufgaben zugewiesen und Verantwortlichkeiten festgelegt. Als Ort, an den die Juden geschickt werden könnten, bot Franks Stellvertreter, Staatssekretär Dr. Josef Bühler, das Generalgouvernement an. Das Konferenzprotokoll führte Adolf Eichmann, ein anderer früherer SD-Kamerad. Es ging um »die Zurückdrängung der Juden aus den einzelnen Lebensgebieten des deutschen

Volkes« und »die Zurückdrängung der Juden aus dem Lebensraum des deutschen Volkes [...] auf legale Weise«. Dabei sollte die »Auswanderungsforcierung« für elf Millionen Juden in ganz Europa gelten, von denen ein Viertel auf dem Territorium des Generalgouvernements lebte.

Bei seiner Rückkehr nach Krakau berichtete Dr. Bühler Gouverneur Frank von den Ergebnissen der Besprechung am Großen Wannsee. Europa würde »vom Westen nach Osten durchgekämmt«. Die »evakuierten Juden« würden in »Durchgangsghettos verbracht«, anschließend in den Osten transportiert, und die »Endlösung« würde auf seinem Territorium, dem Generalgouvernement, beginnen. Das »Transportproblem« spiele hier »keine übergeordnete Rolle«, und die Verwaltungsbehörden der Distrikte seien verfügbar, um die ihnen zufallenden Aufgaben zu übernehmen.

Die Wannsee-Konferenz endete am Abend des 20. Januar mit einem Cocktailempfang. Am folgenden Tag reiste Otto nach Berlin, dann nach Krakau, wo Frank ihm am 22. Januar mitteilte, dass Karl Lasch als Distriktgouverneur Galizien abgesetzt würde, angeblich wegen Korruption. Zu seinem Nachfolger sollte Otto berufen werden. An diesem Abend speisten die Franks und die Wächters zusammen auf der Wawel-Burg.

Am nächsten Tag, dem 23. Januar, wurde Otto zum Gouverneur des Distrikts Galizien ernannt. Sie sei unglaublich zufrieden, schrieb Charlotte, obwohl sie traurig war. »Was wird uns noch alles erwarten?«, fragte sie sich angesichts eines neuerlichen Umzugs, obwohl der neue Standort seine Reize hatte. Sie erfuhr, dass Otto von Adolf Hitler höchstpersönlich ausgewählt worden war, als ein Mann, dem man zutraute, Entscheidungen umzusetzen, die auf und nach der Wannsee-Konferenz auf höchster Ebene getroffen worden waren. »Und der Staatssekretär Kundt [...] erzählte mir, dass er zufällig bei einer Besprechung in Berlin war, wo Adolf Hitler sagte, diese Sache Lasch, nun muss der beste Mann nach Lemberg, und das kann nur, wie mir vorgetragen wurde, der Gouverneur von Krakau, Otto Wächter, sein. Daraufhin kam Wächter nach Lemberg.« So jedenfalls protokollierte

Charlotte Hitlers Entscheidung. Zwei Tage später sahen sich Otto und Charlotte in Warschau zusammen mit dem früheren Schwergewichtsweltmeister Max Schmeling einen Boxkampf an.

Am 28. Januar 1942 wurde Otto von Warschau nach Lemberg gefahren, um den neuen Posten anzutreten, aber ohne Charlotte. »Sehr allein«, notierte sie und verwahrte einen Zeitungsausschnitt, der von seiner Ernennung berichtete.

14

1942, Lemberg

Otto traf am 28. Januar 1942 in Lemberg ein. Es war die Rückkehr in eine mittelalterliche Stadt, die fast anderthalb Jahrhunderte lang eine regionale Hauptstadt der Österreichisch-Ungarischen Monarchie gewesen war. Im November 1918 wurde sie als Lwów Teil des soeben unabhängig gewordenen Polen, anschließend hieß sie nach der Besetzung durch die Sowjets ab September 1939 Lwow. Im Juli 1941 besetzte die Wehrmacht das Gebiet, und die Stadt wurde wieder zu Lemberg. Mit etwa 420 000 Einwohnern war sie die drittgrößte Stadt im Generalgouvernement. Im gesamten Distrikt Galizien lebten mehr als vier Millionen Menschen, Polen, Ukrainer und Juden. Ein paar Wochen nach seinem Amtsantritt unterzeichnete Otto am 3. März 1942 eine »Anordnung über den Arbeitseinsatz von Juden«. Ein Jahr später war fast die gesamte jüdische Bevölkerung »liquidiert« worden – das waren mehr als eine halbe Million Menschen. Da viele Polen als Zwangsarbeiter ins Reich geschickt wurden, baute Otto auf die Ukrainer als potenzielle Verbündete.

Solche Dinge erwähnte Charlotte in ihren schriftlichen Aufzeichnungen mit keinem Wort. Dort drehte sich alles um die Vergünstigungen, um Ottos Gefühl der Befreiung von den Fesseln Hans Franks, um die große Villa in der Leuthenstraße 11, ihr neues Heim, und um das rege gesellschaftliche Leben. Groß und schön sei es, schwärmte Charlotte von ihrem neuen Zuhause, ein ausgezeichneter Ort, um Besucher zu empfangen, aus dem Ausland und aus ganz Galizien. Auf ein Mittagessen für zwanzig Personen folgte vielleicht ein Nachmittagstee für vierzig. Die Stadt lag auf dem Weg zur russischen Front, so dass Besucher auf einen Sprung vorbeikommen konnten – der Krieg als

Katalysator gesellschaftlicher Ereignisse. Charlotte hatte ein Kindermädchen und zahlreiches, fürsorgliches Hauspersonal: einen Koch, ein Küchenmädchen, Zimmermädchen, zwei Hausdiener, einen Kutscher und einen Chauffeur.

Otto verbrachte zweieinhalb Jahre in Lemberg. »Seine Freude war enorm« in dieser Zeit, notierte Charlotte, weil sich ihm die Möglichkeit bot, »seine Ideen über ein menschl[ich] gutes Regieren« zu verwirklichen. Es gab viel zu tun in dem Territorium, da die Leute nach wie vor eine positive Einstellung zu Österreich und zur Habsburgermonarchie hatten. Zudem existierte ein Gefühl familiärer Verbundenheit, da Josef während des Ersten Weltkriegs hier gedient hatte, wofür ihm der Militär-Maria-Theresien-Orden verliehen worden war. »Die Aufgabe ist größer und schöner und stellt eine außerordentliche Auszeichnung dar«, teilte Otto seinem Vater mit, aber sie sei, nach zwei Jahren Sowjetherrschaft, auch schwieriger, politisch wie wirtschaftlich. Als ein Wächter, der in Josefs militärischer Tradition erzogen worden war, hoffte er, die Aufgabe zu meistern.

Josef kam in der maßgeschneiderten Uniform eines Generalleutnants zu Besuch, die er sich eigens für die Reise hatte anfertigen lassen. Vater und Sohn bereisten Schlachtfelder des Ersten Weltkriegs.

In Begleitung zahlreicher Mitarbeiter Ottos brachen sie freudig erregt auf. Otto war hochzufrieden, dass er den höchsten Rang seines Vaters schon im Alter von 40 Jahren erreicht hatte und volle Regierungsverantwortung trug. Zu seinem Stab gehörten Dr. Egon Höller als persönlicher Assistent; Abteilungsleiter und Stellvertreter Otto Bauer; Amtschef Dr. Ludwig Losacker; und der für die Zusammenarbeit mit der SS zuständige SS-Gruppenführer Theobald Thier.

Die Zeit war nicht frei von Schwierigkeiten. Es herrschte ein Gefühl des Pessimismus, verursacht durch Probleme im Osten, dann war da Franks unberechenbarer und barocker Führungsstil, und es gab Spannungen zwischen der Zivilverwaltung und der SS. Im Osten »wütete« Erich Koch als Reichskommissar der Ukraine »wie Cäsar«, erinnerte sich Charlotte. Sie bekam persönliche Berichte von Hans Fischböck, der sich entschlossen hatte, seinen Posten unter Koch aufzugeben und nach Den Haag zu ziehen, um mit Arthur Seyß-Inquart bei der Verwaltung der besetzten Niederlande zusammenzuarbeiten. Kochs Brutalität kam das Verdienst zu, Ottos Regierungsmethode – »mit Liebe« – in einem milderen Licht erscheinen zu lassen. Charlotte erinnerte sich an eine erste Begegnung zwischen Otto, in voller SS-Uniform, und dem Metropoliten Andrej Scheptyzkyj. Ein Wunder, habe der Bischof ihm mit Tränen in den Augen versichert. So zumindest hielt Charlotte es für die Kinder fest, obwohl sie selbst nicht dabei war und dem Bischof in Wirklichkeit nie persönlich begegnete.

Sie wollte im Sommer nach Lemberg gehen, nach einer mehrmonatigen Trennung von Otto in Wien und Thumersbach, wo sie Besuche von der Familie empfing, Opern- und Theaterabende und ein reges gesellschaftliches Leben genoss. Otto schickte Rat aus der Ferne, Artikel über Religionswissenschaft und Musikerziehung, die im *Reich* erschienen und in denen es um die Erziehung der Jugend ging. »Bitte, lies ihn im Hinblick auf unseren männlichen Nachwuchs durch«, schrieb er zu einem Artikel. »Man merkt hier, wie in allen anderen Dingen, die Hand Schirachs« – gemeint war sein Freund, der Reichsjugendführer und Chef der Hitler-Jugend.

Im Frühjahr reiste Otto durch das Generalgouvernement, unter anderem nach Lublin, wo Globus residierte, und nach Warschau. Am 9. Juni war er in Berlin zu Heydrichs Begräbnis, der in Prag ermordet worden war. Er hörte Himmlers Grabrede, in welcher der Reichsführer eine »heilige Verpflichtung« verkündete, »seinen [Heydrichs] Tod zu sühnen, seine Aufgabe zu übernehmen und erst recht ohne Gnade und Schwäche die Feinde unseres Volkes zu vernichten«.

Im Sommer brachte Charlotte die Kinder wieder nach Thumersbach. »Ich bin mit dem Herzen ganz bei Euch in diesem herrlichen Platz«, schrieb Otto. Völlig vom Besatzungsbetrieb in Anspruch genommen, ermunterte er sie, zu schwimmen und spazieren zu gehen, sich von einer weiteren Krankheit zu erholen, sich zu amüsieren. »Ich habe solche große Sehnsucht nach Dir«, antwortete sie. Er solle bald kommen und Hans Frank mitbringen.

Sie erklärte Otto nicht, warum sie den letzteren Vorschlag machte, weil sie ihre Gedanken streng unter Kontrolle hatte. Die heimliche Wahrheit lautete, dass sie sich in den Generalgouverneur verliebt hatte, wie ihr Tagebuch offenbarte.

1. Februar 1942: »Ich zog Stiefel von Frank an.«

4. März: Kaffee mit Frank in Berlin, war traurig, als er »ins Führerhauptquartier« abreiste.

6. März: »Er Klavier gespielt & ich geschrieben.« Später, von Berlin nach Krakau, im »Sonderzug noch beisammen gesessen. Sie [Frau Frank] krank & bald schlafen.« Später an diesem Abend spielten sie drei Partien Schach, »zwei er, eine ich gewonnen. Sehr nett. Es ist schön, mit ihm beisammen zu sein. 11h schlafen, als er bemerkte, dass wir alleine waren, er erschrocken & plötzl[ich] aufgestanden.«

7. Mai: Auf der Wawel-Burg. »Seine Luft eingeatmet. Wie gerne würde ich ihn doch wieder sehen. [...] Ich weiß gar nicht, was ich machen soll, so intensiv beschäftige ich mich mit meinem Hansl. Ich bin so verliebt & sehne mich nach dem Augenblick, ihn endlich wieder zu sehen. Den Moment muss ich abwarten. Wie oft denke ich täglich an ihn, an den temperamentvollen & lebensfrohen Menschen. Gott sei Dank weiß es kein Mensch.«

21. Juni: »[…] von G. G. geträumt. Denke viel an ihn. Scheinbar Liebe.«

Mehrere Jahre nachdem er mich erstmals mit Horst bekannt gemacht hatte, schickte ich Franks Sohn Niklas Kopien der Tagebucheinträge. »Sensationell!«, schrieb er zurück. »Niemand wusste bis jetzt, dass sie in meinen Vater verliebt war!« Er fragte sich scherzhaft, ob Horst sein Bruder sein könnte.

Im August wurde der Generalgouverneur auf den Boden der Tatsachen zurückgeholt. Nachdem Frank an Universitäten in ganz Deutschland eine Reihe von Vorträgen gehalten hatte, um seiner Sorge um die Rechtsstaatlichkeit im Dritten Reich Ausdruck zu verleihen, verbunden mit dem Ruf nach unabhängigeren Richtern, wenn auch nach Nazi-Art, enthob Hitler ihn der meisten Ämter und erteilte ihm Redeverbot im Reich. Frank sagte seiner Frau, er wolle die Scheidung, weil er sich in eine andere Frau verliebt habe, eine frühere Flamme, eine Jugendliebe. Die Frau war nicht Charlotte, der Brigitte Frank in einem persönlichen Gespräch ihr Herz ausschüttete und ihr sagte, dass sie niemals in eine Scheidung einwilligen würde. »Er scheint geisteskrank. Liebt eine andere«, notierte Charlotte wehmütig.

Während dieser Zeit sahen Charlotte und Otto einander selten, aber sie schrieben sich häufig, wobei es meist um Lokales ging. In Wien war ihr Freund Hanns Blaschke zum ersten Vizebürgermeister ernannt worden, und die Mieter kümmerten sich gut um die Villa Mendl. Otto schrieb vage von »Verhandlungen« in Berlin, was Charlotte zu dem Lamento veranlasste, dass er seine Frau und seine Kinder offenbar vergessen habe. »Hast du schon einmal versucht, hier anzurufen? […] Heute wurde Lieschen 8 Jahre. Alle dachten daran, nur Du wieder nicht!«

Im Juli traf Charlotte endlich in Lemberg ein, wo sie dem inzwischen zwölfjährigen Otto junior schrieb, um ihm den bevorstehenden Umzug schmackhaft zu machen. Es sei ein sehr schöner Ort. Das Haus besitze einen großen Garten, einen Tennisplatz und einen Swimmingpool, und noch dazu gehöre ein Pony, das eine kleine Kutsche ziehe.

Sie brachte ein Geschenk für Otto mit, eine Porträtaufnahme von sich, in sich gekehrt und traurig. »In treuer Liebe, zur Erinnerung an stets nur Deine Lotte«, schrieb sie auf die Rückseite des Fotos. Jahrzehnte später sah ich es an einer Wand von Horsts Schlafzimmer hängen. Ja, sagte er mir, sie sehe traurig aus. Damals kannte ich ihre Tagebücher noch nicht und wusste daher nichts von ihrer Verliebtheit in den Generalgouverneur zu dem Zeitpunkt, als die Aufnahme gemacht wurde. Falls Horst es wusste, behielt er dieses Wissen für sich.

Hans Frank besuchte die Wächters in Lemberg am Sonntag, dem 1. August, um den ersten Jahrestag der Eingliederung des Distrikts Galizien ins Generalgouvernement zu feiern. Charlotte verbrachte einen Teil des Tages mit ihm. Sie spielten Schach und aßen zusammen, bis er mit Otto zu verschiedenen Besprechungen aufbrach. Später am Abend schlug sie ihn im Schach, woraufhin er ärgerlich früh zu Bett ging.

Ihre Gefühle für Frank behielt sie für sich, und auch über die Rede, die der Generalgouverneur an jenem Tag hielt, äußerte sie sich weder in ihrem Tagebuch noch sonst wo. Im Großen Saal der Universität verkündete Frank die Durchführung der »Endlösung« in Galizien. Das Publikum klatschte begeistert Beifall, während Otto auf dem Podium in der ersten Reihe saß.

»Ich muss sagen, Parteigenosse Wächter: das habt Ihr fein gemacht«, lobte Frank ihn. »In einem Jahr habt Ihr vergessen lassen, was das für ein Drecksnest war. Lemberg ist wieder eine richtige stolze deutsche Stadt, deutsch geführt, deutsch den Bauten, deutsch der gedanklichen Einstellung der Führung dieser Stadt nach. [...] Ich spreche hier nicht von den Juden, die wir hier noch haben, mit diesen Juden werden wir auch fertig.«

»Übrigens«, fuhr der Generalgouverneur fort, »habe ich heute gar nichts mehr davon gesehen. Was ist denn das? Es soll doch in dieser Stadt einmal Tausende und Abertausende von diesen Plattfußindianern gegeben haben – es war keiner mehr zu sehen. Ihr werdet doch am Ende mit denen nicht böse umgegangen sein?« Bei diesen Worten verzeichnet das Protokoll der Veranstaltung »Große Heiterkeit« im Saal.

Am 6. August, nach Charlottes Abreise nach Wien, fand in Lemberg ein hochrangiges Treffen zur »Lösung der Judenfrage in Galizien« statt, wie die Überschrift auf einem kurzen Vermerk zum Thema der Sitzung lautet. SS-Brigadeführer Katzmann informierte Dr. Losacker und Dr. Bauer, Ottos Amtschef und sein Stellvertreter, dass die Juden umgesiedelt, ausgewiesen oder liquidiert würden, so dass »es innerhalb eines halben Jahres im Generalgouvernement keinen freien Juden mehr geben wird«. Ein paar qualifizierte jüdische Handwerker sollten in den verschiedenen Distrikten in speziellen »Judenlagern« zurückbehalten werden. Vier Tage später begann die »Große Aktion«, als Zehntausende von Juden in Lemberg zusammengetrieben und in das unter der Verantwortung von Globus im nahe gelegenen Belzec errichtete Vernichtungslager deportiert wurden.

Am Sonntag, dem 16. August, schrieb Otto einen langen Brief aus Krakau, wo er einen Parteitag besuchte und in den Pausen mit Pavlu Tischtennis spielte. »In Lemberg war viel zu tun, seitdem Du weg bist«, teilte er Charlotte mit. Die Erntezahlen wurden erfasst, Arbeiter in Arbeitslager im Reich überstellt (»nun schon 250 000 aus dem Distrikt!«), und er hatte mit »den augenblicklichen großen Judenaktionen« zu tun. Nach Bochnia war dies ein seltener Hinweis in einem persönlichen Brief auf die Art von Dingen, die sonst ausnahmslos verschwiegen wurden. Otto klang positiv. Man komme gut voran, weil die Parteikonferenz gut laufe und daheim in Lemberg »nach wie vor alles schön« sei, auch wenn die Haushälterin Probleme mache wegen des polnischen Personals. Weniger erfreulich sei der Selbstmord eines jungen Soldaten in dem Haus, der Anlass zu bedauerlichen Gerüchten gebe. »Liebesgram«, meinte Otto, »für das Leben zu schwach«. Er schloss mit »Alles Liebe. Immer Dein Hümmchen«. Unter den Brief schrieb er: »Mit H. [Hitler] alles – ohne nichts!«

Er schickte eine Zeichnung von Pavlu, der ein paar beruhigende Worte hinzufügte, Otto sei ein »Tugendbold geblieben«. Pavlus Frau

Trude ergänzte noch rasch, dass Otto unter strenger Beobachtung stehe. Otto kehrte früh nach Lemberg zurück, da Himmler – einer der »Großen« – sich zu einem spontanen Besuch entschlossen hatte. »Ich kam am Flugplatz gerade noch zurecht«, schrieb Otto seiner Frau. Himmlers offizielles Tagebuch verzeichnete die Verpflichtungen ab der Ankunft auf dem Lemberger Flugplatz am Abend des 17., wo er von Otto, Globus und Katzmann abgeholt wurde. Die vier hatten eine »Besprechung« – ohne Angabe von Einzelheiten –, gefolgt von einem Abendessen. Am nächsten Morgen nahmen Otto und Katzmann Himmler mit auf eine »Besichtigungstour«, um die »jüdischen Lager an der Durchgangsstraße IV« zu inspizieren, jener Straße, die gebaut wurde, um Przemyśl, Lemberg, Tarnopol und Taganrog im Osten miteinander zu verbinden. Sie besichtigten Lager in Jaktorow und Lackie, etwa 60 Kilometer östlich von Lemberg, aßen zu Mittag und kehrten nach Lemberg zurück, von wo Himmler mit dem Flugzeug nach Berlin zurückkehrte.

Am Ende sei alles gut verlaufen, berichtete Otto. So gut in der Tat, dass er »teilweise geradezu beschämt« sei. Das Verhältnis sei vollkommen harmonisch, »sehr nett und einvernehmlich«, und Himmler, der nur Positives über ihren Mann zu sagen gehabt habe, unterstütze ihn in allen grundlegenden Fragen. Otto hatte das Gefühl, sich eine kurze Pause gönnen zu können, eine Kanutour den Dnister abwärts zu unternehmen, zusammen mit zwei Kollegen.

Anfang September erhielt Martin Bormann, Hitlers engster Mitarbeiter, einen positiven Bericht aus erster Hand über Ottos Arbeit in Lemberg. Wächter habe die Lage in Galizien stabilisiert, das nun in einem besseren Zustand sei als andere Distrikte des Generalgouvernements, nachdem Beamte, denen es an Charakter oder Kompetenz mangelte, entlassen worden seien. Der Bericht hob hervor, dass ihm in Dr. Losacker ein »sehr tüchtige[r]« Amtschef zur Seite stehe, und vermerkte Ottos Ansichten über Hans Frank (seiner Frau sexuell hörig und besser geeignet für das Leben eines Künstlers oder Gelehrten).

Während Otto Himmler zu Gast hatte, kamen Charlottes Eltern

und sein Vater zu Besuch nach Thumersbach. Josef ging täglich mit seinem geliebten Enkel Horst spazieren, während Charlotte mit den Fischböcks zu den Salzburger Festspielen fuhr. Ein Tag mit Dichtkunst auf Schloss Leopoldskron, Mozarts *Hochzeit des Figaro* im Festspielhaus, dann ein »einfache[s] Abendessen« für fünfzig Dichter und Schriftsteller, das bis in die frühen Morgenstunden ging. An den Tagen, die folgten, hatte sie ihre Freude an einer Vorstellung von *Viel Lärm um nichts*, obwohl sie danach »erschöpft« war, und genoss eine mitreißende Aufführung von Bruckners siebter Sinfonie, ihrem liebsten Musikstück. Wenn man in der Loge des Gauleiters sitze, klinge es noch besser.

Sie wohnte bei den Lipperts und besichtigte die nahe gelegene Villa Schubert, zusammen mit Trudl Fischböck, die Gefallen an der Immobilie fand und sie haben wollte. Es war ein sehr begehrtes Objekt, nicht zuletzt Herbert von Karajan war an einem Erwerb interessiert. Allerdings verlangte er den Rauswurf der anderen Hausbewohner, damit er in Ruhe arbeiten könne. »Ich bin gespannt wer sie erhält«, schrieb Charlotte ihrem Mann. Den Kindern gehe es gut, der kleine Horst sei »ein Herz & ein Sinn mit Opapa. – Er ist sehr sensibel.« Der Zustand der Küchen daheim in Lemberg beschäftigte sie weiterhin. »Was geschah denn mit den Öfen?«, erkundigte sie sich.

Vier Tage später, am 27. August, äußerte Charlotte ihre Zufriedenheit, dass der Besuch Himmlers gut verlaufen war, und freute sich auf eine Rückkehr nach Lemberg. Unterdessen waren Ausflüge in das Umland von Thumersbach »unbeschreiblich schön«. Sie unternahmen Wanderungen zur abgelegenen Schmittenhöhe, aßen an einem See zu Mittag, schwammen und lagen bei herrlichem Sonnenschein nackt wie Babys auf dem Moos. Sie war »über die Größe der Natur überwältigt« und dankte ihm »immer wieder 1000 x […], dass wir dieses unsagbar schöne Platzerl Erde für unsere Kinder erworben haben«.

Während die Familie die Berge genoss und in Lemberg die »Große Aktion« ihren Abschluss erreichte, unternahm Otto eine Kanutour auf dem Dnister, 180 Flusskilometer, ein paar Tage Camping, Angeln und einfaches Essen (»meist Kartoffeln und Mais, immer Tee«). Bei seiner

Rückkehr nach Lemberg trafen Prüfer aus Berlin ein, nachdem die Lokalzeitungen über Probleme im Generalgouvernement berichtet hatten. Außerdem geriet die Arbeit am Garten ins Stocken. »Arbeitskräfte fehlen«, klagte Otto, »Juden werden in steigender Masse ausgesiedelt, und das Mehl für den Tennisplatz ist schwer zu kriegen.«

Charlotte hoffte, der Krieg könnte im folgenden Jahr vorüber sein, obwohl das unwahrscheinlich schien. Während Otto über Luftangriffe in Krakau und Warschau berichtete, besichtigte sie noch einmal die Villa Schubert. »Mein liebstes Hümmchen«, schrieb sie aus Thumersbach und versah den Brief mit einer farbigen Bleistiftzeichnung von der Familie unterwegs. »Ich war neulich dort & hätte eventl. noch gerne die Möbel von dem Haus, ein Bauernzimmer, alte Möbel, gegen meine modernen ausgetauscht. Nun frug ich Dr. Lippert, ob das möglich wäre & der sprach mit Dr. Reitter, der aber den Gauleiter fragen wollte. Nun will ich aber nicht, dass gleich der Gauleiter damit befragt wird, bevor man ihn pers. besser kennt. Was meinst Du?« Und sie hoffe, fügte sie hinzu, dass sie ihren zehnten Hochzeitstag am 11. September zusammen verbringen würden. »Zurückblickend auf die 10 Jahre, muss ich Dir vielmals herzlichst danken, dass Du mir mein Leben so schön gestaltet hast, mich so sicher führtest & immer wieder mein oft so hartes Köpfchen weich machtest.« Wenn es schwierige Zeiten gegeben habe, dann immer nur, weil sie getrennt waren.

Doch Otto konnte am Hochzeitstag nicht bei Charlotte sein, da Probleme in Galizien ihn in Anspruch nahmen, darunter Nahrungsmittelengpässe und ein negativer Bericht von der Prüfungskommission

in Berlin. Eine Inspektion durch das Innenministerium sorgte für einen Lichtstrahl, weil der Besucher »einen sehr guten Einblick von meiner Arbeit hier [in Lemberg] mitnahm«. Er schickte Charlotte einen Zeitungsausschnitt aus dem *Reich* (»Früchte essen vor dem Schlafengehen [ist] sehr schädlich für die Zähne«) und schilderte ihr eine wundervolle Aufführung von Mozarts *Entführung aus dem Serail* an der Krakauer Oper, die er mit italienischen Gästen besucht hatte. »Hümmi« übermittelte seine besten Wünsche zum Hochzeitstag, in Liebe und mit einem herzlichen »Heil Hitler«.

»Der Lebensweg ist eben sehr hügelig«, antwortete Charlotte mit Blick auf seine Reisen, also solle er die Dinge mit Fassung tragen. Sie kehrte noch ein drittes Mal zur Villa Schubert zurück, zusammen mit dem Gouverneur, und besuchte in Begleitung von Josef Thorak ein Naturreservat bei Neukirchen, um einige der 48 Geier aus dem Kaukasus zu beobachten, die dort besonders gehegt und geschützt wurden.

Als es auf Weihnachten zuging, berichtete Otto Himmler positiv über die Situation in Galizien. Der Reichsführer bedankte sich in seiner Antwort »für das schöne Bild aus Lemberg«. »Galizien ist ruhig und in Ordnung geblieben«, schrieb Himmler. »Dies ist Ihr großer Verdienst und ist nicht zuletzt auf die harmonische Arbeit von Ihnen mit dem tüchtigen Katzmann und, unpersönlich ausgedrückt, auf die wirkliche Zusammenarbeit von Verwaltung mit SS und Polizei in Ihrem Distrikt zurückzuführen.« Weil er hoffte, bald nach Lemberg zurückzukehren, schickte er einen Durchschlag des Briefes an seinen Adjutanten, SS-Obergruppenführer Karl Wolff, Chef des Persönlichen Stabes Reichsführer SS, den Otto aus seiner Zeit in Berlin kannte.

Möglicherweise kannte Otto auch eine andere, weniger erfreuliche Neuigkeit, die am Jahresende eintraf. Die *New York Times* berichtete über Anklagen gegen zehn von der polnischen Exilregierung identifizierte führende Nazis wegen auf dem Territorium Polens begangener Verbrechen. Hans Frank rangierte als Nummer eins, und mehrere von Ottos Kameraden wurden namentlich genannt, darunter Fried-

POLAND INDICTS 10 IN 400,000 DEATHS

They Head Roster of 3,000 War Criminals to Be Brought to Trial After Peace

GERMAN GOVERNOR IS NO. 1

Norway and Yugoslavia Also List Invaders, Native Traitors Who Face Punishment

rich-Wilhelm Krüger (»Terror und Exekutionen«), Odilo Globocnik (»Judenhetzer«) und Ludwig Fischer (»seine Spezialität: Warschauer Ghettos«). Otto kam an siebter Stelle, sein Name war falsch geschrieben. Er sei »berühmt-berüchtigt für die Ausrottung der polnischen Intelligenz«. Auf seine Anordnungen hin, berichtete die *New York Times*, seien einhundert Professoren von der Universität in Konzentrationslager überstellt worden; viele seien gestorben, andere wahnsinnig geworden.

15

Michael

Ich habe oft über das Leben in Lemberg unter der »menschl[ichen]« Herrschaft von Otto Wächter nachgedacht. Es ist eine Stadt, die ich schließlich kennengelernt habe, sie ist der Geburtsort meines Großvaters. Als ich *Rückkehr nach Lemberg* schrieb, erfuhr ich, dass Leons gesamte Familie in der Region ausgelöscht wurde, aber das erwies sich als nicht ganz zutreffend. Zwei Jahre nach Veröffentlichung des Buches erhielt ich einen Brief von einem freundlichen Professor der Ingenieurwissenschaften aus Los Angeles. »Bitte verzeihen Sie mir, dass ich Sie mit dieser unerwarteten Mitteilung behellige«, schrieb er und erklärte, er sei überrascht gewesen, in dem Buch auf den Namen Natan Flaschner, Leons Onkel, zu stoßen. Natan, erzählte der Professor, habe einen Sohn gehabt, Henryk, der aus Lemberg floh und der Vater des Briefschreibers sei. Henryk habe den Rest seines Lebens mit der Suche nach anderen Überlebenden verbracht, Leon, seinen Cousin ersten Grades, der ebenfalls überlebte, aber niemals gefunden.

Ein paar Jahre zuvor hatte ich in New York einen anderen Mann kennengelernt, der diese Zeit des »gute[n] Regieren[s]« in Lemberg erlebt hatte, einen der wenigen Überlebenden aus dem von Otto beherrschten Territorium, in dem mehr als eine halbe Million Menschen umkamen. Der Mann ist heute ein angesehener Kinderarzt, sein Name ist Michael Katz. Er traf Ende 1939 mit seinen Eltern in Lwów ein, nachdem Warschau von den Deutschen besetzt worden war, und die Familie zog in die Wohnung seiner Großeltern in der Bonifratów-Straße. Er erinnerte sich daran, wie das Leben sich im Sommer 1941 änderte, als die deutsche Besatzung begann, und dass er ein paar Monate später eine weiße Armbinde mit einem Davidstern tragen musste.

Ottos Amtszeit als Gouverneur begann im Februar 1942. Michael war vierzehn und arbeitete als Mechaniker in einer Autowerkstatt der Wehrmacht. Er fuhr mit einer durch das Schild »Nur für Juden« eigens kenntlich gemachten Straßenbahn zur Arbeit, aber es dauerte nicht lange, bis Juden die Benutzung öffentlicher Verkehrsmittel untersagt wurde und er zur Arbeit laufen musste, hin und zurück jeweils etwa 45 Minuten. Er erinnerte sich an die erste »Aktion«, im März 1942, und an die Deportationen, die folgten. »Meine Papiere und ein Ausweis, der bescheinigte, dass ich für eine wichtige Armeeeinheit arbeitete, schützten mich, so dass ich nicht Gefahr lief, festgenommen zu werden.« Die »Aktion« fiel zusammen mit einer Anordnung, die Ottos Unterschrift trug und die Beschäftigung von Juden in nicht jüdischen Haushalten verbot. Später erfuhr ich, dass sich ein Durchschlag der Anordnung in Charlottes Nachlass befand. Das Dokument war mit einem möglicherweise von Horst mit Bleistift hinzugefügten Datum versehen.

Die nächste »Aktion« fand im August statt, und an sie erinnerte sich Michael noch deutlicher. »Sie sammelten alle unsere Ausweise ein, und wir kriegten sie mit zusätzlichen Stempeln darauf zurück.« Ihm fiel auf, dass die seiner Mutter und seiner Großeltern innen gestempelt waren, während sein Ausweis den Stempel außen trug. Der kleine Unterschied hatte gravierende Folgen, es ging um Leben und Tod: Diejenigen mit den Stempeln auf der Außenseite – »Zu denen gehörte ich« – arbeiteten weiter, die anderen nicht. »Die Stempel dienten der Ausgrenzung, um zu unterscheiden zwischen denen, die mitgenommen würden, und denen, die dablieben, aber das wussten wir nicht.«

Die »Aktion« fand überall in der Stadt statt, innerhalb des Ghettos und außerhalb. Michael erinnerte sich glasklar an das, was geschah:

> Am Tag der »Aktion« gingen meine Mutter, meine Tante, ihr Sohn und meine Großeltern zu ihrer Arbeitsstelle, der Städtischen Werkstätte, wo sie Uniformen nähten und ausbesserten. An jenem Morgen machten Gerüchte die Runde, dass irgendetwas passieren würde. Meine Mutter wollte, dass ich mit ihr mitging, aber ich tat es nicht. Ich ging

wie üblich zu meiner Arbeitsstelle, der Armeewerkstatt in der Janowski-Straße. Während ich dort war, kam jemand angerannt und sagte: »In der Stadt ist was im Gange, sie holen Juden ab und bringen sie mit Lastwagen weg.« Ich wollte zu meiner Mutter, also lief ich sofort zu der Werkstätte. Unterwegs wurde ich mehrere Male angehalten, aber mit meinem Stempel und dem Ausweis ließ man mich gehen. Bei meinem Eintreffen stellte ich fest, dass sie weg war, alle waren weg.

Die noch übrig waren, sagten, dass schreckliche Dinge geschähen, sie würden alle abholen. Ich ging zurück in die Stadt, wo mein Stiefonkel, der jüngere Bruder meines Stiefvaters, in einem anderen militärischen Betrieb arbeitete, nicht in einer Werkstatt, eher einem Büro. Ich fand ihn, und inzwischen war mein Stiefvater, sein Bruder, schon getötet worden. Er wusste um die Tatsache, dass etwas im Gange war, und drei von den einfachen Soldaten kamen herein und sahen mich weinen, und einer von ihnen sagte etwas, und der andere schlug ihn. Was passierte, war, dass der andere dachte, er hätte etwas Abfälliges zu mir gesagt, und sie waren sehr aufgebracht über das, was ich durchmachte, was ein Indiz für ein gewisses Maß an Menschlichkeit war, das sich behauptete.

Er beobachtete, wie Menschen auf der Straße festgenommen wurden. Manche ließ man wieder laufen, zu ihnen gehörte auch Michael, andere wurden auf Lastwagen verfrachtet, die mit ihnen davonfuhren.

Man sprach von »Aussiedlung« oder »Umsiedlung«, Worte, welche die wahre Bedeutung der Maßnahmen verschleierten. Wer die Festnahmen durchgeführt habe, fragte ich nach. »Überwiegend deutsche SS-Männer, es gab auch ein paar Ukrainer, die ihnen halfen, sie trugen irgendwelche Khaki-Uniformen.« Das war die ukrainische Hilfspolizei, die Otto unterstand.

Die »Aktion« ging mehrere Tage weiter. Am Ende brach Michael in der Wohnung seiner Großeltern, wo er seine Tante und seinen Cousin vorfand, verzweifelt zusammen. Am nächsten Tag erschien er wieder zur Arbeit und wurde in das mitten in der Stadt gelegene Zwangsarbeitslager Lemberg-Janowska deportiert. »Meine Mutter sah ich nie wieder.« Er kannte keine Einzelheiten der Geschehnisse, aber er wusste Bescheid. »Ich machte mir keine Illusionen. Es kursierte diese Pseudo-Geschichte, dass sie an einen anderen Ort gebracht würden, die Ausrede wurde bei allen ›Aktionen‹ vorgebracht. Sie kamen immer und sagten: ›Nehmen Sie nur einen Koffer mit, denn Sie werden umgesiedelt, um im Osten zu arbeiten.‹ Damals wusste ich nichts von Belzec.«

Auch der Name Otto Wächter war ihm zu jener Zeit nicht bekannt. »Entweder habe ich ihn vergessen, oder ich habe ihn ignoriert.« Was die Organisation der »Aktion« betraf, so wusste er, dass sie von der Gestapo durchgeführt wurde, mit Unterstützung von Ukrainern und von den als Helfer rekrutierten jüdischen Polizisten. Aus dem Lager Janowska entkam er, indem er unter dem Stacheldraht hindurchkroch und sich auf einem Friedhof in der Nähe versteckte. Nicht jüdische Freunde halfen ihm, sich einen gefälschten Ausweis zu besorgen und Lemberg zu verlassen. »Ich nahm meine jüdische Armbinde ab und reiste mit meinem neuen Ausweis nach Warschau.« Er verließ Lemberg am 2. oder 3. September 1942 mit einem neuen Namen, Francisek Thaddeus Taletsky.

Ein paar Wochen später kehrte er mit einer gefälschten Geburtsurkunde nach Lemberg zurück, um seinen Cousin zu holen, aber dessen Mutter wollte ihn nicht gehen lassen. Später, in Warschau, mietete er ein Bett in einem Wohnheim und fand eine Arbeit. Michael war der einzige Überlebende aus seiner Lwówer Familie, obwohl er dies erst sehr viel später erfahren sollte. Ebenso wenig konnte er damals wissen, dass die »Massenhinrichtung« von mehr als 50 000 Juden auf dem von Otto Wächter verwalteten Territorium Ende September 1942 von Präsident Roosevelts Sondergesandten bei Papst Pius XII. direkt dem Vatikan gemeldet worden war. »Ich möchte gern wissen, ob der Heilige Vater irgendwelche Vorschläge hat, wie die Kräfte der zivilisierten öffentlichen Meinung praktisch nutzbar gemacht werden könnten, um eine Fortsetzung dieser Barbareien zu verhindern«, wollte der US-Gesandte vom Kardinalstaatssekretär wissen.

16

1943, Lemberg

Im Frühjahr 1943 hatte Michael Katz Lemberg verlassen und die »Große Aktion« war beendet. Friedrich Katzmann, dessen einträchtige Zusammenarbeit mit Otto Wächter von Himmler so bewundert wurde, verfasste seinen Abschlussbericht über die »Lösung der Judenfrage im Distrikt Galizien«. Der Distrikt Galizien sei vollkommen »judenfrei«, berichtete Katzmann, insgesamt 434329 Juden seien »ausgesiedelt« worden. Die Stadt wurde gesäubert, gleichzeitig erfolgte die »Erfassung der jüdischen Vermögenswerte«, die »sichergestellt und dem Sonderstab ›Reinhard‹ zur Verfügung gestellt« wurden. Dazu gehörten unter anderem: 20,88 kg »Ringe Gold mit Steinen«; 343,1 kg »Zigarettendosen – Silber u. Metall«; 1,256 kg »Armbanduhren – Gold«; sieben »Briefmarkensammlungen kompl.«; und »1 Koffer mit Füllhaltern u. Drehbleistiften«.

Otto nutzte die Gelegenheit dieses Erfolges vor dem Hintergrund wachsender Schwierigkeiten, denen sich die deutschen Truppen an der Ostfront gegenübersahen, um Berlin zu überreden, ihm die Aufstellung einer »SS-Freiwilligen-Division Galizien«* zu genehmigen, deren Mannschaften sich aus Volksdeutschen und Ukrainern aus dem Gebiet Lemberg rekrutieren sollten. Es war die erste Division der Waffen-SS, die sich nicht ausschließlich aus Reichsdeutschen rekrutierte, und Otto hoffte, sie würde Deutsche und Ukrainer einander näherbringen.

* Ab 22. Oktober 1943: 14. Galizische SS-Freiwilligen-Infanterie-Division; im August 1944 umbenannt in 14. Waffen-Grenadier-Division der SS (gal. Nr. 1), ab 15. Januar 1945 14. Waffen-Grenadier-Division der SS (ukrain. Nr. 1). [Anm. d. Übers.]

»Warum soll nur unser gutes deutsches Soldatenblut ins Feld ziehen?«, fragte er Charlotte. Er wollte eine allgemeine Wehrpflicht, entwarf Rekrutierungsplakate und beschloss, sich persönlich um Aufstellung und Ausbildung der Division zu kümmern. »Die Galizianer drängen danach, einberufen zu werden, und sie sind verlässlich.«

Charlotte berichtete von einem »Taumel der Begeisterung« rund um Lemberg, als junge Ukrainer, Bauern und Söhne des Landes, eingezogen wurden. Mit Blütenkränzen auf dem Kopf marschierten sie begeistert singend durch die Straßen der Stadt. »Sie verlangten nach ›Gleichberechtigung‹, die ihnen Otto verschaffen wollte«, erinnerte sie sich. »Er wusste auch, sie mit viel österr[eichischem] Charm & Herz zu lenken«, und hoffte, die Maßnahme würde ihn bei den Ukrainern beliebt machen. Himmler kam, um die Division zu inspizieren, was Charlotte in ihrem Tagebuch nicht erwähnt. Etwa um diese Zeit bekam sie eine neue Schallplattenaufnahme von Bruckners vierter Sinfonie, der »Romantischen«, die ihr hingegen eine Erwähnung wert war.

Es gab gute Gründe, die Rekrutierung auszuweiten, da der Krieg mit Russland nicht gut lief. Katastrophal, nach Charlottes Ansicht. »Heute ist wohl einer d[er] traurigsten Tage meines Lebens«, vermerkte sie am 3. Februar 1943, als die Nachricht eintraf, dass der Angriff auf Stalingrad zusammengebrochen war. »All das Blut, was da floss, ist kaum dunkler.« Otto versuchte, Hitler zu erreichen, aber vergeblich, hielt sie für die Nachwelt fest, um vor den wachsenden Gefahren der Lage im Osten zu warnen. Sie spürte auch, dass man sie beobachtete, zumindest schrieb sie es. »Die Bespitzelung wurde immer ärger.« Sie solle aufpassen, warnte Otto, der Feind höre mit. Wieder einmal lernten sie, verschlüsselt zu kommunizieren, per Brief und Telefon.

Als aus dem Osten Tausende verwundeter Soldaten in Lemberg zur Behandlung eintrafen, meldete sich Charlotte freiwillig in einem Krankenhaus an der nach Osten führenden Straße der Stadt. »So hatten wir für 100 Schwerstverletzte 3 Schwestern, Ich war die 4te.« Sie bereitete Essen zu, schrieb Briefe für Soldaten, die nicht selbst schreiben konnten, kochte und kümmerte sich um andere Erfordernisse. Im März verliebte sie sich außerdem. Das Objekt ihrer Zuneigung war ein junger

Leutnant namens Horst Stützen. »You are too nice today, I love you so much«, sagte er sanft zu ihr. Sie trug die Worte in ihr Tagebuch ein, auf Englisch, der Sprache ihres geheimen Lebens und eine, die ihr Mann nicht lesen konnte.

Sie mochte Stützen inzwischen ebenfalls und sagte es dem jungen Offizier auch. Zugleich erfuhr sie, dass sie von Otto schwanger war. Im Mai ließ sie eine Abtreibung vornehmen, spürte aber augenblicklich, dass das ein Fehler gewesen war: »Als ich aufgewacht war, war das erste, dass ich gleich fragte, wann ich das nächste Kind haben kann & darf.« Als der junge Leutnant im Juni fortging, tat ihr »lieber Kerl« ihr leid. Sie blieb bis Ende des Monats in Lemberg, dann kehrte sie nach Thumersbach zurück. Am 10. Juli landeten die Amerikaner auf Sizilien. Zwei Wochen später wurde Mussolini gestürzt, und eine neue italienische Regierung übernahm die Macht. Im August kehrte sie nach Lemberg zurück, während Otto Angehörige seiner ukrainischen Division vereidigte und mit Krüger über die einzuschlagende Strategie in den besetzten Ländern stritt. Als die Situation sich wendete, vermerkte sie, dass »der Glaube an den Führer nach wie vor unermesslich« sei.

Als Italien und die Westalliierten im September einen Waffenstillstand unterzeichneten, auf den die Teilung des Landes folgte, besuchte Leutnant Stützen Charlotte in Thumersbach, um ein paar Tage in dem Bauernhaus zu verbringen. Sie holte ihn am Zeller Bahnhof ab. Ihr gefielen seine strahlenden Augen und sein jungenhaftes Aussehen. Sie gingen ins Kino – *Die Stimme des Herzens* mit dem Tenor Beniamino Gigli – und fuhren bis spätabends Boot auf dem See. »I like flirting with this child«, schrieb sie. »I never forget Otto, but I love this child very much.« Doch sie widerstand ihren Impulsen. »I must take care not to lose myself, I must keep myself together […].« Am Ende des Monats änderten sich ihre Gefühle. »Now when I know he loves me […] I am not any more interested in him.« Es sei schade, fügte sie hinzu, aber »the only man I love in my life will remain my dear Otto«.

Am Ende des Jahres war der junge Leutnant fort, und sie fühlte sich aufs Neue allein, verbraucht, erschöpft. Die Situation daheim war angespannt, um die Kinder kümmerte sich ein Kindermädchen, etwas, das Tochter Traute ihr nie verzieh. Charlotte spürte, dass eine »große schwarze Todeswolke« über ihrem Leben schwebte, während sie und Otto sich treiben ließen. Wieder fragte sie sich, ob er eine andere hatte.

Otto sagte ihr, dass die deutschen Kriegsanstrengungen zum Scheitern verurteilt seien, wenn nicht ein Wunder geschähe. Rudolf Pavlu wurde wegen eines nicht näher benannten Fehlverhaltens von seinen Pflichten als Stadthauptmann von Krakau entbunden und zum Kampfeinsatz an die Ostfront geschickt. Von dort schrieb er detailversessen über die täglichen Schrecknisse, denen eine Wehrmacht in Fetzen sich gegenübersah, über das Fehlen von Ersatzteilen und Munition, über Männer, die im tiefen winterlichen Morast versanken. »Wie die Leute da hingemäht werden, das ist nicht zum Anschauen.«

Spätestens Ende 1943 gelang es Charlotte nicht mehr, die Zukunft positiv zu sehen. Sie saßen in der Falle, persönlich und als Nation. »Wir sahen keinen Ausweg.« Otto steckte seine Energien in die Arbeit und in die Waffen-SS-Division Galizien.

17

2014, Lwiw

Die Waffen-SS-Division Galizien war unverhofft der Grund, dass der Dreh des Dokumentarfilms, an dem wir arbeiteten, eine andere Richtung nahm. Der Film hätte mit einem Eklat zwischen Horst und Niklas im Purcell Room enden können, aber das passierte nicht. Die beiden Männer waren unterschiedlicher Ansicht über ihre Väter, aber sie äußerten ihre Standpunkte zu höflich und respektvoll, als dass ihr Dissens ordentliches Kino abgegeben hätte. Doch am Ende der Veranstaltung passierte noch etwas anderes: Horst nahm das Mikrophon und führte aus, dass sein Vater in der Ukraine nach wie vor hoch geachtet werde. Damit wurde eine Saat gelegt: für die Idee einer Reise nach Lwiw.

»Falls wir in die Ukraine reisen«, schlug Horst ein paar Wochen nach der Veranstaltung im Purcell Room vor, »dann sollten wir dort sein, wenn die Gedenkfeier für die Waffen-SS-Division Galizien meines Vaters stattfindet.« Jedes Jahr im Juli wurde ein Reenactment aufgeführt, um an den Kessel von Brody zu erinnern, als die Division von der Roten Armee aufgerieben wurde. Warum dies einen Anlass zum Gedenken bot, war nicht ganz klar, aber mit der Veranstaltung verbunden war eine alljährliche Zeremonie, bei der neu entdeckte sterbliche Überreste deutscher Soldaten beigesetzt wurden. Antisemitische und antirussische Erklärungen würden »kategorisch ausgeschlossen« von den Feierlichkeiten, versicherte Horst, obwohl antisowjetische Anspielungen nicht auszuschließen seien. Und, fügte er hinzu, ein Besuch der Region böte eine Gelegenheit, meine Familie zu betrauern und die Verehrung für Otto mit eigenen Augen zu erleben.

Niklas, Horst und ich reisten zusammen nach Lwiw, mit David

Evans, dem Regisseur, und einer Filmcrew. Wir stiegen im Hotel George ab, eine Rückkehr in die Zwischenkriegsjahre und die Atmosphäre, die Joseph Roth in seinem Roman *Hotel Savoy* beschworen hat. Wir schlenderten durch die Straßen, bewunderten das städtische Gebäude, das einst Otto als Amtssitz gedient hatte, und statteten dem Stadtarchiv einen Besuch ab, das in einem ehemaligen Kloster untergebracht war. Horst trug sich in das Gästebuch ein und unterschrieb mit »Sohn des Gouverneurs«.

Wir versammelten uns in dem Raum des Gebäudes, in welchem zu Zeiten der Österreichisch-Ungarischen Monarchie das galizische Parlament getagt hatte und der heute als Aula der Universität dient. In diesem eindrucksvollen Saal verkündete Hans Frank am 1. August 1942 den Plan zur vollständigen Vernichtung der gesamten jüdischen Bevölkerung des Distrikts Galizien. In seiner Rede richtete er sich auch direkt an Gouverneur Wächter, um ihm für seine gute Arbeit zu danken. Niklas gab diesen Moment unversehens wieder, als er das Podium erklomm, auf dem sein Vater damals gestanden hatte, und dessen Worte vorlas. »Ihr werdet doch am Ende mit denen nicht böse umgegangen sein?«, sagte er, wobei er Horst anschaute, dem der Vorfall sichtliches Unbehagen bereitete. Ein Wortwechsel folgte, und ich verlor die Geduld mit Horst. Es war das erste und einzige Mal, dass dies geschah, vielleicht eine Reaktion auf die Kombination aus der Anwesenheit in diesem Raum und seiner Erwiderung auf die Worte der strafrechtlichen Anklage gegen seinen Vater, von der ich ein Exemplar gefunden hatte. Die von Vertretern der polnischen Exilregierung in London formulierte Anklage wurde von Exilpolen erhoben und von den Vereinigten Staaten unterstützt und warf Otto Wächter vor, ein »Massenmörder« zu sein. Horst las das Dokument und tat es augenblicklich als sowjetische Propaganda ab. Der unangenehme Moment wurde auf Film gebannt und schaffte es in die Dokumentation. Meine Schwiegermutter bezeichnete ihn später als die »Altenmissbrauchs«-Szene.

Als alle sich wieder beruhigt hatten, begaben wir uns zur Iwan-Franko-Straße 133, wo Otto und Charlotte gewohnt hatten. Horst konnte sich kaum erinnern an das Haus, eine große Villa mit filigranen Stuckarbeiten über der zweiflügeligen hölzernen Eingangstür und einem schönen Garten, obwohl der Swimmingpool und der Tennisplatz, der seinerzeit nicht bemehlt werden konnte, längst verschwunden waren. Allerdings erinnerte er sich daran, wo er als kleiner Junge gefrühstückt hatte, und an die Treppe, die nach oben zu den Schlafzimmern führte. »Ich habe nur eine sehr schwache Erinnerung, wegen des Geruchs« – ein Haus, das niemals so unbeschwert gewesen sei wie Thumersbach. Aus Charlottes Tagebüchern wusste Horst von ihrer Tätigkeit in einem Krankenhaus, von der zweiten Abtreibung und von einem Ereignis, das er als eine Art »Nervenzusammenbruch« bezeichnete. Während dieser Zeit sah er seine Mutter selten. »Wir hatten Dienstmädchen, die sich um uns kümmerten, während sie für meinen Vater arbeitete, Gäste empfing oder in dem Krankenhaus war.«

Am nächsten Tag fuhren wir mit dem Auto nach Żółkiew, einer Kleinstadt, die etwa eine Stunde entfernt lag. Wir liefen an der Stelle vorbei, wo in einem Holzhaus Hersch Lauterpacht geboren worden war. Wir besichtigten die verlassene, zerstörte Synagoge, die im Sommer 1941 von den Deutschen niedergebrannt worden war. Dort, in dem weiten, verwunschenen Raum, sprach Horst noch leiser als gewöhnlich, anscheinend berührt von den hoch aufragenden Säulen und der gespenstischen Leere. »Hier sehen wir dem ins Auge, was passiert«, sagte er trübsinnig, und »wir sind traurig, schämen uns vielleicht.«

Dennoch war er unfähig, Otto mit den schrecklichen Ereignissen in Verbindung zu bringen, die sich in diesem Raum, der Stadt oder der Region abgespielt hatten. »Ich glaube nicht, dass mein Vater befahl, dass dieser Raum niedergebrannt wird, ich kann ihn mir nicht vorstellen in diesem Raum, wie er herumspaziert in seiner Uniform und sagt: ›Oh, gut gemacht‹ und Dinge in der Art.« Horst wollte hoffnungsvoll sein, nicht in der Vergangenheit feststecken. Er war davon überzeugt, dass der Raum irgendwann wieder von Leben erfüllt sein würde. »Ich bin nicht so pessimistisch wie Sie«, sagte er. Seine Stimme verstummte.

Am Nachmittag liefen wir die von Osten nach Westen führende Straße entlang zu einem Wald, etwa zwei Kilometer vom Stadtzentrum entfernt. Ein sandiger Pfad führte zu einem Massengrab für dreieinhalbtausend Einwohner der Stadt. An einem einzigen Tag im Frühjahr 1943 hingerichtet, gehörten die Familien meines Großvaters und die Lauterpachts zu den Opfern. Otto Wächter war an jenem Tag nicht in Żółkiew, aber die Stadt lag auf dem von ihm verwalteten Territorium. Horst machte ein Foto von einem kleinen weißen Denkmal, der Kameraverschluss unterbrach die Stille.

An diesem Ort, unter freiem Himmel, beschwor Niklas Horst anzuerkennen, welche Rolle sein Vater gespielt hatte. »Mein Vater war in das System verwickelt, ich weiß, deshalb sind wir hier.« Genau so weit konnte Horst gehen, ohne weitere Informationen. Er wollte das genaue Datum wissen, die Namen der anwesenden Polizisten, Einzelheiten der tatsächlich gegebenen Befehle. »Wir sind von Tod umgeben, Zehntausende Österreicher müssen hier liegen.« Horst beschwor das Jahr 1914, als sein Großvater Josef auf diesen Feldern kämpfte, nicht das Jahr 1943. Er war unfähig, die Vorstellung von einer Befehlsverantwortung zu akzeptieren.

Entscheidend seien die Identität derjenigen, welche die Kugeln tatsächlich abfeuerten, und ihre Namen. »Mein Vater dürfte das wenigste abgesegnet haben, hierher kommen … diese Menschen … ich glaube nicht …« Während er sprach, hielten seine Finger eine winzige weiße Blume und zupften die Blütenblätter ab, eines nach dem anderen, so dass jedes von ihnen aus seiner Hand zu Boden fiel.

Am folgenden Tag nahmen wir einen Bus aufs Land, um bei der Jahresfeier von Ottos Waffen-SS-Division Galizien zugegen zu sein. Zu den vorgesehenen Veranstaltungen gehörte die Beisetzung der sterblichen Überreste von drei deutschen Soldaten, die jüngst entdeckt worden waren. Eigentlich hätte es ein Reenactment der Kesselschlacht geben sollen, das aber auf Anweisung einer Regierungsstelle abgesagt wurde. In einer Zeit eskalierender Spannungen zwischen der Ukraine und Russland würde eine solche Veranstaltung zu viel Unruhe stiften.

Wir kamen zu einem Berghang 70 Kilometer westlich von Lwiw in Richtung Brody, dem Geburtsort des Schriftstellers Joseph Roth. Wir standen auf einem großen Feld inmitten weißer Steinkreuze, die an die

Gefallenen erinnerten, während unter den Augen von älteren Veteranen in SS-Uniformen drei frische Gräber ausgehoben wurden. »Zur Aufnahme der Gebeine von Deutschen und Ukrainern, die im Sommer 1944 bei der Bekämpfung der Sowjetarmee starben«, flüsterte ein alter Mann ehrfurchtsvoll. Das scharfe, gleichförmige Geräusch von Metall, das auf Erdreich traf, wurde begleitet vom Wehklagen eines Chors, einem Streichorchester und jungen Frauen in feinen, roten Gewändern.

Mehrere hundert Personen versammelten sich an diesem warmen Tag im Juli. Darunter waren ältere Veteranen mit weißem Haar und Spazierstöcken, die Orden und Schleifen trugen, aber auch Einheimische, Familien mit kleinen Kindern, und Sympathisanten der Allukrainischen Vereinigung »Swoboda« oder Freiheit, einer rechtsradikalen nationalistischen Partei.

Zwischen der Veranstaltung im Purcell Room und diesem Moment auf dem Soldatenfriedhof hatte in der Ukraine eine neue Regierung die Macht übernommen. Sie unterzeichnete ein Assoziierungsabkommen mit der Europäischen Union, welches Russland veranlasste, die Krim zu besetzen. Der Krieg kehrte an den östlichen Rand Europas zurück, ein Jahrhundert nachdem Russland im Sommer 1914 Lwiw besetzt hatte. Geschichte wiederholte sich.

In einer winzigen weißen Kapelle waren drei Särge mit der blau-gelben Flagge der Ukraine drapiert. Sie standen unter einem Wandgemälde in zarten Pastellfarben – religiöse Gestalten und Soldaten in Feldgrau. Männer in Kampfanzügen und SS-Uniformen liefen umher und versuchten, ernst zu wirken, einige mit Regimentsfahnen oder einer Maschinenpistole in der Hand. Horst stellte sich draußen vor die Kapelle, und als die Särge nacheinander vorbeigetragen wurden, nahm er seine schwarze Kappe ab.

In der Nähe stand ein Mann in einem hellblauen Hemd, ein großes Hakenkreuz um den Hals. Das Symbol habe eine andere Bedeutung, als wir vermuteten. Ein gequältes Lächeln begleitete seine Worte.

Ein Mann in Kampfmontur nahm seinen SS-Stahlhelm ab. »Ich habe ihn auf dem Majdan in Kiew getragen«, erzählte er uns und zeigte auf die Stelle, wo der Helm durch die Kugel eines Scharfschützen beschädigt worden war. Nein, sagte er zu Niklas, er verspüre kein Schamgefühl, weil er wie ein SS-Soldat gekleidet sei.

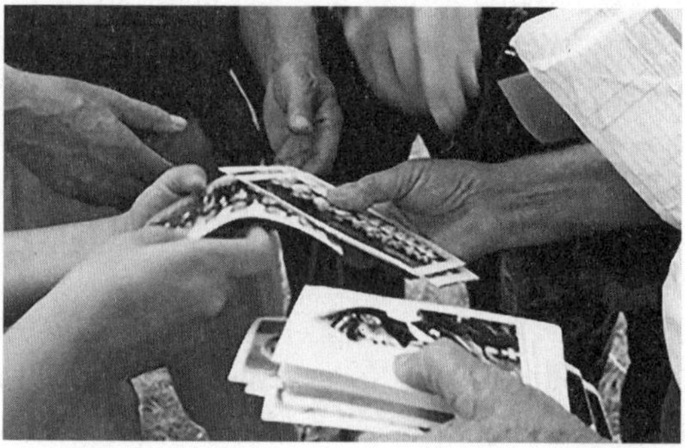

Kleine Kinder beobachteten uns im Gespräch. In der Ferne flog Erde auf, wenn Metallschaufeln den harten trockenen Boden trafen. Drei ältere Männer, allesamt Veteranen, mit weißem Haar und zerfurchten Gesichtern, tauschten Schwarz-Weiß-Fotografien aus. Ottos Gesicht fiel besonders auf, er trug die vertraute SS-Uniform. Ein anderer Veteran in Uniform und mit vielen Orden geschmückt erinnerte sich an den Tag, als Gouverneur Wächter zu seiner Waffen-SS-Division Galizien gesprochen hatte. Ein weiterer Veteran mit noch mehr Orden erzählte voller Wärme von Otto. »Ein feiner und anständiger Mensch.« Horst hörte zu und strahlte.

Ein Mann in einer sorgfältig gebügelten grauen Uniform der Waffen-SS, mit aufgenähten Hakenkreuzen und einem ukrainischen Löwen auf dem Oberarm der Jacke, stellte sich vor. Sein Name war Wolf Sturm. Auf seiner Mütze prangte ein Totenkopf, er trug übergroße Lederstiefel und eine dunkle Brille und hielt eine Maschinenpistole, die er Horst anbot, der sich weigerte, sie zu nehmen. Horst interessierte sich mehr für einen alten SS-Wagen ohne Verdeck, der ein paar Meter weiter weg stand.

»Bitte, steig' da jetzt nicht ein«, hoffte ich im Stillen. Horst schlenderte auf das Auto zu. An der Fondtür blieb er stehen, öffnete sie langsam, zog sich hinein, nahm auf der Rückbank Platz, rückte seine Kappe zurecht, lehnte sich zurück und wandte sich an die Vorübergehenden, wie Otto es getan haben könnte. David Evans, der Regisseur, strahlte. »Ich hoffte um des Films willen, dass er genau das tun würde, was er getan hat«, erzählte er später jedes Mal den Zuschauern.

Die schweigsame Fahrt zurück nach Lwiw umfasste einen Abstecher zu einem jüdischen Friedhof aus dem 17. Jahrhundert in der Nähe der Stadt Brody, wo wir eine Stunde damit zubrachten, zwischen den uralten Grabsteinen herumzuwandern. Später fuhren wir zu dem Dorf Pidhirzi mit der gleichnamigen »Burg«, einem Barockschloss aus dem 17. Jahrhundert. Im Refektorium, abseits der Kameras, in einem Augenblick, als Niklas nicht da war, erheischte Horst die Aufmerksamkeit unserer Gruppe, indem er mit einem Löffel an ein Glas stieß. Er habe etwas zu sagen, verkündete er, während es still wurde in dem Raum. »Von jetzt an darf niemand meinen Vater als Kriegsverbrecher bezeichnen, nicht in meiner Gegenwart.«

Der Besuch in der Ukraine führte zum Bruch zwischen Niklas und Horst. In einem Interview vor laufender Kamera deutete Niklas an, dass Horst »ein neuer Nazi« werden könnte, dass ihre Beziehung nicht länger erträglich sei. Ob er Horst wirklich für einen Nazi halte? Er zögerte einen Moment. »Ja«, sagte er mit Bedacht, »jetzt würde ich zugeben, dass er wirklich ein Nazi ist.«

Horst wurde erst viel später auf dieses Gespräch aufmerksam, als er den fertigen Film sah, und das sollte eine unvorhergesehene Wirkung haben. Einstweilen war er zufrieden. »Dieser Tag war der beste für mich«, sagte er uns. »So viele Menschen wollten mir die Hand schütteln wegen meines Vaters, mir versichern, dass er ein anständiger Mensch war. Das ist alles, was ich will, sonst nichts.«

18

1944, Lemberg

Irgendwie gaben sich Charlotte und Otto einen Ruck. Vielleicht war es die düstere militärische Lage oder die Tatsache, dass Charlotte mit ihrem sechsten Kind schwanger war. Sie entschloss sich, dieses Kind zu behalten, vielleicht ein Mittel, um Otto aus seiner Ruhe zu reißen, sie einander wieder näherzubringen.

Die Hoffnung war kurzlebig. Im Februar wurde Ottos engster Mitarbeiter und Vertrauter, Dr. Otto Bauer, vor seinem Haus in einer Straße von Lemberg ermordet. Der Attentäter war ein als deutscher Soldat getarnter sowjetischer Agent. Otto war tief erschüttert, nicht einmal mehr fähig, jenen zu trauen, die eine deutsche Uniform trugen, obwohl er den Gleichgültigen mimte. »Hier geht es trotz allen Schwierigkeiten immer noch recht gut«, schrieb er seinem Vater, »und die Arbeit macht gerade in dieser spannungsvollen Zeit sehr viel Freude.« Otto Bauer sei kein echter Nazi gewesen, glaubte Charlotte, aber intelligent, anständig und ein verlässlicher, loyaler Mitarbeiter ihres Mannes. In ihrem Tagebuch markierte sie das Ereignis mit seinem Namen und einem Kreuz. In das Familienalbum klebte sie ein Foto des aufgebahrten Toten. Die Kugel sei für Otto bestimmt gewesen, vertraute sie ihrer Schwägerin Ilse an.

In diesen schwierigen Zeiten, als mit der an Lemberg heranrückenden Front die Aussicht auf eine »Apokalypse« größer wurde, machte sich eine Art Galgenhumor breit. Charlotte wollte sich in ihren gesellschaftlichen Aktivitäten keinesfalls einschränken lassen und fing mit dem Reiten und der Fuchsjagd an, wobei ihr Frau Thier Gesellschaft leistete. Deren Mann Theobald war zu dieser Zeit mit der Schließung des Lagers Janowska beschäftigt und versuchte, die vielen Spuren des Massenmords zu verwischen, der an diesem Ort, an dem Michael Katz festgehalten worden war, und an vielen anderen Plätzen in und um Lemberg stattgefunden hatte. Eine unmögliche Säuberungsaktion. Otto verzichtete auf die gesellschaftlichen Aktivitäten und hielt sich an die Arbeit. »Er war einfach ganz deprimiert«, folgerte Charlotte. »Die Situation ist sehr schlecht«, gab er zu. »Lass mich lustig sein«, konterte sie, »wer weiß, wie lange es noch dauert & ich will eben mein Leben genießen.«

Allerorten waren die Zeichen einer Veränderung unübersehbar. In ganz Europa war die Wehrmacht auf dem Rückzug und nahmen Widerstandsakte – und im Gegenzug verhängte Maßnahmen im Stil von Bochnia – zu. Im Frühjahr berichteten Zeitungen von einem Vorfall in Rom Ende März, als Angehörige des Polizei-Regiments Bozen, während sie unter den Klängen des »Horst-Wessel-Liedes« die Via Rasella in Rom entlangmarschierten, von Partisanen angegriffen wurden. Dreiunddreißig Tiroler Soldaten wurden getötet, und wie im Fall von Bochnia fünf Jahre zuvor befahl Hitler Vergeltungsmaßnahmen: Für jedes deutsche Opfer sollten zehn Italiener exekutiert werden. Insgesamt 335 italienische Zivilisten, darunter 75 jüdische Geiseln, wurden zusammengetrieben, zu den Ardeatinischen Höhlen (Fosse Ardeatine) am Stadtrand von Rom gebracht und dort erschossen. Die Repressalien in Rom dürften Otto an die fünf Jahre zurückliegenden Ereignisse in Bochnia erinnert haben.

Da die Rote Armee näher rückte, schickte Charlotte sich an, Lemberg zu verlassen, und organisierte einen Abschiedstee. Wladislaw, ihr geliebter ukrainischer Hausdiener, schlug vor, sie solle die schönsten Stücke aus der Villa mitnehmen, auch wenn sie ihr nicht gehörten, um zu verhindern, dass sie den Sowjets in die Hände fielen. Jahre später erzählte sie dem Sohn von Otto junior, der Vorschlag sei unannehmbar gewesen. »Doch ich war eisern und sagte ihm bei jedem fremden Besitz: ›Kommt nicht in Frage – was nicht mir gehört, bleibt im Haus.‹« Sie habe sich nicht vorstellen können, Dinge mitzunehmen, behauptete sie, eine Haltung, die Wladislaw enttäuschte, der ein trauriges Gesicht machte. So treu ergeben sei er der »First Lady« von Lemberg gewesen, erinnerte sie sich.

Im Frühjahr 1944 verließen Charlotte und die Kinder Lemberg und kehrten nach Thumersbach zurück. Otto blieb in Galizien, ging aber nicht davon aus, noch lange dort zu sein. »Tarnopol gefallen«, notierte Charlotte am Montag, dem 17. April. Als die Rote Armee keine 125 Kilometer mehr von Lemberg entfernt war, legte Himmler einen von ihm aufgesetzten neuen Erlass Hitler zur Unterzeichnung vor. »Ich befördere den SS-Brigadeführer Dr. Otto Wächter, SS-Nr. 235 368, zum SS-Gruppenführer. Gez. Adolf Hitler.« Nur zwei Ränge trennten Otto jetzt noch vom Reichsführer. »Ich werde mich bemühen, Ihr außerordentliches Vertrauen durch ordentliche Leistungen zu rechtfertigen«, versprach Otto Himmler, während die Deutschen sich zurückzogen, und einmal mehr versicherte er ihn seiner unbedingten Treue. »Ich werde die mir gestellten Aufgaben [...] in Stolz auf die besondere Verpflichtung, die mir die Zugehörigkeit zum Führerkorps Ihrer SS stellt, erfüllen.« Otto schickte Charlotte ein Foto von Himmler bei der Inspektion der Waffen-SS-Division Galizien.

Am 4. Juni marschierten die 88. Infanteriedivision der US Army und andere Einheiten in Rom ein. Die Sowjets standen 50 Kilometer vor Lemberg.

Im Juli erhielt Otto ein Geschenk von Himmler, ein Buch mit der Widmung »Mit meinen besten Glückwünschen zum Geburtstag«. Charlotte äußerte die Hoffnung, dass die Engländer noch überredet werden könnten, sich den Deutschen im Kampf gegen die Sowjets anzuschließen. »Und so hoffe ich doch mit der neuen Waffe, dass es den Engländern einmal doch zu dumm wird und sie sich mit uns vereinen werden«, schrieb sie Otto. Ein Hemmnis für diese Aussicht seien die Juden, klagte sie: »Wenn nur diese Juden nicht immer dahinter stehen würden, die alles verpesten.«

Am 20. Juli vermerkte Charlotte erleichtert das Scheitern des Attentats auf Hitler. »Gott sei Dank nichts passiert.« Sie hörte den Führer im Radio. »Schönes Wetter. Führer 1h heute Nacht gesprochen.«

Am nächsten Tag erhielt das Haus in Lemberg bei einem Luftangriff einen Treffer. Angeblich hatten die Russen die Stadt eingeschlossen, schrieb Charlotte an Otto.

Am Sonntag, dem 23. Juli, konnte Charlotte am Telefon mit Otto in Lemberg sprechen.

Am Dienstag, dem 25. Juli, fand Otto Zeit, Charlotte einen sechsseitigen Brief zu schreiben, um ihr den Rücken zu stärken.

Am Mittwoch, dem 26. Juli, informierte Hans Frank Kollegen, Gouverneur Wächter habe ihn informiert, dass der Distrikt Galizien »praktisch verloren« sei.

Ein paar Stunden später, am Morgen des 27. Juli, einem Donnerstag, verließ Otto die Stadt, als die Rote Armee die Außenbezirke erreichte. Er fuhr nach Westen in Richtung Tarnow, nahm dann ein kleines Storch-Flugzeug nach Stary Sambir, um den Stab der Waffen-SS-Division Galizien aufzusuchen, bevor es weiterging nach Krakau. Er sei ein »König ohne Land«, schrieb er Charlotte. »Nun ist mein Vorstoß nach Galizien auch wieder vorbei.«

Sie schrieb drei Worte in ihr Tagebuch: »Aufgeben v. Lemberg«. Die Rote Armee marschierte in die Stadt ein und stieß weiter auf Warschau, Kielce und Riga vor.

Den Kindern erzählte sie, Otto sei ein Held, er habe Lemberg als Letzter verlassen, entschlossen, seine geliebte Waffen-SS-Division Galizien zu retten. »Es war auch sein gr[oßes] Anliegen, als er von Lemberg nach Berlin fuhr, diese Divisionen unter keinen Umständen in die Hände der Russen zu führen.«

Am 30. Juli traf Otto in Berlin ein.

19

1944, Bozen

In Berlin wurde Otto offiziell von seinen Pflichten als Gouverneur des Distrikts Galizien entbunden. Himmler versetzte ihn nach Italien, wo er im Norden des Landes als Chef der Militärverwaltung fungieren sollte, unter SS-Obergruppenführer Wolff »als Verbindungsmann von Hitler und Mussolini[s Republik von Salò]«, wie Charlotte notierte. Wolff, ehemals Chef des Persönlichen Stabes Reichsführer SS, war nicht nur Höchster SS- und Polizeiführer in Italien, sondern seit Ende Juli 1944 auch Bevollmächtigter General der Deutschen Wehrmacht in Italien. Otto würde in Fasano am Gardasee stationiert sein, wo er und Charlotte vor einem Jahrzehnt einen glücklichen Urlaub verbracht hatten. Er war in der Nähe, sinnierte sie, und sie könnten jetzt regelmäßig telefonieren.

Jahre später erzählte die Journalistin Melitta Wiedemann Charlotte, dass Otto sie während seines Aufenthalts in Berlin besuchte, begleitet von einem Chauffeur. Sie habe Otto nahegelegt, dass er derjenige sein könnte, der eine Gruppe höherer Offiziere anführe, um Hitler »auszuschalten« und dem Chaos und Morden ein Ende zu machen. Die Vorstellung, dass ihr Mann einen solchen Vorschlag jemals hätte billigen können, machte Charlotte fassungslos. Sie lag richtig, er tat es nicht. Himmler traute ihm zu Recht. Auf Otto war Verlass.

Die Familie blieb in Thumersbach, zusammen mit Tante Ilse und Großvater Josef. Charlotte versuchte, die Dinge weiter positiv zu betrachten – »Außerdem hatten wir ein nettes Mädchen. So waren die 5 Kinder gut versorgt« –, doch die Situation sah trostlos aus. »Schwere[n] Niederlagen und Verluste, die ganz schwarze Wolken am Himmel aufsteigen ließen, [der] fehlgeschlagene[m] Anschlag auf Hitler.«

Merkwürdigerweise fühlte sie sich trotz Ottos Abwesenheit und der düsteren Aussichten »glücklich und harmonisch, innerlich ausgeglichen«.

Mitte August konnte Otto zwischen Reisen nach Berlin, wo er bei den Fischböcks wohnte, und Italien, wo er sich in Bozen mit SS-Obergruppenführer und General der Waffen-SS Wolff (»reizend«) traf, einen kurzen Besuch einrichten. »Ich schwimme nach Möglichkeit viel«, erzählte er Charlotte, während er seine Zeit zwischen Aufenthalten in Bozen und Fasano aufteilte. Am 17. reiste Charlotte mit Tante Ilse nach Salzburg zur Geburt ihres sechsten Kindes. In ihrem Tagebuch vermerkte sie, dass die Amerikaner sich Paris näherten und die Sowjets in den Randbezirken von Warschau stünden. »Allgemeine Lage elend.« Sieglinde – der Name setzt sich aus den germanischen Namenselementen *sigi* (»Sieg«) und *linde* (»sanft«, »mild«) zusammen – wurde am 24. August geboren, ein gesundes, schreiendes Mädchen, das

»ein echtes deutsches Führerkind« sein sollte. Am nächsten Tag nahmen die Amerikaner Paris ein.

Anfang September war Charlotte zurück in Thumersbach, am See. Aus Fasano in der Republik von Salò traf Otto ein, um das sechste Kind kennenzulernen. Er kam mit Geschenken und einem Telegramm von Himmler, herzlichen Glückwünschen zur Geburt. Der Reichsführer erkundigte sich nach dem Namen, und das Telegramm endete mit einem seltenen Tippfehler. Er hatte mit »Heil Hitzler« unterzeichnet, das »z« war mit blauer Tinte durchgestrichen.

Die Situation spitzte sich zu, berichtete Otto seiner Frau. Die Alliierten hatten Rom erreicht und rückten nach Norden vor. »Von allen Seiten kamen sie uns wie die Heuschrecken näher. Zu Luft & per Fuß«, notierte Charlotte, begleitet von einem großen Flüchtlingsstrom. »Kopfhängen und viel überlegen führt zu nichts«, lautete Ottos Rat. »Mit gutem Gewissen und aufrecht wollen wir daher auch in die Zukunft marschieren, unserer Auffassung von diesem Leben und dieser Welt treu bleibend.« Sie hätten »schlechte und gute Tage in der Vergangenheit mit ihm [Hitler] gewonnen und gelitten, so wollen wir auch in Zukunft zu ihm stehen«.

Im Oktober wurde Otto von Frank über seine Ernennung zum beamteten Gouverneur im Generalgouvernement durch Hitler informiert. Das Beamtenverhältnis bedeutete eine lebenslange Anstellung mit vollen Pensionsansprüchen. Seine Abordnung zur Militärverwaltung in Italien blieb davon unberührt.

»Hier ist es sehr interessant, meine Arbeit ist eine grundverschiedene wie in Galizien«, berichtete Otto. Seine Dienststelle lag am Westufer des Gardasees, ein paar Kilometer entfernt von Salò, wo sich der Regierungssitz Mussolinis und der Italienischen Sozialrepublik (*Repubblica Sociale Italiana*, RSI) befand. Albert Speer kam zu Besuch, alte Freunde waren nicht weit. »Eben war ich mit Globus beisammen, der [...] auch hier herumtobt.« Globocnik, der in Triest stationiert war, besaß anscheinend noch genug Energie, um Juden zusammenzutreiben und italienische Partisanen zu fassen, wenngleich Otto klagte, die italienischen Stellen seien »vielfach nicht gewillt oder auch in der Lage, so durchzugreifen, wie wir möchten«. Als Teil der Partisanenbekämpfung, die sich gegen die Schaffung von Partisanenrepubliken richtete, verübten die Deutschen immer mehr Massaker. In Sant'Anna di Stazzema, einem Dorf in der Toskana, wurden ungefähr 560 Zivilisten getötet, und in Marzabotto, einem Dorf südlich von Bologna, lag die Zahl der Todesopfer noch höher, mindestens 770 Zivilisten. General Wolffs Stabschef notierte folgenden Befehl: »Möglichst wenige Gefangene machen. Im Kampf erschießen. Keine Geiseln, alles Beweisbare [...] stillschweigend, ohne schriftliche Befehle. Kalter Terror.«

Otto erwähnte solche Dinge gegenüber Charlotte nicht, sondern schickte Geschenke nach Thumersbach. Im November ein Paar Strümpfe, die Charlotte an eine Freundin weitergab. Er schrieb an den meisten Tagen. Seine Aktivitäten im Einzelnen: ein Besuch von Himmler (»frisch und guter Dinge!«); dass er es besser finde, in Italien zu sein (»Gestern wurde behauptet, ich steuere bereits allein die ganze ital. Wirtschaft«); ein Besuch in Salò für Vorstellungen von *Cavalleria rusticana* und *Madame Butterfly* (beide »sehr gut«); Angriffe durch feindliche Flugzeuge. Er hoffte noch immer, etwas Nützliches zu leisten, und kümmerte sich um seine Gesundheit. Oft schwamm er im See, auch wenn es kalt war. Er vermisste Lemberg, eine Stadt, die er mit ganzem Herzen liebte.

Globus besuchte Charlotte für ein paar Tage in Thumersbach, und Himmler schickte ihr ein Pfund Kaffee, mit einer freundlichen Nachricht. Ein paar Tage später traf ein Geschenk für die neu geborene Sieglinde vom Reichsführer ein: ein weiterer Kerzenhalter. Die Nachbarn seien nicht so freundlich wie früher, berichtete Charlotte, während sie sich nach der Schwangerschaft Sorgen machte zuzunehmen. Sie wollte attraktiv sein für Otto, wenn er das nächste Mal zu Besuch kam, wann immer das wäre. »Nun, mein Traum verfolgt mich schon. [...] Ich war in Wien mit den Kindern in der Belvederegassenwohnung und da kamst du an«, schrieb sie. Und dass er ihr gesagt habe, er liebe sie und würde sie niemals verlassen, und dass sie geantwortet habe, sie würde ihn gehen lassen, wenn er es wünschte, aber die Kinder behalten. Brigitte Frank schrieb, um mitzuteilen, dass ihre Beziehung mit dem Generalgouverneur sich gebessert habe. »Ich kenne doch Ihren Gatten besser wie Sie«, antwortete Charlotte und erinnerte sie daran, dass Frank »unbeständig und sprunghaft« sei wie viele geniale Männer. Im Dezember besuchte sie die Franks in Wien und auch die Seyß-Inquarts, die aus Holland zu Besuch gekommen waren.

Otto trat trotz der Schwierigkeiten mutig auf. Einer Freundin schrieb er, dass er weiterhin »sehr optimistisch« sei, was die »Gesamtlage« betreffe, »da sich jetzt gerade von Woche zu Woche deutlicher denn je die Richtigkeit unserer Grundsätze auf der Weltbühne offenbart«. Den Aktionen des Feindes, der Bolschewiken und der Angelsachsen, sei »mit demokratischen Methoden [...] nicht beizukommen«. Zum Jahresende hielt er in Fasano eine starke Rede, um die Parteigenossen aufzurütteln. Die Deutschen liebten Weihnachten und wollten niemals Krieg, erzählte er ihnen. Das Deutschland Adolf Hitlers – nationalistisch und sozialistisch – strebe nach »sauberen Fabriken, anständigen Arbeiterwohnungen, gesunden Mutter- und Kinderheimen«, wolle »ordentliche, von Jahr zu Jahr bessere Lebensbedingungen [...] für die breite Masse unseres Volkes«, keinen Konflikt. Es sei gezwungen worden, »sich zu wehren gegen neidige, raubgierige Nachbarn«, in einem Krieg, den »die Mächte der ewigen Zersetzung des Kapitals und des Judentums« angefangen hätten. Deutschland wolle »Fremdvolk« helfen und Fortschritt bringen, denn »wo wir Deutschen hinkamen, rauchten die Schlote, zog der Bauer seinen Pflug oft durch bisher verkrautete Äcker, wo wir hinkamen, hatte auch der Arme zu essen und ging ein lebendiger Rhythmus des Auf- und Vorwärts durch die europäischen Lande«. Wo jedoch der Feind – ein verbrecherisches Bündnis zwischen Stalin, Churchill und Roosevelt – hinkomme, »sieht es anders aus. Unter dem Tritt seiner Regimenter wächst der Hass. Nicht Toleranz, nicht Verzeihung und Versöhnung trägt er auf seinen Fahnen mit sich. Terror, brutale Verfolgung, Ausspielen aller gegen alle, Bürgerkrieg, Zersetzung, Hunger und Chaos sind seine Saat.« So werde sich »der ganze ungeheure und härteste Kampf, den die Weltgeschichte kennt, letztlich als der Kampf des Guten und Gerechten gegen die Vernichtungswut des ewigen Bösen herausstellen«, und ein unverwüstliches Deutschland werde obsiegen.

Zu Weihnachten war Otto wieder in Thumersbach. Beladen mit Geschenken für die Kinder, darunter allerlei Lebensmittel, fand er eine Ehefrau vor, deren Optimismus abermals im Schwinden begriffen war. Während britische und amerikanische Bomber rund um den Zeller See Einsätze flogen und sich über dem See ihrer unbenutzten Bomben entledigten, äußerte Charlotte sich über die Kriegsaussichten anders als Otto: »Zu dieser Zeit waren schon keine wie auch immer gearteten Siegesmöglichkeiten mehr vorhanden«, erkannte sie. Es gehe schlicht darum, in einer Zeit des Chaos zu überleben. Sie konnte sich nicht vorstellen, wie man in diesem Kampf die Oberhand behalten sollte, denn »gegen Engländer, Amerikaner, Russen <u>und</u> Juden zu kämpfen ist schon reichlich«. Und selbst wenn der Feind sich untereinander bekriegen sollte, schrieb sie Otto, »so werden sich die Juden immer einig sein«.

20

1945, Thumersbach

Im neuen Jahr schrieben sich Charlotte und Otto häufig. Zur gegenseitigen Aufmunterung beschworen sie in ihren Briefen die Banalitäten des Alltags. »Ich konnte es nicht fassen«, schrieb sie, »dass wir in der schweren Zeit alle beisammen den Tag des großen deutschen Festes« feiern konnten. Ja, pflichtete Otto ihr bei: »Es war wieder ein märchenhaftes Weihnachten.«

Während oben am Himmel alliierte Bomberverbände vorüberzogen, nahm Charlotte die Kinder mit zum Skilaufen auf der Schmittenhöhe in der Nähe von Zell am See. Sie freute sich über die Pakete Kaffee, die Himmler schickte – ein Mann, auf dessen Schultern nun viel ruhe, wie Otto ihr versicherte –, und über die Verleihung des Mutterkreuzes in Silber am Muttertag in Anerkennung der vielen Kinder, die sie bekommen und aufgezogen hatte. In Norditalien beklagte sich Otto, der nach wie vor in einem offenen Wagen chauffiert wurde, über die bittere Kälte. Es gebe viel, worüber man sich Sorgen machen müsse, abgesehen von der Lage im Osten, da das Generalgouvernement bald fallen würde und Italien angesichts häufiger alliierter Luftangriffe und eines jammernden Mussolini ebenfalls »heikel« sei. »Ich danke Dir sehr dafür, [...] dass Du alles so verständig und lieb einrichtest und so viel Verständnis für Deinen ungeschlachten [...] Gatten hattest«, schrieb er Charlotte; er wisse, dass er nicht vorbildlich sei. Ja, er unterstütze ihre Idee, seine Arbeitskleidung für die Volksopfer-Sammlung zugunsten von Wehrmacht und Volkssturm zu spenden, auch die schwarze SS-Uniform, aber nicht die grauen Uniformen, die wolle er behalten.

Ende Januar fiel Krakau in die Hände der Roten Armee. »So ist das schöne Reich wieder ganz zerschlagen & auf der Burg wird wieder die

Polen-Fahne wehen. Unfasslich«, schrieb Charlotte am 24. Zwei Tage später erzählte Brigitte Frank ihr, dass das Tempo der Eroberung ihren Mann ganz überrascht habe und er gerade noch entkommen sei. »Nun sitzt der König ohne Land auch da und wird es ihm sicher schwer fallen«, schrieb Charlotte an Otto. Am 30. begrüßte sie den zwölften Jahrestag der nationalsozialistischen »Machtergreifung«. »Wie waren wir damals doch hoffnungsfroh & zuversichtlich«, notierte sie rasch. »Es war auch schön und Du das erste Mal beim Führer.« Die Lage heute sei trostlos, aber solange der Führer lebe, bestehe Hoffnung. Als Otto eine weitere Hitler-Rede im Radio hörte, tröstete ihn die Klarheit der Botschaft, aber ihr aggressiver Ton beunruhigte ihn.

Im Februar besuchte Charlotte Salzburg, und sie war entsetzt über das Elend, dem sie begegnete. »100derte von fremdländ. Arbeitern strömten mir entgegen in zerfetzten Kleidern, [...] die großen Trichter, die kaputten Häuser, der Schutt, der Dreck«, schrieb sie voller Angst vor der Masse an Ausländern in ihrem eigenen Land. Nun ließ zur Abwechslung Otto den Kopf hängen. »Besser wird das erst werden, wenn man hier wieder schwimmen kann, die tägliche Bewegung wiegt dann alles auf.« Noch hatte er frische Nelken und Rosen auf seinem Schreibtisch, ein Bild vom Gardasee über dem Kamin und »den Blick über den Garten u. See auf die Berge. Diese schlagen eine Brücke zu Euch, wenn ich denke, dass sie, wo sie sich am höchsten auftürmen, dann nach Zell gehen.«

Otto machte sich Sorgen wegen der alliierten Angriffe auf Wien – »Die Schicksale wirbeln in diesem ungeheuren Geschehen so rasend dabei, wie sonst nicht in Generationen« –, aber er weigerte sich zu akzeptieren, dass das Ende nahte. »Es wäre für dieses brave, treue, anständige und so tapfere Volk eine zu schwere Ungerechtigkeit [...] und für die Welt ein entscheidender Verlust.« Eine Dienstreise weckte Kindheitserinnerungen, die in einem langen Brief an Horst zum Ausdruck kamen. Er

dankte seinem Sohn für die schönen Zeichnungen und Briefe. »Sonst habe ich mein altes Triest besonders sympathisch gefunden«, hier kamen ihm Erinnerungen an die alte kaiserliche Militärschwimmschule, in der er schwimmen gelernt hatte. Und er fuhr zur elterlichen Wohnung in der Via Bonomi. Der Garten aus seiner Kindheit war jetzt kümmerlich und vernachlässigt, und der in seiner Erinnerung so gewaltige Aquädukt schien geschrumpft zu sein. Er solle gesund und stark bleiben, schrieb er dem Fünfjährigen, und seinen Papa und seine Mama weiter stolz machen. »Heil Hitler!«

Ottos organisatorische Fähigkeiten und die ungebrochene Hingabe an die nationalsozialistische Sache einschließlich der Bereitschaft, brutale Sicherheitsmaßnahmen zu ergreifen, machten ihn zu einem gefragten Mann. Nach einem kurzen und erfolglosen Aufstand in der Slowakei schlug der deutsche Staatsminister für Böhmen und Mähren, Karl Hermann Frank vor, Otto zum deutschen Gesandten bei der Slowakischen Republik zu ernennen. Der derzeitige Gesandte stehe »neuen politischen wie auch scharfen sicherheitspolitischen Maßnahmen im Wege«. Aus dem Vorschlag wurde nichts. Stattdessen verlangte Gottlob Berger, Chef des SS-Hauptamtes und einer der engsten Vertrauten Himmlers, dass Otto zurück nach Berlin versetzt werde. Man suchte einen neuen stellvertretenden Leiter der Gruppe D, der die Germanische SS unterstand. Gesucht wurde »in diesen schweren Tagen eine Persönlichkeit«. Wächter war der Mann und in Italien leicht ersetzbar. Himmler wollte sich mit General Wolff abstimmen und bat sein »liebes Wölffchen« um die Freigabe Wächters für das SS-Hauptamt. »Ich weiß, dass W. für Sie ein ausgezeichneter Mitarbeiter ist; anderenteils ist die Wlassow-Bewegung heute für uns in Deutschland von großer Bedeutung.« Die Rede war von der kleinen Armee mit dem früheren sowjetischen Generalleutnant Andrei Wlassow an der Spitze, der eine Gruppe russischer Antikommunisten anführte, die übergelaufen waren, um mit den Deutschen gegen die Rote Armee zu kämpfen.

Keineswegs begeistert darüber, Italien zu verlassen, kehrte Otto mit Unterstützung von General Wolff Ende Februar nach Berlin zurück. Er bezog eine moderne Villa in der Nähe einer Dienststelle, die für ihn in der Rheinbabenallee 28 eingerichtet wurde. Die Stadt war verändert (»Noch weiter Ruinen, der Verkehr noch gedrosselter, die Leute blass u. ärmlich. Die Frauen vielfach in Hosen [...], jeder schleppt Gepäck. Alle Dienststellen kalt«), aber er freute sich, wieder alten Freunden wie den Losackers nahe zu sein, deren Besuche eine Gelegenheit boten, sich über die Vergangenheit, Gegenwart und Zukunft zu unterhalten.

Als stellvertretender Leiter der Amtsgruppe D im Reichssicherheitshauptamt (RSHA) war Otto an den Ort zurückgekehrt, an dem er ein Jahrzehnt zuvor gearbeitet hatte, in das Berliner Gebäude von Eichmann und Hass. Unter anderem sollte er als Verbindungsmann zwischen einem geplanten »ukrainischen Nationalkomitee« unter Führung von General Pawlo Schandruk und General Wlassows abtrünnigen Russen fungieren. Diese Aufgabe machte den Umzug nach Berlin attraktiv, bot sein neuer Posten ihm doch eine Plattform, um mit der Waffen-SS-Division Galizien zusammenzuarbeiten und sie vor dem Zugriff der Sowjets zu retten. Stalin hatte Anfang Februar in Jalta die Auslieferung sämtlicher Angehöriger der Division an die Sowjetunion verlangt, etwas, das zu verhindern Otto entschlossen war. Er arbeitete unermüdlich, um seinen früheren ukrainischen Kollegen beizustehen. Er »staune«, dass sein guter Ruf infolge seiner Politik der »vernünftigen« Behandlung der Bevölkerung Galiziens sich überall in der Ukraine bis zu den Kosaken und hinunter zum Kaukasus verbreitet habe. »Die Vertreter aller Ostvölker treten mir also mit großem Vertrauen entgegen«, berichtete er Charlotte, ausgenommen lediglich die Russen, die um seine antibolschewistischen Ansichten wüssten.

Er setzte sich mit General Schandruk in Verbindung und vereinbarte die Gründung des Ukrainischen Nationalkomitees (UNK) und der Ukrainischen Nationalarmee (UNA). Ein paar Tage später erfolgte die feierliche Einsetzung des UNK und seines militärischen Arms, zu dessen Oberbefehlshaber General Schandruk ernannt wurde. Im März fand in Berlin ein offizieller Empfang statt, an dem Reichsminister Alfred Rosenberg teilnahm, der die »volle Beteiligung« der Ukrainer an dem kommenden »Krieg gegen den Bolschewismus« begrüßte. Im Außenministerium wurden in Anwesenheit von nur 13 Gästen, darunter Otto, Wein und Kanapees serviert.

Am 12. April eroberte die Rote Armee Wien. Ein paar Tage später schloss sich Otto als Vertreter des Oberkommandos der Wehrmacht und des Außenministeriums General Schandruk bei einer Inspektion der ukrainischen Armee in der Nähe von Spittal in Österreich an. Am 17. trafen sie sich in Völkermarkt, um die Entscheidungs- und Befehlskompetenzen zwischen Deutschen und Ukrainern aufzuteilen, eine heikle Angelegenheit. Ein paar Tage später suchten die beiden den Kommandeur der Waffen-SS-Division Galizien, Generalmajor Fritz Freitag, in seinem Feldhauptquartier auf, einem stark geschrumpften Gelände am Rand eines Waldes in der Nähe einer kleinen Bauernschaft. General Schandruk wollte einen ukrainischen Kommandeur, der Freitag, einen »fülligen Mann«, der keinen guten Eindruck machte, ersetzen sollte. Otto unterstützte Schandruks Vorschläge, und die Waffen-SS-Division Galizien wurde umbenannt in »1. Division der Ukrainischen Nationalarmee« und Schandruks Ukrainischem Nationalkomitee unterstellt.

Am 25. April wurde die Division in Ottos Anwesenheit vereidigt. Er wollte, dass die UNA als »antibolschewistische Kampfeinheit« fungierte und an der Seite anderer antikommunistischer Formationen – der Waffenverbände der Kosaken, Kaukasier und Georgier – operierte, die jetzt unter amerikanischer Kontrolle standen. Währenddessen verhandelte General Wolff über Schweizer Mittelsmänner insgeheim mit den Amerikanern über eine Teilkapitulation der deutschen Streitkräfte in Norditalien (»Operation Sunrise«). Ich fand keinen Hinweis, dass Otto, loyal bis zum Ende, in diese Bemühungen eingebunden war.

Angesichts der Tatsache, dass Deutschland am Rand der Kapitulation stand, unternahm Otto eine kurze Reise nach Norditalien, um sich ein Bild vom Zustand anderer Divisionen zu machen.

Am 29. April unterschrieb Hitler sein Testament. Er bestimmte Großadmiral Karl Dönitz zu seinem Nachfolger und Arthur Seyß-Inquart, der aus Holland geflüchtet war, zum Außenminister. Am folgenden Tag beging der Führer Selbstmord, während Otto auf dem Weg nach Italien war, ein Kurzbesuch, um die Aussichten für eine Kosaken-Reserve zu sondieren. Angeblich wurde er dort zusammen mit Globocnik von zwei Kollegen in dem Dorf Timau gesehen. Eine Vermutung kursierte, dass er möglicherweise dem örtlichen Priester eine beträchtliche Spende für den Bau einer neuen Kirche zukommen ließ.

Am 3. Mai nahm Otto an einer bescheidenen ukrainischen Osterfeier für den Generalstab der ukrainischen Armee teil. General Schandruk dankte Otto für seine Anwesenheit und seine Gefälligkeiten. Insgeheim jedoch äußerte er die Ansicht, dass Ottos Hilfe eigennützig sei und darauf abziele, ihn selbst und andere Deutsche in den Augen der Ukrainer zu entlasten.

Während alliierte Truppen in Richtung Thumersbach vorrückten, wuchs Charlottes Sorge um die Familie. »Denn wenn die Russen kämen, hängen sie uns alle auf als Frau des SS-Obergruppenführers Wächter«, sagte man ihr, also müsse sie fliehen. Sie behauptete, den Tod nicht zu fürchten, machte sich aber Gedanken wegen der Kinder. »Meine Sorge um die noch so Kleinen war groß.«

Sie brachte Horst und Heide im sicheren Brixen (Bressanone) in der Wohnung eines früheren Kindermädchens unter. Die junge Frau, der sie auch etwas Geld und Schmuck zur sicheren Aufbewahrung anvertraute, versprach, sich um die Kleinen zu kümmern. Anschließend gab sie Linde, die noch kein Jahr alt war, zur Tochter ihrer Hebamme, auf halber Höhe eines Berges, in Pflege. »Mir war so schrecklich zu Mute, dies kleine Würmlein allein oben lassen zu müssen & mein Herz zerbrach schier bei der Frage, wann & ob man sich wohl wiedersehen wird.«

Am 8. Mai endete der Krieg in Österreich. »Gestern war der gr. Siegestag der Feinde«, notierte Charlotte. »Fassungslos steht man vor dieser Tatsache & kann es nicht glauben. Ist nun wirklich alles zu Ende, was wir so schön aufbauen wollten.«

Die Ankunft der Amerikaner in Zell am See stand unmittelbar bevor. Ein Freund von der Wehrmacht kam vorbei, um nach der Situation der Familie Wächter zu sehen. Die Amerikaner hätten eine Schwäche für Geld und Schmuck, daher solle sie alles beiseiteschaffen, riet er ihr. Daraufhin vergrub sie den restlichen Familienschmuck und andere Besitztümer in einem Graben am Rand eines Wäldchens.

Am letzten Tag der Nazi-Herrschaft erhielt Charlotte einen Anruf von Otto. Er wollte versuchen, sich nach Kärnten durchzuschlagen, in die Berge, nannte aber keine Einzelheiten. Sie fragte, was mit den speziellen Kisten voller Akten geschehen solle, die er im Fahrradschuppen aufbewahrte. Unverzüglich vernichten, lautete seine Anweisung. Also »verbrannte ich einen Teil & den anderen schmiss ich ins Wasser, so wie alle Gewehre, die man nicht haben durfte«.

Die US Army rückte am Morgen des 9. Mai in Zell am See und Thumersbach ein. Man sagte Charlotte, sie solle in dem Bauernhaus bleiben, das beschlagnahmt werden würde. Als die amerikanischen Soldaten eintrafen, fragte sie, was sie mit der Familie einschließlich ihres Schwiegervaters, des 83 Jahre alten Generals, anfangen solle. »Das ist Ihr Problem«, bekam sie zur Antwort.

Das Haus wurde in Beschlag genommen. »[Sie] legten sich in unsere Betten«, vermerkte Charlotte, allerdings verspürte sie eine gewisse Erleichterung, denn »ich nahm an, dass sie uns alle hängen würden«. Sie fand ein anderes Haus, ein landwirtschaftliches Gebäude weiter oben am Berg, das ihren Pächtern, den Schiffereggers, gehörte. Dort trafen sie mit so vielen Vorräten ein, wie sie zusammenraffen konnten.

Allmählich sickerten Informationen durch, eine schreckliche Neuigkeit nach der anderen. Militärischer Zusammenbruch. Der Selbstmord des Führers in Berlin, zusammen mit Eva Braun. Bormanns Flucht. Goebbels, der sich selbst, seine Frau und ihre sechs gemeinsamen Kinder vergiftet hatte. Göring, der in der Nähe des Zeller Sees bei den Dörfern Bruck und Fusch gefangen genommen worden war.

Charlotte, in der Not offenbar immer stärker, übte sich in Pragmatismus und protokollierte, was folgte:

> Aber ich wurde Fatalist und dachte mir, am besten den Kontakt mit den Amis aufnehmen. So ging ich herunter ins Haus & frug bescheiden, ob ich den Chef sprechen kann. Der war ein junger Offizier &

nachdem wir in Englisch erklären konnten, was uns drückt und ob es denn nicht möglich war, dem alten k. u. k.-General ein Zimmer im Haus bereit zu stellen, da er so alt ist, erweichte sein Herz & er erlaubte mir nach 1 St Überlegung, exzeptionell Papa im Haus zu belassen. Nun war der erste große Schritt getan. Opapa, der eine Nacht oben verbrachte, war glücklich, ein Zimmer ohne Zug für sich behalten zu können. Ja, er strahlte förmlich & sagte stets: »Großartig, großartig.« Nun begann ein reger Kontakt. Als die Amis sich auf Englisch mit uns verständigen konnten, setzten wir uns am Abend zusammen & sprachen wie zu Freunden.

Die erste Frage: »Have you been a Nazi?« Ich überlegte blitzartig, dass es keinen Sinn hat, irgendwie etwas zu leugnen, und sagte: »Of course, I was a very happy Nazi.«

Offene Münder, Staunen & ein Aufschrei.

»You have really been a Nazi?« Ich sah aus ihren erstaunten Augen, dass sie völlig überwältigt waren & ich sagte: »Naturally, why not?« Nun kam es explosionsartig heraus: »Wissen Sie, dass wir 4 Wochen durch Deutschland marschierten und keinem einzigen Nazi begegneten? [...] Sie sind die erste. Das ist ein Wunder.« Ich musste hell lachen, denn ich ahnte nicht, dass sie so erfreut, erstaunt und begeistert waren, dass ich so offen alles bekannte.

Ja, ich wurde wie ein eigenes, seltsames Wesen bestaunt.

Nun begannen die Diskussionen & ich erzählte ihnen danach, wie ich es bis heute tue, dass es eine große, herrliche Zeit war und Hitler leider durch den Cesaren-Wahnsinn die Grenzen des Möglichen überschritt. Nun aber bekam ich Tee, Kaffee, Zucker und alle möglichen Dinge [und] für die Kinder Schokolade geschenkt. So kindlich beglückt, dass ich wieder mal ihr Herz gewann & eine sehr schöne Zeit verlebte.

Ein paar Wochen später gaben die Amerikaner das Bauernhaus an die Wächters zurück. Ein amerikanischer Offizier erklärte, dass er sich schwer damit tat, in ihrem Bett zu schlafen, in dem Wissen, wie jämmerlich die Familie untergebracht war. Charlotte und die Kinder bezogen wieder ihr Zuhause.

Da die Amerikaner freundlicher waren als erwartet, ging sie zu dem Wald, um die vergrabenen Wertsachen aus dem Versteck zu holen. »Dort, wo es eingegraben wurde, war ein Loch und das Moos herausgerissen.« Alles, was sie für schwere Zeiten beiseitegelegt hatte, war weg. Charlotte weinte.

Lange blieben sie nicht in dem Bauernhaus in Thumersbach. Der ehemalige Landeshauptmann Rehrl, der frühere Besitzer, von dem es seinerzeit konfisziert worden war, wollte es zurück. »Ich rechnete ja seit langem mit dem Auszug«, notierte Charlotte, allerdings sei sie sehr bestürzt gewesen, »als [...] der beauftragte Anwalt eines Tages kam und mich vor die Tatsache stellte, dass wir uns um ein anderes Quartier umsehen sollen.«

Ein neues Domizil zu finden war nicht einfach. »Meine Freunde waren alle eingesperrt, Reitter, Blaschke, etc.«

Schließlich fanden sie eine, wenn auch viel kleinere Bleibe auf der anderen Seeseite, in der Nähe der Seilbahn auf die Schmittenhöhe.

Für den Rest des Monats Mai und bis in den Juni hinein wartete Charlotte auf Nachrichten von Otto. Es kamen keine.

Sie wusste nicht, dass er am 8. Mai bei General Schandruk in der Nähe von Klagenfurt war. Er informierte den Ukrainer, dass Großadmiral Dönitz die Kapitulationsbedingungen der Alliierten angenommen hatte und am 9. Mai um Mitternacht an allen Fronten ein Waffenstillstand in Kraft treten würde. Er sagte Schandruk, dass es bei der Rettung der Galizien-Division und des Rests von ihnen jetzt ganz auf ihn ankäme. Als die Briten auf Klagenfurt vorrückten, führte er ein letztes, hastiges Telefonat mit Charlotte, in dessen Verlauf sie fragte, was sie mit den Kisten machen solle, die seine Akten enthielten. Ob sie sie vernichten solle? »Ja«, sagte er, und sie tat es, obwohl sie später Bedauern über ihr Handeln in »Panikstimmung« äußerte. Vielleicht hätten die Tagebücher, »wo er alles genau verzeichnete«, verwendet werden können, »um sich viell. rechtfertigen zu können, alles getan zu haben, um so vielen Menschen helfen zu können«.

Am Abend reiste Otto nach Graz, um Generalfeldmarschall Kesselring, den Oberbefehlshaber Süd (seit 1941), Südwest (seit 1943) und

West (seit März 1945), zu treffen. Kesselring unterstanden die deutschen Streitkräfte, die Süddeutschland und das, was in Österreich und Jugoslawien noch in deutscher Hand war, verteidigten, nachdem Italien einige Tage zuvor kapituliert hatte.

Am Morgen des 9. Mai traf sich Otto mit Kesselring. Anschließend trennten sie sich und brachen in unterschiedliche Richtungen auf.

Noch am selben Tag ergab sich Kesselring einem US-Major, der ihn zu Major General Maxwell D. Taylor, dem Befehlshaber der 101. US-Luftlandedivision, brachte. Bilder, die Kesselring und Taylor beim gemeinsamen Tee zeigten, sorgten für Wirbel in den USA.

Otto machte sich auf nach Westen, nachdem er zugestimmt hatte, sich im Stubalm-Gebiet mit einem Kameraden zu treffen. Er verließ Graz per Auto, mit einem Fahrer, in niedergeschlagener Stimmung. Er hoffte, die Reste der Waffen-SS-Division Galizien ein letztes Mal wiederzusehen und dann einen Kameraden, Lohmann, zu finden. Wie ein Freund Charlotte schrieb, wartete Lohmann »stundenlang am vereinbarten Rendezvous-Platz, ohne dass Ihr Gatte dort einlangte. Von diesem Zeitpunkt an fehlt auch für uns hier jede Spur von Ihrem Gatten.«

Otto schaffte es nicht zu dem Treffen. Er fuhr weiter, über die Stubalm hinaus, um in Judenburg wieder zu General Schandruk und zur ukrainischen Division zu stoßen, während aus Bruck eine sowjetische Panzerdivision heranrückte. Die ukrainische Division lieferte sich Gefechte mit den Sowjets, zog sich zurück, teilte sich dann. Ein Teil verblieb in der britischen Zone. Der andere Teil, mit Otto, Schandruk und Generalmajor Fritz Freitag, fand sich in der amerikanischen Zone wieder, in der Nähe der Marktgemeinde Tamsweg, etwa 130 Kilometer südöstlich von Salzburg.

Am folgenden Morgen, dem 10. Mai, verschwand Freitag. Ein Suchtrupp fand ihn am Ortsrand von Tamsweg. Er bat, man möge ihn in Ruhe lassen, dann ging er davon und nahm sich das Leben.

Otto beschloss, Schandruk zu verlassen und sein Glück allein zu versuchen. Er wusste, dass die Amerikaner hinter ihm her waren, ebenso die Briten und die Polen, die Juden und die Sowjets. Er wollte die Straße nach Süden nehmen, über die Berge nach Italien, sich mit ungenannten Freunden treffen.

Am Nachmittag des 10. Mai 1945 wurde er gesehen, wie er allein aus Tamsweg loszog.

Dies war die letzte Sichtung. Otto Wächter, Ehemann und Vater, Rechtsanwalt, ehemaliger Gouverneur, wegen Massenmords, darunter Erschießungen und Hinrichtungen, angeklagter SS-Mann, verschwand. Es war im Sommer 1934 geschehen, und jetzt, im Frühjahr 1945, geschah es wieder.

III

FLUCHT

»Einige Monate nachdem wir das Dorf verlassen hatten,
starb mein Mann im Gefängnis von Regina Coeli.
Beim Gedanken an diesen grauenvollen, einsamen Tod,
an die Ängste, die ihm vorangingen, frage ich mich,
ob dies wirklich uns passiert ist, [...].«
Natalia Ginzburg, *Winter in den Abruzzen,* 1944

21

2015, New York

Im Frühjahr 1945 verschwand Otto Wächter zum zweiten Mal. Siebzig Jahre später erlebte der Dokumentarfilm, in dem sein Sohn eine Hauptrolle spielt, auf einem Festival in New York seine Premiere. Eine Szene in dem Film und Horsts Reaktion darauf beschleunigten eine Folge von Ereignissen, die Horst veranlassten, mir Charlottes Nachlassunterlagen zugänglich zu machen.

Es begann mit einer Einladung zur Premiere von *What Our Fathers Did: A Nazi Legacy* auf dem Tribeca Film Festival, die an Horst geschickt wurde. Er schrieb mir, dass der Titel ihm nicht gefalle und er fände, dass *What Our Fathers Did … and What They Did Not Do* besser wäre. Außerdem hatte er Sorge, dass der Inhalt des Films ihn noch mehr enttäuschen würde als der – seiner Ansicht nach – unglückliche und irreführende Titel. Trotzdem ließ er, positiv wie immer, Familienangehörigen und Freunden eine Mitteilung zukommen. »Einladung zur Premiere«, schrieb er, ein Film über »meinen Vater, Schloss Hagenberg und mich«. Er erwähnte nicht, dass er den Film noch gar nicht gesehen hatte.

Die Tribeca-Premiere lief gut, der Film fand einen Verleih und wurde in einer überschaubaren Anzahl von Kinos in Großbritannien und den Vereinigten Staaten gezeigt. Er wurde auf Amazon, Netflix und iTunes verfügbar gemacht, auf anderen Festivals gezeigt und erhielt Kritiken, die im Allgemeinen positiv waren. »Ein Film … über ein schwieriges Gespräch«, berichtete die *Washington Post,* »und über das Scheitern des Gesprächs an sich.« »Verstörend«, meinte der *Guardian.* »Packend und überzeugend«, schrieb der Kritiker des *San Francisco Chronicle/GATE.* »Entsetzlich packend«, urteilte der *Spectator*. Ich dachte über Horsts

Reaktion nach. *Variety* hielt den Film für »beunruhigend«, eine Studie über Leugnung und Verantwortung in Kriegszeiten und über »die Herausforderung, mit einem Monster in der Familie umzugehen«. Die *New York Times* ließ gelten, dass Niklas und Horst nicht verantwortlich seien für die Taten ihrer Väter, wies aber darauf hin, dass sie »verpflichtet sind, die Wahrheit des Geschehenen zu akzeptieren«. Horst – »ein Apologet, dessen Ausflüchte ärgerlich sind« – dabei zu beobachten, wie er diese Wahrheit leugnet, sei »schwer zu ertragen, aber genauso schwer ist es, den Blick abzuwenden«. Eine Kritik in der *Daily Beast* erwähnte »Horsts verblendete Vergötterung seines Vaters«; eine andere in der gleichen Zeitung kam zu dem Schluss, dass Horst und ich gleichermaßen unfähig seien, die Dinge aus dem Blickwinkel des jeweils anderen zu betrachten.

Auch Horst hatte den Film inzwischen gesehen und berichtete, dass er nicht ganz nach seinem Geschmack sei. »Ich brauchte eine Weile, um Halt zu finden«, schrieb er David. Der Film sei sorgfältig gemacht, gestand er zu, und einige Szenen seien zu seinen Gunsten, aber es seien nur wenige, nicht mehr als »kleine Blüten, verstreut in einem Meer aus Brutalität, Fahrlässigkeit und Ignoranz«. Er war einigermaßen betroffen von den Kritiken. »Als ich die erste Kritik in der *Daily Beast* las, kriegte ich schweren Durchfall!«

Doch wie immer sah Horst die positive Seite. Unser Kontakt habe ihn veranlasst, seine Bemühungen zur Erforschung der Geschichte seines Vaters wieder aufzunehmen, erklärte er, und die Filmarbeiten hätten ihm ermöglicht, neue Beweise für die Anständigkeit seines Vaters zu finden, die »überwältigend« seien. Er war gewillt, einen zweiten Film zu machen, der sich darauf konzentrieren sollte, was sein Vater nicht getan hatte, und seine Anstrengungen zur Restaurierung des Schlosses zu verdoppeln, ein Gebäude, welches Ottos positiven Einfluss auf Horsts Leben verkörperte.

Eine Szene in dem Film hatte eine unerwartete Konsequenz. Ich erinnere mich nicht an die genaue Abfolge der Ereignisse, aber der Auslöser war Horsts Unbehagen, weil Niklas ihn vor laufender Kamera als »neuen Nazi« bezeichnete. Ich teilte diese Auffassung nicht und sagte das in dem Film auch, und Niklas zog die Unterstellung später zurück. Nichtsdestotrotz fühlte Horst sich gekränkt durch den Vorwurf und wollte etwas mehr tun, um zu beweisen, dass er aufgeschlossen, unvoreingenommen und im Grunde anständig war. Es ging ihm um eine positive Geste.

Zu diesem Zeitpunkt waren drei Jahre vergangen, seit wir uns das erste Mal begegnet waren. Ich wusste von Charlottes Nachlassunterlagen, die im Schloss aufbewahrt wurden, hatte aber bis dahin nicht mehr zu Gesicht bekommen als ein paar Fotoalben, mehrere Seiten aus den vielen Tagebüchern seiner Mutter und einen oder zwei Briefe. Horst hatte stets positiv auf Bitten um einzelne Dokumente reagiert, die für mich möglicherweise von Interesse waren, aber ich hatte nie nach dem Gesamtpaket gefragt oder es gesehen. Vielleicht könnte Horst den Nachlass seiner Mutter einem größeren Publikum zugänglich machen, insbesondere Wissenschaftlern und Studierenden? Schließlich sei er doch überzeugt, das Material zeige, dass Otto im Grunde ein anständiger Mensch war und weder sein Vater noch seine Mutter sich irgendetwas zuschulden kommen ließen. Horst stand der Idee aufgeschlossen gegenüber und versprach, er würde darüber nachdenken. Irgendwann erkundigte er sich nach einem möglichen Aufbewahrungsort für das Material. Ich erwähnte das United States Holocaust Memorial Museum in Washington DC. Er dachte weiter darüber nach und meldete sich ein paar Wochen später wieder, um mir mitzuteilen, dass er die Idee gerne weiterverfolgen würde.

Ich machte ihn mit einem der Archivare des Museums bekannt, einem Österreicher, der durch einen glücklichen Zufall eine familiäre Beziehung zu den Wächters hatte. Man tauschte sich mehrmals aus, fand einen positiven Ton. Ein Team von Transkriptoren aus Washington DC fiel in das Schloss ein, wo die Spezialisten mehrere Tage brauchten, um Charlottes Nachlass einzuscannen, Tausende Seiten Dokumente und Fotografien, weit mehr, als ich mir vorgestellt hatte. Horst bot mir großzügig einen kompletten Datensatz an. Ein paar Tage später wurde ein gebrauchter, nur notdürftig mit Klebeband verschlossener Briefumschlag in den Briefkasten an meinem Haus in London geworfen. Er enthielt einen hellblauen USB-Stick.

Ich steckte ihn in meinen Rechner und öffnete die Verzeichnisse. Der Stick enthielt digitalisierte Bilder, 8677 Seiten Briefe, Postkarten und Tagebücher, Fotografien, Zeitungsausschnitte und offizielle Schriftstücke, insgesamt 13 Gigabytes. Das Material war nur grob sortiert, die Ordner waren nach Typen sortiert, in mehr oder weniger chronologischer Reihenfolge.

Fünf Ordner enthielten Briefe und Postkarten, die Charlotte und Otto einander über einen Zeitraum von mehr als 20 Jahren geschrieben hatten, von Mai 1929 (eine Ansichtskarte von Charlotte aus Rom) bis Juli 1949 (ein Brief von Charlotte an Otto, in Rom): 1929–1934, 1935–1937, 1938–1943, 1944–1945, 1945–1949.

Ein Ordner mit dem Namen *Erinnerungen* enthielt vier Dateien mit Lebenserinnerungen, die Charlotte viele Jahre nach den Ereignissen für ihre sechs Kinder niederschrieb; sie erzählen von vier Phasen ihres Lebens mit Otto: 1938–1942, 1942–1945, 1945–1947, 1947–1949.

Meine Liebesjahre, eine Schilderung der ersten Begegnung und der frühen Jahre mit Otto.

Meine Kinderjahre, Notizbücher, in denen Charlotte das erste Lebensjahr jedes der sechs Wächter-Kinder dokumentierte, von Ottos Geburt 1933 bis zur Geburt von Linde 1944.

Charlotte legte ausführlich Sinn und Zweck ihrer Erinnerungen dar. Sie tat es in einer regelmäßigen, sich neigenden Handschrift, und ein Freund erklärte mir, dass sie in einem österreichischen Dialekt schrieb, der durchsetzt sei mit Grammatikfehlern. Sie habe schon geraume Zeit daran gedacht, ihr »interessantes Leben« zu Papier zu bringen, als Geschenk für ihre Kinder, schrieb sie 1978. Ein Jahr später ging sie in einem anderen Band noch einmal näher auf die Absicht ihrer Bemühungen ein:

> Nun habe ich mich heute fix entschlossen, mein bereits jahrelanges Vorhaben zu beginnen und die Jahre von 1945 – zur Gegenwart wenigstens skizzenhaft, so wie ich mich noch an die gr. Ereignisse erinnern

kann, niederzuschreiben. Es soll doch auch für die Kinder von wert sein, die für sie noch zum Teil kaum bewusste Zeit zu erfahren. Mögen sie alle sich bewusst sein, oder werden, dass die Bindung an meinen Mann Otto Wächter nur durchgestanden werden konnte, weil meine Liebe zu ihm grenzenlos und bis ins Jenseits reichte, wo wir letzten Endes wieder vereint werden.

Die Ordner enthielten die unterschiedlichsten Inhalte, worauf bereits ihre Namen hinwiesen:

Lebensgeschichte, eine handschriftliche Kurzbiographie

Fotoalben

Fotos Lemberg

Hochaufgelöste Bilder. Sie umfassten zwei Ordner, einer mit dem Namen *Identitätskarten*, der mich so neugierig machte, dass ich nicht widerstehen konnte, ihn sofort zu öffnen. Er enthielt Ausweise, die von Otto in der Zeit seines zweiten Verschwindens benutzt wurden, nach dem Mai 1945. Sie lauteten auf die Namen Oswald Werner und Alfredo Reinhardt.

Negative. 24 Ordner, jeder mit einem Namen versehen. *Papa und Otto, 1934. Sommer, 1938. Versailles. Thumersbach, 1944. Kriegspolizeiauto*. Und so weiter.

Nachlass. Acht Ordner.

Privatdokumente 1901–1961. 13 Ordner mit Dokumenten, die als »privat« gekennzeichnet waren, nach Jahren unterteilt: 1938, 1939 und so weiter bis 1945 und darüber hinaus.

Stammbuch. Es beginnt mit einem Eintrag Charlottes vom 1. Januar 1925: Sie verbrachte den Silvesterabend mit ihren Eltern.

Tagebücher, eines für jedes Jahr, 29 Ordner, größtenteils nach Jahren unterteilt: 1927, 1929, 1930 bis 1945. Einige Jahre fehlten: 1928 (nicht so wichtig), aber auch 1933 und 1939, zwei entscheidende Jahre im Leben von Charlotte und Otto. Führte sie in diesen Jahren kein Tagebuch, oder sind diese Tagebücher verlorengegangen, oder wurden sie vernichtet, als Teil einer größeren Säuberungsaktion?

Von Otto existierte lediglich ein einziges Tagebuch, ein Kalender für 1949, das Jahr ist mit Bleistift eingetragen, in seiner eckigen Handschrift, und der Einband ist fleckig. Dieser Kalender enthielt Informationen über Ottos Leben auf der Flucht nach dem Krieg und über die Zeit in Rom, die letzten Monate seines Lebens.

Zeitungen 1949, Zeitungsausschnitte aus diesem Jahr.

Tonbänder. 14 Ordner, jeder enthielt die beiden Seiten einer alten digitalisierten Audiokassette. Ich öffnete Kassette 1, Seite 1, und hörte zum ersten Mal Charlottes Stimme, in Deutsch, überlegt und rhythmisch, hell klingend, besorgt. »Dezember 1966 …«, begann das Band. Ich hörte mir eine zweite Kassette an, sie war betitelt mit »Gespräch mit Melitta Wiedemann«, ein Gedankenaustausch mit der Journalistin. Er fand im April 1977 im Café des Hotels Vier Jahreszeiten in München statt. Ich hörte, wie mit Gläsern angestoßen, ein Trinkspruch ausgebracht wurde, es folgte eine Schilderung interessanter Leute, denen Charlotte begegnet war, beispielsweise Sir Oswald Mosley, Gründer der British Union of Fascists (BUF), »der besonders intelligent, gescheit ist«, wie Charlotte ihrer Gesprächspartnerin erzählte, »die ganze Politik ist großartig«.

»Ich war ja eine begeisterte Nazi«, sagte eine Frauenstimme.

»Ja, ich auch«, erwiderte die andere. »Ich bin ja Nationalsozialistin geblieben.«

»Die ganze Zeit, die war ja großartig«, sagte die erste Stimme. »Hitler war ja wirklich Retter für uns.« Obwohl, fügte die Stimme hinzu, sie nicht mit allem einverstanden gewesen sei, was der Führer getan habe. Die Vergehen, welche auch immer es gewesen sein mochten, wurden nicht präzisiert.

Das Material war umfangreich. In den folgenden Wochen und Monaten warf ich immer mal wieder einen Blick in die Ordner. Die Fotografien waren leicht zugänglich, aber das schriftliche Material war schwieriger, größtenteils auf Deutsch, handschriftlich, nicht getippt. Das bedeutete, Tausende handgeschriebener Seiten mussten mühsam entziffert werden. Charlottes Handschrift wurde allmählich leichter lesbar, vor allem in den Briefen. Mühsamer gestaltete sich die Lektüre der Tagebücher, weil Sätze oft abbrachen oder Wörter abgekürzt waren. Viele Einträge waren banal, betrafen etwa Zeit und Dauer alltäglicher Vorkommnisse und Verrichtungen – Aufwachen, Essen, Mittagsschlaf, Zubettgehen – oder verzeichneten schlichte Fakten über eines der Kinder, wie etwa das Körpergewicht oder die Art einer fiebrigen Erkrankung. Gern wertete sie Aspekte ihres Lebens – Dinge waren »ganz nett« oder »sehr schön« oder »schrecklich« oder »nicht sehr gut«. Auch Personen wurden mit einem Kommentar bedacht: »recht nett« oder »leider beide so sehr unintelligent & dumm«.

Ottos Schrift war schwerer zu entziffern. Sie war sauber und ordentlich, aber ich fand die eckigen, winzigen und akkuraten Wörter schwer zu lesen, beinahe unverständlich. Meist blieb mein Blick an jenen haften, die leichter zu verstehen waren: etwa eine Zahl oder ein Buchstabe, die deutlich hervortraten, oder eine Zeichnung, wovon es einige gab.

Dennoch konnte ich mir einen allerflüchtigsten Eindruck von der Art des Materials verschaffen. Hunderte von Briefen und Postkarten, die sich Charlotte und Otto geschrieben hatten, mit Daten und Adressen, die es ermöglichten, ihr Leben im geographischen Sinne nachzuzeichnen. Eine Geburtsurkunde. Ein Schulzeugnis. Eine Universitätsurkunde. Ein Straßenbahnfahrschein aus Wien, 1929. Drei Schriftstücke, jedes mit einem Hakenkreuz. Eine SS-Personalakte. Mitarbeiterzeugnisse. Ein von der Wiener Anwaltskammer ausgestelltes Dokument. Eine Seite mit Zeugenaussagen von den Nürnberger Prozessen. Ein wissenschaftlicher Aufsatz über den Juliputsch 1934. Ottos *curriculum vitae* von 1935. Ein Mittagsmenü, Dezember 1939. Eine von Otto in Krakau unterzeichnete Anordnung. Ein Brief aus Lemberg. Eine Seite aus der *New York Times*. Eine handschriftliche Mitteilung von Bischof Alois Hudal aus Rom. Ein aus der Tageszeitung *L'Unità* ausgeschnittener Artikel. Eine Kinderzeichnung. Eine Karikatur. Ein Gedicht von Goethe. Ein maschinengeschriebenes Manuskript mit dem Titel *Quo Vadis Germania?*.

Charlottes Nachlass ging mir nicht aus dem Kopf. An einem Sommerabend luden meine Frau und ich ein paar Freunde zum Essen ein.

Unter den Gästen war eine akademische Kollegin von meiner Universität, eine Historikerin, die das dortige Centre for Editing Lives and Letters leitete. Professor Lisa Jardine hatte kürzlich eine Antrittsvorlesung mit dem attraktiven Titel »Temptation in the Archives« gehalten. Sie stellte interessante und komplexe Fragen: Welche unterschiedlichen Möglichkeiten der Bewertung von Archivmaterialien privater Natur gibt es? Wie ist solches Material in einen umfassenderen historischen Kontext einzuordnen? Wie gehen wir mit Überraschungen um? Welchen essenziellen Wert, wenn überhaupt, haben persönliche Dokumente?

Beim Essen wandte sich das Gespräch Charlottes Nachlass zu. Lisa war gespannt darauf, mehr zu erfahren, und lud mich ein, sie zu besuchen, obwohl sie unheilbar an Krebs erkrankt war. »Zeigen Sie mir mal ein paar von den Dokumenten«, schlug sie vor, um ihre Neugier zu befriedigen. Ein paar Tage später trafen wir uns bei ihr zu Hause in der Nähe des British Museum, wo sie auf einem großen Sofa lag, ihren Ehemann John an ihrer Seite. Sie hatte James Everest, ihren letzten Doktoranden, eingeladen, sich zu uns zu gesellen, und mein Lektor bei *Vanity Fair* kam mit seiner Frau, da die beiden zufällig in London waren.

Ich brachte eine Handvoll Dokumente mit, die ich ausgedruckt hatte und von denen ich annahm, dass sie für Lisa von Interesse sein könnten. Es handelte sich um einige Briefe und Fotografien. Während unserer mehr als zweistündigen Unterhaltung wurde Lisa vor allem von den persönlicheren Dokumenten angezogen – Tagebücher und Briefe, die Otto und Charlotte einander geschrieben hatten, eine Korrespondenz, die sich über zwei Jahrzehnte erstreckt hatte.

Besonders beeindruckt war sie, wie viele Briefe in Ottos letzten Lebensmonaten geschrieben worden waren.

»Warum sollten ein Ehemann und eine Ehefrau einander so oft schreiben, so ausufernd und detailliert?«, fragte sie.

»Weil sie sich liebten?«, spekulierte ich.

Aus Lisas Blick sprach lebhafte Begeisterung. Sie war uns um mehrere Schritte voraus.

»Nein.« Sie sagte es nachdrücklich und mit einem wissenden Lächeln, während sie den Kopf schüttelte. So weit war sie auch schon gewesen.

»Da steckt mehr dahinter, ein Code vielleicht, ein Informationsaustausch zwischen den beiden, sie vertrauen sich Dinge an, die andere nicht verstehen sollen.« Wir sollten versuchen herauszufinden, was wirklich dahintersteckte, was sich zwischen den Zeilen und Wörtern verbarg. »Mal sehen, ob wir herausfinden können, was Otto Wächter tatsächlich widerfahren ist und was Charlotte wusste, falls sie ihm behilflich war.«

Die Saat war gelegt. Binnen weniger Tage verständigten wir uns über die Umrisse eines Forschungsprojekts, ohne groß über Umfang oder Zielsetzung nachzudenken oder die Zeit, die es in Anspruch nehmen würde. James sollte eine Gruppe von drei deutschsprachigen Assistenten leiten, die sich aus meinen Doktoranden rekrutierten. Ihre Aufgabe würde es sein, die Briefe und Tagebücher aus der letzten Phase des gemeinsamen Lebens von Charlotte und Otto zu entziffern.

Wir gingen die Sache methodisch an. Nach der Transkription sollten Briefe und Tagebücher digitalisiert und anschließend ins Englische übersetzt werden. Wir wollten nach Mustern suchen, nach wiederkehrenden Namen und Orten, und versuchen, diejenigen Einträge zu enträtseln, die offensichtlich verschlüsselt waren. Wir wollten versuchen, die Anekdoten und Informationen, über die Charlotte und Otto schrieben, in einen weiter gefassten historischen und politischen Kontext einzuordnen. Uns war klar, dass eine schleppende und akribische Arbeit vor uns lag. Sie würde Zeit brauchen, doch sie war wichtig, da das Material einzigartig zu sein schien: der private Nachlass eines Ehepaars, der Mann angeklagt und auf der Flucht, wie er versucht zu entkommen. Das Ganze würde ein mühsamer Prozess der Rekonstruktion und Interpretation sein, eine Arbeit, die nicht überstürzt werden durfte.

Anfangen wollten wir mit dem Zeitraum zwischen 1945 und 1949, vom Ende des Krieges, als Otto verschwand, bis zu dem Moment, als er in Bett neun der Sala Baglivi im Hospital Santo Spirito starb.

22

1945, Hagener Hütte

Das Ende des Krieges und Ottos Verschwinden stellten Charlottes Welt auf den Kopf. Karl Renner, soeben ernannter Chef einer von Kommunisten durchsetzten Provisorischen Staatsregierung, proklamierte Österreichs sofortige Unabhängigkeit. Das Land und die Hauptstadt Wien, die von den vier alliierten Mächten besetzt waren, wurden in je vier Besatzungszonen aufgeteilt. Wiens Innere Stadt (1. Gemeindebezirk) wurde zum Interalliierten Sektor erklärt. Thumersbach, wo Charlotte mit den Kindern lebte, lag in der amerikanischen Zone, Mürzzuschlag in der britischen.

Charlotte bezeichnete 1945 als das Jahr des »Zusammenbruchs«, und der Schock währte ein Leben lang. Doch angesichts von sechs Kindern, die zu versorgen waren, blieb keine Zeit für Innerlichkeit und Selbstbeobachtung. Horst und Heide wurden aus der Sicherheit der Berge zurückgeholt, zusammen mit dem Schmuck, den Charlotte dort bei ihnen gelassen hatte, obwohl es dazu erst eines Streits mit der »unverschämt[en]« Bewahrerin bedurfte, die versuchte, die Wertsachen zu behalten.

Die älteren Kinder wurden in Zeller Schulen angemeldet, wo die Situation chaotisch war. »Die Nazilehrer teilweise im Konzentrationslager in Glasenbach interniert«, notierte Charlotte wehmütig, und viele, die keine Parteimitglieder gewesen waren, waren zu alt zum Unterrichten. Weil sie hoffte, dass Otto junior weiter auf seine nazistisch angehauchte Schule in Kreuzberg gehen könnte, war sie enttäuscht, als die Schule geschlossen wurde. Daher wandte sie sich an das Realgymnasium in Salzburg, wo sie einer unangenehmen neuen Realität begegnete: der Name Wächter, der noch vor kurzem Türen geöffnet hatte, schloss sie nun. »Leider können wir Ihren Sohn nicht nehmen«, informierte sie der neue Rektor, ein Priester. Es blieb ihr überlassen, sich den Grund zu denken. »Die Bibel sagt schon, dass man Witwen und Waisen helfen soll«, wandte sie ein. Eine Intervention von Bischof Pawlikowski, der sich dagegen aussprach, dass in der Steiermark 300 inhaftierte nationalsozialistische Ärzte durch die gleiche Anzahl jüdischer Ärzte aus dem Exil ersetzt werden sollten (»weil der Katholik im Juden durchwegs einen Gegner seines angestammten Glaubens erblickt«), war nicht hilfreich.

Bald musste die Familie aus dem Bauernhaus in Thumersbach ausziehen, das seinem früheren Besitzer, dem ehemaligen Landeshauptmann Rehrl, zurückgegeben wurde. »Unrecht Gut gedeiht nicht«, erkannte Charlotte, allerdings erst viele Jahre später. In ihren Aufzeichnungen überging sie stillschweigend die gegen Otto angestrengten Strafverfahren vor den Amtsgerichten – »der momentane Aufenthaltsort des Angeklagten ist unbekannt«, vermerkte ein Gerichtsdokument – und die Urteile, die ihn verschiedener Eigentumsdelikte für schuldig befanden. Das Bauernhaus wurde konfisziert, und Charlotte verwahrte weder einen Zeitungsausschnitt von dem Bericht der US-Militärregierung noch den Artikel in der *Wiener Zeitung*. Zwangsweise aus dem unbeschwerten Zuhause ausquartiert, fand sie vier Zimmer in einer Pension in Zell am See in der Nähe der Talstation der Seilbahn, wo die Familie mit Großvater Josef und Tante Ilse fortan wohnte.

Das Ende des »1000jährigen Reiches« kam früh, da der Feind zu schnell einfiel, vermerkte Charlotte. Sie war entsetzt über das »Heer von heranströmenden Flüchtlingen« aus dem Osten, verfolgt von Russen, »die ja ärger als die Vandalen oder seinerzeitigen Hunnen« seien. Weitverbreitete Vergewaltigungs- und Plünderungsvorwürfe veranlassten Freundinnen in Wien, sich in Kellern zu verstecken, ängstlich wie Hühner. Charlottes Eltern flüchteten aus der Wohnung der Familie, sie wurden von Bruder Heini in Sicherheit gebracht, der Möbel und Hausrat auf zwei alte Armeelaster lud. Ähnlich erging es Charlottes Brüdern, die »als einfache Parteimitglieder ihre Wohnungen samt Inhalt beschlagnahmt & ausgeplündert bekamen«. So ungerecht, jammerte sie, wie die Wiener »Obernazis« alles verloren. Immerhin konnte sie einigen Besitz von einem namenlosen »Plünderer« zurückerlangen, der »glücklicherweise [...] ein krimineller KZler« war.

Die elterliche Wohnung in Wien wurde beschlagnahmt, eine Schmach, die für sie noch schlimmer wurde, als sie erfuhr, dass die Räume nun von einem »KZ Verband« als Geschäftsstelle genutzt wurden. Charlotte legte sich ins Zeug, um die Wohnung zurückzubekommen, was kein ganz leichtes Unterfangen war, da sie, um Wien zu erreichen, Genehmigungen zur Durchquerung der sowjetischen Zone brauchte. Dass sie eine »Nazi-Frau« war, machte die Sache nicht einfacher, berichtete sie. Die Wohnungstür wurde von einem älteren Mann geöffnet, freundlich und höflich. »Ich trat ein, ließ ihn sitzen & fing an, mich als Tochter der Bleckmanns, der Besitzer der Wohnung, vorzustellen.« Den Namen Wächter erwähnte sie nicht. »Dann frug ich, wieso der KZ Verband dazu käme, sich einfach in eine fremde Wohnung zu setzen & alles ohne Nachfragen zu benützen, etc.« Das sei »ärger als bei Hitler. Und so ein Regime haben Sie verurteilt.«

Sie spürte die Verlegenheit des alten Mannes. »Meine Eltern waren nicht bei der Partei«, sagte sie ihm, es seien anständige Leute gewesen, und die Beschlagnahme der Wohnung sei rechtswidrig. Sie verlangte, dass die Bewohner binnen vier Wochen auszogen, was diese auch taten. Die Familie bekam die Wohnung zurück und verkaufte sie anschließend für eine ordentliche Summe. »Ich bekam meinen Anteil«, vermerkte Charlotte.

Auch die Villa Mendl war verloren. Dass sie besser die Finger davon gelassen hätten, gestand Charlotte zu, aber erst vierzig Jahre nach dem Vorgang. »Der Siegesrausch, den wir wie ein Traum nach 4 Jahren erlebten, musste uns auf Pfade geführt haben, die wir besser niemals begangen hätten. [...] Vielleicht erfassten wir gar nicht unsere Fehlentscheidungen.«

Sie suchte ihre Handlungsweise mit der Begründung zu rechtfertigen, dass die Immobilie leer stand, als man sie bekam, und dass ihr Besitzer, ein »reicher Jude«, sich zur Auswanderung entschlossen hatte. Sollte man es Charlotte verübeln? Nicht mehr als Herrn Lippert, glaubte sie, dem Architekten, der den Besitz verwaltet und seinen Freunden, den Wächters, zugeschanzt hatte. »Ich wollte diese Villa niemals«, bekannte sie, aber es sei kaum etwas anderes zu bekommen gewesen, und in einer solchen Situation habe Lippert sie überredet, die Villa Mendl zu nehmen. Er trage die größere Verantwortung. Sollte Charlotte Skrupel gehabt haben, dann überwand sie sie auf diese Weise.

Andere Verluste, darunter das Stahlwerk der Familie in Mürzzuschlag, wurden schweigend übergangen. Ein freundlicher Archivar im Wintersportmuseum der Stadt fand Dokumente, welche die Geschichte der Zeit nachzeichneten, von der Ausgabe der *Schoeller-Bleckmann Werkszeitung*, die aus Anlass des »Anschlusses« mit Fotos der mit Hakenkreuzen geschmückten Fabrikanlagen erschien, bis zu den Briefen aus der Nachkriegszeit, die das Anrücken der Sowjets, die Flucht der Eigentümer und die Verstaatlichung der Schoeller-Bleckmann Stahlwerke AG schilderten. Ein neuer Direktor vereitelte die Bemühungen von Walther Bleckmann, Charlottes Vater – der Einzige aus der Familie, der nicht in der Partei gewesen war –, den Besitz zurückzuerlangen. Die Bleckmann-Verbindung wurde gelöst.

Angesichts des Verlusts gruppierten sich die Bleckmann-Brüder in St. Gallen in der Nähe von Salzburg um und gründeten ein neues Unternehmen. Charlotte kam regelmäßig zu Besuch, und eine Freundin, die in der Nähe als Milchmädchen arbeitete, versorgte sie mit einem stetigen Vorrat an Eiern, Butter, Mehl und Schinken. Um die Waren bezahlen zu können, tauschte Charlotte Ballkleider ein und handelte mit kleinen Mengen Zucker.

Im Frühsommer begannen die Zeitungen über das Schicksal hochrangiger Nazis zu berichten – ein langer Katalog von Anklagen, Verhaftungen, Selbstmorden und spurlosem Verschwinden. »Österreichische Kriegsverbrecher angeklagt«, lautete eine vertraute Schlagzeile. Eine Kommission der Vereinten Nationen veröffentlichte eine Liste mit 300 »besonders schweren« Fällen. Sie enthielt viele Namen aus Charlottes Adressbuch. »Blaschke, ehemaliger Bürgermeister von Wien … Dr. Hans Fischböck, Wirtschaftsminister in der Regierung, die über den Anschluss verhandelte … Odilo Globotschnik, ehemaliger Gauleiter von Wien … S. S. Gen. Dr. Ernst Kaltenbrunner … Seyß-Inquart … Dr. Otto Wächter.« Im Dezember brachten die *Oberösterreichischen Nachrichten* eine Titelgeschichte – »Österreich klagt an!« –, die Otto als einen der schlimmsten Kriegsverbrecher identifizierte. Solche Listen und Zeitungsausschnitte schafften es nicht in Charlottes Nachlassunterlagen.

Ebenso wenig erwähnte Charlotte das Schicksal von Kameraden und engen Freunden, deren Leben von der Geschwindigkeit der Ereignisse überrollt wurde. Ende Mai wurde der »liebe Globus« von den Briten aufgespürt, als er sich in einer Hütte in der Nähe des Weißensees versteckte. Er wurde nach Schloss Paternion südlich von Salzburg gebracht, wo er im Hof des Schlosses Selbstmord beging.

Ottos Erzfeind im Generalgouvernement, Friedrich-Wilhelm Krüger, nahm sich ebenfalls das Leben, in einem amerikanischen Lager bei Linz. Heinrich Himmler, der von den Briten gefangen genommen wurde, schluckte eine Zyankalikapsel. Kurz darauf wurden seine Frau Margarete und Tochter Gudrun in der Nähe von Bozen gefasst. »Hiesiger Soldat hilft, Frau Himmler ausfindig zu machen«, verkündete das *Jersey Journal.*

LT. THOMAS A. LUCID
Local Soldier Helps Locate Frau Himmler

Hans Frank wurde in Bayern verhaftet, mit 38 Bänden seines Diensttagebuchs und einer Sammlung erlesener Kunstwerke. Ernst Kaltenbrunner, Ottos engster Freund in der SS, fanden die Amerikaner in seinem Versteck auf der Wildenseehütte in der Gemeinde Altaussee in der Nähe von Salzburg, wo er sich als Wehrmachtsarzt ausgab. Horsts Paten Arthur Seyß-Inquart spürten die Kanadier in seinem Versteck in Holland auf. Die drei Kameraden schafften es auf die Liste der »Prominenten«: 24 führende Nazis, die ausgewählt wurden, um sich im Nürnberger Justizpalast wegen »Verbrechen gegen die Menschlichkeit« und »Genozid« vor Gericht zu verantworten. Die Verhandlungen begannen am 20. November 1945 mit plastischen Schilderungen der Tötungen in den von Otto verwalteten Territorien, der Ermordung von mehr als 130 000 Menschen, darunter mehr als 8000 Kinder, während des ersten Jahres von Ottos Herrschaft in Lemberg. Über solche Themen wurde in den Tageszeitungen berichtet, aber weder in Charlottes Tagebüchern noch in ihren Briefen fand ich irgendwo eine Erwähnung des berühmtesten Prozesses in der Geschichte. Ein Jahr später, am 1. Oktober 1946, wurden Frank, Seyß-Inquart und Kaltenbrunner, Ottos engste Kollegen, für schuldig befunden, zum Tode verurteilt und gehängt. Zwei Wochen danach wurden Fotos von ihren Leichnamen in Zeitungen auf der ganzen Welt veröffentlicht. Ihre sterblichen Überreste wurden eingeäschert und dann in einen Fluss gestreut.

Josef Bühler, Staatssekretär und Stellvertreter Franks im Generalgouvernement, hoffte, seinen Hals zu retten, indem er in Nürnberg aussagte, aber dann wurde auch er angeklagt. Vom Obersten Nationalen Tribunal Polens wegen »Verbrechen gegen die Menschlichkeit« verurteilt, wurde er in Krakau gehängt, ganz in der Nähe seines Amtssitzes auf der Wawel-Burg. Rudolf Pavlu wurde im April 1949 verhaftet und beging Selbstmord, um der Auslieferung an Polen und einem ähnlichen Schicksal zu entgehen. Georg von Ettingshausen verschwand von der Bildfläche, ebenso Hans Fischböck, der seinen Namen in Juan änderte und nach Argentinien floh, von wo er Charlotte zwei Briefe schrieb. Fritz Katzmann, Ottos SS-Kollege aus Lemberg, tauchte unter, um 1957 in einem Krankenhaus in Darmstadt wiederaufzutauchen, wo er, kurz bevor er starb, einem Krankenhausseelsorger seine wahre Identität offenbarte.

Da die Liste der Kameraden, die noch frei herumliefen, kürzer wurde, machte Charlotte sich die allergrößten Sorgen um Otto, ihren verschwundenen Ehemann, wusste sie doch, dass er von vielen verschiedenen Feinden gejagt wurde. Es hieß, die Juden hätten »Tötungskommandos« aufgestellt, und die Sowjets gründeten Militärtribunale, um NS-Täter in ihren Besatzungszonen auszuschalten. Die Polen wollten Gerechtigkeit. Die Amerikaner richteten sich in Gmunden ein, nur eine Stunde von Salzburg entfernt, wo die 430. Abteilung des Counter

Intelligence Corps (CIC), des Nachrichtendienstes der US Army, die Suche nach Nazi-Kriegsverbrechern koordinierte. All das setzte sich fort, als Winston Churchill im März 1946 in einer Rede in Fulton, Missouri, erklärte, dass sich »von Stettin an der Ostsee bis Triest an der Adria [...] ein Eiserner Vorhang auf Europa herabgesenkt« habe. Im Kontext des Kalten Krieges wurde Charlotte auf die Existenz des CIC, die alliierten Bemühungen, ihren Mann zu finden, und die Überwachung, unter der sie selbst stand, aufmerksam.

Nachdem Josef Wächter und Ottos Schwester Ilse nach Wien zurückgekehrt waren, zog Charlotte 1947 mit der Familie nach Salzburg, wo ihre Brüder ihr neues Unternehmen gestartet hatten. Sie arbeitete als Haushälterin für sie und bezog damit ein dringend benötigtes Gehalt. Mit den Einnahmen aus dem Verkauf von Porzellan, in dessen Besitz sie in Wien, Krakau und Lemberg gekommen war, kaufte sie ein kleines Haus in der Anton-Hall-Straße 2. »Meine Hütte« nannte sie es, mit fünf Schlafzimmern, einem kleinen Garten und Blick auf das Untersbergmassiv.

Im Sommer, wenn die Kinder bei Freunden waren oder in Ferienlagern, die von der katholischen Hilfsorganisation Caritas geführt wurden, besserte sie ihre Einkünfte mit Zimmervermietung auf. Richard Woksch, der den Betrieb der Brüder leitete, mietete für zwei Nächte die Woche ein Zimmer. Allmählich besserten sich ihre Lebensumstände, und bald konnte sie eine Haushaltshilfe einstellen, ein fünfzehnjähriges Mädchen »von Zigeunerblut, wild & störrisch«. Lilly blieb ein Jahr bei der Familie, bis Charlotte für sie einen Ehemann aus Texas fand, einen Indianer mit »Schlitzaugen«.

Das Jahr stand ganz im Zeichen von Lebensmittelknappheit und Krawallen in Wien, dem Ende eines Entnazifizierungsprogramms für die halbe Million österreichischen Nazis und wachsenden Spannungen im Zuge des beginnenden Kalten Krieges. Die Amerikaner fürchteten eine Blockade Wiens durch die Sowjets oder, was weniger wahrscheinlich war, einen sowjetischen Einmarsch in Österreich. Im März 1948 verabschiedete der US-Kongress den Marshallplan, der Westeuropa mit Krediten, vor allem aber mit Rohstoffen, Waren und Lebensmitteln aus den Vereinigten Staaten versorgen sollte. Die erste Finanztranche brachte eine gewisse wirtschaftliche Stabilität.

Die Situation der Wächters hatte sich bis 1948 stabilisiert. Die Familie hatte ein Zuhause, Charlotte eine feste Stelle, und die Kinder besuchten die Schule. Doch über Ottos Schicksal war weiterhin nichts bekannt. Im Oktober 1948 kam ein Brief von Fritz Ostheim, einem Ingenieur, der gemeinsam mit ihm gedient hatte. Er lieferte Charlotte einen knappen Bericht über die Aktivitäten ihres Mannes in den letzten Tagen vor Kriegsende in Österreich in Begleitung von Generalfeldmarschall Albert Kesselring. Seit Mai 1945, schrieb Ostheim, »fehlt auch für uns hier jede Spur von Ihrem Gatten«. Er wünschte, er hätte bessere Neuigkeiten, aber es gebe keine.

»Auch für uns …«

Der Brief von Fritz Ostheim fand sich versteckt in Charlottes Nachlassunterlagen, und ich las ihn sorgfältig, mehrmals. Die Wortwahl legte nahe, dass er vielleicht als Antwort auf einen Brief Charlottes geschrieben wurde, einen Brief, in dem sie ihm mitgeteilt hatte, dass sie keine Spur von ihrem Mann hatte. Wenn dem so war, dann handelte es sich um einen Akt der Täuschung, möglicherweise gedacht für jene, die sie beobachteten und hofften, durch sie Otto zu finden.

Die Wahrheit war, dass sie im Oktober 1948, als sie Ostheims Brief erhielt, genau wusste, wo Otto war: unterwegs zum Haus der Familie in Salzburg, nachdem er sich drei Jahre lang in der Nähe, in den Bergen Österreichs, versteckt hatte. In dieser ganzen Zeit hatte Charlotte, ohne es irgendjemandem außer ihrer Schwägerin Ilse zu sagen, in engem Kontakt mit Otto gestanden und ihn alle zwei oder drei Wochen gesehen. Die Wahrheit war, dass Otto sich nach dem Mai 1945 nie weit von Zell am See oder Salzburg entfernte.

Es dauerte viele Jahre, bis die Einzelheiten ans Licht kamen. In einem längeren, für die Kinder verfassten Rückblick, der sich in ihren Nachlassunterlagen verbarg, schilderte Charlotte, wie Ende Mai 1945, als die Familie in dem Bauernhaus in Thumersbach sich gerade zum Essen versammelte, ein unbekanntes Mädchen beim Haus auftauchte. »Sie wollte mich persönlich sprechen.« Das Mädchen trug Ottos Ehering als Beweis bei sich und überbrachte eine Nachricht, in der ein Treffen im nahe gelegenen St. Johann im Pongau vorgeschlagen wurde. Charlotte solle zu einer festgesetzten Zeit, so die Anweisung, die Hauptstraße der Stadt entlanggehen, jedoch nicht Richtung Großarl, sondern in der entgegengesetzten Richtung. Sie gab dem Mädchen etwas Geld, ein Paar Schuhe und eine Schachtel Zigarren, und es sollte alles Otto bringen.

Ein paar Tage später fuhr Charlotte mit dem Bus nach St. Johann. Sie trug einen Rucksack, in dem sich Lebensmittel, Kleidung und Schuhe befanden. Als sie die angegebene Straße entlangging, bekam sie Herzrasen vor lauter Angst, dass ihr jemand gefolgt sein könnte. »Plötzlich pfiff es aus einem Heustadl heraus [...], dann gewahr ich meinen Otto hinter dem Stadl, der mir zuwinkte.« Sie umarmten sich und weinten, verbrachten die Nacht zusammen, sprachen über die Kinder, die Diensttagebücher, die vernichtet worden waren (»wo er alles genau verzeichnete, um sich viell. rechtfertigen zu können, alles getan zu haben, um so vielen Menschen helfen zu können«), ihre Eltern, das neue Heim, Österreichs Zukunft, das Schicksal der Waffen-SS-Division Galizien und die Sachen, die das Mädchen nie abgeliefert hatte.

Beim Abschied vereinbarten sie ein zweites Treffen, zwei Wochen später. Der Ort wurde auf einer Wanderkarte der Bergregion genau markiert. Das Bild, das Charlotte auf dem Heimweg im Gedächtnis blieb, war Otto, wie er barfuß über steinige Gebirgspfade lief, ein Mann, »der nun zum zweiten Mal das Schicksal eines Verbrechers u. daher Verfolgten auf sich nehmen musste«.

Jedes Rendezvous basierte auf einem genauen Treffpunkt. Anfangs fuhr sie per Anhalter, dann nahm sie, wie beim ersten Mal, einen Bus. Später, als wieder Züge verkehrten, konnte sie mit der Bahn fahren. Vor lauter innerer Unruhe waren ihre Nerven jedes Mal aufs äußerste gespannt; sie kannte die Treffpunkte nicht, hatte Angst, dass ihr jemand folgte, oder sie sorgte sich einfach, dass sie einander verpassen und für immer aus den Augen verlieren würden. Einmal verpassten sie sich tatsächlich, im Raurisertal, an einer Stelle, wo zwei Straßen in das

Tal abzweigten, eine nach links, die andere nach rechts. Sie wartete auf den Pfiff, aber vergebens. Hatte man ihn verhaftet? Oder war er krank? Am nächsten Tag kam sie wieder, weil sie fürchtete, ihre Verbindung ginge verloren, wenn sie ihn nicht finden würde. Diesmal hörte sie den Pfiff.

Drei Jahre lang ging das so, alle zwei oder drei Wochen, bis zum Sommer 1948. Jedes Rendezvous fand an einem anderen Ort statt. Es konnte auf einem Bergbauernhof sein oder außerhalb einer Kleinstadt oder in der Nähe eines winzigen Dorfes oder auf einer abgeschiedenen Berghütte. Einige der Orte führte sie auf. Die Radstädter Tauern (»viel«). Vogelalm und Gnadenalm (»da war eine Sennerin, die […] Lebensmittel gab«). Altenmarkt (»in dem Gebirge«). Flachau. St. Johann im Pongau (»gegen Wagrain & Großarl«). Lend. Bad Gastein.

Hagereralm. Mallnitz. Rauris (»viel«). Lofer. Großarl. Gröbming. Auf der Hagener Hütte.

Charlotte half mit Kleidung und Lebensmitteln und auf andere Weise. Auf der Flucht brauchte Otto eine neue Identität, er nahm den Namen Oswald Werner an. Sie schilderte, wie sie einem freundlichen »KZler« begegnete, ein netter Mann namens Kuno Hoynigg, wegen seiner monarchistischen Ansichten in Dachau inhaftiert, ein Anhänger Otto von Habsburgs, der einst unter General Josef Wächter gedient hatte. Er verehrte Ottos Vater und wollte dem Sohn helfen, als Katholik und als ein Mann, der Sorge hatte, dass das neue Regime – im Gegensatz zu den Nazis – sich nicht ausreichend um bedürftige Mütter wie Charlotte kümmere. In Dachau hatte er einen Insassen gekannt, der dort gestorben war, und es war dessen Identität – Oswald Werner –, die Otto offensichtlich annahm.

Otto bekam eine Mitgliedskarte der Untergrundorganisation »Freies Österreich«, die während der NS-Zeit verboten gewesen war. Sie war undatiert und lautete auf den Namen Dr. Oswald Werner, Sprachlehrer aus Wien. Das Foto jedoch zeigte den jungen Otto in Uniform, aufgenommen in den 1930er Jahren, auf der Flucht nach dem Juliputsch. Er besaß noch einen zweiten Ausweis auf den Namen Werner, ausgestellt am 4. Februar 1946 von der Polizeidirektion Wien. Das Foto war jünger, es zeigte Otto im Profil in Zivil, den Blick nach unten gerichtet. Der Ausweis war von der Polizei in Wien und Salzburg gestempelt, in den vier Kontrollsprachen, Deutsch, Englisch, Französisch, Russisch. Oswald war 1,78 Meter groß – vier Zentimeter weniger als die in Ottos SS-Akte angegebene Körpergröße –, hatte blonde Haare, blaue Augen, ein »ovales« Gesicht, ohne besondere Merkmale. Dieser Ausweis galt als Nachweis der österreichischen Staatsangehörigkeit, war aber »nur im Inland gültig«.

Diese Ausweise und Charlottes entschlossener Beistand halfen Otto, mehr als drei Jahre in den österreichischen Alpen zu überleben.

»Doch der Tod hetzte Otto weiter«, notierte Charlotte, »[er blieb] kaum länger auf einem Platz als 3–4 Tage.« Er brach in Berghütten ein, wo Hirten möglicherweise Käse oder Brot oder andere Vorräte zurückgelassen hatten, blieb ein paar Tage da, zog dann weiter zum nächsten Ort. Der frühere Nazi-Gouverneur war jetzt eine Art Schafwilderer, ein Mann, der gewildertes Fleisch im Schnee vergrub und hoffte, dass es bei seiner Rückkehr noch da wäre. Statt Anordnungen schrieb er Gedichte an seine Frau, versah sie mit Bleistiftzeichnungen, die ihre schwierigen Reisen schilderten (»Erst kam ein Bus ...«), aber mit ein paar optimistischen Zeilen endeten (»Und es wird wieder schön und warm und Licht!!«).

Charlotte brachte Vorräte mit, je nach Ottos Bedarf – »Korb, 1 Gummi-Halbschuhe, 1 Lackhalbschuhe, 1 Bergschuhe, 1 Regenmantel, 1 Hut« –, den er auf kleinen Zetteln notierte, die er ihr gab, wenn sie sich verabschiedeten, und die Charlotte in ihren nachgelassenen Unterlagen aufbewahrte. »Immer wieder bekam ich so gute Sachen wie Speck & haltbares Zeug, was sie mit großer Wonne aßen.« Im Herbst brachte sie Wintersachen mit, wie Hosen, Pullover, Unterwäsche und Skier. Im Frühling hatte sie Sommersachen dabei.

Weil sie glaubte, dass sie »Tag und Nacht bespitzelt wurde vom CIC, wie man die Verbindung zu meinem geliebten Mann Otto erhalten könnte«, traf sie Vorkehrungen. Sie baute auf ein Netzwerk aus Freunden, wenn sie frühmorgens um fünf mit dem Fahrrad von zu Hause losfuhr, »ohne alles [...], damit es nicht auffiel«. Unterwegs holte sie Nahrungsmittel und andere lebensnotwendige Dinge ab, die sie bei einem Freund deponiert hatte, jemandem wie Lukas Hansel in der Gegend um die nahen Dörfer Bruck und Fusch, wo Hermann Göring festgenommen wurde. Anschließend nahm sie vielleicht einen Regionalzug nach St. Johann im Pongau, das eine halbe Stunde entfernt lag, oder höher hinauf ins Gebirge nach Bad Gastein, eine Fahrt von anderthalb Stunden. Von dort einen Bus für eine Strecke, die 40 Kilometer betragen konnte, bis zum Fuß eines Berges. Dann eine Wanderung bergauf zur Hagener Hütte, 2450 Meter über dem Meeresspiegel. Eine Ansichtskarte aus der Zeit zeigte die Abgeschiedenheit.

»Ich war manchmal von all den Strapazen derart erschöpft, dass ich kein Wort hervorbrachte.« Oft legte sie sich direkt schlafen. Am nächsten Tag wurde Wäsche gewaschen, wenn es eine Quelle gab, und sie besserte Ottos Kleidung aus. Sie kochte, und er verschlang das Essen. Wenn sie den letzten Zug zurück verpasste, suchte sie sich irgendwo einen Platz zum Übernachten.

Doch Charlottes Hilfe war nicht der einzige Grund, warum er überleben konnte. Otto war nicht allein.

23

Buko

Ottos Gefährte in den Bergen war drei Jahre lang ein junger Mann, den Charlotte beim ersten Rendezvous, in St. Johann im Pongau, kennengelernt hatte. »Otto hatte einen jungen SS Mann bei sich, der ihn begleitete & Abenteuerlust besaß.« Der Name des jungen Mannes, den sie Buko nannte, lautete Burkhard Rathmann, und sie konnte ihn sehr gut leiden. »Er war aus einfachem Holz geschnitzt & sehr ehrlich & ein blendender Kamerad«, vermerkte sie. »So wusste ich ihn [Otto] gut geborgen.« Buko war praktisch veranlagt, konnte Schlösser knacken, in Berghütten einbrechen und sichere Zufluchtsorte ausfindig machen. Er wusste, wie man Nahrung sammelte und Tiere tötete, Lawinen entging und unter harten alpinen Bedingungen überlebte.

Erst lange nachdem ich Horst zum ersten Mal begegnet war, erfuhr ich von dieser Geschichte. Während wir in dem Wohnzimmer im Obergeschoss des Schlosses vor dem Kamin saßen und Schnaps tranken, sann Horst über Ottos Flucht in die Berge nach. Charlottes Nachlass enthielt eine Handvoll Briefe und eine kleine Anzahl Fotografien aus jenen Jahren. Es gab Lücken, und ich hatte sehr viele Fragen, vor allem über Buko. Was hatte er während des Krieges gemacht? Was für ein Mensch war er? Warum half er Otto?

»Sie wollen etwas über Buko erfahren?«, fragte Horst. Ich nickte.

»Ich könnte Ihre Fragen beantworten und Ihnen von Buko erzählen«, fuhr er fort. »Wir könnten ihn aber auch einfach anrufen.«

Der Vorschlag überraschte mich. Wie ich erfuhr, war Buko gesund und munter, 92 Jahre alt und lebte in Deutschland. Horst ging in ein anderes Zimmer und wählte eine Telefonnummer, eine Direktverbindung in die Vergangenheit. Er sprach ein paar Minuten, dann kam er zurück. Buko würde sich freuen, uns zu empfangen, in einem Monat, bei sich zu Hause.

Im Januar 2017 trafen James Everest und ich uns mit Horst am Flughafen Hannover. Ich brachte ein Exemplar von *Trouble Follows Me* mit, worum Horst gebeten hatte, ein Spionagethriller über einen unverhofften Todesfall von Ross Macdonald (der in Wirklichkeit Kenneth Millar hieß), einem seiner Lieblingsautoren. Wir mieteten ein Auto und fuhren nach Reinhardshagen, einer Kleinstadt an den Ufern der Weser, wo wir mit einer winzigen Fähre übersetzten. Bukos Haus in der Flussniederung war klein und gut gepflegt, die Wände säumten Bücherregale und Fotografien. Ute, seine Tochter, hatte ein wachsames Auge auf ihren Vater, als er sich in einen Rollstuhl setzte. Ich bewunderte Bukos Kinnbacken, das volle weiße Haar, die buschigen Augenbrauen, das helle karierte Hemd.

Ute blieb in der Nähe, bereit, eine Bedingung durchzusetzen, die Buko für das einzige Interview, das er jemals geben sollte, gestellt hatte: keinerlei Fragen zu Dingen, die er vor dem 9. Mai 1945 getan hatte. Bei der ersten derartigen Frage wäre das Interview augenblicklich beendet. Anscheinend hatte er seit 70 Jahren Sorge, wegen seiner Rolle bei der Verfolgung und Tötung von Partisanen in Italien und Jugoslawien verhaftet zu werden. Er habe nie über die Vergangenheit sprechen wollen, sagte uns Ute, nicht, bis Horst aufgetaucht sei. Die Haushälterin bot Tee an, zu dem schwerer, ohne Mehl gebackener Schokoladenkuchen serviert wurde.

Buko, geboren 1924, war einundzwanzig, als er Otto begegnete, im Mai 1945 in Südösterreich. Er kam aus Italien, nachdem er bei der 24. Waffen-Gebirgs-(Karstjäger-)Division der SS gedient hatte, einer Division, die, wie ich später erfuhr, 1944 von Odilo Globocnik aufgestellt worden war. Als die 24. Division sich im Mai den Briten ergab, floh Buko nach Norden und schlug sich mit drei Kameraden, die nach Hause wollten, über die Berge nach Österreich durch. Weil er als SS-Mann fürchtete, festgenommen zu werden, beschloss Buko, die anderen ein Stück des Weges zu begleiten, aber nicht nach Hause zurückzukehren.

»Man musste ja immer oben über die Berge gehen, weil unten waren ja die Amerikaner oder Engländer«, erklärte er. Im Salzburger Lungau in den Niederen Tauern trennte er sich von seinen Kameraden. »Und da habe ich dann den Otto Wächter getroffen.« An den Namen des Dorfes konnte er sich nicht erinnern. Horst hatte Charlottes Landkarten mitgebracht, auf denen mit einem grünen Stift viele Stellen markiert waren. Wir falteten sie auf dem Tisch auseinander und sahen uns die Unterstreichungen genauer an; Horst setzte seinen Finger auf eine Stelle bei Mariapfarr. Buko nickte. »Das ist die Stelle«, sagte er, vor der Kirche.

War das Treffen zufällig oder vereinbart? Buko wich aus. »Er [Wächter] war zum Schluss zwar auch in Italien wie ich, aber ich war ein kleines Männchen, und er war doch immerhin im Generalstab.« Nein, sie kannten sich nicht, behauptete er. »Dann habe ich gesagt, ich gehe ein bisschen mit ihm rum. Er hat ja nicht gesagt, wer er war. Er hat nur gesagt, dass er auch nach Hause wollte. Er wollte erst noch ein bisschen in den Bergen bleiben. Na ja, das haben wir dann gemacht.«

Und dann?

»Er hat dann nach ungefähr 10 oder 15 Tagen seine Frau getroffen. Der hat er eine Nachricht geschickt gehabt, und da habe ich eben die Frau von Wächter kennengelernt, und dann sind wir eben weiter in den Niederen Tauern herumgegangen, von allem zu allem.«

»Hast du gewusst, wer mein Vater war, wie du ihn zuerst getroffen hast?«, fragte Horst nach.

»Da hat niemand gewusst, wer der andere war«, erwiderte Buko. »Man war sehr zurückhaltend [...], und er war vor allem zurückhaltend, weil er ja ein gesuchter Kriegsverbrecher war.« Doch nach einer Woche kannte jeder die Identität des anderen. »Ungefähr nach einer Woche habe ich ihn angeguckt und gesagt: ›Du bist entweder der oder der.‹« Otto bestätigte. »Na ja, aus den Gesprächen habe ich das herausgefunden, dass er entweder Wächter oder der Wächtler ist.« SS-Obergruppenführer Fritz Wächtler, NSDAP-Gauleiter in Bayreuth, bei Kriegsende wegen Fahnenflucht erschossen, obwohl Buko das kaum gewusst haben dürfte.

Ottos Identität herauszufinden war nicht schwer. »Er hat immer gesagt: ›Da hat der und der zu mir gesagt: ›Mein lieber W.‹‹ Nicht den Namen. Aber ich meine, ich bin ja nicht ganz dumm [...]. Da habe ich ihm auf den Kopf zugesagt, wer er sein könnte. Und da hat er dann gesagt, wer er ist.« Den Namen Wächter kannte Buko.

»Du warst ein ganz junger SS-Mann«, sagte Horst, überrascht über die traurige Berühmtheit seines Vaters.

»Ich habe nicht zu den Dümmsten gehört.«

Jeder kannte Otto Wächter, wer er war und was er getan hatte. Buko entspannte sich, ein breites Lächeln überzog sein Gesicht.

»Was hat er für einen Charakter gehabt? Wie war er? War er bösartig, oder war er gutartig?«, erkundigte sich Horst, eine leichte Suggestivfrage. »Nein, er war nicht bösartig«, antwortete Buko, einmal mehr freundlich lächelnd.

»Dann war er kein schlechter Mensch?« Horst wollte mehr hören.

»Wir waren beide zusammen, und wir waren sehr kameradschaftlich. Zu Anfang war er zurückhaltend [...], aber freundlich war er sonst auch.«

»Wussten Sie, dass er gejagt wurde?«, fragte ich. Buko nickte. Von wem? Von allen. Insbesondere von den Engländern und den Amerikanern, aber auch von den Sowjets, obwohl die weit weg waren: »Die meiste Angst hat er wohl vor den Sowjets gehabt. Weil er in deren Gebiet ja als Gouverneur tätig war.«

Wusste er, warum er gesucht wurde, was man ihm vorwarf?

»Das war doch vollkommen wurscht. Er hatte einen hohen SS-Dienstgrad gehabt, er war Gruppenführer, also General, und er war vor allen Dingen Gouverneur in Galizien und in Krakau gewesen.« Wieder eine Pause. »Und die Österreicher haben ihn gesucht, weil er den Juliputsch geleitet hat.«

»Und die Juden?«, fragte Horst vorsichtig.

»Ich nehme an, die haben ihn bestimmt gesucht. Trotzdem er, soviel ich weiß, menschlich gegen die Juden war.« Diese Worte zauberten ein wissendes Lächeln auf Horsts Gesicht, und er warf mir einen Blick zu. »Aber er konnte ja nicht viel machen, in seinem Gebiet sind ja auch die Juden von anderen zusammengefangen worden.«

Horst fügte seine eigene Randbemerkung hinzu: »Er handelte menschlich, soweit er konnte; für die Sache mit den Juden war er nicht verantwortlich, er versuchte, ihnen zu helfen.«

Buko wechselte übergangslos zu den drei Jahren, die er mit Otto verbracht hatte. Weil sie die Gefangennahme fürchteten, waren sie häufig unterwegs, von einem Ort zum nächsten, hoch in den Bergen, zwischen den Hütten, wo sie sicher waren. Die Täler mieden sie. »Die Amerikaner und Engländer waren meistens zu faul, in die Berge zu gehen.«

Drangen Nachrichten bis zu ihnen durch? »Selbstverständlich.« Charlotte brachte Zeitungen mit, so erfuhren sie von den Nürnberger Prozessen und dem Ergebnis, den Hinrichtungen Franks, Seyß-Inquarts und Kaltenbrunners.

»Wie reagierte Otto auf die Nachricht von den Hinrichtungen?« Lebhaft. Er kannte Frank und die anderen gut. »Er hat gesagt ›Vae victis‹«, ein lateinisches Sprichwort, das er mit einem Achselzucken äußerte. Wehe den Besiegten, dem Sieger die Beute. Die Nachricht steigerte Ottos Angst.

»Hat er geschimpft? Wie hat er reagiert auf die Prozesse, weißt du das?«, fragte Horst

»Kann man sich das nicht vorstellen?«, erwiderte Buko.

Er mochte Frau Wächter. »Ich habe nichts Schlechtes über deine Mutter zu berichten. War immer eine sehr liebe Bekannte.« Sie blieben viele Jahre in Verbindung, schrieben sich zu Weihnachten Karten. Während der drei Jahre in den Bergen traf sie die beiden alle zwei oder drei Wochen, brachte Lebensmittel und Kleidung mit. Buko war der Koch, es gab Milch, angedickt mit Mehl und Salz. »Wir hatten keine Eier«, sagte Buko, als Horst fragte, ob sein Vater ein Ei kochen konnte.

»Also, das was er gekocht hätte, hätte ich nicht gegessen«, fügte er hinzu. »Er hat durch mich das Kochen gelernt.« Buko grinste. Milch bekamen sie von den hübschen Milchmädchen, die sonst nichts anboten.

»Was war mit den Frauen los?«, hakte Horst nach. »Schöne Frauen hat er sehr verehrt.«

»Unnötiger Ballast«, erwiderte Buko. Wenn Ottos Frau kam, blieb sie ein oder zwei Nächte. Sie suchten sich einen Platz, wo sie allein sein konnten. »Auf der Almhütte gab es immer Platz.«

»Ich kann nichts Böses über ihn sagen, warum sollte ich denn?«, sagte Buko nachdrücklich. »Wir haben uns sehr gut vertragen. Wir haben gemeinsame Interessen gehabt.«

Buko führte, Otto folgte. Eigentlich »hätte er mir befehlen müssen, ja. Aber da wäre er schlecht angekommen bei mir. Ich war immer ein freiheitlicher Mensch.« Buko übertrug ihm Aufgaben, und mit der Zeit lernte Otto zurechtzukommen. Kurze Zeit hätte er alleine überleben können, aber nicht lange, auch wenn er gesund und kräftig war. Abgesehen von einem gelegentlichen Anflug von Grippe sei er nie krank gewesen, erzählte Buko. »Guckt ihn euch auf einem Bild an, dann seht ihr es.« Als sie sich trennten, sei Otto »noch ganz gesund« gewesen.

In der Einsamkeit vertrieben sich die beiden Männer die Zeit mit Gesprächen. Sie redeten über Politik, aktuelle Ereignisse, vergangene Zeiten, den Krieg. Religion war kein Thema, und sie versuchten nie, in die Kirche zu gehen. »Ich bin ja nicht katholisch«, sagte Buko. Und fügte hinzu: »Wir waren beide Antikommunisten.« Der Hass auf den Kommunismus verband sie, und es gab viel zu bereden, da Otto gern über seine Karriere sprach. Äußerte Otto jemals Bedauern über irgendetwas? »Über so was spricht man doch gar nicht. Er hat viel erzählt über die Zeit.«

Sie sangen, ohne Instrumente. Nicht einmal eine Mundharmonika hatten sie, da jedes winzige Gramm Gewicht zählte, wenn sie in den Bergen herumwanderten.

»Gepfiffen habt ihr doch?«, fragte Horst

»Wenig. Gesungen, ich weiß nicht, er war wohl nicht sehr musikalisch.«

Gab es Spannungen? »Ich kann mich nicht entsinnen, mich jemals mit ihm gestritten zu haben. In so einer Situation streitet man sich nicht. Man war aufeinander angewiesen.« Die Angst vor der Gefangennahme war ständig da, und das brachte sie einander näher. »In den Bergen ist die Freiheit«, erklärte Buko. Er fürchtete eine Internierung.

»Im Grunde genommen haben wir uns in 2000 Metern Höhe ziemlich sicher gefühlt. Und hatten wirklich kaum Angst, dass uns jemand nachkommt.«

Im Laufe des Nachmittags tauchten andere Erinnerungen auf, ein Bericht vom Überleben unter extremen winterlichen Bedingungen.

Gelegentlich kam ein Besucher, der aber stets anonym blieb.

Manchmal bot ein Einheimischer ihnen vielleicht Unterschlupf.

Sie schätzten Plätze wie die Hagener Hütte, eine Schutzhütte aus dem 19. Jahrhundert auf einem Gebirgspass in den Hohen Tauern. Auf die Erwähnung der Hütte hin holte Ute eine Fotografie hervor.

Es gab Lawinen. »Ich weiß noch, an einem Tag haben wir, glaube ich, zwölf Stück ausgelöst, um weiterzukommen [...], wenn wir oben waren, sind wir gehüpft, zack, zack, zack, bis es gekracht hat und der Hang runtergegangen ist. Und wenn der eine Hang runtergegangen ist, ist durch die Erschütterung der Gegenhang auch runtergekommen.« Vor allem an eine Lawine erinnerte er sich. »Also, er war bis dahin eingepackt.« Buko zeigte auf seine Schulter. »Und konnte sich die Gegend angucken, und das war alles. Wenn ich nicht gewesen wäre, wäre er da langsam, aber sicher kaputt gegangen, so weit war der Schnee überm Arm, aber konnte ihn nicht bewegen, praktisch, in einer Lawine, wenn die erstarrt, ist es aus.«

Als im Sommer 1948 unverhofft Bukos Mutter auftauchte, beschlossen sie, die Berge zu verlassen. »Meine Mutter ist gekommen und hat gesagt, du musst aber langsam mal nach Hause gehen.« Otto, nun allein, beschloss zu versuchen, sich Richtung Süden, nach Italien, zum Vatikan durchzuschlagen. »Das war sowieso irgendwie geplant, dass er diese Reichsfluchtstrecke nimmt«, meinte Buko. Der Begriff »Reichsfluchtstrecke« war mir neu. Geläufiger war der Ausdruck »Rattenlinie«, eine Route, die von Nazis benutzt wurde, um aus Europa nach Südamerika zu fliehen, das als sicherer Ort galt, weil dort verständnisvolle Führer regierten, beispielsweise in Argentinien Präsident Juan Perón. Hatte Otto immer schon die Absicht gehabt, nach Südamerika zu gehen?

»Er hat das nicht gewusst, aber später dann schon.« Vielleicht lieferte Charlotte Informationen.

»Weißt du, ob er wirklich nach Südamerika wollte?«, hakte Horst nach.

»Ich weiß nicht, ob er, seine Frau, die Charlotte, die hat mir das erzählt.«

In Gröbming, einem Ort im steirischen Ennstal, sagte man sich Lebewohl. »Na ja, ehrlich gesagt, ich war andererseits doch froh, dass ich wieder nach Hause kam. Na gut, ein Abschied ist immer irgendwie traurig. Wir waren drei Jahre zusammen. Tag und Nacht praktisch.«

Ging er davon aus, Otto wiederzusehen?

»Das hatten wir eigentlich vor. Er hat geschrieben, und ich habe auch geschrieben, also wir sind in Verbindung geblieben.«

Als das Gespräch sich dem Ende näherte, streifte Horst kurz die Kriegsjahre. »Du warst ja bei den Karstjägern, oder?« Buko nickte. Im Regal stand ein dickes Buch mit diesem Titel, eine Geschichte der 24. Waffen-Gebirgs-(Karstjäger-)Division der SS.

»Das sollte auch in Deutsch rauskommen, aber denen ist das Geld ausgegangen, das ist auf Italienisch.«

Später, als ich das Buch durchblätterte, sagte Buko: »Ich bin zum Teil mit drauf, ja.« Er jagte Partisanen, erkundete Höhlen und andere Verstecke. Er war stolz auf seine Arbeit. »Ihre Brigade?«, fragte ich. »Ja.« Ute schritt ein. Nichts über den Krieg, schon vergessen?

»Buko machte Jagd auf kommunistische Partisanen«, erklärte Horst mir, nachdem wir gegangen waren. Ich trieb ein Exemplar des Buches auf, mit Fotos des jungen Buko, Einzelheiten über seine Aktivitäten bei den Karstjägern, seinen Dienstgrad (Rottenführer – Obergefreiter) und die Verleihung des Bandenkampfabzeichens in Silber, überreicht von SS-Gruppenführer Odilo Globocnik, der in seiner Eigenschaft als Höherer SS- und Polizeiführer für die Operationszone Adriatisches Küstenland die Division aufgestellt hatte. Über die Verwicklung der Division in Kriegsverbrechen, die Ermordung zahlreicher italienischer Zivilisten als Vergeltung für Partisanenangriffe, schwieg das Buch.

Zwischen den Büchern hatte Buko Erinnerungsstücke platziert. Ich öffnete ein schwarzes Kästchen, das ein bronzenes Kreuz mit einem Hakenkreuz in der Mitte enthielt.

Auf einem Regalbrett vor einer Ausgabe des Goldenen Deutschen Märchenschatzes stand ein kleiner, runder Holzrahmen. Ich bemerkte ihn hinter Bukos Rücken, als wir uns unterhielten, aber aus der Entfernung konnte ich nicht erkennen, wen das Porträt zeigte.

Später ging ich zu dem Regal, nahm den Rahmen in die Hand und betrachtete das Bild näher. Es war eine kleine Schwarz-Weiß-Fotografie. Ein sitzender Mann mit nachdenklichem Blick, der eine Armbinde trägt.

24

1948, Salzburg

Otto und Buko stiegen aus den Bergen herab und trennten sich, weil Charlotte in einem Anfall mütterlicher Verantwortung »wohl plötzlich das Gefühl eines schlechten Gewissens bekam, die Mutter von Buko nicht in Kenntnis vom Leben ihres Sohnes gesetzt zu haben«. Sie kontaktierte Frau Rathmann, die bat, zu ihrem Sohn gebracht zu werden. »Viell. hätte ich das nicht machen sollen, doch versetzte ich mich in ihre Lage & dachte, es muss ihr mitgeteilt werden.«

Sich in die Lage von anderen zu versetzen war nichts, was Charlotte sehr oft zu tun schien, aber Frau Rathmann machte es »sehr glücklich, doch verlangte sie die schnellstmögliche Heimkehr ihres Sohnes«. Charlotte begleitete sie in die Berge. Frau Rathmann, die angenommen hatte, ihr kleiner SS-Junge sei tot, verließ das Gebirge als erleichterte Mutter.

Nach Bukos Weggang verspürte Charlotte eine neuerliche Sorge um Otto. »[Er] konnte nicht mehr in den Bergen alleine herumwandern.« Daher blieb sie einen Teil des Sommers bei ihm. Sie mietete eine bescheidene Hütte auf einem Bauernhof, wo die älteren Kinder zu ihnen stießen. Horst blieb in Salzburg. Sie verbrachten vier Wochen zusammen, ein unverhoffter Urlaub, ein seltener Moment relativer Ruhe, Harmonie und Gemeinsamkeit. Charlotte war besorgt. »Obwohl es hoch oben war, blieb doch die Sorge um den Feind, dem man jeden Augenblick gegenübergestellt werden könnte. Die Polizei.« Hinzu kam, dass sie wieder schwanger wurde, zum neunten Mal. Gegen Ende jenes Sommers nahm Dr. Oberascher eine weitere Abtreibung vor, es war Charlottes dritte. Wien, 1935. Lemberg, 1943. Salzburg, 1948. Sie befürchtete, dass alles zu viel für sie werden würde; und weil sie all ihre

Kräfte auf die Rettung Ottos richten wollte, entschloss sie sich, »das 7te Kind zu opfern«.

Otto kam von den Bergen herab und begab sich an einen sicheren Ort in der Nähe von Going am Wilden Kaiser, einer Tiroler Gemeinde am Fuß des Kaisergebirges. Er wohnte in dem Bauernhaus von Georg Ettingshausen, einem Anwaltskollegen und früheren Parteigenossen und Mitglied des Deutschen Klubs, der in den Juliputsch verwickelt gewesen war. Als Vorsitzender der Wiener Anwaltskammer betrieb Ettingshausen nach dem »Anschluss« Österreichs die Entfernung von 1775 ihrer 2541 Mitglieder aus der berufsständischen Organisation. Später fungierte er als Rechtsberater der ungarischen Gesandtschaft in Österreich. Im Mai 1945 verschwand er. Oder, wie Charlotte es lieber ausdrückte, sah sich »des Landes verwiesen«.

Otto verbrachte ein paar Wochen in der Obhut der »lieben« Helga Ettingshausen und ihrer Kinder Christian und Irmgard. Der achtjährige Junge schloss »Onkel Ossi« ins Herz, und Otto genoss die Bergwanderungen mit ihm. Charlotte kam zu Besuch, sie verbrachten »eine schöne geruhsame Zeit«, Fotos wurden gemacht. Als sie wieder abreiste, begleitete er sie zum Bahnhof im nahe gelegenen, vertrauten St. Johann im Pongau. An Weihnachten drückte er seine Schuld gegenüber Helga in Gedichtform aus: »Und die göttlichen Gewalten / Mögen immer dir erhalten / Deines Herzen Lauterkeit [...] Unter deinen sanften Händen / Möge sich das Schicksal wenden / Reifen eine schön're Zeit – / Liebe ernte immer Liebe!«

Weil Otto sich einsam fühlte und niedergeschlagen war, beschloss Charlotte Ende 1948, ein Risiko einzugehen: Sie wollte ihn zu Weihnachten nach Hause holen, nach Salzburg, in das Haus in der Anton-Hall-Straße. Bei seiner Ankunft erkannte Horst ihn nicht wieder, nachdem er ihn fast vier Jahre nicht gesehen hatte. Vorgestellt als ein Onkel, ein Besucher aus einem fernen Land, verbrachte Otto die meiste Zeit versteckt in Charlottes Schlafzimmer, während Otto junior und die anderen Kinder Truthähne aufzogen und Krebse fingen, die sie an den »Goldenen Hirschen«, das historische Salzburger Hotel, verkauften.

»Die Zeit war wirklich so schön & harmonisch & ganz besonders, als Papa (mein Otto) zu Weihnachten hinter dem Vorhang an der Feier mit dabei war.« Vier gemeinsame Wochen waren ein seltenes Vergnügen, das auf einigen Fotografien dokumentiert wurde. Auf einem Foto sieht man Charlotte in schweren Wanderschuhen, wie sie vor dem Holzhaus auf einer Bank unter einem Fenster sitzt, direkt unter ihrem Mann in einem hellen Anzug, der im Haus geblieben ist, sich auf die Fensterbank lehnt und in die Kamera blickt, mit einem Gesichtsausdruck zwischen Sorge und Behagen. Fotografiert zu werden war gefährlich.

Horst sitzt auf der Holzbank, lässt seine Beine baumeln, ein glücklicher Junge. Linde sitzt mit heiterer Miene auf dem Schoß ihrer Mutter, daneben ihre Schwester Traute. Wussten sie, dass der Mann hinter ihnen ihr Vater war? Horst erzählte mir, dass er keinerlei Erinnerung an diesen Moment hat. Er könne sich nur noch an die Ankunft eines Mannes mit einem Schnurrbart erinnern, der manchmal abends in sein Zimmer kam und ihm einen Gutenachtkuss gab. Ein Onkel von sehr weit weg, erinnerte er sich, vielleicht Südamerika.

Das Arrangement ging ein paar Wochen gut, bis plötzlich Schwierigkeiten auftauchten, als einer von Charlottes Brüdern zu Besuch kam und auf Otto traf, eine ziemliche Überraschung. »Und das war schon das erste. Dass es mir unangenehm war, dass meine Brüder gewusst haben, dass er da ist.« Den Bleckmann-Brüdern war nun bekannt, dass Otto noch lebte und sich in Salzburg aufhielt, mehr als drei Jahre nach Kriegsende. Das Geheimnis wäre vielleicht kontrollierbar gewesen, wenn es in der Familie geblieben wäre, das tat es aber nicht. Eine Nachbarin kam zu Besuch, eine ältere Dame in Begleitung ihres Enkels, der ihre Hand hielt, ein Detail, das Charlotte in Erinnerung blieb.

»Passen Sie auf«, warnte die Nachbarin, »bei uns sitzt ein tschechischer Spitzel, und es wird beobachtet, dass Ihr Mann angeblich bei Ihnen wohnen soll.« Eine andere Nachbarin riet ebenfalls zu Vorsicht, »denn man vermutet, Ihr Mann ist bei Ihnen«.

Otto musste weg. »Jetzt ist unsere Freude zu Ende, bitte pack deine Sachen und gehe hinunter.« Er solle nach Bozen gehen, lautete Charlottes Anweisung. Albert Schnez, ein ehemaliger Wehrmachtsoffizier, der in den letzten Kriegstagen gemeinsam mit Otto gedient hatte, kam zu Besuch. »Die erstaunten Augen waren einmalig«, als er Ottos ansichtig wurde, erinnerte sich Charlotte. Schnez sagte ihm, dass es in Österreich nicht sicher sei und dass er, wenn er nicht nach Deutschland wolle, nach Süden gehen solle, nach Rom und dann nach Übersee. »Er wollte ja nach Argentinien auswandern«, äußerte Charlotte Jahre später im Gespräch. »Aber ohne mich, habe ich gesagt, ich kann da nicht mit, ich habe sechs kleine Kinder, wie sollen die das nach Argentinien schaffen?« Er solle seinen Instinkten folgen, sich auf den Weg nach Bozen machen, wo er zuverlässige Freunde und Ansprechpartner fände, etwa die Familie Baldur von Schirachs, und Rafelsberger, den Arisierer und Staatskommissar für Privatwirtschaft aus dem Jahr 1938. Auch Riedel, der Journalist, und Neubacher, vor kurzem aus dem Gefängnis entlassen, hielten sich in oder in der Nähe von Bozen auf.

25

1949, Bozen

Für Charlotte war 1949 »das Schreckensjahr«, eines, das schlecht begann mit Ottos erzwungenem Weggang, nachdem Nachbarn ihn gesehen hatten. Die Zwillingsschwester von Charlottes Mutter, Tante Else, starb, und ein paar Wochen später erkrankte Charlottes Nichte, das jüngste Kind ihres Bruders Richard, an einer Lungenentzündung und starb ebenfalls.

Nachdem er die Anton-Hall-Straße verlassen hatte, versteckte sich Otto für ein paar Tage bei Richard Woksch. Am 4. Februar verließ er Salzburg mit dem Zug und legte einen Zwischenstopp in dem Urlaubsort Saalbach-Hinterglemm ein. Mit persönlich überbrachten Mitteilungen oder mündlich weitergegebenen Nachrichten, deren verschlüsselte Botschaften sie beruhigen sollten, hielt er Charlotte über die Entwicklung auf dem Laufenden. Er solle keine Briefe per Post schicken, riet sie ihm, das sei gefährlich und sie würden wahrscheinlich abgefangen. Der untilgbare Stempel der Militärzensur, den viele Briefe unten trugen, war nur allzu vertraut.

Am 12. Februar kam er in Innsbruck an, den Tag vermerkte er mit einem »I« in einem frisch erstandenen Kalender für 1949. »So passt alles eigentlich recht gut zusammen (Toi, toi!)«, schrieb er Charlotte, begegnete er doch jetzt vertrauten und freundlichen Gesichtern. An einem Ort der Erholung, wo er »nackt und bloß in einer Wanne lag«, begrüßte ihn »ein alter Bekannter aus der Gegend der Hammerschmiede«. Auf einem Bahnhof allerdings hatte er eine gefährliche Begegnung mit jemandem, den er als »monopolistisches Schlitzohr« bezeichnete und der nahe an ihm vorbeiging, ihn aber zum Glück nicht erkannte.

Ein paar Tage später verließ er Innsbruck und machte sich auf in Richtung Sölden, in der Absicht, über die Grenze nach Italien zu gelangen, möglicherweise durch das Vallertal, allerdings fehlt eine genaue Beschreibung der tatsächlichen Route. Am 16. Februar machte er sich auf die schwierige Wanderung über die Berge. Um nicht gesehen zu werden, brach er um drei Uhr morgens auf. Vor ihm lag ein Anstieg über gebirgiges Terrain, das mitten im Winter besonders tückisch war, ein Marsch, der 24 Stunden in Anspruch nehmen sollte und den er Charlotte in einem verschlüsselten Brief schilderte. Mit das Letzte, was er von Österreich sah, waren »die Lichtlein von Sölden«.

> Wenig Schnee, so dass man viel tragen muss, aber vor allem Eis, blankes grünes Eis in Kaskaden über Bergflanken, Steige, Felsen, Geröll bedeckend und ungangbar machend. Man muss immer wieder umgehen, hochklettern wieder heruntersteigen usw., um vorwärts zu kommen. Die Gletscher haben vielfach offene Spalten und Brüche, ein Bild wie im Hochsommer, überall blaues Eis. Ein Glück das schöne Wetter und ein Vorteil keine Lawinengefahr. Der Schnee ist beinhart, daher sicher, aber schwerer gangbar, da man ständig gegen das seitliche Abrutschen kämpfen muss. Diese vielen Schwierigkeiten fressen Zeit und daher [...] um 3h bei Mondlicht diese 24 Stunden Tour.

Gelegentlich hielt er an, um an einer alten Steinmauer Schutz zu suchen, und er hatte Mühe, warm zu bleiben in den Wintersachen, die Charlotte ihm geschickt hatte, während er wartete, dass der »ersehnte Mond hinter dem Grat« durchbrach, damit er seinen Weg fortsetzen konnte. Die Tour sei schön, aber »recht anstrengend«, fügte er hinzu, und »hoffentlich erwischt Ihr Mann den Brief nicht!« Denn »ewig kann die Feder nicht ruhen, wenn das Herz voll ist«.

Am 17. Februar erreichte er Meran. Am nächsten Tag kritzelte er »M-B« in den Kalender, ein Hinweis auf die Tour nach Bozen und dass er sich nun in relativer Sicherheit befand. Von hier aus benachrichtigte er Charlotte. »Ich habe meine Fahrt gut abgeschlossen und bin nach meinem eben erfolgten Eintreffen sehr befriedigt.« Er bat sie, Kleidung und Schuhe an Albert Schnez in Innsbruck c/o Hotel Arlberger Hof zu schicken, von wo die Sachen weitergeschickt würden.

In Bozen bot eine Bekannte, Frau Oberrauch von Hößlin, Otto ein Bett und eine sichere Zuflucht für den folgenden Monat an. Die »liebe Nora«, wie Charlotte sie nannte, war eine charmante, wohlhabende geschiedene Frau, die eine Wohnung in der Stadt und ein schönes Sommerhaus in den Bergen besaß. Weil sie sich um ihn kümmerte, war die Sorge um Ottos Wohlergehen ein wenig von Charlottes Schultern genommen, obwohl die Gegenwart der »lieben Nora« Anlass zu anderen Besorgnissen und Spannungen gab.

Von Bozen aus besuchte Otto alte Kameraden in anderen Gegenden Südtirols. Am 18. März schickte er Richard Woksch eine Ansichtskarte aus der kleinen Stadt Toblach, wo Gustav Mahler unter anderem *Das Lied von der Erde* komponiert hatte. »Hier ist es wunderherrlich und repariert ganz sicher Leib und Seele«, schrieb der Komponist seinerzeit. »Hier ist es herrlich. Kalt, aber klar«, war Ottos Reaktion im Schatten der in der Ferne liegenden Dolomiten.

Er schrieb regelmäßig Briefe, in denen er die Identität der Kameraden, mit denen er Zeit verbrachte, wohlweislich nicht preisgab. »Der Mönch« kam zum Essen. Er beschloss, die »geistliche Reise«, von der er manchmal als »Projekt Riccardo« sprach – eine Anspielung auf Rom –, bis nach Ostern zu verschieben.

Er verbrachte Zeit mit dem »lustige[n] Franz«, bei dem es sich, wie ich später anhand unbekannten Archivmaterials feststellte, das zwei Fotografien enthielt, um Franz Riedl handelte, einen Journalisten mit ausgeprägten Nazi-Sympathien, wie sie viele in der Region hegten. »Mit Otto Wächter, Sommer 1949« hatte Riedl auf die Rückseite eines der Bilder geschrieben. Die Fotos zeigten Otto mit Riedl und einem dritten Mann, dessen Identität ich nicht kannte.

Mit Hilfe eines Bekannten aus Innsbruck konnte ich ermitteln, wo das Foto gemacht worden war. Im Rittner Gebiet, glaubte er, in der Nähe von Bozen, da der schneebedeckte Berg im fernen Hintergrund die Rosengartenspitze sei, die sich fast 3000 Meter erhebt. Die hölzernen Gestelle würden als Rankhilfen für Weinreben dienen, ein weiteres

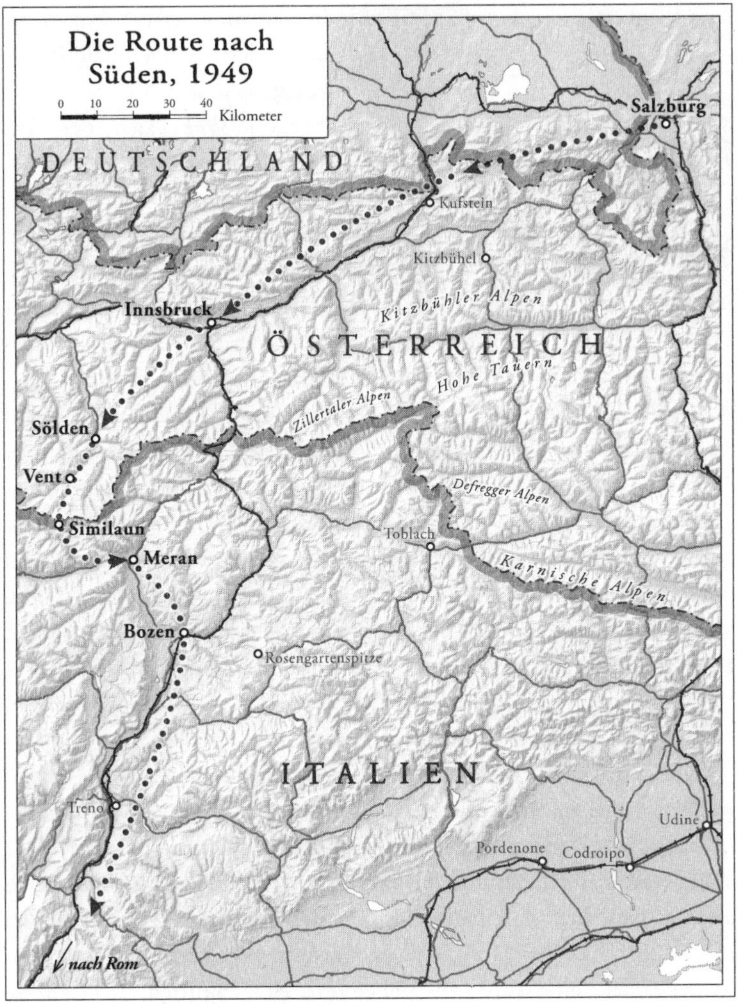

Indiz dafür, dass die Stelle unterhalb von 800 Metern lag, der Obergrenze für Weinbau. Es könnte sich um das Dorf Unterinn handeln, bestätigte ein anderer Briefpartner, ein Wissenschaftler in Wien. Eine zweite Fotografie in dem Riedl-Archiv zeigte Otto braungebrannt und hager in weißem Hemd und gewöhnlichen Straßenschuhen. Er sitzt

in der Sonne, an einem Holztisch, der für zwei gedeckt ist, vor sich ein Glas Wein.

Zwei Tage nach der Ankunft in Bozen beschloss Otto, wie er Charlotte mitteilte, die »R-Reise« bis nach Ostern zu verschieben. Er wollte noch warten, bis man ihm ein paar Dinge des täglichen Bedarfs besorgt hatte, darunter ein Paar Hausschuhe, ein kleiner Koffer, Hygieneartikel und Ausgaben der *Salzburger Nachrichten.* Bei Anbruch des Frühlings bat er Charlotte, ihn zu besuchen, so käme sie rechtzeitig, um den tiefblauen Himmel, die Blütenpracht und das sprießende junge Grün zu erleben. Aber, fügte er hinzu, sie solle nicht mit zu vielen Familienmitgliedern nach Bozen reisen, da im Moment äußerste Vorsicht geboten sei. Sie könnten auf dem Schlern logieren, die Seiser Alm besuchen, »durchs blühende Etschtal nach Meran« radeln. Vielleicht könne ihn Charlotte sogar nach Rom begleiten? Wenn ja, dann solle sie alles an Kleidung mitbringen, was für eine Reise in den Süden erforderlich sei. Für Italien sei Schwarz am besten, »für Hütchen, Mantel, Kostüm u.s.f.«.

Was Otto jetzt dringend brauchte, war Geld. Daher solle sie ein paar Kunstgegenstände oder Antiquitäten mitbringen, schrieb er, die könne man verkaufen, um Geld aufzutreiben. Stiche und Holzschnitte wären gut, da sie leicht zu transportieren und zu verkaufen seien. Doch andere »künstlerische Dinge« könnten mehr Geld einbringen, etwa die »Standuhr« oder die »alte[n] Landschaftsbilder«. Charlotte schickte ein »Verzeichnis«, eine Liste von Stichen und Holzschnitten, die Interesse wecken könnten, mehr als die Teppiche, die schwer zu transportieren wären. Von den verschiedenen in dem Briefwechsel erwähnten Gegenständen, in deren Besitz man anscheinend in Krakau oder Lemberg gekommen war, wurde nur einer genau bezeichnet. »Für den Dürer kriegt man hier [in Bozen] sicher mehr, da der genannte Betrag hier kein Geld ist«, schrieb Otto über einen wertvollen Kupferstich. Die

»Standuhr« traf Anfang April in Bozen ein und wurde schnell verkauft.

Charlotte willigte in den Besuch ein und traf am Freitag, dem 15. April, rechtzeitig zu Ostern, in Bozen ein. Sie kam mit dem Zug aus Salzburg, begleitet von Liesl und Traute, und Otto holte sie am Bahnhof ab. Die vier verbrachten ein paar Tage allein in Bozen, dann besuchten sie Nora in der Villa Oberrauch, dem Haus in den Bergen in Völs am Schlern (eine »göttliche Gegend«, schrieb Charlotte, obwohl sie sich »nicht so ganz innerlich zurechtfinden konnte«, weil sie zu sehr von Gedanken an Tschaikowskis Musik erfüllt war). Otto machte Charlotte mit »alten Freunden« bekannt, dem Journalisten Riedl und Rafelsberger. Sie fuhren Rad und unternahmen einen Tagesausflug nach Meran, wo sie »völlig überraschend« die Küfferles trafen, Charlottes Schwester und Schwager. Charlotte schrieb der Dame, die sich daheim in Salzburg um Horst und die anderen Kinder kümmerte, und teilte ihr mit, dass sie am Freitag, dem 29. April, wieder zurück sein würde.

Sie verbrachten zwei Tage bei Nora in dem Sommerhaus. Charlotte war argwöhnisch und stellte sich vor, was zwischen Nora und Otto passiert sein könnte. »Es war ein sehr eigenartiges Beisammensein«, erinnerte sie sich. »Es schien mir, als wäre Nora trotz aller Freundlichkeit eifersüchtig auf unsere große Liebe gewesen. Vielleicht hat sie sich noch eine schöne Freundschaft mit Otto erhofft.« Etwas war tatsächlich zwischen Nora und Otto passiert, obwohl Charlotte stets nur indirekt darauf anspielte. »Doch ich sage Otto immer, er könne sich nun mit einer anderen Frau retten«, erinnerte sie sich. »Sein Leben war mir zu lieb & wertvoll, als dass ich ihn nicht völlig frei gegeben hätte und ihm dies auch sagte. Wir waren so verbunden wie mir schien, dass wir durch nichts getrennt werden konnten, auch nicht durch den Tod. [...].«

Am Mittwoch, dem 27. April, packte Otto abends seine Koffer für die Fahrt nach Rom, die er am nächsten Morgen antreten wollte. Charlotte bat ihn, die Abreise um einen Tag zu verschieben. Er solle erst in der Nacht von Donnerstag auf Freitag fahren, so dass er am Freitagvormittag in Rom ankäme. Die Bitte stieß auf taube Ohren.

Er »wollte trotz meiner so eindringlichen Bitte, über Nacht zu fahren, so dass er früh in Rom ankommt, doch in der Früh« aufbrechen, um abends in Rom zu sein.

»Seine Abfahrt war ganz schrecklich arg & schmerzlich.« Sie begleitete ihn zum Bahnhof mit seinem markanten Uhrenturm, und sie standen lange Zeit auf dem Bahnsteig. »Es zerriss mir mein Herz, als ich ihn im letzten Waggon des Zuges verabschiedet habe. Es war – wie es meine Ahnung sagte – ein Abschied für immer. Es war unser letztes Wiedersehen.«

Traurig nahm Charlotte die beiden Mädchen mit nach Norden, nach Salzburg, während Otto Richtung Süden fuhr, nach Rom.

26

2016, Warschau

Als Charlotte und Otto sich auf dem Bahnhof von Bozen trennten, bewegte sie die tiefe Sorge, dass er von den Amerikanern oder den Sowjets gefasst werden könnte oder von den Polen, auf deren Territorium so viele seiner Taten begangen worden waren und über deren Gerichtsverfahren fortlaufend in der Presse berichtet wurde. Sie machten sich zu Recht Sorgen, wie ich aus einem Ordner mit Dokumenten erfuhr, der viele Jahre unberührt in einem Warschauer Archiv gelegen hatte, bis ich ihn im Jahr 2016 fand. Just in dem Moment ihrer Trennung vermerkten die polnischen Behörden, dass sie auf eine »Spur« von Otto gestoßen waren, und ein Strafverfolger verdoppelte seine Bemühungen, ihn zu fassen.

Der Ordner in dem Archiv war beschriftet mit »Akten betreffend Waechter dr Otto Gustaw«. Er enthielt 41 Seiten Rechtsdokumente, zusammengetragen von der Hauptkommission zur Untersuchung deutscher Kriegsverbrechen in Polen, einer polnischen staatlichen Einrichtung mit dem Auftrag, Nazis aufzuspüren, die beschuldigt wurden, auf dem Territorium des besetzten Polen Kriegsverbrechen begangen zu haben. Die Hauptkommission wurde 1945 eingerichtet, und ihre Dokumente waren zumeist in polnischer Sprache abgefasst, was bedeutete, dass sie ins Englische übersetzt werden mussten.

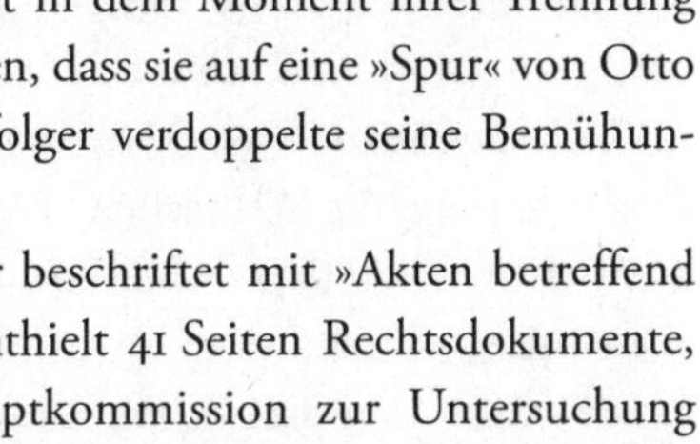
AKTA

w sprawie

Waechter dr Otto Gustaw

Unter den wenigen Seiten auf Englisch befand sich jedoch ein Dokument mit dem Titel »Request for Delivery of a Person Desired for Trial for a War

Crime«. Die »Person Desired« war Otto, der Gegenstand eines Ersuchens war, das von den polnischen Behörden am 28. September 1946 dem Militärgouverneur der US-Besatzungszone in Deutschland übermittelt wurde. Das Ersuchen betraf Verbrechen, die zwischen 1942 und 1945 in Lwów begangen worden waren, deren Einzelheiten kurz, aber eindeutig waren:

> Der Gesuchte ist des Massenmords schuldig (Erschießungen und Exekutionen). Unter seinem Kommando als Gouverneur des Distrikts Galizien haben mehr als 100 000 polnische Bürger ihr Leben verloren.

Das Ersuchen um Auslieferung an Polen basierte auf der irrigen Annahme, dass Otto in einem Wiener Gefängnis saß.

Dies war das Dokument, das ich Horst zeigte, als wir zusammen in Lwiw waren, in der Aula der Universität, jenem Ort, der mich dazu brachte, die Geduld zu verlieren. Seine Antwort kam unverzüglich und ging von der Unschuld seines Vaters aus. »Über alle Schuldigen ist Recht gesprochen worden«, sagte er mir. Für ihn waren die Namen derjenigen, die für Verbrechen verantwortlich waren, lückenlos dokumentiert worden, und da auf keiner der Listen Ottos Name stand, sei alles andere »Einbildung«.

Ich zeigte ihm eine Kopie des Auslieferungsgesuchs. »Ein polnisches Dokument?«, fragte er. Wir lasen es gemeinsam, laut, wobei wir hin und wieder kurz innehielten, während er die Worte sacken ließ. »Ja«, sagte er. Schweigen. »Natürlich.« Ein längeres Schweigen, gefolgt von einem Seufzer. Er kannte dieses Dokument nicht, aber was die behaupteten Erschießungen und Exekutionen betreffe, so handele es sich lediglich um »allgemeine Vermutungen«. Otto sei nicht verantwortlich für die Massenmorde oder Tötungen, die auf seinem Gebiet stattfanden, sie seien eine »Geheime Reichssache« gewesen. Von diesen Maßnahmen habe Otto nichts gewusst, und er sei in keine davon verwickelt gewesen. Außerdem, fuhr Horst fort, sei das Dokument von den Sowjets verfasst worden, die nichts von seinem Vater gehalten hätten.

Es sei ein polnisches und amerikanisches Dokument, widersprach ich.

»Polen stand damals unter sowjetischer Herrschaft«, erwiderte er scharf. Er konnte nicht akzeptieren, was er las. »Ich besitze so viele Dokumente von Leuten, die ihn persönlich kannten, die sagten, er habe einen anständigen Charakter gehabt, dass er alles versuchte, was er konnte, um die Dinge zu verhindern, die geschahen. Er konnte es nicht sein. Ich will wissen, was wirklich vor sich ging, die Einzelheiten …«

Es dauerte einige Zeit, die ganzen Dokumente aus dem Archiv in Warschau vom Polnischen ins Englische zu übersetzen. Sie berührten unterschiedliche Themen, mich aber interessierte am meisten die Geschichte der polnischen Bemühungen, Otto ausfindig zu machen, von der Zeit des Kriegsendes bis zu dem Augenblick, als er nach Rom aufbrach, im April 1949.

Die Spur begann mit einer von einem polnischen Zahnarzt Anfang 1946 verfassten Darstellung. Er sah sich veranlasst, an die Polnische Botschaft in Prag zu schreiben, nachdem er im österreichischen Rundfunk einen Bericht gehört hatte, in welchem die Namen mehrerer Kriegsverbrecher vorkamen, die vor österreichischen Gerichten erscheinen sollten. Einer der Namen war Dr. Wächter, der, so behauptete der Zahnarzt, verantwortlich sei für die Ermordung von mehr als 100 000 Juden, Polen und Ukrainern, darunter Mitglieder seiner Familie. Der Bericht des Zahnarztes fand seinen Weg in den Archivordner.

Ein paar Monate später berichtete ein polnischer Offizier, der zur War Crimes Group der US Army versetzt worden war, der Hauptkommission in Warschau, dass die Informationen über Dr. Wächter versiegt seien. Dies veranlasste die polnische Regierung, sich um neue Informationen zu bemühen, und die Angelegenheit wurde zunächst der polnischen Gesandtschaft in Berlin übergeben und dann dem Obersten Nationalen Tribunal Polens. Am 12. September 1947, während Otto sich zusammen mit Buko in den Bergen aufhielt, informierte der Chefankläger des Tribunals die Hauptkommission, dass er »den gegenwärtigen Aufenthaltsort« von Dr. Wächter nicht kenne, obwohl er wisse, dass er weder in einem britischen Lager noch in Deutschland interniert sei. Es lägen Informationen vor, dass die Amerikaner ihn jagten, und dem Internationalen Militärgerichtshof in Nürnberg zufolge sei Otto »verschollen«.

Für den größten Teil des Jahres 1948 blieb Ottos Spur kalt. Dann, im Dezember, als Otto in Charlottes Schlafzimmer in Salzburg Zuflucht fand, kam plötzlich wieder Bewegung in den Vorgang. Aus unbekannten Gründen ordneten die polnischen Behörden unvermittelt an, sämtliche Dokumente im »Fall Wächter« zusammenzutragen und unverzüglich an die Hauptkommission in Warschau zu schicken. Einen Monat später, im Januar 1949, leitete die polnische Botschaft in Wien eine wichtige neue Information an das polnische Außenministerium und die Hauptkommission in Warschau weiter. »Man ist auf die Spur von Dr. Wächter gestoßen.« Einzelheiten wurden nicht genannt, aber dies könnte ein Hinweis gewesen sein, dass er in Salzburg gesehen worden war.

Das polnische Außenministerium ersuchte die Hauptkommission, sämtliche »belastenden Dokumente« zu sammeln und eine neue Anordnung für Ottos Festnahme aufzusetzen. Der Direktor der Hauptkommission schrieb drei Briefe, um Einzelheiten über Ottos Tätigkeit in Krakau und Lwów und seine Verantwortlichkeiten zusammenzutragen. Ein Brief ging an die polnische Gesandtschaft in Berlin, ein zweiter nach Krakau an die Regionalkommission zur Untersuchung der deutschen Verbrechen. In dem dritten Brief wurde das Jüdische Historische Institut in Warschau um Hilfe ersucht, konkret ging es um die Namen und Adressen von Personen, die bereit waren, gegen Otto auszusagen. Die Briefe deuteten an, dass die reale Möglichkeit bestehe, den früheren Gouverneur »zu finden und zu fassen«.

Das Jüdische Historische Institut schickte der polnischen Regierung sechs belastende Dokumente, darunter vier von Otto zwischen 1939 und 1941 unterzeichnete Erlasse. Einer befahl den Juden Krakaus, Armbinden mit einem Davidstern zu tragen; zwei ordneten die Entfernung der Juden aus Krakau an; und der vierte verfügte die Errichtung des Krakauer Ghettos. Außerdem gab das Institut die Namen von sechs Personen weiter, die unter Ottos Herrschaft gelebt hatten. Jede von ihnen könne zur »Tätigkeit von Gouverneur Wächter« aussagen. Drei Namen waren mir aus meinen Nachforschungen zu *Rückkehr nach Lemberg* bekannt. Dr. David Kahane, dessen *Lvov Ghetto Diary* detailliert die »Große Aktion« von 1942 schildert, als die Familien von Hersch Lauterpacht und meines Großvaters Leon Buchholz zusammengetrieben wurden. Michael Hofman, ein Journalist, der an der juristischen Fakultät der Universität von Lwów seinen Abschluss gemacht hatte und Mitglied der von der polnischen Regierung eingesetzten Hauptkommission für Kriegsverbrechen war. Und Professor Tadeusz Zaderecki, dessen Buch *Lwów under the Swastika* viele schreckliche Details enthält.

Im Februar 1949 machte der Leiter der polnischen Militärmission in Berlin eine Abschrift von Ottos SS-Akte ausfindig; dieselbe Abschrift grub ich Jahrzehnte später im deutschen Bundesarchiv aus. Der gesamte Vorgang wurde an den Staatsanwalt beim Obersten Gericht in Warschau geschickt. Am 19. März 1949, während Otto sich in Toblach aufhielt, informierte der polnische Staatsanwalt Julian Menderer die polnische Regierung, dass er wieder aktiv gegen Dr. Wächter ermittle, und zwar wegen in Lwów begangener Verbrechen. Gestützt auf das Dekret vom 31. August 1944 über die »Strafzumessung der faschistisch-hitleristischen Verbrecher, die der Tötung und Misshandlung von Zivilpersonen und von Kriegsgefangenen schuldig sind, sowie für Verräter des polnischen Volkes«, hatte er eine Zuständigkeit begründet. »Ich bitte Sie freundlich, mir belastende Materialien im Zusammenhang mit seiner verbrecherischen Aktivität zu übersenden«, schrieb der Staatsanwalt.

Während Otto sich anschickte, Charlotte Lebewohl zu sagen und von Bozen nach Rom zu reisen, waren die polnischen Behörden aktiv mit seinem Fall befasst. Eine neue Anordnung für Ottos Verhaftung wurde vorbereitet.

Ich teilte die Informationen mit Horst, der die Dokumente anders interpretierte. Nichts weiter als allgemeine Vermutungen, lautete seine Schlussfolgerung, ohne sichere Beweise. Seine Position überraschte mich nicht, da er schon vor einiger Zeit, im Anschluss an die Reise nach Lwiw, Angehörigen und Freunden geschrieben hatte, welche Hochachtung sein Vater in der Region genieße: »Ich wurde als der Sohn geehrt.«

Wie es seine Art war, schickte Horst den Brief an Hinz und Kunz, an Familie und Freunde und an andere Ansprechpartner, die ihm in seinem Adressbuch ins Auge sprangen. Einer der Empfänger des Briefes war Dieter Schenk, ein ehemaliger Kriminaldirektor in der Stabsstelle Interpol des Bundeskriminalamtes. Als anerkannter Experte für die Verbrechen des Generalgouvernements war Schenk Autor mehrerer Bücher über deutsche Verbrechen im besetzten Europa und einer Biographie über Hans Frank.

Schenk antwortete höflich, um Horst für die Mitteilung zu danken. Er verstehe, dass ein Sohn den Wunsch verspüren könnte, einen Weg zu finden, den Vater zu entlasten. Trotzdem müsse Horst akzeptieren, dass Otto ein »Nazi-Verbrecher« war, und er nannte erneut die nackten Tatsachen. Unter Ottos Herrschaft im Distrikt Galizien verloren zwischen 1942 und Juli 1944 mehr als 525 000 Menschen ihr Leben. Nicht mehr als 15 000 Juden überlebten, weniger als drei Prozent der jüdischen Vorkriegsbevölkerung.

»Diese ungeheuren Verbrechen«, fuhr Schenk fort, »waren nur durch die tatkräftige Mitwirkung der Zivilverwaltung zu organisieren.« An deren Spitze Otto stand. Schenk benannte drei unterschiedliche Zweige der Verwaltung von Horsts Vater, die aktiv an den Massenmorden beteiligt waren.

Ottos Amt für Volkswohlfahrt arbeitete mit der SS zusammen, um Listen von Juden aufzusetzen. Es bestimmte Ghettos und Sammelpunkte für Juden und errichtete die Durchgangslager.

Ottos Abteilung Arbeit selektierte die Juden, entweder zur Arbeit als Facharbeiter oder zur Deportation in Vernichtungslager.

Ottos Abteilung Aussiedlung beschlagnahmte den Besitz der Juden.

»Für alles hatte Ihr Vater als Gouverneur die Führungs- und Handlungsverantwortung.« Es gebe keine Uneindeutigkeit, nichts zu diskutieren, und sämtliche Fakten und Beweise lägen in den Archiven.

Dr. Schenk schloss seinen Brief mit einem einfachen Anliegen: »Bitte streichen Sie mich aus Ihrem Adressenverzeichnis.«

27

Mai 1949, Vigna Pia

Am Donnerstagmorgen, dem 28. April, verließ Otto den Bahnhof von Bozen im Zug nach Rom. Es war ein schöner Frühlingstag, und er hatte den Taschenkalender dabei, der auch als Adressbuch diente und in dem er unerlässliche Angaben notierte. Während der Zug durchs Etschtal fuhr und Salurn passierte, war er optimistisch und genoss die »wirklich wundervollen Ausblicke«. Die Ruhe bot einen Kontrast zur politischen Erregung Roms und ganz Italiens nach den Parlamentswahlen des Vorjahres, die den Christdemokraten, unterstützt vom Vatikan, einen einigermaßen unerwarteten, aber deutlichen Wahlsieg beschert hatten. Bei der Festigung der antikommunistischen (und antisowjetischen) Stimmungslage hatten die Amerikaner Schützenhilfe geleistet.

Otto reiste unter einem neuen Namen, der in eine *carta d'identità* eingetragen war, die 1946 von der bei Bozen gelegenen Gemeinde Appiano (dt.: Eppan) »ausgestellt« worden war. Er war jetzt Alfredo Reinhardt, ein Ingenieur, geboren am 6. Juni 1910, Sohn von Carolina Roithmeier, die verheiratet war und in der Via Stazione 20 in Appiano wohnte. Das Originalfoto von Reinhardt war entfernt und durch ein Foto von Otto mit Schnurrbart ersetzt worden. Der Ausweis war von Hand gestempelt (»Comune di Appiano«).

Otto ging davon aus, dass ihn am Bahnhof Roma Termini ein Mann namens »Bauer« erwarten würde, aber die Reise wurde von einem Schaffner unterbrochen, der Alfredo Reinhardt aus seinem friedvollen Gemütszustand riss. Man sagte ihm, er müsse in Trient den Zug wechseln, es sei denn, er kaufe sich eine Fahrkarte Erster Klasse. Da Otto sich die nicht leisten konnte, stieg er um in einen Bummelzug, der dann Verspätung hatte. Er kam zu spät in Rom an, und »Bauer« war nicht da, um ihn abzuholen, »so dass Empfang, Empfangsessen in geselligem Kreise plus Quartier ausfielen und ich alleine und verlassen am Bahnhof Termini stand«, wie er eine Woche später einem gewissen »Walter Ladurner« schrieb, offensichtlich ein Pseudonym. Erst in den frühen Morgenstunden fand er eine Unterkunft, ein klappriges Bettgestell in einem dunklen Hausflur, das 350 Lire für die Nacht kostete. Zu seinen Schlafgenossen gehörten ein Mann mit nacktem Oberkörper, der stark rauchte, und eine Dame, die die ganze Nacht gegen die Tür ihres Zimmers hämmerte und schrie, man solle sie rauslassen. Schließlich befreite irgendjemand die Schreierin, gegen Zahlung der Miete. »Es war sehr romantisch!«, schrieb Otto anderntags Charlotte im ersten von vielen Briefen, die er regelmäßig aus Rom schickte.

Hundemüde und in Sorge wegen seiner kümmerlichen Habseligkeiten schlief Otto ein. Am nächsten Morgen beim Waschen bot »eine junge Schlampe mit verzierten Brauen und lackierten Nägeln« an, ihm beim Packen zu helfen. Meine Sprache ist die Liebe, deutete sie an. Unverzüglich machte er sich auf zu einem Hotel, von dem er glaubte, dass es möglicherweise freie Unterkunft anbot, aber das Zimmer kostete 1000 Lire. Der Preis war hoch, lohnte sich aber, und sei es nur wegen des heißen Wassers und eines dringend benötigten Bades.

Freitag, der 29. April, war Ottos erster ganzer Tag in Rom. In seinem Kalender notierte er verschlüsselt die beiden Personen, mit denen er sich traf, und auch in seinem ersten Brief an Charlotte achtete er darauf, beide nicht namentlich zu erwähnen. Die erste Kontaktperson war ein teilnahmsvoller Freund von Nora, der Otto die »Aussichtslosigkeit« seines Unterfangens darlegte. Die andere war ein »geistlicher Herr«, anfangs zurückhaltend, dann »sehr positiv« – von Otto unterstrichen –, sobald ihm klarwurde, wer genau Otto war. Die Situation des früheren Gouverneurs sei bestens bekannt, erzählte ihm der »geistliche Herr«, und er bot uneingeschränkten Beistand an, auch in der »leidigsten Frage«, der Reise nach Übersee.

»Bauer« war an diesem ersten Tag nirgends zu finden. Einigermaßen verzweifelt wartete Otto in dem überteuerten Hotel. Am Spätvormittag traf er sich mit dem »zweiten Herrn«, der ihn zum Mittagessen einlud. Aus Sorge, dass sein Geld nur wenige Tage reichen würde, trug Otto jede Ausgabe in den Kalender ein, während er nach einem billigen möblierten Zimmer suchte. Er streifte ziellos durch Rom, besichtigte vertraute Stätten – den Petersdom, die Engelsburg, den Petersplatz mit den Kolonnaden Gian Lorenzo Berninis – und war dankbar für die lärmende Geschäftigkeit, das Treiben der Bettler, der Transporteure und Straßenhändler. Er war begeistert, als ihn jemand für einen Amerikaner hielt und nach Schwarzmarktdollars fragte, die er nicht hatte. »Es ist wirklich eine wunderbare Stadt in ihrem Nebeneinander und Übereinander von Alt und Neu und von ungeheurem Leben.«

Er brauchte zwei Tage, um »Bauer« zu finden, der ihn willkommen hieß und ihn mit Roms deutscher Gemeinschaft bekannt machte, einer verständnisvollen Gruppe. Bei einem Umtrunk lernte er eine »Preußin echten Geblüts« kennen, eine Dame, die mit einem italienischen Wissenschaftler verheiratet war. Er erwähnte sie in seinen Briefen niemals namentlich, doch war es just diese preußische Dame, die sich während seiner Zeit in Rom wie eine Mutter um ihn kümmern sollte, indem sie anbot, ihm bei der Unterkunfts- und Arbeitssuche zu helfen, die für ihn abgetragene Kleidungsstücke ausbesserte und ihre Adresse für postlagernde Sendungen zur Verfügung stellte.

»Er sprach den Abend nicht viel«, erinnerte sich die preußische Dame später und merkte an, dass er, offenbar überwältigt von der Großstadt, den Eindruck vermittelt habe, noch ganz in der alpinen Atmosphäre der Berge befangen zu sein, die er verlassen hatte. Ihr fiel auf, wie sehr er auf Kleinigkeiten achtete, und sie bot ihm ein Bett für die Nacht in ihrem Haus in der Via Giulio Cesare 25 an, ein Angebot, das er annahm. Es war diese Adresse, an die Charlotte später Briefe und Pakete schicken würde. Otto lernte die Familie der preußischen Dame kennen – ein Ehemann und zwei Söhne –, mit der er sich gut verstand bei den häufigen Besuchen, ein- oder zweimal die Woche, wenn er seine Post abholte, Ratschläge bekam, sich einen Knopf annähen ließ oder einfach auf einen Plausch vorbeikam. Er unterhielt sich gern über Charlotte und die Kinder, seine Arbeit in Krakau und Lemberg, die Jahre in den Bergen und dass er Arbeit brauchte. Nie sprach er mit der preußischen Dame über »Auswanderung«.

»Bauer« und die »preußische Dame« handelten zügig, um eine dauerhafte Bleibe für Otto zu finden. Sein neues Zuhause lag in Vigna Pia, einer Klosteranlage in einem südlichen Außenbezirk der Stadt, ein Ort, der sowohl Gemeinschaft als auch Raum für Besinnung bot und, was am wichtigsten war, absolute Sicherheit. Otto schilderte Charlotte sein Domizil:

> Ein uriges Gebäude [...] halb Ruine, halb römische Schwimmhalle, halb Gefängnis. Unglaublich schmierig, aber gleichzeitig riesig romantisch. Vor allem aber sehr nett gelegen, außerhalb der Stadt, schon im Grünen, mit Blick einerseits in die Weite, andererseits auf die majestätisch ausgebreitete Stadt.

Er hatte ein eigenes Zimmer, eine Mönchszelle mit Gewölbedach im obersten Stockwerk. Zur Stadt hin gelegen und nicht zum offenen Land, ging kein Lufthauch durch die stickige Zelle. Zur Einrichtung gehörten ein kleiner Schreibtisch, ein Einzelbett, ein Kokos-Bettvorleger (»aus der Zeit Neros«), ein einziger Stuhl, eine Kommode, ein winziges Waschgestell und eine uralte und wurmstichige Gebetsbank. Von den Wänden bröckelte der Putz, der Backsteinboden war schadhaft, und alles war von einer feinen Staubschicht überzogen. Aber, beruhigte er Charlotte, die Unterkunft sei sicher und sie koste nichts und mit einer bescheidenen finanziellen Investition ließe sie sich gemütlich herrichten.

Von seiner Zelle aus konnte er hören, wie die Mönche beteten, und dem Geplapper anderer Bewohner lauschen, zu denen ein paar *padres* gehörten. Italienisch war die einzige Sprache, die von den Bewohnern gesprochen wurde, die »unglaublich arm, aber auch unglaublich nett und freundlich« waren. Das Abendessen wurde jeden Abend um halb neun serviert, bäuerliche italienische Kost, großzügige Portionen Nudeln, Gemüse und Fisch, »so wie ich es mir gerade wünsche«. Dazu reichlich roter Landwein. Nach einer Woche in Vigna Pia fühlte Otto sich allmählich sicherer und dachte optimistischer über die Zukunft, obwohl die lästige Sperrstunde um 22 Uhr abendliche Besuche in der Stadt ausschloss. Hin und wieder besuchte er die heilige Messe.

Charlotte war erschrocken über die ersten Schilderungen von Ottos Leben in Rom, aber erleichtert, dass er ein Dach über dem Kopf hatte. »Hoffentlich wird diese Zeit auch einmal vorbeigehen und endlich das langersehnte Zusammensein herbeiführen«, schrieb sie und erbat sich mindestens einen Brief pro Woche. Otto befolgte die Anweisung, schickte im ersten Monat acht lange Briefe und erhielt umgekehrt neun. Auf einem Blatt Papier vermerkte er, fein säuberlich mit Maschine geschrieben, jeden Brief, den er empfing oder schickte, und jedes stattgefundene Treffen.

Zehn Tage nach seiner Ankunft verschlechterte sich Ottos Stimmung allmählich. Das Essen – ein halber Liter Milchkaffee zum Frühstück, Nudeln mit Tomatensauce zu jeder Mahlzeit – war eintönig. Er entwickelte eine Aversion gegen das in Öl gebratene lauwarme Gemüse, dessen unangenehmer Duft mit den anderen Gerüchen, die vom Gaswerk, den Ölbehältern und Tankstellen herüberwehten, eine ganz besondere Mischung ergab. Er vermisste die »reine kühle Almluft unserer heimatlichen Berge«, die »duftenden Wälder« des »kühlen Norden[s]«. Der Ort sei wie ein Gefängnis, schrieb er »Ladurner«, die Sperrstunde nicht verhandelbar. Er kämpfte mit dem Schmutz, und fließendes Wasser erreichte sein Zimmer im Obergeschoss nicht. Wenn er sauber machen oder sich waschen wollte, bedeutete dies, dass er Wasser zwei Treppen hochschleppen musste, um ein spucknapfgroßes Becken in einem kleinen metallenen Waschgestell zu füllen.

Trotzdem hatte Vigna Pia Vorteile. Seine beinahe schon ländliche Lage erlaubte frühmorgendliche Läufe. Er schilderte Charlotte, wie »die Nebel über dem Tiber wichen und die vielen Hügel und Villen und im Hintergrund die Albanerberge herauskamen. Überall hier ist auch außerhalb der Stadt Schönes und Hässliches reichlich gemischt. Alte verfallene Türme und Mauerstücke, in denen unter kümmerlichsten Verhältnissen Menschen hausen, moderne Fabrikobjekte, alte malerische Kapellen, schön gelegene Villen, Weingärten und Weizenäcker.«

Die Nähe des Tibers war verlockend, auch wenn er »reichlich schmutzig« war, so dass er lange über die Möglichkeit nachdachte, hier schwimmen zu gehen, obwohl er für sein Leben gerne schwamm. Das sei keine gute Idee, warnte man ihn, da dieser Flussabschnitt einen Großteil der städtischen Abwässer mit sich führe. Als die Wochen vergingen und der Frühling zum Sommer wurde, stiegen die Temperaturen, und Otto erlag der Versuchung. Am 23. Mai, dreieinhalb Wochen nach seiner Ankunft, nahm er erstmals ein frühmorgendliches Bad im Tiber. Es erfrischte ihn und hob seine Stimmung. »Ich werde das nun öfter tun, trotzdem es nicht ganz appetitlich ist.«

Er erfuhr mehr über den vorherigen Bewohner seiner Zelle, einen früheren Kameraden, der ihm einen ausführlichen maschinengeschriebenen Brief schickte. »Lieber Kamerad Reinhardt, dass jemand mein Nachfolger in Vigna Pia geworden ist, war mir bekannt«, schrieb Walter Rauff, der die Identität des Österreichers erst nach einer Mitteilung der preußischen Dame, dass es sich bei »Reinhardt« um Otto Wächter handelte, erfuhr. Rauff hatte Ende 1944 mit Otto in Italien gedient, als Kommandeur der in Mailand stationierten Gruppe Oberitalien-West, die an der Partisanenbekämpfung beteiligt war. Er gab eine Adresse in Syrien an (*P. O. Box 95, Damaskus*) und bot Rat zum Leben auf der Flucht in Rom an. Nicht einfach, warnte er. Otto müsse sich mit seiner Situation abfinden, »unerschütterliche Zähigkeit« bewahren, jede Arbeit annehmen, die sich ihm biete, und er dürfe keine Zeit mit der Erinnerung an frühere Zeiten vergeuden.

Damaskus sei aufregend, aber die Möglichkeiten für Deutsche seien begrenzt, und wahrscheinlich sei es kein Ort, den Otto als Ziel ins Auge fassen sollte. Bei denen, die dennoch kämen, handele es sich meist um »Abenteurer, Strandgut und minderwertige Elemente«, Opportunisten, die den Ruf der Deutschen in der ganzen arabischen Welt schädigten. Rauff drückte die Hoffnung auf eine »Sammlung der guten Kräfte für einen späteren Einsatz« aus, damit allmählich wieder echte Männer zusammenfänden. Ein Jahr nach diesem Schreiben verließ Rauff Syrien und setzte sich nach Südamerika ab, wo er zunächst in Ecuador und schließlich in Chile lebte. Eine freigegebene CIA-Akte lieferte weitere Details über Rauff, einen SS-Mann, der »Gaswagen entwarf, die benutzt wurden, um Juden und Behinderte zu ermorden«. Aus einer anderen Quelle erfuhr ich, dass er zwischen 1958 und 1962 angeblich für den Bundesnachrichtendienst tätig gewesen war und dass er später als Chefberater der Regierung von Präsident Pinochet fungierte. Er lebte frei und unbehelligt in Chile, entging zeitlebens der Auslieferung und starb 1984 in Santiago.

Otto fand in eine tägliche Routine, die allmorgendlich in der Frühe auf dem Dach des Klosters mit Gymnastik vor einem großen Fenster begann. »Das Laufen habe ich mir abgewöhnt«, schrieb er Charlotte, »da es zu sehr die Schuhe verbraucht.« Um 8:30 Uhr gab es Frühstück, darauf widmete er sich dem Schreiben und der Auffrischung seiner Italienischkenntnisse, dann folgten Sockenstopfen und Schuhputzen. Das Mittagessen wurde um 12:30 Uhr serviert, gefolgt von einer nachmittäglichen Siesta, anschließend Ausflüge in die Stadt, zum Postamt oder zu einer Verabredung. Weder über die Identität derjenigen, mit denen er sich traf, noch über den Zweck der Begegnungen wurden Angaben gemacht. Otto war voller Sorge, dass er überwacht wurde, fürchtete, seine Briefe würden geöffnet. Um Geld zu sparen – und sich Bewegung zu verschaffen –, ging er zu Fuß zu den Treffen in der Stadt, was ihm ermöglichte, verschiedene Teile Roms zu entdecken. »Abends sause ich dann meistens im Handgalopp die Straßen von der Tram [...] hierher«, eine von Palmen gesäumte Allee entlang.

Geld war knapp. Mitte Mai besaß er nur noch eine einzige 5000-

Lire-Note, gut 30 D-Mark, und musste sparsam sein. Es waren nicht bloß der Bus (60 Lire bis zum Stadtzentrum) oder grundlegende Dinge des täglichen Bedarfs, wie Zeitungen und Briefmarken, sondern die hohen Kosten der Dokumente und Fahrkarten, die erforderlich waren, um über die Reichsfluchtstrecke zu reisen. Er brauchte dringend eine bezahlte Arbeit. Eine Kontaktperson – »Detering« – glaubte, es würde Monate dauern, etwas zu bekommen, während eine andere meinte, Österreich böte größere Chancen. Ein Italiener schlug vor, er könne versuchen, pharmazeutische Produkte zu verkaufen, auch wenn dazu zunächst »erhebliche Dollarbeträge« nötig seien, die er nicht hatte. Ohne offizielle Papiere waren Gelegenheitsjobs die einzige Möglichkeit, aber im Mai fand er nichts.

Charlotte hielt ihn über die Familie auf dem Laufenden, informierte ihn über Josefs Gesundheit und berichtete Neuigkeiten von ihren Eltern, seinen Schwestern, den Kindern. Vielleicht könnte Otto junior, jetzt sechzehn, ihn in Rom besuchen, schlug Otto vor. »Die Sache ist so, dass ich bestimmt glaube, ihn, was Quartier und Kost betrifft, bei mir unterbringen zu können.« Außerdem betreibe Vigna Pia ein Waisenhaus, wo 70 Jungen eine landwirtschaftliche Ausbildung erhielten. Die Disziplin sei locker, gebetet würde nur gelegentlich, es herrsche eine mediterrane Leichtigkeit. Der kleine Otto könnte Italienisch lernen, und sie könnten zusammen im Tiber schwimmen, schmutzig, aber echt, eine glückliche Kombination aus »Sonne und Wasser«.

Charlotte klagte in ihren Briefen oft, dass sie sich elend, traurig, müde und abgespannt fühlte, »denn ich bin zu sehr diese vier Jahre ausgewerkelt worden«. Ihre Stimmung war unberechenbar, sie war ein nervliches Wrack. »Meine Nerven sind wie Gummibänder, die eben ausgedehnt sind.« Und das Leben in Salzburg war nicht leicht. Weil Wanzen im Schlafzimmer der Jungen sie veranlassten, eine Reise nach Wien zu verschieben, erörterten Otto und Charlotte die relativen Vorzüge von »Vergasen« und DDT, einer neuen Wunderchemikalie, die billig, geruchlos und für Menschen unschädlich sei. Dann greif zu, dachte Otto, billiger als die Alternative. »Das Vergasen kostet 500 S mindestens«, sorgte sich Charlotte. Otto hatte seine eigenen Probleme, in seiner Zelle machten ihm *zanzare* zu schaffen, Stechmücken.

In der Korrespondenz kam auch Nora aus Bozen vor. Eine Woche nach seiner Ankunft in Rom schickte Otto ihr als Ausdruck seiner Dankbarkeit für ihre Fürsorge, für Tisch und Bett, die sie ihm angeboten hatte, ein Gedicht. Er dankte ihr in poetischen Worten: »Nimm also hin den Dank, den heißen / Ich werd' Dich fürder stets nur preisen / Klopft mal mein Herze sehnsuchtsweh.« Als Nora ihn in Rom besuchte, versicherte er Charlotte, habe er »den Spröden gespielt«, und »sie war gedämpft und nett und vermied peinlich, über die diversen Unerfreulichkeiten zu sprechen«, eine Anspielung auf einen Streit zwischen Charlotte und Nora in Bozen im April. »Das Abenteuer mit uns scheint sie etwas gealtert zu haben«, sinnierte Otto. Charlotte antwortete, dass sie nicht mehr böse auf ihn sei, kam aber trotzdem in einem späteren Brief auf das Thema zurück. »Was No. anbetrifft«, so sei »sie weiterhin in Dich verknallt«, aber »Du weißt, nichts kann sich zwischen uns ändern«. »Ich nehme Dir nichts übel«, fügte sie hinzu und ermunterte ihn: »Unterhalte Dich nur gut.« »Ja, Du schreibst, ich solle mich nur unterhalten, ›Chuzpa‹ sagt der Jude«, antwortete er. Seine Ausschweifungen mit Frauen würden sich auf Tee mit Fünfundsechzigjährigen beschränken, und hier gebe es keine, wegen der sie sich Sorgen machen müsse. »Darueber hinaus bin ich durch leere Taschen, geistliche Weltanschauung und meine uebergrosse Liebe zu einem Huemmi zu sehr gehandikapt!!«, schrieb er.

Charlotte beschäftigte sich. Sie unternahm eine ihrer nun seltenen Reisen nach Wien, wo sie ins Theater ging und in der Staatsoper Händels *Giulio Cesare* hörte. In Salzburg besuchte sie im Festspielhaus eine Aufführung mit Beethovens Neunter und Werken von Schubert unter der Leitung von Josef Krips, dem einzigen österreichischen Dirigenten, der nach dem Krieg als unbelastet galt und sofort wieder arbeiten durfte, nachdem er unter den Nazis wegen der jüdischen Herkunft seines Vaters Berufsverbot gehabt hatte. Sie genoss eine Aufführung von Goethes *Egmont* mit der Bühnenmusik von Beethoven. Es sei wahrlich ein Stück für unsere Zeit, schrieb sie Otto, eines, das sie an seine Liebe für seine alte Tätigkeit erinnere, die er nie habe aufgeben wollen.

Otto unternahm kurze Ausflüge mit dem Fahrrad. Er besuchte das seit Ende der 1930er Jahre neu errichtete Stadtviertel EUR im Süden Roms – »Man wird hier unwillkürlich an die gigantischen Bauten in Nürnberg erinnert« –, das zur Geisterstadt geworden war und nur von ein paar Flüchtlingen aus Istrien bewohnt wurde. Er und »Leit«, ein weiterer namenloser alter Kamerad, erstiegen den Monte Cavo, wo ein alter römischer Jupitertempel zu einem Gasthaus umfunktioniert worden war. Sie saßen in dem Garten, genossen die Aussicht über die Campagna Romana und Rom bis zum Meer und in der anderen Richtung auf den Albaner See und Castel Gandolfo, die Sommerresidenz des Papstes. »Leit blickte nebenbei oben recht melancholisch«, als Diplomatenautos vorbeifuhren – eine Erinnerung an vergangene Zeiten –, und dachte zurück an den Juliputsch, die Arbeit in der Deutschen Botschaft in Rom und das Leben als SS-Sturmbannführer. Auf der Terrasse einer kleinen Trattoria teilten sie sich eine halbe Flasche »bernsteingelben Weines«, dann machten sie sich auf den Weg zurück in die Stadt. Das Einzige, was den Tag verdarb, war der Klang der »Internationale«, die aus Lautsprechern auf einem von den verhassten Kommunisten veranstalteten Friedensfest herüberschallte.

Charlotte schickte Dinge, um die Otto sie bat. Eine Kochplatte und einen Tauchsieder, ein Geschenk für Vigna Pia. Blaue Hemden. Weiße Socken. Ein Nähetui. Einen alten Badeanzug. Schuhe und Sandalen. Die Wochenendausgabe der *Salzburger Nachrichten* oder die *Neue Front*. Einen *Baedeker*-Reiseführer Rom (»Es sollen auch die Pläne der Straßenbahn und Autobuslinien dabei sein, die ich sehr gerne hätte«). Einen kleinen Löffel, damit Otto seine Limonade nicht mit einer Zahnbürste umrühren musste (»das einzige, was ich mir an zusätzlichen Lebensgenüssen leiste«). Ein Messer mit einer breiten Klinge, einen Dosenöffner, einen Korkenzieher, einen Schraubendreher. Die Adressen alter Kameraden (»Hö und P und Fi«). Eine Lesebrille. Alles wurde an die preußische Dame geschickt. »Bitte meine

Adresse richtig schreiben: Alfredo (nicht Alberto) und zum Schluss dt. Sonst bekomme ich die Post nicht!!« Und die Briefe würden dann auf dem Hauptpostamt landen, wo er sich ausweisen müsste, was gefährlich sei.

Charlotte informierte ihn knapp über frühere Kollegen. Pavlu war krank, und Frau Bauer, deren Mann von den Sowjets in Lemberg umgebracht worden war, hatte wieder geheiratet, betrieb einen Laden und hoffte, in die Schweiz ziehen zu können. Was ihre eigene Situation betraf, so sorgte Charlotte sich vor allem um ihr Aussehen. »Man merkt mir schon sehr die Jahre an, und ich bin eine lahme Fliege geworden.« Gar nicht wahr, erwiderte Otto. Sie sei »immer noch eine sehr charmante Frau«. Was man »immer wieder am Verhalten der diversen Interessenten feststellen kann«, augenscheinlich eine Anspielung auf ihren Mieter, Richard Woksch. Was ihn betreffe, solle sie keine Zeit mit Gedanken darauf verschwenden, was er anstelle. Es gebe keine Bekannten, weder männliche noch weibliche, mit denen er einen Tagesausflug ans Meer machen könne. »Ich muss sagen, dass ich mich manchmal recht einsam fühle. Ich habe niemanden, mit dem ich mich richtig aussprechen könnte.« Italiener kennenzulernen sei schwierig.

Sie vermisste ihn. »Ich muss schon sagen, dass ich nicht ganz daran glauben darf, dass ich [sic] nicht zusammen sein kann«, schrieb sie traurig. »Nun, Hümmi, kann man nur hoffen, dass doch einmal wieder die Sonne scheinen wird.«

Als der Mai zu Ende ging, sorgte sich Charlotte um Ottos Sicherheit und Freiheit, fürchtete, dass man sie überwachte, und war beunruhigt wegen der Sowjets, die nun mit den Polen verbündet waren. Er solle achtgeben, schrieb sie.

Otto gab acht und schilderte Charlotte lediglich in allgemeinen Worten, was er vorhatte. Die Briefe enthielten keine Details über Personen, Perspektiven oder den künftigen Weg. Er erwähnte »Bauer« und »Detering«, den »geistlichen Herrn«, den »zweiten Herrn«, die preußische Dame und machte Andeutungen über »komische Erscheinungen als

Strandgut des Krieges, aus allen Ländern Europas«, die sich in Rom herumtrieben. Sein früher kleiner Kreis wuchs allmählich. Echt nette Menschen, aber niemals irgendwelche Namen.

Ein »ukrainischer Bischof«, der ihn freundlich empfing.

Ein Treffen mit dem »Fü Bi«, Fürstbischof Pawlikowski, der sie 1932 getraut und mit Charlotte Autoreisen durch ganz Europa unternommen hatte.

Eine Verabredung mit einem »anderen Mann«, den er »von früher« kannte.

Eine Begegnung mit »einige[n] Zugvögel[n] nach Übersee, die augenblicklich hier festsitzen«. Einer war ein persönlicher Freund, der Rest Einzelne »in unserer Lage«. Alle waren verzweifelt, warteten auf eine Überfahrt, mühten sich ab zurechtzukommen. Manche waren überqualifiziert, wie der Luftfahrtingenieur, der vom Verdienst seiner elfjährigen Tochter lebte, die in einer Küche arbeitete.

Ein Mann, der als »Gü« bezeichnet wurde und anbot, »die Brücke zu den vielen interessierten und uns interessierenden Menschen drüben [zu] schlagen«.

Ein »Dr. March«, der »auch einiges« tat und sich nach anfänglichem Widerstreben als hilfreich erwies.

Und »Detering«, der »sehr tätig war und ist«.

Eine Freundin von Nora, die »Gastfreundschaft« anbot, eine nette, aber unglückliche Geschäftsfrau, die ein ansehnliches Hotel besaß, jedoch von einem äußerst negativen Menschenbild verzehrt wurde und bar jeglicher sentimentaler Empfindungen war.

Eine »Trientiner Freundin [...]. Das ist die musikalische! Sie hat eben ihre, glaube ich, 18-jährige Tochter oben (keine Angst, die habe ich nicht erlebt).«

Ein »sehr gesprächig[er] Vertreter der Austria Presse Agentur« in Rom, der sich erbot, Otto mit dem Presseagenten von Mussolini bekannt zu machen.

Mehrere »hiesige Deutsche«, die sich in Rom schwertaten.

Ältere deutsche Damen, die für ihn keine große Versuchung darstellten.

»Bodenständige Weiblichkeit«, italienische Damen, unter denen »ein ganz anderer ›Komment‹« herrsche. In Rom sei »das ziemlich freizügige Anschauen, dem man bei uns obliegt, [...] verpönt [...]. Dabei wird natürlich aus den Augenwinkeln doch offenbar Musterung gehalten.«

Eine fünfundsechzigjährige Baroness, sehr nett, die ihn zum Tee einlud (»Beim ersten Besuch, beim Tee, saß ich als alleiniger Herr unter drei alten Damen mit dicken Brillen, die mich wie Eulen umhockten«).

Ein Rechtsanwalt, »der recht nett ist und mich ganz gut berät«.

Ein »sehr feiner und gebildeter Herr« aus dem alten deutschen Auswärtigen Amt, der sich als nützlich erwies, weil er Otto mit Italienern bekannt machte.

»Korrespondenz« aus Übersee, unter anderem mit Syrien und Argentinien.

Gündel, dem er nach Bozen schrieb und seine schwierige Lage schilderte und dass er bessere Dokumente benötige. »In dieser Lage unterstreiche ich meine Bitte an meine fast letzte Hoffnung: Karl!«

Er ließ nichts unversucht.

Ottos Aktivitäten verfolgten ein zentrales Ziel: die Tür zu öffnen, die ihm ermöglichen würde, auf der Reichsfluchtstrecke nach Argentinien oder irgendwo anders hin zu reisen.

Eine solche Reise erforderte neue Papiere. »Sicher doch« könne man sie beschaffen, wurde ihm bei seiner Ankunft versichert. Doch nach ein paar Wochen bemerkte Charlotte ein Gefühl der Sorge. Er werde »alles wegen der Unterlagen abpirschen«, versprach er.

Ich brauche einen besseren Ausweis, schrieb er »Ladurner«. Das Problem war, dass ein solches Dokument eine Menge Geld – in Dollar – kosten würde, das er nicht hatte.

Und während des ganzen Monats ein nicht abreißender Strom von Ideen und Gerüchten.

Ein Briefpartner aus Bozen – wahrscheinlich »Gü« – weckte Hoffnungen. Er stand im Begriff abzureisen und wollte Otto einen Rotkreuz-Ausweis und ein Visum für Argentinien schicken.

Jemand, der meinte, das Rote Kreuz würde nur bis Ende Mai Reisedokumente ausstellen, danach müsse man sich an den Vatikan wenden.

Eine andere Kontaktperson glaubte, die Dokumente des Vatikans hätten »weniger Wirkung«, aber »Detering« widersprach.

Ein dritter Mann erfuhr, dass Reisedokumente nur an Personen ausgegeben würden, die einen »Nachweis der Staatenlosigkeit« besäßen. Solche Dokumente, aber nur auf den bürgerlichen Namen des Antragstellers, könne man von »Hu« erhalten.

Ein namenloser Herr erzählte Otto, dass die »embarcó libre-Option« (Recht auf freie Einreise) aufgehoben worden sei. Die beste Fluchtoption seien ein Touristenvisum, ein Rotkreuz-Ausweis und Bargeld (»ungefähr 150 000 Lire«).

Eine Gruppe von »Argentinienkandidaten« teilte Otto mit, dass sie sich nun auf Brasilien konzentrierten. Die Aussichten seien besser, auch wenn das brasilianische Konsulat in Rom keine *embarcós libres* ausstelle, wie es Brasiliens andere Konsulate möglicherweise täten. An Dokumenten seien erforderlich: ein Ausweis (der vom Roten Kreuz täte es auch, »wenn dazu irgendein älteres, mit Fotografie versehenes Dokument aus der Zeit vor dem Umbruch kommt«, wie etwa die Mitgliedschaft in einem Alpenverein, eine Geburtsurkunde, eine Heiratsurkunde, ein »Berufszeugnis (technischer oder landwirtschaftlicher Art) oder Zeugnis, dass in diesem Beruf 2 Jahre gearbeitet« wurde. Und die »Bestätigung«, dass man »kein Kommunist« sei.

Ein fünfter Mann erzählte ihm, dass die Brasilianer »sich aber mit einem österr. Pass oder I. Karte zufriedengeben«, solange »du nachweist, Protestant (liest richtig: Protestant!!) zu sein«.

Es kursierten Gerüchte über die Gefahren, geschnappt zu werden. »Ich weiß nun schon von 2 Fällen, dass jetzt – nach 4 Jahren! – neue [...] Verfahren anhängig gemacht werden gegen durchaus ordentliche und harmlose Leute«, erfuhr Otto von »Ladurner«.

Ende Mai erhielt Otto einen Hauch guter Neuigkeiten. Die argentinische Einwanderungsbehörde öffne in Kürze wieder, und vom Konsulat in Venedig könne ein *embarcó libre* besorgt werden.

»Ich glaube, für Sie währe [sic] es wohl auch das günstigste, übers

Wasser zu machen«, schrieb ein Kamerad aus Meran. In Europa sei für sie nichts zu holen, niemand würde helfen, nicht einmal Verwandte. Er schickte eine Adresse in Argentinien, sein Namensvetter »Dr. A. R.«, der Name nicht ausgeschrieben, der in der Pasaje Arteaga 1188 in der Stadt Salta wohnte.

Otto berichtete Charlotte, dass er noch etwas länger in Rom bleiben würde, wo das Warten leichter sei als in Österreich – und billiger.

Charlotte war schrecklich nervös. Josef Wächters Gesundheit verschlechtere sich zusehends, schrieb sie.

Ilse schickte eine aufmunternde Mitteilung. Er sei »mitten drin in all dem Schönen, Romantischen selbst ein Stück moderner Romantiker«, ließ sie ihren Bruder wissen.

Am letzten Tag im Mai berichtete Charlotte ihm, dass sie sich darauf gefasst mache, dass »alle Stricke reißen«. Zwangsläufig gewöhnte sie sich langsam an den Gedanken, künftig für sich selbst zu sorgen, allein zu sein.

Otto war jetzt mittellos und brauchte dringend Geld.

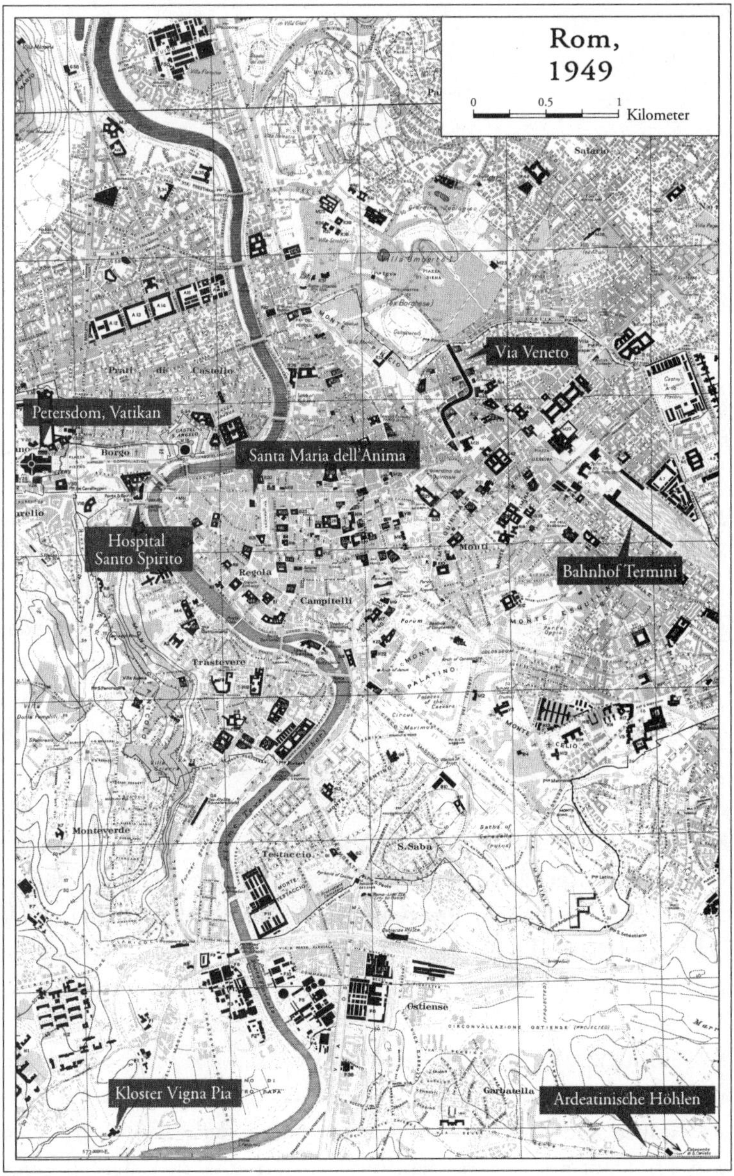
Rom,
1949
0 0.5 1 Kilometer
Via Veneto
Petersdom, Vatikan
Santa Maria dell'Anima
Hospital
Santo Spirito
Bahnhof Termini
Kloster Vigna Pia
Ardeatinische Höhlen
Prati di Castello
Borgo
Regola
Campitelli
Monti
Trastevere
Monteverde
Testaccio
S.Saba
Ostiense
Garbatella
Salario
CIRCONVALLAZIONE OSTIENSE (PROJECTED)

28

Kunst

Ottos Geldnot wurde gelindert durch Beträge, die Charlotte regelmäßig an die Adresse der preußischen Dame schickte. Die Summen stammten, wie ich inzwischen als sicher annahm, teils aus dem Verkauf von Dingen, in deren Besitz die Wächters in Krakau und Lemberg gekommen waren. Die Vorführung unseres Dokumentarfilms auf der Viennale, dem Wiener Filmfestival, in einem schönen Filmtheater, dem Gartenbaukino, in Gegenwart von Horst und Niklas, war der Katalysator für weitere Informationen.

Horsts Schwägerin tauchte auf und verlangte, dass die Vorführung gestoppt würde, als das jedoch nicht geschah, beschloss sie zu bleiben, um sich den Film anzusehen.

Auf die Vorführung folgte eine Veranstaltung, die sich mit Fragen und Antworten über mehrere Stunden hinzog. Ein wiederkehrendes Thema war das Ausmaß der Beschäftigung – oder Nichtbeschäftigung – Österreichs mit seiner Nazi-Vergangenheit. Am nächsten Tag besuchten Horst und ich das Kunsthistorische Museum, das Gemälde von Pieter Bruegel dem Älteren besaß. Horst lud eine pensionierte Kuratorin des Museums ein, uns zu begleiten, dazu Osman, einen freundlichen türkischen Friseur, der als Horsts Leibwächter fungierte, sowie Horsts Tochter Magdalena. Gemeinsam standen wir bewundernd vor *Der Kampf zwischen Karneval und Fasten* und diskutierten über die Provenienz des Werkes. Die Notwendigkeit einer solchen Diskussion ergab sich aus einem früheren Gespräch über zwei Erinnerungsstücke aus Krakau, die Horst in seinem Schlafzimmer aufbewahrte: ein Stich von der Stadt aus dem 17. Jahrhundert und eine alte, stark fleckige Landkarte.

Charlotte hatte sich diese Objekte in Krakau verschafft und gab sie später an ihren Sohn weiter. »Meine Mutter gab mir auch ein Gemälde«, erzählte Horst mir, aber es befand sich nicht mehr im Schloss. Er reiste nach Krakau, um es den ursprünglichen Besitzern zurückzugeben, Nachfahren der Familie Lubomirski, aber der Besuch endete mit einem Fehlschlag. »In letzter Minute entschieden die Besitzer, dass sie mich nicht empfangen wollten.« Er ließ das Gemälde in Polen.

Aus dem *Stammbuch* und ihren frühesten Tagebucheinträgen wusste ich, dass Charlotte ein Auge für schöne Dinge hatte. In London besuchte sie 1925 während der Weihnachtsfeiertage die besten Galerien und Museen der Stadt, besonders angetan hatten es ihr die »Vasen« und »Ägypter« im British Museum. Hingegen fanden in den Briefen und Tagebüchern aus ihrer Zeit in Krakau die eindrucksvollen Galerien und Museen der Stadt keinerlei Erwähnung.

Ich wollte daher gern mehr darüber erfahren und bat um Zusendung einer Kopie eines wissenschaftlichen Aufsatzes auf Polnisch über Raubkunst in Krakau. Der Schriftwechsel, angeregt durch eine Vorführung des Dokumentarfilms, erinnerte einmal mehr daran, dass jeder Vorgang, selbst die Vorführung eines Films, ungeahnte Folgen haben kann. Verfasserin des Aufsatzes war eine Kuratorin am Nationalmuseum in dem für seine Tuchhallen (*Sukiennice*) berühmten Krakau. Thema war der Raub der Kunstbestände des Museums in den Wochen und Monaten nach dem Oktober 1939. Durchgeführt wurden die Zwangsenteignungen unter den wachsamen Augen von Kajetan Mühlmann, einem österreichischen SS-Offizier und Kunsthistoriker, der eine Doktorarbeit über die Barockbrunnen Salzburgs geschrieben hatte. Kai, wie er meist genannt wurde, arbeitete unermüdlich, um die Gouverneure Frank und Wächter in ihren Bemühungen zu unterstützen, einheimische Kunst zusammenzuraffen.

Charlotte war eine willige Helferin. »Mit großem Pomp«, so die Verfasserin des Aufsatzes, »rauschte Frau Wächter in die Galerie in den Tuchhallen.« Aufgeschreckt von ihrem unerwarteten Eintreffen, witterte Professor Kopera von der Jagiellonen-Universität, der Direktor des Museums, Gefahr. »Wir sind keine Räuber«, sagte ihm Charlotte.

Während sie durch die Räume des Museums spazierte, bestimmte sie die von ihr gewünschten Werke, die von Ottos Mitarbeitern unverzüglich abtransportiert wurden.

Weitere Einzelheiten legte Professor Kopera nach dem Krieg in einem Brief dar, den er am 25. März 1946 an die Personalabteilung der Stadtverwaltung von Krakau schickte. »Das Museum erlitt große, unwiederbringliche Verluste durch die Ehefrau des Gouverneurs des Distrikts Krakau«, schrieb er. Die Täterin sei »Frau Wächter, eine ca. fünfunddreißigjährige Wienerin mit kastanienbraunem Haar«. Laut Professor Kopera war die Absicht ihrer Plünderungsaktion, »den Palast ›Pod Baranami‹, Sitz des Gouverneurs, zu schmücken«. Sie habe »die erlesensten Gemälde und schönsten Stücke antiken Mobiliars, Militaria usw.« mitgehen lassen, darunter Truhen aus der Zeit der Gotik und der Renaissance, Rüstungen, Schalen, Möbel und Gemälde, »obwohl der Museumsdirektor ihr nahelegte, dies nicht zu tun«. »Etliche Stücke verschwanden, darunter Gemälde wie Bruegels *Der Kampf zwischen Karneval und Fasten*, [Julian] Fałats *Des Jägers Liebeswerben* und andere«. Einige Stücke seien nach dem Krieg zurückgegeben worden, viele davon »in stark beschädigtem Zustand«.

Koperas Brief fand seinen Weg in die polnische Militärmission zur Erforschung deutscher Kriegsverbrechen in Bad Salzuflen. Auf dieses Schreiben folgte am 9. Dezember 1946 ein weiterer Brief, nebst einem Vorschlag. »Ich weiß nicht, ob die Liste der Kriegsverbrecher Lora Wächter, die Ehefrau des Gouverneurs des Distrikts Krakau, aufführt«, schrieb er. »Sie fügte uns großen Schaden zu, indem sie zur Ausschmückung der Wächter'schen Residenz Gemälde stahl, darunter Meisterwerke von Julian Fałat und ein kostbares Gemälde von Bruegel *Der Kampf zwischen Karneval und Fasten* – von denen das letztere und Fałats Gemälde verlorengegangen sind.« Der Direktor gab ihren Namen an die örtlichen Gerichte weiter, die sich offenbar um weitere Informationen über den Raub bemühten. »Da ich nicht weiß, ob Frau Wächters Name auf der Liste ist, möchte ich hiermit seitens des Museums von ihren schädigenden Aktivitäten berichten.«

Fünfundsiebzig Jahre nach den von Professor Kopera geschilderten Vorgängen brachte ich den Aufsatz gegenüber Horst zur Sprache. In den Tagebüchern oder Briefen wurden die Ereignisse nicht erwähnt. Allerdings machte Horst mich auf ein Schriftstück aufmerksam, das Charlotte 1984, in ihrem letzten Lebensjahr, verfasste, nachdem ihr Enkel Otto, der Sohn von Otto junior, sich nach der Herkunft eines Teppichs in ihrer Wohnung erkundigt hatte. Sie sagte dem jungen Mann, dass es ein Abschiedsgeschenk für Otto gewesen sei, von Kollegen in Lemberg. »Hast du ihn mitgenommen?«, fragte der Enkel. Unwirsch entgegnete Charlotte, dass »Wladislaw, mein braver Diener«, ihr seinerzeit geraten habe, die schönen Teppiche und chinesischen Vasen mitzunehmen, »die Russen bekommen sonst alles in die Hände«. Gegen ihre eigenen Instinkte sei sie seinem Rat gefolgt.

Anscheinend veranlasste mein Gespräch mit Horst ihn, seine Bemühungen zur Rückgabe von Kunstobjekten an Krakau wieder aufzunehmen. Binnen eines Jahres wurden polnischen Behörden drei Stücke übergeben, ein Vorgang, über den die polnische und internationale Presse berichtete. Horst gab den Stich von Krakau aus dem 17. Jahrhundert und die fleckige Landkarte, die viele Jahre unter einer Glasplatte gelegen hatte, zurück, samt einem dritten Stück, das ich nicht gesehen, von dem Horst aber einmal gesprochen hatte.

»Wächter, 78, gab drei Werke zurück, die seine Mutter gestohlen hatte«, berichtete der *Guardian,* darunter »ein Gemälde des Potocki-Palastes«. Auf die Rückseite der zur Zeit des Biedermeier um 1830 von Gräfin Julia Potocka gemalten Gouache hatte Charlotte die Worte »Blick auf Potocki-Palast – mitgenommen aus Krakau 1939« geschrieben, erklärte Horst. Das Werk zeigt Artur Potocki, wie er seinen Verwandten vom Balkon von Ottos Büro aus Lebewohl sagt. »Meine Mutter mochte das Bild sehr«, bemerkte Horst an dem Tag, an dem er das Werk zurückgab. In Krakau

erbeutet, hing das Bild in Ottos Büro, bis er nach Lemberg ging und Charlotte es mit nach Thumersbach in das Bauernhaus nahm. »Ich bin nicht besonders stolz auf das, was ich getan habe«, sagte Horst über den Akt der Rückgabe. »Ich habe es um meiner Mutter willen getan.«

Horst sagte, er wisse nichts von den Behauptungen Professor Koperas über andere Gemälde, etwa den Bruegel und den Fałat. Die Behauptungen gelangten an die Öffentlichkeit, zunächst über die polnischen Medien und dann durch einen Artikel in der *Financial Times.* Diese Zeitung berichtete mit großer Anteilnahme über die Angelegenheit: Ein »Meisterwerk« des Renaissancemalers Pieter Bruegel des Älteren, *Der Kampf zwischen Karneval und Fasten*, das im Kunsthistorischen Museum in Wien hängt, sei Gegenstand eines »Besitzgerangels« zwischen Österreich und Polen. »Falls es widerrechtlich von Krakau nach Wien gebracht wurde, wäre das eine Riesenstory für die Kunstwelt – größer geht's nicht«, meinte eine Kunsthistorikerin von der Universität Cambridge gegenüber der Zeitung. Entscheidend war ihre Verwendung des Wörtchens »falls«: Neben dem Originalgemälde von Bruegel dem Älteren existierten nicht weniger als zehn andere Versionen des Werkes, die angeblich von seinem Sohn, Pieter Bruegel dem Jüngeren, gemalt wurden, und möglicherweise griff sich Charlotte eines dieser Bilder. Das Kunsthistorische Museum behauptete beharrlich, dass es das Gemälde seit mehr als zwei Jahrhunderten bzw. seit 1748 besitze. Das Nationalmuseum in Krakau konnte lediglich bestätigen, dass sich 1939 eine Kopie des Gemäldes in seinem Besitz befand, ohne angeben zu können, um welche Version es sich handelte. Kurz nachdem Horst und ich das Kunsthistorische Museum besucht hatten, wurde das Gemälde vorübergehend aus der Ausstellung entfernt. Inzwischen hängt es wieder an seinem Platz.

Charlottes Liebe zur Kunst und ihr Besitzinstinkt sollten als bleibendes Vermächtnis wirken. Als ihre sechs Kinder heirateten, nahm sie dies zum Anlass, ihnen jeweils eines der Stücke, die sie sich angeeignet hatte, zum Geschenk zu machen. Horst erwähnte eine hölzerne Skulptur, die eines seiner Geschwister erhielt, und schickte ein winziges Foto. Es zeigte ein Objekt, dessen Farbfassung stark verblasst war.

Der heilige Georg, wie er den Drachen tötet, befand sich nach wie vor im Besitz eines Familienmitglieds, das nicht vorhatte, sich davon zu trennen. Horst überlegte, ob es sich um eine Arbeit von Veit Stoß handelte, die möglicherweise aus dem Museum oder der Kathedrale von Krakau oder von irgendeinem anderen Ort in der Stadt entwendet worden war. Er hoffte, der »ursprüngliche Standort« und Besitzer ließen sich »so schnell wie möglich« feststellen, damit das Werk zurückgegeben werden könne. Dass er selbst verschiedene Stücke zurückgab, habe bei einigen Familienmitgliedern negative Reaktionen ausgelöst, erzählte er mir. Seine Schwägerin war angeblich »völlig platt« von seiner Handlungsweise, und eine Schwester bezichtigte ihn, ein Judas zu sein, der die Familie verraten habe. Eine andere sei in eine »tiefe Depression« verfallen.

Horst selber lehnte, wie er mir sagte, stets ab, wenn Charlotte ihm etwas aus ihrem Besitz oder andere Geschenke anbot, weil sie jedes Mal etwas »im Austausch« haben wollte. Seiner Ansicht nach war es am besten, jegliches *quid pro quo* zu vermeiden. Doch als sie starb, war er es, dem sie ihren Besitz hinterließ und an den viele Unterlagen fielen. »Ich verdanke alles ihr«, sagte Horst mir oft. Das Schloss wurde mit Geld aus ihrem Erbe gekauft, und die Nachlassunterlagen, die Briefe und Tagebücher gab sie an ihn weiter. Zu Lebzeiten wollte Charlotte sich nie davon trennen, so dass der »geliebte Sohn« den Besitz erst antrat, nachdem sie gestorben war.

29

Juni 1949, Rom

Den ersten Tag des Juni verbrachte Charlotte im Bett. Sie sei unsagbar müde, berichtete sie Otto im ersten von neun Briefen, die sie in diesem Monat schrieb. Den Abend davor hatte sie in Salzburg auf einer Kundgebung für eine neue politische Partei, den Verband der Unabhängigen (VdU), verbracht. »Es erinnerte mich an vergangene Zeiten«, schrieb sie, da der VdU viele entrechtete ehemalige Nazis zu seinen Anhängern zählte und behauptete, kein Land auf der Welt würde ehemalige Nazis grausamer verfolgen als Österreich. Der VdU ist längst verschwunden und in der FPÖ aufgegangen, die seit dem Jahr 2000 mehrmals an österreichischen Regierungen beteiligt war. Ernüchtert und physisch wie psychisch am Ende, ging Charlotte alles und jeder auf die Nerven, nur nicht der VdU.

In Rom kämpfte Otto mit der Hitze. »Die Sonne stößt schon um neun Uhr morgens wie ein Schwert herab, und nachmittags herrscht in der Kammer eine auf den Kopf drückende Schwüle, man muss sich hinlegen, ob man will oder nicht.« Weil er frische Kleidung brauchte, bat er Charlotte, ihm Hemden und Westen zu schicken. Er wünschte sich eine leichte, einfarbige Jacke aus Lanz-Flanell, ein Hinweis auf das Salzburger Bekleidungsgeschäft, zu dessen Kunden Herbert von Karajan und Marlene Dietrich zählten. Gelb wäre gut für die Hemden, eine Farbe, die zu allem passe. Auch karierte Muster wären schön, da man auf ihnen den Schmutz nicht sehe.

Otto versicherte seiner Frau weiterhin, dass er nichts unversucht lassen würde, Arbeit zu finden und Dokumente für Reisen ins Ausland zu bekommen. Doch die Gefahren seien real, und er erinnerte Charlotte daran, beim Schreiben auch künftig höchste Vorsicht walten zu lassen.

Er wies sie auf einen Zensurstempel auf einem ihrer Briefe hin und warnte vor den Gefahren, die ein Augenblick der Unachtsamkeit nach sich ziehen könnte.

Im Juni schrieb er Charlotte zweimal pro Woche, Briefe, die Einzelheiten über das Alltagsleben sowie seine körperliche Verfassung und Gemütslage enthielten. Er fing sich ein kleines Magenleiden ein, und die frühmorgendlichen Läufe gehörten in Ermangelung geeigneten Schuhwerks der Vergangenheit an. »Hundemüde« sei er, schrieb er am 9. Juni, das nächtliche Gepoltere und Getrampel seiner klösterlichen Nachbarn raubten ihm den Schlaf. Auch die Nonnen beklagten sich über den Lärm.

Weiterhin begegnete er alten Bekannten. Am 12. traf er sich erneut mit »Leit«, der jetzt deutsche und österreichische Firmen in Rom vertrat. Dies erlaubte ihm, in einem teuren Hotel zu logieren und sich richtige Mahlzeiten zu leisten, also gingen die beiden Männer gemeinsam gut essen: Antipasti, dann Spargel und Krabben, dazu ein wunderbarer Soave, ganz wie in alten Zeiten. Die Unterhaltung streifte Zukunftsaussichten, aber viel ergab sich nicht, weil Damen anwesend waren. »Leits« Frau war in Südtirol geblieben, wo sie Edelkitsch verkaufte, aber der Ehemann war versucht auszuwandern, da er sich ebenso wie die italienischen Zeitungen wegen eines neuen Krieges in Europa Sorgen machte.

»Ich habe oft so eine Sehnsucht«, schrieb Charlotte Mitte Juni, aber auch »eine schreckliche Angst, dass man sich nicht mehr sieht.« In einem »Zustand, der mehr ist als am Boden zerstört«, überkam sie Verzweiflung angesichts der Hoffnungslosigkeit der Situation. Zugleich hoffte sie, dass er eines Tages vielleicht doch wieder an ihrer Seite wäre. Dann könnte sie spüren, wie seine positive Einstellung auf sie abfärbte. Ob er je über sie beide nachdächte, wollte sie wissen. Und versinke er dann in Schwermut?

Gelegentlich durchbrach ein Lichtschimmer die Düsternis und hinterließ seine Spur in der Korrespondenz. Horst, inzwischen zehn Jahre alt, besuchte sein erstes Konzert, aufmerksam wie ein Falke, der ganze Stolz der Mutter. Am 22. Juni sollte er die Aufnahmeprüfung für eine neue Schule absolvieren. »Nun halt die Daumen am 22. 8h früh.«

Otto fand Möglichkeiten, die langen Stunden auszufüllen. Er nahm an der Heiligsprechung einer Nonne aus dem 19. Jahrhundert teil. Die Zeremonie wurde von Papst Pius XII. auf dem Petersplatz abgehalten. In Gesellschaft von »L« oder »Pezzo Grosso« und seiner Frau genoss er den Prunk, die mittelalterlichen Uniformen und Farben. Weniger begeistert war er von »Pezzo Grossos« Idee, dass Syrien eine gute Option sein könnte, falls es ihm gelänge, die Schwierigkeiten bei der Beschaffung der Dokumente auszuräumen.

Er begann mit der Arbeit an einem großen Übersetzungsprojekt vom Deutschen ins Italienische, unter Mithilfe der preußischen Dame und eines italienischen Rechtsanwalts, mit dem sie ihn bekannt gemacht hatte. Finanziell lohnte sich das Ganze kaum, konnte aber »Möglichkeiten« eröffnen, obwohl die Hoffnung vage und die Aussichten alles andere als konkret waren. Weil es eine anspruchsvolle Aufgabe war, gab er das Schwimmen für eine Woche auf und verpasste die große Militärparade am 2. Juni, als über Rom die Maschinen der Kunstflugstaffel brausten.

Außerdem verfasste er ein eigenes Manuskript, von dem er zahlreiche Entwürfe tippte und dem er den Titel *Quo Vadis Germania?* gab. Es bot einen Moment der Reflexion im Anschluss an die »einzigartige Katastrophe« von 1945, als die Sieger die Prinzipien gerechter Behandlung und den »Glaube[n] an Recht und Gerechtigkeit« für Deutsche beiseiteschoben. »Nach wie vor gehe Macht vor Recht«, mutmaßte er, und die Sieger »hätten jeden moralischen Anspruch verloren, über das Deutsche Volk zu Gericht zu sitzen« oder die »Sünden der deutschen Rassenpolitik« laut zu verdammen, angesichts ihrer eigenen Akte »brutale[r] Ausrottung« und der »gegenwärtigen Behandlung [ihrer] Staatsbürger dunkler Hautfarbe«. Trotzdem würden sich die Deutschen dem Westen zuwenden und den Bolschewismus ablehnen, und die Kirche würde eine wichtige Rolle spielen, nachdem sie den »Grundsatz der Pauschalschuld des Deutschen Volkes« zurückgewiesen und jeden möglichen Beistand angeboten habe. »Ihr Eintreten für verurteilte Nationalsozialisten und SS-Männer hat tiefen Eindruck gemacht«, tippte er, ohne jedoch eine Spur des Bedauerns über Deutschlands Taten in allen Teilen des besetzten Europa oder über sein eigenes Handeln zu äußern, auch wenn Begriffe wie »Herrenrasse« und »Untermenschen« in ihrer »Unsinnigkeit« erkannt und »weitgehend abgelehnt« worden seien. Die meisten Deutschen, vor allem die jungen, stellten sich eine Zukunft in einer »europäischen Gemeinschaft« vor, in »einem einigen, freien, socialen, seiner Sendung und seiner Stärke bewussten Europa«. Dazu zwinge sie »das Vermächtnis von Millionen toter Kameraden«.

Doch mit Tätigkeiten wie dem Übersetzen und Schreiben ließen sich keine nennenswerten Einkünfte erzielen, was ein Problem war. Es bestehe jedoch eine »Chance, allerdings auch nur die Chance und keine Gewissheit, auf einen Schlag etwas mehr zu verdienen«, schrieb Otto am 18. Juni. Auch Charlotte war an diesem Tag in positiverer Stimmung und gestattete sich die Vorstellung eines Sommerurlaubs im Süden, in Italien. Sie bat um weitere Briefe.

Die Suche nach bezahlter Arbeit bedeutete stundenlange Fußmärsche durch Rom in brütender Hitze. Eine Tätigkeit als selbständiger Handelsvertreter war möglicherweise eine Option, vielleicht für eine deutsche Firma. Das Problem war das Fehlen von Kapital, Erfahrung und Beziehungen. Die Aussichten, in der Hotelbranche Arbeit zu finden, schienen ebenfalls düster, denn ohne entsprechende Kontakte hinge er, wie er Charlotte schrieb, »in der Luft«. »Ich versuche mich natürlich anzuhängen«, fügte er hinzu, »aber solange andere selbst kaum schnaufen können, ist das nicht sehr aussichtsreich.« Er hatte Hoffnung, hegte aber keinerlei Erwartungen.

Dann, sechs Wochen nach seiner Ankunft in Rom, erhielt er unversehens eine Chance, mit Hilfe der preußischen Dame. »Dann kam die Woche, wo ich ihm und einigen anderen den Job beim Film verschaffen konnte«, erzählte sie Charlotte später. Die Arbeit machte Otto »ausgesprochen fröhlich«, und zum ersten Mal wirkte er, sonnengebräunt, wieder »munter«.

»Ich habe mein erstes Geld verdient [...] als Flimmerfritze«, schrieb Otto, »in drei Tagen immerhin rund 10 000 L!« Er hoffte auf mehr, vielleicht sogar darauf, sich in der Filmwelt zu etablieren. Der Film, *La forza del destino,* basierte auf der Oper von Giuseppe Verdi, die Hauptrolle spielte Tito Gobbi, der berühmte Opernsänger. Gobbi konnte nicht wissen, dass einer der Komparsen ein Mann war, der wegen Massenmords, wegen Erschießungen und Hinrichtungen angeklagt war.

Ich trieb eine Kopie des Films auf und sah ihn mir dreimal an, weil ich unter den Hunderten von Statisten nach Otto suchte. Die Spezialität des Regisseurs Carmine Gallone waren neben Opernfilmen aufwendige Monumental- und Kostümfilme mit Tausenden von Mitwirkenden, wie etwa *Karthagos Fall* (*Scipione l'Africano*, 1937), ein mit massiver staatlicher Unterstützung produzierter Propagandafilm, der für die kolonialen Aktivitäten des faschistischen Italien in Nordafrika werben sollte. Otto konnte ich nicht ausfindig machen.

Weil Otto fand, dass eine bessere Garderobe mehr Arbeit bringen könnte, bat er darum, ihm seinen Smoking nach Rom zu schicken, und malte sich schon seinen Auftritt als »distinguierter Herr« im nächsten Film aus. Schick mir mehr Kleidung, bat er Charlotte. Und Nora in Bozen ließ er wissen: »Bitte gib die Stiefeln nicht weg, sie können für mich noch sehr wertvoll sein; da gelegentlich wieder gut ausgestattete milit. Typen gesucht werden.« Der preußischen Dame fiel auf, dass er, bis die Pakete eintrafen, noch ruheloser war als gewöhnlich.

Die neue Garderobe erwies sich als hilfreich. Er bekam einen zweiten Filmjob, zwei Tage als Komparse in *Frauen ohne Namen* (*Donne Senza Nome*, 1950) unter der Regie eines Ungarn, Géza von Radványi. Dessen Bruder Sándor Márai, der im italienischen Exil lebte, brachte

es viele Jahre später mit einer Neuausgabe seines während des Krieges erschienenen Romans *Die Glut* zu posthumen Ruhm. Ein Journalist in Rom schickte mir den Film, weil er meinte, Otto entdeckt zu haben. Horst glaubte, dass es Otto war, in der Rolle eines amerikanischen Militärpolizisten, obwohl wir uns nicht sicher waren. Auf einem Standfoto ist er rechts zu sehen, wie er die Bewohner einer Wohnung in Rom zusammentrommelt. Es ist eine Sprechrolle – »*Tutti nelle stanze!*«, brüllt der Mann, der Otto sein könnte, »alle in die Zimmer!«. Man zahlte ihm 20 000 Lire, eine großzügige Summe, die helfen würde, die für Reisen ins Ausland erforderlichen Dokumente zu beschaffen. Das Geld brachte noch weitere Vorteile, dazu gehörte ein erster Abstecher ans Meer und, wie Otto gestand, eine neue Flanellhose und zwei Paar Knöchelsocken. Er war froh, Zugang zur Welt des Films gefunden zu haben, in der »ein unglaubliches Cliquenwesen« herrschte.

Die Statistenrollen wirkten als Katalysator für weitere Ideen. Der Journalist Franz Riedl stellte ihn Luis Trenker vor, dem bekannten Südtiroler Filmregisseur, der zu der Zeit gerade in Rom arbeitete. Trenker war Spezialist für Bergfilme. »Übrigens habe ich auch Trenker [...] angeschwommen (was tut man nicht alles!)«, berichtete Otto, und sie trafen sich. »Erfolg bis jetzt null«, lautete sein Fazit. »Ich möchte bitten, sich nicht mit solchen Leuten wie Trenk einzulassen«, antwortete Charlotte, »denn das sind Schweine.« Er solle ihn vergessen.

Also verfiel Otto auf eine andere Idee, er wollte ein Drehbuch schreiben, eine Liebesgeschichte um vier Frauen. »Bergluft macht frei« war seine Idee für den Titel, anscheinend ohne jede Ironie. Er schrieb mehrere Szenen, und drei Frauenrollen waren nach seinen Töchtern benannt: Liesl, Traute und Heide. Die vierte Frau hieß Lilo, möglicherweise eine Anspielung auf Charlotte oder vielleicht Luise Ebner, eine weitere Angebetete in Bozen, die gelegentlich eine Kiste Zigarren schickte. Die Geschichte spielt in einem Skihotel. Der Held – der Otto heißt – ist ein schlechter Skiläufer und vernarrt in Lilo, eine hochnäsige Skikanone. Otto überredet Toni, einen Chemiker, eine Wunderdroge zusammenzubrauen, die seinen Willen stärken und ihn in einen »Übermenschen« verwandeln soll. Es funktioniert! Otto mausert sich zum guten Skiläufer und gewinnt das Herz der Dame.

Trotz der positiven Entwicklungen verdüsterte sich Charlottes Stimmung gegen Ende des Monats erneut. Der Grund war eine einzige Zeile in einem von Ottos Briefen, die ihr Angst machte. »Gerade vor ein paar Tagen hat es einen Bekannten gehascht«, schrieb er, und jeglicher Kontakt mit dem Betreffenden sei verlorengegangen.

Die Angst führte zu einer Änderung der Vorgehensweise. Künftig sprachen sie in ihren Briefen von Otto als von einer dritten Person, einer Frau namens »Franzi«. »Es wäre auch für Franzi sehr schlecht, wenn sie in irgendeiner Weise aufflöge«, schrieb Charlotte. Otto versuchte, sie zu beruhigen. Er werde alle notwendigen Schritte unternehmen, um sicherzustellen, dass »Franzi« nicht zum Stadtgespräch werde, obwohl es nicht einfach sei, da sich bestimmte Dinge vor manchen Leuten nicht geheim halten ließen. Um Dokumente zu bekommen, sei es beispielsweise notwendig, dass »Franzi« grundlegende Angaben mache, um zu beweisen, dass die Anforderungen an einen rechtmäßigen Status in Italien erfüllt seien.

Otto brachte zum ersten Mal eine bestimmte Sorge zur Sprache. »Wie ich hier feststellen muss, wird es kaum zu vermeiden sein dass die A. in einiger Zeit wissen, wo Franz[i] haust (wenn sie es nicht jetzt schon wissen), das gleiche gilt für die R.« Gemeint waren die Amerikaner und die Russen, die beide bekanntermaßen nach Nazis fahndeten. Beide Seiten, Gegner im neuen Kalten Krieg, hätten vor Ort Augen und Ohren, warnte Charlotte.

Die Warnung fiel zusammen mit besorgniserregenden Neuigkeiten, die von »Ladurner« in Bozen kamen. Er informierte Otto, dass ein früherer SS-Kamerad, Wilhelm Höttl, von den Amerikanern umgedreht worden sei. Höttl, ehemaliger Leiter des Referates VI, Auslandsspionage, des SD-Leitabschnitts Wien nach dem »Anschluss«, später in Italien Adjutant von Ernst Kaltenbrunner, war vom Counter Intelligence Corps der US Army angeworben worden, um seine Kenntnisse in Gegenspionage gegen die Sowjets zu verwenden. Möglicherweise wusste »Ladurner« auch, dass es drei Jahre zuvor Höttl gewesen war, der bei den Nürnberger Prozessen als Zeuge der Anklage Beweise gegen ehemalige Kameraden, darunter Kaltenbrunner, vorgelegt hatte. Höttls eidesstattliche Erklärung, die auf Angaben von Adolf Eichmann zurückging, diente als wichtigste Quelle für die Zahl von sechs Millionen ermordeten Juden. Am 14. Dezember 1945 zitierte der amerikanische

Anklagevertreter William F. Walsh aus dieser Erklärung: »In den verschiedenen Vernichtungslagern seien etwa vier Millionen Juden getötet worden, während weitere zwei Millionen auf andere Weise den Tod fanden, wobei der Großteil davon durch die Einsatzkommandos der Sicherheitspolizei während des Feldzuges gegen Russland durch Erschießen getötet wurde.«

Otto, der nun gewarnt war, machte sich Gedanken über die Vertrauenswürdigkeit seiner deutschen Landsleute in Rom. Bislang sei er nicht entdeckt worden, aber einige stünden in Kontakt mit den Alliierten, berichtete er Charlotte Ende des Monats, andere hätten angeblich Kontakt zum »Osten«. Wem konnte man trauen? Seine Kameraden besaßen Informationen über die Reichsfluchtstrecke nach Südamerika, wurden sie ausgeschaltet, konnte das die Möglichkeit zur Flucht zunichtemachen. Informationen über »die Anwesenheit irgendwelcher neuer Erscheinungen« sprächen sich herum, »so dass die Interessenten Gelegenheit zum Ansetzen haben«. Künftig wollte er sich im Umgang mit Landsleuten, von denen einige möglicherweise gefährlich waren, von seiner Vernunft leiten und Vorsicht walten lassen.

Die Situation entmutigte Otto. *»È troppo tardi«*, sang Lokalmatador Luciano Tajoli mit schmachtender Stimme, »es ist zu spät«. Er sei jetzt auf einem Tiefstand, schrieb er Charlotte. »Man weiß nie, wozu es führt, wenn man mit dem einen oder anderen liebäugelt.« Sie solle vorsichtig sein mit ihren Briefen, mahnte er. Irgendwann würden mit Sicherheit Gerüchte über »Franzi« kursieren.

Trotz des wachsenden Risikos erneuerte er seine Bemühungen, sämtliche Optionen auszukundschaften. Aus Argentinien hörte man nichts mehr, auch wenn »Ladurner« optimistisch war, dass in Kürze neue *embarcós libres* verfügbar wären, da die Lage in dem südamerikanischen Land sich entspanne. »Ladurner« bat ihn um ein Foto und mögliche Reisetermine.

Ein überraschender Brief traf ein, von einem gewissen Anton Höller, möglicherweise ein Verwandter von jemandem, den Otto in Bozen kannte. Er schrieb aus Argentinien (»c/o Pablo Gindra, Belgrano 458, Buenos Aires«), um dem Kameraden Reinhardt zu seinem Übertritt nach Italien zu gratulieren und Rat anzubieten. Die Einreise nach Argentinien gestalte sich zunehmend schwierig, weil die Rotkreuz-Ausweise nicht mehr akzeptiert würden, aber die Situation werde sich demnächst bessern, vielleicht innerhalb der nächsten drei Monate. Selbst dann wäre die wirtschaftliche Lage in Argentinien weiter angespannt, so dass Otto auch andere Möglichkeiten sondieren solle. Höller schlug die Südafrikanische Union vor, weil »man verlässlich antibritische Elemente dort sehr fördert«.

In Rom kursierten die wildesten Gerüchte über andere Möglichkeiten, darunter Brasilien und Chile, aber keine der Ideen war besonders konkret. Ein Bekannter empfahl dringend den Nahen Osten, aber der interessierte Otto kaum. Alles, was er über die Region gehört hatte, auch von Rauff, war durch und durch negativ.

In den letzten Junitagen versicherte er Charlotte, dass er weiter versuche, optimistisch zu sein. Sie solle einen Schuhanzieher und einen Stiefelknecht, Rosenkränze und eine Badehose schicken. Eine Zeiss-Brille wäre ein echter Knüller, da die Marke in Rom extrem teuer sei.

Er hoffe »nun sehr doch, im Laufe des Juli noch zu etwas zu kommen«, versicherte er seiner Frau. Er würde weiter nach billigen Möglichkeiten suchen, per Schiff nach Südamerika zu reisen, und nicht nach Österreich zurückkehren. Die Berge in der Nähe seien »zu niedrig« und im Sommer »zu heiß«, eine Anspielung auf die Gefahr, gefasst zu werden. Etwas anderes würde Früchte tragen, und die Frage sei nicht, ob, sondern wann. Es sei reine Glückssache, eine Frage des richtigen Zeitpunkts, der Gewöhnung an die Situation. Irgendwie herumwursteln und neue Beziehungen knüpfen, was nicht schwer sei, so komme man weiter. Er habe mehrere hoffnungsvolle Telefonate geführt, die Abstecher vom Kloster in die Stadt rechtfertigten. »Besuch bei einem geistlichen Würdenträger, Besuch bei einem Herrn wegen ev. Filmmöglichkeit, Besuch bei dem genannten Arab. wegen allfälliger anderer Zukunftsaussichten und so weiter.« So ginge das, jeden Tag.

Um Geld zu verdienen, fuhr Otto fort, Ideen zu entwickeln und sich mit Leuten zu treffen, die eventuell behilflich sein konnten.

Journalismus war eine Möglichkeit. Er trat in Kontakt mit Lothar

Rübelt, dem Fotografen, der ihm im Juli 1934 geholfen hatte, in Wien, als er zum ersten Mal auf der Flucht war. »Nehmen wir unseren uralten Kontakt wieder auf«, schrieb er und schlug die Anbahnung einer Geschäftsbeziehung vor. Er könne Lothars Fotos in italienischen Publikationen unterbringen, die ein Faible für Sensationsgeschichten hätten. »Möglichst eine Bilderreihe mit entsprechendem Text« über das Privatleben bedeutender Politiker von der Sorte, die Lothar fotografiert habe, die alte Hierarchie. Er solle diskret sein, schärfte er dem Fotografen ein, weil er nicht wollte, dass seine journalistischen Aktivitäten allgemein bekannt wurden.

Er besuchte die Witwe eines ehemaligen Ministers, der zusammen mit Mussolini erschossen worden war. Sie lebte gut, bewohnte die Dienstbotenunterkunft und vermietete ihre Zehn-Zimmer-Wohnung.

Er traf sich mit »G«, dem er früher nahegestanden hatte, der nun jedoch etwas kühl wirkte. Vielleicht war »G« nicht froh darüber, dass Otto einen Fuß in seinem Freundeskreis hatte. Die Chancen, über »G« etwas zu erreichen, waren minimal.

Er aß regelmäßig mit einem Araber mittleren Alters zu Abend, der die Deutschen mochte. Lach nicht, schrieb er, aber die Araber böten die allerangenehmste Gesellschaft.

Er nahm Kontakt mit Dr. Ruggero Vasari auf, einem italienischen futuristischen Dichter, um die Möglichkeit zu sondieren, an »Pressesachen« mitzuarbeiten.

Und, schrieb er Charlotte, er habe einen »Süddeutschen meiner Couleur« kennengelernt, einen »wohlgesinnten ehem[aligen] Kameraden«, der möglicherweise helfen könne. Ein Name wurde nicht genannt, aber Charlotte dürfte verstanden haben, dass jemand vom SD gemeint war. Er sei mit einer Italienerin verheiratet, sympathisch, wenn auch nicht der Hellste. Hin und wieder würden sie zusammen ein wenig auf Stellensuche gehen. Mit diesem »wohlgesinnten ehem[aligen] Kameraden«, jemandem, der mehr Italienerfahrung hatte als er, wollte Otto das erste Wochenende im Juli verbringen.

30

Juli 1949, Santo Spirito

Am Morgen des 2. Juli, einem Samstag, war der Himmel über Rom von einem tiefen Blau. Im Obergeschoss des Klosters wurde Otto etwas früher wach als gewöhnlich, dann folgte die tägliche Routine. Die steinerne Stiege rauf aufs Dach, Gymnastik, dann drei Treppen runter ins Refektorium, Frühstück mit Milchkaffee. Er verließ Vigna Pia, begab sich zum Bahnhof und erwischte einen Regionalbus. Die Leser von *Il Tempo* erfuhren an diesem Vormittag von einem neuen europäischen Abkommen über Freihandel und vom Rücktritt des britischen Botschafters. Außerdem sahen sie Anzeigen für Transatlantikliner und für die Filme, die in Roms zahlreichen Kinos gezeigt wurden, beispielsweise *Schlachtgewitter am Monte Cassino* (mit Robert Mitchum) und *Der Prozeß* von G. W. Pabst, eine österreichische Geschichte über Antisemitismus, die auf den 9. Internationalen Filmfestspielen in Venedig im Vorjahr zwei Preise (beste Regie, bester männlicher Hauptdarsteller) gewonnen hatte.

Eine halbe Stunde später hielt der Bus in einem kleinen Nest in der Nähe des Albaner Sees. Otto stieg aus und lief die kurze Strecke zum Haus des namenlosen »wohlgesinnten ehem[aligen] Kameraden«, der ihm möglicherweise von Nutzen sein konnte. In einem Brief an Charlotte, geschrieben zwei Tage später, am Montag, nannte er ein paar Details. Der »wohlgesinnte[n] ehem[alige] Kamerad[en]« hatte eine kleine Tochter, »vielleicht vier Wochen« alt. In einer Villa mit vielen Terrassen in der Nähe von Castel Gandolfo, der Sommerresidenz des Papstes, lebte die Familie auf einer Etage in einer winzigen Dreizimmerwohnung. Die Gegend bot schöne Aussichten auf die Campagna Romana, die fernen Albaner Berge und den tiefen See, der den alten

Vulkankrater füllte und etwa halb so groß war wie der Zeller See. An einem sonnigen Tag konnte man in der Ferne das Meer und den Capo Circeo, ein Kap am Monte Circeo, sehen.

Von der Wohnung aus nahmen sie einen örtlichen Bus, dann gingen sie zu Fuß zum Albaner See. Sie schwammen und »aßen viel und gut«, ein Picknick aus Brathähnchen, Schinken, Gemüse und Wein. Otto blieb über Nacht, und am nächsten Tag, einem Sonntag, gingen sie einkaufen, in einem »typisch italienischen« Dorf in der Nähe, wo es mittags »wieder ein prima Essen« gab. Am Nachmittag begann Otto sich unwohl zu fühlen, und von einem Fieber geschüttelt legte er sich ins Bett. »41–42°, wie ich es überhaupt noch nie hatte«, schrieb er.

Am Sonntagabend kam es ihm vor, als würde sein Blut kochen, und er vermisste sein »Hümmchen«, die jetzt kalte Kompressen gemacht hätte. Am Abend besorgte der »wohlgesinnte[n] ehem[alige] Kamerad[en]« von einem Kloster in der Nähe chininartige Tabletten mit einem strengen, bitteren Geschmack. Sie senkten seine Temperatur auf 39,5 Grad. Er blieb eine zweite Nacht, in der er sich häufig erbrach. Als er sich am Montagmorgen nicht besser fühlte, machte er sich mit wackeligen Beinen auf den Rückweg nach Rom, wobei er eine halbe Stunde unbequem in einem überfüllten Bus stehen musste.

In Rom »ging ich gleich zu einem deutschen Arzt«, berichtete er Charlotte, einem, den er schon lange kannte, der aber ebenfalls ungenannt blieb. Der Arzt untersuchte ihn und stellte fest, dass seine Lunge und alles andere in Ordnung waren. Wahrscheinlich eine Erkältung, meinte der Doktor, wie man sie sich leicht einfange in der Gegend von Rom, die unangenehmer sei als Norditalien. In der Mittagshitze kehrte Otto nach Vigna Pia zurück und tat sich selbst leid. Er wusch sich mit kaltem Wasser, dann legte er sich ins Bett. Am Abend kam ein örtlicher Arzt – »sehr italienisch« –, der ihn beruhigte, es bestehe kein Grund zur Sorge, obwohl

seine Temperatur hoch blieb. Er solle Tee trinken, am nächsten Tag werde er sich hoffentlich »O.kei« fühlen. Der Arzt verschrieb ihm eine *Limonade Purgative de Rogé.*

Gesundheit sei wirklich das Wichtigste, schrieb er Charlotte. Das Eintreffen vorzeitiger Geburtstagsgrüße von Traute heiterte ihn auf – »alles, alles Gute und dass Du noch 55 Jahre lebst [...] 10 000 000 000 000 Küsse«. »Ich möchte mit all meinen besten Wünschen an diesem Tage bei Dir sein«, fügte Charlotte hinzu. »Und dass wir doch endlich auch wieder einmal zusammenkommen, das wäre halt schön.« Sein Vater Josef liege »leider [...] scheinbar schon in den letzten Zügen«, schrieb sie, aber ein frischer Wind fege durch die österreichische Politik. »Franzi« solle »Geduld haben [...] und bis September trachten, dass ihr nichts zustößt«, schrieb Charlotte. Es kämen wirklich gute Neuigkeiten, die Rede sei von einer Generalamnestie.

Am Dienstag, dem 5. Juli, stieg und fiel Ottos Temperatur. In der Nacht war das Fieber hoch, aber am Morgen fiel es auf 38,5 Grad, »dann ging es ganz herunter«, dann stieg »es wieder etwas«. Vielleicht hatte er das Schlimmste überstanden, immerhin nahm er Chinin und Grippemedikamente. Er fühlte sich schwach, war kaum in der Lage, zur Toilette zu gehen. Der Arzt prophezeite noch fünf weitere Tage Fieber. Alle waren nett, die *padres* besuchten ihn, es ging ihm gar nicht so schlecht. Er schickte ein Gedicht:

> [...] das arme Hümmi ruht
> Hier in einer nackten Zelle
> Wo in [sic] viele Teuflein quälen
> Wo es einsam ist und heiß
> [...]

Er fühlte sich einem »Kind ganz nahe«, träumte von Charlottes »zarten Händen« und drückte seine Dankbarkeit aus, dass sie ihn nicht aufgegeben hatte, »trotz allem, was an Schwerem zugefallen [...] / Bis in nicht zu fernen Tagen / Wied'rum sprießt des Glückes Preis«. Er unterzeichnete mit »Hum«.

Der Dienstagabend war schrecklich, und am Mittwochmorgen, dem 6. Juli, nahm Otto seine ganze Kraft zusammen, um zu schreiben. Seine Hand war so zittrig, dass der Brief kaum lesbar war. Zwei Ärzte hätten ihn aufgesucht, der italienische und der deutsche, beide ratlos hinsichtlich seiner Erkrankung. »Jetzt nehmen sie an, es sei entweder Typhus oder gastrisch mit Möglichkeit der Gelbsucht«, die nicht bestätigt werden könne, da die verräterischen gelben Flecken fehlten. Durch ein starkes Abführmittel sei ihm »viel leichter« geworden, allerdings »stinke ich sehr aus dem Mund u habe eine sehr belegte Zunge u Gaumen«. Am Nachmittag erlitt er einen Rückfall, der mit weiterem Würgen und Erbrechen einherging. Es gab nichts Positives zu berichten, alles war sehr unerfreulich.

Nach drei Nächten mit wenig Schlaf verlor Otto den Appetit. Außerstande, mehr zu sich zu nehmen als eine Schale Milch, fühlte er sich schwach. Es war die Rede von einem »amerikanischen Wunderheilmittel« – Penicillin –, aber der italienische Arzt, der Nachforschungen anstellte, sagte, es sei nicht geeignet. Der Doktor sei ein guter Mensch, berichtete Otto Charlotte, und »mit den Faschisten«. Er nannte ihr nun den Namen des deutschen Arztes, Dr. Willi Marchesani, für alle Fälle, sowie eine Adresse und eine Telefonnummer.

Der Brief knauserte mit Einzelheiten. Bis elf Uhr an diesem Morgen hatte er sich »sehr ruhig gehalten«, und die Situation schien sich zu bessern. Temperatur: 38,5. Keine Kopfschmerzen: »Ich bin völlig klar und denke über die komischsten Dinge nach!« Der italienische Arzt fand ihn unruhig. Gegenüber Charlotte klagte Otto: »Post von dir habe ich schon lange nicht«, das sei eine traurige Art, einen Geburtstag zu feiern. Dr. Marchesani fügte gesondert ein paar eigene Worte hinzu und bestätigte das hohe Fieber, das möglicherweise auf eine Darminfektion zurückzuführen sei. Wie lange die Krankheit dauern würde, könne er noch nicht sagen, »doch hoffe ich, Ihnen bald Gutes berichten zu können«. Später ergänzte er noch ein paar besorgte Zeilen. Otto sehne sich nach ihrer Gegenwart, und er brauche über die grundlegende Versorgung in Vigna Pia hinaus Pflege und Aufmerksamkeit. »Drum wäre Ihr Mann glücklich, wenn Sie bald kämen.« Wenn sie von Salzburg aus reiste, solle sie vorher ein Telegramm schicken, und Dr. Marchesani würde dafür sorgen, dass man sie am Bahnhof abholte. »Das Auto wäre ein kleiner geschlossener Wagen (dunkel) mit einem Vater [Priester] mit dickem, gesundem Gesicht als Fahrer.« Er würde sich um eine einfache Unterkunft kümmern, bei den Nonnen. Sie solle ihn anrufen, die Nummer sei Rom 35265. Zwischen sieben und neun Uhr vormittags.

Am Freitag, dem 8. Juli, feierte Otto seinen 48. Geburtstag. Sein Zustand verschlechterte sich, und früh am nächsten Morgen entschieden Bruder Gabriele und ein weiterer italienischer Mönch, ihn von Vigna Pia in ein Krankenhaus zu bringen. Das *Ospedale di Santo Spirito*, eine vom Vatikan unterhaltene Einrichtung, lag am Ufer des Tiber in Sichtweite des Petersdoms. Otto wurde in der Sala Baglivi aufgenommen, Bett Nummer neun.

Dr. Marchesani schickte ein Telegramm nach Salzburg: »Franzi im Hospital, erwartet Mutti von Bahnhof mit Taxe.«

Am Sonntag, dem 10., versuchte Charlotte, mit Rom zu telefonieren, ohne Erfolg. Da sie einige Zeit keinen Brief erhalten hatte, war sie sehr beunruhigt durch das Telegramm. »Es ist wirklich arg, wie man sich immer sorgen muss in diesem Leben.« Die Wende der Ereignisse überraschte sie, und sie »fürchtete eine Entdeckung«. Die Nachricht, dass er im Krankenhaus lag, traf sie »wie eine Bombe«. Bis zu diesem Augenblick hatte sie sich besser geschlagen, sich wohler gefühlt.

Doch für ernst hielt Charlotte die Situation nicht. Sie könne nicht sofort fahren, schrieb sie, da die Kinder Aufmerksamkeit verlangten. Sie könne »doch nicht einfach hier alles im Stich lassen«, daher würde sie in einer Woche nach Rom reisen, falls er sie dann noch bräuchte. Sie musste auf sich achtgeben, und ihre Nerven waren zum Zerreißen gespannt.

Während sie den Brief schrieb, wurde sie durch einen Anruf aus Rom unterbrochen – Dr. Marchesani, der sie informierte, dass das Fieber gesunken war, aber Otto scheine »eine Vergiftung und Gelbsucht« zu haben. Sei geduldig, schrieb Charlotte, sie würde den Besuch bei ihrer Schwester absagen und wäre in einer Woche bei ihm, um sich um ihn zu kümmern. »Werd nun schnell wieder gesund & dann nehme ich Dich her.«

An diesem Sonntag schrieb sie einen zweiten Brief, auf einer Schreibmaschine. Du bist aus hartem Holz geschnitzt, du musst wieder gesund werden. Sie werde »Frau D« Geld senden, damit er seinen Geburtstag genießen könne, und würde ein Paket mit Schlafanzügen und den anderen Dingen, um die er gebeten hatte, schicken. Sie hatte vor, am 20. Juli einzutreffen, falls er noch wolle, dass sie käme, es sei denn, es wäre nicht mehr erforderlich. »Da ich doch nirgends übernachten kann, wollte ich mir diese schrecklich hohen Spesen doch sparen. Ich tue es aber, wie Du willst.« »Ich hatte doch auch Gelbsucht«, erinnerte sie ihn, »das ist sehr unangenehm und man fühlt sich elend. Doch es geht vorbei und man darf nicht den Mut verlieren.« Er solle daran »denken, das Hümmi war auch schon oft sehr, sehr krank und dachte, es wäre am Ende, und hatte keinen Hümmsten und konnte ihn nicht einmal erreichen«.

Und, fügte sie hinzu, sie sei mehr von Nutzen bei der Nachsorge. Solange er im Krankenhaus sei, könne sie nur während der Besuchszeiten kommen. »Und was soll ich dann in der Hitze machen?« Wer sich um ihn kümmere, fragte sie, und woher diese Krankheit, »dieser böse Feind«, komme.

Am Montag, dem 11., wurde sie zunehmend unruhig. Sie erhielt den Brief, den Otto am 5. geschrieben hatte, den mit dem Gedicht, das ihre Stimmung hob, aber sie war nach wie vor unschlüssig, was sie tun sollte. Falls er ansteckend wäre, könnte sie ihn weder sehen noch mit ihm sprechen. Am besten, man wartete die Diagnose ab. Konnte es Malaria sein? Es musste eine Infektion sein. »Du musst Dir ständig einreden, ich brauche Dich nötigst und kann ohne Dich nicht leben.« Sie würde nach Rom kommen, aber wieder schlich sich ein Tadel ein. »Mein Gott, wie krank war ich schon, und das Hümmi kam auch nicht, und ich musste mich alleine durchbringen. Es war auch sehr hart. Auch damals in Lem. war ich so elend, und das Hümmi hat es mir nicht geglaubt.« Horsts Vorsorgeuntersuchung an jenem Tag habe ergeben, dass er acht Kilo zu leicht sei, fügte sie hinzu, nur Haut und

Knochen. Vielleicht sollte sie die Kinder nach Rom schicken, um Otto und den Papst zu besuchen.

Sie schrieb abermals am Dienstag, dem 12. Otto junior sei vom Fahrrad gestürzt, ziemlich schlimm. Die Kinder würden Geld mit dem Verkauf von Krebsen verdienen. Sie war besorgt, wollte aber nicht bei der Hitze bis nach Rom reisen und dann feststellen, dass sie nicht helfen konnte. »Bitte hab den Willen, bald wieder vergnügt und munter zu sein.«

Ihr Brief überschnitt sich mit einem weiteren von Dr. Marchesani, auf seinem alten Briefpapier, wo der Kopf »Vertrauensarzt der Deutschen Botschaft« mit Tinte durchgestrichen war. Er komme soeben von

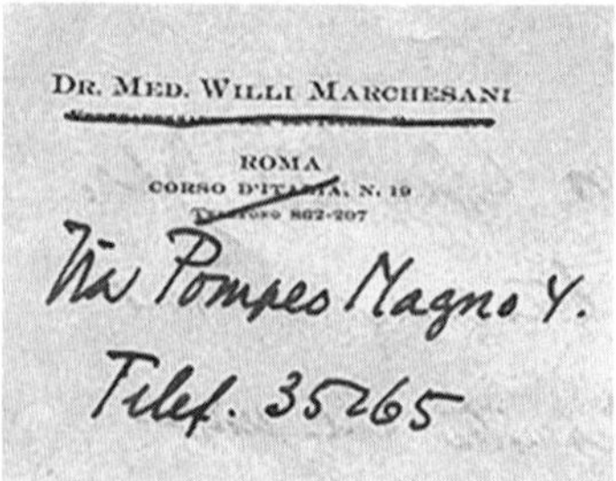

»Franzi«, schrieb er, die »sehr, sehr schwach« sei und im *Ospedale di Santo Spirito* gepflegt werde. »Sie ist untergebracht in einem großen hohen Saal, der angenehm kühl ist.« Er bringe alles mit, was die Ärzte erlaubten, »zudem kommt jeden Tag eine gute Frau sie besuchen«. »Unser Bischof« sei ebenfalls bei ihr, fast jeden Tag. Namen wurden nicht genannt. Er teilte ihr mit, was er wusste. »Franzi« leide

> an einer schweren Infektion, die eine schwere Leberentzündung hervorgerufen hat. [...] einige Tage hohes Fieber, so dass der Transport ins Spital dringend nötig wurde. Die Untersuchungen im Krankenhaus sind noch nicht abgeschlossen, dort wird alles getan, um Franzi wieder auf die Beine zu bringen. Ist sie auch sehr, sehr schwach, so hoffen wir doch, dass die Krankheit einen guten Ausgang nimmt. Jedenfalls sind wir aus dem Schlimmsten noch nicht heraus. Ihre Anwesenheit hier ist meiner Meinung nach überflüssig, da nur mit großen Kosten [verbunden?] und ohne Einfluss auf den Verlauf der Dinge.

Er würde sie über die Entwicklungen auf dem Laufenden halten. Er hatte einen von Charlottes Briefen an »Franzi« gelesen und wollte auch die Briefe jüngeren Datums lesen, die am 10. und 11. verfasst worden waren. Während er schrieb, wurde Dr. Marchesani durch einen dringenden Telefonanruf unterbrochen. Er kam zurück und schrieb mit einem anderen Stift weiter: »Eben wurde ich von der guten Frau Dupré angerufen, die eben bei Franzi war. Sie hat einen ziemlichen Kollaps gehabt, so dass man Schlimmstes befürchten kann. Ich lasse es natürlich ganz Ihnen über, zu kommen oder nicht; weiß ich doch, wie schwer es Ihnen fällt, hierher zu kommen.« Wenn sie sich zu der Reise entschließe, solle sie nach ihrer Ankunft auf dem Bahnhof von Rom unverzüglich Frau Dupré anrufen.

Am Mittwoch, dem 13., erhielt Charlotte Ottos Brief vom 6. Die Schrift war beinahe unleserlich, sie konnte nichts entziffern. Sie wollte unbedingt von ihm hören und hoffte auf einen Anruf am Ende der Woche, um innerlich zur Ruhe zu kommen. Alle Kinder mit Ausnahme von Otto waren fort. »Bitte schreib, wenn nur kurz, doch auch leserlich, und male ein wenig.«

Noch am selben Abend, gegen halb acht, schickte Dr. Marchesani ein kurzes, dringendes Telegramm nach Salzburg, zwei Wörter und ein Name: »ZUSTAND BEDENKLICH – MARCHESANI«. Am nächsten Morgen, dem 14. Juli, schrieb Charlotte abermals. Sie saß neben dem Telefon und wartete auf einen Anruf aus Graz, um sicherzugehen, dass für die Kinder gesorgt war, so dass sie nach Rom reisen konnte. Sie würde mit dem Zug fahren, über Triest, und Marchesani anrufen. Sie unterschrieb mit »tausend Küsse«.

Noch am selben Tag ging Charlotte zum Salzburger Bahnhof und erreichte einen Zug nach Triest und von dort einen anderen nach Rom. Die Reise dauerte 12 Stunden, ohne eine Nachricht. Am Morgen des 15. Juli kam Charlotte am Bahnhof Roma Termini an. Sie wurde von einem älteren Mann, ziemlich klein, mit Brille, abgeholt.

»Baroness W.?«, erkundigte er sich.

»Ja, und Sie?«

»Dr. Marchesani, mit dem Sie telefoniert haben. Wir fahren zu Grete Thiele, die ein großes Hotel im Zentrum besitzt und Sie bitten möchte, dort zu wohnen.«

»Wie geht es Otto?«, fragte Charlotte. »Können wir nicht sofort zu ihm?«

Dr. Marchesani antwortete nicht; Charlotte bedrängte ihn.

»Es ist zu spät, er ist am Mittwochabend, dem 13., in den Armen von Bischof Hudal verstorben.«

»Na ja, dann ist halt bei mir die Welt zusammengebrochen«, erinnerte sich Charlotte, »und ich bin dann wie eine Leiche dort gesessen.«

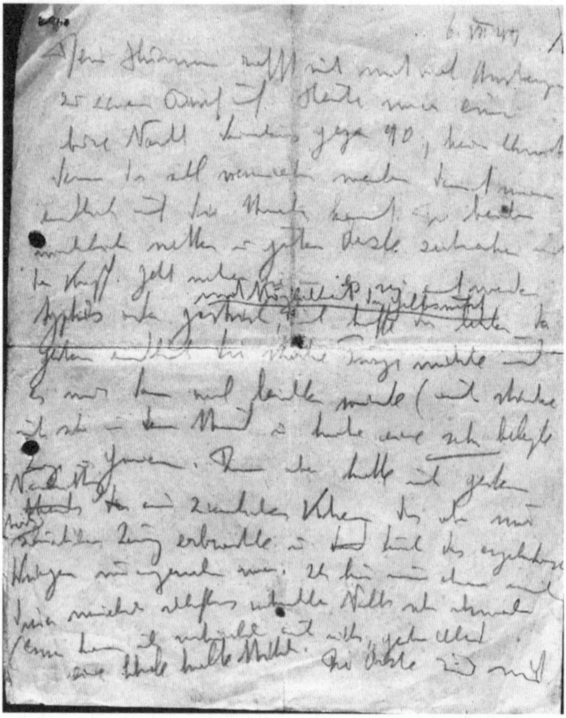

13

W.21

REQUEST FOR DELIVERY OF A PERSON DESIRED
FOR TRIAL FOR A WAR CRIME

Place **Wiesbaden**

Date **28.9.46**

To the Military Governor
United States Zone, Germany

Nth War Crimes Liaison Detachment No. 483

2/10. 46

I, being the authorized representative of the Government of **Poand**, request on behalf of my government that **WAECHTER, Dr. Gustav**, who is believed to be at (give exact location) ______, Germany, be delivered to **Poland** at **Warsaw** for trial for the hereinafter described offense.

My government has evidence that the person requested did, at **LWOW (Poland)**, on or about **1942**, 19**45**, commit the following war crime. (Here give a concise description of the acts which constitute the war crime.)

1.) Subject is responsible for mass-murder (shooting and executions). Under his command as Governor of District-Galicia, more than 100 thousand Polish citizens lost their life.

2.) Subject is listed as War-Criminal on CROWCASS list File 78416 page 449.

3.) Subject is believed to be in Jail at Vienna (Austria).

Nationality of person requested: **Austrian**

Nationality of victim : **Polish**

My government agrees that if the person is not tried and convicted within six months from the date he is so delivered, he will be returned upon request. It is understood that other conditions may be imposed by the Military Governor, United States Zone, upon the delivery of the person requested. If my government accepts delivery subject to such conditions, it agrees to abide by them.

(Name) **Dr. Henry Gielb capt.**

(Title) **Chief-Extradition**

Description of person desired will be entered upon the attached SHAEF CROWCASS "Wanted Report" Form.

1 Incl: "Wanted Report" Form

INCL 1

1750-46

IV

TOD

»Sind Sie ein Spion, und wenn ja,
würden Sie dann nicht lieber für uns spionieren?
Oder sind Sie nur ein Verbrecher [...]?«
John le Carré, *Ein blendender Spion*, 1986

31

Die fünf Begräbnisse des O. W.

Ottos Leben endete am Abend des 13. Juli 1949. Zwei Tage später traf Charlotte in Rom ein, und am folgenden Vormittag, dem 16. Juli, lernte sie den Mann kennen, in dessen Armen ihr Mann gestorben war. Er überreichte ihr ein paar Zeilen, auf offiziellem Briefpapier, mit seinem Wappen – *Ecclesiae et Nationi*, »Für Kirche und Nation« –, Adresse und Stempel, *Assistenza Austriaca*. »Ich bestätige, dass Herr Dr. Otto Gustav Freiherr von Wächter am 13. Juli um 23 Uhr im Spital Santo Spirito in meinen Armen selig im Herzen verschieden ist.« Unterzeichnet war die in einer selbstsicheren, ausladenden Handschrift verfasste kurze Erklärung mit Bischof Alois Hudal.

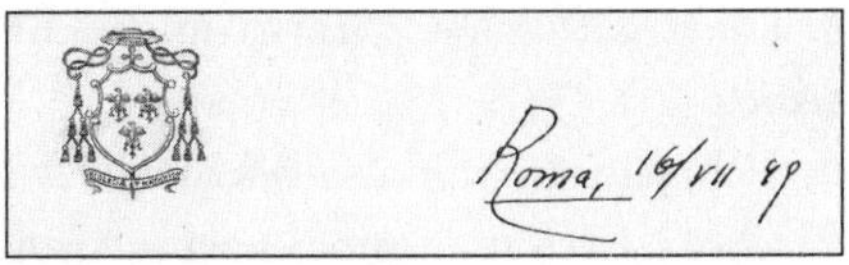

Charlotte bewahrte die Notiz in einem Ordner mit ähnlichen Dokumenten auf. Sie umfassten Kondolenzschreiben, darunter eine Beileidskarte des Bürgermeisters von Wien, sowie Briefe von verschiedenen Personen, darunter Albert Schnez, General Kesselring und Hans – jetzt Juan – Fischböck, der in Buenos Aires in der Avenue Belgrano lebte. Außerdem enthielt der Ordner Zeitungsausschnitte, unter anderem einen Artikel aus der österreichischen *Arbeiter-Zeitung* vom März 1951 mit einer verblüffenden Überschrift. »Lebt der Juliputschist Wächter noch?«, fragte der Verfasser. Er berichtete über einen österreichischen Gerichtsbeschluss, der die Einziehung von Ottos Vermögenswerten anordnete, darunter das Haus in Thumersbach und Anteile an der Schoeller-Bleckmann Stahlwerke AG im Wert von mehr als 46 000 österreichischen Schilling. Der Verbleib anderer gestohlener

Besitztümer – darunter in Polen mitgenommene »Kisten mit Pelzen« und wertvolle Einrichtungsgegenstände aus der Villa Mendl – war angeblich »unbekannt«. Während des Gerichtsprozesses war die Frage aufgeworfen worden, ob Otto wirklich tot sei oder ob er seinen Tod lediglich vorgetäuscht habe, um der Strafverfolgung zu entgehen. Das österreichische Gericht »stellte sich auf den Standpunkt, dass Wächters Tod nicht einwandfrei erwiesen sei«.

Wie ich bereits erwähnt habe, gehörte zu Charlottes Nachlass eine Reihe von Audiokassetten, und mit Hilfe dieser Bänder konnte ich rekonstruieren, was in Rom geschah, nachdem Otto gestorben war. Ein Band enthielt die Aufzeichnung eines Gesprächs, das Charlotte 1984 mit dem deutschen Historiker Hansjakob Stehle führte und das die Begegnung mit Bischof Hudal streifte. Mit fester, hellklingender Stimme erzählte sie Stehle, dass Dr. Marchesani sie in Rom vom Bahnhof abgeholt und zu der Zusammenkunft mit Bischof Hudal begleitet habe.

»Ich wünsche mir aber noch meinen Mann zu sehen«, sagte sie dem Bischof. »Ich kann immer noch nicht fassen, dass er wirklich tot ist.« Er begleitete sie zum Friedhof Campo Verano, wo Otto in der Leichenhalle aufgebahrt war. Sie war bestürzt über das, was sie dort sah, die Verfärbung seines Körpers. »Und da ist er eben so schwarz wie dieses Holz dort gelegen, ganz verbrannt innen«, erzählte sie Stehle, »wie ein Neger.« Mehr als drei Jahrzehnte nach Ottos Tod, in ihrem letzten Lebensjahr, machte die Bandaufnahme deutlich, welche nachhaltige Wirkung dieser Augenblick gehabt hatte.

Im Archivio Centrale dello Stato in Rom, dem Zentralarchiv der Republik Italien, fand ich ein Dokument, aus dem hervorging, dass Ottos Leichnam am 16. Juli vom Hospital Santo Spirito zum Friedhof gebracht wurde. Auf dem Friedhof vermerkte ein handschriftliches Dokument, dass die Beisetzung eines Otto Wächter am 16. Juli stattfand. Er wurde in dem Teil des Friedhofs begraben, der Ausländern deutscher und katholischer Herkunft vorbehalten war, in Feld 38, Reihe 4, Grabstelle 13. Noch am selben Tag hielt Bischof Hudal auf dem Campo Verano den Trauergottesdienst. Etwa 20 Personen waren

zugegen, darunter Dr. Marchesani und die in Ottos Briefen erwähnte freundliche preußische Dame. Charlotte erfuhr, dass ihr Name Heidi Dupré war, meist Hedi genannt. Charlotte blieb noch zwei Tage in Rom und kehrte am 18. Juli mit dem Zug nach Salzburg zurück.

Viele Jahrzehnte später besuchte ich den weitläufigen, monumentalen Friedhof. Es war ein extrem heißer Sommertag, und die Luft schwirrte von Mücken. Ich kam an den Gräbern berühmter Italiener vorbei, etwa der Grabstätte des Schauspielers Vittorio Gassman, die eine lächelnde Fotografie zierte, und an dem Gebäude der Trauerhalle, wo Charlotte Ottos Leichnam gesehen haben dürfte. Feld 38 lag ganz in der Nähe, ein paar Reihen verblasster Grabsteine, aber keiner trug Ottos Namen, nicht in Reihe 4, nicht in irgendeiner anderen Reihe. Er war umgebettet worden, schon vor langer Zeit.

Die näheren Umstände gingen aus einem weiteren Zeitungsausschnitt in Charlottes Nachlass hervor – ein am 27. April 1961 in einer deutschen Zeitung erschienener kurzer Artikel, der mit einer fesselnden Überschrift aufwartete: »Interpol sucht eine Leiche – die Spur führt nach Berlin«. Der Artikel schilderte die Bemühungen von italienischer Polizei und Interpol, »die sterblichen Überreste des Freiherrn Otto von Wächter« ausfindig zu machen. »Otto von Wächter gehörte zu jenen Kriegsverbrechern der Nazizeit, die nie vor ein Gericht gestellt werden konnten.« Dem Artikel zufolge war Ottos Sarg ein paar Wochen zuvor auf Ersuchen seiner Witwe vom Friedhof Campo Verano fortgeschafft worden, damit die sterblichen Überreste in ein Mausoleum in Palermo auf Sizilien überführt werden konnten. Die italienischen Behörden hätten ihre Genehmigung erteilt, der Sarg sei aus dem Grab gehoben, in ein Auto geladen und weggefahren worden. Allerdings seien die sterblichen Überreste niemals am genehmigten Bestimmungsort Sizilien angekommen. Die italienische Polizei vermute, dass Frau Wächter mit dem Sarg im Auto nach Berlin gefahren sei, zwecks

Wiederbestattung. Die deutschen Behörden hätten diese Behauptung zurückgewiesen: Die erforderlichen Genehmigungen seien weder beantragt noch erteilt worden, so dass Otto unmöglich in Deutschland begraben worden sein könne.

Dies war Ottos drittes Verschwinden, nach 1934 und 1945. Horst erklärte, was passiert war, nachdem Bischof Hudal seine Mutter an den letzten Wunsch ihres Mannes, in Österreich begraben zu werden, erinnert hatte. Charlotte ersuchte die italienischen Behörden um die Erlaubnis, die sterblichen Überreste nach Österreich mitzunehmen, aber nachdem dies abgelehnt worden war – sterbliche Überreste durften nicht außer Landes gebracht werden –, fragte sie wegen einer Überführung nach Palermo an, wo Tochter Liesl lebte. Charlotte traf alle Arrangements, damit der Leichnam aus Rom abtransportiert werden konnte, brachte ihn aber nie in den Süden. »Mutter fuhr damit nach Österreich«, sagte Horst mit einem breiten Grinsen. In ihrem alten, dunkelgrünen Siemens-Auto, wie jemand mir später erzählte.

Das Verschwinden verursachte einen Skandal. »Es kursierte eine Geschichte, dass er noch am Leben sein könnte«, erzählte Horst. Eine italienische Zeitung berichtete, dass Otto niemals wirklich gestorben und die Leiche in Feld 38 ein Schwindel sei. Die Vorstellung, dass sein Vater sich davonmachte und nicht in Kontakt mit der Familie blieb, war undenkbar für Horst. Als ich nach einer Weile nochmals auf diese Möglichkeit zurückkam, bat er mich mit feuchten Augen, dies nie wieder in seiner Gegenwart auszusprechen. Er wusste, was passiert war. »Mutter brachte die sterblichen Überreste zu dem Haus in Salzburg.«

Damit war Haus Wartenberg gemeint, in der Riedenburger Straße 2, das Charlotte in den 1950er Jahren gekauft hatte. Hier lebte die Familie nach der Anton-Hall-Straße in einem Anwesen, das seinen Namen zur Erinnerung an die falsche Identität erhielt, die Otto benutzt hatte, als er 1934 auf der Flucht war, und hier betrieb Charlotte eine deutsche Sprachschule. Die im Haus untergebrachten Sprachschüler wussten nicht, dass im Garten Ottos sterbliche Überreste ruhten, »in einem kleinen Behältnis aus Blei«, erzählte Horst, in der Nähe des wachsamen Auges eines steinernen Heiligen. Er beschrieb seine Form mit den

Händen. »Ich weiß nicht mehr, ob ich einen Blick hineinwarf, aber es dürfte seinen Kopf enthalten haben, den Schädel, Knochen, Arme und ...« Er verstummte.

Otto blieb ein paar Jahre im Garten von Haus Wartenberg, bis er in den Garten eines anderen Anwesens verlegt wurde, das Charlotte gekauft hatte, außerhalb von Fieberbrunn, einer Kleinstadt, 70 Kilometer südwestlich von Salzburg. Was als Nächstes geschah, erfährt man durch eine Audiokassette, auf deren Etikett Charlotte »Beisetzung von Papa in Fieberbrunn, 4.1.1974« geschrieben hatte. Es handelte sich um Band Nummer zwölf in Charlottes Nachlass. Auf der Aufnahme schildert Charlotte das erste Begräbnis von Otto, 1949 auf dem Campo Verano, und erklärt, dass Bischof Hudal ihr den Auftrag gegeben habe, Ottos Gebeine nach Österreich zurückzubringen. Das war um 1960. Vierzehn Jahre später sprach eine andere Stimme zu ihr, die sagte, es sei an der Zeit, Otto ordentlich zu begraben. Sie bat den Bürgermeister von Fieberbrunn um eine Grabparzelle, aber dem war nicht wohl bei der Sache, trotz Charlottes Beharrlichkeit. Also trieben sie und ihr Sohn Otto einen örtlichen Totengräber auf, der gegen ein Entgelt von 2000 österreichischen Schilling diverse Einwände und den gefrorenen Boden überwand. Sie war nicht begeistert von der Grabstätte, fand sich aber in Ermangelung anderer Optionen damit ab.

Um vier Uhr am Nachmittag des 4. Januar 1974 versammelte sich die Familie in Charlottes Haus in Fieberbrunn. Man schnallte ein großes, mit einem Blumengebinde geschmücktes Kreuz auf das Dach ihres Autos und packte einen kleinen Koffer mit »den kleinen sterblichen Überresten«, die mit dem Sarg begraben werden sollten, dann fuhr man zu dem ein paar Kilometer entfernten Friedhof. An einem Tag mit strahlend blauem Himmel wurde von einem Priester aus dem nahe gelegenen St. Johann, dem ein junger Kaplan aus Wien assistierte, eine bescheidene Zeremonie abgehalten. Zwei von Charlottes Kindern – Otto und Traute – waren zugegen, mit ihren Ehepartnern und den Enkelkindern. Langsam wurde Ottos kleiner Sarg in das Grab herabgelassen, samt den aus dem Koffer genommenen Stücken. Dann wurden Erde und Kiefernzweige auf den Sarg gestreut.

»Den Leib unseres Bruders Otto Gustav bestatten wir hier in der Erde. Seine Seele aber löse von allen Fesseln der Sünden.« Charlotte nahm die kurze Ansprache des Priesters mit ihrem Kassettenrecorder auf, sodass ich seiner bedächtigen, sonoren Stimme lauschen konnte. »Du hast über den Menschen, der von deinem Gebot abgewichen war, zur gerechten Strafe den Tod verhängt. [...] Du hast dem Schächer wegen seiner Reue das Paradies versprochen, nimm unseren Bruder auf in die ewige Seligkeit.«

Als Charlotte elf Jahre später starb, 1985, wurde sie auf demselben Friedhof beigesetzt, aber an einer anderen Stelle. Ottos sterbliche Überreste wurden ein weiteres Mal exhumiert, und man legte sie oben auf ihren Sarg – das fünfte Begräbnis des Otto Wächter.

32

2016, Hagenberg

Ottos Tod in Rom und die zahlreichen Bestattungen gehörten nicht zu den Themen, die Horst bei unserer ersten Begegnung oder in den Jahren danach ansprach. Das änderte sich 2016, drei Jahre nach dem Artikel in der *Financial Times*, ein Jahr nach dem Dokumentarfilm. Im Frühjahr erschien *East West Street*, die englische Ausgabe von *Rückkehr nach Lemberg*, und ein paar Wochen später schrieb Horst, um mir mitzuteilen, dass Jacqueline ihrer Krebserkrankung erlegen war. Als wir später miteinander sprachen, klang er traurig, aber auch distanziert, und er sagte, dass ihre gemeinsame Tochter Magdalena vom Tod der Mutter tiefer getroffen sei. Im Lauf des Gesprächs erkundigte er sich nach unserer Arbeit an den Nachlassunterlagen, und ich sagte ihm, dass wir im Moment nicht weiterkämen, weil Lisa Jardine ebenfalls gestorben sei, ein paar Monate früher.

Irgendwann nahmen wir unsere Arbeit an Charlottes Nachlass wieder auf, zu Ehren von Lisa. Nicht lange nach dem Gespräch mit Horst hatte ich eine Besprechung bei der BBC, um die Möglichkeit eines Rundfunkbeitrags zum Thema Zukunft des Völkerrechts zu sondieren. Der leitende Redakteur fragte mich, ob ich zurzeit noch an etwas anderem arbeitete. Ich erwähnte die Unterlagen aus Charlottes Nachlass und unser Bemühen, das Leben eines Mannes auf der Flucht und die Versuche seiner Frau, ihm zu helfen, zu rekonstruieren. »Es ist so eine Art Nazi-Love Story«, sagte ich dem Redakteur, der bei dem Thema hellhörig wurde. Das Ergebnis war eine weitere Besprechung und die Aufforderung, mir Gedanken zu einer Rundfunkserie und einem Podcast über die Geschichte von Charlotte und Otto zu machen, eine Erzählung von Liebe und Tod, von Verschwinden und von einem Nazi im Vatikan.

Charlottes Nachlassunterlagen waren in Washington DC öffentlich zugänglich, im US Holocaust Memorial Museum. Auf dieser Grundlage hätten wir fortfahren können, doch ich hielt es für wichtig, Horst zu fragen, ob er dabei sein wolle. Er dachte darüber nach und sagte ja. Hier bot sich ihm eine neue Gelegenheit, Überzeugungsarbeit zu leisten, darzulegen, dass sein Vater im Grunde ein anständiger Mensch war. Das Rundfunkprojekt wurde in Auftrag gegeben und eine Produzentin ausgesucht, Gemma Newby.

So machte ich mich an einem ungewöhnlich kalten Tag im Dezember 2016 zum fünften Mal auf den Weg zu Horsts Schloss, begleitet von Gemma, unserer Produzentin, James, Lisas letztem Doktoranden, und Lea, einer deutschen Jura-Absolventin, die als Assistentin für mich arbeitete. Horst begrüßte uns freundlich. Der Hund, der modrige Geruch, das prasselnde Kaminfeuer, die Küche, Tee, alles war, wie es immer gewesen war, außer, dass Jacqueline fehlte. Was neu war, war ein selbstgebackener Kuchen.

Und der Schwerpunkt war diesmal ein anderer. Das Gespräch drehte sich um Charlottes Nachlass, Tausende Seiten Briefe, Tagebücher und Erinnerungen, mit denen ich allmählich vertraut wurde. James, Lea und ich hatten zusammen mit drei weiteren Jurastudenten ein Jahr mit der Sichtung und Ordnung des Materials verbracht. Wir verfügten über die wichtigsten Eckdaten – bei jedem Fall, an dem ich arbeite, erstelle ich zuerst eine detaillierte Zeitachse – und wussten daher, was vorhanden war, kannten aber auch die Leerstellen in den Dokumenten und unsere eigenen Wissenslücken.

Zum ersten Mal stand Charlotte im Mittelpunkt. Inzwischen war mir klargeworden, dass Horsts Hauptantrieb, wenn er Otto verteidigte, nicht die Gefühle für seinen Vater waren, sondern die Liebe zu seiner Mutter. Bei früheren Besuchen hatte stets Otto im Fokus gestanden, nun aber interessierten wir uns für eine starke und resolute Persönlichkeit, jemanden, der bei allem, was er wollte, »immer sein Ziel erreichte«, wie Horst es ausdrückte. Er sprach mit Wärme von seiner Mutter, eine energische und engagierte Person, rechthaberisch und stark, jemand, der auf seine eigene Art zu Liebe fähig war. »Sie war wirklich hübsch, als sie jung war, eine sehr attraktive Person.« Er hielt inne. »Nicht schön, aber attraktiv.« Wieder hielt er inne. »Eine besondere Persönlichkeit.«

Horst erzählte von der bescheidenen Sprachschule, die sie in Salzburg im Haus Wartenberg betrieb, ein Ort, wo junge Leute Deutsch lernen konnten. Aus ganz Europa seien Schüler gekommen, die englischen hätten sie besonders gemocht. Ihr gutaussehender Sohn Horst musste sich draußen vor dem Gebäude aufhalten, um auf diese Weise mitzuhelfen, Schülerinnen zu gewinnen. »Sie war freundlich«, meinte Horst, »und ich war es auch.« An ihren besseren Tagen, fügte er hinzu, habe sie durchaus Sinn für Humor gehabt.

Diese Informationen über die Sprachschule waren nicht ganz neu. Nach der Ausstrahlung des Dokumentarfilms erhielt ich etliche Zuschriften von ehemaligen Schülerinnen und Schülern. Einer schrieb mir, er habe im Januar 1961 bei Charlotte in Salzburg zur Untermiete gewohnt, zusammen mit seiner Schwester, aber erst fünf Jahrzehnte später durch den Dokumentarfilm von der Familiengeschichte und Ottos Nazi-Rolle erfahren. Die Baroness oder Tante Lotte, wie Charlotte angeredet werden wollte, habe wenig von der Vergangenheit gesprochen, eine dominante Matriarchin, die seine Schwester einmal zum Weinen brachte, wie ein Tagebucheintrag aus der Zeit dokumentiert. »Tante Lotte sagt unfreundliche Dinge [...] über John und mich, und ich bin wütend und denke, ich sollte unverzüglich abreisen«, schrieb die Schwester. Charlotte entschuldigte sich, »ein bisschen heuchlerisch«, vermerkte die Schwester, die dennoch nicht abreiste. Der Grund für den Disput geriet in Vergessenheit, obwohl der Bruder glaubte, er könnte mit der Tatsache zu tun gehabt haben, dass ein Elternteil der beiden jüdisch war.

Charlotte sei inzwischen tief religiös gewesen, sagte Horst, und habe sich in einer katholischen Kirchengemeinde engagiert. Mit einem Freund, einem ortsansässigen Priester, reiste sie ins Heilige Land und hoffte, dass Horst vielleicht noch Bischof oder jemand Wichtiges wurde. Was nie geschah. Tatsächlich wurde keines ihrer Kinder wichtig, eine Enttäuschung. »Meine Mutter war sehr stark, und sie hatten im Hintergrund dieses Problem mit meinem Vater.«

Horst glaubte, dass seine Mutter Otto wahnsinnig liebte, auch wenn das Gefühl der Eifersucht und Unruhe wegen seiner vielen Affären ihre gesamte Beziehung hindurch bestehen blieb. Einige Briefe fehlten, vielleicht, weil sie vertrauliches Material enthielten, aber mehrere Dokumente ließen keinen Zweifel daran, dass sie die Möglichkeit in Betracht zog, ihn zu verlassen. »Ich kann nicht mehr, du hast diese andere Frau …« Doch sie blieb bei »meinem Mann«, weil er Tatkraft ausstrahlte, von allen gemocht wurde und eine eindrucksvolle Person war. »Auch Himmler mochte ihn«, ergänzte Horst. »Er war wirklich eine große, bedeutende Persönlichkeit …«

Charlotte blieb bei ihm, solange er lebte, und ließ nicht von ihm ab, nachdem er gestorben war. »Mein Vater war alles für meine Mutter, sie sagte nie ein Wort gegen ihn.« Sie heiratete nie wieder, widmete stattdessen den Rest ihres Lebens der Verteidigung seines Rufs. Obwohl Horst und Charlotte selten über Otto sprachen, erinnerte er sich, dass sie sich, immer wenn jemand negativ über ihn schrieb, aufregte, »sehr ärgerlich« wurde. Geschichten über Juden beispielsweise, für deren Tod er angeblich verantwortlich war, machten sie fuchsteufelswild. »Das ist unmöglich«, sagte sie dann. »Es stimmt nicht, das ist eine Lüge.« Sie suchte nach Leuten, die ihn von früher kannten, trieb sie auf, redete mit ihnen, zeichnete ihre Gespräche auf. »Sie haben die ganzen Bänder«, sagte Horst. Es gebe nichts zu verbergen.

Die gesammelten Nachlassunterlagen von Charlotte Wächter waren ein privater Akt der Erinnerung, aber auch ein Zeichen der Fürsprache, ein Versuch, Ottos Ruf reinzuwaschen. Ich wusste inzwischen, dass viele Dokumente – seine Arbeitsordner – fehlten. Sie waren von Charlotte oder, wie andere Berichte behaupteten, vielleicht von ihrem Sohn Otto im Zeller See entsorgt worden. Außerdem vermutete ich, dass die Briefe und Tagebücher durchgesehen und Teile entfernt worden waren, zumindest spielte Horst gelegentlich darauf an. Mir wurde klar, dass Horst, so wie er die Sache anging, Charlottes Weg folgte, die Variation eines Sohnes über das Thema der Mutter, mit einer anderen Gewichtung oder Akzentsetzung. »Es existiert kein von ihm unterzeichnetes Schriftstück, das belegen würde, dass er jemals ein Todesurteil anordnete«, sagte Horst immer. Er gab zu, dass sein Standpunkt von Gefühlen für Charlotte motiviert war, dass er seinen Vater nie richtig gekannt hatte. »Ich liebe meine Mutter, ich muss das tun, wegen ihr.«

Seine Haltung führte zu Schwierigkeiten mit anderen Familienmitgliedern. Sie missbilligten seinen Kontakt mit mir aufs schärfste, waren alles andere als begeistert über den Artikel in der *Financial Times* und lehnten den Dokumentarfilm ab. Von Familientreffen wurde er zunehmend ausgeschlossen, oder, wenn er an ihnen teilnahm, man ignorierte ihn. Drei seiner Geschwister waren inzwischen tot, so dass nur noch zwei Schwestern übrig waren. Heide lebte mit ihrem englischen Ehemann in Paris. »Er hasst alles, was ich tue …«, erzählte Horst mit seinem eigentümlichen Lächeln, weil ihr Sohn hoffe, konservativer Parlamentsabgeordneter zu werden. »Ich könnte seiner Zukunft schaden«, fügte er hinzu. Linde, das jüngste der sechs Wächter-Kinder, lebte in der Nähe von Hagenberg. Die nächste Generation, Horsts 21 Neffen und Nichten, werde »dominiert« vom Neffen Otto, einem Rechtsanwalt und Sohn seines einzigen Bruders, Otto junior. »Haltet euch von Onkel Horst fern«, schien ein Standardspruch in der Familie zu sein.

Ottos Seite der Familie zeigte sich nicht weniger unnachsichtig gegenüber Horsts Standpunkt und seinem Wunsch, sich einzubringen. Horsts Tante Ilse, die häufig in Charlottes Briefen und Tagebüchern auftauchte, war entsetzt, als sie erfuhr, dass Horst mit dem Künstler Hundertwasser zusammenarbeitete. »Unmöglich«, erklärte sie, »du kannst nicht für einen Juden arbeiten.« Was er sich denn denke, als ein Wächter? Horst beschrieb Tante Ilse als unverhohlen und fanatisch antisemitisch, eine Charakterisierung, die den Vorzug hatte, Charlotte vernünftiger und akzeptabler erscheinen zu lassen. »Meine Mutter war nie so, keine fanatische Nazi«, obwohl er gelten ließ, dass sie Nazi war. Das allerdings »nur wegen meinem Vater«.

Auf dem Schloss suchten wir an diesem eiskalten Tag Ottos letzte Briefe zusammen, die, die er nach dem Wochenende schrieb, das er am Albaner See in Gesellschaft einer Person verbracht hatte, deren Namen wir nicht kannten. Horst war sich sicher, dass die Briefe Charlotte furchtbare Sorge bereiteten, vor allem der am 6. Juli mit zittriger Hand geschriebene.

Gemeinsam lasen wir die letzten Briefe von Otto Wächter und von Charlotte sowie die beiden von der preußischen Dame geschriebenen Briefe, die nach seinem Tod nach Salzburg geschickt wurden. Horst zeigte uns die Originale, die er in dem Vitrinenschrank gegenüber seinem Bett aufbewahrte, in der Nähe der Fotografie von Otto in seiner SS-Uniform und von Horsts Paten Seyß-Inquart. Er legte einen der Briefe auf den Holztisch, nahm ihn zur Hand und las laut vor. »Ich weiß von ihm von Ihnen, von den Kindern und allem, was ihm das Leben wert machte.«

»Es ist nicht wahr«, sagte er.

»Was ist nicht wahr?«

»Dass mein Vater an einer Krankheit starb.«

Dies war das erste Mal, dass Horst andeutete, sein Vater könnte ermordet worden sein.

Was geschah wirklich?

»Am besten ist es, am Anfang zu beginnen«, sagte er.

»Wie wär's jetzt mit einem Schnaps?«, schlug James vor.

»Schon eingeschenkt«, erwiderte Horst, der sich wieder gefangen hatte.

33

Letzter Wille

Die Wiederbestattung von Otto Wächter 1974 fand 25 Jahre nachdem Charlotte aus Rom nach Salzburg zurückgekehrt war statt. Sie reiste mit einem gebrochenen Herzen und Dokumenten, die Otto im Hospital Santo Spirito und im Kloster Vigna Pia hinterlassen hatte: ein Taschenkalender für 1949, eine Liste von Kontaktpersonen in Rom sowie Notizen über Menschen, die er während der 27 in Rom verbrachten Tage getroffen hatte, sowie Briefe, die er in dieser Zeit verschickt und empfangen hatte. Charlotte bewahrte die Dokumente auf, und nach ihrem Tod gingen sie an Horst über.

Zu den Schriftstücken gehörte ein einseitiger, von Otto mit der Maschine geschriebener Brief, sein letzter Wille, den er als »Alfredo Reinhardt« unterzeichnete. »Rom, Datum des Poststempels«, tippte er. Das Dokument war adressiert an einen »lieben Herrn Doktor«. Der Name »Marchesani« war mit Bleistift ergänzt, in einer anderen Handschrift. Der Adressat sollte zwei Leute benachrichtigen, falls er, Otto, krank würde: die nicht namentlich genannte Ehefrau des Schreibers, zu erreichen »unter der Anschrift« von Richard Woksch, in St. Gilgen, Österreich; und Fräulein Luise Ebner in Bozen, die wiederum drei Freunde in Südtirol informieren sollte, und zwar Riedl, Schnez und »Ladurner«, »um die Verbindung mit ihnen aufrechtzuerhalten«

Außerdem wurde Dr. Marchesani gebeten, einen Anwalt zu benachrichtigen, Professor Giangaleazzo Bettoni in Rom – Telefonnummer anbei –, um die »Zweckmäßigkeit einer anwaltschaftlichen Intervention zu erörtern«. Der Anwalt sei bis 1945 an der Italienischen Botschaft in Berlin tätig gewesen, erklärte Otto in dem Brief. Er spreche Deutsch und sei mit einer Deutschen verheiratet.

Falls die Situation »ernst« sei, solle Dr. Marchesani Dr. Hudal zu Rate ziehen – den Bischof – und außerdem erwägen, einen weiteren Bischof hinzuzuziehen, Jan Bučko von der mit Rom unierten Ukrainischen griechisch-katholischen Kirche. »Bučko kennt einen Gouverneur Dr. W; aus dessen Tätigkeit in seiner Heimat«, schrieb Otto, und er unterhalte gute Beziehungen zum Vatikan und zu den Westalliierten. Doch sei dieser Schritt nur eine Ultima Ratio, zu der man greifen müsse, wenn die Situation »ernster sein sollte«, da die Sache nicht auf die »internationale Ebene« verlagert werden dürfe.

Dr. Marchesani solle Dr. Puccio Pucci informieren, ebenfalls ein »guter Bekannter« während des Aufenthalts des Schreibers in Italien. Mit ihm solle man die »Aktivierung« von Ottos Kameraden besprechen. Schließlich sollten die in der Zelle in Vigna Pia aufbewahrten Notizen und Unterlagen weggeräumt werden.

Der Brief endete mit einem Ausdruck des Dankes und verschiedenen persönlichen Angaben.

Ottos Brief mit Anweisungen für den Fall von Handlungsunfähigkeit oder Tod benannte mehrere zuverlässige Ansprechpartner in Rom. Der innere Kreis umfasste sieben Personen, von denen keine in den Briefen, die Otto und Charlotte einander schrieben, namentlich erwähnt wurde. Die Namen boten Hinweise, sie gehörten zu einem Netz geheimer Kontaktleute, die Otto ermöglichten, in Rom zu überleben, und die möglicherweise bei Bemühungen, Südamerika zu erreichen, von Nutzen sein konnten. Die sieben Personen stammten aus Deutschland, Italien, Österreich und der Ukraine. Wer waren sie?

Drei der sieben lebten in Rom.

Puccio Pucci, als »guter Bekannter« bezeichnet, war ein Rechtsanwalt und Leichtathlet, der bei den Olympischen Spielen 1924 in Rom für Italien über die 800-Meter-Distanz gestartet und für kurze Zeit Präsident des Italienischen Olympischen Komitees gewesen war. Er war ein enger Mitstreiter von Alessandro Pavolini, dem Sekretär des *Partito Fascista Repubblicano*, der am 28. April 1945 zusammen mit Mussolini erschossen und dann kopfüber aufgehängt wurde. Puccio

Pucci, ein überzeugter Faschist, gründete die Schwarzen Brigaden, eine paramilitärische Organisation, die in der Republik von Salò aktiv war, wo Pucci eng mit den Deutschen zusammenarbeitete. Damals muss Otto ihn kennengelernt haben.

Der zweite Name auf der Liste war Bischof Jan (Ivan) Bučko (oder Buchko), ein glühender ukrainischer Nationalist, der in Lemberg als Hilfsbischof der Ukrainischen griechisch-katholischen Kirche amtierte, als Otto Gouverneur in der Stadt war. Nach dem Krieg zog er als Vertreter seiner Kirche beim Vatikan nach Rom. Angeblich spielte er – auf Bitten von General Schandruk – eine Schlüsselrolle in dem Bemühen, Papst Pius XII. zu überreden, die Auslieferung von Angehörigen von Ottos Waffen-SS-Division Galizien an die Sowjetunion zu verhindern.

Der dritte Name war Giangaleazzo Bettoni, ein Rechtsanwalt. Otto beschrieb ihn als einen freundlichen Mann, der »mich ganz gut berät« und dabei half, Ottos langen Aufsatz *Quo Vadis Germania?* zu übersetzen. Von 1943 bis 1945 arbeitete Bettoni in Berlin als Referent des Botschafters der Republik von Salò in Deutschland. Die Anwaltskanzlei der Familie existiert noch und wird heute von seinem Sohn Manfredi geleitet, mit dem ich Verbindung aufnahm. Ich bat ihn nachzusehen, ob sich in den Kanzleiakten etwas über Otto fände. Er zeigte sich liebenswürdig und hilfsbereit, meinte aber, er könne in den Unterlagen der Kanzlei nichts über Otto Wächter oder Alfredo Reinhardt finden.

Die vier übrigen Namen in Ottos Brief gehörten zu Personen, die in Bozen in Südtirol lebten.

Luise Ebner oder »Lilo« führte einen Laden. Sie schickte Otto oft Lebensmittelpakete, Spenden, bestehend aus Tee, Kaffee, Honig, Sardinen und Fischpaste. »Es ist alles drin, was sich ein Junggeselle wünscht«, schrieb Otto seiner Frau.

Franz Hieronymus Riedl war ein Journalist. Und in seinem Archiv stieß ich auf die Fotos von Otto, die im Frühjahr 1949 in der Nähe von Bozen gemacht worden waren. Riedl arbeitete damals als Kulturredakteur für die deutschsprachige Zeitung *Dolomiten* und fungierte als Ottos postlagernde Adresse in Bozen. Otto lernte ihn in den 1930er Jahren kennen. Riedl machte ihn in Rom mit zahlreichen Leuten bekannt und hielt ihn über Nora, Lilo und Schnez und andere, die nur verschlüsselt erwähnt wurden, darunter »der Mönch« und »Bauer«, auf dem Laufenden.

Albert Schnez war ein ehemaliger Oberst der Wehrmacht. Im Jahr 1949 bemühte er sich, eine geheime Armee aus ehemaligen Offizieren – Veteranen der Wehrmacht und der Waffen-SS – aufzustellen, um Westdeutschland gegen den Kommunismus zu verteidigen, die sogenannte »Schnez-Truppe«. Später wurde er als Brigadegeneral in der neugeschaffenen Bundeswehr reaktiviert und bekleidete von 1968 bis zu seiner Pensionierung 1971 den Posten eines Inspekteurs des Heeres.

»Ladurner« wurde ebenfalls in mehreren von Ottos Briefen an Charlotte erwähnt, es war der Name einer alten Familie aus Südtirol. Ich konnte niemanden mit diesem Namen finden, der im Jahr 1949 in Rom oder Südtirol in Erscheinung getreten wäre, obwohl ich feststellte, dass Buko bei den Karstjägern einen jungen Kameraden dieses Namens hatte. Mit Hilfe von Charlottes Nachlassunterlagen war es möglich, die Handschrift von »Ladurner« mit anderen Handschriften zu vergleichen, und sie hatte verblüffende Ähnlichkeit mit der Schrift von Ottos altem Kameraden Walter Rafelsberger, dem Staatskommissar für Privatwirtschaft nach dem »Anschluss« Österreichs. Ich schlussfolgerte, dass es sich bei »Ladurner« höchstwahrscheinlich um Rafelsberger handelte.

Den sieben gemeinsam war ihre Sympathie für Faschismus oder Nazismus oder beides. Außerdem scheint jeder von ihnen eine Verbindung zu Bischof Hudal gehabt zu haben, der, wie ich in Charlottes Nachlass entdeckte, im September 1949, nur sechs Wochen nach Ottos Tod, zum Gegenstand ungewollter Aufmerksamkeit wurde.

Bei dem Versuch, Ottos Lebensumstände in Rom und die unverhoffte Art und Weise seines Todes zu rekonstruieren, schien diese Aufmerksamkeit ein guter Ausgangspunkt zu sein.

34

September 1949

Abgesehen von der kurzen Notiz, die er Charlotte am 16. Juli 1949 aushändigte, tauchte der Name von Bischof Alois Hudal in mehreren Zeitungsausschnitten auf, die sich in Charlottes Nachlass fanden, allesamt Artikel, die nach Ottos Tod erschienen waren. Charlotte hatte sie ohne erkennbare Ordnung aufbewahrt, aber nach einer chronologischen Neuordnung zeichneten sich die Umrisse einer Geschichte ab.

Sie begann am 1. September, der zufällig der Tag der Galapremiere des Films *Der dritte Mann* im Ritz Cinema in Hastings, East Sussex, war. *Il Giornale d'Italia* brachte einen Artikel über Ottos Zeit in Rom, ein Wiener Nazi auf der Flucht, der angeblich unter dem Schutz des Vatikans stand. Am nächsten Tag wurde Ottos Tod in der *New York Times* gemeldet, und italienische Zeitungen griffen die Story auf.

OTTO WAECHTER DIES

Former Nazi Official Planned Assassination of Dollfuss

Special to THE NEW YORK TIMES.

»Der Vatikan beschützt die faschistischen Verbrecher« erklärte die kommunistische Zeitung *L'Unità*. Wächters Leichnam sei »wie ein arabischer Phönix«, berichtete der Artikel, er existiere, obwohl niemand wisse, wo er sei. Dem Artikel war zu entnehmen, dass Otto in Bett Nummer neun der Sala Baglivi des Hospitals Santo Spirito starb und dass Monsignore Hudal »die Sterbesakramente erteilte«. Solche Fakten waren angeblich Beweise für die geheime Zusammenarbeit zwischen Faschisten, Nazis und der katholischen Hierarchie. Es hieß, Wächter habe unbehelligt im Päpstlichen Institut S. Maria della'Anima (kurz Anima) gewohnt, das sich »großzügiger Zuschüsse« vonseiten des Vatikans erfreue, und Mahlzeiten mit seinen Gastgebern eingenommen.

Andere Zeitungen stiegen mit einer Mischung aus Gerüchten und Fakten ein. *Il Quotidiano* behauptete, Wächter habe drei Jahre in Rom verbracht und vor seinem Tod für seine Verbrechen »Buße getan«. *Il Paese* erklärte, »Gauleiter Wächter« sei für den Tod Tausender polnischer Juden in Leopolis (Lwiw) und Galizien verantwortlich und sein Tod bestätige, dass sich viele »zwielichtige Figuren« in Rom aufhielten, die in den Einrichtungen des Vatikans freundliche Aufnahme fänden.

»Wer ist dieser Monsignore Hudal?«, fragte *L'Unità*, während andere den Bischof verteidigten. Nach Ansicht des *Osservatore Romano*, der halboffiziellen Tageszeitung des Vatikans, wurden die Artikel über Wächter und Hudal einzig und allein geschrieben, um Kommunisten und anderen Linken Angriffe auf Kirche und Geistlichkeit zu ermöglichen.

L'Unità veröffentlichte eine Karikatur, betitelt »Nach dem Fall Wächter«, die zeigt, wie Bischof Hudal Hitler ins Hospital Santo Spirito schiebt. »Es ist Adolf; er hat es mit der Leber.« »Immer herein«, antwortet der Pförtner. *Il Giornale d'Italia* gab Ottos falschen Namen an, Reinhardt, und brachte ein Zitat von Bischof Hudal. »Wächter kam zu mir wie viele andere«, erklärte der Bischof und stellte die Aussagen früherer Artikel richtig. »Es stimmt nicht, dass er innerhalb der Mauern des Anima-Kollegs wohnte oder dass er schon seit drei Jahren in Rom gelebt hatte.«

Il Gazzettino berichtete über Ottos »ruhige und ungestörte« Zeit in Rom. Unter dem Namen »Reinhardt« sei der »große, kräftige und blonde« Deutsch-Österreicher mit dem militärischen Auftreten viele Nachmittage die Via Veneto entlangspaziert, wo er mit Freunden geplaudert habe. »Er wohnte in einem römischen Konvent und drang bis in die höchsten Sphären des Vatikans vor«, behauptete die Zeitung, und seine Frau Charlotte sei bei ihm in Rom gewesen, als er starb, »um ihn vor dem Tod zu umarmen«. Angeblich soll er ein »enormes deutsches Schreibmaschinenmanuskript« hinterlassen haben – vermutlich eine Anspielung auf ein getipptes Manuskript in Charlottes Nachlass, *Quo Vadis Germania?* –, von dem es hieß, es rechtfertige Folter und andere Nazi-Gräuel und male Deutschlands Zukunft »unter der geistigen Kontrolle des Katholizismus« aus.

Mehrere Zeitungen nannten als Ottos Todesursache ein Leberleiden. Er habe in einer Einrichtung in der Nähe des Foro Mussolini (heute Foro Italico) gebadet, berichtete ein Blatt, und die »kategorischen Anweisungen«, nicht im Tiber zu schwimmen, ignoriert. Tod durch Schwimmen, durch ikterische Hepatitis, verschlimmert durch die verschmutzten Gewässer des Flusses, folgerte eine andere Zeitung.

L'Unita brachte Einzelheiten der Beisetzung, an der die »Besten der SS« teilgenommen hätten. Die Zeitung erwähnte zwei Namen, von denen keiner in den Briefen auftauchte, die ich inzwischen gelesen hatte: Major Wilhelm Friede, ein höherer SS-Offizier, und ein Deutscher namens Lauterbacher, der angeblich in einem »religiösen Institut« in Rom lebte. Lauterbacher lautete auch der Name des Stellvertreters von Reichsjugendführer Baldur von Schirach, Ottos früherem Kameraden, der in Nürnberg verurteilt wurde und 20 Jahre im Kriegsverbrechergefängnis Spandau verbrachte.

Die Wirkung der medialen Aufmerksamkeit war dramatisch.

Die Polizei war gezwungen, unverzüglich – und abwehrend – zu reagieren. Aus Dokumenten im italienischen Zentralarchiv ging hervor, welche Schritte die Beamten unter Leitung von Saverio Pòlito, dem altgedienten Polizeichef oder *questore*, unternahmen. Pòlito, der in engem Kontakt mit Mussolini und dessen Frau Rachele gestanden hatte, sagte, die Meldung sei sensationell, dass Wächters Anwesenheit in Rom der Polizei nicht bekannt gewesen sei und die den Behörden zur Verfügung stehenden Akten nicht erwähnten, dass Otto Wächter seinerzeit »wegen irgendeines Verbrechens oder Kriegsverbrechens« gesucht wurde.

Der *questore* bemühte sich, die Situation mit weiteren Einzelheiten zu beruhigen. Wächter sei einer »schweren Gelbsucht und Harnvergiftung« erlegen. Der Bischof sei nur »zum Todeszeitpunkt« zu Besuch erschienen, in Begleitung »einer Frau namens Lotte Pfob, die sich als Ehefrau des Verstorbenen vorstellte«. Erst nach seinem Tod habe der Bischof den Verstorbenen als Otto Wächter, einen »politischen Flüchtling«, der unter falschem Namen in Rom eingetroffen sei, erkannt. Ottos Leichnam sei am 16. Juli von dem Bestattungsinstitut Piermattei zum Campo Verano gebracht worden. Dort sei er eingeäschert und die Asche »zum Friedhof für Ausländer in Testaccio befördert« worden. Dies, so erfuhr ich, stimmte nicht, da aus den Friedhofsunterlagen eindeutig hervorging, dass Otto auf dem Campo Verano beerdigt wurde.

Eine Woche nach der ersten Intervention war der *questore* abermals gezwungen zu reagieren. Das österreichische Konsulat bestätigte Ottos Namen, Identität, Herkunft und Familienstand sowie seine Rolle bei der Organisation des Anschlags auf Kanzler Dollfuß 1934. Der *questore* präsentierte eine Sterbeurkunde und erklärte kategorisch, dass die polizeilichen Nachforschungen in Österreich »nicht ergeben haben, dass er ein Kriegsverbrecher war«.

Trotzdem ließ der Druck auf Bischof Hudal nicht nach. Er reagierte: Am Sonntag, dem 11. September, zehn Tage nachdem der erste Artikel erschienen war, widmete er das Schlusswort einer Predigt in der Anima dem »sog. Fall des deutschen Generals Freiherr von Wächter«, wie er die Angelegenheit nannte. Ein maschinengeschriebenes Exemplar der Worte, die er sprach, schickte er an Charlotte in Salzburg, und zwei Jahre später wurde der Text in den *Anima Stimmen* veröffentlicht, der Zeitschrift des Instituts, mit einem Bild der Kirche auf

dem Titel. Der Bischof agierte nach dem klassischen Motto: Angriff ist die beste Verteidigung. Die Zeitungsartikel seien gesteuert von der Linken und von Ausländern und böten »ein Gewebe von Lügen, Verleumdungen, Hass und Rache«. Das eigentliche Ziel sei nicht Wächter, sondern die katholische Kirche und der Bischof selbst, der wegen seiner kompromisslosen Haltung gegenüber der »kommunistische[n] Gefahr« angegriffen werde. Hudal korrigierte mehrere Punkte: Wächter habe »niemals, auch nicht eine Stunde, im Kolleg der Anima gewohnt«; er habe nicht am Tisch des Bischofs gegessen; er habe »ordentliche, wenn auch auf einen anderen Namen lautende Dokumente gehabt«; und seine Frau sei niemals in einem italienischen Konzentrationslager gewesen.

»Ich habe mich mit italienischen Priestern des schwerkranken Generalleutnants Wächter angenommen«, berichtete der Bischof den Kirchgängern, »und wenn ich nochmals in eine ähnliche Lage kommen sollte, würde ich abermals ganz gleich handeln«, aber mit größerer Hingabe, Liebe und Tapferkeit. Er habe sich einzig von Instinkten der Liebe, Versöhnung und Gnade leiten lassen und würde sein Leben riskieren, um Deutsche zu beschützen, eine Gruppe, die durch die »Kollektivschuld«, eine gemeinsame Verantwortung für die Taten der Nazis, diffamiert werde. Otto habe Anspruch auf Hilfe gehabt, das sei ein Gebot christlicher Nächstenliebe gewesen.

Der Bischof ging noch weiter. Er würde diejenigen, die unter seiner Obhut und seinem Schutz stünden, niemals an irgendein weltliches Gericht übergeben, »höchstens an einen ganz neutralen Gerichtshof, den es heute nirgendwo gibt«. Ebenso wenig würde er jemals verlangen, ihre Papiere oder Aufenthaltsgenehmigungen zu sehen. »Man kann den Begriff ›Kriegsverbrechen‹ nicht anwenden, ausgenommen, es handelt sich um ganz bestimmte Vergehen, die für den Fall des Krieges in der Genfer Konvention festgelegt sind.« Dies schien ein Seitenhieb gegen zwei neue, 1945 geschaffene und in das Völkerstrafrecht aufgenommene Tatbestände zu sein, »Genozid« und »Verbrechen gegen die Menschlichkeit«. Damit sollten Gruppen und Individuen gleichermaßen geschützt werden. Zum ersten Mal angewendet wurden beide Tatbestände in Nürnberg auf 20 Angeklagte, darunter Ottos Kameraden Frank und Kaltenbrunner sowie Horsts Pate Seyß-Inquart.

Es sei an der Zeit, »einen dicken Strich hinter die Vergangenheit zu ziehen«, schloss Bischof Hudal. Wo seien die Verteidiger der Menschenrechte für jene, die in den Gefängnissen Frankreichs, Deutschlands oder der sowjetischen Besatzungszone oder Buchenwalds schmachteten, wo die Zustände jetzt schlimmer seien als in der Nazi-Zeit? Mit solchen kämpferischen Worten schloss Hudal seine Predigt in der Hoffnung, der »Fall Wächter« sei damit erledigt.

Das war er nicht. Zwei Wochen später suchte ihn der *questore* auf, der Fragen zu Charlottes Besuch stellte. Und zwei Jahre später legte Bischof Hudal wegen des »Falles Wächter« das Rektorat der Anima nieder.

Wer war Bischof Hudal und in welcher Beziehung genau stand er zu Otto? Diesen Fragen wollte ich mich nun zuwenden.

35

Der Bischof

Die Dokumente, die Otto hinterließ, enthielten zahlreiche Verweise auf Bischof Hudal. Manche waren explizit, andere verschlüsselt.

In seinem Taschenkalender notierte er am Freitag, dem 29. April, »Excell.« und unterstrich das Wort. Gemeint war höchstwahrscheinlich Seine Exzellenz Bischof Hudal. Gesondert führte Otto außerdem eine Liste mit Adressen und Kontaktpersonen in Rom. Sie enthielt auf vier Blatt gelbem Papier 35 getippte Namen. Für Bischof Hudal gab es zwei Einträge: die Adresse des Anima-Instituts in der Via della Pace 20 und eine Telefonnummer, 5 11 30. In einem dritten Schriftstück listete Otto jede Person auf, mit der er sich in Rom traf, seit dem 29. April, dem Tag nach seiner Ankunft. Bischof Hudals Name tauchte mehrmals auf, und hinter seinen Namen tippte Otto »B.29.IV., B.30.IV., B.9.V.« etc. Mit Hilfe von Ottos Kalender war der Code nicht schwer zu knacken. »B« stand für Besuch; die arabische Zahl bezeichnete einen Tag und die römische einen Monat. »B.29.IV.« meinte also ein Treffen am 29. April. Bischof Hudal war der »geistliche Herr«, von dem Otto Charlotte berichtete, der ihn »sehr positiv« empfing, sobald ihm klarwurde, wer Otto war, als hätte er ihn erwartet.

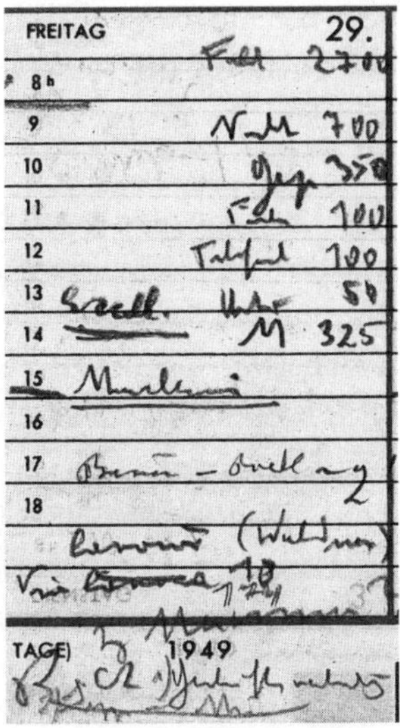

Der »geistliche Herr« war 63 Jahre alt, als er Otto in Rom begegnete. Geboren im Frühjahr 1885 in Graz, Österreich, als Sohn eines Schusters, wurde er mit 23 Jahren zum Priester geweiht und machte anschließend seinen Doktor in Theologie an der Universität von Graz. Er zog nach Rom, um als Kaplan in der Anima, einem theologischen Seminar für deutsche und österreichische Priester, zu wirken. Während des Ersten Weltkriegs diente er als Militärseelsorger, und 1923 wurde er zum Rektor der Anima berufen. Zehn Jahre später wurde er von Kardinalstaatssekretär Pacelli – dem späteren Papst Pius XII. – und, gewiss kein Zufall, Bischof Pawlikowski, dem Freund der Familie Bleckmann, der Otto und Charlotte traute, zum Titularbischof von Aela geweiht. Vielleicht war es Pawlikowski, der Otto mit Bischof Hudal bekannt machte?

Als Rektor der Anima schrieb Bischof Hudal in den 1930er Jahren über die unterschiedlichsten Themen. Er beschäftigte sich mit Fragen der Rasse, den Beziehungen zwischen Kirche und Staat und dem Schicksal des deutschen Volkes. Im Jahr 1936 veröffentlichte er *Die Grundlagen des Nationalsozialismus,* in dem er Hitler preist und für eine enge Beziehung zwischen der katholischen Kirche und dem Nationalsozialismus plädiert. Zwei Jahre später versuchte er an der Anima eine Abstimmung zu organisieren, um den »Anschluss« zu unterstützen, was aber von den höheren Mächten im Vatikan vereitelt wurde. Hudal blieb beharrlich und erzwang die Abhaltung eines Votums auf einem deutschen Kriegsschiff, dem Panzerkreuzer *Admiral Scheer*, der im Hafen der italienischen Stadt Gaeta lag, war aber zutiefst enttäuscht, als die Kollegen in der Anima mit überwältigender Mehrheit gegen die deutsche Übernahme Österreichs stimmten.

Während des Krieges bot er Deutschen und Österreichern die Anima als Zufluchtsort an. Im Jahr 1944 wurde er zum Leiter der österreichischen Sektion der Pontificia Commissione di Assistenza (PCA) eingesetzt, die von Papst Pius XII. im April eingerichtet worden war, um Flüchtlingen zu helfen. Die Organisation tauchte in Ottos Adressenliste auf, zusammen mit einem Namen – Carlo Bayer –, den ich wiedererkannte: Die Historikerin und Journalistin Gitta Sereny interviewte Karl Bayer für ihr Buch über Franz Stangl, den Kommandanten des Vernichtungslagers Treblinka, der am 23. September 1942 bei der Ankunft der drei älteren Schwestern von Sigmund Freud und meiner Urgroßmutter Amalia auf der Rampe anwesend war. Odilo Globocnik bezeichnete Stangl gegenüber Himmler als »den besten Lagerkommandanten von Polen«.

Stangl wurde von den Amerikanern gefasst, aber 1948 half Bischof Hudal ihm, nach Syrien zu entkommen. Drei Jahre später war er in Brasilien, wo er in einem VW-Werk arbeitete und von dem österreichischen Nazi-Jäger Simon Wiesenthal aufgespürt wurde. Nachdem er 1967 an Deutschland ausgeliefert worden war, wurde Stangl vor Gericht gestellt, wegen Mordes und anderer Verbrechen für schuldig befunden und zu lebenslanger Haft verurteilt. Im Jahr 1971 starb er während eines laufenden Revisionsverfahrens an Herzversagen. Kurz vor seinem Tod interviewte Sereny ihn in der Düsseldorfer Haftanstalt. Sie sprachen über Bischof Hudal, und sie interviewte später auch Monsignore Karl Bayer, der in Wien lebte. Bei diesem Gespräch kam auch seine Tätigkeit in der päpstlichen Kommission in Rom zur Sprache. Sereny beschrieb Bayer als groß, schlank und blond, angenehm nach Aftershave duftend, ein Mann, der einen »Sportwagen mit einem italienischen Nummernschild« fuhr. Otto vermerkte lediglich, dass es sich um einen Vatikan-Priester aus Breslau handele, »polit. Interessiert, kennt sehr Viele«.

Bayer erzählte Sereny, er habe Bischof Hudal gekannt, bestritt jedoch, dass sie einander nahestanden. Ja, bestätigte er, Hudal habe einer »vergleichsweise kleinen« Anzahl von Nazis und SS-Männern Unterstützung zukommen lassen. Es sei Teil seiner Verpflichtung gegenüber jenen gewesen, »die Hilfe brauchten«. Die Hilfe umfasste finanzielle und andere Mittel, und das Geld »kam mit Sicherheit aus dem Vatikan«. Bayer behauptete, dass Hudal Flüchtlingen vieler Konfessionen geholfen habe, auch Juden, aber trotz vereinter Bemühungen gelang es mir nicht, auch nur ein einziges Beispiel eines Juden oder auch eines Kommunisten zu finden, dem von dem Bischof geholfen worden wäre.

Diejenigen, die zu ihnen kamen, seien durchaus nach ihrer Vorgeschichte befragt worden, aber sie hätten, sagte Bayer, »nicht die geringste Chance gehabt, die Antworten zu überprüfen«. Im Rom des Jahres 1949 waren Papiere und Informationen aller Art leicht zu kaufen, und Tausende kamen in die Stadt. »Woher sollten wir wissen, was sie getan hatten? Schließlich haben sie es uns nicht erzählt; so dumm waren sie nicht. Und, na ja, sie waren nicht berühmt.« Erst später seien Namen berühmt-berüchtigt geworden, Leute wie Adolf Eichmann und Josef Mengele, der Arzt, der in Auschwitz Experimente an Zwillingen durchgeführt hatte. Erst in den 1970er Jahren seien sie bekannt geworden. »Aber trotzdem haben wir versucht, sie ins Verhör zu nehmen; wir stellten jedem Fragen.«

Bischof Hudal beschaffte Geld und war Stangl bei einem Rotkreuz-Ausweis, einem Einreisevisum für Syrien, einer Schiffsfahrkarte und einer Anstellung in einer Textilfabrik in Damaskus behilflich. Ja, bestätigte Bayer, der Bischof habe »Stapel von Pässen« für SS-Männer bekommen und »ihnen sicherlich Geld gegeben«. Und ja, fügte er hinzu, Papst Pius XII. »hatte dafür Geld zur Verfügung gestellt. Es kam manchmal nur tröpfchenweise, aber es kam …«

Es war nicht schwer, Einzelheiten über die anderen herauszufinden, denen von Bischof Hudal geholfen worden war. Im September 1948 besorgte er einen Rotkreuz-Ausweis für Erich Priebke, einen SS-Offizier, der zusammen mit seinen Kameraden Karl Hass und Herbert Kappler an der Ermordung von 335 italienischen Zivilisten in den Ardeatinischen Höhlen beteiligt war. Im Jahr 1945 von den Amerikanern festgenommen, behauptete Priebke, die Morde seien gerechtfertigte »Vergeltungsmaßnahmen« gewesen, wie sie während des Krieges »allen Armeen erlaubt« seien. Er entkam per Schiff von Genua aus nach Argentinien.

Im Frühjahr 1949 half Bischof Hudal Walter Rauff, dem vorherigen Bewohner von Ottos Zelle in Vigna Pia, sich nach Syrien abzusetzen.

Im Juli 1949 verhalf er Josef Mengele vermutlich zu einem Pass mit falschem Namen, der ihm ermöglichte, nach Argentinien zu gelangen.

Die Artikel in den italienischen Zeitungen über den Beistand des Bischofs für Otto – die seit dem ersten derartigen Bericht für Unruhe sorgten – bereiteten Hudal und dem Vatikan große Schwierigkeiten, weil sie den Verdacht nährten, dass er noch vielen anderen geholfen hatte. Die Wächter-Geschichte und andere Gerüchte brachten »das Fass schließlich zum Überlaufen« und führten 1952 zur Abberufung des Bischofs als Rektor der Anima. Außerstande, dem Druck österreichischer und deutscher Bischöfe standzuhalten, zog er sich in ein Haus in Grottaferrata in der Nähe des Albaner Sees zurück, wo er sich fortan um die Kirschbäume und Primeln im Garten kümmerte.

Im Jahr 1960 weckte die Entführung von Adolf Eichmann aus Argentinien ein neuerliches Interesse an Hudals Rolle und löste eine Welle des Interesses an Otto aus. Zu Charlottes Nachlass gehörte ein Zeitungsartikel, der berichtete, dass Bischof Hudal Josef Wächter kannte, und ein anderer, der behauptete, Ottos Tod sei auf eine Vergiftung zurückzuführen und dass es Mord gewesen sei. Derselbe Artikel brachte eine weitere Möglichkeit ins Spiel, nämlich dass Otto Wächter in Wirklichkeit gar nicht tot war, dass ein Double benutzt worden sei, um ihm die Flucht zu ermöglichen. Als ich dies Horst gegenüber erwähnte, weinte er.

Bischof Hudal starb im Mai 1963, über seinen Tod wurde in der österreichischen Presse berichtet. Charlotte bewahrte die Artikel auf. Die *Presse* hob hervor, dass die Totenmesse für Bischof Hudal vom Wiener Weihbischof, seinem Nachfolger als Rektor der Anima, gelesen wurde. Ein anderes Blatt schrieb – irrigerweise –, dass an dem Begräbnis des Bischofs auch der Kurienkardinal Giuseppe Pizzardo teilnahm, der als Unterstaatssekretär bei der Unterzeichnung des Reichskonkordats zwischen dem Vatikan und dem Deutschen Reich am 20. Juli 1933 dabei gewesen war, an dem auch der Bischof mitgewirkt hatte. Hudal wurde auf dem Campo Santo Teutonico in unmittelbarer Nähe des Petersdoms beigesetzt.

Dreizehn Jahre vergingen. Im Jahr 1976 wurden in Österreich Bischof Hudals posthume Erinnerungen veröffentlicht. Unter dem Titel *Römische Tagebücher. Lebensbeichte eines alten Bischofs* breiteten sie eine Litanei aus Klagen über Papst Pius XI. und Papst Pius XII. aus.

Sie warteten aber auch mit einer Überraschung auf.

Die *Römischen Tagebücher* erschienen in Graz, im Leopold Stocker Verlag. Das am Ende des Ersten Weltkriegs gegründete kleine Verlagshaus vertrat in den 1930er Jahren eine stramm pronazistische Haltung und wird noch heute mit rechten und extremistischen Publikationen in Verbindung gebracht. Hansjakob Stehle, der Historiker, mit dem Charlotte sprach, rezensierte Hudals Erinnerungen in der *Zeit* und hob besonders auf das Gefühl der Verbitterung aufseiten des Bischofs ab, weil Papst Pius XII. ihn fallenließ. Darüber hinaus erkannte Stehle in Bischof Hudal eine wichtige Quelle für das Schauspiel *Der Stellvertreter,* ein kontroverses, 1963 uraufgeführtes Theaterstück von Rolf Hochhuth, das ein Schlaglicht auf das Versäumnis des Papstes, die Juden zu schützen, warf.

In Hudals *Römischen Tagebüchern* finden sich etliche Verweise auf Otto, die interessantesten auf den letzten Seiten. Der Autor erwähnte dessen Rolle bei der Ermordung von Dollfuß und behauptete, der frühere Gouverneur und SS-Mann habe kurz vor seinem Tod Bedauern darüber geäußert, dass der Nationalsozialismus keine Verständigung mit der katholischen Kirche erzielte, um den Bolschewismus einzudämmen. Der Bischof berichtete, dass Otto, gejagt von alliierten und jüdischen Stellen, »während sein Chef Frank in Nürnberg gehängt wurde«, monatelang in Rom unter einem Decknamen lebte, »nicht zuletzt auch dank der rührenden selbstlosen Mithilfe italienischer Ordensgeistlicher«. Er »starb in meinen Armen«, schrieb Hudal, »von mir bis zum Ende betreut«.

Dann folgte eine Enthüllung. Als der frühere Gouverneur im Sterben lag, schrieb Bischof Hudal, habe er ihm anvertraut, dass er vergiftet worden sei, eine Tat, die Wächter »selbst auf den amerikanischen Spionagedienst zurückführte (in diesem arbeitete in Rom ein früherer deutscher Major!)«, ohne einen Namen zu nennen.

Das kam völlig unerwartet. In Charlottes Nachlass gab es keinen Hinweis auf einen möglichen Giftmord, und Horst hatte eine solche Behauptung nie erwähnt. Ich nahm mir noch einmal die Korrespondenz vor, um die Notiz zu überprüfen, die Hudal Charlotte am 16. Juli gab, nur gut zwei Tage nachdem Otto in den Armen des Bischofs gestorben war. Sie enthielt keinen Hinweis darauf, dass bei Ottos Tod Fremdeinwirkung eine Rolle gespielt haben könnte. Charlottes Antwortbrief, abgeschickt drei Tage später, schwieg sich hinsichtlich einer solchen Möglichkeit ebenfalls aus. »Sie waren in letzter Stunde bei ihm und haben mir geholfen, den letzten Gang zu ertragen«, schrieb Charlotte, und sie hoffe, ihn nach Hause bringen und in seinem eigenen Land begraben zu können. Über die Todesursache sagte der Brief nichts.

In den beiden Briefen, die Hedi Dupré Charlotte zwei Tage später schrieb, findet sich kein Hinweis auf einen möglichen Giftmord; der erste Brief, vom 25. Juli, erwähnte die von Dr. Marchesani festgestellte Todesursache, »eine akute Leberatrophie, hervorgerufen durch eine innere Vergiftung«, möglicherweise verursacht durch Lebensmittel oder Wasser. Falls Mord erwähnt wurde, von Bischof Hudal oder sonst jemandem, dann sagte Hedi Dupré Charlotte nichts davon. In dem zweiten Brief von Frau Dupré war die Todesursache kein Thema.

In den Nachlassunterlagen fand ich keinen Anhaltspunkt, dass Charlotte jemals gegenüber irgendjemandem über die Möglichkeit von Gift sprach. In ihren Papieren für 1949 war kein Hinweis darauf, und die Sterbeurkunde nannte keine Fremdeinwirkung. Nichts deutete darauf hin, dass die Polizei eingeschaltet wurde, ebenso wenig gab es Hinweise auf eine Autopsie, die Anlass zu Bedenken hätte geben können.

In den Monaten und Jahren, die auf Ottos Tod folgten, erwähnte Charlotte niemals irgendeine verdächtige Todesursache.

Jahrzehnte später verfasste sie eine Reihe von Erinnerungen für die Kinder; an keiner Stelle mutmaßte sie über Gift oder eine Fremdeinwirkung.

In sämtlichen Papieren und Tonaufnahmen aus Charlottes Nachlass ist nur ein einziges Mal von Fremdeinwirkung die Rede, und zwar während eines Gesprächs mit dem Historiker Hansjakob Stehle im September 1984, wenige Monate bevor Charlotte starb, mehr als zwei Jahrzehnte nach dem Tod von Bischof Hudal und acht Jahre nach dem Erscheinen seiner Erinnerungen. Es dauerte einige Zeit, die Bänder durchzuhören, die Aufnahmen zu transkribieren und zu übersetzen. Auf Kassette Nummer drei fand ich schließlich die Bemerkung. Als Dr. Marchesani sie vom Bahnhof abholte, erzählte Charlotte Stehle, äußerte sie den Wunsch, Ottos Leichnam zu sehen. Der Arzt machte sie mit dem Bischof bekannt, der sie zur Leichenhalle auf dem Campo Verano begleitete. Sie war überrascht von dem, was sie sah.

»Und da ist er eben so schwarz wie dieses Holz dort gelegen«, erzählte sie Stehle, »ganz verbrannt innen, er war wie ein Neger.«

»Vergiftung?«, fragte Stehle.

»Vergiftung«, erwiderte Charlotte.

Die Antwort auf Stehles Vermutung war entschieden und eindeutig, aber sie ging nicht ins Detail.

36

Kalter Krieg

»Glauben Sie, Otto Wächter könnte vergiftet worden sein?«

Ich stellte diese Frage Professor David Kertzer, in dessen Büro an der Brown University in Providence, Rhode Island, ich saß. Ein Freund hatte mich auf den Anthropologen und Historiker aufmerksam gemacht, nachdem er dessen Buch über Mussolini und Papst Pius XI. gelesen hatte, das einen Pulitzer-Preis gewann. Kertzer ist Experte für die italienische Geschichte während des Zweiten Weltkriegs sowie in den Jahren davor und danach. Da der historische Kontext stets eine wichtige Rolle spielt, hoffte ich, mehr über die politische Situation in Rom im Frühjahr 1949 zu erfahren, um Ottos Lage zu verstehen, einschließlich der Gefahren, denen er sich gegenübersah, und der Personen, auf die Verlass war oder auch nicht. Um das Geheimnis seiner letzten drei Lebensmonate zu entschlüsseln und Licht in die Umstände seines unerwarteten Todes zu bringen, wäre es möglicherweise hilfreich, mit den Leuten zu beginnen, mit denen er Zeit verbrachte, und herauszufinden, über welche Beziehungen sie verfügten.

Professor Kertzer war Ende sechzig, groß gewachsen und eine elegante Erscheinung. Als nachdenklicher Wissenschaftler wählte er seine Worte behutsam und mit Bedacht. Zur Vorbereitung auf unser Treffen kontaktierte er einen Kollegen in Rom, einen Spezialisten für die deutsche Besetzung Italiens. Ja, bestätigte der Kollege, die Wächter-Sache sei bestens bekannt, und Otto gelte als »schlimme Figur«.

Professor Kertzer umriss in groben Zügen den Kontext von Ottos Ankunft in Rom. Italien erholte sich gerade von einem Krieg, der ein in physischer, ökonomischer und moralischer Hinsicht zutiefst gezeichnetes Land hinterlassen hatte, das Mühe hatte, die Schmach des *ventennio fascista*, der zwei Jahrzehnte des Faschismus, zu bewältigen, die mit Mussolinis Aufstieg zur Macht 1922 begonnen hatten, bis er am 25. Juli 1943 gestürzt wurde. Es folgte ein De-facto-Bürgerkrieg zwischen Anhängern und Gegnern des Faschismus und der Allianz mit Nazi-Deutschland, von der Gründung der Republik von Salò im September 1943, mit der Otto eng zusammenarbeitete, als er im Herbst 1944 am Gardasee eintraf, bis zum 25. April 1945, als Mussolini von Wolffs Verhandlungen mit den Westalliierten erfuhr.

Vier Jahre später traf Otto in Rom ein, während das Land dem Sog entgegengesetzter politischer Richtungen ausgesetzt war, in Richtung Westen hin zu den Vereinigten Staaten, in Richtung Osten hin zur Sowjetunion. Zwei politische Kräfte hatten den Krieg überstanden, ohne dass ihre Glaubwürdigkeit groß Schaden genommen hätte: auf der einen Seite der von Papst Pius XII. geführte Vatikan, der bemüht war, sich ein neues Image zu geben, indem er die Verbindung mit Mussolini und dem Faschismus verbarg; auf der anderen Seite die Kommunistische Partei Italiens mit zwei Millionen Mitgliedern und einem Führer, Palmiro Togliatti, der aus dem Moskauer Exil zurückgekehrt war.

Die Vereinigten Staaten und ihre Verbündeten beunruhigte die Aussicht, dass Togliattis Kommunisten in der Regierung Italiens Fuß fassen und der Sowjetunion damit eine Möglichkeit verschaffen könnten, ihren Einfluss auf die andere – westeuropäische – Seite des Eisernen Vorhangs auszudehnen. Nach einer Volksabstimmung, bei der die Befürworter einer republikanischen Staatsform sich knapp gegen die Anhänger der Monarchie durchsetzen konnten, wurde eine neue Verfassung angenommen. Sieger der ersten Parlamentswahlen nach dem Krieg im April 1948 waren die Christdemokraten, die vom Vatikan und von den Amerikanern unterstützt wurden. Der landesweite Stimmenvorsprung war größer als erwartet, aber in einigen Regionen und in manchen Großstädten war die Kommunistische Partei die stärkste Kraft. In dem Bestreben, den Kommunisten entgegenzuwirken, mischte die katholische Kirche sich stark in die Wahl ein, erläuterte Professor Kertzer. Von den höheren Rängen des Vatikans bis hinunter zu den lokalen Gemeindepriestern unterstützte der Klerus die Christdemokraten. Es war eine Wahl im Zeichen des Kalten Krieges, und dieser politische Hintergrund bildete den Rahmen für Ottos Ankunft in Rom.

»Im Rom des Jahres 1949 hatte man, wenn man Kommunist war, nichts zu schaffen mit der Kirche«, erklärte Professor Kertzer. »Und wenn man Katholik und Christdemokrat war, hatte man nichts zu schaffen mit den Kommunisten oder ihren Organisationen.« Die Kluft deutete voraus auf den heftigen Meinungsstreit, den italienische Zeitungen im Rahmen der Berichterstattung über Ottos Tod und die ihm angeblich von Bischof Hudal zuteilgewordene Hilfe austrugen.

Auch Ottos Vorgeschichte gehörte in diesen Kontext. Als Katholik und unversöhnlicher Antikommunist würde er auf die Unterstützung von Teilen des Vatikans zählen können. Als früherer ranghoher Nazi, Gouverneur und SS-Offizier, der Himmler nahegestanden und mit der Republik von Salò zusammengearbeitet hatte, konnte er auf die Unterstützung ehemaliger Faschisten bauen, auch wenn die Partei verboten worden war. Allerdings durfte er seine Nazi-Vergangenheit nicht offen zur Schau tragen: Nur wenige Monate vor Ottos Ankunft in Rom verurteilte ein Militärgericht in der Stadt Herbert Kappler, den früheren Kommandeur der Sicherheitspolizei und des SD in Rom, zu einer lebenslangen Haftstrafe für seine Rolle bei der Ermordung von 335 Italienern in den Ardeatinischen Höhlen. Der Befehl für die »Sühnemaßnahme« wurde mit Hilfe ranghoher Kollegen ausgeführt, darunter Hauptsturmführer Erich Priebke. Mehrere von Ottos Kontaktpersonen waren in die Geschichte verwickelt, unter ihnen Generalfeldmarschall Kesselring, der den Befehl aus Berlin erhielt, und SS-Obergruppenführer Karl Wolff. Als Otto in Rom eintraf, arbeitete der Künstler Mirko Basaldella gerade am Entwurf für das bronzene Eingangstor zu der Gedenkstätte für die Opfer, die in Kürze eingerichtet werden sollte.

Otto war von seinem ersten Tag in Rom an klar, dass er auf der Hut sein musste. Er durfte nicht offen über seine Vergangenheit sprechen, da Italien bestrebt war, sich jetzt als Unterstützer der Alliierten und nicht Nazi-Deutschlands zu präsentieren. Als strammer Antikommunist durfte man nicht den Eindruck erwecken, es mit den Nazis zu halten. Otto vollführte einen »äußerst heiklen Drahtseilakt«.

Seine Trumpfkarte war die Furcht vor dem Kommunismus, die ihn zu Leuten führte, die nach rechts tendierten, antikommunistisch eingestellt waren und der katholischen Kirche nahestanden. »Davon gab es viele«, sagte Professor Kertzer mit einem Lächeln. Einer von ihnen war Bischof Hudal, von dem bekannt war, dass er Nazis Zuflucht bot. Andererseits musste Otto vermeiden, sich offen mit Faschisten einzulassen oder mit jenen, die weiterhin nostalgisch für die Republik von Salò schwärmten, etwa Mitgliedern des *Movimento Sociale Italiano* (»im Grunde eine nostalgische neofaschistische Partei«, erläuterte Professor Kertzer, auch wenn Italiens neue Verfassung den Faschismus verbot). »Im Rom des Jahres 1949 konnte man sich nur versteckt zum Faschismus bekennen.«

Die Erwähnung von Faschisten war das Stichwort, um die 35 Namen in Ottos Adressbuch durchzusehen. Ließ man die beiden Bischöfe – Hudal und Bučko – sowie die Herren Bettoni und Marchesani, den Anwalt und den Arzt, beiseite, dann gehörte die große Mehrheit der Namen Italienern, Österreichern und Deutschen. Außerdem gab es noch einen Kroaten und einen Ungarn, den Maler Lajos Markos, der später Robert Kennedy und Ronald Reagan malte. »Ehem. in engl. Gefangensch.«, hatte Otto mit Bleistift neben die Adresse von Markos geschrieben.

Ottos Liste italienischer Kontaktpersonen war bunt gemischt. Sie umfasste mehrere Journalisten, wie etwa Alessandro Gregorian, von Otto als »sehr herzlich« und »Leiter des Pressedienstes des Vatikan« beschrieben. Ezio Maria Gray sei »100 % zuverlässig«, »ehem. Präsident des ital. Journalistenverbandes, bester Redner, Anti-bolschewik«. Andere Namen waren mit der Kirche verbunden. Dr. Egger war ein Prälat aus Südtirol, nützlich »für Auswanderung«. Monsignore Draganović, ein Kroate und Priester des Franziskanerordens, stand in Verbindung mit dem Istituto San Girolamo degli Illirici; sein Hauptprotektor war Luis Copello, Erzbischof von Buenos Aires und getreuer Anhänger von

Argentiniens Präsident Juan Perón, der die Nürnberger Prozesse äußerst kritisch sah. »Kroate, spricht Deutsch, ganz offen reden!«, schrieb Otto über Draganović, der eng mit dem pronazistischen Ustascha-Regime Kroatiens verbunden gewesen war. Ich erfuhr, dass es Draganović war, der Klaus Barbie zur Flucht nach Südamerika verhalf.

Mehrere von Ottos Ansprechpartnern waren als faschistische Sympathisanten kenntlich gemacht. Die Grafen Clavio und Piero Tagliavia bezeichnete er als »ehem. Fasch., gute Leute«. Conte Teodorani Fabbri, der »Schwiegersohn v. Bruder des Duce«, stand angeblich dem Vatikan nahe und hatte enge Verbindungen zu »Pol. Wehrmacht, Pol«. Signorina Elena Vitalis war Otto zufolge »sehr nett … Neo Fasch.?«. Unter den 35 Kontaktpersonen auf der Liste war nur eine, die Otto als »Antifaschist« auswies, der Ingenieur Biagio Bogioannini, ein Offizier bei den italienischen Gebirgsjägern, den *Alpini*, »aber sehr anständig, zieml. einflussreich«.

Auch die Welt der Diplomatie tauchte in Ottos Liste auf. Seine Exzellenz Camillo Giuriati, ein ehemaliger italienischer Diplomat, war spezialisiert auf den Handel mit Indien. Baron Folco Aloisi, der Sohn eines italienischen Vertreters beim Völkerbund während des Abessinienkrieges, musste mit »etwas Vors.!« behandelt werden. Die Baroness Sofia Toran de Castro war Mitte sechzig, »rührend gut« und hatte eine Wiener Mutter. Marianne Leibl, »Südtirolerin, Schriftsachverst.«, die später Schauspielerin wurde und in Filmen unter der Regie von Luchino Visconti und King Vidor mitwirkte. Erstmals im Vorspann erwähnt wurde sie in Géza von Radványis *Frauen ohne Namen*, zufällig der Film, in dem auch Otto mitwirkte.

»Faszinierende Liste«, sagte Professor Kertzer ruhig. Die Namen bestätigten seinen Eindruck von den Kreisen, in denen Otto sich offenbar bewegte.

Wir wandten uns dem Thema Fremdeinwirkung im Rom der Nachkriegsjahre zu, den Tötungen. »Es gab Gewalt in Rom nach dem Krieg«, erläuterte er, »aber meistens richtete sie sich gegen Italiener.« Rechnungen wurden beglichen, als im ganzen Land Tausende umgebracht wurden, meist von früheren Angehörigen des Widerstands. Österreicher und Nazis waren im Allgemeinen keine Ziele. »Der Widerstand, soweit vorhanden – mythologisiert und aufgebauscht –, wurde größtenteils dominiert von der Kommunistischen Partei.« Rachemorde an italienischen Gegnern waren eine Visitenkarte, noch lange nach dem Krieg, aber bis 1949 waren Morde, wie er es ausdrückte, »sehr ungewöhnlich«.

Ottos wahre Sorge, fuhr Kertzer fort, dürfte, nachdem er wegen »Massenmords« angeklagt worden war, die Angst gewesen sein, entdeckt, gefasst und für seine Rolle beim »Massenmord« der Nazis vor Gericht zur Rechenschaft gezogen zu werden.

»Es dürfte in Rom eine Menge Leute gegeben haben, vor allem auf der Linken, die sicher begierig darauf waren, jemanden wie Wächter aufzuspüren.«

Die Amerikaner hätten ganz oben auf der Liste derjenigen gestanden, die möglicherweise nach ihm fahndeten, aber es sei unwahrscheinlich, dass Otto von ihnen umgebracht wurde. »Der Gedanke, dass sie ein Killerkommando aufstellten, scheint absurd.« Es war nicht ihr Stil, nicht in Italien. Hätten die Amerikaner ihn gefunden, wäre er verhaftet, eingesperrt und vor Gericht gestellt worden. »Und gehängt«, fügte Professor Kertzer hinzu. »Rom war 1949 voll von Leuten, die versuchten, ihn zu kriegen, so dass er eine Menge Gründe hatte, sich zu fürchten.«

Könnte Otto von den Sowjets ins Visier genommen worden sein oder von italienischen Kommunisten? »Nicht undenkbar.« Im Jahr 1949 herrschte auf der Linken noch immer eine »große Wut« auf die Nazis. Eine gezielte Tötung könnte eine Möglichkeit gewesen sein.

Wir wandten uns den deutschen Kontaktpersonen auf Ottos Liste zu. Der erste Name war Karl-Gustav Wollenweber. »Früher Gesandtschaftsrat«, hatte Otto in seine Notizen gekritzelt. Jemand anderes fügte später ein Datum – Januar 2000 – und ein paar Worte hinzu. »Vergiftung bei ihm am 2. Juli aufgetreten.« Es sah aus wie Horsts Handschrift.

»Glauben Sie, dass Otto Wächter vergiftet wurde?«, fragte mich Professor Kertzer.

Ich hatte keine Meinung, ich war dabei, das Material zu sichten und zu verarbeiten.

»Und dort könnte es passiert sein, in Wollenwebers Haus?«

Ich führte aus, was über die Ereignisse des ersten Juli-Wochenendes im Jahr 1949 bekannt war, als Otto in der Nähe des Albaner Sees einen »wohlgesinnten ehem[aligen] Kameraden« besuchte. Das Wort »Kamerad« legte nahe, dass er Deutscher oder Österreicher war und ein Nazi, aber Otto nannte die Person nicht beim Namen. Ich wollte wissen, bei wem er zu Besuch war, als er erkrankte, da ein Name helfen konnte, die Umstände – und Ursache – seines Todes herauszufinden.

Anfangen wollte ich mit Wollenweber, ein Name, der neu war.

37

Wollenweber

Informationen über Dr. Karl-Gustav Wollenweber, den ersten Namen auf Ottos Liste seiner Kontaktpersonen, waren nicht schwer zu finden. Ottos Papiere enthielten eine Adresse – Villa San Francesco in der Via dei Monti Parioli in Roms II. Stadtbezirk, ein gewaltiger Bau mit einem schönen Park – und einen Hinweis auf einen Besuch am 26. Mai. Heute dient die Villa als Hauptsitz der *Congregazione »Serve di Gesù della Carità«* und als Seniorenresidenz für 42 ältere katholische Damen. Von der Website lächelt dem Besucher Papst Franziskus entgegen, das Haus wirbt mit der »Atmosphäre einer wahren Familie«, wo Damen eines gewissen Alters sich »in den letzten Jahren ihres Lebens heiter und glücklich fühlen«.

Dr. Wollenweber studierte Jura und trat nach der Promotion 1935 in den Dienst des Auswärtigen Amtes. Er diente in Luxemburg und Berlin und dann ab 1940 bis zum Ende des Krieges in Rom als Vertreter des Deutschen Reiches beim Heiligen Stuhl. Seit 1937 Legationsrat, stieg er 1940 zum Gesandtschaftsrat und damit zur Nummer drei unter Botschafter Ernst von Weizsäcker auf, der sich seit November 1947 vor einem US-Militärgericht in Nürnberg im sogenannten Wilhelmstraßen-Prozess wegen Verbrechen gegen die Menschlichkeit verantworten musste. Aufgrund seiner aktiven Mitwirkung an der Deportation französischer Juden nach Auschwitz wurde Weizsäcker im April 1949, als Otto in Rom eintraf, zu sieben Jahren Haft verurteilt. Einer seiner Verteidiger war sein Sohn Richard, der später Präsident der Bundesrepublik Deutschland wurde.

Nach dem Krieg arbeitete Dr. Wollenweber kurz für die britische Kontrollkommission in Berlin, bis er in einem alliierten Lager auf Sizilien interniert wurde. Nach einem kurzen Aufenthalt freigelassen, trat er 1950 erneut in den Auswärtigen Dienst ein und diente der jungen Bundesrepublik Deutschland in Spanien, Mexiko, der Dominikanischen Republik und Malta. Während dieser Zeit heiratete er die Tochter eines Kollegen, eines deutschen Diplomaten, der 1934 in Opposition gegen die Nazis den Dienst quittiert hatte. Mit der Heirat bekam Wollenweber zwei Stiefsöhne, Michael und Jörg.

Anscheinend hatte Dr. Wollenweber Zugang zu Papst Pius XII., wie aus verschiedenen Berichten über die Ereignisse am Morgen des 16. Oktober 1943 hervorgeht, als die ersten römischen Juden für die Deportation zusammengetrieben wurden. Einer Darstellung zufolge erhielt Principessa Lorenza Pignatelli, die außerhalb von Rom lebte, einen eiligen Anruf, mit der Aufforderung, beim Papst zu intervenieren, den sie als ihren früheren Lehrer kannte. Ihr wurde gesagt, sie solle sich in den Vatikan begeben, die Sache sei dringend.

Sie bat Dr. Wollenweber, sie vom Albaner See nach Rom zu fahren. Zuerst machten sie sich auf den Weg zum jüdischen Ghetto, um zu sehen, was los war, dann zum Vatikan und zur Privatkapelle von Pius XII. Laut der Principessa telefonierte der Papst in ihrer Gegenwart mit den deutschen Behörden und bat, die Festnahmen und Deportationen mit sofortiger Wirkung zu stoppen. Sie wurden gestoppt, aber erst als 1023 Juden nach Auschwitz geschickt worden waren, von denen nur sechzehn zurückkehren sollten.

Bischof Hudal wurde eingeschaltet und schrieb einen Brief, der im Detail die schlimmen Auswirkungen auf die Beziehungen zwischen dem Vatikan und dem Dritten Reich darlegte, sollten die Deportationen nicht gestoppt werden. In seinen Erinnerungen findet sich ein Hinweis auf einen »Dr. W.«, von dem es heißt, er könnte als Vermittler – in der Rolle eines »außerordentlichen Bevollmächtigten« – eingesetzt werden, um die Beziehungen zwischen dem Dritten Reich und dem Vatikan zu verbessern. Der Bischof wollte einen höheren Diplomaten wie ihn, jemanden, der direkt mit dem Papst verkehren konnte.

Dies war die Summe dessen, was ich über Karl-Gustav Wollenweber erfuhr. Verbrachte Otto jenes erste Juli-Wochenende mit ihm, und hatte Dr. Wollenweber irgendwie mit seinem Tod zu tun? In amerikanischen Archiven fand ich einen einzigen Hinweis auf Dr. Wollenweber, ein Dokument vom Januar 1950. Als »rechte Hand« des Bischofs habe er sich bemüht, die Deutsche Botschaft beim Heiligen Stuhl nach dem Krieg »wiedereinzurichten«. Er wurde als »Günstling« des früheren deutschen Botschafters Diego von Bergen bezeichnet, der im Februar 1943 wegen mangelnder nationalsozialistischer Gesinnung nach Berlin zurückgerufen wurde. Das CIA-Dokument beschrieb Wollenwebers Vergangenheit als »dubios und korrupt« – ohne jeden Beweis – und behauptete, er habe versucht, wieder in Rom Fuß zu fassen, indem er den Einfluss eines hochintelligenten, aber ungenannten »Kirchenfürsten [...] ausnutzte«.

Um der »wohlgesinnte[n] ehem[alige] Kamerad[en]« zu sein, mit dem Otto jenes Juli-Wochenende verbrachte, hätte Dr. Wollenweber mit einer Italienerin verheiratet sein und eine vier Wochen alte Tochter haben müssen. Ich machte die frühere Frau eines der beiden Stiefsöhne Wollenwebers ausfindig, die in Connecticut lebt. Sie war hilfreich und freundlich. Sie sei Karl-Gustav ein paar Mal begegnet, erzählte sie mir, aber sie hätten nie über den Krieg gesprochen. »Er war schweigsam und zurückhaltend.« Ihr Exmann Michael stand ihm nicht nahe. »Wir sprachen nie über ihn.« Der andere Stiefsohn, Jörg, hatte keine Lust, direkt mit mir zu reden, gab aber immerhin ein paar Informationen weiter, die sich als entscheidend herausstellten.

»Wollenweber war unser Stiefvater«, schrieb Jörg. Seine Mutter heiratete ihn 1953. Er bestätigte weitere Angaben und ergänzte, dass Wollenweber vom protestantischen Glauben zum Katholizismus übergetreten und »ein sehr enger Freund von Pius XII.« war. Am Ende des Krieges bot der Vatikan ihm und zwei weiteren Spitzenbeamten der Deutschen Botschaft Asyl an, die anderen sollten in alliierten Lagern interniert werden. Die Nummer vier der Botschaft war Sigismund von Braun, ein Bruder von Wernher von Braun, der maßgeblich an der Entwicklung der V2-Raketen beteiligt war und zu den deutschen Wissenschaftlern gehörte, die von den Vereinigten Staaten angeworben wurden. Weil Sigismunds Frau schwanger war, nahm Wollenweber, der damals unverheiratet war, seinen Platz in dem Internierungslager auf Sizilien ein.

Diese wenigen Informationen – der Zeitpunkt der Eheschließung, das Fehlen eines weiteren Kindes – ließen keinen Zweifel daran, dass es sich hier nicht um den »ehem[aligen] Kameraden« handelte, mit dem Otto im Albaner See geschwommen war. Dr. Wollenweber war eine falsche Spur, nichts deutete darauf hin, dass er jemals für die Amerikaner gearbeitet hatte.

38

CIC

Die Existenz einer Akte über Dr. Wollenweber in dem amerikanischen Archiv legte nahe, dass hier möglicherweise noch weitere Informationen lagerten, die hilfreich sein konnten. Die Archive der CIA und anderer Organisationen waren umfangreich und labyrinthisch, so dass ich einen Führer brauchte. Ich wandte mich an Professor Norman Goda von der University of Florida in Gainsville, der sehr viel über die Beziehung zwischen den amerikanischen Nachrichtendiensten und ehemaligen Nazis geschrieben hat, wobei er sich auf freigegebene geheimdienstliche Materialien der USA stützte. Eines seiner Bücher, bei dem er als Co-Autor fungierte, las ich besonders aufmerksam. Es behandelte schwerpunktmäßig die Anwerbung bekannter SS-Offiziere und Gestapo-Beamter, vor allem solcher mit nachrichtendienstlicher Vorgeschichte, durch die Amerikaner. Einer dieser Offiziere war Klaus Barbie, der »Schlächter von Lyon«, dessen Flucht nach Südamerika von Elementen im Vatikan unterstützt wurde.

Das Buch von Professor Goda blickte zurück auf die Organisation der amerikanischen Spionage in Westeuropa zu dem Zeitpunkt, als Otto in Rom eintraf. Die umfassendste Operation wurde vom Counter Intelligence Corps (CIC) der US Army durchgeführt. In diesem Zusammenhang erinnerte ich mich an eine Zeile in Charlottes Erinnerungen, wo sie schrieb, dass sie »Tag und Nacht bespitzelt wurde vom CIC, wie man die Verbindung zu meinem geliebten Mann Otto erhalten könnte«. Es war die einzige nachrichtendienstliche Organisation, die Charlotte jemals erwähnte.

Das CIC wurde 1942 gegründet, doch seine Ursprünge reichen zurück in die Zeit des Ersten Weltkriegs. Beauftragt mit allen Aspekten

SECRET

COUNTER INTELLIGENCE CORPS

430th CIC SUB-DETACHMENT "B"

APO 174 U.S. Army

MASA 874/17

der Militäraufklärung, in den USA und im Ausland, wurden seine Aufgaben nach dem Mai 1945 erweitert und umfassten nun auch die Ergreifung von Nazis überall in Europa. Das CIC spielte schließlich eine führende Rolle bei der Entnazifizierung, einem Versuch, aus ehemaligen Nazis anständige Bürger zu machen. Im Zuge dieser Tätigkeit warb die Organisation angesichts der vermeintlichen Bedrohung durch die Sowjetunion auch ehemalige Nazis an. Dabei konzentrierte sich das CIC von Anfang an auf ranghohe Nazis, die Erfahrung in Spionage hatten, indem es SS-Angehörige und andere Personen, die den kommunistischen Feind kannten, identifizierte. Professor Godas Studie bot unzählige Details, darunter die Namen von Personen und Organisationen, die in Ottos Papieren auftauchten.

Professor Goda war sich im Klaren über das CIC und seine Leistungen als Organisation, die Fehler einschlossen. Er erwähnte die Geschichte von Hermann Höfle, dem angeblich »wichtigsten Untergebenen« des SS- und Polizeiführers Lublin Odilo Globocnik, den Himmler mit der Durchführung der »Endlösung« in Polen beauftragt hatte. Höfle war verantwortlich für die Koordination der Mordaktionen mit der Zivilverwaltung, die Räumung der Ghettos mit Hilfe von Trawniki- und Polizeieinheiten und den Abtransport in die Vernichtungslager. Trotz dieser fragwürdigen Rolle und dem bekannten Wunsch Polens, Höfle wegen der auf seinem Territorium verübten schweren Verbrechen gerichtlich zu belangen, rekrutierte ihn das CIC als Quelle.

Professor Goda kannte die Namen einiger von Ottos Kollegen und Kontaktpersonen in Rom. Das CIC arbeitete eng mit Pater Draganović und General Karl Wolff, Ottos Befehlshaber in Italien, zusammen. Wolff verhandelte im März 1945 mit Allen Dulles, einem Angehörigen des Office of Strategic Services (OSS), des CIA-Vorläufers, über eine Teilkapitulation der deutschen Streitkräfte in Norditalien (Operation Sunrise). Die Amerikaner waren über Aspekte von Wolffs Vergangenheit im Bilde – und entschlossen sich, sie zu ignorieren –, etwa ein Schreiben vom August 1942 an die Reichsbahndirektion, in dem Wolff »mit besonderer Freude« von der Mitteilung Kenntnis nimmt, »dass nun schon seit 14 Tagen täglich ein Zug mit je 5000 Angehörigen des auserwählten Volkes nach Treblinka fährt und wir auf diese Weise in die Lage versetzt sind, diese Bevölkerungsbewegung in einem beschleunigten Tempo durchzuführen«. Die Amerikaner zögerten nicht, seinen Namen von der Liste potenzieller »Hauptkriegsverbrecher« zu streichen, die in Nürnberg vor Gericht gestellt werden sollten, und suchten ihn vor Strafverfolgung zu schützen.

Die Forschungen von Professor Goda enthielten viel Interessantes. Er erläuterte, dass das CIC, andere amerikanische Dienststellen und die Briten spätestens 1949 sehr genau wussten, dass viele der angeblichen »Flüchtlinge«, die nach Italien gelangten, Nazis waren oder in NS-Verbrechen verwickelt waren. Sie wussten auch von den Fluchtrouten der Nazis, der Verwendung falscher Identitäten, wie Reisedokumente beschafft wurden und von der Rolle des Roten Kreuzes und bestimmter Personen, die mit dem Vatikan in Verbindung standen.

Ich erfuhr, dass das CIC im Jahr 1949 in Rom aktiv war.

Ich erfuhr, dass General Wolffs Untergebener bei der Operation Sunrise Eugen Dollmann war, der von den Italienern wegen seiner Rolle bei der Ermordung von 335 italienischen Zivilisten beim Massaker in den Ardeatinischen Höhlen gesucht wurde. Im Jahr 1947 hatten die Amerikaner uneingeschränkte Kenntnis davon, unternahmen aber Schritte, um ihn vor Strafverfolgung in Italien zu schützen, und schleusten ihn dann aus Rom heraus.

Ich erfuhr, dass Walter Rauff, der frühere Bewohner von Ottos Zelle in Vigna Pia, im April 1945 gefasst und vom CIC verhört wurde. Er galt als eine derart große »Bedrohung«, dass »lebenslange Internierung« empfohlen wurde, aber er flüchtete.

Ich erfuhr, dass der Chef des CIC in Oberösterreich Thomas A. Lucid hieß. Er gehörte zur 430. CIC-Abteilung und war an der Verhaftung von Frau Himmler beteiligt. Aus Norman Godas Studie erfuhr ich, dass Lucid Wilhelm Höttl anwarb, den Nazi-»Überläufer«, vor dem Rafelsberger (auch »Ladurner« genannt) Otto warnte. Lucid bezeichnete Höttl als »ausgezeichnete Quelle«, seine Vorgeschichte im Nazi-Geheimdienst ermögliche ihm, Berichte über die Sowjets mit »völliger Exaktheit« auszuwerten. Im Jahr 1948 beauftragte Lucid Höttl, zwei neue CIC-Spionagenetze zum sowjetischen Einfluss in Ungarn und Österreich zu betreiben.

Diese Namen – Wolff, Höttl und Dollmann – hatten noch etwas anderes gemeinsam: Ihre Träger arbeiteten während Ottos aktiver Dienstzeit in Italien, nach dem Herbst 1944, alle mit ihm zusammen. Dennoch sagte Professor Goda mir, dass ihm Ottos Name bis dahin noch nicht untergekommen sei – ein ranghoher Nazi, der ausgeblendet worden war. Er bot an, in den Archiven von CIC und CIA nach Dokumenten über ihn zu suchen. Vielleicht, meinte er, fände sich etwas, das erlauben würde, sich ein vollständigeres Bild von Otto zu machen, Elemente miteinander zu verknüpfen, die in Charlottes Nachlassunterlagen erwähnt, aber nicht erklärt wurden.

Professor Goda machte mich auf ein Dokument aufmerksam, von dem er annahm, dass es mich interessieren würde. Verfasst wurde es im Mai 1947 von Vincent La Vista, einem Beamten des State Department. Es handelte sich um einen einundvierzigseitigen Bericht, der mit »Top Secret« gestempelt war. Der La-Vista-Report tauchte in den 1980er Jahren auf. Daraus ging eindeutig hervor, dass die Amerikaner schon 1947 – zwei Jahre vor Ottos Ankunft in Rom – von illegalen Auswanderungsrouten wussten, welche die Überfahrt von Italien nach Südamerika ermöglichten. Laut La Vista war die »größte an der illegalen Bewegung von Emigranten beteiligte Einzelorganisation« der Vatikan, und in Rom spielte das CIC eine aktive Rolle, ebenso bekannte Sowjetagenten.

Ein Anhang zum La-Vista-Report enthielt eine Liste beteiligter Organisationen und Einzelpersonen. Der erste Name auf der Liste war Bischof Alois Hudal, der von den Amerikanern genau überwacht wurde, die anscheinend wussten, mit wem er sich traf und was er vorhatte. Auch »Monsignore Bučko«, der Ukrainer, und »Padre Bayer«, der parfümierte Priester, der einen italienischen Sportwagen fuhr, standen unter ihrer Beobachtung.

Der La-Vista-Report legte nahe, dass die Amerikaner von Ottos Ankunft in Rom gewusst haben könnten, und zwar von dem Moment an, wo er zum ersten Mal Bischof Hudal begegnete. »Vincent La Vista mag den Fall ein wenig übertrieben dargestellt haben«, erläuterte Professor Goda, »aber in seinen Grundzügen ist der Bericht zutreffend.«

Professor Goda und ich stellten uns vor, wie Otto am Tag seiner Ankunft in Rom die Situation empfunden hatte.

Er fürchtete, gefasst und dann an Polen ausgeliefert zu werden, wo man ihn vor Gericht stellen, für schuldig erklären und zum Tode verurteilen würde. Auch fürchtete er, überwacht zu werden, wie aus dem Briefwechsel mit Charlotte klar ersichtlich war. Er wusste, dass er von den Amerikanern und den Polen, die ihn wegen »Massenmords« angeklagt hatten, und wahrscheinlich auch von den Sowjets gejagt wurde. Er wusste, dass Frank, Kaltenbrunner und Seyß-Inquart gefasst und dann in Nürnberg gehängt worden waren. Wahrscheinlich wusste er, dass andere Kollegen im Generalgouvernement – Josef Bühler und Gouverneur Fischer – von den Amerikanern den polnischen Behörden übergeben wurden, um von diesen zum Tode verurteilt und hingerichtet zu werden. Was er nicht wusste, war, dass die polnischen Behörden im Januar 1949 auf seine »Spur gestoßen waren« und dass erst vor ein paar Wochen ein polnischer Staatsanwalt gebeten hatte, zum Zwecke der Strafverfolgung »belastende Materialien im Zusammenhang mit seinem verbrecherischen Handeln« zu sammeln.

Otto dürfte gewusst – oder Sorge gehabt – haben, dass der amerikanische Geheimdienst in Rom aktiv war und möglicherweise den Vatikan im Blick hatte. Vermutlich wusste er nicht, dass die Amerikaner in Ermangelung eines beim Vatikan akkreditierten Botschafters – erst unter der Präsidentschaft von Richard Nixon wurde ein US-Botschafter ernannt – Informationen sammelten, so gut sie konnten, indem sie Einzelpersonen in Diensten hielten, die, wie Professor Goda es ausdrückte, »im Bilde waren«. Otto wusste nicht, wer ein amerikanischer Informant sein könnte und wen er meiden musste. Doch er dürfte davon ausgegangen sein, dass Bischof Hudal, den die deutsche Gemeinschaft in Rom als Sympathisanten und »wichtigsten Verbindungsmann« für Nazis auf der Flucht kannte, zuverlässig war.

Andererseits war Otto sich, als er in Rom eintraf, wahrscheinlich nicht darüber im Klaren, dass die politische Situation sich geändert hatte, dass 1949 ein »entscheidendes Jahr« im Kalten Krieg war und der Vatikan mit den Amerikanern Hand in Hand arbeitete. Überdies gehörte Polen nun fest zum sowjetischen Einflussbereich, was bedeutete, dass die Amerikaner weniger geneigt wären, einem Ersuchen aus Warschau um seine Auslieferung nachzukommen. Die Jagd auf Ex-Nazis flaute ab. »Es ist nicht so, dass es 1949 kein polnisches Interesse an Wächter gegeben hätte«, erklärte Professor Goda, »es war nur weniger stark als drei Jahre zuvor.«

Diese Faktoren bedeuteten, dass die Amerikaner »1949 nicht unbedingt hinter Wächter her waren, zumindest nicht in der Absicht, ihn den Polen zu übergeben«, obwohl Otto das nicht gewusst haben dürfte. Wahrscheinlich »glaubte er, dass ihm Festnahme und Bestrafung oder vielleicht Ermordung drohten«.

Ermordung? Möglich, aber unwahrscheinlich, stellte Professor Goda klar. Zwar verübten die Sowjets tatsächlich manchmal Mordanschläge – er erwähnte den Fall von Stepan Bandera, eines ukrainischen nationalistischen Führers, der vor seinem Münchner Wohnhaus mit der Spitze eines Regenschirms vergiftet wurde –, aber das passierte erst viele Jahre später. Er bezweifelte, dass die Sowjets Otto wegen seiner Aktivitäten während des Krieges vergiftet hätten, obwohl sie es möglicherweise getan hätten, wenn sie der Ansicht gewesen wären, er sei momentan »in politische Machenschaften verwickelt«.

In der Realität zog Moskau es vor, ehemalige Nazis zu fassen, sie umzudrehen und gegen die Westdeutschen oder die Amerikaner einzusetzen. Professor Goda nannte das Beispiel des SS-Offiziers Friedrich Panzinger, der von den Sowjets gefasst, aber nicht vor Gericht gestellt wurde. Stattdessen drehten sie ihn um und schickten ihn zurück in den Westen, in der Hoffnung, auf diese Weise die junge westdeutsche Geheimdienstorganisation zu unterwandern, die von Reinhard Gehlen, einem ehemaligen General der Wehrmacht, geführt wurde. Panzinger hielt nicht, was er versprochen hatte: Er verriet den Westdeutschen, was die Sowjets trieben, dann beging er Selbstmord. Vielleicht war er ein Köder, sinnierte Professor Goda, da die Sowjets den westdeutschen Geheimdienst inzwischen bereits mit anderen ehemaligen SS-Leuten unterwandert hatten.

Um die Zeit, als Otto in Rom eintraf, hatte die Arbeit des CIC sich in eine andere Richtung verlagert: Zwei Jahre lang hatte man Nazis aus strafrechtlichen Gründen gejagt, jetzt war man hinter ihnen her, um sie anzuwerben. Otto konnte ein nützlicher Verbündeter gegen die Sowjets sein, der mit Hilfe des CIC in den westdeutschen Geheimdienst eingebunden werden konnte, so wie man es mit anderen ehemaligen Angehörigen von SS, SD oder Gestapo gemacht hatte. Ein Beispiel war der von Thomas Lucid angeworbene Höttl, der später versuchte, für die Westdeutschen zu arbeiten. Professor Goda glaubte, dass Höttl »aller Wahrscheinlichkeit nach« auch ein Sowjetagent war.

Wie Professor Kertzer bezweifelte er, dass Otto von den Amerikanern getötet worden sein könnte. »Mir fällt beim besten Willen nicht ein einziger Fall ein, wo die Amerikaner einen Mordanschlag auf einen ehemaligen Nazi verübten.« Die Amerikaner brachten sie in Verruf oder feuerten sie, aber er kannte kein Beispiel, dass jemand umgebracht wurde.

Warum also behauptete Otto, er sei von den Amerikanern vergiftet worden, wie Bischof Hudals Erinnerungen berichteten? Darüber könne man nur spekulieren, meinte Professor Goda. Und, fuhr er fort, »die Tatsache, dass Wächter glaubte, man habe ihn vergiftet, bedeutet nicht, dass er tatsächlich vergiftet wurde«.

»Und die Tatsache, dass der Bischof in seinen Erinnerungen schrieb, Otto habe ihm erzählt, er sei vergiftet worden, bedeutet nicht, dass Wächter das tatsächlich gesagt hat«, fügte ich hinzu.

»Genau.«

Könnte Wächter von einem Deutschen vergiftet worden sein, der für die Amerikaner arbeitete?

»Das ist ein bisschen interessanter«, meinte Professor Goda und sprach die Möglichkeit jüdischer Rache an. Es gebe jede Menge Verschwörungstheorien, befeuert von der Tatsache, dass unter denjenigen, die Nazis verhörten und strafrechtlich verfolgten, viele Juden waren.

Könnte er von einem Deutschen vergiftet worden sein, der für die Amerikaner arbeitete und ein Doppelagent für die Sowjets war?

»Auch das ist interessant«, erwiderte Professor Goda.

Er hatte in verschiedenen US-Archiven nach Akten über Otto gesucht. Eine Namensakte der CIA über ihn schien nicht zu existieren, aber laut Auskunft der National Archives and Records Administration (NARA), dem Nationalarchiv der Vereinigten Staaten, gab es eine CIC-Akte. Er hatte eine Kopie bestellt. »Es könnte sein, dass nichts drin ist«, sagte er, »bloß eine Karteikarte mit einem Hinweis, dass er an einem bestimmten Ort oder zu einem bestimmten Zeitpunkt aufgespürt, gesehen oder identifiziert wurde. Es könnte aber auch eine vollständige Akte sein, mit Angaben dazu, was andere Quellen über ihn berichteten. Oder es könnte eine Flüchtlingsakte sein, die bis ins Jahr 1946 zurückreicht. Oder es könnte, falls Wächter in Verbindung mit Höttl stand, eine Akte existieren, die seinen Namen enthält, sich aber eigentlich um Höttl oder andere Personen dreht.« Er würde mir Ottos Akte schicken, sobald sie eintreffe.

Das ausführliche Gespräch mit mir veranlasste Professor Goda, die freigegebenen Akten, die ihm bereits zugänglich waren, nochmals durchzusehen. Mehrere bezogen sich vor allem auf einen Deutschen, der möglicherweise von Interesse war, weil er bekanntermaßen während Ottos Aufenthalt in Rom aktiv gewesen war. Der Mann hieß Hartmann Lauterbacher. Der Name kam mir bekannt vor, obwohl ich mir nicht sicher war, wieso. Ich nahm mir noch einmal Charlottes Nachlassunterlagen vor.

Lauterbacher kam weder in Ottos Adressenliste und Taschenkalender noch in den Briefen an und von Charlotte vor. Allerdings tauchte der Name in einem Zeitungsausschnitt auf, den Charlotte aufbewahrt hatte, und deshalb erinnerte ich mich an ihn. *L'Unita* hatte berichtet, dass ein Mann namens »Lauterbacher« an Ottos erstem Begräbnis teilgenommen habe, seiner Beisetzung auf dem Campo Verano. Der Artikel nannte Lauterbacher einen der »Besten der SS«.

Professor Goda sagte, er würde die freigegebenen Lauterbacher-Akten sammeln und weitergeben. Sie könnten Namen oder andere Angaben enthalten, die mit Ottos Kontakten abgeglichen werden könnten.

39

Lauterbacher

Während ich auf das Eintreffen der Akten über Hartmann Lauterbacher wartete, machte ich mich daran, erneut zu überprüfen, ob sein Name in Charlottes Nachlassunterlagen vorkam. Und tatsächlich wurde er noch ein weiteres Mal erwähnt, und zwar in der Transkription eines Gesprächs mit dem Historiker Hansjakob Stehle, das Charlotte aufgezeichnete hatte, auf Band Nummer zehn.

Im Hintergrund dieser Aufnahme konnte ich Horst mit seiner Schwester Traute sprechen hören, zwei Stimmen, die sich liebevoll fürsorglich zu Charlotte äußerten. Ihre Unterhaltung mit Stehle beleuchtete in einer einzigen Stunde die Gesamtheit von Ottos Leben. Die frühen Jahre, den Juliputsch, die Ermordung von Dollfuß, Ottos Flucht, Krakau, Schach mit Hans Frank, den Besuch des italienischen Schriftstellers Curzio Malaparte, Lemberg, Himmler, Italien, Buko und Kaltenbrunner.

Charlotte erzählte dem Historiker, dass sie sich nur eingeschränkt erinnern könne. »Ich habe mich mit meiner Jugend so engagiert, dass ich diese geschichtliche Geschichte verschlafen habe.« Sie hatte nur Zeit für Otto und für seine Arbeit gehabt. Das Gespräch wandte sich ihrem letzten Zusammensein in Bozen zu.

Er wollte weiter nach Rom, erzählte Charlotte Stehle, nachdem er »bei dieser Dame« gewohnt hatte, die »in seine Arme gelaufen« sei. Das war eine Anspielung auf Nora.

»Warum wollte er nach Rom?«

»Ja, weil er da auch so viele kannte.«

»Wen kannte er denn in Rom?«, fragte Stehle.

»In Rom kannte er …«, Charlottes Stimme verstummte, während

sie ihre Gedanken sammelte oder vielleicht überlegte, was sie sagen konnte. »Ich kann das jetzt nicht sagen, aber er muss mit dem Reichsjugendführer irgendwie in Verbindung gewesen sein.« Also jemand aus dem Umfeld Baldur von Schirachs, des Chefs der Hitler-Jugend, mutmaßte Stehle.

»Lauterbacher?«, sagte er sofort, ein Hinweis auf von Schirachs Stellvertreter.

»Lauterbacher.« Charlotte sprach den Namen mit Bedacht. »Ja, ja, der wird es gewesen sein.«

Stehle fragte, wer empfohlen habe, nach Argentinien zu gehen. Charlotte sagte, sie könne sich nicht erinnern. »Wir konnten ja nicht offiziell schreiben«, so dass in der Korrespondenz Klarnamen gemieden wurden.

»Er ist dann zum Schluss mit jemandem zusammengekommen, am Albaner See, und da ist er eben so todkrank nach Hause gekommen, daher hat der Hudal gemeint, er ist vergiftet worden.«

»Ja, wer war denn das?«, fragte Stehle.

»Das weiß ich nicht. Es könnte aber in den Briefen stehen«, erwiderte sie, dann korrigierte sie sich. »Nein, er hat nie Namen genannt.«

»Das soll ein deutscher Offizier oder was gewesen sein?«

Charlotte sagte nichts. Später kehrte das Gespräch zu dem »Attentat« zurück, wie sie es bezeichnete. Sie machte die Sowjets verantwortlich, »weil die Bolschewisten wussten, dass er ganz antibolschewistisch war. Er war einer der wirklichen Verfechter gegen Russland.«

»Ja, aber das muss ja kein Grund sein, ihn zu vergiften«

»Nein, nein.«

Hartmann Lauterbacher sagte als Zeuge bei den Nürnberger Prozessen aus und veröffentlichte 1984 seine Autobiographie. Diese beiden Quellen lieferten ein plastisches, ebenso anschauliches wie heuchlerisches Bild des Mannes.

Die Briten verhafteten Lauterbacher am 30. Mai 1945 und internierten ihn im Lager Sandbostel in der Nähe von Bremervörde. Dort blieb er drei Jahre. In dieser Zeit erhielt er die Erlaubnis, nach Nürnberg zu reisen, nachdem er angeboten hatte, im Prozess gegen Baldur von Schirach als Zeuge auszusagen. Ein persönlicher Freund, so sagte er vor dem Gericht, mit dem er eng zusammengearbeitet habe.

Er beantwortete Fragen nach seiner Tätigkeit, zu der auch Besuche in Übersee gehört hatten. »Ich selbst bin in unmittelbarem Auftrag Schirachs mehrere Male in England gewesen und habe dort mit dem Führer der englischen Boy Scouts und seinem Mitarbeiter, aber auch mit anderen … [gesprochen]«, sagte er aus, erwähnte aber nicht einen Besuch des Eton College in seiner Eigenschaft als Stellvertreter des Reichsjugendführers im November 1937.

Bei seiner Nürnberger Zeugenaussage wich Hartmann Lauterbacher den Fragen ständig aus. Er erzählte den Richtern, dass die Hitler-Jugend »wohl mehr eine Tracht« und keine Uniform getragen und die Organisation bei antijüdischen Aktivitäten keine Rolle gespielt habe. Das *Jahrbuch der Hitler-Jugend* sei keine verlässliche Informationsquelle, »nicht Hitler-Jugend-amtlich oder Partei-amtlich«, habe »keinen amtlichen Charakter« gehabt, sei vielmehr »eine private Angelegenheit der Herausgeber gewesen«, auch wenn es im »Zentralverlag der NSDAP« erschienen war. Ein früherer Mitarbeiter behauptete in einer eidesstattlichen Erklärung, er habe befohlen, Hunderte von Insassen des Zuchthauses in Hameln »entweder mit Blausäure oder Strychnin zu vergiften oder sie erschießen zu lassen«, was Lauterbacher bestritt: »Ich habe diesen Befehl niemals erteilt.«

Seine Autobiographie lieferte eine ebenso eigennützige Darstellung der Ereignisse. Lauterbacher schilderte seine Flucht aus einem britischen Lager im Februar 1948, einen mit seiner Frau in Bayern verbrachten Sommer, dann die – illegale – Ankunft in Italien, wo er in Bozen lebte. Er reiste nach Rom, wo er schnurstracks seinen alten Freund Bischof Alois Hudal aufsuchte. Sie lernten sich 1934 kennen, in einem Lager der Hitler-Jugend, schrieb er, und als sie einander in die Augen blickten, begann augenblicklich eine Freundschaft, die bis zum Tod Hudals währte. In Rom half der Bischof ihm. Lauterbacher logierte bei einer älteren italienischen Fürstin, die »einen Steinwurf« von Castel Gandolfo entfernt wohnte, und schlug die Gelegenheit aus, nach

Argentinien auszuwandern, da er seiner Familie nahe sein wollte. Er arbeitete für die Exportagentur seines Bruders und erhielt eine italienische Aufenthaltsgenehmigung und Ausweispapiere. Geheimdienstliche Aktivitäten erwähnte er in seiner Autobiographie nicht.

Dies war die offizielle Version, ein von anstößigen Stellen gesäubertes Dokument.

Die 28 freigegebenen CIC- und CIA-Akten über Hartmann Lauterbacher erzählten eine etwas andere Geschichte. Professor Goda hatte sie geschickt und außerdem berichtet, dass die Akte über Otto Wächter im CIC-Archiv fehlte. Die Lauterbacher-Akten deckten den Zeitraum von November 1948 bis Anfang der 1960er Jahre ab und bestätigten,

dass er 1948 in Rom eintraf. Dort »pflegte er Umgang mit neofaschistischen Kreisen«, spielte mit »neofaschistischen Idealen« und pflegte umfangreiche Kontakte zu »ehemals hochrangigen nazi-artigen Freunden«. Die Akten enthielten noch weitere Angaben. Lauterbacher war ca. 1,70 Meter groß und korpulent und angeblich sein Leben lang ein »aktiver Homosexueller«. Er war katholisch, ausgebildeter Drogist, verheiratet, hatte drei Kinder und war ein starker Trinker und Raucher.

Die Akten berichteten von einer »heimlichen Existenz« in Rom, bei der er mehrere Pseudonyme verwendete. Der amerikanische Geheimdienst beobachtete ihn genau und bemerkte häufige Kontakte mit Bischof Hudal (der als »Nationalist und Antikommunist« bezeichnet wird) und ehemaligen Führern verschiedener italienischer faschistischer Gruppen. Ein Angebot des argentinischen Botschafters in Rom, nach Südamerika zu reisen, wenn er helfe, Deutsche rüberzubringen, habe er abgelehnt. Ausführlich beschrieben die Akten weitere Aktivitäten. Lauterbacher führte antikommunistische Gruppen in Deutschland und Österreich zusammen, half bei der Gründung eines »antikommunistischen Informationsnetzes, mit Unterstützung des Vatikans, in Zusammenarbeit mit Bischof Hudal«, und bemühte sich,

»Deutsche zu schützen, die in Gefahr lebten, indem er sie nach Syrien schickte«.

Im Jahr 1949 gründeten er und Bischof Hudal mit Unterstützung durch die alliierten Behörden (wie Lauterbacher behauptete) eine »internationale antibolschewistische Organisation«. Im Sommer 1949 nahm er Kontakt mit dem CIC auf und gab Informationen über Aktivitäten und Aktivisten der Kommunistischen Partei weiter. Sein dortiger Kontaktmann war Joseph Luongo, ein in Gmunden stationierter Sonderermittler, der für Thomas Lucid arbeitete. Angeblich war Lauterbacher auch für den italienischen Geheimdienst tätig und hatte Kontakte zu »Elementen, die für die Russen arbeiteten«.

Lauterbachers Akten enthielten weitere Informationen, die enger mit Otto zusammenhingen. Im Sommer 1949 wurde die 430. CIC-Abteilung auf ein sowjetisches »Spionagenetz, das in Italien operierte« und aus deutschen Staatsangehörigen bestand, aufmerksam. Das CIC machte eine »Dienstliste« von Deutschen ausfindig, die in Rom aktiv waren, und unter den Namen waren drei von Ottos Kontaktpersonen. Eine davon war ein Journalist namens Bauer, der während des Krieges im Amt IV des SD gearbeitet hatte und nun »Reporter für die Austria Presse Agentur in Rom« war. Die zweite war Walter Rauff, der die Reise von deutschen Ex-Offizieren nach Syrien organisierte. Und die dritte war Hedi Dupré, die preußische Dame, die, so erfuhr ich jetzt, mehr als nur eine freundliche Bekannte gewesen war: Während des Krieges fungierte sie als Sekretärin des deutschen Marineattachés und arbeitete außerdem beim deutschen militärischen Geheimdienst, der Abwehr. Nach dem Krieg, so berichtete das Dokument, übertrug sie ihre Bemühungen auf die italienischen Geheimdienste.

Lauterbacher wurde 1951 in dem Internierungslager Fraschette di Alatri südlich von Rom inhaftiert. Er flüchtete, kehrte aber nach Rom zurück, wo er eine »permanente Verbindung mit dem Movimento Sociale Italiano« einging. Außerdem arbeitete er für den Bundesnachrichtendienst (BND), wurde jedoch 1953 gefeuert, weil er ein »Homosexueller und mutmaßlicher Ostagent« sei. Zehn Jahre später, noch immer unter amerikanischer Beobachtung, brachten ihn die Amerikaner in eine konspirative Wohnung, um ihn zu verhören. Man hatte ihm gesagt, es handle sich um eine »Routineüberprüfung«, doch er floh, weil er fürchtete, dass der US-Geheimdienst »etwas anderes im Sinn hatte«. Er verschwand, angeblich nach Ghana. Nach ein paar Jahren in Afrika und im Nahen Osten kehrte er nach Deutschland zurück, wo er 1988 starb.

So weit die amerikanischen Akten über Hartmann Lauterbacher. Es gab noch eine Akte im Besitz des ostdeutschen Ministeriums für Staatssicherheit, die andere mögliche Verbindungen zu Otto aufzeigte. Die Stasi-Akte berichtete, dass Lauterbachers Lieblingstreffpunkt das Café Doney in der Via Veneto war, eine Straße, die in Ottos Kalender häufig erwähnt wird. Lauterbacher versorgte »beschuldigte Nazis« mit italienischen Aufenthaltsgenehmigungen, dank seiner ausgezeichneten Beziehungen zur italienischen Polizei, für die er angeblich als »Informant« tätig war.

Da war noch mehr. Die Akten von CIC und Stasi führten verschiedene falsche Namen auf, die Lauterbacher im Sommer 1949 in Rom verwendete. Einer davon war »Giovanni Bauer«, ein anderer »Walter Detering«. Beide Namen waren aus Ottos Kalender sofort wiedererkennbar.

Am 29. April, dem Tag seiner Ankunft in Rom, sollte Otto von »Bauer« abgeholt werden. Auf diesem Wege erfuhr ich, dass Hartmann Lauterbacher der bürgerliche Name des Mannes war, von dem er erwartete, auf dem Bahnhof Roma Termini begrüßt zu werden, außer dass dieser nicht da war, als der Zug verspätet eintraf. Otto verbrachte zwei Tage mit der Suche nach Lauterbacher.

»Bauer« wurde auch in zahlreichen Einträgen in Ottos Kalender erwähnt, im Mai und Juni.

In dreien seiner Briefe erwähnte Otto »Detering«.

Walter Rauffs Brief an Otto erwähnte einen »Giovanni«.

Und »Giovanni« war der Name, den Otto am 2. Juli 1949 in seinen Kalender schrieb, dem Tag, als er zum Albaner See fuhr, wo er erkrankte.

Hartmann Lauterbacher scheint Ottos wichtigste Kontaktperson in

Rom gewesen zu sein, obwohl dieser Name in keinem der Dokumente in seinen oder Charlottes Unterlagen erwähnt wurde. War Lauterbacher der »wohlgesinnte[n] ehem[alige] Kamerad[en]«, den Otto am 2. Juli am Albaner See traf? Laut den CIC-Akten lebte er in der Nähe des Albaner Sees.

Die Akten erwähnten allerdings nicht, dass Lauterbacher mit einer Italienerin verheiratet war oder dass er ein kleines Kind hatte. Vielmehr hieß es, er sei aktiv homosexuell. Dies legte nahe, dass der »ehem[alige] Kamerad«, den Otto an jenem ersten Wochenende im Juli besuchte, nicht Hartmann Lauterbacher war.

Noch einmal ging ich die 28 Akten, die Professor Goda mitgeschickt hatte, Seite für Seite durch und sah mir jeden Namen genau an. Ein Hinweis sprang ins Auge, die Erwähnung eines »ehemaligen SS-Majors«, mit dem Lauterbacher in Verbindung stand. Dies stimmte mit einer Bemerkung in Bischof Hudals posthumen Erinnerungen überein, wo von einem ehemaligen »SS-Major«, der für die Amerikaner arbeitete, die Rede ist. Hudal identifizierte ihn als denjenigen, von dem Otto glaubte, er habe ihn vergiftet. In einigen der Akten wurde der »ehemalige SS-Major« als die Quelle für CIC-Informationen über Lauterbacher identifiziert. Unabhängig davon machte Lauterbacher einen »ehemaligen SS-Major« für seine Verhaftung im Jahr 1951 verantwortlich und glaubte, der fragliche Mann sei »ein amerikanischer Spion«.

Eine der Akten identifizierte den »ehemaligen SS-Major« namentlich: Karl Hass, während des Krieges in Rom und Parma stationiert. Angeblich mit vielen Deutschen befreundet und in Kontakt mit italienischen Neofaschisten, hieß es von Hass außerdem, er stünde unter dem Schutz der italienischen Polizei.

War Karl Hass der Mann, den Otto am Albaner See besuchte, war er eine der Figuren, denen Otto in der brodelnden Atmosphäre Roms begegnete?

40

Persilschein

»In gewisser Hinsicht war ich ein winziger Teil jener Welt, der Wächter begegnete.« Die Worte überraschten mich. Der sie sprach, war mein Nachbar David Cornwell, besser bekannt als John le Carré, Autor von Romanen über Spionage während des Kalten Krieges. Ich hatte mich an ihn gewandt, um Einblicke in die von den CIC-Akten geschilderte Welt zu bekommen, ein Thema, von dem ich annahm, dass er einiges darüber wusste.

Es begann mit einer Nachricht, die ich ihm schickte, und auf seine Nachfrage überließ ich ihm ein wenig Hintergrundmaterial über Otto und Charlotte und ein paar der freigegebenen CIA-Akten über Lauterbacher. Er lud mich zum Tee ein, ich erschien mit sechs Törtchen, einer Handvoll Briefe von Otto, einigen Fotos. Wir saßen im Wohnzimmer, während Sonnenlicht über die Papiere flutete, die auf dem Sofa und einem niedrigen Tisch ausgebreitet lagen. David hatte sich auf kleinen Karten Notizen zu dem Material gemacht.

Er erklärte, warum die Sache ihn interessierte, erzählte mir, dass er 1949 sogar in Österreich gewesen sei – etwas, das ich nicht gewusst hatte –, während seines Wehrdienstes, als er in Graz stationiert war. Als junger Leutnant war er einer Einheit der Field Security Section zugeteilt, einer Art geheimdienstlicher Militärpolizei, die sich für die russische Zone interessierte. »Wir setzten kleine Agenten ein, junge Burschen auf Motorrädern, die russischen Posten Pornobildchen verkauften, solche Sachen«, sagte er. »Angeblich waren wir auch Nazi-Jäger, durchkämmten Displaced-Persons-Lager, befragten massenweise Flüchtlinge, ein erbärmliches Geschäft – ich schrieb darüber in *Ein blendender Spion*, der ganz von dieser Zeit inspiriert ist.«

Er schlug vor, mal einen Blick in das Buch zu werfen, da es »auch eine ziemlich komische Zeit« gewesen sei. Ich tat es irgendwann und fand die folgenden Worte, gesprochen von der Hauptfigur des Romans, Magnus Pym: »Sind Sie ein Spion, und wenn ja, würden Sie dann nicht lieber für uns spionieren? Oder sind Sie nur ein Verbrecher, in welchem Falle es Ihnen sicher lieber wäre, in die Spionage einzusteigen, als von der österreichischen Polizei über die Grenze abgeschoben zu werden?«

Es war nicht schwer, sich vorzustellen, dass Otto solche Fragen gestellt wurden. Pyms – und Davids – Erfahrung stimmte mit dem überein, worauf ich auf der Spur von Ottos Kontakten in Rom gestoßen war. Viele durchliefen Internierungs- oder Kriegsgefangenenlager, oft mit falschen Identitäten. Sie wurden verhört, flohen, wurden gefasst, flohen erneut. Einige brachten sich mit unerlaubten Mitteln in Sicherheit, andere wurden angeworben. Otto starb.

Die Möglichkeit, dass David eine von Ottos Kontaktpersonen verhört haben könnte, amüsierte uns. Eine kleine Welt, eine, die sich zwischen Ottos zweitem Verschwinden im Mai 1945 und seinem ersten Begräbnis im Juli 1949 dramatisch veränderte. Ein wegen Massenmords gesuchter ranghoher Nazi, dann – nur vier Jahre später – ein potenzieller Verbündeter gegen die Sowjets. Italien und Österreich, so erfuhr ich, standen im Zentrum der Auseinandersetzung zwischen Ost und West, und David war dort gewesen.

Wenn seine Einheit eine gesuchte Person als möglichen Rekruten identifizierte, tauchten Fragen auf. »Man wurde irre«, erzählte er. »Ich war mit einem Hass auf den Nazismus und diese Sachen großgezogen worden, um dann Knall auf Fall festzustellen, dass wir in Sekundenschnelle eine Kehrtwende vollzogen hatten und der große neue Feind nun die Sowjetunion sein sollte, es war sehr verwirrend.«

An seine Gruppe wurden von unterschiedlichen Organisationen Fälle übertragen. Weil Informationen über mutmaßliche Nazis die Runde machten, spielte das CIC eine zentrale Rolle. Doch spätestens 1949 erlahmte das amerikanische und britische Interesse an der Strafverfolgung von Nazis rapide, und die neue Zielvorgabe lautete, die

Wertvollen zu benutzen, sie aus Europa herauszuschaffen, vielleicht in die USA oder, heimlich, nach Südamerika zu bringen. Die Amerikaner wussten von der Rattenlinie und halfen vielleicht sogar, sie einzurichten, bestätigte David. Er wusste, dass es eine Fluchtroute gab, und nannte die Zahl von 10 000 Ex-Nazis, die sich nach Südamerika absetzten, oft mit Hilfe des Vatikans. »Eine Zeit, in der geneigte Verkäufer auf geneigte Käufer trafen«, wie er es ausdrückte. »Perón in Argentinien sagte: ›Bitte kommt hierher, wir sind Faschisten, die Nürnberger Prozesse sind eine Schande.‹«

Die Amerikaner sammelten deutsche Wissenschaftler und ehemalige Nazi-Geheimdienstler und gaben ihnen eine Aufgabe. General Reinhard Gehlen, ein Geheimdienstoffizier, der als Chef der Abteilung Fremde Heere Ost (FHO) im Generalstab des Heeres gedient hatte – laut David »mit einer erbärmlichen Bilanz« –, wurde mitsamt seinen nachrichtendienstlichen Unterlagen nach Washington gebracht, wo er von Allen Dulles, dem späteren Direktor der CIA, befragt und angeworben wurde. Demselben Allen Dulles, der im Rahmen der Operation Sunrise Kapitulationsverhandlungen mit Ottos Chef, General Karl Wolff, geführt hatte. »Komischerweise«, betont David, »war das meiste von dem Zeug, das Gehlen hatte, Schrott, mit dem die Sowjets ihn versorgten, die besser darin waren, seine Organisation zu unterwandern, als er darin war, die ihre zu unterwandern.« Doch Dulles sei von Gehlen angetan gewesen.

David war neugierig auf Otto, einen Mann, der es nicht zuletzt wegen seines unversöhnlichen Antikommunismus zum ranghohen Nazi gebracht hatte. »Wächters Fall ist interessant. Wäre ich auf ihn gestoßen, hätte ich zuerst das Faktum gemeldet. Man hätte ihn verhört. Wäre das durch die richtigen Leute geschehen, wäre man schnell darauf gekommen, dass er als überzeugter Antikommunist der ideale Spion war. Ein kleiner österreichischer Adliger, Katholik, perfekt geeignet, um die Sowjets auszuspionieren, für die Sache des Westens zu arbeiten.«

Ich fragte nach dem Vatikan.

David meinte, Otto wäre für den Vatikan »selbstredend attraktiv«

gewesen. Im Jahr 1949 war der Vatikan ein nützlicher Verbündeter, der großes »Geschick« darin besaß, ehemalige Nazis anzuwerben, umzudrehen und zu exportieren. »Wir wussten, ganz allgemein, dass der Vatikan zum Faschismus tendiert hatte, dass Elemente des Vatikans an der Durchführung dieser Ausschleusungsoperationen, der Organisation dieser Rattenlinien beteiligt waren.« Natürlich drängten andere Elemente in eine andere Richtung.

Sie wussten auch, dass Ottos Vergangenheit in Wien, Krakau und Lemberg kein Hinderungsgrund für Anwerbung oder Flucht wäre. Er wäre als »Talentsucher« interessant gewesen, hätte ehemalige Nazis ausfindig machen können, die möglicherweise für die Amerikaner gearbeitet hätten. Seine frühere politische Karriere bedeutete, dass er »bei gewissen Leuten Ansehen und Einfluss« hatte. Er konnte Türen öffnen, mit »seiner eigenen Rolodex«. »Die zufällige Tatsache, dass er auch ein Ungeheuer war, hätte keine Rolle gespielt«, fügte David mit grimmigem Lächeln hinzu. »Sollten sie ihn sich genau angesehen und ihnen seine Art gefallen haben, würde es mich überraschen, wenn sie ihn nicht angeworben hätten.« Im Falle seiner Anwerbung wäre der weitere Weg vorgezeichnet gewesen: »Seine Akten vernichten oder sie dauerhaft aus dem Verkehr ziehen oder falsche Akten anlegen oder irgendeine Art symbolische Anhörung veranstalten und ihn durch das System schleusen.«

Die Deutschen hatten einen Ausdruck dafür: »Persilschein«, eine Anspielung auf ein Waschmittel, eines, das weißer als weiß wusch. »Wenn man eine solche Bescheinigung bekommt, ist man sauber.« Ich erinnerte mich an ein großes Emaille-Reklameschild für Persil, das Horst in einem seiner Badezimmer aufbewahrte.

»So etwas ist passiert?«

»Es ist passiert.«

»Und es gab keine Einwände?«

»Es gab sogar heftige Einwände, aber sie fruchteten nichts.« Wenn ein niederer

Dienstgrad wie David Bedenken anmeldete und die Sache wurde hitzig, wie es manchmal der Fall war, als er in Triest stationiert war, sagte man ihm stets, er solle »es gut sein lassen«.

»Ich war Leutnant und leistete Wehrdienst … ›Verschwenden Sie nicht ihre verdammte Zeit‹, sagte man mir.«

Konnte jemand, der so hochrangig war wie Otto Wächter, in den Genuss eines Persilscheins kommen?

»Das Problem mit Wächter war, dass er prominent war. Er hatte schreckliche Dinge getan, und das vor aller Augen. Aber es gab keine Gerechtigkeit.«

Es überraschte David nicht, dass Otto nicht festgenommen worden war oder dass seine CIC-Akte fehlte. »Die Kommandanten von Treblinka und Sobibór wurden mit Erfolg nach Südamerika geschickt und schrieben ihre Flucht Bischof Hudal zu, der Wächter die Letzte Ölung gab. Wenn man ein kleiner österreichischer Adliger und Katholik ist, dann ist man selbstredend attraktiv für den Vatikan. Mit solchen Leuten kommt der Vatikan am besten zurecht.«

Unser Gespräch wandte sich der Möglichkeit eines Mordanschlags zu. »Suchen sie sich einen aus«, sagte David, eine Anspielung auf die unendliche Auswahl möglicher Attentäter, die Sowjets, Juden, Polen und Amerikaner einschloss.

»Ich glaube … ja, ich bin mir sicher, dass er umgebracht wurde. Alles in allem, wenn man das Material liest, das Sie mir gegeben haben, könnte ich mir vorstellen, dass es im Grunde eine jüdische Operation war, wie indirekt auch immer.«

Die Schlussfolgerung überraschte mich. Ich hatte ihm nur eine beschränkte Auswahl an Materialien gezeigt, und darunter waren keine Krankenakten gewesen.

»Eigentlich ist es nur so eine Ahnung, mehr nicht, schließlich sind sehr viele solche Morde passiert. Ich muss auch sagen, ich bewunderte diese Aktionen.«

Wer könnte nach Otto gesucht haben?

»Das CIC. Vielleicht, um ihn anzuwerben, aber er war so prominent, das hätte nicht funktioniert. Vielleicht wollten sie ihn befragen, herausfinden, wer seine Kameraden waren bei der grässlichen Arbeit, die er verrichtete. Oder vielleicht wollten sie ihn verhaften, ihn zur Rechenschaft ziehen. Die verschiedenen Einheiten hatten verschiedene Ansichten und agierten sehr kleinräumig.«

Das britische Verhältnis zu den Amerikanern war nicht unkompliziert. »Das Problem wäre gewesen: Schnappen wir ihn uns, sperren ihn ein und stellen ihn vor Gericht, oder ist er möglicherweise nützlich? In der Regel hörten die Briten auf die Amerikaner. Manchmal erhoben sie Einwände – und wurden überstimmt.«

Und die Sowjets? Ja, sie hatten Agenten in und um Rom. »Sowjetische, NKWD- und Komintern-Agenten, Sympathisanten, unabhängige Leute, ebenfalls vom sowjetischen Militär geführt. Damals gab es einen riesigen Kern wohlwollender Unterstützer.« Und, fügte David hinzu, bei den Russen hatten »Morde und Attentate eine lange Tradition, mehr als bei westlichen Diensten«.

Die Sowjets hätten ein Interesse an Otto haben können. »Wenn er von Nutzen für sie gewesen wäre, hätten sie ihn nach Russland gebracht und ihm öffentlich den Prozess gemacht für das, was er auf sowjetischem Territorium getan hatte. Oder sie hätten ihn umgedreht und ihn anschließend im west- oder ostdeutschen Geheimdienst wiederauftauchen lassen.« Dies stützte die These von Professor Goda.

David brachte einen weiteren Gedanken ins Spiel. Wenn Otto von den Amerikanern angesprochen und ihm ein Angebot gemacht worden wäre – »als Talentsucher, um Personen mit Nazi-Vergangenheit anzuwerben, die für die Amerikaner arbeiten könnten« –, dann sei nicht einzusehen, warum er ein solches Angebot hätte ablehnen sollen. Schließlich war er ein unversöhnlicher Antikommunist, befand sich auf der Flucht und suchte eine sichere Zuflucht. Wenn ein Vorschlag von den Amerikanern gekommen wäre, »wäre er darauf angesprungen, würde ich meinen«.

David hielt inne, dann betrachtete er die Sache aus einem anderen Blickwinkel. »Vielleicht kam der Vorschlag von jemand anderem. Bei diesen Hinweisen scheint es mir wahrscheinlicher, dass es ein Angebot von den Sowjets war.«

Dies warf die Möglichkeit auf, dass Otto ein Angebot von einem Deutschen gemacht wurde, der für die Amerikaner arbeitete, aber zugleich ein Doppelagent für die Sowjets war. Hätte Otto einen Vorschlag von den Sowjets abgelehnt? »Angesichts seiner katholischen Überzeugungen, ja, möglicherweise«, sagte David. »Aber solche Leute wurden umgedreht, in die Sowjetunion gebracht, um ein neues Leben zu führen, mit neuen Ausweispapieren. Es ist durchaus denkbar, dass er eine neue Identität erhielt, seine Vergangenheit vernichtet, ihm ein neuer Name gegeben wurde. Das war das tägliche Brot dieser Welt.«

Der Gedanke, dass Otto Wächter unauffällig in der Sowjetunion lebte, schien unwahrscheinlich. David hielt inne, um über seine eigene Idee nachzudenken. »Das Problem mit Wächter war, dass er so prominent war, so sichtbar.«

Ich erwähnte die CIA-Akten. Wenn sie ihm zugänglich wären, wonach würde er suchen?

»Nach Hinweisen auf Wächters Absichten und die Absichten des Vatikans. Wenn er so was wie ein Ausweisdokument besaß, wer hatte es ausgestellt? Die Internationale Flüchtlingsorganisation? Das Rote Kreuz?«

»Der Österreichische Automobil-Club«, entgegnete ich. »Oder der Österreichische Skiverband?«

»Entzückend«, erwiderte David mit einem Grinsen. »Für mich sieht es so aus, als ob er jeden Moment darauf gefasst war, ausgeschleust zu werden, am Ende in Argentinien zu landen …«

Man müsse in den Akten danach suchen, fuhr er fort, was Otto Wächter bewegte, in dieser Phase seines Lebens. Er würde alle Namen in Ottos Dokumenten mit denen in den CIA-Akten vergleichen, herausfinden, was sie gemeinsam hatten, versuchen, irgendeinen Zweck in seinen Verbindungen zu erkennen. »War es ein sozialer? Gab es eine innere Logik, die sich durch all diese Treffen zog? War er dabei, so was wie eine rudimentäre Organisation auf die Beine zu stellen?«

So, wie es aussah, bestand eine Verbindung zwischen einigen der Namen in Ottos Adressbuch und Briefen und denen in den CIC- oder CIA-Akten. Der rote Faden, der diese Namen verband, war ein Bezug zu extremen Nationalisten und Antikommunisten, zu ehemaligen Faschisten und Leuten, die den Kampf gegen die Sowjets aufnehmen wollten.

Das war etwas, das David interessierte, der sich sein Leben lang mit Spionage in Zeiten des Kalten Krieges beschäftigt hat. »Verrückte Überbleibsel der deutschen und österreichischen Militärkaste glaubten, sie könnten den Krieg nach Russland tragen, weitermachen, sich mit dem amerikanischen Militär zusammentun, nach Osten ziehen. In britischen und amerikanischen Kreisen gab es ernstzunehmende Elemente, die sagten: ›Machen wir genau das, beenden wir diesen kommunistischen Spuk, jetzt, solange sie in der Defensive sind.‹«

Und benutzten dazu Leute wie Otto?

»Und benutzten dazu die Wächters. Es klingt verrückt, aber es passte perfekt zum Säbelrasseln der Zeit.«

Und benutzten auch noch andere ehemalige Nazis wie Karl Hass, dessen Name in keinem der Dokumente aus Charlottes Nachlass auftauchte, der aber in einer CIA-Akte über Hartmann Lauterbacher erwähnt wurde.

41

Los Angeles

Ich trug das freigegebene CIA-Material, das über Karl Hass verfügbar war, zusammen. Es war umfangreich, weit mehr als das für Lauterbacher, 128 Akten, von 1948 an fortlaufend bis in die 1960er Jahre. Eine lange, langsame und faszinierende Lektüre.

Karl Hass wurde am 5. Oktober 1912 in Elmchenhagen bei Kiel geboren. Er studierte an der Berliner Friedrich-Wilhelms-Universität und wurde dort 1943 in Politikwissenschaft promoviert. Inzwischen, im Jahr 1934, war er in die SS eingetreten, und in jenem Jahr fing er im Rang eines SS-Unterscharführers als Referent in der Presseabteilung des SD-Hauptamtes in Berlin an (Zentralabteilung I 3 Presse und Schrifttum), dann wechselte er 1940 ins Referat D 3 Süd (Italien-Referat) des RSHA-Amtes VI (Ausland – SD-Ausland). Im Jahr 1937 war einer seiner Kollegen beim SD Otto Wächter, obwohl ich nicht feststellen konnte, ob die beiden zusammenarbeiteten oder sich kannten. Was man weiß, ist, dass sie im selben Gebäude arbeiteten und über dieselben Gänge liefen.

Im Jahr 1940 wurde Hass in die Niederlande entsandt, um dort unter der Leitung von Arthur Seyß-Inquart für den SD zu arbeiten. Im Jahr 1943 folgte seine Versetzung nach Rom. Inzwischen war er SS-Sturmbannführer, was dem Rang eines Majors in der Wehrmacht entsprach. Im März 1944, als die Angehörigen des Polizei-Regiments Bozen beim Marsch durch die Via Rasella in Rom das »Horst-Wessel-Lied« sangen, war er Mitarbeiter von Herbert Kappler, dem Kommandeur der Sicherheitspolizei und des SD in Rom, und leitete den SS-Auslandsnachrichtendienst.

Zum Aufgabenbereich von Sturmbannführer bzw. Major Hass gehörte die Anwerbung von Geheimagenten, die für die Deutschen, gegen Partisanen und Kommunisten arbeiten sollten. Seine Fassade war der Posten eines Presseattachés an der Deutschen Botschaft; diese Tarnung erlaubte ihm, viele verschiedene Aufgaben wahrzunehmen. Seit Sommer 1944 stand er unter Beobachtung von Amerikanern und Briten, und eine CIA-Akte aus jenem Jahr enthielt ein Foto, auf dem Hass mit SS-Obersturmbannführer (Oberstleutnant) Kappler zusammensitzt – der später wegen der Morde in den Ardeatinischen Höhlen verurteilt werden sollte. Es zeigt einen großen Mann in einem dunklen Anzug und mit Krawatte, der ein Glas Rotwein genießt.

Eine CIC-Akte beschrieb ihn als knapp 1,83 Meter groß, ein Mann von »kräftiger Statur« mit »schwarzem, kurz geschnittenem Haar, kantigem Gesicht, blassem Teint«. Er sei »dynamisch« und stelle sich Italienern gern als deutscher Offizier mit »pro-alliierten Sympathien« vor. Das CIC hielt ihn für einen originellen Kopf mit einem feinen Sinn für Humor und für gutherzig. Er trinke gern und fahre einen Fiat 1100.

Major Hass verließ Rom am Morgen des 4. Juni 1944, an dem Tag, an dem amerikanische Truppen die Stadt besetzten. Sein Weg führte ihn nach Parma, wo er Agenten ausbildete, die das von den Alliierten besetzte Gebiet in Süditalien unterwandern sollten. Er arbeitete eng mit Italienern, welche die Republik von Salò unterstützten, und mit den deutschen Besatzungstruppen zusammen. Zu seinem Kollegennetzwerk gehörten General Wolff, Walter Rauff, Wilhelm Höttl und Otto.

Als im April 1945 die US Army heranrückte, floh er aus Parma nach Bozen. Dort heiratete er angeblich am 15. Juli Anna Maria Fiorini, auch Angela genannt, eine Italienerin, die er in Parma kennengelernt hatte. Eine Akte vermerkte, dass er es versäumte, eine frühere Ehe in Deutschland, mit Ingeborg, anzugeben. Prompt meldete ein Zeitungsbericht, dass seine erste Frau Schritte unternommen habe, ihn für tot erklären zu lassen.

Im November 1945 wurde er vom CIC gefasst, mit einem falschen Namen. Die Amerikaner übergaben ihn den Briten, die ihn in Mailand verhörten. Ein Foto wurde gemacht und den Akten beigefügt. Grobkörnig und unscharf, wurde es häufig kopiert und wieder kopiert.

Im Januar 1946 floh Hass. Vier Monate später wurde er in Rom gefasst. Er floh erneut, wurde wieder gefasst. So ging es weiter, mindestens fünfmal über den Zeitraum eines Jahres. Im Juni 1947 unterrichtete er nach eigener Aussage in Fermo, einer Stadt in den Marken, Englisch und Mathematik in einer Schule, die zu dem Kloster gehörte, wo er sich versteckt hatte. Eine sechzehnseitige, als vertraulich gekennzeichnete Akte wurde mit »Personal Information« betitelt. Weil beide Seiten des Kreislaufs aus Verhaftung und Flucht überdrüssig waren, schloss man einen »Friedenspakt«, durch den Hass sich verpflichtete, »seine Talente und Energien zugunsten des CIC zu verwenden«. Gebilligt wurde die Vereinbarung vom befehlshabenden Offizier der 430. CIC-Abteilung, Thomas A. Lucid, dem Mann, der Frau Himmler gefasst hatte und auch Wilhelm Höttl anwarb.

Hass wurde nach Österreich gebracht, wo er am 11. November 1947 der Aufsicht von Thomas Lucid unterstellt wurde. Er erhielt eine Kennnummer, 10/6369. Im CIC-Hauptquartier in Gmunden fand eine Besprechung statt, an der Hass, Lucid und Joseph Luongo teilnahmen. Man hielt ihn für überzeugend, für einen Mann, der methodisch, analytisch und logisch vorging und der von einer ihm einmal übertragenen Aufgabe nicht mehr abwich. Angesichts von zwölf Jahren Geheimdiensterfahrung beim SD hatte er Zugang zu den »ersten Familien« von Rom, Paris, Rotterdam und Berlin, und es hieß, er könne sich jedem Umfeld oder jeder Gruppe von Menschen anpassen.

Das CIC warb Major Hass an. Er sollte ein neues Projekt durchführen. Es ging um ein Agentennetz mit dem Codenamen »Los Angeles«. Hass lebte in Rom, und man zahlte ihm ein Grundgehalt von 150 »grünen Dollar« im Monat in bar. Das CIC verschaffte ihm eine neue Identität, Giustini, mit einem italienischen Ausweis, ausgestellt in Triest auf den Namen »Mario Giustini«, obwohl er auch als »Rodolfo

Giustini« und, mit einem österreichischen Pass, als »Rudolf Steiner« bekannt war. Andere Dokumente, die er bei sich trug, lauteten auf die Namen »Hans Popp«, »Carlo Ferrari« und »Carlo Mantelli«. Sein Tarnname beim CIC war »Gruesome 201«, Grauenvoller 201.

Eine erste Einsatzbesprechung wurde im Mai 1948 im Café Mille Luci in Rom abgehalten, einer Örtlichkeit, wo man Hass und Luongo nicht wiedererkennen würde. Etwa um diese Zeit fand vor einem italienischen Militärgericht der Prozess gegen seinen früheren Kollegen Herbert Kappler wegen der Vergeltungsaktion in den Ardeatinischen Höhlen statt (im Juli wurde Kappler schuldig gesprochen und zu lebenslanger Haft verurteilt).

Hass erschien mit einer Liste von dreizehn Namen zu dem Treffen, Personen, die bereit waren, für die Amerikaner zu arbeiten. Faschisten, Journalisten, Nazis und ein Amtsträger des Vatikan. Allerdings fehlte der Name von Walter Rauff, mit dem Hass in Verbindung stand und der im Kloster Vigna Pia wohnte. Die dreizehn willigten ein, Hass mit »nagelneuen Informationen« sowohl über die Aktivitäten der Kommunistischen Partei Italiens und über sowjetische und andere ausländische Geheimdienste als auch über andere Angelegenheiten, die für das CIC von Interesse waren, zu versorgen. Die Informationen sollten direkt an Joseph Luongo weitergegeben werden.

Mehrere der Namen, die Hass Luongo nannte, tauchten auf Ottos Kontaktliste auf. Ohne sich dessen bewusst zu sein, war Otto in ein Nest von Spionen geraten. Mehrere seiner Kontaktpersonen in Rom waren Geheimagenten, die für die Amerikaner arbeiteten, für ein Unternehmen, das als Projekt »Los Angeles« bekannt wurde.

Das CIC-Dokument zum »Net Project – Los Angeles« wurde 2001 freigegeben. Das Projekt wurde am 15. Dezember 1947 gestartet, nachdem Major Hass angeworben worden war. Es lief vier Jahre, bis 1951.

Ziel war es, die Kommunistische Partei Italiens zu unterwandern, Gegenspionage zu betreiben und bedrohliche kommunistische Aktivitäten einschließlich »Partisanenformationen« in Südtirol zu überwachen. Geleitet wurde das Projekt von Joseph Luongo, Tarnname

»Gruesome 4«, der in Gmunden stationiert war. Er war Thomas A. Lucid unterstellt.

Die »Hauptquelle« für Project Los Angeles war der »frühere SD-Major Karl Hass«. Aufgrund seiner »teutonischen Erziehung« und seiner Erfahrung als ein »Haupträdchen« im Amt VI des RSHA, dem Auslandssicherheitsdienst der SS, galt er als zuverlässig. Ansässig in Rom, sammelte Hass Informationen von sieben namentlich genannten Unterquellen, denen jeweils 50 US-Dollar im Monat in bar gezahlt wurden. Zusätzlich zu seinem Grundgehalt erhielt Hass jeden Monat noch ein paar Dollar extra für Auslagen und um »mit angehenden Informanten zu speisen«.

Die sieben Unterquellen hatten die unterschiedlichsten Vorgeschichten. Bei zweien von ihnen – Ulderico Caputo und Alberto Barletta – handelte es sich um bewährte Angehörige des italienischen Nachrichtendienstes *Servizio Informazioni Militare* (SIM; »Militärischer Nachrichtendienst«).

Die fünf anderen wurden identifiziert als »ehemalige Kollegen in der Abwehr, Vatikan-Würdenträger und Angehörige der neofaschistischen Untergrundbewegung *Fasci di Azione Revoluzionaria*«.

Albert Griezzar, ein Deutscher, lebte in Bozen. Wie Hass hatte er im Amt VI des RSHA gedient und in dessen Auftrag Geheimdienstinformationen für das Dritte Reich gesammelt.

Pino Romualdi, ein Italiener, war früher stellvertretender Sekretär des *Partito Fascista Repubblicano* (PFR; »Republikanische Faschistische Partei«) in der Republik von Salò. Das CIC beschrieb ihn als »energisch, willensstark, idealistisch, äußerst intelligent, ein guter Taktiker«. Er wurde als Agent in Diensten gehalten, auch als er in Rom inhaftiert war.

Ali Hussain, ein Araber nicht näher bezeichneter Nationalität, war der ehemalige Führer eines »Arabian Youth Movement«, wie es in einem CIC-Bericht heißt. Er hatte eng mit General Rommel zusammengearbeitet und wurde als deutscher Kollaborateur »von den Franzosen gesucht«. Das CIC beschrieb ihn als loyalen, gerissenen Opportunisten, der »nach wie vor ein überzeugter Anhänger der Nazi-Philosophie und -Lehre« sei.

Monsignore Federico Fioretti, ein Italiener, war Direktor des vatikanischen Pressebüros. Er arbeitete direkt für Papst Pius XII. und galt als »scharfsinnig, taktvoll, charmant und liebenswürdig«.

Der siebte Agent, der für Karl Hass arbeitete, war Bischof Hudal. Vom CIC als »Oberhaupt der deutschen Katholiken in Italien« bezeichnet, zahlten die Amerikaner Alois Hudal für seine Dienste als Informant 50 Dollar im Monat in bar. Die Vereinbarung war in Kraft, als er am 29. April 1949 Otto traf, und hatte bis mindestens 1950 Bestand.

Von den Amerikanern wegen »Verbrechen gegen die Menschlichkeit« und »Genozid« gesucht, lief Otto, als er in Rom eintraf, direkt einem »geistliche[n] Herr[n]« in die Arme, der insgeheim ein amerikanischer Agent war, der für Project Los Angeles arbeitete.

42

Hass

Bischof Hudal war Karl Hass unterstellt, der Hauptquelle für Project Los Angeles. War Hass der »wohlgesinnte[n] ehem[alige] Kamerad[en]«, mit dem Otto das Wochenende vom 2. und 3. Juli 1949 verbrachte? Die CIC-Akten lieferten eine überzeugende Antwort auf diese Frage.

Laut einer Akte vom August 1950 bewohnte Hass eine Wohnung in der Villa Emma außerhalb von Rom. Das Haus befinde sich »an der Schnellstraße Rom – Velletri«, berichtete das CIC, »etwa fünf Kilometer vor der letztgenannten Stadt an der Abzweigung nach Poggidoro«. Poggidoro oder Poggi d'Oro am Nemisee lag ein paar Kilometer südlich vom Albaner See, von wo aus Otto, wie er Charlotte schrieb, am Samstag, dem 2. Juli, vormittags, mit dem Bus weitergefahren war.

Der Akte zufolge lebte Hass mit einer Frau zusammen. Sie wurde als seine Ehefrau angesehen, war aber in Wirklichkeit mit einem anderen Mann verheiratet, den sie für Hass verlassen hatte. Noch eine dritte Person lebte in der Villa Emma, die als »ein Kind, das er von seiner Geliebten hatte«, beschrieben wurde.

Die Geliebte und Mutter wurde identifiziert als Anna Maria Giustini. Das Kind, ein Mädchen namens Enrica Erna Giustini, wurde am 18. Mai 1949 geboren. Als Otto zu Besuch kam, war Enrica sieben Wochen alt.

Andere italienische Dokumente führten zum Archiv der Pfarrei Santa Maria in Aquiro und zum Taufschein des Kindes Enrica. Die Taufe fand am 20. Juli statt, eine Woche nachdem Otto gestorben war, vier Tage nach seiner Beerdigung, in der Basilica di Santa Maria sopra Minerva in Rom, in der Nähe des Pantheons. Auf dem Taufschein war als Enricas Vater Rodolfo Giustini angegeben – eine von Hass' vielen falschen Identitäten – und als Mutter Anna Maria Fiorini. Taufpate war Joseph Luongo, Hass' Führungsoffizier beim CIC. Es gab eine Fotografie von der Zusammenkunft, körnig und unscharf, zwölf Personen waren anwesend, darunter Hass und Luongo.

Die Informationen stimmten mit den Angaben überein, die Otto gegenüber Charlotte machte, in dem an dem Montag nach seinem Besuch am Albaner See geschriebenen Brief, in welchem er ihr auch die ersten Krankheitssymptome schilderte. Er erwähnte einen »wohlgesinnten ehem[aligen] Kameraden«, nannte ihn aber nicht namentlich, der mit einer Italienerin verheiratet sei. Er lebe in der Nähe von Castel Gandolfo und habe eine kleine Tochter, »vielleicht vier Wochen« alt. Otto verrechnete sich um drei Wochen.

Es war klar, dass Karl Hass der »wohlgesinnte[n] ehem[alige] Kamerad[en]« war, der Otto einlud, mit ihm ein Wochenende in der Nähe des Albaner Sees zu verbringen. Sie aßen und schwammen zusammen, dann übernachtete Otto bei ihm zu Hause, in der Villa Emma, in Poggi d'Oro. Am Sonntagnachmittag bekam Otto in Hass' Wohnung Fieber. Hass oder seine Lebensgefährtin Anna Maria besorgten irgendwo am Ort Medikamente.

Ich ging weiter die CIC-Akten durch. Ein Dokument von 1950 weckte Zweifel an der Vertrauenswürdigkeit von Hass. Es legte den Schluss nahe, dass er ein Doppelagent gewesen sein könnte, der für die Amerikaner und die Sowjets arbeitete. Diese Akte enthielt auch einen ersten Hinweis auf Otto, einen einzelnen, interessanten Abschnitt.

Das Dokument berichtete, dass Otto Wächter eine Kontaktperson von Karl Hass gewesen sei. Bekanntlich habe Wächter unter einem falschen Namen, Reinhardt, in Rom gelebt, ohne Aufenthaltsgenehmigung. Er »bereitete sich auf die Auswanderung vor«, als er im August 1948 »plötzlich krank wurde« und »ein paar Tage später« starb. Das Datum war falsch – möglicherweise ein harmloser Tippfehler –, ebenso der Sterbeort, der mit »Roms Poliklinik« angegeben wurde. Das

CIC-Dokument erklärte, die Todesursache sei offengelassen und »niemals festgestellt« worden.

Die Akte enthielt weitere interessante Details. An dem Tag, bevor Otto erkrankte, hatte er angeblich in der Wohnung von Karl Hass eine »herzhafte Mahlzeit zu sich genommen«. »Es geht das Gerücht«, berichtete die Akte, dass Hass »bestimmte Vorschläge machte, die Wächter ablehnte.«

Das CIC wusste Bescheid über Ottos Begräbnis und auch, dass Hass daran teilgenommen hatte. »Interessant ist auch«, vermerkte die Akte, dass Hass während der Beisetzung »gegenüber denen, die anwesend waren, scherzhaft bemerkte, dass er Wächter vergiftet habe«. Ob die Quelle der Information, die nicht identifiziert wurde, die Bemerkung leicht oder ernst nahm, war nicht klar.

Aus diesem einzelnen Abschnitt ergaben sich mehrere Punkte.

Spätestens 1950 wusste das CIC, dass Otto in Rom gewesen war und in Verbindung mit Major Hass und Bischof Hudal gestanden hatte.

Das CIC wusste, dass er dort unter einem falschen Namen, Reinhardt, lebte.

Man wusste von seinem Tod, kannte aber weder das korrekte Datum noch den Sterbeort oder die Todesursache.

Die Möglichkeit, dass Otto vergiftet worden sein könnte, wurde angesprochen.

Das CIC wusste von einem Gerücht, wonach Major Hass Otto bestimmte Vorschläge machte, die dieser ablehnte.

Das CIC hatte Sorge, dass Hass ein Doppelagent war.

Was wurde aus Major Hass?

Ein paar Jahre nach Ottos Tod verzichtete das CIC auf seine Dienste. Der Grund waren Bedenken hinsichtlich seiner Vertrauenswürdigkeit, die dazu führten, dass Project Los Angeles beendet wurde.

Die Umstände waren wie folgt: Im August 1950 erfuhr das CIC, dass Hass aufgehört hatte, bei einem anderen Projekt, für »einen zur IRO [Internationale Flüchtlingsorganisation] gehörenden Juden«, mitzuarbeiten. Es hieß, Hass sei gut bezahlt worden, eintausend Dollar im Monat, und der Bruch sei nach einem Streit zwischen den beiden Männern erfolgt.

Diese Information stimmte mit anderen, beunruhigenden Informationen überein, da das CIC erfuhr, dass Hass möglicherweise »für das Kominform arbeitete«, das Kommunistische Informationsbüro. Angeblich stand er in Verbindung mit einem sowjetischen Agenten, der von den spanischen Behörden gesucht wurde, und sein Benehmen – eine Reihe widersprüchlicher Aktionen – bot Anlass für Verdachtsmomente: Einerseits denunzierte er Leute als Kommunisten, die bekanntermaßen stramm antikommunistisch waren, darunter Hartmann Lauterbacher, der aufgrund von Hass' Anzeige verhaftet wurde; andererseits denunzierte er Personen nicht, die bekanntermaßen kommunistische Sympathisanten oder Sowjetagenten waren.

Das CIC ließ Karl Hass fallen. Mitte der 1950er Jahre führte er ein zielloses Leben. In dieser Zeit arbeitete er als Importeur von Spielwaren aus Westdeutschland, ein Mann, dem antiamerikanische Ansichten leicht über die Lippen gingen. Berichte trafen ein, die vermuten ließen, dass er hoffte, mit den Sowjets zusammenzuarbeiten, über geschäftliche Seilschaften, und dass er Kontakte zu einem Unternehmen hatte, das ostdeutschen Nachrichtendiensten nahestand.

Hass durfte in Italien bleiben, unter der Bedingung, dass er jegliche nachrichtendienstliche Tätigkeit aufgab. Ende der 1950er Jahre arbeitete er für die Deutsche Kriegsgräberfürsorge und war zuständig für einen deutschen Soldatenfriedhof auf Sizilien, in Motta Sant'Anastasia, 25 Kilometer westlich von Catania. Außerdem trat er in Ottos cineastische Fußstapfen, als er Arbeit als Filmkomparse erhielt. Er bekam eine Rolle als namenloser SS-Gefängnisaufseher in dem italienischen Low-Budget-Thriller *London ruft Nordpol* mit Curd Jürgens in der Hauptrolle. Jahre später tauchte er in Luchino Viscontis *Die Verdammten* (*La caduta degli dei*) auf, wo er einen SA-Führer spielte.

Hass und Angela, seine italienische Lebensgefährtin, zogen in die Schweiz, um ihrer Tochter Enrica, die dort lebte, nahe zu sein. Im Ruhestand führten sie ein unauffälliges Leben, das im Frühjahr 1994 auf den Kopf gestellt wurde, im Anschluss an eine Reise des US-Fernsehjournalisten Sam Donaldson nach Argentinien. Donaldson hatte sich auf die Suche nach Erich Priebke gemacht, den früheren Kameraden von Hass in Rom, der angeblich in Argentinien lebte, nachdem er Italien mit Unterstützung von Pater Draganović verlassen hatte.

Donaldson fand Priebke auf einer Straße in der Stadt Bariloche und sprach ihn an, als er gerade in sein Auto steigen wollte. »Warum haben Sie sie erschossen, sie hatten nichts getan?«, fragte der Journalist. Die Frage bezog sich auf die Vergeltungsmorde an italienischen Zivilisten in den Ardeatinischen Höhlen.

»Das war unser Befehl, im Krieg passierten solche Sachen«, erwiderte Priebke, während die Kamera die Begegnung filmte.

»Sie haben nur Befehle befolgt?«

»Ja, natürlich, aber ich habe niemanden erschossen.«

Donaldson fuhr fort, Fragen zu stellen, während Priebke zunehmend gereizt wirkte.

»Sie töteten Zivilisten in den Höhlen?«

»Nein. Ich war dort, aber es wurde von unserem Kommando befohlen.«

»Aber Befehle sind keine Entschuldigung.«

»In dieser Zeit war ein Befehl ein Befehl.«

»Und sie führten ihn aus?«

»Ich musste ihn ausführen.«

»Und Zivilisten starben?«

»Ja, Zivilisten starben, ja … aber wir haben kein Verbrechen begangen, wir taten, was uns befohlen wurde.«

Priebkes Worte hätten von Otto gesprochen worden sein können, in Bezug auf die Morde von Bochnia. Priebke beendete den kurzen Wortwechsel. »Sie sind kein Gentleman«, beschied er Donaldson. Mit diesen Worten stieg er in seinen Wagen und fuhr davon.

Das Gespräch wurde weltweit ausgestrahlt, und bald erfolgte aus Rom ein Auslieferungsantrag für Priebke. Er wurde verhaftet und nach Italien abgeschoben, wo er wegen »Verbrechen gegen die Menschlichkeit« vor Gericht gestellt wurde. Gegen die Zusicherung von Immunität vor Strafverfolgung willigte sein früherer Kamerad Karl Hass, inzwischen über achtzig, ein, in der Verhandlung als Zeuge aufzutreten. Hass reiste von der Schweiz nach Rom, um auszusagen, aber am Vorabend der Verhandlung überlegte er es sich anders. Da sein Hotel von Sicherheitsbeamten bewacht wurde, versuchte er sich mit einem Sprung vom Balkon seines Zimmers im ersten Stock davonzumachen, um anderntags nicht aussagen zu müssen. Dabei zog er sich einen Beckenbruch und Schürfwunden zu und musste in ein Krankenhaus eingeliefert werden.

Die panische Aktion kostete ihn seine Immunität, und er wurde für seine Rolle beim Massaker in den Ardeatinischen Höhlen nun ebenfalls wegen »Verbrechen gegen die Menschlichkeit« angeklagt.

Im März 1998 verurteilte das Militärappellationsgericht von Rom Hass und Priebke wegen Morden, die nicht gerechtfertigt und »gesetzwidrig« waren, zu lebenslanger Haft. Hass räumte seine Anwesenheit in den Höhlen ein und gab zu, dass er persönlich zwei der Zivilisten exekutiert hatte. In der Revision bestätigte Italiens Oberster Kassationsgerichtshof die Urteile, reduzierte aber das Strafmaß. Hass sei »sich des beispiellosen verbrecherischen Charakters dessen, was stattfinden sollte, vollumfänglich bewusst gewesen« und für den Tod der zwei Personen, die er exekutierte, und, durch ursächliche Mitwirkung, für den Tod aller übrigen 333 Opfer verantwortlich. Seine Verantwortung erstrecke sich auch auf fünf Opfer, die nur deshalb exekutiert worden seien, um sie daran zu hindern, Zeugnis von der Gräueltat abzulegen.

Bei seiner Entscheidung, dass die Hinrichtung von Zivilisten in einem besetzten Territorium ein Kriegsverbrechen und ein »Verbrechen gegen die Menschlichkeit« sei, auf welche die Verjährungsfristen nicht anwendbar seien, berief sich das Oberste Gericht auf den Nürnberger Präzedenzfall. Hass' Strafmaß wurde auf eine Haftzeit von zehn Jahren und acht Monaten reduziert. Wegen seines Alters – vierundachtzig – durfte er die Haftstrafe in Italien, in der Nähe des Albaner Sees, im Hausarrest absitzen.

Karl Hass starb am 21. April 2004 im Alter von 91 Jahren. Erich Priebke brachte seinen Fall vor den Europäischen Gerichtshof für Menschenrechte, wo er unterlag. Er wurde 100 Jahre alt.

43

2017, Rom

Im Frühjahr 2017 vertraute ich Horst alles an, was ich über Hartmann Lauterbacher und Karl Hass herausgefunden hatte. Er war erfreut, die Identität des »ehem[aligen] Kameraden« zu erfahren, mit dem sein Vater ein Wochenende am Albaner See verbracht hatte, und zugleich fasziniert: dass Hass ein amerikanischer Agent gewesen war, dass er für einen Juden in der Internationalen Flüchtlingsorganisation gearbeitet hatte und dass er möglicherweise ein Doppelagent für die Sowjets gewesen war. Der letzte Punkt war ein Bonus.

Horst hatte sich inzwischen die Sichtweise zu eigen gemacht, dass der Tod seines Vaters auf eine Vergiftung zurückzuführen sei. Anscheinend war er durch das neue Material, das ich ihm präsentiert hatte, zu dieser Schlussfolgerung gelangt. Jedenfalls war er nun fest überzeugt von der Idee, auch wenn die Beweise, die sie stützten, spärlich waren. Als wir uns im Jahr 2012 zum ersten Mal begegneten und auch, als wir 2014 im Purcell Room zusammensaßen, war von seiner Seite von einer Vergiftung keine Rede gewesen. Nun, drei Jahre später, als wir die Möglichkeit einer Reise nach Rom in Erwägung zogen, hatte sich für ihn eine bloße Möglichkeit zu einer unumstößlichen Tatsache verfestigt. Sie hatte den Vorzug, dass sie ihm ermöglichte, Otto als Opfer zu sehen und nicht als Täter.

Nachdem Dr. Wollenweber als Verdächtiger ausgeschlossen worden war, erfüllte Karl Hass Horsts Kriterien für den Giftmörder. Er drängte mich, den Aktivitäten dieses Mannes, der 1937 in Berlin und dann 1945 in Italien im selben Gebäude gearbeitet hatte wie sein Vater, noch eingehender auf den Grund zu gehen. Für wen Hass tätig gewesen sein könnte – für Horst kamen Amerikaner, Polen, Juden und Sowjets gleichermaßen in Frage –, war ebenfalls unklar. Dass Hass aufgrund seiner Beteiligung an Vergeltungsmorden, die Ottos Vorgehen in Bochnia widerspiegelten, wegen »Verbrechen gegen die Menschlichkeit« verurteilt wurde, war eine Sache, die Horst nicht allzu sehr zu kümmern schien.

Horst meinte, es könnte sinnvoll sein, nach Rom zu reisen, um einige der in Ottos Unterlagen erwähnten Orte aufzusuchen und vielleicht ein paar Bekannte zu treffen. Wir könnten uns das Kloster Vigna Pia ansehen, wo Otto gewohnt hatte, und das Hospital Santo Spirito, wo er gestorben war. Wir könnten auch zum Friedhof Campo Verano fahren, wo er das erste Mal beerdigt wurde, und versuchen, Zutritt zur Anima zu erlangen, wo Bischof Hudal gewirkt hatte, und uns auch die Ardeatinischen Höhlen ansehen. Außerdem könnten wir zum Albaner See fahren, um zu sehen, wo Otto das letzte Mal geschwommen war. Horst hatte ein paar Kontakte in Rom, die uns vielleicht empfangen würden. Da war Irmgard, die Tochter der Ettingshausens, und das Kind eines anderen Freundes seiner Eltern, eines Professors, der anonym bleiben wolle.

Horst und ich reisten im Mai 2017 nach Rom, begleitet von James Everest und Gemma Newby, die den Podcast produzierte. Horst nahm noch Osman den Friseur mit, als Bodyguard und Reisebegleitung.

Irmgard Ettingshausen stimmte einem Treffen zu und erklärte sich bereit, uns ein Interview zu geben, unter der Bedingung, dass wir sie zu einem guten Mittagessen einluden. Ich hoffte auf ein paar interessante, farbige Details über die Wächters. Irmgard stand im achtzigsten Lebensjahr, wirkte jedoch etwas jünger, eine strahlende Erscheinung mit langen schwarzen Haaren und einer mondänen weißen Hose. Sie trug eine Fliegersonnenbrille, obwohl wir uns in einem fensterlosen Kellerraum trafen.

Das Treffen war kurz, da Irmgard erklärte, sie erinnere sich an nichts. Oder sie war nicht bereit weiterzugeben, was sie sehr wohl wusste. Sie schien wenig Interesse an dem zu haben, was ihr Vater Georg und Otto als Nazi-Anwälte getan hatten, oder an Ottos Aufenthalt bei ihrer Mutter Helga, nachdem seine Zeit in den Bergen mit Buko vorüber gewesen war. Sie hatte im Internet Dinge über Otto gelesen, traute dem Medium aber nicht. Eine einzige kurze Erinnerung flackerte auf, als Horst eine Fotografie seiner Eltern herausholte, eine, die ich noch nicht gesehen hatte. Die Aufnahme war 1948 bei den Ettingshausens gemacht worden, in der Nähe des Dörfchens Going in Tirol. »Vielleicht hat mein Vater das Foto gemacht«, sagte Irmgard. »Schließlich hatte er eine Leica und machte gern Fotos.«

Das Bild zeigte Charlotte und Otto im Gras, umflutet von Sonnenlicht, während sich hinter ihnen das Kaisergebirge abzeichnet. Otto grinst, hält seine Knie mit den Händen umklammert, Jacke und Hose fallen locker. Charlotte hat sich eine Trachtenjacke schützend um die Schultern gelegt und sieht ihn liebevoll an. Beim Anblick des Fotos sprach Irmgard freundlich von Tante Lotte. Immer fröhlich, immer mit einem Geschenk. »Ich erinnere mich an ihre Stimme, die ich noch im Ohr habe.« Über Ottos Tod wusste sie nichts. Nein, sie habe aus Charlottes Mund nie die Behauptung gehört, dass Otto vergiftet worden sei. Die Worte enttäuschten Horst. »Vielleicht wollte sie etwas sagen«, ergänzte Irmgard hoffnungsvoll, »aber sie tat es nie.«

Ich gab Irmgard ein Exemplar des Gedichts, das Otto Helga geschrieben hatte. Bewegende Worte, die von Herzen kamen, Ausdruck tiefer Gefühle. Es sei kein Liebesgedicht, sagte sie mit Nachdruck. »Das war eine poetische Zeit; so was schrieben sich Freunde damals.«

Später besuchten wir den Professor, dessen Eltern Otto und Charlotte gekannt hatten und der nicht wollte, dass seine Identität bekannt wurde. Er war intelligent und menschlich und wissbegierig, als wir über Familie und Freundschaft sprachen, bis es um die Frage ging, warum seine Eltern Otto Unterstützung angeboten hatten. Aus einem Gefühl christlicher Güte heraus, meinte der Professor, und wahrscheinlich hätten sie nicht gewusst, was er während des Krieges getan hatte.

Ich sagte ihm, dass wir Dokumente hatten, die eine andere Deutung nahelegten.

Wusste er, was seine Eltern während des Krieges getan hatten?

»Eigentlich nicht«, antwortete er.

Wollte er es wissen?

Er sah mich schweigend an, während unsere Blicke eine ganze Zeitlang starr blieben. »Nein«, er wollte es nicht wissen.

Nach einem ordentlichen Mittagessen, wie wir es Irmgard versprochen hatten, begaben wir uns zum Kloster Vigna Pia, ein paar Kilometer südlich vom Petersplatz, in der Nähe einer Biegung des Tiber. Gegründet Mitte des 19. Jahrhunderts von Papst Pius IX. zur Unterstützung bedürftiger Kinder, erwarb die Organisation *Sacra Famiglia* das Gebäude in den 1920er Jahren als Bleibe für 25 Jungen. Als Otto einzog, wohnten dort 150 Jungen. Heute beherbergt das Gebäude eine internationale Schule.

Begleitet von Rocco Baldassari, einem örtlichen Priester, der in der Leitung der Einrichtung saß, standen wir unter einem Oberlicht in einem großen Saal, der wie ein Gefängnistrakt wirkte, und man fühlte sich an Ottos Schilderung des Klosters erinnert. »Hier wurden viele Filme gedreht«, erzählte Baldassari und führte uns zwei Steintreppen hinauf ins Obergeschoss und zu den vielen kleinen Zimmern, die rings um die vier Seiten des Gebäudes liefen. Die Mönchszelle, die einst von Otto bewohnt gewesen sein könnte, verfügte über eine hohe Gewölbedecke und ein einziges hohes, schmales Fenster, das einen schönen Blick über die Stadt bot. »Wie ich das rein kriege und vor allem rein halte, weiß ich noch nicht, aber irgendwie wird es schon gehen«, hatte Otto geschrieben. Die museumsreife Einrichtung war verschwunden, so dass wir uns den alten Schreibtisch, die wurmzerfressene Gebetsbank und einen mit Zeitungspapier ausgelegten Fußboden nur vorstellen konnten.

Wir stiegen aufs Dach hinauf, wo Otto auf der Freifläche vor einem großen Bogenfenster seine Morgengymnastik gemacht hatte, »mit dem Blick auf die Stadt und die Kampagna«. Wir konnten die Lateranbasilika, den Park in der Nähe des Kolosseums und das *Vittoriano*, das Nationaldenkmal für Viktor Emanuel II., sehen, scherzhaft auch »Schreibmaschine« genannt. Unten, nur einen kurzen Spaziergang entfernt, floss der Tiber, den man erreichte, indem man die Bahnstrecke mittels eines Durchgangs unterquerte. »Nun werde ich doch mit der

Zeit der Versuchung nicht widerstehen können«, schrieb er Charlotte über die Stelle, wo er gerne schwamm. In der Ferne lag die Campagna Romana, wo er lief.

Während wir auf dem Dach standen, kreischten Möwen und Militärmaschinen flogen über die Stadt und hinterließen eine Spur aus grünem, weißem und rotem Rauch. Die Kunstflugstaffel war Teil der *Festa della Repubblica,* des italienischen Nationalfeiertages, mit dem an jedem 2. Juni des Endes der Monarchie gedacht wurde. Sieben Jahrzehnte früher verpasste Otto die Parade. »So saß ich in meiner Klause und sah nur die Flugzeuge über Rom brausen«, berichtete er Charlotte.

Zurück im Erdgeschoss setzten wir uns ins Refektorium, wo Otto morgens Milchkaffee und abends Rotwein getrunken hatte. Unser Führer holte ein Exemplar eines alten Buches hervor, der »Annalen von Vigna Pia«, und suchte die Einträge für 1949, zu denen auch eine Liste der Bewohner gehörte. Unter den Namen befand sich Oberst Walter Rauff, bekannt als Alfonso, mit seiner Frau und zwei Kindern. Auf Seite 651 stand schwarz auf weiß der Name Otto Wächter.

Am folgenden Tag besuchten wir den Ort, wo Otto gestorben war. Wir überquerten Großstadtstraßen, und auf dem Ponte Vittorio Emanuele II in der Nähe der Engelsburg machte Horst ein Foto. Wir durchschritten die großen Türen eines langgestreckten alten Ziegelbaus und befanden uns in einem Hof mit Säulen und Bögen und mit Mauern in verblichenem Ocker voller Gedenktafeln und Fresken und mit Hinweisschildern zu Bibliothek und Apotheke. Das war das *Ospedale di Santo Spirito* aus dem 15. Jahrhundert, das Botticelli 1480 in seinem Fresko *Die Versuchungen Christi* im Hintergrund abgebildet hatte, ein bildhafter Verweis auf eine Einrichtung und die päpstliche Macht zu heilen. In dem Operationssaal standen schon Michelangelo und Leonardo da Vinci, begierig, ihr Wissen um die menschliche Anatomie zu erweitern. Von oben blickte die große alte Uhr auf uns herab, deren Zeiger einem Salamander nachempfunden waren.

Es war kaum jemand da. Wir schlenderten über einen Hof und traten in den nächsten, wir kamen zu einem Springbrunnen und zu einer

Mauer mit einem Schild, das den Weg zur Sala Baglivi wies, wo Otto die letzten fünf Tage seines Lebens verbrachte. Es war Horsts erster Besuch, er seufzte, meinte aber, dass er nichts Besonderes empfinde. »Vielleicht ändert sich das, wenn ich den Saal sehe, wo er tatsächlich starb und den er in dem Brief an meine Mutter beschrieben hat.« Er erinnerte sich an den Brief, an das Gefühl des Endes. »Als er in das Hospital kam, wusste er, dass er im Sterben lag«, fuhr Horst fort, und er muss gehofft haben, dass Charlotte ihn besuchen würde.

Horst sann über eine Kindheit mit einem abwesenden Vater nach. »Was sie am Leben hielt, waren vielleicht die Kinder?« Horst verspürte ein Gefühl der Verantwortung ihr gegenüber. »Ihr größter Wunsch war es, meinen Vater so viel wie möglich zu rehabilitieren – und bei all diesen Briefen und Dokumenten dachte sie sich: ›Es kann mir gelingen.‹«

»Ich erinnere mich an nichts, was meinen Vater betrifft, weil ich keine enge Beziehung zu ihm hatte«, sagte er, im Gegensatz zu seinen drei älteren Geschwistern, die mehr Zeit mit ihm verbracht hatten. Er lernte seinen Vater schließlich durch die Dokumente erst kennen. »Ich war wirklich überrascht, die Art, wie er meine Mutter immer mehr ins Zentrum seines Erlebens rückte … er war ein Frauenheld, aber er sah, dass meine Mutter sich mehr oder weniger aufgab für ihn, alles für ihn tat, ihn nie verließ …« Er verstummte, dann fing er wieder an.

»Sein Tod war nicht vorgegeben, er war jung, keine neunundvierzig, das ist kein Alter, nicht wahr?« Er erwähnte Hass.

»Wieso kommen Sie auf ihn?«, fragte ich.

»Weil ich glaube, dass er meinen Vater ermordet hat und sehr gut bezahlt wurde und daher …«

Horsts Stimme verstummte erneut, als eine andere Erinnerung ihn ablenkte. Ihm fiel die Prüfung fürs Gymnasium ein, die er in jenem Jahr zu absolvieren hatte. »Im Sommer wurde ich in die Schweiz geschickt, als Mutter alle Kinder wegschickte, so dass ich nicht darüber informiert war, was meinem Vater widerfuhr.« Er war an dem Tag weg aus Salzburg, als seine Mutter unvermittelt nach Rom abreiste.

Wir erreichten den Eingang zur Sala Baglivi, ein paar Meter von der Stelle entfernt, wo Otto starb. Der riesige Saal war wegen Bauarbeiten geschlossen, und wir konnten keinen Zutritt erlangen.

»Das ist der Raum«, sagte ich.

»Ah, das ist der Raum.«

»Dies sind die Fenster, die Ihr Vater beschrieben hat.«

»Ja, ja.«

Wir zählten sie, sieben an jeder Seite, weit oben, groß und rechteckig.

Ich zeigte Horst ein Foto des Saalinneren, wie es 1950 ausgesehen hatte.

»So sah es aus, als Ihr Vater hier war.«

»Ja, ja, ja.«

Horst verhielt sich still. »Es ist ein großartiger Saal, ein großartiger Ort zum Sterben, ein Ort der Menschlichkeit, mit all diesen Leuten hier.«

Wir gingen zum Ende des Gebäudes. Horst wollte die große Tür sehen, die sein Vater nach dem Ende seines Lebens passierte, aber ein etwa zwei Meter hoher Metallzaun verhinderte den Zutritt. Bedächtig kletterte Horst darüber, ein agiler Siebzigjähriger, vorsichtshalber begleitet von Osman. Ein bewaffneter Wachmann kam angelaufen, in der Annahme, Horst wolle einbrechen. Nur ein Sohn, der mit dem Ort verbunden sein möchte, wo vor vielen Jahren sein Vater starb, erklärten wir.

Als der Wachmann ging, setzten wir uns auf eine Bank und lasen Hedi Duprés Brief an Charlotte. »Ich fühle mich meiner Mutter nahe«, sagte Horst. »Was sie durchlitt, war der schlimmste Moment in ihrem Leben, hier zu sein, nicht mehr weiterzuwissen, am Boden zerstört.«

Am Stadtrand von Rom besichtigten James, Gemma und ich die Ardeatinischen Höhlen. Horst beschloss, stattdessen jenen seinen Respekt zu zollen, die in der Via Rasella in der Nähe des Quirinalspalastes ihr Leben verloren, wo am 23. März 1944 33 marschierende Tiroler Soldaten, während sie das »Horst-Wessel-Lied« sangen, von einer in einem Müllkarren versteckten Bombe und einer präparierten Mörsergranate zerfetzt wurden. Die Häuserfassaden in der Straße tragen teils noch die Spuren des Anschlags, wie ich selbst sehen konnte, als ich im darauffolgenden Jahr die Straße aufsuchte.

Um die Gedenkstätte der Fosse Ardeatine zu betreten, passierten wir Basaldellas gewaltiges bronzenes Eingangstor, das an die verrenkten und gequälten Körper von 335 Italienern erinnert. Die Opfer kamen aus »allen Berufssparten und sozialen Schichten der römischen Bevölkerung«, informierte uns eine Broschüre. Zwölf von ihnen wurden niemals identifiziert.

Wir liefen einen schmalen Pfad entlang, der in den Fels geschlagen worden war und über mehr als einhundert Meter vom Licht in die Dunkelheit führte, von der Hitze in die Kälte, ein schauriger Ort. Tief unter der Erde, eingebettet in den Fels, betraten sie in Gruppen von fünfen einen Ort, wo sie sich hinknieten und einen einzigen Genickschuss erhielten. Die Exekutionen dauerten einen ganzen Tag, für die Henker waren die Geschehnisse derart traumatisch, dass die Nerven der jüngeren unter ihnen mit Cognac beruhigt werden mussten. Hierher, wo die Gruppe sich versammelte, kamen Kappler und Priebke und der 32 Jahre alte Karl Hass und befolgten den Befehl von Hitler, der ihnen durch Generalfeldmarschall Albert Kesselring und General Karl Wolff übermittelt worden war.

Ich verließ die Höhle und betrat das Mausoleum, in dem die sterblichen Überreste der Opfer ruhten, jedes in einem Einzelgrab. Die Sarkophage waren in parallelen Doppelreihen angeordnet und von 1 bis 335 durchnummeriert. Die meisten trugen oben ein Foto und einen Namen, manche waren mit Blumen geschmückt.

Antonio Pisino, sechsundzwanzig, Chef des militärischen Bereichs der kommunistischen Bewegung, verhaftet im Januar 1944 wegen Spionagevorwürfen, zu drei Jahren Haft verurteilt.

Alessandro Portieri, neunzehn, Mechaniker, Kommunist, zehn Tage vorher wegen Waffenbesitz verhaftet.

Ettore Ronconi, sechsundvierzig, ein Weinhändler, am Tag des Anschlags von SS und italienischer Polizei in der Nähe der Via Rasella verhaftet.

Ein Grab ohne Namen, *ignoto*, unbekannt.

Und so weiter.

Vierzehn Reihen von Individuen – Christen, Juden und Ungläubige, allesamt Männer, jeder nach dem Ereignis in der Via Rasella ausgesucht, nicht einer von ihnen stand in irgendeiner Weise mit dem Anschlag in Verbindung. Eine andere Gruppe, vereint, weil jeder einzelne zufällig zur falschen Zeit am falschen Ort war.

44

Anima

Unsere kleine Gruppe traf sich im Vicolo della Pace, einer unauffälligen Gasse vor dem Eingang zur Anima. Auf mein Läuten hin öffnete eine zierliche, misstrauische Nonne die Tür. Eine Verabredung mit Dr. Ickx, dem Archivar, sagte ich. »Ah ja«, erwiderte sie. Die große hölzerne Tür öffnete sich langsam, und wir betraten den Innenhof, womit wir uns in den Fußstapfen der Herren Rauff, Priebke, Stangl und Hass bewegten. Auch Otto muss über diesen ausgetretenen Steinboden gegangen sein.

Wir kamen zu einem großen Raum mit einer Gewölbedecke. Auf einer Wand sahen wir die gemalte Darstellung einer Mutter mit Kind, an der gegenüberliegenden befanden sich zwei Liegefiguren aus Marmor. Dr. Ickx schwebte herein, groß, selbstbewusst und freundlich. »Guten Tag, guten Tag«, begrüßte uns der Archivar überschwänglich. Er führte uns zu seinem Büro, eine altertümliche Treppe hoch, vorbei am Refektorium, wo Otto, glaubte man der Beteuerung Bischof Hudals, niemals gegessen hatte. Wir erreichten einen langen, schmalen Flur, gesäumt von Porträts der Rektoren, die zurückreichten bis zur Mitte des 19. Jahrhunderts. Als eines der ältesten Kollegs des Vatikans, erläuterte Dr. Ickx, sei die Anima ein Ort ernsthafter Gelehrsamkeit. Er betonte das Wort »ernsthaft«, während wir vor einem Porträt des Bischofs verweilten, das 1943 gemalt worden war, auf dem Höhepunkt seines Einflusses. Vier Jahrzehnte war er über diesen Flur gegangen, bis die Sache mit Wächter ihn zugrunde richtete.

»Ein langes, gutes, rühriges Rektorat«, erklärte Dr. Ickx. Der Bischof war ein Mann mit »verschiedenen Funktionen«, und dieses Porträt zeigte ihn in seiner feierlichsten. Schwarzes Gewand, rotes Scheitel-

käppchen, großes Kreuz, Ring, Buch, Wappen. *Ecclesiae et Nationi* – ich erkannte die Worte von der unterschriebenen Mitteilung wieder, die er Charlotte gab – »Für Kirche und Nation«. »Kein dicker Mann, eher dünn, nicht groß, eher klein«, sagte Dr. Ickx. Blaue Augen, markante Brauen, randlose Brille, graues Haar, streng und ernst. Die anderen Rektoren blickten den Betrachter an, aber nicht Bischof Hudal. »Er schaut in die Ferne«, meinte Dr. Ickx, »ein Mann der Reflexion und der Ideen, über Europa. Österreich, die Kirche.«

Binnen Minuten unserer Begegnung war offenkundig, dass die Worte »entschiedener Verteidiger« den positiven Gefühlen, die Dr. Ickx Bischof Hudal entgegenbrachte, nicht gerecht wurden. Witzig, engagiert und geliebt, die Worte gingen dem Archivar leicht von der Zunge, auch wenn das Gemälde einen ehrwürdigeren Eindruck vermittelte. Ein Intellektueller, ein mutiger Mann, beteuerte er nochmals mit leiser Stimme, ein Mann, der selbstlos viele und unterschiedliche Personen versteckt habe. Einen italienischen Carabiniere. Einen Österreicher auf der Flucht. Zwei Neuseeländer. Einen Australier, der von der Resistenza unterstützt wurde. Auch Juden und Linke, fügte er hinzu, da der Vatikan ein »Nest von Anti-Nazis« gewesen sei. Dr. Ickx nannte keine Namen oder Einzelheiten, nur das Motiv. »Ich bin Priester und muss jedem helfen, das ist meine Pflicht« – dies sei der Leitspruch des Bischofs gewesen.

Wir gingen zur Mittelalterabteilung der Anima und betraten einen schönen Saal aus dem 17. Jahrhundert, stimmungsvoll mit verblichenen roten Wänden, gesäumt von alten Büchern, drei Fenster, ein Fliesenboden, hölzerne Balken, ein Fresko, Archivboxen. Eine Dame, die an einem großen Schreibtisch saß, beobachtete uns wie eine Eule. Der Raum enthielt die Überreste der Aktivitäten des Bischofs und seiner Verbindung mit den Wächters.

Der Nachlass des Bischofs umfasste Bücher, offizielle Schriftstücke, Privatkorrespondenz. Es gab Material über Nazis, Kommunisten und

Kapitalisten. Hudal war der am Ort ansässige »Experte« des Vatikans gewesen, ein Mann, der den Heiligen Stuhl bei drei Ideologien beriet und bei den Bedrohungen, die sie für die Kirche darstellten.

In einer Ecke des Raumes mit den roten Wänden hing eine große gerahmte Urkunde. Im Jahr 1934 zusammen mit einem Orden verliehen, würdigte ihr Text die Unterstützung des Bischofs bei der Aushandlung des Konkordats zwischen dem Vatikan und den Nazis. Bei diesem Vorhaben hatte er mit Kardinalstaatssekretär Eugenio Pacelli, der 1939 als Pius XII. Papst wurde, und Hitlers Vizekanzler Franz von Papen zusammengearbeitet. »Orden und Urkunde werden so selten zusammen verliehen«, flüsterte Dr. Ickx voller Stolz.

War dem Bischof nicht sehr an einer Versöhnung zwischen den Nazis und dem Vatikan gelegen? »Stimmt«, sagte Dr. Ickx, aber nur bis 1938, als seine Haltung sich änderte. »Er vollzog eine Kehrtwende und fing an, sich *gegen* die nationalsozialistische Ideologie zu positionieren.« Diese Behauptung passte nur schwer zu seinem gescheiterten Versuch, im April 1938 ein Votum zugunsten des »Anschlusses« auf die Beine zu stellen. Ich sagte nichts.

Was war mit seiner Unterstützung für eine beträchtliche Anzahl Nazis in späteren Jahren? Ich stellte die Frage so unbefangen wie möglich.

»Sie sagen ›eine beträchtliche Anzahl‹, aber wie viele genau?« Dr. Ickx war ein Mann des Details.

Ich erwähnte Franz Stangl, den Kommandanten von Treblinka.

Dr. Ickx wollte eine Zahl. »Sind es fünf, zehn, fünfzehn oder zweihundert?« Das Thema verlange Genauigkeit, nicht Schönfärberei. Horst nickte, allmählich erwärmte er sich für diesen Dr. Ickx. Niemand hielt den Bischof oder Draganović von ihren Aktivitäten ab, erklärte der Archivar. Die, die sie beobachteten, die Amerikaner, ließen sie gewähren. Aber, schob er rasch nach, »ich verfolge in dieser Angelegenheit keine eigenen Ziele«.

Dr. Ickx' Version der Fakten war einfach: Die Amerikaner und die Briten wussten genau, was der Bischof im Sinn hatte, und sahen absichtlich weg. Die richtige Schlussfolgerung lautete, dass sie seine Aktivitäten unterstützten. Er ging noch weiter. »Die Amerikaner richteten die ganze Rattenlinie ein, sie waren einverstanden mit den Aktionen des Bischofs.« Und dann noch weiter. »Die Rattenlinie war eine amerikanische Idee, so konnten sie sich die besten Leute aussuchen, um mit ihnen zusammenzuarbeiten.«

Allerdings, fügte er schnell hinzu, um nicht missverstanden zu werden, der Bischof habe nicht gewusst, dass er eine Marionette der Amerikaner war, ein Werkzeug. Er sei einfach jemand gewesen, der Gott und der Welt half, ohne Fragen zu stellen, nicht während des Krieges, nicht davor und nicht danach. »Er bat sogar um die Freilassung eines italienischen Kommunisten, der nach dem Anschlag in der Via Rasella gefasst worden war«, ereiferte sich Dr. Ickx.

Kannte der Bischof die wahren Identitäten derjenigen, denen er half? Einige seien ihm vielleicht bekannt gewesen, wie Erich Priebke, gab Dr. Ickx zu, aber was andere betreffe, woher hätte er wissen sollen, dass jemand ein Massenmörder war? »Das ist die Frage«, sinnierte der Archivar. Bei den meisten habe er es nicht gewusst und es nicht wissen können. Unter denjenigen, denen er half, hätten jedenfalls die Kriminellen »weniger als ein Prozent« ausgemacht. Dr. Ickx stellte eine Analogie zu unserer Zeit her. »Es ist wie mit der Flut von Migranten, die heute nach Europa kommen; nicht alle sind Terroristen, aber in der Gruppe kann ein Terrorist sein.«

Der Archivar war ein vorbehaltloser Unterstützer des Bischofs. Der sei ein anständiger Mensch gewesen, der klug gehandelt und Unterstützung angeboten habe, ohne Fragen zu stellen.

War es immer klug, jemandem zu helfen, der wegen Verbrechen angeklagt worden war, als Nazi?

»Manchmal schon«, erwiderte Dr. Ickx, obwohl das für einen Priester eine schwierige Frage sei. Wäre Stalin an der Tür der Anima aufgekreuzt, hätte der Bischof ihm geholfen. »Wir machen alle Fehler. Niemand sollte richten.«

Das größte Zugeständnis, zu dem er sich bereitfand, war einzuräumen, dass der Bischof vielleicht, unter Umständen, »ein bisschen naiv« war. »Die katholische Kirche wird beschuldigt, der Vatikan wird beschuldigt, also wird Hudal zum Sündenbock.«

Wir wandten uns dem Fall Otto Wächter zu. Ich zeigte Dr. Ickx den Brief, den er Charlotte am 30. April 1949 schrieb, wo ein erstes Treffen mit dem »geistliche[n] Herr[n]« erwähnt wurde, der anfangs zurückhaltend, dann aber »sehr positiv« reagierte, als er Ottos Namen hörte. Dr. Ickx stimmte zu, dass Bischof Hudal ungefähr wusste, wer Otto war. »Aber die eigentliche Frage ist, *was* wusste er in diesem Moment über Otto von Wächter?« Die Antwort auf diese Frage kenne man nicht. Dr. Ickx unterstrich seine Worte mit einem Lächeln.

Was den Abschnitt in den posthum veröffentlichten Erinnerungen des Bischofs betreffe, der von Ottos Tod handle, so müsse man zugeben, dass er äußerst behutsam abgefasst sei. Der Bischof sei vorsichtig gewesen, deshalb habe er klargestellt, dass es sich bei der Anschuldigung, ein deutscher Kamerad, der für die Amerikaner arbeitete, habe ihn vergiftet, um »Wächters Version« handelte. Der Bischof, der sich bezüglich der Todesursache nicht sicher gewesen sei, habe sich damit von der Anschuldigung distanziert.

Warum nahm er die Behauptung dann in das Buch auf? Zu Charlotte, die binnen zwei Tagen nach der Enthüllung auf dem Totenbett in Rom war, sagte der Bischof offenbar nichts von einem Giftmord. Anscheinend erfuhr Charlotte von der Anschuldigung erst, nachdem Bischof Hudals Erinnerungen 1976, dreizehn Jahre nach seinem Tod, veröffentlicht wurden. Dr. Ickx war mit seinem Latein am Ende. Das sei merkwürdig, stimmte er zu. Natürlich bedeute die Tatsache, dass der Bischof die Worte schrieb, nicht, dass Otto sie auch geäußert habe. Vielleicht hatte der Bischof seinen eigenen Grund für die Enthüllung, aber was der Grund gewesen sein könnte, wisse er nicht. Ebenso wenig wusste er, *wann* die Anschuldigung ihren Weg in den Text fand. Er besitze das Originalmanuskript, vielleicht sollten wir einen Blick hineinwerfen?

Ich erzählte ihm, was ich über den deutschen Kameraden wusste, den Otto besuchte – Karl Hass. Dr. Ickx kannte den Namen, wie viele Leute in Italien.

Ich berichtete von Project Los Angeles, das vom CIC mit Hilfe von

Hass durchgeführt wurde. Die Information schien Dr. Ickx ehrlich zu überraschen.

Der Bischof arbeitete für Hass und die Amerikaner, erklärte ich. Er war ein Agent, erhielt als Bezahlung jeden Monat 50 Dollar in bar, vier Jahre lang.

Falls diese Tatsache Dr. Ickx überraschte, dann reagierte er geschmeidig und zeigte es nicht. Stattdessen sagte er: »Es passt zu meiner Theorie; es beweist, dass Hudal eine Marionette in den Händen der Amerikaner war.« Das war verblüffend.

»Wusste Bischof Hudal, dass er für die Amerikaner arbeitete?«, fragte er rhetorisch, dann beantwortete er seine eigene Frage. »Ich glaube nicht.«

Man wurde nicht schlau aus Dr. Ickx, aber er war ein Muster an Selbstbeherrschung. Auf Drängen sagte er, er müsse einsehen, dass er nicht genau wisse, wovon der Bischof wusste und wovon nicht.

Drei Fakten waren eindeutig. Bischof Hudal half Nazis, nach Südamerika zu entkommen. Er half Otto. Er war ein bezahlter Agent der Amerikaner.

Weniger eindeutig war die Interpretation der Fakten. Dies war ein Fingerzeig, die persönlichen Papiere des Bischofs durchzusehen, die, die Dr. Ickx uns zeigen konnte.

Dr. Ickx holte mehrere Boxen und stellte sie auf den langen Holztisch. Ich fragte mich, ob der schriftliche Nachlass des Bischofs durchgesehen und manches, wie die offenkundig problematischen Stücke, aussortiert worden war, so wie die Nachlassunterlagen von Charlotte und auch die Papiere von Otto. Ich wagte nicht, die Frage zu stellen, stieß aber tatsächlich später auf einen Aufsatz von Dr. Ickx, der bestätigte, dass »einiges Material verschwunden ist«.

Horst und ich arbeiteten uns durch Hunderte von Seiten.

Dr. Ickx war in eine Box vertieft, der Entwurf eines unveröffentlichten Aufsatzes, der Bischof als Helfer von Flüchtlingen, als Opfer des Mythos. Die Rattenlinie war eine Erfindung anderer, schloss Dr. Ickx, »die Kirche wurde von den Amerikanern benutzt«.

Wir fanden das Arbeitstagebuch des Bischofs, in dem Tag für Tag Geburten, Eheschließungen und Todesfälle verzeichnet waren. Otto wurde am 16. Juli 1949 auf dem Friedhof Campo Verano begraben, und angeblich hielt Bischof Hudal den Trauergottesdienst, also überprüften wir das Datum. Eine Messe und ein päpstlicher Segen, aber keine Erwähnung eines Begräbnisses an diesem Tag oder eines Wächter oder eines Reinhardt.

»Das Begräbnis steht nicht in diesem Buch«, sagte Dr. Ickx. »Es wird in den Archivalien verzeichnet sein« – aber nein, die seien nicht einsehbar.

Ein Exemplar von *Avanti,* der Tageszeitung der Sozialistischen Partei Italiens, mit einem Artikel über Otto, den »Schlächter von Lemberg«. Eine andere Überschrift behauptete, dass Otto drei Jahre in der Anima verbracht habe, daneben hatte jemand mit rotem Bleistift notiert *»altra bugia«*. Das bedeute »eine weitere Lüge«, erklärte Dr. Ickx. Der Bischof habe die Worte geschrieben.

»Er reagierte auf Artikel?«

»Immer.«

Ein Brief von Hartmann Lauterbachers Ehefrau, im Dezember 1948, um dem Bischof für die netten Sachen zu danken, die er geschickt habe. Ein Brief von Hans Lauterbacher, im April 1950, nach der Verhaftung seines Bruders Hartmann, geschrieben in der Hoffnung, dass der Bischof bei dessen Freilassung behilflich sein könnte. Ein Brief, vom Bischof an Lauterbacher, in dem er sich nach dem Fall erkundigt.

Ein Brief, adressiert an General Karl Wolff, wohnhaft bei Bischof Hudal.

Eine Broschüre, veröffentlicht von der Hitler-Jugend in den 1930er Jahren, die junge Katholiken zum Beitritt auffordert. Der Bischof »interessierte sich« für die Hitler-Jugend, sagte Dr. Ickx. Nicht ungehörig, Materialien, gesammelt, um den Vatikan davon in Kenntnis zu setzen, dass die Nazis Kinder rekrutierten. Ich konnte ein Schmunzeln nicht unterdrücken, was Dr. Ickx ärgerte. »Da gibt es nichts zu lachen.«

Ein Zeitungsausschnitt mit einem Artikel von Simon Wiesenthal,

9. September 1949, über die in italienischen Zeitungen abgedruckten Geschichten, dass der Bischof Wächter geholfen habe. Er bestätigte Wiesenthals Interesse an der Geschichte und das Interesse des Bischofs an Wiesenthal.

Ein Artikel aus *Avanti,* 21. April 1961, über die Eröffnung des Prozesses gegen Adolf Eichmann in Jerusalem, mit der Überschrift »Schlächter von Leopolis wurde vergiftet und hauchte seine Seele in den Armen von Monsignore Hudal aus«. Die Zeitung brachte ein Foto von dem Bischof, das Porträt, das im Flur der Anima hing, mitsamt einer Erklärung, in welcher er bestritt, Eichmann geholfen zu haben.

»Eine kommunistische Zeitung.« Dr. Ickx sprach die Worte ernst, sachlich, dann las er laut vor: »Im Schatten der Anima fanden viele Nazi-Schlächter Zuflucht.«

Was stimmte, oder nicht?

»Wenn dreitausend Leute sich vorübergehend in der Anima aufhielten und fünf davon waren Schlächter, dann waren es nur ›einige‹, nicht ›viele‹.«

Mehrere Briefe aus Südamerika, Briefschreiber mit deutschen Namen, die Europa verlassen hatten. »Er hatte Kontakt zu ihnen, weil er ihnen half, dorthin zu gelangen, echte Nazis, die entkamen.«

Ein Brief vom Justizministerium in Rio de Janeiro, Brasilien. Ich dachte an Laurence Olivier, wie er in der Folterszene des Films *Der Marathon-Mann* Dustin Hoffmans Zähne untersucht.

Ein Brief aus Nürnberg, Dezember 1948, von dem Sohn Franz von Papens, der bei den Verhandlungen über das Reichskonkordat, das Abkommen zwischen den Nazis und dem Vatikan, für das Hudal eine Urkunde verliehen wurde, mit dem Bischof zusammenarbeitete. Im Nürnberger Prozess gegen die Hauptkriegsverbrecher in allen Anklagepunkten freigesprochen, aber nachfolgend in einem deutschen Spruchkammerverfahren im Rahmen der Entnazifizierung als »Hauptschuldiger« eingestuft und zu acht Jahren Arbeitslager verurteilt. »Mein Vater ist jetzt 70 Jahre alt und nach vierjähriger Haft ein sehr kranker Mann«, schrieb von Papen junior. Im folgenden Jahr wurde Franz von Papen in der Berufung auf freien Fuß gesetzt und lebte danach noch 20 Jahre.

Eine Mitteilung von dem Journalisten Franz Hieronymus Riedl, der Otto bei dem Weg über die Berge half. Er sprach dem Bischof seinen Dank aus für eine Kopie der Predigt zum »Falle Wächter« im September 1949. »Nun aber obliegt es mir, Ihnen aufrichtig und aus vollem Herzen zu danken.«

Die Verbindungen zu Otto waren zahlreich.

Eine Fotografie von Charlotte Wächter. »Meine Mutter!«, rief Horst aufgeregt.

Ein Brief von Charlotte, 19. Juli 1949, drei Tage nach der Beerdigung: »In Erinnerung an die letzten Tage in Rom gedenke ich in erster Linie Ihrer Exzellenz, in größter Dankbarkeit«, las Horst laut vor, dann hielt er inne. »Ich kann nicht mehr weiterlesen.«

»Sie können es nicht lesen?«, fragte Dr. Ickx.

»Nein, ich kann nicht, ich werde es ein andermal versuchen.« Doch er konnte sich nicht losreißen, also las er stumm weiter, bis seine Stimme sich zu einem Flüstern erhob, dann lauter wurde. »Es scheint mir, als ob meine klingende Seele gesprungen ist … Immer Ihre aufrichtig dankbare Lotte Wächter.«

»Das war schwer für mich«, sagte Horst, dann fragte er, auf Deutsch, ob er ein Foto von dem Brief machen dürfe.

Und schließlich das Originalmanuskript der Erinnerungen des Bischofs. Ein maschinengeschriebener Text, mehrere hundert Seiten, mit ein paar handschriftlichen Anmerkungen. Ein Datum, 1953. Fügte der Bischof den Vergiftungsvorwurf am Ende seines Lebens hinzu, oder war er schon im Original enthalten? Wir durchblätterten die Seiten, bis wir zu dem Teil kamen, wo er über Otto in seinen Armen, den Vergiftungsvorwurf, den Kameraden schrieb. Die Worte waren identisch mit denen, die viele Jahre später veröffentlicht wurden, lange nach dem Tod Hudals. Wie es scheint, schrieb er die Worte bereits vier Jahre nach Ottos Tod, als er noch in Verbindung mit Charlotte stand, erzählte es ihr aber anscheinend nie.

»Das Leben ist niemals einfach, niemals nur schwarz und weiß«, sagte Dr. Ickx. Er hatte keine Ahnung, warum der Bischof die Anschuldigung für sich behielt.

»Bischof Hudal ist keine graue Gestalt der Geschichte«, fuhr er fort, leiser. »Er ist eine dunkle und gleichzeitig helle Gestalt.« Er habe während des Krieges einige gerettet, und dann gebe es da noch den anderen Teil seines Lebens, als er half, ein paar »Schlächter« zu retten, die sich kurz in der Anima aufhielten. »Und wahrscheinlich wusste er nicht, dass sie Schlächter waren«, fügte Dr. Ickx mit einem optimistischen Unterton hinzu. »Wahrscheinlich wurde ihm von anderen etwas angehängt, wahrscheinlich war er Teil eines Spiels, das größer war, als er wissen konnte.«

Der Besuch neigte sich dem Ende zu. Wir dankten Dr. Ickx, verabschiedeten uns und verließen die Anima. Wieder auf der Straße, kamen wir an einem Laden vorbei, der Spielzeugsoldaten und andere Figuren verkaufte. Ein paar von ihnen, die im Schaufenster gruppiert waren, erregten unsere Aufmerksamkeit. Sie erinnerten an vergangene Zeiten, an damals und heute.

45

Café Doney

Mein Interesse an der Rattenlinie war nicht originär, und ich profitierte sehr von den Forschungsarbeiten anderer. Nach meinem Besuch in der Anima traf ich mich mit Professor Gerald Steinacher, einem österreichischen Wissenschaftler, der heute in Nebraska lehrt und mit dem ich in Kontakt stand. Er hat sehr viel über die Rattenlinie geschrieben, und zufällig war er gerade zusammen mit seiner Frau in Rom.

Wir trafen uns auf ein Getränk in der Via Veneto, im Café Doney, ohne Horst. Dies war das Lokal, das in Ottos Briefen und in verschiedenen CIC-Akten erwähnt wurde. Hier wollte Otto Hedi Dupré und Hartmann Lauterbacher treffen. Auf Hochglanz poliert und modernisiert, war das Doney nur noch ein müder Abklatsch seiner illustren und charaktervollen Vergangenheit.

Professor Gerald Steinacher interessierte sich sehr für »Nazis auf der Flucht«, so der Titel eines seiner Bücher. Das Interesse rührte von einer Faszination her, die sich erstmals in seiner Kindheit zeigte. Er wuchs in der Nähe eines früheren Konzentrationslagers auf, aber niemand in der Familie wollte über den Ort oder die Vergangenheit sprechen. Das Schweigen löste eine Wissbegier aus, so dass er anfing, die Geschichte des Lagers zu erforschen und sich intensiv mit der Rolle des Vatikans während der NS-Zeit zu beschäftigen. Aus seiner Habilitationsschrift wurde das Buch, eine Studie über die Rattenlinie aus den unterschiedlichsten Blickwinkeln. Er kannte die Details, angefangen bei den Übergangsstellen nach Italien über die kooperativen Netzwerke, die in Südtirol existierten, bis hin zu den Identitäten sämtlicher Hauptakteure im Vatikan. Die Furcht vor dem Kommunismus war das Herz, das im Zentrum seiner Erzählungen schlug, eine Furcht, die aus Nazi-Jägern

Werber machte, eine Furcht, die eine merkwürdige Allianz aus Klerikern, Spionen, Faschisten und Amerikanern hervorbrachte.

Bischof Hudal war die zentrale Figur, eine Nabe, von der eine Vielzahl von Speichen ausging. Das Register von Gerald Steinachers Buch führte Hunderte von Namen auf, aber keiner kam häufiger vor als der von Bischof Hudal. Trotz seiner österreichischen Wurzeln teilte er nicht die großzügige Einstellung von Dr. Ickx: Geralds Ansicht nach war der Bischof ein von »christlichem Antisemitismus« motivierter deutscher Nationalist mit Nazi-Sympathien. Er wies den Gedanken zurück, dass der Bischof Gott und der Welt geholfen habe – »wenn er es tat, dann wurde es nicht sehr gut dokumentiert« –, und glaubte, dass umfangreiches Beweismaterial dafür existiere, dass der Bischof genau wusste, wem er half, und dass einige seiner Schützlinge wegen der schrecklichsten Verbrechen gesucht wurden. Bischof Hudal behinderte die Justiz, schloss Gerald. Er übte nicht christliche Barmherzigkeit, er war nicht arglos oder naiv, und er wusste genau, wer Otto war und was er getan hatte.

Otto wurde kurz erwähnt in dem Buch. Die Enthüllung, dass der Bischof Otto versteckt hatte, »brachte das Fass zum Überlaufen« und führte dazu, dass Hudal seinen Posten als Rektor der Anima verlor. Auch Karl Hass trat in Erscheinung, eine stärker konturierte Figur, die als Vermittler zwischen den Amerikanern und dem Vatikan fungierte und Dutzenden von Kameraden half, nach Südamerika zu entkommen. Gerald kannte die Verbindungen von Hass zu Hudal, Luongo, Lucid und zum CIC, die gemeinsam als »unsichtbare Front« im Kalten Krieg agierten, eine Allianz zur Bewahrung des »christlichen Europa«. Da sich Italien in der Mitte des katholischen Universums befand, musste es um jeden Preis geschützt werden.

Auf die Behauptung, Otto sei vergiftet worden, gab Gerald allerdings nicht viel, obwohl die kurze Passage am Ende der Erinnerungen des Bischofs ihm im Gedächtnis haften geblieben war. »Ich konnte mir keinen Reim darauf machen«, lautete sein Kommentar zu dem Moment, als er den Abschnitt zum ersten Mal las. Die Sache kam ihm eigenartig vor, sogar einzigartig, und ihm fiel kein anderer Fall von jemandem auf der Rattenlinie ein, der auf diese Weise beseitigt worden sein könnte.

Genau wie ich wollte auch Gerald nur zu gerne wissen, warum der Bischof schrieb, was er schrieb, und zwar schon 1953, aber anscheinend Charlotte nichts davon sagte. Vielleicht hatte Otto es tatsächlich gesagt, sinnierte er. Oder vielleicht auch nicht, und der Bischof erfand es einfach. Aber warum hätte er das tun sollen?

Wir bewegten uns im Reich der Spekulation, während wir in einem Café in der Via Veneto saßen. Gerald meinte, er hätte vielleicht eine Erklärung, sogar eine »Theorie«, wie er es ausdrückte. Die Wächter-Sache brachte den Bischof in beträchtliche Schwierigkeiten, die dazu führten, dass er aus den Reihen des Vatikans und von außen angegriffen wurde. Er muss sich in der Defensive gefühlt und das Bedürfnis verspürt haben, sein Handeln zu rechtfertigen, seine Hilfe für Otto und andere, darunter Stangl und Priebke. Eine Rechtfertigung hätte darin bestehen können zu zeigen, dass ein Mann wie Wächter im Grunde anständig war, ein guter Katholik, der sich in Gefahr befand und Schutz brauchte. Eine Strategie wäre gewesen, aus einem Täter ein Opfer zu machen.

»Gibt es einen besseren Weg, einen Eindruck von Opfertum zu erzeugen, als zu behaupten, ein Mensch sei vergiftet worden?«, warf er in den Raum. Die Vorstellung von allmächtigen Amerikanern, die einen bedauernswerten und einsamen Mann jagten, konnte es Bischof Hudal erleichtern, sein Handeln zu rechtfertigen, ihn wie einen Priester erscheinen lassen, der einem unglückseligen Opfer, das von einem gnadenlosen Feind verfolgt wurde, christlichen Beistand anbot. Ein weiterer Vorteil war, dass er behaupten konnte, er habe geholfen, Wächter wieder in den Schoß der Kirche zurückzuführen, eine Form der Versöhnung, wie sie der Bischof in seinen Schriften der 1930er Jahren vertreten hatte.

Gerald hielt inne und sah mich an. »Trotzdem«, sagte er, »ist es ein Rätsel, seltsam und verwirrend.«

Ich erzählte ihm, was wir über die Identität des mutmaßlichen Giftmörders, über das mit einem »ehem[aligen] Kameraden«, dessen Frau und Kind am Albaner See verbrachte Wochenende, über Project Los Angeles und das CIC herausgefunden hatten. Karl Hass, möglicherweise ein Doppelagent, der für die Sowjets arbeitete. Ich zeigte ihm das CIC-Dokument, das Karl Hass zum Teilnehmer an der Beerdigung von Otto auf dem Friedhof Campo Verano machte, wo er im Scherz meinte, er habe Otto vergiftet. Nichts geht über Worte schwarz auf weiß.

»Karl Hass.« Gerald sagte den Namen mehrere Male. »Eine interessante Figur.« Allerdings konnte er sich nur schwer vorstellen, warum Hass Otto hätte vergiften sollen, welches Motiv er gehabt haben könnte. Warum sollte ein Agent des CIC einen Kriegsverbrecher vergiften, der sich in Rom versteckte, während er mit anderen zusammenarbeitete, die auf der Gehaltsliste des CIC standen? Er war skeptisch.

Was die Möglichkeit betraf, dass Hass als Giftmörder im Auftrag der Sowjets gehandelt haben könnte, eine Hypothese, die unterstellte, dass Hass ein Doppelagent war, hatte ich bei einem führenden Experten für Sowjets und Nazis nachgefragt. »Ich habe nie gehört, dass die Sowjets so etwas wie Mordkommandos aufgestellt hätten, um prominente Nazis zu töten«, sagte mir Dr. Anton Weiss-Wendt. Während seiner jahrelangen Forschungen, die sich auf sowjetische Kriegsverbrecherprozesse und KGB-Akten erstreckten, sei er nie auf irgendetwas gestoßen, das darauf hingedeutet hätte, dass die Sowjets jemals versucht hätten, Top-Nazis auf der Flucht umzubringen, zweifellos, weil sie in den Territorien unter ihrer Kontrolle Hunderttausende mutmaßlicher Nazi-Kollaborateure hatten.

Später an jenem Abend gesellte sich Horst zu uns, begleitet von Osman. Das Essen verlief nicht gut, da Horst die Ideen von Gerald nicht gefielen. Seiner Ansicht nach war es bedauerlich, dass dieser, ein Österreicher, seinen Vater als Kriegsverbrecher behandelte und, was noch schlimmer war, Skepsis gegenüber der Behauptung hegte, Otto sei vergiftet worden.

Horst hatte sich Gerald Steinachers Buch auf seinen Kindle heruntergeladen und billigte seinen Inhalt nicht. »Ich habe gelesen, was Sie über meinen Vater geschrieben haben, und ich bin anderer Ansicht.« Das Buch enthalte Fehler, meinte Horst gereizt. Zum Beispiel sei sein Vater nicht Sturmbannführer gewesen.

»Ranghöher?«, erkundigte sich Gerald.

Ja, bestätigte Horst, und in jedem Fall sei die SS-Mitgliedschaft nur »ehrenhalber« gewesen. Otto sei für die Zivilverwaltung zuständig gewesen und habe nicht für den anderen Teil der Verwaltung gearbeitet, den verbrecherischen Teil, der von der SS und Katzmann geleitet wurde. »Die Theorie, dass mein Vater ein Verbrecher war, kann ich nicht akzeptieren.«

Warum Otto dann auf der Flucht war, fragte Gerald, ruhig, und warum versuchte er, aus Europa herauszukommen?

»Weil er ein Feind der Sowjets war«, entgegnete Horst. »Stalin hätte alles getan, um ihn zu töten.«

Geralds Skepsis war wohlbegründet. »Wie viele ehemalige Geheimdienstspezialisten der Nazis wurden von den Sowjets ermordet?«

»Mein Vater war eine Schlüsselfigur in den Beziehungen zwischen Ost und West«, erwiderte Horst. »Er war ein Ziel, *weil* er wichtig war.« Angesichts begrenzter verfügbarer Fakten, um beide Punkte zu untermauern, verwies Horst Gerald auf die Ermordung von Bauer, dem Stellvertreter seines Vaters, bei einem Partisanenanschlag unter Beteiligung eines Sowjetagenten 1944 in Lemberg.

Horst schloss auch die Möglichkeit aus, dass sein Vater für die Amerikaner gearbeitet haben könnte. »Eine Frage der Ehre«, sagte er, er hätte niemals für den ehemaligen Feind gearbeitet. Falls Hass versucht habe, ihn anzuwerben, wie eines der CIC-Dokumente behauptete, dann wäre es im Auftrag der Sowjets gewesen. Zumindest nach Horsts Logik. Otto lehnte das Angebot ab, also musste er getötet werden. Dies war Horsts Erklärung, eine Folge, wie es scheint, unserer Gespräche und meiner Recherchen.

Beim Abendessen stritten sich Horst und Gerald die ganze Zeit. »Ihr Vater trat aus der katholischen Kirche aus«, sagte Gerald, »er erklärte sich für ›gottgläubig‹.«

»Er ist nie aus der Kirche ausgetreten«, entgegnete Horst unwirsch.

Die Erklärung, er sei ›gottgläubig‹, finde sich in Ottos SS-Akte, warf ich ein.

»Man muss unterscheiden zwischen Form und Inhalt«, erwiderte Horst. »Möglich, dass er sich für ›gottgläubig‹ erklärte, aber er ist nie aus der Kirche ausgetreten.«

Ich könne ihm das Dokument zeigen. »Vielleicht, es ist möglich, aber die letzten Worte, die Otto sprach, waren solche des Bedauerns, dass er Schwierigkeiten mit der katholischen Kirche hatte.«

Gerald hatte die Nase voll und machte klar, dass er das Gespräch zum Abschluss bringen wollte. »Mein Vater war eine echte bedeutende Persönlichkeit, nicht bloß ein SS-Mann, der schießend durch die Gegend rannte und Leute umbrachte«, fuhr Horst fort.

Gerald fragte nun freiheraus. »Hat Ihr Vater jemals, nach dem Krieg, in Briefen oder auf andere Weise Bedauern über das Geschehene geäußert, über die Ermordung von Millionen Menschen durch ein Regime, dem er in einer hochrangigen Position diente?«

Der ruhige, respektvolle James Everest wählte diesen Moment, um sich einzumischen. »Ich bin jeden einzelnen Brief durchgegangen, den Otto und Charlotte sich 1949 schrieben – es findet sich nicht eine einzige Erwähnung des Holocaust.«

Ob es an irgendeiner Stelle in dem Material, das Horst weitergab, eine einzige Äußerung des Bedauerns, der Reue gebe, fragte jemand anderes.

Horst war sich sicher, dass Charlotte bereute. »Sie bereute, das Haus in Zell am See genommen zu haben.«

Irgendetwas darüber hinaus?

»Am Ende ihres Lebens wurde sie religiös, so dass sie natürlich bereute, so wie ich bereue.«

46

Albaner See

Nach zwei in Rom verbrachten Tagen fuhren wir zum Albaner See, dem Krater eines längst erloschenen Vulkans. Mit dem Taxi brauchte man weniger als eine Stunde bis zu der Stelle, wo Otto zum letzten Mal schwimmen ging, zusammen mit Karl Hass.

Wir machten uns auf die Suche nach Informationen über Enrica, die kleine Tochter von Hass und seiner italienischen Lebensgefährtin. Geboren im Mai 1949, müsste Enrica jetzt Ende sechzig sein, aber ich konnte fast keine Spur von ihr finden, abgesehen von einem im Oktober 2013 erschienenen italienischen Zeitungsartikel, ein Interview mit jemandem, der sie kannte. Ein Priester namens Marco Schrott berichtete, dass er nach dem Tod von Karl Hass im Jahr 2004 einwilligte, den Trauergottesdienst abzuhalten, weil er Enrica von Kindheit an kannte. »Wir gingen zusammen zur Schule; ich begrub den Vater meiner Freundin, da niemand sonst wollte.«

Wir machten Marco Schrott ausfindig und telefonierten miteinander. Er war freundlich und offen, aber es machte ihn traurig zu berichten, dass Enrica kurz nach ihrem Vater gestorben war. Sollte ich zufällig in der Nähe des Albaner Sees sein, würde er sich freuen, mich kennenzulernen. Und da waren wir, saßen an einem warmen Junimorgen auf der Terrasse eines Restaurants und genossen den Blick auf den Albaner See.

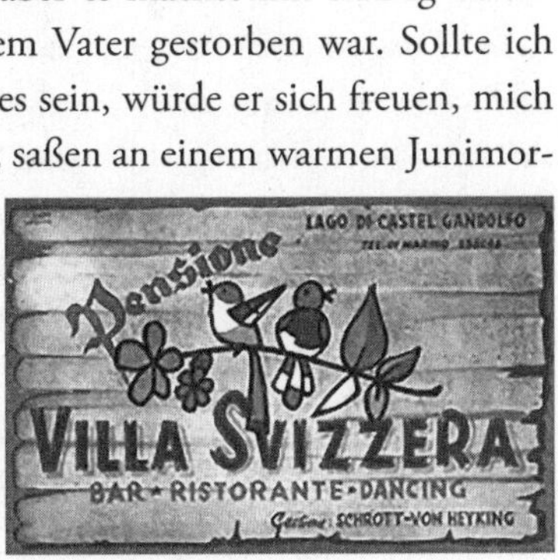

Marco war voller Energie, herzlich, bescheiden und hatte Sinn für Humor. Seine Augen waren blau, seine Haare weiß. Inzwischen fast siebzig, hatte er den größten Teil seines Lebens in der Gegend verbracht und kannte sie gut. Seine Eltern waren aus Meran hierhergezogen, als er zwei Jahre alt war. Sie führten eine kleine Pension, die Villa Svizzera, mit einer Bar und einem Restaurant, und an den Wochenenden gab es Tanzveranstaltungen. Er besuchte eine örtliche Schule und wurde Priester, anfangs in Italien und später, für mehrere Jahre, in Sierra Leone. Dort lernte er Kampf und Grauen aus erster Hand kennen, und jetzt war er zurück und betreute zusammen mit einem Kollegen drei kleine Pfarreien in der Nähe von Rom. »Ein sehr alter Priester«, sagte er mit einem bitteren Lächeln, »und wir empfinden viel Genugtuung über unser Werk.«

Er war zehn Jahre alt, als er Enrica Giustini in der Schule kennenlernte. Sie wurden Freunde und später Nachbarn, als ihre Eltern Karl und Angela (ehemals Anna Maria genannt), die beide den Namen Giustini benutzten, in die Via del Pascolaro in Castel Gandolfo zogen. Marco wohnte in Nummer 8, Enrica in Nummer 12. Er wusste nicht genau, wo die Familie Hass davor, im Jahr 1949, gelebt hatte. Unweit des Sees, nahm er an, vielleicht in Poggi d'Oro.

Er besuchte Enrica oft zu Hause. Er mochte ihre Mutter Angela, eine einfache, freundliche Frau, die kochte, sich um den Garten kümmerte und ein unauffälliges, anständiges Leben führte. »Vielleicht um die geheime Tätigkeit zu verbergen, der man in dieser Familie nachging«, meinte Marco mit einem weiteren Lächeln. Enrica liebte ihren Vater, Karl, weil er erfolgreich war, Geld hatte und Verbindungen höheren Orts, aber zu Angela war er anders. »Absolut nicht freundlich«, wie Marco es ausdrückte. Er erinnerte sich, dass Hass in einem Sessel saß, mit einer Zeitung, »wie eine Statue, eine ägyptische Mumie«, ein Mann, der nicht gerne sprach. Marco spürte, er war ein Mann, der abwesend sein wollte, der »versuchte, sich zu verstecken«. Er konnte sich nicht an ein einziges Gespräch mit Hass aus seiner Kinderzeit erinnern.

In dieser Lebensphase, als kleiner Junge, wusste er nichts von Hass' Vergangenheit oder seinem geheimen Leben. Erst später erfuhr er von den Nazi-Jahren und seiner nachfolgenden Tätigkeit für die Geheimdienste verschiedener Länder. »Er gehörte zur Gemeinde, wohnte in einem normalen Haus und führte ein normales Leben, er versuchte, niemanden zu belästigen.« Die Wohnung war voller schlichter Bilder, keine Fotos von Hitler oder Mussolini, nur Blumen und Berge. Marco lachte. »Dann las ich eines Tages, dass die italienische Regierung ihm eine Rente bewilligt hatte!« Er kicherte laut bei dem Gedanken, dass einem Mann, der wegen »Verbrechen gegen die Menschlichkeit« verurteilt worden war, weil er italienische Zivilisten ermordet hatte, vom italienischen Staat eine Rente gezahlt wurde. Verrückte Welt.

Enrica benutzte in der Schule den Namen Giustini, nicht Hass. Als sie ihn um eine Erklärung bat, sagte ihr Vater ihr, dass er aus mehreren Namen auswählen könne. Marco glaubte, dass Enrica nichts über die Vergangenheit ihres Vaters wusste, nicht als Kind, aber dass sie möglicherweise spürte, dass da Schwierigkeiten waren, wie es ein Kind oft tut. Daher litt sie. »Sie war gut in der Schule und schrieb gern Gedichte, aber sie drehten sich oft um den Tod.«

Die Verhaftung ihres Vaters und der Prozess gegen ihn im Jahr 1998 stellten für Enrica einen krisenhaften Moment dar. »Der Preis war hoch«, sagte Marco traurig, denn seine Kindheitsfreundin wurde von öffentlicher Aufmerksamkeit erdrückt, wovon sie sich nie mehr richtig erholte. Enrica hatte die stetige Unterstützung eines liebenden Ehemannes, der mit Anwälten half und alles in seiner Macht Stehende tat, um seinem Schwiegervater das Gefängnis zu ersparen. Für seine Rolle bei dem Massaker in den Ardeatinischen Höhlen wurde Hass wegen »Verbrechen gegen die Menschlichkeit« verurteilt, und es war eine Erleichterung, dass er die Strafe im Hausarrest in der Nähe des Albaner Sees abbüßen durfte. »Um für die letzten Tage seines Lebens in Frieden zu ruhen«, sagte Marco ironisch. Enrica sorgte sich um die Gesundheit ihres Vaters und kam aus der Schweiz, wo sie lebte, oft zu Besuch. »Sie war wirklich eine gute Tochter«, sagte Marco. »Sie wusste von der Vergangenheit, aber wir sind eine andere Generation.«

Marco war hin- und hergerissen. Im Prinzip begrüßte er den Prozess gegen Karl Hass, eine positive Entwicklung, die seinem Gerechtigkeitsempfinden entsprach. »Es war gut, dass die Wahrheit herauskam, dass jemand, der ein schreckliches Verbrechen begangen hatte, gezwungen war, zu dem zu stehen, was er getan hatte.« Doch seine Kindheitsfreundin litt furchtbar darunter, und er sprach liebevoll von Enrica, über ihren Kontakt während dieser Zeit. »Sie bat mich zu versuchen, ihren Vater zum Glauben zu führen, ihn zum Katholizismus zu bekehren.« Hass sei als Kind lutherisch getauft worden, erläuterte Marco, und er habe ihn in seiner Wohnung aufgesucht, um festzustellen, ob er sich seiner Verantwortung und dessen, was mit ihm geschah, bewusst war.

»Er bekannte sich zu dem, was er getan hatte«, fuhr Marco fort. »Er sagte klar über diese Zeit: ›Ich wollte meinen Vorgesetzten beweisen, dass ich wirklich ein guter Nazi im Krieg bin, um ein gutes Beispiel zu geben, also tötete ich in den Fosse Ardeatine zwei Männer.‹ Er wollte beweisen, dass er genau das tun konnte, was ihm befohlen wurde.«

Akzeptierte Hass die persönliche Verantwortung für seine Taten?

Marco dachte sorgfältig über diese Frage nach.

»Er bemühte sich, er wollte zur Wahrheit vordringen, aber er war in seinem Denken wohl durch seine Nazi-Ideologie blockiert, oder?«

Also immer noch ein Nazi?

»Ja, sicher«, sagte Marco. »Sie sind alle immer noch Nazis.«

Und setzten beide ihre Unterhaltung fort?

»Nein, es war unmöglich.«

Nach dem letzten Gespräch bat Marco ihn, mit ihm zu beten, und Hass kam der Bitte nach. »Ich denke, vielleicht mochte er das, fand Gefallen am Beten, eine menschliche Würde, etwas Wichtiges.« Doch Marco war sich nicht sicher, ob Hass wirklich an den Wert des Gebets glaubte.

Hass starb 2004, sechs Jahre nach seiner Verurteilung. Der örtliche Bischof bat Marco, ihn zu beerdigen, als Freund der Familie und weil der Priester Deutsch sprach. Die Beisetzung war umstritten. Auf der einen Seite brachten sich die Kommunisten (»wollten Steine werfen«), auf der anderen die Faschisten (»wollten diesen Helden der Nazis willkommen heißen«) in Stellung. Die Tatsache, dass die Beisetzung auf dem Friedhof in Castel Gandolfo erfolgen sollte, wo der Papst seine Sommerresidenz hat, heizte die Stimmung zusätzlich auf.

Marco entsprach der Bitte des Bischofs ohne Zögern, um seiner Freundin Enrica willen. Das Begräbnis fand unter großer Geheimhaltung statt. »Niemand sah uns auf dem Friedhof von Castel Gandolfo.« Knapp zehn Jahre später, als Erich Priebke 2013 starb, gab es ein großes Chaos, nachdem der Vatikan ein kirchliches Begräbnis in oder in der Nähe von Rom untersagt hatte. Die reaktionäre Piusbruderschaft stellte daraufhin eine ihrer Kapellen in Albano Laziale bei Rom für eine private Trauerfeier zur Verfügung, die nach Straßenschlachten zwischen Priebke-Gegnern und Priebke-Sympathisanten abgebrochen werden musste. Die Behörden ordneten daraufhin eine Beisetzung an einem geheimen Ort an. »Es war nicht möglich, ihn ordentlich zu bestatten«, sagte Marco. »Bis auf den heutigen Tag weiß niemand, wo Erich Priebke begraben ist.«

Ich erzählte Marco, was ich über Hass und Project Los Angeles wusste, und zeigte ihm einige der Dokumente. Er war überrascht und schien keine Ahnung zu haben, dass der Vater seiner Freundin für die Amerikaner gearbeitet hatte. »Seine Feinde als seine Freunde behandeln? Es ist ein Fehler. Die Amerikaner tun es heute wieder, mit Saudi-Arabien.«

Gemeinsam gingen wir das CIC-Dokument durch, das die Namen von Hass' Quellen auflistete.

Caputo? »Alter Faschist.«

Albert Griezzar? »Recycelter Faschist«, gluckste Marco.

Ali Hussain? »Mamma mia!«

Monsignore Fioretti vom Vatikan? Er war nicht überrascht, dass ein ranghoher Vatikan-Mann möglicherweise ein amerikanischer Agent gewesen war. »Auch gläubige Menschen neigen in politischem Sinne nach links oder rechts.«

Bischof Hudal? Er kannte den Namen nicht, es war nicht seine Welt. »Ich war Missionar in Afrika«, erinnerte er uns. Er sei einmal

Papst Pius XII. begegnet, aber das war 1955, als er sieben Jahre alt war. »Ich habe keinen Draht zum Vatikan«, fügte er hinzu, und er kannte keine Bischöfe.

Auch der Name Otto Wächter sagte ihm nichts. Er wusste nichts von ihm oder seinem Tod nach einem Bad mit Karl Hass im Albaner See.

»Ich war noch zu klein, um von solchen Dingen zu wissen.«

Der Vergiftungsvorwurf erstaunte ihn, und er bezweifelte, dass Hass eine Rolle gespielt haben könnte. »Er war kein Serienmörder«, sagte Marco. »Kein Mann, der auf eigene Rechnung töten würde.«

Er hielt eine Weile inne und dachte weiter darüber nach, dann äußerte er einen Vorbehalt. »Nun, vielleicht«, sagte er, vielleicht hätte Hass unter gewissen Umständen töten können. Aus Gründen der Ideologie oder wenn jemand ihm befohlen hätte zu töten. »Ich bin mir sicher, wenn jemand ihm den Befehl gegeben hätte, das zu tun, wäre er fähig gewesen, diesen erhaltenen Befehl auszuführen.« Er stammte aus dieser Generation, der beigebracht wurde, zu gehorchen, zu glauben, dass Gehorsam gut sei, für die Menschheit.

War er ein schwacher Mensch?

»Ein Mensch ohne Selbststeuerung«, erwiderte Marco ohne Zögern. Ein Mann, der stets bereit war, im Interesse anderer zu handeln.

Horst, dessen Gesicht sich aufgehellt hatte, als Marco sprach, ging plötzlich scharf dazwischen. Er war außerstande, sich zu bremsen, hier an dem Ort, wo sein Vater geschwommen war.

»Karl Hass war ein mieser Verräter, der meinen Vater umgebracht hat.«

Marco wirkte erstaunt, zeigte aber ansonsten keine Regung.

Horst spann seine Theorie weiter. »Hass arbeitete für Stalin, für die Sowjets. Mein Vater war ein Mann von Ehre, das waren seine Feinde.«

»Ich danke Ihnen und Ihrem Vater, dass Sie so gute Menschen sind«, sagte Marco. Es war offensichtlich, dass er noch nie von Otto Wächter gehört hatte, doch Horst freute sich wahnsinnig über seine Worte.

»Und der Name Ihres Vaters?«, fragte Marco.

»Otto.«

Horst zeigte ihm ein Foto von Otto mit Charlotte, eine Aufnahme vom Sommer 1948, am Fuß der Berge.

»Sie wirken wie ein reizendes Paar«, kommentierte Marco – genau das, was Horst an einem schönen Junimorgen in einer Kleinstadt in der Nähe von Rom hören wollte.

Zum Mittagessen gingen wir in ein Fischrestaurant am Ort. Marco erzählte uns von seiner Familie, seinen beiden Brüdern, Viktor, eineinhalb Jahre älter, geboren 1946, und Sergio, fünf Jahre jünger. Während wir aßen, sagte er: »Karl Hass war ein Teil meiner Familie.«

Der Satz fiel aus heiterem Himmel, ohne Vorwarnung. Offenbar guckten wir betreten, also redete er weiter.

»Mein Bruder Viktor heiratete Enrica, Hass' Tochter.« Das war noch überraschender. Sie führten eine lange und glückliche Ehe, fuhr er fort, und lebten in Genf, wo Viktor wohnen blieb, nachdem Enrica, nicht lange nach ihrem Vater, an Pankreatitis gestorben war. Sie hatten ein Kind, einen Sohn, der für eine Kaffeefirma in Genf arbeitete.

»Wie George Clooney«, meinte Marco und strahlte vor Stolz, als er von seinem Neffen berichtete. Was für ein Verhältnis hatte ihr Sohn zu seinem Großvater, Karl Hass? Marco zuckte mit den Schultern und lächelte. »Der Sohn ist ruhig, ein echter Schweizer, macht nicht so viele Worte.«

»Und der Sohn heißt Schrott?«, fragte ich ganz beiläufig, in der Annahme, dass er denselben Familiennamen trug wie sein Onkel, der Priester.

Marco antwortete nicht. Er wirkte nachdenklich, dann sagte er: »Nein, nicht Schrott, Williams.«

Wir schwiegen – wir verstanden nur Bahnhof.

»Ja, mein Bruder ist nicht Viktor Schrott, sondern Viktor Williams. Meine Mutter bekam während des Krieges ein Kind.«

Horst hustete.

»Also war der Mädchenname Ihrer Mutter Williams?«

»Nein. Meine Mutter hieß von Heyking. Der Vater meines Bruders hieß Williams.«

»Er war Waliser?«

»Nein, Amerikaner.«

Wir sprachen, und in unseren Köpfen versuchten wir uns über die Familienstruktur klarzuwerden.

»Eigentlich ist es noch komplizierter«, fuhr Marco, der freundliche, sanfte, unaufdringliche Priester, fort.

Der Vater seines Bruders hieß eigentlich gar nicht Williams. Der Name wurde erfunden, da ihre Mutter eine Affäre mit einem Amerikaner hatte, der in Bozen, wo sie lebte, bestens bekannt war. Sie wurde schwanger und beschloss, das Kind zu behalten. Der amerikanische Liebhaber bat sie, dem Kind nicht seinen bürgerlichen Namen zu geben, da das einen Skandal verursachen würde, also entschieden sie sich für den Namen Williams.

»Wer war Williams?«

»Ein britischer Soldat, im Krieg getötet.«

»Also ist Viktor Schrott nur Ihr Halbbruder, und er ist eigentlich auch nicht Viktor Williams?«

»Richtig.«

»Wer war der Vater?«

Ein Amerikaner, recht bekannt, ein Politiker oder so was Ähnliches.

Ich fragte nach dem Namen. Marco schien ein bisschen zögerlich, sagte aber schließlich: »T-o-m-m-a-s-o, L-u-c-i-t-o.« Er sprach die Worte langsam. »So was in der Richtung.« Tommaso Lucito.

»Thomas Lucid?«, fragte ich verdutzt.

»Sie kennen den Namen?«, erwiderte Marco, überrascht, dass mir der Name vertraut war.

Ich nickte und erzählte ihm, was ich wusste. Thomas Lucid arbeitete für das CIC. Er war befehlshabender Offizier der 430. Abteilung, der Einheit, die Otto und andere Nazis jagte, darunter auch Hass. Lucid entwarf und leitete dann Project Los Angeles. Er war es, der Karl Hass befragte, ihn dann einstellte, ihn schließlich zur Hauptquelle für das Projekt machte, im Jahr 1947.

Thomas Lucid, ein amerikanischer Geheimdienstoffizier, wurde der

Führungsoffizier von Karl Hass, einem früheren SS-Geheimdienstoffizier, der ein amerikanischer Agent wurde.

Marco verdaute die Folgen. Horst ebenfalls. Ich auch.

Thomas Lucids Sohn heiratete Karl Hass' Tochter.

Der Führungsoffizier und der Agent, der CIC-Offizier und der ehemalige Nazi, verbunden durch die Ehe ihrer Kinder.

»Die Situation Ihres Neffen ist kurios«, sagte ich zu Marco und versuchte, die Sache aufzudröseln. »Er hat zwei Großväter. Ein Großvater war ein ranghoher Nazi, wurde dann ein amerikanischer Geheimagent, der später für seine Rolle bei dem Massaker in den Ardeatinischen Höhlen von einem italienischen Gericht wegen ›Verbrechen gegen die Menschlichkeit‹ verurteilt wurde. Der andere Großvater war sein amerikanischer Führungsoffizier.«

»Also kontrollierte ein Großvater den anderen?«

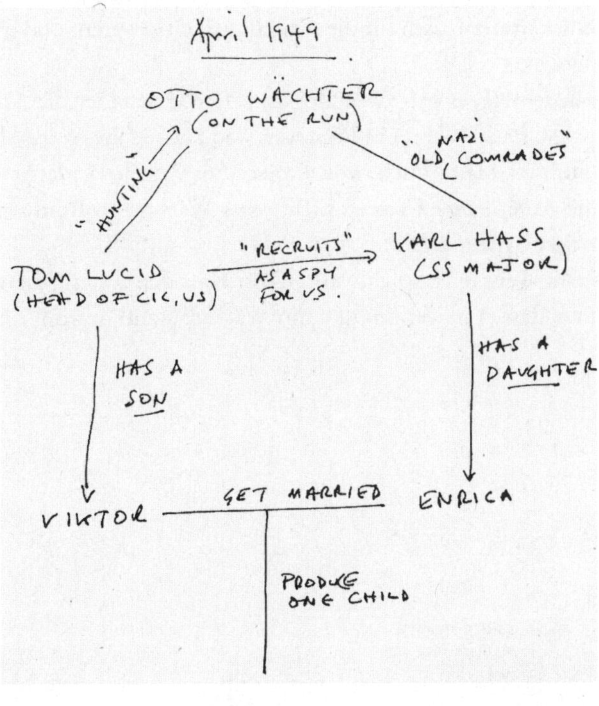

»Richtig.«

Es dauerte eine Weile, bis das ganze Ausmaß der Verwicklungen offenkundig wurde. Ich zeichnete ein Schaubild, wie ich es oft tue, wenn familiäre Beziehungen kompliziert werden, da mein Verstand Fakten leichter begreift, wenn ich sie in einer graphischen Darstellung vor mir sehe.

Im Juli 1949, als Otto Wächter auf der Flucht war, nahm er eine Einladung an, Karl Hass am Albaner See zu besuchen. Hass lebte zu der Zeit mit Angela zusammen, mit der er kürzlich ein Kind namens Enrica bekommen hatte.

Im Juli 1949 arbeitete Hass insgeheim für die Amerikaner. Er war Thomas Lucid vom CIC unterstellt, jener Organisation, die Wächter jagte. Es gab keinerlei Anzeichen, dass Otto von Hass' Beziehung zu den Amerikanern wusste. Allerdings hatte er kürzlich Charlotte geschrieben, um sie zu warnen, dass einige seiner deutschen Kameraden in Rom bekanntermaßen für die Amerikaner tätig waren, und die gelte es zu meiden.

Was bedeutete, es gab zwei Möglichkeiten. Entweder die Amerikaner wussten, dass Wächter in Rom war, weil Hass es ihnen erzählte, wie es von ihm als Hauptquelle von Project Los Angeles verlangt wurde. Oder die Amerikaner wussten nicht, dass Wächter in Rom war, weil Hass es ihnen nicht erzählte.

Was eine weitere Frage aufwarf: Wenn Hass den Amerikanern nicht berichtete, dass er in Verbindung mit Wächter stand, warum nicht?

47

Exhumierung

Angestoßen von den Entwicklungen in Rom, meinte Horst, es könnte sinnvoll sein, den Leichnam seines Vaters zu exhumieren. Er übergab mir ein Dokument. Ich hatte es früher schon einmal gesehen, in Charlottes Nachlass, zwei Seiten, maschinengeschrieben, eine Kopie der Akte von Otto Wächter, gefunden in einem Archiv in Rom. Horst wusste nicht, woher sie stammte. Es war keine offizielle Transkription, bloß eine Kopie eines auf den 14. Juli 1949 datierten Originaldokuments mit dem Titel: »Patientenakte, Ospedale Santo Spirito«.

»Am 9. Juli wird der Kranke namens Reinhardt [...] eingeliefert.« Jemand trug den Vornamen des Patienten ein, von Hand, nicht gerade leserlich, vielleicht »Alfred«.

Das Dokument enthielt persönliche Angaben, die widersprüchlich waren. Auf Seite 1 hieß es, der Patient sei »ledig«, auf Seite 2 stand »verheiratet, fünf Kinder«.

> Der Kranke gibt an, dass er seit 1. 7. nichts mehr essen konnte, am 2. 7. hohes Fieber bekam, am 7. 7. eine Gelbsucht auftrat. Der Kranke ist Diabetiker; die klinische Analyse ergibt einen positiven Leberbefund: akute gelbe Leberatrophie (*icterus gravis*).

Dann stellte das Dokument fest: »Nachdem eine Urämie eingetreten ist, stirbt der Kranke am 14. Juli.« Dies war ein anderes Todesdatum als das von Bischof Hudal genannte, das einen Tag früher lag, am 13. Juli. Ich vermutete, der Grund war, dass Otto am späten Abend gestorben war. Weiter hieß es in dem Dokument:

Am gleichen Tag wird (wie es bei allen Todesfällen im Krankenhaus üblich ist) eine Autopsie vorgenommen. Sie ergibt Verdacht auf »Weil-Krankheit« (Leptospirosis icterohaemorrhagica).

Horst akzeptierte die Diagnose nicht. Er war überzeugt, dass es Mord war, nicht verübt von den Amerikanern, das sah er jetzt ein. Er glaubte nun, dass es die Sowjets waren oder vielleicht Simon Wiesenthal, der berühmte Nazi-Jäger, der seiner Ansicht nach eine Abneigung gegen seinen Vater hegte.

Das zweiseitige maschinengeschriebene Dokument überzeugte Horst nicht länger. Bischof Hudals Erinnerungen gaben Anlass zu neuen Theorien. Ebenso das Gespräch zwischen Charlotte und Hansjakob Stehle, von dem er nichts wusste, bis ich seine Aufmerksamkeit darauf lenkte. Als sie in Rom ankam, war er tot und lag dort schwarz »wie ein Neger«, erzählte seine Mutter dem Historiker. »Leichen werden nicht innerhalb von Stunden völlig schwarz«, meinte Horst. »Man wird nicht schwarz, wenn man stirbt.«

Und so sagte Horst im Anschluss an die Reise nach Rom, dass er überlege, den Leichnam seines Vaters aus dem Grab zu heben, um ihn untersuchen zu lassen. »Wenn wir den Leichnam meines Vaters exhumieren, wird ganz klar sein, dass er Gift enthält.« Er sprach mit der Gewissheit eines Apostels.

Ich war skeptisch, was den Erkenntniswert einer weiteren Exhumierung betraf. Otto wurde 1949 begraben, ein Jahrzehnt später exhumiert, verbrachte ein paar Jahre in Charlottes Garten in Salzburg, wurde dann nach Fieberbrunn geschafft, wo er anschließend, im Jahr 1974, auf dem örtlichen Friedhof zum vierten Mal begraben wurde. Im Jahr 1985 wurde er erneut woanders hingebracht, als Charlotte gestorben war.

Nichtsdestotrotz unternahm Horst Schritte, um herauszufinden, was durchführbar sein könnte. Er setzte sich mit einem Experten für Exhumierungen in St. Johann in Tirol in Verbindung, der eine Vorabuntersuchung des Falls durchführte. Sein Gutachten bestätigte, dass eine Exhumierung möglich sei, enthielt aber eine Warnung hinsichtlich dessen, was man vorfinden könnte. Dem Bericht war zu entnehmen, dass von Ottos Begräbnis 1974 keine Unterlagen vorhanden waren, dass an dem Grab, in dem er jetzt lag, 1985, bei Charlottes Beisetzung, »eine Tieferlegung durchgeführt« wurde und dass es 1993 im Zuge einer allgemeinen Umgestaltung des Friedhofs um 20 Zentimeter versetzt wurde. »Aufgrund dieser Tatsachen kann nicht mit Sicherheit gesagt werden, dass bei einer Exhumierung die Gebeine von Herrn Otto Wächter gefunden werden.« Falls sterbliche Überreste gefunden würden, müsste eine DNA-Analyse durchgeführt werden, gefolgt von einer toxikologischen Analyse. Die Gesamtkosten lägen zwischen 5000 und 8000 Euro.

Horst ließ sich durch das Gutachten nicht abschrecken, stimmte aber zu, dass es hilfreich wäre, weitere Informationen einzuholen, bevor man die Sache in Angriff nahm. »Vielleicht könnten Sie einen Experten auftreiben«, schlug er mir vor. Ich war nicht geneigt, das zu tun, aber etwa um diese Zeit saß ich bei einem Abendessen, an dem ich in London teilnahm, zufällig neben dem Präsidenten der Royal Society, einer Mitte des 17. Jahrhunderts gegründeten Gelehrtengesellschaft. Beim Dessert wandte sich die Unterhaltung Ottos Geschichte zu, und ein Thema führte zum anderen, so dass wir irgendwann bei der Untersuchung menschlicher Überreste landeten. Der Präsident schlug vor, ich solle einen Fellow der Royal Society kontaktieren, Dame Sue Black, Professorin für Anatomie und forensische Anthropologie an der Universität von Dundee, die eine Stellungnahme abgeben könnte. Professor Black hatte »Verbrechen gegen die Menschlichkeit« und »Genozid« im ehemaligen Jugoslawien, in Sierra Leone, im Irak und an vielen anderen Orten untersucht und war erfahren in Sachen Exhumierung. Ich nahm Verbindung mit ihr auf, und wir führten zwei Gespräche, zu denen sich ihre Kollegin Niamh Nic Daéid, Professorin für Forensik und Direktorin des universitären Centre for Anatomy and Human Identification (CAHID), hinzugesellte.

Die beiden baten mich um die Zusendung des Materials, das ich hatte. Ich ließ ihnen das zweiseitige Dokument aus den Akten des

Hospitals zukommen sowie verschiedene ärztliche Bulletins und die Beschreibung der Symptome, die Otto verspürt und die er Charlotte in seinen Briefen geschildert hatte.

Im Laufe der Gespräche mit den Professorinnen Black und Nic Daéid lernte ich viel über den menschlichen Körper *post mortem*. Sie baten um Informationen über den Zustand von Ottos sterblichen Überresten und um genaue Angaben über den ursprünglichen Sarg, das Leichentuch und die Kleidung, in welcher er 1949 zum ersten Mal beigesetzt wurde. Ich besaß nur wenige Informationen. Er sei schon einmal exhumiert worden, erklärte ich, aus einem Grab in Rom. Über viele Jahre habe man die sterblichen Überreste in einer Kiste in Charlottes Garten aufbewahrt, bevor sie zu einem anderen Haus geschafft und dann auf einem Friedhof in der Marktgemeinde Fieberbrunn in Tirol erneut beigesetzt wurden. Falls meine Gesprächspartnerinnen sich wunderten über das, was ich sagte, dann zeigten sie es nicht.

Waren es bloß Knochen? Ich wusste es nicht.

Waren irgendwelche Haare oder Nägel vorhanden? Ich wusste es nicht.

Wurde der ursprüngliche Sarg herausgehoben und dann in einen anderen gesetzt? Wurden Ottos sterbliche Überreste herausgehoben und in ein anderes Behältnis umgebettet, eventuell zusammen mit dem ursprünglichen Leichentuch? Ist irgendetwas davon noch erhalten? Wieder wusste ich es nicht.

Sie erläuterten den Zweck ihrer Fragen. Mehrere Faktoren hatten zusammen Einfluss darauf, was nach der Beerdigung mit einem Leichnam geschah. Zu diesen Faktoren gehörten die Tiefe der Bestattung, die Beschaffenheit des Erdreichs, sein Säuregehalt, der Grundwasserspiegel, Schädigungen durch kleine Nagetiere und Insekten. Haare blieben gewöhnlich bei wärmeren Temperaturen besser erhalten, es sei denn, das Umfeld war feucht. Der hölzerne Boden des ursprünglichen Sarges, Kleidungsstücke und ein Leichentuch konnten Hinweise liefern, weil Körperflüssigkeiten, die möglicherweise messbare Elemente von Gift enthielten, hineingesickert sein könnten.

Sue gab eine plastische Darstellung. »Da Körper und Gewebe verrotten, ruht der Leichnam, wenn die Flüssigkeiten nicht abfließen, in einer Art Suppe aus Körperflüssigkeiten. Diese sind leicht säurehaltig und zersetzen das weiche Gewebe. Die sterblichen Überreste sind skelettartig, nur Knochen, bedeckt von einer Art braunem Film. Es sieht fast so aus wie ein Schokoladenüberzug, falls das hilft, sich vorzustellen, was noch übrig ist. Die Körperflüssigkeiten sickern in den Holzboden des Sarges, in die Kleidungsstücke und, falls es eines gibt, in das Leichentuch.«

Was gebraucht wurde, waren also mehr Informationen darüber, was genau sich zusammen mit Otto Wächter in dem Sarg befand, als er zum zweiten Mal beerdigt wurde. Horst sagte mir, dass er nie einen Blick in das Behältnis mit den sterblichen Überresten geworfen hatte, die im Garten seiner Mutter aufbewahrt wurden. Selbst mit Hilfe solcher Informationen und ihrer Analyse, sagte Sue, würde sie nicht über eine mögliche Todesursache spekulieren wollen. Dies sei ein Fall für einen medizinischen Experten, was sie nicht sei. »Was eine Todesursache betrifft, können wir kein Urteil abgeben, vor allem, da eine Möglichkeit – Leptospirose oder Weil-Krankheit – ein klinischer Zustand ist.«

Und sie sei auch keine Giftexpertin. Dafür bräuchte sie einen Toxikologen. Bestimmte Gifte ließen sich in den Geweben des Körpers nachweisen, erklärte Sue, aber wenn das einzige vorhandene Gewebe Knochen sei, dann wäre die Aussicht, ein eindeutiges Ergebnis zu bekommen, begrenzt. Und zwar deshalb, weil Knochen, im Gegensatz zu Haaren oder Nägeln, eine langsame Zellumsatzrate habe. Daher sei es unwahrscheinlich, dass Knochen ein Gift aufnähme, das in der sehr kurzen Zeitspanne zwischen dessen Zuführung – vielleicht bei einer zusammen mit Karl Hass am Samstag, dem 2. Juli, mittags eingenommenen Mahlzeit – und dem Zeitpunkt des Todes, nur elf Tage später, durch das Magen-Darm-System geflossen sei. »Knochen setzt nicht so schnell um, nicht in weniger als zwei Wochen.«

Zeit war ein Schlüsselfaktor. Falls ein Gift zugeführt wurde, geschah dies durch eine einmalige Handlung oder mehrmals in den Wochen und Monaten vor dem Tod? »War Wächter bereits krank und wurde dann vergiftet?«, fragte Professor Black. Ebenso wichtig wäre die verstrichene Zeit zwischen dem Zeitpunkt des Todes und der Analyse der sterblichen Überreste. Je mehr Zeit vergehe, desto geringer sei die Chance, ein Gift zu identifizieren. Siebzig Jahre seien eine lange Zeit. Und die Tatsache, dass er schon einmal umgebettet und unter nicht bekannten Bedingungen aufbewahrt worden war, erschwere die Sache weiter.

Ein über einen längeren Zeitraum, über mehrere Monate zugeführtes Gift würde die Chance seiner Identifizierung erhöhen, je nach Art des Giftes. Nicht alle Gifte würden in Knochen, Haaren oder Nägeln aufgenommen. »Manche durchlaufen im wahrsten Sinne des Wortes den Organismus, ohne eine Spur zu hinterlassen.« Gift, das ein paar Wochen vor dem Tod zugeführt wurde, wäre schwer nachzuweisen. »Ich kann nicht behaupten, dass es nicht möglich ist, aber es ist unwahrscheinlich. Eine Vergiftung über Monate hinweg wäre einfacher, aber es hängt von dem Gift ab.«

Sue erklärte, warum Ottos Knochen allein kaum ausreichten. Bei Knochen sei grundsätzlich zwischen zwei Formen des Knochengewebes zu unterscheiden, der Kortikalis und der Spongiosa. Vorherrschend sei die kompakte Kortikalis beispielsweise im Schaft von Röhrenknochen, wie dem Schaft unseres Oberschenkelknochens oder Schienbeins oder der Knochen zwischen Ellenbogen und Handgelenk. Kompaktes Knochengewebe habe eine niedrige Zellumsatzrate von 15 Jahren, »es würde Gift nicht aufnehmen, wenn die Vergiftung erst zwei Wochen vor dem Tod erfolgte«.

Spongiöses Knochengewebe sei schwammartig. Man denke an eine Honigwabe, sagte Sue, wie das Innere der luftig-leichten Schokokugeln von Maltesers. »Sein Zweck ist es, Gewicht im Körper zu übertragen, aber es ist fragiler als die andere Bauform.« Wenn man stürzt, bricht der Knochen meist hier. Angesichts einer höheren Zellumsatzrate – fünf Jahre – würde ein Gift in spongiöses Knochengewebe schneller eintreten als in kompaktes. Dennoch hielt Sue es für »höchst, höchst unwahrscheinlich«, dass ein Gift in spongiösem Knochen identifiziert werden könnte, wenn es erst ein oder zwei Wochen vor dem Tod zugeführt wurde.

Je mehr Zeit verstreiche, desto wahrscheinlicher sei, dass es aufgenommen wird, da sich das Gift über die lebendige Oberfläche eines vollständigen einzelnen Skeletts verteile. Es bleibe nicht in einem einzelnen Knochen oder Bereich. Klinische Zustände könnten sich in Knochen manifestieren, sagte sie, »aber wegen der langsamen Zellumsatzrate muss es normalerweise ein langfristiger klinischer Zustand sein«. Sue hielt es für nicht sehr wahrscheinlich, dass Ottos Knochen Antworten lieferten, bestimmt nicht, wenn das Gift nur ein einziges Mal, kurz vor dem Tod, zugeführt wurde. Wenn eine geringe Menge Gift über einen längeren Zeitraum, Monate oder Jahre, dosiert wurde, sei möglicherweise etwas zu finden, aber sicher davon ausgehen könne man nicht.

Das nützlichere Körpergewebe wären Ottos Haare oder Nägel. »Jedes Haar und jeder Nagel speichern, während sie wachsen, kontinuierlich chemische Informationen, sogar in einem Zeitraum von zwei Wochen.« Doch selbst dann könnten die Informationen sehr begrenzt sein.

Wie viele Haare oder Nägel bräuchte man für eine aussagekräftige Analyse? Niamh sagte, das sei ein Fall für einen Toxikologen. Ihre Aufgabe sei es, die Proben zu sammeln, die dann von einem Spezialisten analysiert würden. Wenn sie in einem Nagel nach einer bestimmten Chemikalie suche, bräuchte sie den ganzen Nagel, denn sei die Vergiftung kurz vor Eintritt des Todes erfolgt, würde sie sich für jenen Teil des Nagels interessieren, der noch wachse. »Wenn man sich für die Haare interessiert, dann braucht man die Stückchen, die der Kopfhaut am nächsten sind, aus demselben Grund – dort wird die Chemikalie eingelagert.«

Positiv zu vermerken war, dass sie keine zehn Fingernägel brauchte oder eine Handvoll Haare. Beim Nagel, erklärte sie, bräuchte sie den kleinen halbmondförmigen, hellfarbenen Bereich am Nagelwall. »Dort wird das Gift sein.«

Sue fasste zusammen: »Falls Otto Wächter durch Gift getötet wurde und falls das Gift nur einmal etwa zwei Wochen vor dem Tod zugeführt wurde, dann bieten Haare oder Fingernägel, falls sie denn erhalten geblieben sind, die einzige realistische Chance, es überprüfen zu können.« Sie war keineswegs überzeugt, dass Knochen allein viel zur Klärung beitragen würde.

Sue brachte noch ein anderes Problem zur Sprache, mit dem man sich auseinandersetzen müsse, bevor irgendeine Exhumierung stattfand. Zwei Parteien seien involviert, der Verstorbene und die von der Exhumierung unmittelbar Betroffenen, vor allem die Familie. Manche Leute glaubten, dass die Exhumierung ein zudringlicher Akt sei und die Ruhe des Verstorbenen störe und daher nur aus gutem Grund durchgeführt werden sollte. Was diejenigen anging, die betroffen wären – Familie und Freunde –, so müssten verschiedene Faktoren berücksichtigt werden und viele Fragen. Wurde eine Klärung angestrebt, und wenn ja, für wen? Gab es ein Rätsel zu lösen und würde die Lösung zur Folge haben, dass jemand verantwortlich gemacht würde? Wurde das Verfahren durchgeführt, um zu einer Art Abschluss zu kommen? Hätte der Exhumierte so etwas gewollt? War von Bedeutung, dass vor vielen Jahrzehnten schon einmal eine Exhumierung stattfand?

Ich sagte, ich würde die Fragen an Horst weitergeben.

Sue und Niamh stellten klar, dass sie sich erst an einer Untersuchung oder Exhumierung beteiligen würden, wenn sie überzeugt wären, dass alle gesetzlichen Vorgaben erfüllt waren. Sie wollten sicher sein, dass die Exhumierung aus den richtigen Gründen durchgeführt wurde, und sie wollten überzeugt sein, dass die Familien in der Lage waren, das Ergebnis zu verkraften, wie auch immer es ausfiel.

»In diesem Zusammenhang möchte ich zunächst den forensischen Wert einer Exhumierung kennen. Ich möchte wissen, wem sie nutzt und welchen Zwecken sie dient«, sagte Sue. »Es wird alle möglichen juristischen Probleme geben.«

Sue schlussfolgerte in aller Klarheit: »Es ist unwahrscheinlich, dass, falls es Typhus oder Leptospirose war, die Skelettreste Ihnen erlauben werden, eines dieser Leiden als die Krankheit zu diagnostizieren, an der Otto Wächter starb. Angesichts der von Ihnen geschilderten Fakten dürfte es extrem schwierig, wenn nicht unmöglich sein, lediglich anhand der Skelettreste diese Diagnose oder irgendeinen Giftmord zu bestätigen.«

Sie empfahl, einen Experten für Lebererkrankungen hinzuzuziehen.

48

Lucid

Während ich darüber nachdachte, ob eine Exhumierung Ottos irgendwelche nützlichen Erkenntnisse versprach, brütete Marco Schrott über der Neuigkeit, dass eine Verbindung zwischen seinem Halbbruder und Thomas Lucid bestand. Er bot an, mich mit Viktor Williams bekannt zu machen, dem Sohn von Thomas Lucid, der Enrica heiratete und damit der Schwiegersohn von Karl Hass wurde.

Ich reiste nach Genf, um Viktor zu treffen. Er ist promovierter Wirtschaftschemiker mit einem Abschluss von der Universität in Rom und hat einen Großteil seines Lebens für das Unternehmen DuPont gearbeitet. Inzwischen im Ruhestand, lud er mich in die elegante, gemütliche Wohnung ein, in der er viele Jahre mit Enrica gelebt hatte. Wir saßen nebeneinander im Wohnzimmer auf einem großen weißen Sofa, auf einem niedrigen Couchtisch vor uns standen eine Vase mit roten und weißen Blumen, eine einzelne rote Kerze, zwei große Gläser Wasser und ein Aschenbecher, den er während der Unterhaltung benutzte. Viktor trug einen bequemen dunklen Pullover, er war ein kleiner, stämmiger Mann mit weißem Haar und Vollbart. Seine Augen hinter der randlosen Brille waren lebhaft und wach, seine Ausdrucksweise war wohlüberlegt. Er hörte aufmerksam zu, achtete auf Details, wählte seine Worte akribisch. Er erinnerte mich an den italienischen Schriftsteller Primo Levi. Er war mir äußerst sympathisch.

Viktor erzählte mir seine Geschichte. Er war sieben, als er Enrica Giustini kennenlernte, in der Schule. Sie war drei Jahre jünger. Das war 1953, in der Nähe des Albaner Sees, vier Jahre nach Ottos Besuch und Tod. Sein Stiefvater, Falco Schrott, führte eine Bar und ein Restaurant – mit Tanz –, unweit des Hauses, in dem die Familie Hass wohnte. Beide Familien waren deutschsprachig, so dass die Kinder zur selben Gruppe von Jugendlichen gehörten. »Wir wuchsen zusammen auf, schwammen im See, gingen tanzen.« Enrica verlobte sich mit einem Freund von Viktor, aber als er neunzehn war, gestand er ihr seine Zuneigung. Das war 1966. Acht Jahre später heirateten sie, und fünf Jahre später, 1979, wurde ihr einziges Kind geboren, ein Sohn.

Angela und Karl Hass wurden seine Schwiegereltern. Angela stammte aus einer guten Familie in Parma. Karl war ein korpulenter Mann, relativ groß, kräftig, nicht herzlich oder freundlich. »Er hatte eine merkwürdige Art, Wertschätzung zu zeigen, ein Mann, der nicht viele Worte machte«, sagte Viktor, wobei er seine Beschreibung mit Bedacht und Sorgfalt wählte. »Er war schwierig, relativ verschlossen, sprach nie über sein früheres Leben.« Er trank gerne, und bei manchen Anlässen wurden nach ein paar Gläsern vielleicht ein paar Geschichten erzählt. Irgendwann – Viktor konnte sich nicht erinnern, wann genau – wurde ihm die Vergangenheit seines Schwiegervaters als SS-Major bekannt. Aber er erfuhr keine Einzelheiten und natürlich nichts über irgendwelche Gräueltaten.

Viktor kannte den Mann, der sein Schwiegervater wurde, bereits seit über 40 Jahren, als er zum ersten Mal mehr über dessen Vergangenheit mitbekam (er besaß ein Foto von Karl und Angela mit ihrer Tochter Enrica aus den frühen 1950er Jahren, aber das war, bevor er sie kennenlernte).

Es war im Jahr 1995, und die ganze Geschichte kam ans Licht, nachdem Erich Priebke in Argentinien wegen »Verbrechen gegen die Menschlichkeit«, wegen seiner Rolle beim Massaker in den Ardeatinischen Höhlen, verhaftet und an Italien ausgeliefert worden war. Jeder in Italien wusste von dieser Schreckenstat. Für die Familie war es katastrophal, erinnerte sich Viktor, eine schreckliche Zeit.

Am Tag vor seinem ersten Gespräch mit einem italienischen Militärstaatsanwalt bekannte Hass sich gegenüber Enrica und Viktor zu seiner Rolle. Er lag in einem Krankenhaus, wo er sich von Verletzungen erholte, die er sich bei dem Versuch zugezogen hatte, sich abzusetzen, um eine Zeugenaussage zu vermeiden. »Er sagte: ›Ich muss euch etwas erzählen, bevor ich meine Aussage mache. Ich war in den Fosse Ardeatine, ich habe einen Menschen getötet.‹« Bis zu diesem Augenblick hatte Karl Hass – Patriarch, Vater und Schwiegervater – jede Beteiligung an dem Massaker abgestritten.

»Es war ein Schock für uns beide.« Viktor hielt inne und zündete sich eine Zigarette an. »Noch mehr für Enrica, wie Sie sich vorstellen können.« Was folgte, traf sie tief: der Medienrummel, ein sehr öffentlicher Prozess, Schuldspruch, Urteil, Hausarrest am Albaner See. Sie erlitt einen Zusammenbruch, und Viktor sorgte sich um ihr Wohlergehen, da sie ständig von den Medien belästigt wurde. Er stand auf und führte mich durch eine Glasschiebetür. »Ich hatte Angst, sie würde von hier springen«, sagte er, als wir auf dem Balkon standen, auf dem er und Enrica einst mit Karl und einem Journalisten von *Il Messaggero* gesessen und Grappa getrunken hatten. »Karl hatte mehr als ein Glas getrunken, also fing er an, mit verschiedenen Geschichten rauszurücken.«

Die letzten Lebensjahre ihres Vaters belasteten Enrica schwer. »Es waren schreckliche Jahre, weil er überhaupt nicht offen war.« Vater und Tochter liebten einander, aber er war unfähig, seine Zuneigung zu zeigen. Hass' Ehefrau Angela stand zu ihrem Mann, so wie Enrica und Viktor, die sich an den Anwaltskosten beteiligten.

Viktor erfuhr von Karls Nachkriegsaktivitäten, einschließlich der Tätigkeit für den amerikanischen und den italienischen Geheimdienst, über die in der Presse berichtet wurde. Doch von Project Los Angeles hatte er noch nie gehört, nicht, bis ich ihm davon erzählte, während ich auf dem großen weißen Sofa in seiner Genfer Wohnung saß, Jahrzehnte nachdem das Netzwerk aufgebaut und aufgelöst worden war. Der Name Joseph Luongo löste eine vage Erinnerung aus.

»Das sagt mir etwas«, meinte Viktor mit Bezug auf den Mann, der Hass' Führungsoffizier beim CIC, Pate seiner Ehefrau Enrica und bei ihrer Taufe zugegen gewesen war.

Kannte er den Namen der Person, der Luongo unterstellt war? Nein.

»Er war dem befehlshabenden Offizier der 430. CIC-Abteilung unterstellt«, sagte ich. »Sein Name war Thomas Lucid.« Ich sprach die Worte langsam. Viktor sah mir einen langen Moment in die Augen, ungerührt und wissend, und sagte dann sehr ruhig: »Ah, okay.«

Er erkannte den Namen wieder, und er wusste sofort, dass ich wusste, dass Thomas Lucid sein Vater war, aber er sagte weder das noch irgendetwas anderes. Es entstand eine längere Pause, während ihm dämmerte, welche Beziehung zwischen seinem Vater, Thomas Lucid, und dem Vater seiner Frau, Karl Hass, bestanden hatte.

Schließlich redete ich.

»Thomas Lucid hatte einen außerehelichen Sohn, der die Tochter von Karl Hass heiratete …«

»Ja.«

»Das ist ziemlich bemerkenswert.«

»Ja, ist es.«

»Ist es wahr?«

»Ist es.« Viktor hielt inne. »Ich meine, es ist ein sehr merkwürdiger Zufall, wenn wir es wirklich einen Zufall nennen können.«

Er lachte. Wir rangen mit der Realität der Details, die Viktor plötzlich, in diesem Moment, bewusst wurden. Sein Vater war nicht nur ein amerikanischer Spion gewesen, sondern *der* amerikanische Spion, der den Mann anwarb und kontrollierte, der sein Schwiegervater wurde.

»Es ist schon bemerkenswert, dass Ihr Sohn zwei Großväter hat – Großvater Nummer eins war ein Amerikaner und der –«

Viktor unterbrach.

»… Führungsoffizier von Großvater Nummer zwei.« Er schmunzelte, als er den Satz beendete.

Viktor lieferte eine ausführlichere Erklärung. »Ich war vierzehn, als ich von der Identität meines biologischen Vaters erfuhr.« Er fragte seine Mutter, warum Schulunterlagen ihn als Williams führten, nicht als Schrott, wie seinen Bruder Marco. Seine Mutter Charlotte erzählte ihm eine Geschichte. Im April 1945 saß sie in Bozen im Gefängnis, inhaftiert wegen antifaschistischer Betätigung. Sie kam aus der Haft, als die Amerikaner die Stadt befreiten, und weil sie Englisch und Französisch sprach, wurde sie von einem US-Soldaten, Thomas Lucid, als Sekretärin eingestellt. Lucid war mit Margaret verheiratet, aber seine Frau war wieder in Amerika. Die Affäre zwischen Thomas Lucid und Charlotte von Heyking dauerte ein paar Monate, bis September 1945, lange genug, dass Charlotte schwanger wurde.

»Meine Mutter hat mir gesagt: ›Ich wollte dich.‹« Anscheinend gab es eine Unstimmigkeit darüber, ob seine Mutter das Kind behalten sollte. Sie beendete die Schwangerschaft nicht, wie Lucid es wünschte, und im März 1946 wurde Viktor geboren. Nach ihrer Trennung und der Geburt traf Thomas Lucid eine bescheidene finanzielle Vorsorge, für ein paar Monate, dann verschwand er aus ihrem Leben. Weder sah Viktor ihn jemals, noch hatte er irgendwelchen Kontakt zu ihm. Mit der Zeit wollte er mehr erfahren, vor allem nachdem Hass im Jahr 2004 gestorben war. Er versuchte sogar, seinen Namen von Williams zu von Heyking, dem Mädchennamen seiner Mutter, zu ändern. John Thomas Williams, ein alliierter Soldat aus Irland, war angeblich beim Überqueren des Apennin mit dem Motorrad auf eine Landmine geraten und getötet worden. Viktor sammelte Belege, um zu beweisen, dass ein solcher John Thomas Williams niemals existiert hatte. Das Bevölkerungsregister in Irland bestätigte dies. Die italienische Gemeinde, auf deren Gebiet der Unfall angeblich passiert war, informierte ihn, dass sie keine Akte über den Tod einer Person mit diesem Namen besitze. Trotzdem weigerten sich die Behörden in Mailand, seinen Namen zu ändern. Mangelnde Beweise, beschied man ihn.

Viele Jahre lang wollte er mehr herausfinden über Thomas Lucid. Sein Interesse förderte einige grundlegende Informationen zutage – irische Herkunft, eine katholische Familie, die 1879 mit dem Schiff in den Vereinigten Staaten eintraf –, und die *Washington Post* brachte einen Nachruf auf Thomas Lucid, als dieser im Mai 1985 starb. Er bot einen kurzen Abriss von Lucids Tätigkeit im Geheimdienst – CIA, Organisation Gehlen, Vietnam – und enthielt Informationen über seine Familie. Er war mit Margaret verheiratet, zusammen hatten sie sechs

Kinder, drei Söhne und drei Töchter. Der Nachruf sagte nichts über Lucids siebtes Kind, das eigentlich sein erstes war.

Lucids zweites Kind – das erste mit Margaret – wurde im Sommer 1947 geboren, ein Jahr nach Viktor. »Er lebt in Albuquerque, New Mexico«, sagte ich Viktor.

»Oh.« Viktor hatte mit keinem Mitglied der Familie Lucid Kontakt. »Ich habe kein Interesse«, fuhr er fort. Er glaubte, dass sie nichts über ihn wussten, nicht einmal, dass es ihn überhaupt gab. Seine Mutter schrieb 1963 an Lucid und bat um finanzielle Unterstützung, damit Viktor die Universität besuchen konnte. »Sie erzählte mir, dass sie nie eine Antwort erhielt.«

Einmal sah er ein Bild von Lucid, ein Vater, der eine gewisse Ähnlichkeit mit seinem Sohn hatte. Ich zeigte Viktor ein anderes Foto, von 1961, als Thomas Lucid im Dienst der CIA in Vietnam war. Lucid und Viktors Sohn hatten starke Augenbrauen. »Ich war offen und ehrlich zu meinem Sohn; ich habe ihm alles erzählt, er hatte ein Recht, es zu erfahren.« Viktor war immer offen, was seine Geschichte betraf, sogar gegenüber seinen Nachbarn.

Was sein Sohn nicht wusste, war, dass beide Großväter Spione waren und dass einer, der amerikanische, den anderen, den deutschen, kontrolliert hatte.

»Er wusste es nicht, weil ich es nicht wusste.«

Bis jetzt.

Wusste Karl Hass, dass der biologische Vater seines Schwiegersohns sein ehemaliger Führungsoffizier war?

»Ja, er wusste es. Er sagte einmal zu mir: ›Ich habe deinen Vater gekannt.‹« Das war alles, keine Einzelheiten. Mehr sagte Hass nicht über die Art seiner Beziehung zu Viktors biologischem Vater. Er sagte nicht, dass er früher für ihn gearbeitet hatte, und Viktor stellte keine Fragen.

»Karl erzählte nur, dass er in einer Art Ausbildungscamp in Österreich war, wo auch dieser Thomas Lucid war. Er sagte mir nie, dass Lucid sein Vorgesetzter war.«

Viktor erfuhr, dass Hass für die Amerikaner arbeitete, aber nicht, dass er, via Luongo, Lucid unterstand.

»Ich vermute, ich hätte es rauskriegen können, weil Lucid der Leiter des Camps war, aber dass er sein direkter Vorgesetzter war? Nein.«

Ich gab Viktor die amerikanischen Archivdokumente über Project Los Angeles. Er war überrascht, wie ausführlich sie waren, vor allem, wie anschaulich Karls Charakter beschrieben wurde, ein Mann, der niemals von einem Auftrag abwich, mit dem er betraut worden war.

»Es ist eine gute Beschreibung.«

Ebenfalls überrascht war er, als er die Namen derjenigen las, mit denen Karl zusammenarbeitete.

»Pino Romualdi! Oh, là, là«, war seine Reaktion auf den bekannten faschistischen Politiker, der als Abgeordneter des *Movimento Sociale Italiano* (MSI) von 1984 bis 1988 im Europaparlament saß, wo er als Stellvertretender Vorsitzender der Fraktion der Europäischen Rechten amtierte.

»Es ist ein sehr bekannter Name, mein Gott!«

Noch überraschter war Viktor über eine Passage, die behauptete, dass die Amerikaner die Verbindung zu Hass 1951 abbrachen, weil sie fürchteten, er sei ein Doppelagent, der für die Sowjets arbeitete.

»Das ist neu.« Er schüttelte wiederholt den Kopf, ungläubig. »Nein, nicht möglich.«

Er wollte von dem Wochenende erfahren, das sein Schwiegervater mit Otto Wächter am Albaner See verbrachte, im Juli 1949. Ich erwähnte die Erinnerungen Bischof Hudals, den Bericht über einen in seinen Armen sterbenden Otto, die Behauptung, ein ungenannter SS-Major – der Mann, von dem wir jetzt wussten, dass er Viktors Schwiegervater war – habe ihn vergiftet. Ich zeigte Viktor die CIA-Akte von 1950, die über Karl Hass' Teilnahme an Wächters Begräbnis berichtete und über das Gerücht, dass er im Scherz äußerte, er habe Otto Wächter vergiftet.

»Oh mein Gott«, rief Viktor aus.

Könnte Hass, sein Schwiegervater, so etwas getan haben? Wie sein Halbbruder Marco glaubte auch Viktor es nicht.

»1949 war er für die Amerikaner tätig, warum hätte er sich in Gefahr bringen sollen? Er konnte die Kommunisten nicht ausstehen, konnte sie einfach nicht ausstehen.«

»Das wussten Sie?«

»Durchaus. Ich wäre wirklich sehr überrascht, wenn das stimmte – wirklich sehr überrascht. Für einen Menschen mit seiner Intelligenz, einen Menschen liquidieren, alles riskieren? Das kann ich mir nicht vorstellen. Wie hätte er es tun sollen? Ihn vergiften, wie?«

Ich zeigte ihm Ottos Brief an Charlotte, geschrieben nach dem Besuch bei Hass, Angela und Enrica am Albaner See. Viktor erinnerte sich, dass Hass irgendwo zwischen Genzano und Velletri lebte, in einer Villa an der Via Appia. Sie teilten sich das Haus mit einer anderen deutschen Familie. Die Ortsangabe stimmte damit überein, dass Otto von Poggi d'Oro in der Nähe des Nemisees eine Straßenbahn oder einen Bus nahm, um an den See zu gelangen. Viktor selbst war nie in dem Haus gewesen, aber er wusste ungefähr, wo es lag. »Enrica wuchs dort auf, mit den beiden Dohm-Töchtern.« Damit waren die Kinder der anderen deutschen Familie gemeint, mit der man gemeinsam in dem Haus wohnte. Er ging zu einem Schrank, um ein paar Fotos zu holen. Eines steckte in einem hölzernen Rahmen.

Zwei Mütter, drei Kinder. Angela und ihre Tochter Enrica, Frau Dohm mit ihren beiden Töchtern, Sybila und Christina, in Poggi d'Oro. Sybila lebte nicht mehr, aber mit Christina, die in der Nähe von Rom wohnte, hatte Viktor erst vor ein paar Tagen gesprochen. Sie rief an, um sich nach seiner Gesundheit zu erkundigen. »Ich habe Krebs«, erklärte Viktor. Er sagte, er würde sie nach dem Haus in Poggi d'Oro fragen, der Villa, wo Otto eine herzhafte Mahlzeit verzehrte, seine letzte.

Ich sagte Viktor, dass ich hoffte, Thomas Lucid junior, seinen Halbbruder, in Albuquerque, New Mexico, besuchen zu können. Ich fragte, ob es ihn interessieren würde zu erfahren, ob die Lucid-Kinder von seiner Existenz wussten, aber er bezweifelte, dass sie im Bilde waren. »Die ganze Vorstellung von seiner charakterlichen Integrität würde vor den Augen der Ehefrau zerstört, und dass bei einer so katholischen Familie.«

Der Vater Thomas Lucid hätte Kontakt mit ihm halten können, entschied sich aber, es nicht zu tun. »Das war seine Entscheidung. Offen gesagt, es ist mir egal. Aber wenn ich ihn vor mir stehen hätte, wäre ich sehr wütend. Ich würde ihm auf den Kopf zusagen, was er in seinem Leben falsch gemacht hat. Ich bin nicht neugierig darauf, seine Söhne kennenzulernen.«

Wir sprachen über Hass' Totenkopfring, der ihm als einem der »Besten der SS« von Heinrich Himmler verliehen worden war. Joseph Luongo eignete sich den Ring an. Viele Jahre später schenkte er ihn dem CIA-Museum in Washington, wo er sich offenbar noch heute befindet.

Wir wunderten uns darüber, wie kurios das Leben war, staunten über die merkwürdigen und unverhofften Anknüpfungspunkte, die Altlast von Handlungen, die lange zurücklagen.

Wir staunten auch über die Vorstellung, dass der von den Amerikanern gejagte Otto Wächter in Rom von einem früheren SS-Kameraden Beistand erhielt, der für die Amerikaner arbeitete und möglicherweise ein Doppelagent war.

49

2018, Albuquerque

Ein paar Wochen nachdem ich mich mit Viktor getroffen hatte, reiste ich nach New Mexico, wo ich nun in Albuquerque in der Küche eines kleinen, einstöckigen Hauses in einer gepflegten Vorstadtstraße saß. Ausgebreitet auf einem Küchentisch lagen Dokumente und Fotografien aus einer anderen Zeit. Das Haus und die Papiere waren Eigentum eines Halbbruders von Viktor, aber ich wusste nicht, ob der Halbbruder von dieser Tatsache wusste.

Als ich Horst zum ersten Mal begegnete, vor vielen Jahren, wäre ich nie auf den Gedanken gekommen, dass ich eines Tages nach Albuquerque reisen und Tee mit dem Sohn des amerikanischen Agenten trinken würde, dessen Organisation die Jagd nach Otto Wächter leitete, während sie gleichzeitig ein Spionagenetz betrieb, das versucht haben könnte, ihn für ihre Sache anzuwerben.

Die Küche und die Papiere gehörten Thomas Lucid junior, dem zweiten Kind von Thomas C. Lucid, befehlshabender Offizier der 430. CIC-Abteilung. Ich fand seinen Namen in einem Zeitungsartikel, worüber es mir möglich wurde, mir eine Telefonnummer in Albuquerque zu beschaffen. Ich hinterließ eine Nachricht, er rief umgehend zurück. Ja, er würde sich über ein Treffen freuen, um über die Kriegserlebnisse seines Vaters zu sprechen.

Tom junior war ein freundlicher Mensch mit warmen, blinzelnden Augen und einem weißen Haarschopf, was ihm eine Ähnlichkeit mit Viktor Williams verlieh. Ich erwähnte es weder, als er mich vom Flughafen abholte, noch bei einem Mittagessen mit würzigen Tacos. Und ich erwähnte es auch nicht, als wir in einer Filiale der Twisters-Restaurantkette Kaffee tranken, die als Kulisse für Los Pollos Hermanos aus

Breaking Bad, einer meiner Lieblingsfernsehserien, verwendet worden war. Ich schwieg aus einem einfachen Grund: Ich hatte keine Ahnung, was Tom junior über das erste Kind seines Vaters wusste, das Kind, das sein Vater in Italien zurückließ, und ich war mir nicht recht im Klaren, ob ich ein Recht hatte, ihn darüber zu informieren.

Tom junior wurde 1947 in Österreich geboren, in Gmunden, wo sich das Hauptquartier der 430. CIC-Abteilung befand. Hier arbeitete sein Vater und verhörte Karl Hass und warb ihn als Hauptquelle bei Project Los Angeles an, nur wenige Wochen nach der Geburt seines zweiten Kindes und des ersten seiner Ehefrau. Nichts davon erwähnte ich.

Mit siebzehn trat Tom in die US Army ein und diente eine Zeitlang in den USA und in Taiwan, bevor er sich am University of Maryland University College in Deutschland, einer Fernuniversität, einschrieb. Als er 1972 seinen Abschluss machte, war sein Vater im Ruhestand und erkrankte an Parkinson. Tom wurde Lehrer in El Paso, Texas, wohin seine Eltern gezogen waren, und übersiedelte später nach Albuquerque. Er heiratete Michelle Lippman, deren Vater Bruno nach dem »Anschluss« aus Wien nach Australien geflohen war, als Otto und seine Kollegen die österreichischen Juden ins Visier nahmen. Tom diente 32 Jahre lang bei der Nationalgarde und der Heeresreserve der Vereinigten Staaten und wurde nach 9/11 einberufen, um als Ausbilder an der US Army Special Forces School tätig zu werden.

Tom sprach liebevoll von seinen Eltern. »Mein Vater war eine Stimmungskanone«, sagte er, »ein umgänglicher Mensch mit einem großartigen Sinn für Humor, ein gerechter und verlässlicher Vorgesetzter, überaus beliebt.« Ein CIA-Kollege beschrieb seinen Vater in seinen Erinnerungen als »passionierten Berufsoffizier, aufgeschlossen, feierfreudig, irischer Katholik mit schönem Tenor und einer attraktiven irischen Ehefrau, die perfekt zu seinem geselligen Lebensstil passte«.

Er erinnerte sich, wie sein Vater auf dem Münchner Oktoberfest gesungen hatte und wie er einen »Old Fashioned« mixte – Bourbon oder kanadischer Whisky, ein Spritzer Wasser, Angostura Bitter, ein paar Stückchen Obst. Von der Arbeit seines Vaters wusste er allerdings wenig, bis die Familie nach Saigon zog und seine Mutter ihm sagte, dass »Dad für die CIA arbeitete«. Es gab Erinnerungen, beispielsweise an die Reise über den Atlantik mit einem Passagierschiff, als sie den Schah von Persien kennenlernten, der Lucid für die Rolle der CIA bei seinem Machterhalt 1953 dankte, als »sie den Premierminister beseitigten, der ein bisschen links war«. Tom besaß das Autogramm des Schahs auf einer Postkarte.

Die Familie machte eine Reise nach Italien, wo man die Kleinstadt Mondragone zwischen Neapel und Rom besuchte. Eine italienische Familie erinnerte sich an einen jungen Leutnant Thomas Lucid, den Befreier. In Rom, so erfuhr er, begegneten seine Eltern im September 1946 Papst Pius XII. »Der Papst sagte deine Geburt voraus«, erzählte ihm seine Mutter Margaret, die auch Peggy genannt wurde. »Er sagte: ›Du wirst einen Sohn bekommen.‹« Peggy wusste nicht, dass ihr Mann bereits einen Sohn hatte. Neun Monate später wurde Tom geboren.

Sein Vater wurde als Sohn einer irischen katholischen Familie in New Jersey geboren. Nach der Universität meldete er sich zur Army, um in der Gegenspionage zu arbeiten. Im Jahr 1943 heiratete er Margaret Gordon, die schottische Wurzeln hatte. »Es mag andere Freundinnen gegeben haben, bevor sie heirateten«, sagte Tom, »aber nach der Heirat waren sie anscheinend einander treu.« Thomas senior reiste nach Nordafrika und Italien ab, wo er bei einer CIC-Abteilung diente, die zur 88. Infanteriedivision gehörte. Dies war die erste amerikanische Division, die am 4. Juni 1944 Rom betrat, die, die Karl Hass veranlasste, aus der Stadt nach Parma zu flüchten.

Als der Krieg in Europa endete, war Lucid in Südtirol. Hier verhaftete er Heinrich Himmlers Frau und Tochter. Das *Jersey Journal* berichtete darüber (»Hiesiger Soldat hilft, Frau Himmler ausfindig zu machen«) und schilderte die Festnahme in einer gut eingerichteten Berghütte 24 Kilometer südlich von Bozen.

Thomas senior ließ ein paar Souvenirs aus dem Himmler-Haushalt mitgehen, die sich heute im Besitz des Sohnes befinden. Er zeigte mir das Schwarz-Weiß-Foto eines jungen Mädchens, Himmlers Tochter Gudrun (»Confidentially«, vertraulich, hatte sein Vater auf die Rückseite geschrieben, »das Bild schmeichelt ihr schrecklich«). Er nahm auch zwei Weihnachtskarten von Adolf Hitler an die Himmlers mit, von 1937 und 1943, mit Hitlers Unterschrift in dunkler Tinte.

Im Jahr 1946 wurde Thomas senior befehlshabender Offizier der 430. CIC-Abteilung, die in Linz stationiert war. Sein Auftrag war Gegenspionage. Er sollte nach ranghohen Nazis suchen und sie verhören. »Es ging jetzt weniger um Gerechtigkeit«, sagte Tom, »es wurde eine Jagd nach Informationen über die Sowjets.« Peggy traf im Sommer 1946 in Europa ein. Tom hatte ein Foto. »Mum bei der Ankunft am Bahnhof, Juli '46«, sagte er, nach dreijähriger Trennung waren sie wieder vereint. Der Sonnenschein war spürbar, ebenso das Glücksgefühl. Thomas A. Lucid hält einen Blumenstrauß in der Hand, eine aufgeregte Peggy strahlt vor Glück, nicht ahnend, dass ihr Ehemann einen Sohn gezeugt hat.

Im Jahr 1947 warb sein Vater Karl Hass an. Schließlich ging er zur CIA, und die Familie zog nach Vietnam. Sein Vater machte Karriere und wurde wichtiger. Er zeigte mir ein Foto:

Thomas A. Lucid mit Präsident Lyndon B. Johnson bei einem Empfang. Tom gab den anderen Gesichtern Namen. »Da ist Allen Dulles, da ist Richard Helms, da ist J. Edgar Hoover, da ist der Maulwurfsjäger James Jesus Angleton.« Seine Stimme klang nüchtern, sein Vater saß am Tisch bei den Großen und Mächtigen.

Tom hatte eine ungefähre Vorstellung von der Arbeit seines Vaters, aber nicht von den Details. Er erinnerte sich lebhaft an Joseph Luongo, den sein Vater als Übersetzer verwendete, die beiden wurden enge Freunde. »Ein lustiger Bursche, freundlich, sah echt italienisch aus, redete wie ein Italo-Amerikaner, er mochte Dad sehr.«

Von Project Los Angeles oder Karl Hass hatte er noch nie gehört, obwohl der Name Erich Priebke ihm vage etwas sagte.

»Dad war an den Verhören von Hass beteiligt? Hass arbeitete für die

Amerikaner? Das bedeutet nicht, dass er tatsächlich für die Amerikaner arbeitete, es könnte einfach sein, dass Otto Wächter behauptete, er würde für sie arbeiten.«

Es gebe einen Hinweis, dass Hass versucht hat, Otto anzuwerben, erläuterte ich, als Teil von Project Los Angeles. Tom wollte mehr wissen; ich schilderte ihm die Sache in groben Zügen. Als ich fertig war, sagte er: »Wächter hätte also möglicherweise überlebt, wenn er angeworben worden wäre!«

Ich erwähnte Horsts Theorie, dass Otto von Karl Hass vergiftet worden sei.

»Vergiften ist unamerikanisch«, sagte Tom. »Erschießen vielleicht nicht.«

Es gebe auch einen Verdacht, dass Hass ein Doppelagent gewesen sein könnte.

»Oh.« Dann kam ihm ein anderer Gedanke. »Ich glaube, Dad hatte mit der Verhaftung von Karl Wolff zu tun«, die während dessen Geburtstagsfeier am 13. Mai 1945 erfolgte. Lucid senior ließ Wolffs SS-Ehrendolch mitgehen und schenkte ihn seinem Sohn, der ihn später bei einem früheren Schwager gegen ein paar Briefmarken eintauschte.

Wir hatten jetzt mehrere Stunden miteinander verbracht, und ich hatte noch kein Wort über das erste Kind von Thomas senior verloren. Vielleicht war jetzt der Augenblick gekommen zu erzählen, was ich wusste. Ich erinnerte Tom an die E-Mail, die er geschrieben hatte, in der er sich erkundigte, ob ich eine dramatische Entdeckung mitzuteilen hätte. »Sie haben nicht vor, irgendeine Bombe platzen zu lassen?«, fragte er. »Sie haben nicht zum Beispiel herausgefunden, dass die Rattenlinie Dads genialer Einfall war, oder?«

Sein Vater hatte die Rattenlinie gelegentlich erwähnt, und in den frühen 1980er Jahren, nachdem Klaus Barbie in Bolivien gefasst und zum Prozess an Frankreich ausgeliefert worden war, geriet das Thema ins Blickfeld, es gab eine große politische Kontroverse. Aus dem CIA-Hauptsitz in Langley, Virginia kam ein Brief, ein paar Leute wollten seinen Vater befragen. Tom zeigte mir den Brief, in dem Lucid gebeten wurde, zu kooperieren und weiterzugeben, was er wusste.

»Vielleicht hatte er etwas getan, das ihm leidtat«, sinnierte Tom. Einige Jahre später veröffentlichte der Präsident des Rechnungshofes der Vereinigten Staaten einen belastenden Bericht über die Anwerbung von Nazis und die Bemühungen, ihnen zur Flucht nach Südamerika zu verhelfen. Die Gründe wurden mit den Worten eines ungenannten Nachrichtenoffiziers zusammengefasst, der Thomas senior hätte sein können. »Der Westen kämpft einen verzweifelten Kampf mit dem Osten – den Sowjets –, und wir werden uns jeden Mann schnappen, den wir können, der uns helfen wird, die Sowjets zu besiegen – jeden Mann, ganz gleich, welche Nazi-Vergangenheit er hat.«

Ob ich offen sprechen dürfe, fragte ich. Inzwischen hatten der Bruder von Tom, Barney, und dessen Frau sich zu uns gesellt. Barney reagierte als Erster auf meine Frage. »Oh, ja.«

»Auf jeden Fall«, sagte Tom

Über alles?

»Alles«, sagte Tom.

Ich erzählte ihnen die Geschichte von Viktor Williams in Genf. Ich kam zu dem Moment, als Marco sagte, der Name des Vaters habe nicht Williams gelautet. Er lautete Tommaso Lucito.«

Schweigen, dann: »Woah!« Das war Tom.

Noch mehr Schweigen.

»Wenn das stimmt, dann haben wir einen Bruder«, sagte Tom.

»Halbbruder, richtig?«, warf Barney ein.

»Was auch immer.«

»Wow, das sind Neuigkeiten, das sind echt Neuigkeiten …«, platzte Barney heraus.

Die Fragen überschlugen sich. Wusste Viktor, wer sein Vater war? Wie war Viktor? Was genau ist 1945 passiert? Ihr Vater war weit weg von zu Hause und einsam, er hatte eine italienische Sekretärin namens Charlotte von Heyking, sie hatten eine Affäre, sie wurde schwanger.

Tom schaltete sich ein. »Wisst ihr noch, ich sage schon seit Jahren, ich weiß etwas, ein Familiengeheimnis, aber ich kann es euch nicht verraten, weil …«

Tom erklärte, dass sein Vater, als er sich dem Ende seines Lebens näherte, die Geschichte einem ihrer Brüder anvertraute, Bill, der, wie der Vater, tiefgläubig war, ein gottesfürchtiger Kolumbusritter.

»Dad erzählte Bill offenherzig, voller Bedauern und Scham, dass er einen Sohn in Italien hatte und dass Joe Luongo alles wüsste.«

Thomas senior verriet seinem Sohn Bill keine Einzelheiten und bat ihn, keinem anderen Mitglied der Familie etwas von dem Geständnis zu erzählen, um Peggy zu schützen. Ein paar Jahre später, nachdem der Vater gestorben war, erkrankte auch Bill und gab an seinen Bruder weiter, was er wusste. »Erzähl es niemandem«, schärfte er ihm ein, und daran hielt sich Tom. Bill spürte Joe Luongo auf, um mehr Informationen zu bekommen, aber Luongo wollte nicht reden. »Ich wünschte, Ihr Vater hätte es Ihnen nicht erzählt, es war sein Geheimnis«, sagte Luongo zu Bill.

Tom versuchte, Joe Luongo zu finden, ohne Erfolg.

»Wo lebt Viktor?«, fragte Barney.

»Wir haben also einen Bruder«, sagte Tom. Als ich ihn kontaktiert hatte, wollte er gern wissen, ob ich etwas Mitteilenswertes mitbringen würde. »Wird es das bisschen, was ich weiß, abrunden?«, fragte er sich. Er glaubte, dass sein Vater Geld nach Italien geschickt hatte; jetzt erfuhr er, dass dem nicht so gewesen war, und das quälte ihn.

Sie wollten ein Foto von Viktor sehen.

»Wow, sieht aus wie Tom«, sagte Barney.

»Sieh dir seine Nase an, er hat eine normale Nase, nicht meine Stupsnase«, sagte Tom. »Und sein Kopf ist …«

»Hat mehr Haare drauf«, meinte Barney. Jeder sah die Ähnlichkeit.

»Ich will verdammt sein«, sagte Tom. »Dad mit irgendeiner Lady in Italien.«

Ich zeigte ihnen ein Foto von Karl Hass.

»Sieht gemein aus«, sagte Tom.

Die Anknüpfungspunkte drangen langsam ins Bewusstsein.

Lucid. Hass, Wächter.

Tom junior, Viktor, Horst.

»Wusste es Peggy?«, fragte Barney.

»Nein, auf keinen Fall«, erwiderte Tom.

Wir verbrachten den Abend mit Michelle, Toms Exfrau, die ein sehr köstliches Essen zubereitete. Auch sie wollte Einzelheiten über Hass und Wächter erfahren, Männer, die ihrem Vater und seiner Familie, die selbst nach dem »Anschluss« aus Wien geflohen waren, Leid zugefügt hatten.

»Die Geschichte hätte anders sein können«, sagte Tom.

Während der Wein floss, brachen sich andere Gedanken Bahn.

Die Geschichte führte Tom vor Augen, was für ein Glück er gehabt hatte. »Mein Dad hat nur mit seiner Sekretärin gepoppt«, rief er aus. »Die Väter von diesen anderen Leuten, die haben Hunderttausende von Menschen ermordet oder 335 Italiener.«

Und, sagte Michelle, wenn Thomas Lucid Karl Hass nicht angeworben hätte, dann hätte Karl Hass Otto Wächter nicht zum Mittagessen eingeladen, Wächter wäre vielleicht nicht krank geworden, und er hätte es vielleicht nach Südamerika geschafft.

Und Horst wäre vielleicht Argentinier geworden, ergänzte ich.

50

Wiesenthal

Horst war jetzt auf Karl Hass fokussiert, aber er reservierte auch einen kleinen Platz für einen anderen Mann, den er außerordentlich schmähte und der, da war er sich sicher, irgendwie in die Geschichte vom Ableben seines Vaters verwickelt war.

»Simon Wiesenthal hasste meinen Vater bis zu dem Tag, an dem er starb«, sagte er mir mehr als einmal. Und, fügte er hinzu, Charlotte habe Zeitungsausschnitte über Wiesenthals Aktivitäten gesammelt. Horsts Ansicht nach konkurrierte Wiesenthal, der legendäre Nazi-Jäger, mit Karl Hass und den Sowjets um die Krone des Hauptverdächtigen für den vorzeitigen Tod seines Vaters.

Wiesenthal wollte Otto tot sehen, glaubte Horst, weil er ihn für den Tod seiner Mutter verantwortlich machte, die im Ghetto Lemberg festgehalten wurde. »Er stellte es so dar, als habe mein Vater seine Mutter in den Zug nach Belzec gesetzt«, erläuterte Horst. »Das ist vollkommen falsch, weil mein Vater an dem Tag, den er erwähnt, am 15. August 1942, nicht in Lemberg war. Er verwechselte meinen Vater mit Katzmann von der SS, weil sie die gleiche Uniform trugen.«

Zu dieser Einschätzung gelangte Horst durch eine Passage in Wiesenthals 1967 veröffentlichten Erinnerungen. Das Buch schilderte das Leben des Autors in Lemberg, einschließlich der 1942 im Ghetto verbrachten Zeit. Wiesenthal identifizierte Otto als einen der beiden »Haupttäter« im Zusammenhang mit der Ermordung der Juden in Galizien, der andere war Friedrich Katzmann. Otto spielte eine wichtige Rolle in einem Kapitel mit dem nicht sehr subtilen Titel »Die Mörder von Galizien«. Wiesenthal schildert hier sein Bemühen Ende der 1960er Jahre, einen deutschen Staatsanwalt beim Stuttgarter »Lemberg-

Prozess« zu unterstützen. In dem Verfahren mussten sich 15 Angeklagte für eine Vielzahl von Gräueln in dem Zwangsarbeitslager Janowska und anderswo in Lemberg verantworten. Genozid war das »offizielle Geschäft«, erklärte der Richter in dem Fall. »Im Vergleich mit Wächter und Katzmann«, schrieb Wiesenthal, seien die 15 Angeklagten im Lemberg-Prozess »eher kleine Fische«.

Wiesenthal wollte Otto und Katzmann auf der Anklagebank sehen, aber beide waren tot. »Anfang 1942 sah ich ihn im dortigen Getto [in Lwów]«, schrieb Wiesenthal über Otto. »Er führte selbst den Befehl, als am 15. August 1942 viertausend alte Menschen aus dem Getto zusammengeholt und auf den Bahnhof getrieben wurden. Meine Mutter war darunter.«

Die Worte ärgerten Horst, und er spielte häufig auf sie an. »Mein Vater war nicht in Lemberg am 15. August«, erklärte er, »sondern in Krakau, mit Gouverneur Hans Frank, auf einer Parteiversammlung.« Ich fand ein Foto von Otto und Frank in Krakau an jenem Tag, auf der Wawel-Burg, also hatte Horst in diesem Punkt recht.

Ich las noch einmal nach, was Wiesenthal tatsächlich geschrieben hatte, da der Text interpretierbar war, wie viele Worte. Er behauptete, Otto im Ghetto gesehen zu haben, »Anfang 1942«, nicht an einem bestimmten Datum. Seine Behauptung für den 15. August, das einzige Datum, das genau benannt wurde, bezog sich schlichtweg auf die Tatsache, dass Otto, wie es in der englischen Originalausgabe heißt, »personally in charge«, persönlich verantwortlich war für die Razzia, die an diesem Tag im Ghetto Lemberg stattfand. Wiesenthal schrieb nicht explizit, dass Otto körperlich anwesend war, obwohl der Text sicherlich so gedeutet werden konnte. Doch als Gouverneur von Galizien mit allumfassender Zuständigkeit für die Aspekte der Razzien war er in gewisser Hinsicht zumindest für einige der Details verantwortlich, wenn nicht sogar für das Ganze. Das Wort »persönlich« war mehrdeutig. Es konnte sich auf seine Anwesenheit im Ghetto beziehen oder auf seine Zuständigkeit gemäß einem Strafrecht, in dem die Theorie der Befehlsverantwortung galt. Horsts Bedenken wurden vervielfacht durch offensichtliche Irrtümer in Wiesenthals Text. So schrieb Wiesenthal:

> Wächter entkam nach Kriegsende mit Unterstützung von ODESSA und fand in Rom in einem slowakischen Priesterseminar, wo man allerdings nicht wusste, wer er wirklich war, Unterschlupf. Seine Flucht hatte er sehr gut vorbereitet; er nahm aus Bayern sogar alle seine Aufzeichnungen mit. 1949 wurde Wächter sehr schwer krank, so dass man annehmen musste, dass er nicht mehr lange zu leben hatte. Er gestand den Priestern seinen wahren Namen, bat seine Frau herbeizuholen, die in einem nahen Flüchtlingslager unter dem Namen »Lotte Pohl« lebte, und verlangte nach priesterlichem Beistand. Nachdem Bischof Alois Hudal, der österreichische Rektor der deutschsprachigen Katholiken in Rom, ihm die Sterbesakramente gereicht hatte, starb er. Sein Grab befindet sich in Rom. Später bat ein österreichischer Adeliger, der mir gelegentlich geholfen hat, Bischof Hudal um die Herausgabe von Wächters Unterlagen. Der Bischof lehnte ab.

Diese Darstellung unterschied sich von den Fakten, wie ich sie inzwischen kannte. Es gab keinen Hinweis darauf, dass Ottos Bemühungen, sich der Justiz zu entziehen, von einer Organisation unterstützt worden wären, die unter dem Namen ODESSA bekannt war, dem Codenamen für eine angebliche Organisation, die Nazis half, sich aus Europa abzusetzen, obwohl David Cornwell/John le Carré mir sagte, er glaube, dass eine solche Organisation durchaus existiert haben könnte. Otto wurde nicht von slowakischen Priestern Zuflucht gewährt. Er hatte in Rom keine »Aufzeichnungen« bei sich. Charlotte verwendete nicht den Namen »Lotte Pohl« oder lebte in der Nähe von Rom in einem Flüchtlingslager. Im Jahr 1967 waren Ottos sterbliche Überreste nicht mehr in Rom begraben, sie befanden sich in Salzburg, in Charlottes Garten am Haus Wartenberg.

Ich nahm Kontakt mit dem Wiener Wiesenthal Institut für Holocaust-Studien auf, um die Wächter-Akten einzusehen, die dort möglicherweise lagerten. Der Antrag wurde genehmigt, und irgendwann fanden mehrere Ordner mit Material über Otto den Weg zu mir.

Da war eine Kopie von Ottos Akte aus dem Berlin Document Centre, die Dokumente enthielt, die ich bereits hatte.

Da waren zwei längere eidesstattliche Erklärungen, die Wiesenthal im Januar 1960 und Juni 1961 abgegeben hatte, aufgesetzt für deutsche Staatsanwälte, die mit dem Lemberg-Prozess befasst waren. Darin schilderte Wiesenthal seine Jahre in Lemberg während des Krieges und berichtete über einzelne Verfehlungen und Verbrechen, von denen er wusste. Er nannte Namen und stellte Überlegungen zur Rolle von Otto Wächter an.

Da war ein Ordner mit Korrespondenz, der den handschriftlichen Titel trug »Korrespondenz bez. des Verbleibs des ›Archivs Wächter‹«. Er enthielt mehrere Briefe. Der erste, von Hand geschrieben und datiert auf den 16. Juni 1961, stammte von einem Mann namens Theodor Faber, der behauptete, dass Bischof Hudal möglicherweise Informationen über Wächter habe. Wiesenthal gab die Information an einen deutschen Staatsanwalt weiter, der mit dem Lemberg-Prozess befasst war. Mehrere Monate lang passierte nichts, dann informierte die Zentrale Stelle der Landesjustizverwaltungen zur Aufklärung nationalsozialistischer Verbrechen in Ludwigsburg Wiesenthal, dass der Bischof kontaktiert worden sei und bestreite, Kenntnis von irgendeinem »Archiv Wächter« zu haben. Bischof Hudal behauptete, »er habe Wächter selbst zum ersten Male gesehen, als er vergiftet, sterbend in ein Spital Roms gebracht wurde« – eine Lüge –, und er sei als Rektor der deutschen katholischen Nationalkirche gerufen worden, um Otto die Sterbesakramente zu erteilen. Der Staatsanwalt kam zu dem Schluss: »Ich sehe keine Möglichkeit zu weiteren Ermittlungen. Immerhin ist durch die Auskunft erwiesen, dass Dr. Wächter nicht mehr lebt.« Die Akte Wächter wurde geschlossen.

Das letzte Dokument in Wiesenthals Dossier ging 1987 ein. Es handelte sich um einen Brief eines italienischen Schriftstellers, der um eine Fotografie von Otto Wächter bat.

Ein paar Wochen später trafen weitere Dokumente aus dem Wiener Wiesenthal-Archiv ein. Eines war von besonderem Interesse. Zehn maschinengeschriebene Seiten, auf Deutsch, augenscheinlich undatiert. Das Ganze las sich wie eine eidesstattliche Erklärung und war unterschrieben von Rosa Stephenson, die in Wien im 14. Bezirk wohnte. Ihr Bruder Carl war, so erfuhr ich, Schriftsteller und Verleger.

Miss Stephenson hatte als Sekretärin in Ottos Verwaltung gearbeitet, zuerst in Krakau, dann in Lemberg. »Ich habe Namen, Straßen, Orte vergessen, durch den seelischen Schock, den mir all dies hervorrief. Es war eine ununterbrochene Kette von Schreck und Entsetzen.« Sie hatte Fotos besessen, aber sie wurden gestohlen, als sie nach Wien zurückkehrte.

Im August 1940 traf sie in Krakau ein, um als Schreibkraft in der Wirtschaftsabteilung zu arbeiten. Sie ging davon aus, ein Jahr für das Generalgouvernement zu arbeiten, blieb aber vier. »Dr. Wächter war Gouverneur – jener Dr. Wächter, der den Dollfuß-Putsch veranlasst hatte.« Sie lieferte eine Beschreibung von Charlottes Ehemann und Horsts Vater:

> Das fast jungenhafte Gesicht Dr. Wächters stand in krassem Gegensatz zu seinen Augen und zu seinem Sprechen. Er sprach zwar ruhig und kaum laut, doch klang die Stimme wie Stahl und so blickten dabei auch seine Augen. Man wusste: was er sagte, das galt und es blieb dabei. Er war fanatisch in der Arbeit, verlangte auch von anderen viel und er war ehrgeizig. Er hatte ein absolut organisatorisches Talent und eine absolut straffe Führung. Er wusste genau, was er wollte.

Otto war einer der »Machthaber«, einer der »Herren«, unter denen sie diente. »Wie sich die Judentragödie abspielte, welche Ausmaße sie annahm – sie haben alle zusammengearbeitet, die Machthaber und engsten Mitarbeiter des Führers.« Aber, vermerkte sie, »keiner der Herren hat sich selbst die Finger beschmutzt – sie gaben ›nur‹ die Befehle«.

Einmal beobachtete sie, »wie ein gewisser Studenkowsky« zu einer Gruppe kleiner Jungen sprach, die der Hitler-Jugend angehörten: »Wir sind nicht dazu da, um zu denken«, brüllte der Mann. »Für uns denkt der Führer. Wir haben auszuführen, was er sagt. Und wenn wir auch manchmal glauben, dass es nicht richtig und recht ist, was wir tun – wir haben es trotzdem zu tun!« Andere sahen zu, anerkennend. »Dr. Wächter war dabei«, schrieb sie.

Im Jahr 1941 wurde Rosa Stephenson nach Lemberg versetzt. Die Situation dort war trostlos, »ein wirres Durcheinander«, ein Ort ohne Ordnung oder Hygiene. Als sie eintraf, war Dr. Lasch Distriktgouverneur. Nach ihren Angaben war es ihm zu verdanken, dass bis Februar 1942, als er entlassen und durch Otto ersetzt wurde, kein Ghetto errichtet worden war, »obwohl es schon mehrmals angeordnet worden war«. Was die Errichtung und Räumung von Ghettos betraf, konnte Laschs Nachfolger eine Erfolgsbilanz vorweisen.

»Dann kam Dr. Wächter. Das Ghetto wurde errichtet, die Verfolgungen begannen, die Vorschriften wurden immer härter.« Zunehmend brutale Maßnahmen wurden ergriffen. In Kellern, unter Holzdielen, in Wohnungen, überall wurden auf der Jagd nach Juden und denen, die ihnen halfen, Durchsuchungsaktionen durchgeführt.

> Als Dr. Wächter merkte, dass nicht alles so parierte, wie es hätte sein sollen, schien er um Hilfe gerufen zu haben, denn es kam Himmler »der Bluthund«, wie man flüsternd ihn nannte. Himmler war die personifizierte Grausamkeit, deshalb so entsetzlich, weil er einfach kein Gefühl hatte. Man brauchte nur seine Augen anzusehen. Er war Automat für die gnadenlose Ausführung all dessen, was ihm von oben vorgeschrieben worden war.

Rosa Stephenson beobachtete die folgenden Mordaktionen und hielt einige der Details fest:

> Eines Samstags wollte ich heraus aus der Stadt, einmal heraus aus all dem. Ich fuhr mit dem Rad auf Geradewohl los. Da kam ich in die Nähe einer Brücke und sah einen Trupp Menschen, so dass ich nicht weiterfahren konnte. Ich stieg also ab und schob das Rad, wollte warten, bis der Trupp vorüber sei. [...] Die tiefliegenden Augen dieser Menschen verfolgten mich wochenlang. So viel Hoffnungslosigkeit, Grauen, Verzweiflung war in ihnen! Es waren Juden. Da draußen war

> Kloparov (so glaube ich, heißt die Vorstation vor Lemberg, eine Art Frachtbahnhof). Dort waren sie auswaggoniert worden und in ein Lager getrieben worden. [...]
> Jedenfalls: dort wurden meist die Waggons der ankommenden Züge abgekoppelt – die hierher Deportierten waren drin, die bis dahin hermetisch verschlossenen Türen geöffnet, die inzwischen durch Hunger, Ersticken usw. Verendeten [...] herausgeworfen, die anderen herausgetrieben, im Lager auf Nebengleise geschoben. Es hatte die Zeit der Vergasung begonnen. Man führte eine Leitung durch eine kleine Öffnung und ließ Gas einströmen.

Jeder wusste, was vor sich ging. »Sie haben es alle gewusst, sie alle.« Einige traten vielleicht nicht persönlich in Aktion, aber »sie haben immer weiter nach unten die Befehle weitergegeben, und diese anderen machen sie verantwortlich«.

Rosa Stephenson verließ Lemberg 1944. Der Grund war die Entdeckung, dass sie einen jüdischen Großvater hatte.

Wiesenthal starb im Jahr 2005.

Ich tat, was ich konnte, um Belege für Horsts Überzeugung zu finden, dass Wiesenthal möglicherweise in einen oder mehrere Rachemorde an Nazis verwickelt war. Ich fand nichts, obwohl John le Carré, wie David Cornwell besser bekannt ist, die Überzeugung äußerte, dass tatsächlich jüdische Racheteams existiert und dass sie gezielte Tötungen verübt hätten. Er erwähnte einige Bücher und Beispiele, darunter ein berühmt-berüchtigter Versuch, die Wasserversorgung einer Stadt zu vergiften, die von einer Million Menschen genutzt wurde. Er entsann sich eines kräftigen, gutaussehenden ehemaligen BBC-Mannes, der ihm sagte, dass er zu einer jüdischen Anschlagsgruppe gehört hatte, die in Lateinamerika tätig war. »Vorzugsweise hängten wir sie auf«, erzählte er le Carré.

»Niemand kennt so recht die Anzahl der, wie man sagen könnte, verdienten Ex-Nazis, die still und heimlich ermordet wurden«, sagte le Carré mir. Obwohl Wiesenthal einen Hang zu »Phantasien und Prahlerei« hatte, glaubte er nicht, dass der berühmte Nazi-Jäger in irgendeine Mordaktion verwickelt gewesen sein könnte.

»Ich bin Wiesenthal einmal begegnet«, fügte er hinzu, »in Wien, 1962.« Er gab sich staatsmännisch, saß hinter einem riesigen Schreibtisch, auf dem sich demonstrativ die Akten stapelten. Ein echter Geheimagent hätte auf einen blanken Schreibtisch bestanden. »Warum leben Sie in Wien, der Hochburg des Antisemitismus?«, fragte le Carré ihn damals. Als er jetzt die Antwort wiedergab, verfiel er in einen feinen mitteleuropäischen Akzent, einen, der mich an meinen Großvater erinnerte.

»Wenn Sie die Krankheit studieren wollen«, sagte Wiesenthal zu ihm, »müssen Sie im Sumpf leben.«

51

Leber

Ein Kollege an meiner Universität machte mich mit Professor Massimo Pinzani bekannt, einem der weltweit führenden Experten für die menschliche Leber und ihre Erkrankungen. Er forscht und lehrt ebenfalls am University College London, wo er den Sheila-Sherlock-Lehrstuhl für Hepatologie innehat. Außerdem ist er Direktor des UCL Institute für Liver and Digestive Health am Royal Free Hospital, einen Steinwurf entfernt von Hampstead Heath, in dessen Nähe ich wohne. Jahrelang bin ich unter den Fenstern seines Büros hergelaufen.

Professor Pinzani war kräftig und korpulent, ein italienischer Mastiff in einem feinen blauen Anzug, mit Augen, die einen freundlich begrüßten, und ausgeprägten Augenbrauen. Im Vorfeld des Treffens hatte er darum gebeten, das Material zu sehen, das ich über Ottos Gesundheitszustand im Juli 1949 hatte. Ich schickte ihm die zweiseitige »Patientenakte«, die Briefe, die Otto an Charlotte schrieb, nachdem er erkrankt war, Dr. Marchesanis kurzen Bericht und Hedi Duprés zwei Briefe an Charlotte.

Als Mann der Wissenschaft verfuhr Professor Pinzani methodisch und mit Bedacht. Er werde nur auf der Grundlage dessen, was bekannt sei, vorgehen, erklärte er. An Spekulationen hatte er kein Interesse, aber er plauderte gern und liebte es, Anekdoten zu erzählen. Wir gingen Ottos Briefe durch, chronologisch und methodisch.

Montag, 4. Juli 1949, der Tag, an dem Otto Charlotte berichtete, er habe 41 oder 42 Grad Fieber. »Zu diesem Zeitpunkt konnte es alles sein«, sagte Professor Pinzani völlig ernst. »Es konnte eine Virusinfektion sein, nicht unbedingt im Zusammenhang mit einem bestimmten Essen oder einem Bad im Fluss.«

Das Fieber stieg und sank, Otto erbrach sich, er nahm Chinin. Nicht, weil er glaubte, Malaria zu haben, erklärte Professor Pinzani, nur sei Aspirin damals einfach nicht überall verfügbar gewesen. Chinin sei die altmodische Methode zur Senkung der Körpertemperatur.

Am Dienstag, dem 5. Juli, fühlte Otto sich so schwach, dass er es kaum bis zur Toilette schaffte. »Wird kränker«, erläuterte Professor Pinzani. Am Mittwoch, dem 6. Juli, dem vierten Tag, stellten die Ärzte Vermutungen über Typhus oder irgendetwas »Gastrisches« an. In einer Notiz wird Gelbsucht erwähnt, zum ersten Mal. »Ein Arzt, der Wächters Symptome sieht, würde sich auf das konzentrieren, was zu der Zeit in Rom weit verbreitet war, was den Verweis auf Typhus erklärt.« Es gab Abwasserprobleme, jede Menge Ratten. Professor Pinzani wusste das, weil er Italiener war. Dass die Ärzte von »gastrisch« sprachen, sei rätselhaft. Es sei bloß ein Adjektiv, eines, das sich auf Angelegenheiten des Magens beziehe. Vielleicht vermuteten sie eine Lebensmittelvergiftung.

Was die Erwähnung von Gelbsucht betraf, so hätten die Ärzte ein gelbliches Aussehen von Ottos Haut bemerken müssen. Die Gelbsucht könne ein Symptom für ein oder zwei Dinge sein. Sie könne auf eine schwere Infektion zurückzuführen sein, eine »Intravasale Hämolyse«, was bedeuten würde, dass durch die Verunreinigung rote Blutkörperchen beschädigt wurden. Dies würde zu einer gewaltigen Zunahme von Hämoglobin führen, das von der Leber in Biliverdin, dann in Bilirubin umgewandelt werde. Die Leber sondere das Bilirubin in die Galle ab, die in den Darm gelange.

Die andere Möglichkeit, erläuterte Professor Pinzani, sei eine Schädigung der Leber, die diese »neue Belastung« nicht verkraften könne. Doch ohne biochemische Tests könne man nicht wissen, ob die Leber geschädigt war. »Wenn Sie konjugiertes Bilirubin im Blutkreislauf haben, dann ist es aufgrund einer Schädigung der Leber in die Galle entwichen.« Moderne Tests würden die Leberenzyme prüfen, die sehr hoch wären, wenn die Leber geschädigt sei. Professor Pinzani erinnerte mich daran, dass im Italien des Jahres 1949 die Behandlungsoptionen sich sehr von den heute verfügbaren unterschieden haben dürften. Penicillin war gerade erst eingeführt worden und möglicherweise nur für amerikanische Soldaten verfügbar, aber nicht unbedingt für jemanden wie Otto, »einen normalen Menschen in Europa«.

Ich erkundigte mich nach der Möglichkeit einer Vergiftung durch menschliches Eingreifen. Professor Pinzani war erst nicht gewillt, den Köder zu schlucken. Er wollte methodisch vorgehen, nicht zu einer voreiligen Schlussfolgerung gelangen. Aber dann konnte er nicht anders. »Um ehrlich zu sein, es klingt nicht wie eine Vergiftung.«

Er nannte einige Gründe. Ottos Briefe schilderten ein hohes Fieber, das ein wichtiger Indikator sei, der auf eine starke Immunreaktion aufgrund einer Infektion hindeute. »Bei Gift könnten Sie gelb werden und sterben, aber Sie würden nicht unbedingt Fieber bekommen. Eine Vergiftung ist ein toxischer Vorgang, nicht einer, der das Immunsystem betrifft. Aber es ist das Immunsystem, das die Temperatur des Körpers erhöht.«

Könnte ein Gift diese Symptome hervorrufen? Er sah drei Möglichkeiten. Arsen, Zyanid und, ganz banal, Rattengift. Letzteres sei ein primitives Anti-Gerinnungsmittel, das, von der Ratte gefressen, in den Blutkreislauf gelange und innere Hämatome verursache. Er glaubte nicht, dass Wächter das passiert war. Möglich, dass er auf der Rattenlinie unterwegs war, sagte Professor Pinzani, aber er bezweifelte, dass er Kontakt mit Rattengift hatte.

»Für mich sieht es so aus, als hätte er eine schwere Infektion gehabt.«

Otto war körperlich gut in Form, schwamm im Tiber, machte täglich Gymnastik auf dem Dach des Vigna-Pia-Klosters. »Das hohe Fieber stand nicht in Widerspruch zu seiner guten körperlichen Verfassung. Ein hohes Fieber ist ein positives Zeichen, ein gesunder Körper wehrt sich nach Kräften, um Bakterien oder Parasiten loszuwerden.« Buko Rathmann hatte Otto als körperlich gut in Form und gesund beschrieben. »Diese Mikroorganismen können eine Temperatur von mehr als 37 Grad nicht überstehen, so dass man sie im Grunde kocht, indem man seine Körpertemperatur hochhält.«

Wir wendeten uns anderen Dokumenten zu.

Der Brief von Dr. Marchesani erwähnte ein hohes Fieber und eine mögliche Darminfektion. Das bedeute, sie dachten an Typhus.

Der Brief von Frau Dupré sprach von einer möglichen Infektion, eventuell der Leber. »Die Leber wird erwähnt, weil er gelbsüchtig war, obwohl der Grund dafür ein Multiorganversagen sein könnte.«

Da sein Zustand sich verschlechterte, erhielt Otto schließlich nicht nur Penicillin, sondern auch Traubenzucker, damit er wieder zu Kräften kam. Inzwischen aß er kaum noch. Am Mittwoch, dem 13. Juli, in den letzten Stunden, begrüßte er Frau Dupré. »Es geht viel, viel besser.«

Ging es nicht, er starb noch am selben Abend. Das Hospital Santo Spirito sprach in seinem Krankenbericht von »gelber Leberatrophie« und *»icterus gravis«*, schwerer Gelbsucht, was auf Leptospirose hindeutete, ein volkstümliches, als Weil-Krankheit bezeichnetes Leiden. Der Name geht zurück auf Adolf Weil, einen deutschen jüdischen Arzt, der die Krankheit erstmals in einem Aufsatz 1886 genau bestimmte (ein Jahr später verlor Dr. Weil wegen Kehlkopftuberkulose für immer seine Stimme).

Der Santo-Spirito-Bericht erwähnte außerdem, dass Otto Diabetiker war. »Das bedeutet, seine Bauchspeicheldrüse arbeitete nicht«, erläuterte Professor Pinzani. Infolge der Infektion verlor er die Betazellen und wurde augenblicklich zuckerkrank. Es bedeutete nicht, dass er schon lange klinischen Diabetes hatte.

Die Lektüre des Santo-Spirito-Dokuments veranlasste Professor Pinzani, laut nachzudenken. Er glaubte, es gebe drei mögliche Infektionen.

Typhus. Das sei unwahrscheinlich, da andere Symptome als Fieber fehlten.

Fulminante Hepatitis aufgrund von Hepatitis A, möglicherweise beim Schwimmen im Tiber oder im Albaner See zugezogen. Auch diese Erkrankung schloss er aus, weil das in den Briefen beschriebene klinische Bild zu komplex sei und über bloßes Leberversagen hinausgehe. Irgendetwas habe zum Versagen der Bauchspeicheldrüse geführt. »Es ist wahrscheinlich, dass er an Lungenversagen starb, an einer kardiovaskularen Hemmung.«

Leptospirose, Weil-Krankheit, war die dritte Möglichkeit. »Sie passt zu allem.« Die Ärzte, die ihn behandelten, gelangten zu dieser Schlussfolgerung, ein Hinweis darauf, dass sie im Santo-Spirito-Hospital die Krankheit kannten. Tatsächlich war sie damals in Italien endemisch, keineswegs selten. Neunzig Prozent der Fälle verliefen mild, wie eine schlimme Grippe, zehn Prozent konnten schwer, vielleicht tödlich verlaufen, vor allem wenn der Patient nicht vor Multiorganversagen geschützt war.

Die Weil-Krankheit wird durch Kontakt mit verunreinigtem Wasser verursacht. Es konnte Fluss- oder Seewasser sein, verunreinigt durch den Urin einer verendeten Ratte oder eines toten Hundes. Das Tier konnte ein Überträger sein, aber es erkrankte nicht zwangsläufig selbst. Otto konnte sich die Krankheit leicht beim Schwimmen eingefangen haben, in einem Fluss oder See. Vielleicht schluckte er etwas Wasser, oder es kam in Kontakt mit seiner Bindehaut, wenn ihm Wasser ins Gesicht spritzte. Vielleicht hatte er auch eine offene Wunde, die so klein sein konnte wie ein Schnitt beim Rasieren. Mehr brauchte es nicht, um der Krankheit zu erliegen. Die Weil-Krankheit war Pech.

Professor Pinzani recherchierte selber ein bisschen. Im Internet gab es sehr viele Informationen über die Gefahren des Schwimmens oder Ruderns im Tiber. Er erwähnte den *Circolo Canottieri Roma*, den berühmten Ruderclub der Stadt am Tiber. »Ich bin ein paar Mal eingeladen worden«, sagte er laut lachend, »da geht man nicht in Flipflops hin oder um eben mal eine Pizza zu essen.« Im Verein wimmelte es von Schauspielern und Parlamentariern und anderen illustren Namen, auf dem Gelände gab es ein Freibad, in dem man schwimmen konnte, zwar in einem Becken mit Wasser aus dem Tiber, das aber zuvor gefiltert und gereinigt wurde.

Der Albaner See habe stehendes Wasser, sagte er, aber der Fluss sei schlimmer. »Denken Sie an die ganzen Ratten, die es vielleicht in den Abwässern in Rom gab, 1949.«

Er kam auf einen anderen Faktor zurück. Charlotte hatte den Zustand der Leiche ihres Mannes als »schwarz wie ein Neger« beschrieben, als sie ihn in der Leichenhalle des Friedhofs Campo Verano liegen sah. Ein Merkmal der Leptospirose ist ein Zustand namens »intravasale Gerinnung«, eine Form von subkutaner Hämorrhagie (starke Blutung). Zum Todeszeitpunkt dürfte der Patient Hämatome gehabt haben. Weil das Hämoglobin oxidierte, ließ es die Haut dunkler wirken. »Es verursacht eine subkutane Hämorrhagie, lässt die Haut dunkler erscheinen, und in den Tagen vor dem Tod ist sie ein abschließender Vorgang.«

Vermutlich hatte Otto Wächter das, als er starb, sagte Professor Pinzani. Die sommerliche Hitze dürfte den Prozess noch beschleunigt haben, da die Ausbreitung der Hämorrhagie schon schnell erfolgte, weil die Blutgefäße offen waren. Sie verlief in Etappen. »Wenn man in eine solche Situation kommt, wo sie total ist und sich auf die inneren Organe auswirkt, löst man sich auf, man ist gestorben.« Und, fügte er hinzu, man sei »in Schwarz gestorben«, da der starke Blutverlust sich auf alle Teile des Körpers auswirke und ihn dunkel färbe.

Waren die Symptome vereinbar mit einem Giftmord durch Menschenhand?

Es wäre ein sehr ausgeklügelter Giftmord gewesen, meinte Professor Pinzani. »Ich nehme an, der Giftmörder besorgt sich keine Probe einer *Leptospira japonica*-Kultur und mischt sie in Wächters Kaffee.« Er würde mit etwas Einfacherem arbeiten. Andererseits, sinnierte er, gebe es genug Verrückte, also sei alles möglich. »Aber wenn ich der Chef eines Geheimdienstes wäre und Wächter töten wollte, würde ich niemals an Leptospirose denken.«

Wie auch immer, sagte er, »wenn Wächter ein Nazi-Verbrecher war, würden sie sagen: ›Schnappen wir ihn uns, bringen ihn nach Nürnberg und hängen ihn auf‹, oder? Warum sich die Mühe machen, ihn zu vergiften? Besser, ihn ergreifen, ihm öffentlich den Prozess machen, zeigen, dass man einen Nazi-Verbrecher geschnappt hat.«

Professor Pinzani war sich seiner Schlussfolgerungen ziemlich sicher. Mit Knochen, sagte er, und moderner Kriminaltechnik könne man mehr Informationen erhalten. Man finde vielleicht die DNA oder RNA des Bakteriums. Schließlich seien schon in dreitausend Jahre alten ägyptischen Knochen DNA und Nachweise für Erbkrankheiten gefunden worden. Im Gegensatz zu Sue Black glaubte er, dass sich in einem Haufen Knochen aus dem Jahr 1949 etwas finden lasse.

»Wenn ich wetten müsste, dann würde ich sagen, er hatte Leptospirose, es ist die wahrscheinlichste klinische Diagnose.« Das passte auch zu dem Eindruck der Ärzte in Rom. »Ich bezweifle stark, dass ihm eine *Leptospira*-Kultur in seine Suppe gekippt wurde.« Es wäre machbar, aber man bräuchte ein bakteriologisches Labor, um eine Kultur in hoher Konzentration zu züchten, die in einer Flüssigkeit geschluckt werden müsste, die nicht zu heiß ist. »Ich habe keine Ahnung, wie viel man benötigt oder wie es schmecken würde.«

Das Gespräch näherte sich dem Ende. »Ich bin total begeistert von dieser Geschichte«, sagte Professor Pinzani, »ich bin Italiener.«

Es war unwahrscheinlich, dass Otto vergiftet wurde. Er starb, weil er gerne schwamm. Horst würde enttäuscht sein.

52

2018, Hagenberg

Ich kehrte nach Hagenberg zurück, um die Podcast-Serie fertigzustellen. Ich wollte Horst von den Materialien über Karl Hass, der Reise nach Albuquerque und zur Familie Lucid und von den wissenschaftlichen Lektionen berichten, die ich bekommen hatte. Wie es aussah, hatte es wenig Sinn, den Leichnam seines Vaters noch einmal aus dem Grab zu heben. Doch es gab noch etwas anderes, worüber ich mit Horst sprechen wollte: In jeder großen Dokumentensammlung gibt es immer etwas, das man übersieht, und in diesem Fall war es ein Brief, der scheinbar aus Versehen dazugelegt worden war. Es war eine Mitteilung, eine kurze E-Mail von Horst an seinen Neffen Otto, abgeschickt mehrere Jahre bevor wir uns kennenlernten.

Das Schloss erstrahlte in neuem Glanz. Dario, ein Neffe aus Palermo, der Sohn von Liesl, die davon ausgegangen war, Ottos sterbliche Überreste zu bekommen, nachdem man den Leichnam auf dem Friedhof Campo Verano zwölf Jahre nach seiner ersten Beisetzung wieder ausgegraben hatte, war eingezogen und brachte das Gebäude auf Vordermann. Die Haupthalle war aufgeräumt, die Fenster waren repariert und geputzt, ein großer Tisch in die Mitte des Raumes gestellt worden. Auf einem feinen weißen Tischtuch lagen Gedecke für vier Gäste. Beim Mittagessen unterhielten wir uns.

Horst sah die Schwierigkeit mit der Exhumierung ein. »Danke für Ihr fortgesetztes Bemühen, die Wahrheit über die Ermordung meines Vaters herauszufinden«, hatte er in Reaktion auf den Expertenbericht geschrieben. Leider hatte er, wie sich herausstellte, im Hinblick auf das Grab seines Vaters keine Rechte, da er keinen Beitrag zu seiner Pflege leistete. Darum kümmerte sich eine Nichte, die Charlottes Bauernhaus in Fieberbrunn von ihrer eigenen Mutter, Horsts Schwester Traute, geerbt hatte. Er bat um die Erlaubnis, den Leichnam zu exhumieren, erhielt aber »überhaupt keine Reaktion«. Der einzige Weg zur Exhumierung wäre, »den Bürgermeister von Fieberbrunn von der Bedeutung meines Vaters und seines abschließenden Schicksals zu überzeugen«.

Die wissenschaftlichen Stellungnahmen von Professor Black und Professor Pinzani ließen Horst kalt, und er bezweifelte, dass Leptospirose die Todesursache war. Der Gedanke eines vorsätzlichen Giftmordes war verlockender. »Ich begreife nicht, warum Wiesenthal meinen Vater so sehr hasste«, erklärte er einmal mehr, obwohl er zu akzeptieren schien, dass es unwahrscheinlich war, dass der berühmte Nazi-Jäger auch ein Giftmörder war. Ebenso akzeptierte er, dass die Amerikaner im Allgemeinen nicht herumliefen und Leute vergifteten.

Blieben, wenn alle anderen ausschieden, nur die Sowjets, mit Karl Hass als Hauptverdächtigem in ihrem Auftrag. »Er wusste, er würde von den Sowjets umgebracht«, brummelte Horst, weil er die Ukrainer bevorzugt hatte und entschieden antikommunistisch eingestellt war. »Ich vermute, dass Karl Hass zu meinem Vater ging, um ihm vorzuschlagen, für die Amerikaner zu arbeiten.« Das wäre ein Vorschlag gewesen, mit dem Otto kein Problem gehabt hätte, glaubte Horst nun, im Gegensatz zu den Ansichten, die er bei einer früheren Gelegenheit geäußert hatte.

Wir kehrten zu dem Thema der Handlungen seines Vaters zurück und dem Vergleich der öffentlichen Hinrichtung von 50 Polen in Bochnia im Dezember 1939 mit dem Massaker in den Fosse Ardeatine im März 1944, für das Hass wegen »Verbrechen gegen die Menschlichkeit« verurteilt wurde. Es gebe einen Unterschied zwischen den beiden Ereignissen, glaubte Horst, weil die Tat von Bochnia eine »Vergeltungsaktion« gewesen sei, wie sie jede Armee ausführe. »Mein Vater entschied nicht, sie zu töten, irgendein Richter von der Gestapo tat es.« Er war bei den Tötungen dabei, sagte ich, und dass ich hoffe, ein Album mit Fotografien zu finden, das angeblich existierte. »Er *musste* dabei sein«, erwiderte Horst, einfach als Vertreter der Krakauer Verwaltung. Dann zitierte er aus Ottos Brief an Charlotte. »Er schrieb:

›Ich muss morgen wieder 50 Polen öffentlich erschießen lassen‹, sagte Horst. »Nicht: ›Ich freue mich, dass ich diese Menschen töten muss‹ oder: ›Ich will sie töten‹ – er schreibt, dass er sie töten *muss*.« Der deutsche Text sei, sagte er, sehr klar.

Was war mit Ottos Anordnung, das Ghetto in Krakau zu errichten und dort Juden unterzubringen? Horst stimmte zu, dies sei eine schlimme Maßnahme gewesen, eine, die er bedauere. Doch diese Maßnahme, die Errichtung des Ghettos, habe für sich genommen nichts mit dem künftigen Schicksal der Juden zu tun, die zufällig dorthin geschafft wurden. »Man wusste nicht, was folgen würde, es war keine echte Mordtat.« An diesem Punkt erwähnte er, dass Charlottes Großvater, August von Scheindler, möglicherweise Jude war, weshalb seine Mutter nie einen »Ariernachweis«, den Nachweis der »deutschen oder artverwandten Abstammung bzw. des Grades eines fremden Bluteinschlags«, bekommen habe.

Die Unterhaltung war schroff, unsere Differenzen waren überdeutlich, dennoch schätzte Horst unsere Beziehung positiv ein, da er mich für vorurteilsfrei hielt. »Ich dachte, Sie könnten Ihre Meinung ändern, sich weiterentwickeln«, sagte er, »und es gibt einen gewissen Fortschritt in unserer Beziehung.« Er wollte positiv sein. »Ich bin überzeugt, dass Sie sich weiterhin für die ganze Geschichte interessieren, ich habe da ein gutes Gefühl.« Aber, das wollte er klarstellen, der Dokumentarfilm gefalle ihm nicht, weil er versuche, seinen Vater als Verbrecher hinzustellen.

Was den Podcast betraf, so hoffte er, dass er Klischees über die Nazis vermeiden und Zuhörer animieren würde, aufgeschlossen zu bleiben, um zu verstehen, warum Otto Nazi wurde, und dass er ihnen ein Bild von der großen Liebe vermitteln würde, die zwischen seinen Eltern existierte. Die Welt müsse davon erfahren. Er glaubte, dass es Otto und Charlotte gefallen würde, wie wir gemeinsam die Nachlassunterlagen durchgingen. Schließlich, sagte Horst, habe Charlotte die letzten Jahre ihres Lebens mit dem Versuch zugebracht, Journalisten und andere dazu zu bringen, die Materialien zu prüfen. »Deshalb bewahrte sie die Dokumente auf.« Eine BBC-Sendung würde sie glücklich machen, glaubte er – da sie England liebte –, wobei er anscheinend einen Brief vergaß, den Charlotte an den österreichischen Rundfunk schrieb, um sich über eine der Sendungen zu beschweren, die sich mit Otto Wächter befassten. »Sie wollte bewahren, erklären, für ihre Kinder und Enkelkinder, zeigen, wie es ist und wie die Realität war.« Wie ihre Realität war, hätte ich einwerfen können.

Charlottes Realität spiegelte sich auf einem Band wider, das sie am 28. Todestag ihres Mannes aufnahm und den Kindern als Akt der Danksagung anbot.

»Er war das sprühende, das fröhliche, das optimistische Leben in Person«, erzählte sie ihnen.

> Immer wieder hat er mit Freude getan, was er als richtig erkannt hat. Er ist nur an dem krank geworden, was er tun musste als Soldat, als Gouverneur, als höchster Verantwortlicher eines Landes, Polen, was er tun musste, ohne dass er es tun wollte. Er hat es abgelehnt bis zum Letzten, sein Gewissen in Konflikte zu bringen. Doch manchmal konnte er es eben nicht so durchsetzen, wie er es als richtig empfand.

Und, fuhr sie fort, es gebe eine umfassendere Botschaft. »Jeder Mensch hat gute und schattige Seiten. Sonne im Herzen und die tiefsten und grausligsten Dunkelheiten. In jedem Menschen müssen wir nur das Gute sehen.« Diese Sätze berührten eine Saite in Horst, sie erinnerten ihn an die Überzeugung seiner Mutter, dass man Menschen niemals davon überzeugen würde, »dass man niemals die Absicht hatte, etwas Böses zu tun«.

Trotzdem war der Rest der Familie zunehmend unzufrieden mit Horsts Bemühungen, sich mit der Vergangenheit auseinanderzusetzen. »Ich kann sie verstehen«, sagte Horst. Er erzählte von dem Streit seines Neffen Otto mit Charlotte, dem, der durch einen Teppich ausgelöst wurde, den sie aus Lemberg nach Österreich heimgebracht hatte, gegen Ende des Krieges. Dies war das Stichwort für das Dokument, das ich mitgebracht hatte, das Schriftstück, das sich in Charlottes Nachlass versteckt hatte, eine kurze E-Mail, die Horst seinem Neffen Otto am

4. Dezember 2007 schrieb. Vielleicht hatte ich es übersehen, weil es ein modernes Dokument war oder weil es auf Deutsch oder getippt war und ich meinen Blick inzwischen so geschult hatte, dass er an den älteren Dokumenten oder an der Handschrift von anderen hängen blieb. Manchmal sehen wir den Wald vor lauter Bäumen nicht.

Ich gab Horst einen Ausdruck, und er erkannte den Text sofort. »Ja, das habe ich geschrieben.«

»Lieber NO!«, las er vor. »Lieber Neffe Otto!« Er hielt sich das Blatt dicht vors Gesicht, las es einmal still für sich und dann laut, auf Deutsch.

> Lieber NO!
> Anbei die beiden Briefe Deines Großvaters, die ich Mittwoch mit dem Himmlerkalender vergleichen möchte. Sie belasten ihn mehr als die mir bekannten Urkunden. Es hilft nichts, er hat alles gewusst, zugesehen und grundsätzlich zugestimmt –
> Ein trauriger OH.

»Ein trauriger OH« – ein trauriger Onkel Horst.

Die beiden Briefe Ottos an Charlotte vom August 1942, die an die E-Mail angehängt waren, kannte ich. Der erste Brief wurde am 16. August in Krakau geschrieben. Horst hatte die Zeilen markiert, wo Otto berichtete, womit er befasst war: »In Lemberg war viel zu tun, seitdem Du weg bist. Mit Ernteerfassung, Arbeitergestellung für das Reich (nun schon 250 000 aus dem Distrikt!) und den augenblicklichen großen Judenaktionen.« Otto beendete den Brief mit einer Botschaft: »Mit H. [Hitler] alles – ohne nichts!«

Vier Tage später schickte er einen zweiten Brief, um über Himmlers Besuch in Lemberg zu berichten. Er sei gut verlaufen, berichtete er, so gut, dass er »teilweise geradezu beschämt« sei wegen der vielen positiven Dinge, die der Reichsführer über ihn sagte. »Alles ging sehr nett u[nd] einvernehmlich aus.«

Damals, im Jahr 2007, begriff Horst die Folgen, erfasste die Tragweite der Schilderungen seines Vaters. Otto »hat alles gewusst, zugesehen und grundsätzlich zugestimmt«. Ein Jahrzehnt später war das Unbehagen spürbar, eine Spannung zwischen dem, was Horst damals seinem Neffen geschrieben hatte, und der erfolgreichen Beschönigung derselben Ereignisse, als er mit mir sprach, um die Handlungsweise seines Vaters zu erklären.

Doch einmal mehr ging Horst kurz in sich und schaffte es, eine schnelle Erklärung aus dem Hut zu zaubern.

»Heute würde ich das nicht sagen.« Als er die Briefe zum ersten Mal las, sei er »schockiert« gewesen, weil Otto schrieb, er sei einverstanden mit Himmler. Horsts Standpunkt hatte sich weiterentwickelt. »Heute ist es anders, weil ich so viele andere Sachen bekommen habe.« Er meinte neues Material, das nicht belege, dass sein Vater ganz so schuldig sei. Doch die Dokumente hinterließen eine Spur, ihnen ganz zu entkommen war schwierig. »Er war wirklich schuldig, er hatte einen Auftrag, er befolgte …« Horst hatte keine Worte mehr.

»Ich würde nicht sagen, dass mein Vater 800 000 Juden tötete oder so etwas in der Art. Würde ich nicht. Ich würde Wiesenthal nicht zustimmen.« Er griff auf eine vertraute Argumentationslinie zurück, die Erfordernisse der Sohnespflicht. »Ich muss es für meine Eltern tun, muss gute Dinge finden.«

Die Worte erinnerten an Charlottes Klage gegenüber Melitta Wiedemann:

> Und meine Kinder haben ja eigentlich von ihrem Vater nur Schlechtes gehört von der Welt, von den Zeitungen, außer von den Menschen, die dann doch den Mut hatten, über ihn gut zu sprechen. Und ich bin deswegen so dankbar, dass es eben noch Menschen gibt, die jetzt besonders in der Zeit, wo man ja schon viel freier darüber reden kann, etwas Positives über meinen Mann sagen, weil ich ja nicht will, dass sie glauben, dass er eben dieser Kriegsverbrecher ist, der Hunderte von Juden und was weiß ich ermorden ließ, was ja niemals in seine Kompetenz gefallen ist, er hat es weder gefördert noch verhindern können,

erzählte sie der Journalistin. Otto habe es abgelehnt, die »jüdischen Lager in Polen« zu besuchen, erklärte sie, denn, wie er ihr sagte, »ich kann ihnen nicht helfen, und wenn ich niemandem helfen kann, wenn mir die Hände gebunden sind, warum soll ich mir das ansehen, was ich in Wirklichkeit gar nicht als positiv werte«. Das, was ihn nichts anging, davon wollte er nichts wissen, behauptete Charlotte und redete die Sache selbst schön: »Man sieht sich doch nicht Sachen an, von denen man weiß, dass die Menschen gefoltert und gemordet werden, nicht. Das ist ja kein Schauspiel.«

Horst hätte die Dokumente damals, im Jahr 2007, vernichten können, als er sie zum ersten Mal sah, aber er tat es nicht.

Er hätte die Dokumente bei sich behalten können, aber er entschied sich, sie seinem Neffen Otto zugänglich zu machen und dann mir, wenngleich möglicherweise durch Unachtsamkeit.

In gewissem Sinne war Horst ein aufgeschlossener Mensch, und dafür zahlte er einen Preis. Ich schwieg, es gab nichts mehr zu sagen. Die Dokumente und Bänder sprachen für sich, damals und heute.

Horst wechselte zu einem anderen Thema: dem Weg, den wir gemeinsam zurückgelegt hatten. »Eine großartige Reise«, sagte er, eine, die er habe machen müssen, für die er dankbar sei. Sie habe ihm bei dem Schloss geholfen, ihm ermöglicht, offen auf andere zuzugehen, ehrlich zu sein.

»Zu denen, die kommen und sagen: ›Oh, Sie waren der Nazi-Junge und Sie schreiben darüber‹, aber sie machen mir keine Vorwürfe, sie sagen nicht, ich will Dinge verbergen …«

EPILOG

»Es gibt ein Verhalten, das französische Psychologen als *idée fixe* bezeichnen. Diese kann harmlos daherkommen, zumal die betreffende Person in jeder anderen Hinsicht oft vollkommen normal wirkt.«

Arthur Conan Doyle, *Das Abenteuer mit den sechs Napoleons*, 1903

Rom, 13. Juli 2019

Der Podcast wurde in dem Herbst gesendet, der auf den Besuch in Hagenberg folgte. Die zwei Episoden pro Woche im Lauf eines Monats riefen zahlreiche, gelegentlich unerwartete Reaktionen hervor.

Eine frühere Sprachschülerin, die in den 1960er Jahren im Haus Wartenberg untergebracht war, schrieb aus Oregon über ihre Erinnerungen an »die Baroness«. Streng und unnachgiebig sei sie gewesen, erinnerte sie sich, eine Frau, die behauptete, eine gute Katholikin zu sein und nichts von irgendwelchen Nazis zu wissen. Ein anderer Besucher aus England, der in den frühen 1980er Jahren in Salzburg war und später Drehbuchautor wurde, schrieb ein Theaterstück über »Tante Lotte«. Er gab ihm den Titel *Unrepentant* (»Reuelos«).

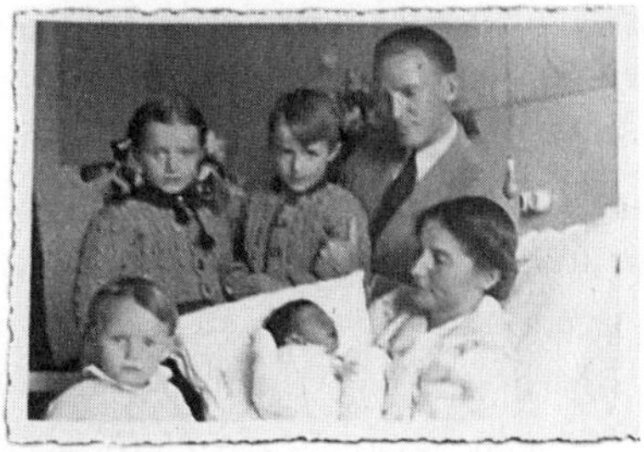

Peter Scharkow, der Sohn von Charlottes Haushälterin in Krakau, der ein paar Jahre älter war als Horst, sandte eine Erinnerung daran, wie Otto jeden Abend von der Arbeit nach Hause kam. Der kleine Junge stand gern bei den Wachposten und schlug im Einklang mit ihnen die Hacken zusammen. Er legte ein Foto bei, Charlotte, Otto und die Geschwister mit dem neugeborenen Horst.

Der Enkel eines britischen Soldaten schickte Auszüge aus einem Tagebuch, zusammen mit einem Foto, das auf der Rückseite beschriftet war. »Leiche eines SS-Generals, der Selbstmord beging«, stand dort, und die Aufnahme zeigte Odilo Globocnik auf dem Boden liegen und mit einem Bettlaken bedeckt. Die Regimentsakte des Großvaters erklärte, dass er »sich mit Blausäure vergiftete, als er die 150 Meter zwischen dem Schloss [Paternion] und dem Gefängnis zu Fuß zurücklegte«.

Eine Frau schrieb über die Rückkehr ihres Vaters nach Hannover, 25 Jahre nachdem er 1934 geflohen war. Er erinnerte sich an den Blick von seiner Schule auf eine große Reklametafel an der Giebelwand eines Hauses und war überrascht, dass die Tafel bei seiner Rückkehr immer noch da war: »Persil bleibt Persil«. »Sie jagte mir einen Schrecken ein, und wir verließen Hannover unverzüglich.«

Ottos falsche Identität löste einen regen Schriftverkehr aus. Warum nicht das Rote Kreuz kontaktieren, um zu sehen, ob Alfred (oder Alfredo) Reinhardt mit Dokumenten versehen worden war? Ich tat es und erfuhr, dass er tatsächlich ein Dokument erhielt, und zwar einen Reisepass des Roten Kreuzes, ausgestellt 1947. Er wies dasselbe Geburtsdatum auf, verzeichnete denselben Familienstand und trug dieselbe Unterschrift wie der Ausweis, den Otto in Rom benutzte. Dr. Reinhardt, so erfuhr ich, war 1932 in Wien Mitglied der Nazi-Partei geworden und floh nach dem Juliputsch nach München. Er wurde Ingenieur und war als Bauleiter am Bau des Kehlsteinhauses (von einem französischen Zeitgenossen »Adlernest« genannt) beteiligt, das oberhalb von Berchtesgaden liegt, in der Nähe von Hitlers Rückzugsort auf dem Obersalzberg; dort fungierte der echte Reinhardt als »Verwaltungsführer« Martin Bormanns. Im Jahr 1947 floh er nach Salta in Argentinien, wo er bis zu seinem Tod 1998 lebte.

Mehrere Ärzte schrieben und äußerten sich zu Ottos Todesursache. Vielleicht Paraquat, ein Herbizid?, meinte einer. Nein, da es andere Symptome hervorruft und bis lange nach Ottos Tod nicht allgemein erhältlich war. Ein anderer schlug vor, Ottos Symptome könnten durch *Amanita phalloides* verursacht worden sein, den grünen Knollenblätterpilz, der in Italien weit verbreitet ist. Ich kontaktierte einen Experten in Deutschland, der mir erklärte, dass eine *Amanita*-Vergiftung kein frühes Fieber verursacht. »Die letzte Erkrankung von Wächter war mit Sicherheit eine Infektion«, führte er aus und bestätigte Professor Pinzanis Einschätzung, dass es sich um Leptospirose handelte und dass der Tod »qualvoll« gewesen sein dürfte. Ihm war es wichtig, eine persönliche Bemerkung anzufügen: »Ich habe nie verstanden, warum Priester im Vatikan diese Personen versteckten.«

Tom Lucid schrieb aus Albuquerque – »Ich habe an meinen Halbbruder gedacht« – und erkundigte sich nach der Gesundheit von Viktor Williams. Er hoffte nach wie vor, sie könnten noch Kontakt haben, und wollte wissen, ob ich ein Foto von Charlotte von Heyking, Viktors Mutter, hätte.

Horst wartete bis zur sechsten Podcast-Episode, ehe er Kontakt aufnahm. Er beklagte sich, dass Ottos Charakter falsch dargestellt werde, dass sein Vater »nicht darauf brannte, Polen und Juden zu töten«. Nach der letzten Sendung schrieb er noch einmal, zuversichtlich, aber keineswegs erfreut. Die Serie spiegele die Vorurteile anderer wider und versäume es, die Realität der doppelten Verwaltung im deutsch besetzten Polen anzuerkennen: der von Otto human geführten Zivilverwaltung und der von anderen geführten mörderischen SS-Verwaltung. Dennoch, stimmte er zu, wäre es gut, ein abschließendes Gespräch zu führen, um ein paar offene Fragen zu klären. Das schien mir sinnvoll, da ich neues Material hatte, das ich ihm nicht vorenthalten wollte.

Als der Frühling zum Sommer wurde, fuhr ich wieder nach Hagenberg. Es war der achte Besuch, und er fand ein paar Wochen nach Horsts 80. Geburtstag statt. Auf der neuen Website des Schlosses wurden geführte Besichtigungen angeboten, potenzielle Besucher zugleich darauf hingewiesen, dass »Wissen um die Mythologie der Antike erwünscht« sei. Horst und sein Neffe Dario boten Kost und Logis an und das Badezimmer, das mit dem alten Persil-Werbeschild aus Emaille.

Wie immer unterhielten wir uns in Horsts Zimmer in der ersten Etage. Das Porträt von Josef hing über dem Bett in der Nähe der anderen Fotografien: Otto in SS-Uniform, neben ihm in den Rahmen gesteckt Pate Seyß-Inquart, das traurige Porträt von Charlotte. Es hatte sich wenig verändert, obgleich mir auffiel, dass die Stiche von Krakau nicht mehr da waren. »Ich habe alles zurückgegeben«, sagte Horst.

Die Zeiten waren nicht einfach. Seine Schwägerin, die Witwe seines Bruders Otto, war vor kurzem gestorben. In ihrer Wohnung hatte sie ein zerfetztes Exemplar eines Interviews aufgehoben, das ich nicht lange zuvor einer österreichischen Zeitung gegeben hatte. Horst hätte nicht mit mir sprechen sollen, sagte ihm ein Neffe. Er sei »ein Sargnagler«. Auf der Beerdigung empfing man Horst kühl, aber er wahrte eine entschiedene Haltung. »Man kann Dinge nicht verbergen, sie haben ihren eigenen Rhythmus, sie kommen raus.«

Er bedauerte unsere Meinungsverschiedenheiten, was die Deutung der historischen Ereignisse und Personen betraf, aber nicht unsere gemeinsame Beschäftigung damit. »Ich habe so viel von Ihnen bekommen, was die Wichtigkeit der Geschichte meiner Eltern bestätigt.« Seine Ansichten hatten sich nicht geändert, meine ebenso wenig. Wenn überhaupt, waren seine noch entschiedener geworden. Otto sei nicht Teil des Nazi-Brutalismus gewesen, behauptete er weiterhin beharrlich. Er wolle sich auf das Schloss konzentrieren, ein Projekt, »praktisch von meinem Vater gesponsert«, dessen Nachfolge er angetreten habe, indem er »etwas Positives« tue.

Ich brachte einige Fotografien mit nach Hagenberg, Bilder, die in Charlottes Nachlass nicht vorhanden waren. »Ich bin mir sicher, sie hat einige Briefe beseitigt, vielleicht also auch ein paar Fotografien«, sagte Horst. Es hätte früher ein Foto gegeben von Horst Stützen, dem jungen Soldaten, der sich in sie verliebte, aber es sei weg. Auffällig war das Fehlen von Fotos mit Hitler, da sie einander mehrere Male begegnet waren. »Er hatte keinen direkten Zugang zu Hitler, er stand ihm nicht nahe«, sagte Horst, obwohl er sich an ein Foto aus der Frühzeit erinnerte, das ebenfalls nicht mehr vorhanden war.

Ich zeigte ihm das große Foto, das Heinrich Hoffmann 1931 gemacht hatte: die Gruppe in der Reichsführerschule. Horst sah es sich genau an, interessiert, und entdeckte schnell seinen Vater. »Dieses Foto habe ich noch nie gesehen«, sagte er ein wenig schwermütig. Das zweite Foto wurde drei Jahre später aufgenommen, ebenfalls in Deutschland, kurz vor dem Juliputsch, jemand steht zwischen Frauenfeld und Hitler. »Er könnte es sein, aber ich glaube nicht«, seufzte Horst.

Ob er Fotos von den Exekutionen in Bochnia sehen wolle? Nach einer langwierigen Suche hatte ich, erklärte ich ihm, am Ende einen

Satz in einem Warschauer Archiv gefunden, aber die Bilder seien erschütternd. Ja, antwortete er, er wolle sie sehen. Ich zeigte ihm drei. Auf dem ersten war eine Reihe junger Männer auf einem Acker zu sehen, die Angst tief in ihre Gesichter eingegraben. Ausgewählt, weil sie Polen waren und zufällig in Bochnia, stehen sie mit den Händen über dem Kopf, vor dem Gesicht oder hinter dem Rücken da. Ein paar weinen, einer ist zusammengebrochen und liegt im Schnee.

Ein zweites Foto hielt den Augenblick des Todes fest, ein Bild von Soldaten, Gewehren und Pulverdampf. Einige Opfer liegen bereits auf dem Boden, andere wenden ihren Henkern den Rücken zu, die Köpfe gebeugt. Soldaten sehen zu, und im Hintergrund beobachtet eine Reihe von Offizieren in langen Mänteln das Geschehen, die Koppelschlösser glänzen in dem vom Schnee reflektierten Licht. Ein Offizier ganz links trägt einen schwarzen Mantel.

»Ich glaube, das ist Otto«, sagte ich.

Nach den Tötungen stehen Offiziere in Schirmmützen herum. Einer trägt einen pelzgefütterten schwarzen Mantel, ein anderer hält eine Zigarettenspitze, ein dritter blickt beklommen, neugierig oder besorgt in die Kamera. Otto steht in der Mitte, ein Führer, der keine Regung

zeigt, die Arme locker hinter dem Rücken, die Beine leicht auseinander, entschlossenes Gesicht, ein Abbild von Autorität. »Ich muss morgen wieder 50 Polen erschießen lassen«, schrieb er Charlotte. Hier stand er, in einem knöchellangen schwarzen Ledermantel, auf dem sich der Länge nach ein Lichtreflex abzeichnet, mit markantem Koppelschloss, nach getaner Arbeit.

Horst schwieg. Eine Zeitlang schien er sprachlos, dann redete er, leise. »Das ist auf jeden Fall ein SS-Mantel.« Schweigen. »Ja, er war anwesend.« Schweigen. »Seyß-Inquart muss auch dort gewesen sein.« Schweigen.

Ob das Bild irgendwelche besonderen Gefühle auslöste? »Ich würde sagen … meine Mutter sagte irgendwo, dass mein Vater sehr gegen Erschießen war … er war ganz und gar nicht einverstanden … er war sehr dagegen, Geiseln zu erschießen … ja, über dieses Erschießen wurde auch im Nürnberger Prozess gesprochen … und ich natürlich … als Gouverneur natürlich … ich glaube nicht, dass er sehr erfreut darüber war …«

Osman kam, um Horst die Haare zu schneiden. Während er kämmte und sich um die Spitzen kümmerte, sprachen wir über die Ursprünge des Antisemitismus seiner Eltern, die weitverzweigte Familie und seine Tochter Magdalena. »Meine Mutter hat sie geliebt«, sagte er, aber sein Verhältnis zu ihr war durch ihren Übertritt zum Islam und die Heirat mit Galib angespannt. Kürzlich hatte sie ein Ausmaß von Feindseligkeit gegen Otto an den Tag gelegt, das Horst Sorgen machte. »Es fehlt jeglicher Respekt, nach der ganzen Arbeit, die ich geleistet habe.«

Was Ottos Todesursache betraf, so war Horst nach wie vor überzeugt, dass Karl Hass ihn vergiftet hatte. Seine Worte erinnerten mich daran, ihm ein neues Dokument zu zeigen, eines, das erst nach der Ausstrahlung des Podcasts aufgetaucht war. Norman Goda hatte sich veranlasst gesehen, im US-Nationalarchiv in Washington D. C. noch einmal zu versuchen, die fehlende Wächter-Akte zu finden. Dabei stieß er zufällig auf ein einzelnes Dokument, eines, das bei früheren Nachforschungen übersehen worden war. Es wurde angefordert, übermittelt und an mich weitergeleitet. Es bedurfte keiner Erklärung, und Norman lieferte keine.

Das aus zwei Absätzen bestehende Schreiben war auf Briefpapier der 430. CIC-Abteilung getippt, unterschrieben von Thomas Lucid, und darauf waren die Worte »Los Angeles« gestempelt. Die Betreffzeile lautete »ITALY – SS General WAECHTER«. Es war auf den 17. Mai 1949 datiert, also nur drei Wochen nach Ottos Ankunft in Rom verfasst worden.

Der Brief meldete etwas, das dem CIC von »Quelle 10/6369« zugespielt worden war. Damit war Hass gemeint, der die Informationen von »einem ziemlich hochrangigen Offiziellen des Vatikans« erhalten hatte, »der sich für deutsche Flüchtlinge interessiert, die sich in Italien aufhalten«. Gemeint war Bischof Hudal, der die Informationen »Ende April 1949« erhielt. Otto traf den Bischof, den »geistlichen Herrn«, am 30. April, erinnerte ich Horst.

Die Informationen, die Bischof Hudal an Karl Hass weitergab, wurden im zweiten Abschnitt des Briefes dargelegt:

> Ex-SS-General WAECHTER, ehemaliger Gouverneur von Polen (KRAKAU) während des Krieges, hält sich, wie verlautet, in Rom auf. WAECHTER besitzt einen Ausweis des Internationalen Komitees vom Roten Kreuz, der den Namen REINHARDT, Karl, trägt. WAECHTER alias REINHARDT hat angeblich einen italienischen Geheimdienstler kontaktiert und den Italienern seine Dienste angeboten. Wie verlautet, behauptete WAECHTER, dass er in den Gebirgsregionen Österreichs und Deutschlands Partisanengruppen aufgestellt hat, die in der Lage seien, zum gegebenen Zeitpunkt einen Guerillakrieg gegen kommunistische Truppen zu führen.

Horst ließ die Worte sacken. Er las den Brief ein zweites Mal. Das Schreiben bestätigte Jahre detektivischer Arbeit, die Verbindungen zwischen Hass, Lucid, Hudal und Wächter. Es ließ keinen Zweifel daran, dass Bischof Hudal die Nachricht von Ottos Ankunft sofort weitergegeben hatte, was bedeutete, dass die Amerikaner von dem Moment an, als Otto in Rom eintraf, von seiner Anwesenheit in der Stadt wussten. Sie kannten sogar seine falsche Identität, wussten, dass er den Namen Reinhardt benutzte. Der Brief machte deutlich, dass die Amerikaner fast drei Monate lang keine Schritte unternahmen, um einen Mann zu verhaften, der wegen Massenmords gesucht wurde. Er machte außerdem deutlich, dass Ottos Furcht vor den Amerikanern unangebracht war. Sie wussten, wo er war, die ganze Zeit.

Horst sagte nichts, reagierte nicht einmal auf die Behauptung, dass Otto angeboten hatte, mit den Italienern zusammenzuarbeiten. Er wollte einen Schlussstrich ziehen. »Mit Ihnen und meinem Vater ist alles mehr oder weniger abgeschlossen.« Das war alles, was von ihm kam, etwas unvermittelt. Er wollte sich nun ganz einem größeren Projekt widmen: der Restaurierung des Schlosses. Und er hoffte, ich könnte ihm dabei helfen.

Am nächsten Morgen frühstückten wir zeitig zusammen. Während ich mich zum Aufbruch bereit machte, bemerkte ich ein kleines Farbfoto, das neuerdings an einer Wand im Eingangsbereich des Schlosses hing. Es zeigte die sechs Kinder von Charlotte und Otto, aufgenommen in den 1970ern, wie sie in einer Reihe stehen. Linde, Heide, Horst, Traute, Lieselotte und Otto – von links nach rechts, von jung zu alt, lebende und gestorbene. Die sechs schenkten Charlotte und Otto 23 Enkelkinder, aber nur eines von ihnen schien wirklich in Kontakt mit mir stehen zu wollen. Das verschwieg ich Horst.

Ich sagte ihm, ich würde durch Österreich fahren, um den Spuren seiner Eltern zu folgen. Das stimmte. Ich sagte ihm nicht, dass ich die Reise in Begleitung von Magdalena, einem der Enkelkinder, und ihrem Mann unternehmen würde. Ich sagte nichts, weil sie diejenige sein wollte, die es ihrem Vater mitteilen würde, sobald sie bereit dazu war.

Die Reise mit Magdalena war die Folge des Podcasts, die ich am wenigsten erwartet hatte. Wir waren uns nur zweimal begegnet, das erste Mal im Purcell Room, fünf Jahre zuvor, und dann ein paar Monate später im Kunsthistorischen Museum in Wien, wo wir zusammen vor Bruegels *Der Kampf zwischen Karneval und Fasten* standen. Ein paar Stunden nachdem die abschließende Episode des Podcasts gesendet worden war, schrieb sie mir, zum ersten Mal, eine sorgfältig formulierte E-Mail. Die Betreffzeile lautete: »*Ratline*-Podcast und mein Vater Horst und meine Großeltern«.

»Ich schreibe Ihnen diese E-Mail im Vertrauen darauf, dass Sie sie gegenüber meinem Vater nicht erwähnen werden«, schrieb sie (später gab sie mir die Erlaubnis, die Mitteilung zu kopieren). Sie hatte vor kurzem geheiratet und versuchte, die Vergangenheit der Familie zu verstehen. Sie hatte eine Reihe unterschiedlicher Therapien ausprobiert, und einige hatten geholfen. »Ich bin zu dem Schluss gekommen, dass meinem Großvater und meiner Großmutter sehr bewusst war, was sie taten, und dass sie es irgendwie nie bedauert haben.«

»Für mich ist dieses Familienerbe eine Belastung gewesen, von der ich mich nun erst langsam erhole«, fuhr sie fort. »In dem Wissen, dass ich selbst nicht schuldig bin, aber trotzdem die Schuld der Familie empfinde, im Gegensatz zum Rest meiner Familie.« Sie hörte sich alle Episoden von *Ratline* an, genau wie es Horst tat. »Ich möchte Ihnen sagen, dass mir die Art, wie es gemacht ist, wirklich gefällt. Ich bin froh, dass Sie meinen Vater gerecht dargestellt haben.«

Noch am selben Tag telefonierten wir miteinander. Sie hoffte, die Materialien zu sehen, die in dem Podcast erwähnt werden, die Briefe und Bandaufnahmen – von deren Existenz sie nichts gewusst hatte –, und sagte, sie würde sich gerne mit mir treffen. Ein paar Wochen später kam es dazu; eine Verabredung in der Nähe der Hofburg, dem Sitz des Deutschen Klubs und Schauplatz des Juliputsches, wo Charlotte und Otto mit Hitler auf dem Heldenplatz gestanden hatten, wo Otto sein Büro gehabt hatte. Begleitet von ihrem Mann Galib stiegen wir in dem Gebäude die prachtvolle Marmortreppe hinab, an deren Fuß ihre Großeltern übereinkamen, dass Otto die Stelle des Staatssekretärs annehmen und in die neue Nazi-Regierung eintreten sollte. Es war ein Schlüsselmoment, eine Entscheidung, die das Leben von Otto und Charlotte und das ihrer Kinder und Enkelkinder veränderte. Ein kurzer und entscheidender Moment mit einem dauerhaften und schwierigen Vermächtnis.

Wir fuhren zusammen zu dem Haus, das Charlotte auf einer Anhöhe in Klosterneuburg-Weidling, am Stadtrand von Wien, gekauft hatte. Es befand sich in einem verwahrlosten Zustand, aber wir genossen die Aussicht und bestaunten die vielen Tapeten, die so alt und ausgeblichen waren, dass Charlotte sie geklebt haben könnte. An der Villa Mendl spähten wir über die Mauer in den großen Park. Magdalena erzählte mir, dass es nicht ganz stimme, dass Horst alles zurückgegeben habe; er besitze immer noch ein Porzellanservice aus der Villa, eines, das Charlotte behalten hatte. Ich schlug Horst später vor, es zurückzugeben, und er versprach, er würde es tun, falls er die Erben fände, was mir gelang.

Sechs Monate nach dem Besuch, der uns zur Villa Mendl geführt hatte, verließ ich Horst und das Schloss, um mich ein zweites Mal mit Magdalena zu treffen, diesmal in der Gemeinde Mariapfarr im bergigen Salzburger Lungau. Hier hatte Otto Buko getroffen. Ich fuhr vorbei an Ausschilderungen nach Mürzzuschlag und Orten mit vertrauten Namen, wie Raingut, Wagrain, Flachau und Mallnitz, wo Charlotte, beladen mit Vorräten, sich heimlich mit Otto getroffen hatte. Magdalena und Galib erwarteten mich draußen vor der großen Holztür der alten Kirche. Wir bewunderten ein Fresko aus dem 17. Jahrhundert, erfuhren, dass »Stille Nacht, heilige Nacht« hier komponiert worden war, und standen respektvoll vor einem Ehrenmal für die Toten aus zwei Kriegen, welches die von der Gestapo gegen Einheimische begangenen Gräueltaten mit keinem Wort erwähnte. Beim Mittagessen erinnerte mich Magdalena daran, dass sie nicht nur Österreicherin, sondern auch Neuseeländerin sei, weil sie dort geboren wurde, als Hun-

dertwassers Boot, die *Regentag*, dort auf Besuch war. »Der Künstler war mein Patenonkel«, erzählte sie mir, und sie äußerte ihre Bewunderung für Neuseelands Premierministerin, für die Worte und Taten, die sie einem vor kurzem verübten Anschlag folgen ließ, dem in einer Moschee in Christchurch 50 Gläubige zum Opfer gefallen waren.

Wir fuhren das Tal entlang auf die Hohen Tauern zu, wo Otto und Buko drei Jahre lang gewandert waren. Wir kamen durch St. Johann in Pongau, wo ihre Großeltern wieder vereint gewesen waren, dann durch Bad Gastein mit seinen schicken Hotels und liefen bergan zu der Stelle, wo Charlotte jedes Mal ihre lange Wanderung den Berg hinauf zur Hagener Hütte begonnen hatte. Während wir dem Weg folgten, zog Magdalena gelegentlich Blicke von Vorübergehenden auf sich. »Das Leben als Muslima in Österreich«, sagte sie, eine Anspielung auf ihr Kopftuch. »Können Sie sich vorstellen, was meine Großeltern denken würden?«

Mit dem Auto brauchte man von dort etwas mehr als eine Stunde bis nach Thumersbach, zu dem Haus, in dessen Besitz die Wächters im April 1940 kamen, nachdem es mit Hilfe von Ernst Kaltenbrunner von dem Landeshauptmann Rehrl beschlagnahmt worden war. Das Haus war nicht groß, aber man hatte von dort eine schöne Aussicht auf den Zeller See. Als wir dort standen und einen geschnitzten hölzernen Christus mit dem Datum 1931 bewunderten, kam ein Nachbar auf uns zu. »Mein Großvater war ein Nazi, und er übernahm das Haus während des Krieges«, erzählte Magdalena ihm. Ihre Freimütigkeit überraschte ihn. Das Haus gehöre noch immer der Familie Rehrl, erzählte er uns und fügte hinzu, dass er nichts von einem Wächter-Zwischenspiel wisse.

Wir machten am Schloss Prielau halt, das Josef Wächter nach dem Ersten Weltkrieg kaufen wollte. Heute ist es ein Luxushotel und Restaurant im Besitz der Familie Porsche mit einer Website, die seine Geschichte erläutert, aber unerwähnt lässt, dass ein früherer Besitzer der Bildhauer Josef Thorak war, in dessen Begleitung Charlotte einmal ein nahe gelegenes Vogelschutzgebiet besuchte.

In Zell am See verbrachten wir eine Nacht in einem Hotel auf halbem Weg zur Schmittenhöhe, in der Nähe der Seilbahnstation und des

Hauses, in dem die Familie im Anschluss an Thumersbach gewohnt hatte, das aber vor langer Zeit abgerissen worden war. Beim Abendessen unterhielten wir uns mit zwei Paaren am Nachbartisch, Besuchern aus Israel, die mehr als verwundert waren, eine österreichische Muslima zu treffen, die ihnen erzählte, ihr Großvater habe das Krakauer Ghetto errichtet.

Am nächsten Morgen fuhren wir nach Fieberbrunn, eine weitere Autostunde entfernt. Wir besuchten Charlottes Haus auf dem Berg, das ebenfalls eine schöne Aussicht bot, und standen unter dem Balkon vor ihrem Zimmer. Wir sahen ihre in das Holz geritzten Initialen *CHvW*. Magdalena erzählte mir von ihrem Entschluss zu konvertieren, ein Akt der Flucht aus der engen Umklammerung einer »sehr katholischen Familie«. Wir versuchten uns den Moment im Januar 1974 vorzustellen, als Ottos sterbliche Überreste von diesem Haus mit seinen wundervollen Aussichten fortgebracht wurden zu dem nahe gelegenen Friedhof von Fieberbrunn, den wir später besuchten. Dort standen wir schweigend vor Ottos fünfter und letzter Ruhestätte. »Freiherr Otto und Freifrau Charlotte«, lasen wir auf dem Grabstein.

Unser letzter Halt war Salzburg. In der Riedenburger Straße bestaunte ich das Schild für »Haus Wartenberg«, 1686–1954« informierte es uns. Die Website beschrieb das Haus, heute ein überladenes Hotel, als »unkonventionell traditionell«, was angebracht zu sein schien. Ich ging allein hinein, sah keine Gäste, bloß einen jungen Mann in Socken, ein Angestellter, der mir eine Visitenkarte überreichte. Als ich beim Hinausgehen durch den Garten kam, den einst Tante Lottes Schüler bevölkert hatten, fragte ich mich, wo sie die sterblichen Überreste ihres Mannes untergebracht hatte, nachdem sie sie verbotenerweise vom Friedhof Campo Verano hierhergeschafft hatte.

In der Anton-Hall-Straße, Charlottes erstem Wohnsitz in der Stadt, erhob sich dort, wo mit der Hausnummer 2 die »Hütte« gestanden hatte, ein modernes zweistöckiges Gebäude aus der Mitte des 20. Jahrhunderts mit einem abgerundeten Balkon und weißen Rosen. Hier erzählte Magdalena mir von einem Familienmitglied, einem Psychoanalytiker und Neurologen, der sie und Jacqueline und drei der Wächter-Töchter behandelt hatte. Später, als ich auf Magdalenas Vorschlag hin mit ihm sprach, meinte er, dass Charlotte eine bipolare Störung gehabt haben könnte. Es sei, fügte er hinzu, ein Leiden, von dem man annehme, dass es eine genetische Komponente habe, eine, die über Generationen weitergegeben werden konnte.

Im Zentrum Salzburgs schoben sich Touristen in Erwartung einer Vorstellung des Rodgers-und-Hammerstein-Musicals *The Sound of Music* in Richtung Landestheater. Wir aßen in der Nähe in einem italienischen Restaurant. Draußen sitzend sprachen wir über Familie und Vermächtnis, Erinnerung und Schweigen und darüber, wie anständige Leute aus guter Familie und mit ausgezeichneter Erziehung in schreckliche Dinge verwickelt werden oder die Augen davor verschließen konnten. »Alle Cousins sind von der Geschichte unserer Großeltern betroffen«, sagte Magdalena. Ich erwähnte ein Gespräch mit der Ehefrau eines der Cousins einige Jahre zuvor, die zufällig eine Studentin von mir gewesen war. Sie wählte einen Moment, als ihr Mann nicht anwesend war, um eine Frage zu stellen: Könnte ich dafür sorgen, dass der Dokumentarfilm niemals in Österreich gezeigt wird? Ich äußerte Befremden. »Um unser Kind zu schützen«, erklärte sie.

Magdalena erkundigte sich nach dem Buch, an dem ich schrieb, und den Fotos, die ich vielleicht verwenden würde. Könnte sie sie sehen? Natürlich, aber ich wies darauf hin, dass manche möglicherweise verstörend sein könnten. Ja, sie wollte die drei in Bochnia aufgenommenen Fotos sehen, die, die ich Horst gezeigt hatte. Wir konzentrierten uns auf die Gesichter der Opfer, junge Männer in einer Reihe, manche noch halbe Kinder. Das Bild sorgte für einen Schock und eine starke Reaktion, eine von beträchtlicher Heftigkeit für eine Person von so sanfter Sinnesart.

Als wir uns trennten, waren wir uns einig, dass die Reise für uns beide bedeutsam gewesen war. Magdalena und Galib kehrten nach Wien zurück. Ich verbrachte eine Nacht in Salzburg, nachdem ich das Haus von Stefan Zweig besichtigt hatte, in der Nähe des Bekleidungsgeschäfts Lanz, das noch immer die von Otto bevorzugten Leinenhemden verkauft.

Am nächsten Morgen schloss sich mir meine Tochter an, gemeinsam wollten wir zu Fuß die Berge überqueren, entlang des Weges, den Otto vielleicht genommen hatte. In Berchtesgaden legten wir eine Pause ein, um Alfred Reinhardts Ingenieurskunst zu bestaunen: einen Aufzug auf den Gipfel des Berges und das »Adlernest«. »Warum hätte Wächter die Identität von jemandem annehmen sollen, der nach Argentinien geflohen war?«, fragte meine Tochter. Ich hatte keine Antwort. Hitlers Rückzugsort war jetzt eine Touristenattraktion, und kaum noch etwas erinnerte an eine dunkle Vergangenheit, was sie überraschte.

Am nächsten Morgen machten wir uns früh auf zum Ötztal, vorbei an den »funkelnden Lichtern« von Söldern, dem Letzten, was Otto von Österreich sah, und erreichten das Bergsteigerdorf Vent. Eine Dame in der Touristeninformation versicherte uns, dass der Wanderweg über die Berge offen und leicht gangbar sei, was sich als optimistische Einschätzung herausstellte. Die erste Etappe ging über acht Kilometer, ein Flusstal entlang, das mit rot-weißen Wegmarkierungen versehen war, aufwärts vorbei an Wasserfällen und Ziegen und einem steinernen Unterstand, wo jemand seine Initialen und das Jahr, *1949*, eingeritzt hatte. Die Martin-Busch-Hütte auf 2500 Metern lud zu einem ersten Halt mit Holunderblütensaft und Nudeln ein.

Die zweite Etappe war nur vier Kilometer lang, führte aber auf eine Höhe von 3000 Metern. Nach heftigen Schneefällen im April und dem kältesten Mai seit Jahren wanderten wir plötzlich knietief in Schnee. Es war so schweißtreibend, dass wir uns einen kleinen Umweg zu der Stelle sparten, wo ein Gletscherrückgang die mumifizierten Überreste eines Mannes freigegeben hatte, der vor fünftausend Jahren gestorben war. Es ging steil bergan, und der Schnee war so tief, dass ich zeitweilig alle hundert Meter stehen blieb, vorneweg meine Tochter, deren Entschlossenheit und Kraft mich weitermarschieren ließen. Die Idee einer solchen Überquerung im Februar, wie Otto es getan hatte, auf Skiern und nachts, schien unmöglich.

Auf dem Gipfel, der Similaunhütte am Niederjoch, blickten wir zurück auf Österreich und in die entgegengesetzte Richtung nach Italien. Beim Abstieg wich der Schnee nacktem Gestein, dann einem Pfad und Viehweiden und einem von Quellwasser angeschwollenen kleinen Fluss. Einmal mehr war es meine Tochter, die dafür sorgte, dass wir den Weg nicht verloren und einen Übergang fanden. Erschöpft erreichten wir die Gemeinde Vernagt (Vernago). Mehrere Nachrichten erwarteten uns.

Eine war von Horst. Die Fotografien von Bochnia böten keine Beweise gegen seinen Vater, wollte er mir mitteilen. Er schickte ein Foto von dem Porzellanservice aus der Villa Mendl. Er hätte einmal versucht, es zurückzugeben, erklärte er, aber die jetzt dort wohnten, wollten nichts mit ihm zu tun haben.

Es gab auch eine Nachricht von einem spanischen Freund, einem Autor von »Nonfiction-Romanen«, wie er sie nennt, die ich sehr schätze und bewundere. Reist weiter nach Rom, drängte er, da er den Zugang zur Sala Baglivi arrangiert hatte, den Raum im Hospital Santo Spirito, in dem Otto starb und zu dem ich bislang noch keinen Zutritt erlangt hatte.

Am nächsten Tag begaben meine Tochter und ich uns nach Bozen. Bahnhof und Uhrenturm sahen noch genau so aus wie damals, als Charlotte und Otto sich hier trennten, am Ende des langen Bahnsteigs. Meine Tochter stieg in Verona aus; ich fuhr weiter bis zum Bahnhof Roma Termini und verbrachte ein paar Tage in Rom und am Albaner See.

In Poggi d'Oro konnte ich auch diesmal die Villa Emma nicht finden.

Im Vatikan besuchte ich das Geheimarchiv* und sah die gesperrten Dokumente des Pontifikats von Papst Pius XII., die noch nicht öffentlich zugänglich waren. Später stand ich auf dem Campo Santo Teutonico vor dem eindrucksvollen Grabmal von Bischof Hudal, in den Stein gemeißelt die Worte »Der Friede sei mit Dir«.

In Feld 38 des Friedhofs Campo Verano gelang es mir endlich, die Stelle von Ottos erstem Begräbnis zu lokalisieren. Ich ließ ein paar von seinen Dokumenten und Fotos auf dem Rechteck, dann sah ich zu, wie sie langsam fortgeweht wurden.

* Seit Oktober 2019 Vatikanisches Apostolisches Archiv (AAV). [Anm. d. Übers.]

In der Engelsburg, an einer Biegung des Tiber, sah ich mir die Ansichtskarte an, die Charlotte Otto 1929 aus Rom geschickt hatte, nur ein paar Tage, nachdem sie sich kennengelernt hatten. Kurioserweise zeigte sie den Ort seines Todes, zwei Jahrzehnte später.

Mein Freund, der spanische Autor, wollte mich zum Hospital Santo Spirito begleiten. Wieso ihn das interessiere, fragte ich ihn, als wir im Vatikan inmitten einer pulsierenden Besucherschar saßen. »Es ist wichtiger, den Schlächter zu verstehen als das Opfer.« Das waren seine Worte, ein schöner Satz, und einer, der wahr zu sein schien.

Das Hospital lag nur ein kurzes Stück entfernt. Wir liefen in der Hitze durch enge Gassen bis zur Via dei Penitenzieri und standen vor dem Haupttor von Santo Spirito. Drinnen empfing uns eine Kunsthistorikerin, die in der Krankenhausbibliothek arbeitete. Sie führte uns zur Sala Baglivi, deren eindrucksvolle Weiträumigkeit unsere kühnsten Vorstellungen übertraf: ein gewaltiger, auffallend leerer Raum in den letzten Phasen der Restaurierung. Von dort, wo wir standen, zwischen der Sala Baglivi und einem weiteren Raum, brauchte es einen Moment, um zu erkennen, dass die in den 1950er Jahren aufgenommene Fotografie, die, mit der dieses Buch beginnt, nicht die Sala Baglivi zeigt, wie ich irrtümlich geglaubt hatte, sondern den ihr nächstgelegenen Raum, die Sala Lancisi.

Hier, in der Mitte dieses imposanten Renaissance-Raumes, in der Nähe der kleinen Kapelle mit dem Altar von Palladio, war es möglich, sich den Patienten in Bett neun vorzustellen, einen Mann, der glaubte, gejagt zu werden, der aber, wie sich herausstellte, nicht ganz so gejagt wurde, wie er dachte. Wir starrten die Dinge an, die Otto in den letzten Tagen seines Lebens umgaben: die roten Ziegel des Fußbodens, die gitterartige, auf Querbalken ruhende Holzdecke, die päpstlichen Inschriften, die Fenster und viele Türen, das Licht und die Schatten.

Von weitem fiel mir eine Reihe verblichener Fresken auf, hoch über einer verschlossenen hölzernen Tür, gemalt auf die Mauer, die zwischen der Sala Baglivi und den Wassern des Tiber stand. Sie stammten aus dem 15. Jahrhundert und erzählten eine Geschichte über die Ursprünge des Hospitals drei Jahrhunderte zuvor als Findelhaus. Die Fresken überraschten uns mit ihren Darstellungen von Gewalt und Blutvergießen. Eine Szene zeigte die Tötung eines Kindes. Zu der Tafel hatten einst Zeilen aus der Bibel gehört, ein Vers aus Jesaja, aber sie waren lange vor Ottos Ankunft übermalt worden. Er hatte die Darstellung gesehen, aber nicht die Worte.

> Denn siehe, ich will die Meder gegen sie erwecken, die nicht Silber suchen oder nach Gold fragen, sondern die Jünglinge mit Bogen erschießen und sich der Frucht des Leibes nicht erbarmen und die Kinder nicht schonen.

Im Norden war ein Kind in seine Wohnung in Wien zurückgekehrt, nach unserer Reise durch Österreich. Es wählte diesen Moment, um ein paar eigene Worte zu formulieren und sie auf seine Social-Media-Seite zu stellen. Als sein Vater die Worte sah, bat er darum, sie zu entfernen. Das Kind sagte ihm, es könne seinem Wunsch nicht entsprechen.

Magdalena hatte geschrieben: »Mein Großvater war ein Massenmörder.«

ANHANG

Dank

Dieses Buch ist das Ergebnis einer gemeinsamen Anstrengung. Im Lauf der vergangenen acht Jahre hatte ich das Glück, mit vielen bemerkenswerten Einzelpersonen und Institutionen zusammenzuarbeiten, und ihnen allen bin ich zu Dank verpflichtet. In einigen Fällen war die Hilfe bedeutsam und erstreckte sich über einen längeren Zeitraum; in anderen war der Beitrag informell oder begrenzt, er berührte eine Erinnerung oder, in einem Fall, ein einziges Wort. Allen spreche ich hier meinen Dank aus, mit dem Vorbehalt, dass für Fehler, Irrtümer oder Auslassungen, die sich in den Text eingeschlichen haben, ich allein verantwortlich bin.

Ich hätte diese Reise nicht ohne die langjährige aktive und engagierte Unterstützung Horst von Wächters unternehmen können, dem ich meinen besonderen Dank ausspreche. Wir sind nicht immer einer Meinung gewesen, und was die Interpretation der Fakten betrifft, differieren wir erheblich, aber Horst war zu jeder Zeit in einer Weise offen und transparent, wie man sie selten findet. Danken möchte ich auch Jacqueline, seiner verstorbenen Frau, sowie ihrer gemeinsamen Tochter Magdalena – ein Mensch von inspirierender Courage und Standhaftigkeit – und ihrem großzügigen und klugen Ehemann Gernot Galib Stanfel. Osman Turan (Friseur und Leibwächter) und Neffe Dario haben ebenfalls geholfen – mit Zeit, Verpflegung und sonstigem Rat. Andere Mitglieder der Familie Wächter, mit denen ich in Kontakt stehe oder stand, haben wertvolle Einsichten beigesteuert, und egal welche Meinungsverschiedenheiten wir möglicherweise hinsichtlich der Verdienste eines Werkes wie des vorliegenden haben, das die Vergangenheit erhellt, akzeptiere und respektiere ich ihre Sichtweisen und

Integrität vorbehaltlos. Meinem lieben Freund Niklas Frank, der den Stein unabsichtlich ins Rollen brachte, als er mich gegenüber Horst erwähnte, und der wunderbaren Hannelore und der außergewöhnlichen Franziska spreche ich meine Anerkennung aus.

Insgesamt angestoßen wurde das Projekt durch Gespräche mit Liz Jobey, meiner Redakteurin und Freundin, die früher bei der *Financial Times* war und das anfängliche Porträt von Horst in Auftrag gab, unterstützt von Caroline Daniel. Bei dieser ersten Reise und auch später profitierte ich sehr von dem guten Auge Jill Edelsteins und dem Scharfsinn Cullen Murphys, heute bei *The Atlantic*.

Die Reise folgte einem merkwürdigen und gewundenen Pfad. Unverhoffte Ideen ergaben sich aus dem Dokumentarfilm *A Nazi Legacy* und den Sichtweisen von David Evans, Amanda Posey, Finola Dwyer, Nick Fraser und David Charap. Der *Ratline*-Podcast erbrachte dann neues Material, und mein Dank geht hier an Hugh Levinson und Mohit Bakaya bei der BBC, an die brillante Produzentin Gemma Newby, an Joel Lovell, Stephen Fry und Laura Linney und an Sandrine Treiner (France Culture) sowie an Catrin Finch, Seckou Keita und Tamsin Davies für eine Musik, welche die Vorstellungskraft beflügelt.

Auf der akademischen Seite bin ich der großartigen und schmerzlich vermissten Lisa Jardine, meiner Kollegin an der UCL, zu tiefem Dank verpflichtet und ebenso ihrem Partner John Hare für seine aktive Unterstützung. Außerordentlich profitiert habe ich von der Arbeit zweier gewissenhafter und wahrlich herausragender Forscher, Dr. James Everest und Lea Main-Klingst, meiner Kanzleiassistentin; beide koordinierten die gewaltige Anstrengung, die historischen Dokumente zu transkribieren, zu interpretieren, zu übersetzen und zu verstehen, und sie taten es mit Humor, Klugheit und bemerkenswerter Professionalität.

Unterstützt wurden wir von einer fabelhaften Gruppe engagierter Forschungsassistenten, größtenteils von der UCL: Felicitas Benziger, Grega Grobovsek, Hannes Joebstl, Benedikt Lucas, Julia Radaszkiewicz, Beatrice Russo, Riccardo Savona Siemens, Bastian Steuwer sowie Veren Yildiz und Rebecca Leinen (Oxford). Meine Kollegen am University College London – an der Spitze meine momentanen und ehemaligen Dekane, die Professoren Piet Eekhout und Hazel Genn, und der Forschungsleiter Professor Richard Moorhead – nebst Luis Monteros Vivoya und meinen Völkerrechts-Kollegen waren unermüdlich in ihrer Unterstützung für ein Projekt, von dem man meinen könnte, es sei ungewöhnlich für eine juristische Fakultät.

In dieser Zeit bin ich vielen bemerkenswerten Menschen begegnet, die mir großzügig ihre Zeit und ihre Überlegungen schenkten und sich immer wieder zu dem Thema äußerten. Besonderen Dank schulde ich Professor Norman Goda (University of Florida), Professor David Kertzer (Brown University), Professor Massimo Pinzani (Royal Free) und Professor Gerald Steinacher (University of Nebraska). Bronisława (Niusia) Horowitz (Krakau) und ihrem Bruder Ryszard Horowitz verdanke ich Erlebnisse aus erster Hand, ebenso Michael Katz, Buko Rathmann und seiner Tochter, Herta Ettingshausen, Thomas Lucid junior und seinem Bruder Barney, David Cornwell, einem Freund in Rom, der anonym bleiben möchte, Dr. Johan Ickx (Anima-Institut), Dame Sue Black und Dr. Niamh Nic Daéid (University of Dundee), Pamela Putnam Smith, Friling Tuvia, Stefanie Waske und Marco Schrott sowie seinem Bruder Viktor Williams.

Profitiert habe ich von der großzügigen Unterstützung einer wunderbaren Gemeinschaft von Autoren, Wissenschaftlern, Bibliothekaren, Archivaren und Museumshütern auf der ganzen Welt. Besonders danken möchte ich Harald Stockhammer, einem wundervollen Anwalt und Historiker mit detektivischem Gespür in Innsbruck, der mich aus heiterem Himmel kontaktierte und niemals lockerließ, und in Rom war Mario Tedeschini-Lalli ein bemerkenswerter und großzügiger Kollege.

In Argentinien bot Uki Goñi Einblicke in den Endpunkt der Rattenlinie.

In Österreich kam Unterstützung von Simon Adler, Gerhard Baumgartner, meinem alten Freund von der Universität und aus *Cage aux Folles*-Zeiten in Cambridge, heute Leiter des Dokumentationsarchivs des österreichischen Widerstandes, René Bienert (Wiener Wiesenthal Institut für Holocaust-Studien, VWI), Barbara Habermann (Winter-

SportMuseum, Mürzzuschlag), Andreas Huber und Linda Erker (Universität Wien, zum Deutschen Klub), Ralph Janik (Universität Wien), Klaus Oblin (Bestatter), Dr. Astrid Reisinger Coracini (Universität Wien) und Kerstin von Lingen (Universität Wien).

In Frankreich bot Professor Astrid von Busekit, Kollegin und Meisterübersetzerin, seltene Einblicke.

In Deutschland Dr. Andreas Eichmüller (NS-Dokumentationszentrum, München), Hans Christian Jasch (Wannsee-Haus), Dieter Pohl und meine wunderbare frühere Lektorin Nina Sillem.

In Italien Manfredi Bettoni, Massimo Coccia, Gerardo José Fueyo Bros (Gesandtschaft Spaniens am Heiligen Stuhl) und seine Frau, Lutz Klinkhammer (Deutsches Historisches Institut in Rom), Ann Pichey, Mauro Canali, Sandro Portelli, Patrizia Ricci (Hospital Santo Spirito) und Bischof Paul Tighe.

In Polen Dr. Agnieszka Bieńczyk-Missala (Instytut Stosunków Międzynarodowych, Uniwersytet Warszawski), Diana Blonska (Nationalmuseum, Krakau), Bożena Krawczyk (Archiwum Warszawa), Olga Laskowska (IPN), Magdalena Ogorek, Źanna Słoniowska, mein alter Freund und Kollege Dr. Adam Redzik, Professor an der Warschauer Universität, und Jacek Soszynski, Institut für Wissenschaftsgeschichte der Polnischen Akademie der Wissenschaften Warschau.

Zu russischen Angelegenheiten Nanci Adler, Alla Shevelkina und Anton Weiss-Wendt vom Norwegischen Zentrum für die Erforschung des Holocaust und religiöser Minderheiten.

In der Ukraine meine lieben Freunde Sofia Dyak (Zentrum für Stadtgeschichte, Lwiw) und Ivan Horodyskyy (Ukrainische Katholische Universität).

In Großbritannien Keith Lowry zu Höttl, mein Schullehrer Laurence Impey und Eddie Reynolds zu Übersetzungen.

In den Vereinigten Staaten besonderer Dank an den Archivar Anatol Steck am United States Holocaust Memorial Museum und die Kollegen Alla Dvorkin und Alina Skibinska, die in einem polnischen Archiv seltene Dokumente fanden, Eli Rosenbaum und David Rich (US-Justizministerium), Eric van Slander (NARA).

Zu medizinischen Fragen Dr. Allister Vale (Sandwell and West Birmingham Hospitals NHS Trust), Dr. Colin Borland, Kevin Moore (UCL) und Professor Dr. Thomas Zilker (Technische Universität München).

In Bezug auf das Rote Kreuz Naomi Cremasco Rolnick, Deborah Mettraux und Fania Khan im Archiv des Internationalen Komitees vom Roten Kreuz (IKRK).

Dr. Jonathan Sklar bot Rat in psychoanalytischen Fragen an, Laurent Naouri in musikalischen Fragen, Vickie Taylor, Scott Edmonds (International Mapping) und Alex Tait (National Geographic) erstellten, fabelhaft wie immer, die Karten, Daniel Alexander bot mit gequältem Lächeln juristischen Rat an.

Unvermutete Briefschreiber warteten mit Erinnerungen an Haus Wartenberg und andere Dinge auf, zu ihnen zählen Mark Ballantyne, John Beddington, Deborah Michel, Peter, Melanie, Chris und Erin Westendorf und die Familie Scharkow, Sue Springer.

Eine Reihe von Freunden und Kollegen verdient besondere Erwähnung. Adriana Fabra, die liebste Freundin unserer Familie, schloss sich mir in Rom und Poggi d'Oro als eifrige Detektivin und Begleiterin an. Wir suchten und suchten dort und wurden manchmal fündig. Im tiefsten Devon entzifferte Louise Rands, mit der ich schon seit drei Jahrzehnten zusammenarbeite, meine Handschrift, tippte alles mit wissenschaftlicher Akribie und bot Hilfe an. Abigail Asher achtete auf Kleinigkeiten, besonders bei der italienischen Sprache.

Ich habe das Glück, ein wunderbares Team von Literaturagenten zu haben, angeführt in London von Georgia Garrett bei Rogers, Coleridge & White, die immer da ist und immer richtigliegt, mit den Kollegen Laurence Laluyaux und Stephen Edwards, und in New York Melanie Jackson, von himmlischer Geduld und mit scharfsinnigen Einsichten. Bei Casarotto ist Rachel Holroyd, unterstützt von Sophie-Marie Neal, unschlagbar, wenn es um Genauigkeit und Rat jeglicher Art geht.

Ich hatte bisher das Glück, mit den allerbesten Lektoren zusammenzuarbeiten: bei Weidenfeld & Nicolson steuerte Jenny Lord gründliche Überlegungen bei, wie man sie sich erträumt; bei Alfred Knopf machte

Victoria Wilson mit der gewohnten strategischen und wunderbaren Beratung und Anleitung dort weiter, wo sie bei *East West Street* (*Rückkehr nach Lemberg*) aufgehört hatte, wofür ich ihr ewig dankbar bin. Ich danke ebenso Helene Monsacre in Frankreich (Albin Michel), Silvia Sese und Jane Pilgrem in Spanien (Anagrama), Tanja Hommen in Deutschland (S. Fischer) und Luigi Brioschi in Italien (Guanda).

Nicht zuletzt gilt mein Dank meiner ganzen Familie für ihre Unterstützung und Ermunterung, vor allem meinem lieben Bruder Marc, der beste Bruder, den man sich vorstellen kann, Tante Annie in Paris, die sich bei Recherchen in Tirol die Finger schmutzig machte, Auntie Ita in Devon und meinen stets geduldigen Eltern Allan und Ruth.

Den anderen Angehörigen der zentralen fünf gilt mein Dank dafür, dass sie es mit mir ausgehalten haben, als wir (langsam) über Lwiw hinausgingen. Katya, die mit mir ein Gebirge überquerte, knietief im Schnee, eine Wanderung, die ich nie vergessen werde. Lara, die dafür sorgt, dass ich in Fragen der Identität und der Funktionsweise der Menschenwelt auf dem rechten Weg bleibe. Leo, der meinen Sinn für Geschichte in einen verständlicheren Kontext rückt. Und schlussendlich und hauptsächlich und immer Natalia, die alles bravourös am Laufen hält, mit Wärme und Humor und offenen Gedanken und Liebe und die stets darauf achtet, dass man mit beiden Beinen fest auf der Erde bleibt.

Quellen

Wie in den Anmerkungen angegeben, stützt sich dieses Buch auf eine große Vielfalt unterschiedlicher Quellenmaterialien, darunter Archivalien, Bücher, Aufsätze, Berichte und persönliche Interviews (auf Letztere wird im Text verwiesen).

Archivalien

Die Briefe, Tagebücher und anderen Unterlagen aus dem Nachlass von Otto und Charlotte von Wächter befinden sich im Besitz ihres Sohnes Horst von Wächter, der gestattet hat, dass sie seit 2015 in einer digitalisierten Fassung der Originale in den Sammlungen des United States Holocaust Memorial Museum (USHMM) (»Archiv Horst von Wächter«, Zugangsnummer 2014.103, RG Nummer: RG-17.049) öffentlich zugänglich sind.
Ein Großteil dieses Materials wurde unter Leitung von Dr. James Everest und unter besonderer Mitarbeit von Lea Main-Klingst transkribiert und ins Englische übersetzt. Das USHMM-Material ist in elf Reihen geordnet: 1. Korrespondenz, 1944–45; 2. Briefe und Postkarten, 1929–49; 3. Fotoalben, 1920–38; 4. Fotografien aus Lemberg (Lwiw, Ukraine); 5. Vermischte Fotografien vom Sport in Zakopane (Polen) und Fotografien aus dem Warschauer Ghetto; 6. Vermischte Notizen und Korrespondenz, 1948–49; 7. Negativ-Sammlung, 1937–65; 8. Private Dokumente, 1901–61; 9. Tagebücher, 1923–84; 10. Aufgenommene Gespräche von Charlotte von Wächter mit Freunden und Kollegen/Mitarbeitern von Otto von Wächter, 1976–86; 11. Sammlung von Zeitungsausschnitten, 1949–61.
Zusätzlich stellte Horst von Wächter mir weitere 480 Seiten zusätzliches Material zur Verfügung, das sich noch nicht im USHMM-Archiv befindet.
Darüber hinaus habe ich Materialien aus den folgenden Archiven genutzt:

Deutschland: Bundesarchiv (BArch); Institut für Zeitgeschichte (IfZ), München

Großbritannien: National Archives

Israel: Yad-Vashem-Archiv, einschließlich der Central Database of Shoah Victims' Names

Italien: Archivio Centrale dello Stato (Zentrales Staatsarchiv, Rom); Santa Maria dell'Anima; Pfarrei Santa Maria in Aquiro, Rom

Österreich: Dokumentationsarchiv des österreichischen Widerstandes, Wien (DÖW); Wiener Wiesenthal Institut für Holocaust-Studien (VWI); Österreichisches Staatsarchiv (ÖSTA); Südtiroler Landesarchiv; Wiener Stadt und Landesarchiv

Polen: Instytut Pamięci Narodowej (IPN; Institut für Nationales Gedenken); Archiwum Główne Akt Dawnych (Staatsarchiv Historischer Akten in Warschau)

Ukraine: Regierungsarchiv des Oblast Lwiw

Vereinigte Staaten: United States Holocaust Memorial Museum; National Archives and Records Administration; Justizministerium

Internet: www.jewishgen.org

Spezielle Materialien, auf die ich mich stütze, sind in den Anmerkungen aufgeführt. Unter den vielen Quellen verdienen mehrere eine besondere Erwähnung und bieten interessierten Lesern Informationen zu weiteren Quellen und Darstellungen.

Über das Leben in Wien: Carl E. Schorske: *Wien. Geist und Gesellschaft im Fin de Siècle.* Aus dem Engl. übers. (Molden Verlag, 2017). Was die Flucht von Nazis durch Italien und über den Vatikan betrifft, so habe ich häufig zurückgegriffen auf Gerald Steinacher: *Nazis auf der Flucht. Wie Kriegsverbrecher über Italien nach Übersee entkamen* (Fischer TB, 2010) und Uki Goñi: *The Real Odessa. How Perón Brought the Nazi War Criminals to Argentina* (Granta, 2002).

Über die sich anbahnende Kontaktaufnahme der USA zu mutmaßlichen Nazi-Tätern drei Aufsätze von Norman Goda – »The Nazi Peddler«, »Tracking the Red Orchestra«, »Manhunts« – in: Richard Breitman u. a.: *U. S. Intelligence and the Nazis* (CUP, 2005), und Kerstin von Lingen: *Allen Dulles, the OSS, and Nazi War Criminals* (CUP, 2013).

Zur Beziehung zwischen dem Vatikan und dem italienischen Staat bis 1939 David Kertzer: *Der erste Stellvertreter. Papst Piux XI. und der geheime Pakt mit dem Faschismus.* Aus dem Engl. übers. (Konrad Theiss Verlag, 2016).

Zum Massaker in den Ardeatinischen Höhlen siehe die großartige Oral-History-Darstellung von Alessandro Portelli: *The Order Has Been Carried Out. History,*

Memory and Meaning of a Nazi Massacre in Rome. Aus dem Ital. übers. (Palgrave Macmillan, 2003); Giacomo Debenedetti: *Am 16. Oktober 1943. Eine Chronik aus dem Ghetto.* Mit einem Vorwort von Alberto Moravia. Aus dem Ital. übers. (Verlag Das Arsenal, 2014).
Über das Leben unter der Nazi-Herrschaft in Krakau und Lemberg: Tadeusz Pankiewicz: *Die Apotheke im Krakauer Ghetto.* Aus dem Poln. übers. (Jupp Schluttenhofer, 2017); David Kahane: *Lvov Ghetto Diary* (University of Massachusetts Press, 1990). Zur Denkweise eines Nazi-Kommandanten: Gitta Sereny: *Am Abgrund: Gespräche mit dem Henker. Franz Stangl und die Morde von Treblinka.* Aus dem Engl. übers. (Piper, 1974).

Zu den persönlichen Erinnerungen, die besonders sachdienliche Einsichten vermitteln, gehören:

Allen Dulles: *Unternehmen Sunrise. Die geheime Geschichte des Kriegsendes in Italien.* Aus dem Amerik. übers. (Econ, 1967)
Simon Wiesenthal: *Doch die Mörder leben* (Droemer Knaur, 1967)
Joy Adamson: *The Searching Spirit* (Harcourt Brace Jovanovich, 1979)
Simon Wiesenthal: *Recht, nicht Rache. Erinnerungen* (Ullstein, 1995)
Herta Reich: *Zwei Tage Zeit. Die Flucht einer Mürzzuschlager Jüdin 1938–1944* (Clio, 1998)
James Milano und Patrick Brogan: *Soldiers, Spies and the Rat Line* (Brassey's, 2001)
Phyllis McDuff: *Villa Mendl. Leben und Schicksal der Ankerbrot-Erbin Bettina Mendl.* Aus dem Engl. übers. (Amalthea Signum, 2016)
Martin Pollack: *Der Tote im Bunker. Bericht über meinen Vater* (Paul Zsolnay, 2019)
Aleksander B. Skotnicki: *Bronisława (Niusia) Horowitz-Karakulska* (Stradomskie Centrum Dialogu, 2012).

Zu den historischen Darstellungen, auf die ich zurückgegriffen habe, gehören:

Steven Beller: *Geschichte Österreichs.* Aus dem Engl. übers. (Böhlau, 2007)
Kurt Bauer: *Hitlers Zweiter Putsch. Dollfuß, die Nazis und der 25. Juli 1934* (Residenz Verlag, 2014)
Evan Burr Bukey: *Hitlers Österreich. »Eine Bewegung und ein Volk«.* Aus dem Amerik. übers. (Europa-Verlag, 2001)
Christopher Duggan: *A Concise History of Italy* (CUP, 2. Aufl., 2014)
Hans-Christian Jasch und Christoph Kreutzmüller (Hrsg.): *Die Teilnehmer. Die Männer der Wannsee-Konferenz* (Metropol, 2017)
Robert Katz: *Mord in Rom.* Aus dem Eng. übers. (Desch, 1968) (später verfilmt als *Massaker in Rom*)

Peter Longerich: *Heinrich Himmler* (Pantheon, 2010)
Marta Markov: *Auf Knopfdruck. Vienna Postwar Flair* (LIT Verlag, 2018)
Johannes Sachslehner: *Hitlers Mann im Vatikan: Bischof Alois Hudal* (Molden Verlag, 2019)
Michael Salter: *Nazi War Crimes, US Intelligence and Selective Prosecution at Nuremberg* (Routledge, 2007)
Adrian Weale: *The SS. A New History* (Little Brown, 2010)
Martin Winstone: *The Dark Heart of Hilter's Europe* (I. B. Tauris, 2015)

Schließlich bot eine Reihe von Romanen Einsichten und Details über die Periode, mit der ich mich auseinandergesetzt habe, und machte sie anschaulich:

Curzio Malaparte: *Kaputt*. Aus dem Ital. übers. (Fischer TB, 2007)
Alberto Moravia: *Frauen von Rom* (A. Müller, 1961)
Herbert Zand: *Letzte Ausfahrt. Roman der Eingekesselten* (Europa-Verlag, 1992)
Elsa Morante: *La Storia*. Aus dem Ital. übers. (Piper, 1976)
Thomas Keneally: *Schindlers Liste*. Aus dem Engl. übers. (Bertelsmann, 1994)
Wolfgang Koeppen: *Der Tod in Rom* (Fischer Bücherei, 1963)
Graham Greene: *Der dritte Mann*. Aus dem Engl. übers. (Rowohlt, 1957)

Anmerkungen

geb.: geboren
gest.: gestorben
T: Tagebücher
B: Briefe
NU: Nachlassunterlagen
E: Erinnerungen CW
AC: Audiokassette
EM: E-Mail

CB: Charlotte Bleckmann (bis September 1932)
EF: Eduard Fischer
HH: Heinrich Himmler
JE: James Everest
LMK: Lea Main-Klingst
LR: Lothar Rübelt
PS: Philippe Sands
HJS: Hansjakob Stehle
CW: Charlotte Wächter (nach September 1932)
HW: Horst Wächter
JW: Josef Wächter
OW: Otto Wächter

PROLOG

S. 21 *»Am 9. Juli 1949«:* NU, Abschnitt 1, S. 66.
S. 22 *»Der Kranke gibt an«:* Ebd.
S. 23 *»Keine genaueren Angaben«, »Freunde von der Kirche«:* B, Hedi Dupré an CW, 25. 07. 1949, S. 7.
S. 23 *»Wie eine Kirche«:* B, Hedi Dupré an CW, 25. 07. 1949, S. 7.
S. 24 *»Wenn Lo jetzt nicht kommen kann«:* B, Hedi Dupré an CW, 25. 07. 1949, S. 8–9.
S. 24 *»Ich danke Ihnen«:* B, Hedi Dupré an CW, 25. 07. 1949, S. 9.

S. 25 *»Ich weiß von ihm«:* B, Hedi Dupré an CW, 25.07.1949, S. 1.

S. 25 *»gerade Ihren tapferen Frohsinn«:* B, Hedi Dupré an CW, 25.07.1949, S. 10.

I LIEBE

S. 30 *»Ich kannte das Wien der Zwischenkriegszeit nicht …«:* Graham Greene: *Der dritte Mann.* Roman. Aus dem Engl. übers., München, 9. Aufl., 2009, S. 12.

S. 32 *»I'll dance with you«:* Leonard Cohen, »Take This Waltz« (1988).

S. 34 *Geboren am 14. April 1939:* Horst Wessel, geb. am 9. Oktober 1907, Bielefeld; gest. am 14. Januar 1930, Berlin, SA-Sturmführer. Er schrieb ein Gedicht, das nach seiner Ermordung, angeblich durch ein Mitglied der KPD (Kommunistische Partei Deutschlands), als »Horst Wessels Gruß an das kommende Deutschland« zur offiziellen Hymne der NSDAP wurde und von 1933–45 als »Horst-Wessel-Lied« als (inoffizielle) zweite Nationalhymne diente.

S. 34 *Als zweiten Vornamen wählten seine Eltern Arthur:* Arthur Seyß-Inquart, geb. 2. Juli 1892, Stannern, Mähren; gest. 16. Oktober 1946, Nürnberg. 1940–45 Reichskommissar in den besetzten niederländischen Gebieten.

S. 37 *Dr. Goebbels lautete der Text:* Joseph Goebbels, geb. 29. Oktober 1897, Rheydt; gest. 1. Mai 1945, Berlin. Reichsminister für Volksaufklärung und Propaganda 1933–45.

S. 37 *Gemeint war der Führer der Hitler-Jugend:* Baldur von Schirach, geb. 9. Mai 1907, Berlin; gest. 8. August 1974, Kröv an der Mosel. Reichsjugendführer der NSDAP 1931–33, Jugendführer des Deutschen Reiches 1933–40, Reichsstatthalter und Gauleiter des Gaus Wien 1940–45.

S. 37 *»Lieber Papa! Ich habe dir ein paar Blümchen gepflückt«:* B, CW an OW, mit einer Mitteilung von HW, 30.09.1944.

S. 38 *In Wien wurde er in den 1970er Jahren:* Friedrich Stowasser (Friedensreich Hundertwasser), geb. 15. Dezember 1928, Wien; gest. 19. Februar 2000 an Bord der *Queen Elizabeth II* vor Brisbane, Australien. Maler, Architekt, Umweltschützer.

S. 38 *Ein frühes Bild von der Familie:* K. u. k. Hof-Atelier Fritz Knozer.

S. 40 *Otto verbrachte seine Jugendjahre in Wien:* Siehe Carl E. Schorske: *Wien. Geist und Gesellschaft im Fin de Siècle.* Aus dem Engl. übers. (Molden Verlag, 2017).

S. 41 *Als Major in der Gemeinsamen Armee (k. u. k. Armee):* Richard Lein, *Pflichterfüllung oder Hochverrat? Die tschechischen Soldaten Österreich-Ungarns im Ersten Weltkrieg* (LIT Verlag, 2011), S. 279–281.

S. 42 *Allerdings war ihm der Militär-Maria-Theresien-Orden:* Der Militär-Maria-Theresien-Orden war die höchste militärische Auszeichnung der österreichischen Monarchie; *Die Dekorierung der Theresienritter* (1918); http://europeanfilmgateway.eu/de/detail/die%20dekorierung%20der%20theresienritter/ofm::933c8187a0b58e80e6260cd76e933e90, bei 4:40 min.

S. 42 *Unter den Flüchtlingen:* Siehe Steven Beller: *A Concise History of Austria* (Cambridge UP, 2006), 208 ff.; Schorske, *Wien. Geist und Gesellschaft im Fin de Siècle.*

S. 42 *In die sein Kommilitone verwickelt werden würde:* Philippe Sands: *Rückkehr nach Lemberg. Über die Ursprünge von Genozid und Verbrechen gegen die Menschlichkeit. Eine persönliche Geschichte.* Aus dem Engl. übers. (Fischer Taschenbuch, [2]2019), S. 99 ff.

S. 42 *Wo er bei renommierten Professoren studierte, darunter Hans Kelsen:* Hans Kelsen, geb. 11. Oktober 1891, Prag; gest. 19. April 1973, Berkeley, USA. Österreichischer Jurist, Rechts- und politischer Philosoph.

S. 42 *Alexander Hold-Ferneck, ein aggressiver Nationalist:* Antonino Scalone: »Alexander Hold von Ferneck«, in: Enrico Pattaro, Corrado Roversi (Hrsg.): *A Treatise of Legal Philosophy and General Jurisprudence.* Bd. 12 (Springer, 2016), S. 129.

S. 42 *Stephan Brassloff, Spezialist für römisches Recht:* Stephan Brassloff, geb. 18. Juni 1875, Wien; gest. 25. Februar 1943, Theresienstadt. Professor für römisches Recht.

S. 42 *Josef Hupka. Experte für Handels- und Wechselrecht:* Josef Hupka, geb. 22. Februar 1875, Wien; gest. 23. April 1944, Theresienstadt. Professor für Handels- und Wechselrecht.

S. 43 *»Kauft nur bei arischen Geschäftsleuten«:* Linda Erker, Andreas Huber, Klaus Taschwer: *Deutscher Klub. Austro-Nazis in der Hofburg* (Czernin, 2019).

S. 43 *Im März 1921:* Antisemitenbund, 1918–1938, auch Deutschösterreichischer Schutzverein Antisemitenbund, 1919 in Wien von Anton Jerzabek gegründete österreichische Bewegung, nach dem »Anschluss« aufgelöst.

S. 43 *Jüdische Geschäfte und Trambahnfahrgäste:* Bruce Pauley: *From Prejudice to Persecution. A History of Austrian Anti-Semitism* (University of North Carolina Press, 1992), S. 82.

S. 43 *Otto wurde verhaftet:* NU, Vermischtes. 5.1. Abschnitt 1, S. 11: »Der Richter verurteilte … Hochschüler Otto Wächter … zu je vierzehn Tagen Arrest. (…) Alle Beurteilungen wurden als bedingt erklärt und jedem der Verurteilten eine Bewährungsfrist in der Dauer eines Jahres zugebilligt.«

S. 43 *In einem Archiv in Wien:* Deutsche Nationalsozialistische Arbeiterpartei (DNSAP), hervorgegangen 1918 aus der Deutschen Arbeiterpartei (DAP), von Bundeskanzler Engelbert Dollfuß 1933 verboten, nach dem »Anschluss« Österreichs Teil der Nationalsozialistischen Deutschen Arbeiterpartei (NSDAP).

S. 44 *Im Dezember 1925:* NU, Vermischtes. Abschnitt 1, S. 28: *Amtszeugnis, Präsidium des Oberlandesgerichtes in Wien* (14. 12. 1925).

S. 45 *Endstation der Semmeringbahn:* Im Jahr 1998 wurde die Semmeringbahn in die UNESCO-Weltkulturerbe-Liste aufgenommen: https://whc.unesco.org/en/list/785.

S. 45 *Die nahe gelegene Villa Luisa:* Helmut Brenner: *Im Schatten des Phönix. Höhen und Tiefen eines dominierenden Industriebetriebes und deren Auswirkungen auf die Region* (Weishaupt Verlag, 1993).

S. 46 *Im Jahr 1916 baute die Firma Orenstein & Koppel:* In den Unterlagen des Autors; *Industriebahnen, Waldbahnen, Touristikbahnen, Landwirtschaftsbahnen usw.*, S. 7.

S. 46 *Staatskanzler Karl Renner berichtete dem österreichischen Parlament:* Rolf Steininger u. a.: *Austria in the Twentieth Century* (*Studies in Austrian and Central European History and Culture*) (Transaction Publishers, 2002), S. 88.

S. 46 *Stattdessen legte der im September 1919 unterzeichnete Vertrag:* Margaret MacMillan: *Peacemakers. The Paris Peace Conference of 1919 and Its Attempt to End War* (John Murray, 2001).

S. 47 *»Gala Peter«:* »Gala Peter«-Schokolade, zum ersten Mal verkauft 1887 von dem Schweizer Chocolatier Daniel Peter.

S. 47 *»all's love, yet all's law«:* Robert Browning: »Saul«, in: *Men and Women* (Hamburg: tredition, 2011).

S. 48 *August von Scheindler, ein klassischer Philologe und Schulinspektor:* August Scheindler: *Ilias. Text aus der Überlieferung hergestellt und mit Vorrede von August Scheindler* (Wien: Österreichischer Bundesverlag, 1925). Siehe auch: https://www.biographien.ac.at/oebl/oebl_S/Scheindler_August_1851_1931.xml.

S. 48 *»Ja, dieser bereits in Pension stehende alte große Mann …«:* E, CW, 1932–45, S. 53.

S. 48 *»riesig fad«, »mit einem Juden, der ganz fesch war«:* T, CW, 1923–1926, 26. 09. 1925.

S. 48 *Ihre Eltern lieferten sie:* Andrew Lycett: *The Man Who Created Sherlock Holmes. The Life and Times of Sir Arthur Conan Doyle* (Free Press, 2007), S. 436; Anna Lee: *Memoir of a Career on General Hospital and in Film* (McFarland & Company, Inc., 2007), S. 43.

S. 48 *Mrs Ida Foley:* Jane Adelaide Rose (Ida) Foley (geb. Doyle), geb. 16. März 1875, gest. 1. Juli 1937; Lehrerin am Cheltenham Ladies' College 1901–15, danach Schulleiterin im Granville House, Eastbourne.

S. 49 *Sie machte Friseure ausfindig:* T, CW, 1923–26: 20. 10. 1925; 22. 10. 1925; 28. 12. 1925; 29. 12. 1925; 04. 01. 1926; 05. 01. 1926; 06. 01. 1926; 11. 01. 1926.

S. 49 *Eine zweite Reise, nach Paris:* Der Generalstreik wurde vom General Council des Trades Union Congress (TUC) ausgerufen, um den Kampf von 1,2 Millionen britischen Bergarbeitern für die Verteidigung ihrer Löhne und

Arbeitszeiten zu unterstützen, 3.–12. Mai 1926; Sympathiestreiks wurden durch den Trade Disputes and Trade Unions Act 1927 verboten: https://www.bbc.co.uk/news/uk-13828537.

S. 49 *darunter Mizzi Getreuer:* Marie (Mizzi) Fischer (geb. Getreuer), geb. 21. Dezember 1912; gest. 9. August 1944, Stutthof: Wolfgang Scheffler und Diana Schulle: *Buch der Erinnerung. Die ins Baltikum deportierten deutschen, österreichischen und tschechoslowakischen Juden* (K. G. Saur, 2003), S. 476.

S. 49 *»… bis die Lichter meines teuersten …«, »Ich hätte heulen können«:* T, CW, 1923–26, 27.07.1926.

S. 50 *schrieb sich an der Wiener Frauenakademie:* Wiener Frauenakademie, gegründet 1897, Kunstakademie für Frauen, ursprünglich betrieben unter dem Namen Kunstschule für Frauen und Mädchen, als Frauen nicht die Kunstakademie besuchen durften. Die 1946 gegründete Modeschule Wien im Schloss Hetzendorf gilt als ihre Nachfolgerin.

S. 50 *Unter Anleitung des Designers Josef Hoffmann:* Josef Hoffmann, geb. 15. Dezember 1870, Pirnitz (Brtnice), Mähren; gest. 7. Mai 1956, Wien. Architekt und Designer, gründete mit Koloman Moser 1903 die Wiener Werkstätte.

S. 51 *Entfernt mit Charlotte verwandt:* Herma Szabó, geb. 22. Februar 1902, Wien; gest. 7. Mai 1986, Rottenmann, Österreich. Olympische Eiskunstläuferin.

S. 51 *»Auf der rechten Hand trug er einen Brillantring«:* E, CW, *Meine Liebesjahre* 1929, S. 8–9, 12.

S. 52 *»dies tat noch kein Kavalier«:* Fischerhütte, eine Skihütte auf 2049 Metern.

S. 52 *»… in den hübschen und heiteren Otto restlos verliebte«:* E, CW, *Meine Liebesjahre* 1929, S. 16.

S. 53 *»Und wer weiß, was für andere Mädchen«:* B, CB an OW, 04.05.1929; R, CW, *Meine Liebesjahre* 1929, S. 17.

S. 53 *»Ach wie herrlich war unsere junge, knospende Liebe«:* E, CW, *Meine Liebesjahre* 1929, S. 20–23.

S. 54 *Selbst Victor Klarwill:* Victor heiratete später Friederike Gessner, die aus dem nationalsozialistischen Österreich floh, sich von ihm scheiden ließ, einen Wildhüter in Kenia heiratete, zu Joy Adamson wurde, *Frei geboren. Eine Löwin in zwei Welten* schrieb, die Geschichte der Löwin Elsa, und 1980 ermordet wurde.

S. 54 *In Barcelona besuchten sie die Weltausstellung:* E, CW, *Meine Liebesjahre* 1929, S. 37.

S. 54 *Im Herbst, als der Studienbetrieb wieder losging:* E, CW, *Meine Liebesjahre* 1929, S. 40–42.

S. 55 *»Denn ganz sicher war ich nie bei ihm«:* E, CW, *Meine Liebesjahre* 1929, S. 47.

S. 55 *»verdiente ich 1350 S.«:* E, CW, *Meine Liebesjahre* 1929, S. 51.

S. 56 *»Ich gehörte ihm«, »Das gefiel mir«, »vor allem hatte er immer recht«:* E, CW, *Meine Liebesjahre* 1929, S. 64–6.
S. 56 *»Du musst heiraten und 10 Kinder kriegen«:* E, CW, *Meine Liebesjahre* 1929, S. 69.
S. 56 *Begegnungen mit neuen, wie den Fischböcks:* Hans Fischböck, geb. 24. Januar 1885, Geras, Österreich; gest. 3. Juli 1967 in Marburg. Generalkommissar in den Niederlanden, 1940–45.
S. 57 *»Durch Kampf & Liebe«:* In den Unterlagen des Autors.
S. 57 *Das war am 28. Mai 1931:* BArch, R 9361-II/1173907; *Waechter, Lotte – Personenbezogene Unterlagen der NSDAP/Parteikorrespondenz.*
S. 57 *In ihrem Tagebuch finden sich kaum Hinweise auf Ottos politische Aktivitäten:* BArch, R 9361-III/561695; *Waechter, Otto – Personenbezogene Unterlagen der SS und SA.*
S. 57 *Als Gauamtsleiter Wien der Nazi-Partei:* EM, Andreas Huber an PS, 23.12.2018.
S. 57 *Franz Hieronymus Riedl:* Franz Hieronymus Riedl, geb. 2. April 1906, Wien; gest. 2. April 1994, Lana, Italien. Journalist und Volkstumsforscher.
S. 57 *Ernst Kaltenbrunner:* Ernst Kaltenbrunner, geb. 4. Oktober 1913, Ried im Innkreis, Österreich; gest. 16. Oktober 1946, Nürnberg. Leiter des Reichssicherheitshauptamtes 1943–45.
S. 57 *Hanns Blaschke:* Hanns Blaschke, geb. 1. April 1896, Wien; gest. 25. Oktober 1971, Salzburg, Österreich. Bürgermeister von Wien 1943–45.
S. 57 *Wilhelm Höttl und Charlottes Bruder Heinrich Bleckmann:* Heinz Fischer: *Einer im Vordergrund. Taras Borodajkewycz* (Europa Verlag, 1966), S. 104.
S. 58 *Otto verbrachte in jenem Sommer fünf Monate:* Paul Hoser: »Sturmabteilung (SA), 1921–1923/1925–1945«, *Historisches Lexikon Bayerns*, 14.11.2007: https://www.historisches-lexikon-bayerns.de/Lexikon/Sturmabteilung_(SA),_1921–1923/1925–1945.
S. 58 *»Die ganze Sache ist für mich sehr interessant«:* B, OW an CB, 17.08.1931.
S. 58 *Aufgenommen von Heinrich Hoffmann:* Fritz Erler: »Adolf Hitler in SA uniform« (30.08.1931), German Art Gallery: http://www.germanartgallery.eu/m/Webshop/0/product/info/Fritz_Erler,_Adolf_Hitler&id=44.
S. 59 *Viele ihrer Mitglieder sollten:* T, CB, 1931, 01.09.1931; T, CB, 1931, 13.09.1931.
S. 59 *»werde ich bald nur mehr mit Dolchen herumwandeln«:* B, CB an OW, 10.09.1931.
S. 59 *»Sonst höre ich nämlich immer nur in der Bräunerstraße«:* B, CB an OW, 29.09.1931.
S. 59 *»jüdischer Trick«:* B, CB an OW, 24.10.1931.
S. 59 *Mr. Caswell von der Calico Printers' Association:* The Calico Printers'

Association Ltd., britisches Textilunternehmen, gegründet 1899, bestehend aus 46 Textildruckunternehmen und 13 Textilhändlern.

S. 60 *Viele, die sie traf, zeigten sich aufgeschlossen:* B, CB an OW, 24.10.1931.

S. 60 *»unter der Fahne, die A. Hitler hissen wird, [...] die Hände reichen«:* B, CB an OW, 28.10.1931; B, CB an OW, 07.11.1931.

S. 60 *»Hole mich ab von dort«:* B, CB an OW, 04.11.1931.

S. 60 *»nat[ürlich] unter [dem Symbol des Hakenkreuzes]«:* E, CW, *Meine Liebesjahre* 1929, S. 85.

S. 60 *Otto beendete seine Ausbildung:* Dr. Georg Freiherr von Ettingshausen, geb. 16. September 1896, Baden, Österreich; gest. 1958. Präsident, Anwaltskammer von Wien, Niederösterreich und dem Burgenland; Rechtsbeistand; Ungarisches Generalkonsulat, Wien.

S. 61 *Er vertrat den Fotografen:* Lothar Rübelt, geb. 8. April 1901, Wien; gest. 4. August 1990, Reifnitz, Österreich. Sport- und Pressefotograf.

S. 61 *Verletzung seiner Rechte durch den Schriftsteller Karl Kraus:* Revisionsschrift der klagenden Partei (Eingereicht von Otto Gustav Wächter beim Landesgericht für Z. R. S. Wien, G. Z.16 CG 552/31), 14.04.1932, http://www.kraus.wienbibliothek.at/content/revisionsschrift-der-klagenden-partei-eingereicht-von-otto-gustavwaechter-beim.

S. 61 *Im April 1932: Adrian Weale: The SS. A New History* (Hachette Digital, 2010).

S. 61 *Als Mitglied des Verbands deutsch-arischer Rechtsanwälte Österreichs:* Peter Melichar: *Otto Ender 1875–1960* (Böhlau, 2018), S. 161–162.

S. 61 *den 31. Eucharistischen Weltkongress:* 32. Eucharistischer Weltkongress, Dublin, 22.–26. Juni 1932, am 1500. Jahrestag der Ankunft des heiligen Patrick in Irland. Die abschließende öffentliche Messe im Phoenix Park war eine der größten eucharistischen Zusammenkünfte des 20. Jahrhunderts.

S. 61 *»größte Geheimnis«:* E, CW, *Meine Liebesjahre* 1929, S. 113.

S. 62 *»Ich konnte das Ende kaum erwarten«:* E, CW, *Meine Liebesjahre* 1929, S. 102.

S. 63 *Horst schrieb ausführlich:* Thomas Jorda: »Horst Wächter – Sagen, wie es ist«, *Nön*, 13. Dezember 2010: https://www.noen.at/ niederoesterreich/gesellschaft/adel-verpflichtet/sagen-wie-es-ist-4901171.

S. 63 *mit dem »Tempel« zu Ehren des Hermes Trismegistos:* Hermes Trismegistos, verbunden mit dem griechischen Gott Hermes und dem ägyptischen Gott Thot, ist der angebliche Verfasser der hermetischen Schriften, von denen man annimmt, dass sie die westliche esoterische Tradition beeinflussten.

S. 63 *die 14. Waffen-Grenadier-Division bei der SS:* Michael James Melnyk: *The History of the Galician Division of the Waffen SS – On the Eastern Front, April 1943 to July 1944* (Bd. I), and *Stalin's Nemesis* (Bd. II) (Fonthill Media, 2016).

S. 63 *Zu dieser Zeit war die Ukraine:* Andrej Kurkow: *Ukrainisches Tagebuch. Aufzeichnungen aus dem Herzen des Protests.* Aus dem Russ. übers. (Haymon, 2014); »Ukraine's revolution. Making sense of a year of chaos«, *BBC News*, 21. 11. 2014: https://www.bbc.co.uk/news/world-europe-30131108.

S. 64 *Ein Jahrhundert zuvor, im September 1914:* »Austrian Rout in Great Battle«, *New York Times*, 2. 09. 1914: https://timesmachine.nytimes.com/timesmachine/1914/09/02/120283470.pdf.

S. 66 *»den Adjutanten Ihres Vaters, den Hauptsf. Stasny«:* B, Erwin Axer an HW, 06. 09. 2006.

S. 67 *»ein führender Teil einer entsetzlichen Maschinerie«:* EM, HW an PS, 26. 02. 2013.

S. 67 *Er verwies mich auf Auszüge:* Ludwig Losacker, geb. 29. Juli 1906, Mannheim; gest. 23. Juli 1990, Heidelberg. Vizegouverneur des Distrikts Krakau 1943–45, Präsident des Hauptamts Innere Verwaltung der Regierung des Generalgouvernements 1943–45; Ludwig Losacker: »Von der Schwierigkeit, ein Deutscher zu sein. Erinnerungen an das besetzte Polen. Schilderung der Erlebnisse als Angehöriger der deutschen Verwaltung im besetzten Polen« (unveröffentlicht, ca. 1980), Auszüge in den Unterlagen des Autors.

S. 68 *Losacker wurde als einschlägiger Antisemit beschrieben:* Thomas Sandkuehler: »Arbeitsgemeinschaft Holocaust«, *Die Zeit*, 27. Oktober 1995: https://www.zeit.de/1995/44/Arbeitsgemeinschaft_Holocaust.

S. 68 *Der wahre Schuldige in Lemberg:* Friedrich (Fritz) Katzmann, geb. 6. Mai 1906, Bochum; gest. 19. September 1957, Darmstadt. SS- und Polizeiführer des Distrikts Galizien 1941–43.

S. 68 *Das dritte, ein auf den 25. August 1942 datierter Brief:* Vermerk, 13. Februar 1942, beigefügter Vermerk zur »Aussiedlung der Juden«, 9. Januar 1942; Anordnung über den »Arbeitseinsatz von Juden«, 13. März 1942; B, Himmler an Stuckart, 25. 08. 1942; in den Unterlagen des Autors.

S. 69 *Im Mai 2013:* Philippe Sands: »My Father, the Good Nazi«, *Financial Times*, 3. Mai 2013: https://www.ft.com/content/7d6214f2-b2be-11e2-8540-00144feabdc0.

S. 69 *Der österreichische Botschafter in London:* EM, HW an PS, 26. 02. 2013.

S. 70 *Er sagte es nicht mir:* EM, HW an PS, 05. 05. 2013.

S. 71 *»nur wegen seiner Abstammung verachten …«:* Andreas Predikaka: »Ferdinand Pawlikowski. Ein Realpolitiker der Zwischenkriegszeit?«, Diplomarbeit, Universität Wien, Januar 2013, S. 86–87: http://othes.univie.ac.at/26100/1/2013-01-30_9210170.pdf. Pawlikowski, der sich 1931 gegen den Nationalsozialismus aussprach (ebd., S. 84), zitierte Teile des Briefes bei der Pastoralkonferenz der Militärgeistlichen im November 1932 in Wien (S. 88).

S. 71 *»weil ich immer ein bisschen revolutionär war«:* E, CW, *Meine Liebesjahre 1929*, S. 112; AC, CW und HJS, Kassette 3, Seite 1, 28. 09. 1984.

S. 72 *Am 21. März reiste Otto:* B, CW an OW, 30. 01. 1945.

S. 72 *Im Mai verbot der österreichische Kanzler:* Steininger u. a., *Austria in the Twentieth Century*, S. 139.

S. 72 *»Nazirechtsanwalt Dr. Wächter«:* »Die ausgehobene Nazizentrale«, *Der Abend*, 04. 08. 1933, S. 2, verfügbar auf: http://anno.onb.ac.at/ cgi-content/anno?aid=abd&datum=19330804&query=%2225+Personen%22+%22W.chter%22&ref=anno-search&seite=2.

S. 73 *Von seinem Vater Josef einberufen:* Rudolf Weydenhammer, geb. 1. Mai 1890,Wilhelmshaven; gest. 1972. Deutscher Industrieller.

S. 73 *Dertil wurde zu fünf Jahren Haft verurteilt:* In den Unterlagen des Autors. *Das Kleine Blatt*, 19. 11. 1933, S. 8.

S. 73 *»Ich war nach wie vor Miss Bleckmann«:* B, CW an OW, 01. 12. 1933.

S. 73 *»Ich liebe alles, was Du tust«:* T, CW, 1934, 10. 05. 1934.

S. 73 *um sich mit Theodor Habicht zu treffen:* Theodor Habicht, geb. 4. April 1898, Wiesbaden; gest. 31. Januar 1944, Newel, Russland. Bürgermeister von Witten 1937–38, ab 1939 Bürgermeister von Koblenz.

S. 73 *dort traf er Gerhard Köpke:* Gerhard Köpke, geb. 1873; gest. 1953. Ab 1923 Leiter der Abteilung West- und Südeuropa im Auswärtigen Amt, 1935 in den Ruhestand versetzt.

S. 74 *Im Jahr 1945 tauchte er:* Dokument 868-D, »Aufzeichnung über mündlichen Bericht des österreichischen Baron Wächter im Auswärtigen Amt Berlin«, 31. 05. 1934, in den Unterlagen des Autors.

S. 74 *Ich stieß rechtzeitig auf ein Foto:* Erwin Peterseil, *Der Weg in den FASCHISMUS – Österreich 1933–1938* (Antifa-Info, 2003), S. 42; https://www.atheisten-info.at/downloads/WEG.pdf.

S. 74 *Fridolin Glass:* Fridolin Glass, geb. 14. Dezember 1910, Lemberg; gest. 21. Februar 1943, Dniprodserschynsk, Sowjetunion. Einer der Anführer des Juliputsches.

S. 74 *Anton Rintelen, der österreichische Gesandte:* Philip Scheriau: »Mediale Reaktionen auf den Juliputsch 1934 in In- und Ausland«, Masterarbeit, Universität Wien, 2014, S. 11: http://othes.univie.ac.at/32646/1/2014-04-07_0808067.pdf; unter Berufung auf: Gerhard Jagschitz: *Der Putsch. Die Nationalsozialisten 1934 in Österreich* (Styria, 1976), S. 80 ff.

S. 75 *Die Dinge gerieten zunehmend außer Kontrolle:* Kurt Bauer: *Hitlers Zweiter Putsch. Dollfuß, die Nazis und der 25. Juli 1934* (Residenz Verlag, 2014).

S. 75 *»er möge für seine Frau sorgen«:* Howard M. Sachar: *The Assassination of Europe, 1918–1942: A Political History* (University of Toronto Press, 2015), S. 212; Bauer, *Hitlers Zweiter Putsch. Dollfuß, die Nazis und der 25. Juli 1934*.

S. 75 *Einige der Beteiligten:* Sachar, *Assassination of Europe*, S. 214.

S. 75 *Einige Berichte behaupteten:* Ebd., S. 212.

S. 75 *der in der Zwischenzeit an Leni Riefenstahls Film:* Helene Bertha Amalie (Leni) Riefenstahl, geb. 22. August 1902, Berlin; gest. 8. September 2003, Pöcking. Deutsche Filmregisseurin, Produzentin und Schauspielerin, Filme u. a. *Der weiße Rausch – neue Wunder des Schneeschuhs* (1931), ein deutscher Bergsteiger- und Skifilm.

S. 76 *Jahrzehnte später erzählte sie dem Historiker Hansjakob Stehle:* AC, CW und HJS, Kassette 3, Seite 1, 28. 09. 1983.

S. 76 *»wenn einer eine Pistole in der Hand hat«:* AC, CW und Lola Matsek, Kassette 1, Seite 1, 19. 12. 1976.

S. 77 *Er wurde von einem ungepflegten Journalisten:* Peter Broucek: *Ein General im Zwielicht. Die Erinnerungen Edmund Glaises von Horstenau*, Bd. 2 (Böhlau, 1983), S. 458.

S. 77 *Herrn Kornhuber, der ihm half:* Arthur Kornhuber, geb. 22. Juni 1901; gest. 24. März 1993. Journalist.

S. 77 *Er stieg schnell auf:* BArch, R 9361-III/561695: Dienstlaufbahn.

S. 78 *»Du scheinst doch ziemlich überwacht«:* B, OW an CW, 28. 09. 1934.

S. 78 *Kurt Schuschnigg, der die Nachfolge von Dollfuß als Kanzler antrat:* Kurt Schuschnigg, geb. 14. Dezember 1897, Riva del Garda, Österreich-Ungarn; gest. 18. November 1977, Mutters, Österreich. Österreichischer Bundeskanzler 1934–38.

S. 78 *ein Befürworter der Todesstrafe:* Günter Bischof, Anton Pelinka und Alexander Lassner (Hrsg.): *The Dollfuss/Schuschnigg Era in Austria. A Reassessment* (Transaction Publishers, 2003).

S. 79 *»Abend in Berchtesgaden«:* Geoffrey Moorhouse: »Hitler's eyrie. A visit to Berchtesgaden«, *Guardian*, 21. 02. 1970: https://www.theguardian.com/world/2017/feb/21/hitler-eyrie-berchtesgaden-nazi-1970.

S. 79 *»Die Person des Dr. Wächter«:* »Das Geheimnis der Putschautos vom 25. Juli«, *Illustrierte Kronen Zeitung*, 02. 02. 1935, S. 9; http://anno.onb.ac.at/cgi-content/anno?aid=krz&datum=19350202&query=%22Gustav+W.chter%22&ref=anno-search&seite=9.

S. 79 *In Deutschland wurden die Nürnberger Gesetze:* Amy Newman: *The Nuremberg Laws. Institutionalized Anti-Semitism* (Lucent Books, 1999).

S. 80 *»Skispringen mit Hitler«:* T, CW, 1936, 13. 02. 1936.

S. 80 *Sie besuchte Rudolf Pavlu:* Gabriele Volsansky: *Pakt auf Zeit. Das Deutsch-Österreichische Juli-Abkommen 1936* (Böhlau, 2011), S. 83 ff.

S. 81 *ein anderer Kollege von Otto:* Edmund Glaise-Horstenau, geb. 27. Februar 1882, Braunau am Inn, Österreich; gest. 20. Juli 1946, Militärlager Langwasser bei Nürnberg. Vizekanzler von Österreich 1938 und Bundesminister ohne Portefeuille 1936–38. Siehe auch: Peter Broucek: *Ein General im Zwielicht. Die Erinnerungen Edmund Glaises von Horstenau* (Böhlau, 1983), Bd. 2, S. 445.

S. 81 *»Ich stand zur SS schon in der Kampfzeit«: Die zwei Wiener illegalen Nazis – Dr. Otto Wächter und Rudolf Pavlu* (Haifa: Institute of Documentation for the Investigation of Nazi War Crimes, 2002). OW an SS-Gruppenführer Alfred Rodenbücher (11. 10. 1936); SS-Gruppenführer Alfred Rodenbücher an Reichsführer SS Heinrich Himmler (15. 10. 1936); EM, LMK an PS, 17. 12. 2018.

S. 81 *Bei mehreren Gelegenheiten, so berichtete der Gewährsmann:* Ebd., Aussage SS-Standartenführer Josef Fitzthum (21. 09. 1936).

S. 81 *»Nun endlich war die Familie beisammen«:* E, CW, 1932–45, S. 12–13.

S. 82 *In seiner Akte wurde ihm:* Weale, *The SS. A New History*. BArch, R 9361-III/561695; *Personenbezogene Unterlagen der SS und SA – Otto Wächter. Personalbericht & Beurteilung*, undatiert.

S. 82 *»dieses Amt der Spitzel & Überwachungsdienste«:* E, CW, 1932–45, S. 13.

S. 82 *Otto arbeitete in der Zentralabteilung II 2:* Schutzstaffel (SS), ursprünglich eine Einheit, die als Leibwache Hitlers fungierte, später eine paramilitärische Gruppe. Sicherheitsdienst (SD), der Nachrichtendienst der SS, dessen wichtigstes Tätigkeitsfeld das Sammeln von Informationen im Zusammenhang mit dem Aufspüren und Ausschalten jeder internen und externen Opposition gegen die NSDAP war. Aufgabe der Geheimen Staatspolizei (Gestapo) war »die wirksame Bekämpfung aller gegen den Bestand und die Sicherheit des Staates gerichteten Bestrebungen« (Gesetz vom 26. 4. 1933); sie galt als Schwesterorganisation des SD. SD und Gestapo waren Untergliederungen der SS.

S. 82 *die Einflusssphäre von Reinhard Heydrich:* Reinhard Heydrich, geb. 7. März 1904, Halle (Saale); gest. 4. Juni 1942, Prag. Chef des Reichssicherheitshauptamtes 1939–42. Stellvertretender Reichsprotektor Böhmen und Mähren 1941–42.

S. 82 *Heinrich Himmler:* Heinrich Himmler, geb. 7. Oktober 1900, München; gest. 23. Mai 1945, Lüneburg. Reichsführer SS 1929–45 und Chef der Deutschen Polizei 1936–45.

S. 82 *Im Berliner Bundesarchiv:* BArch, R58/7074, Zeichnung mit Siglen durch Mitarbeiter des SD-Hauptamts, Siglenverzeichnis, 1. 1. 1937; Stabsbefehl Nr. 3/37 vom 15. Jan. 1937.

S. 82 *SS-Hauptscharführer Adolf Eichmann:* Adolf Eichmann, geb. 19. März 1906, Solingen; gest. 1. Juni 1962, Ramla, Israel. SS-Obersturmbannführer.

S. 82 *SS-Unterscharführer Karl Hass:* Karl Hass, geb. 5. Oktober 1912, Elmschenhagen; gest. 21. April 2004, Castel Gandolfo, Italien. SS-Sturmbannführer.

S. 82 *»sicher sah er viel«:* E, CW, *Lebensgeschichte* 1932–45, S. 13.

S. 83 *»Heil Hitler! Wächter«:* BArch, R 9361-III/561695; *Personenbezogene Unterlagen der SS und SA – Otto Wächter. OW an die Personalkanzlei RFSS*, 15. 04. 1937.

S. 83 *Sich selbst erklärte er für »gottgläubig«:* Richard Steigmann-Gall: *The Holy Reich. Nazi Conceptions of Christianity, 1919–1945* (CUP, 2003), S. 218 ff.

S. 83 *Otto verbrachte mehrere Monate:* Rudolf Pavlu, geb. 15. Juli 1902, Wien; gest. 1949, Römlinghoven. Bürgermeister von Krakau 1941–43.

S. 83 *Seine Personalakte bezeichnete ihn:* BArch, R 9361-III/561695; *Personenbezogene Unterlagen der SS und SA – Otto Wächter. Personalbericht,* 16. 02. 1935.

S. 84 *»Und es soll Dir ganz besonders gefallen«:* E, CW, 1932–45, S. 17.

S. 84 *»Rot-weiß-rot bis zum Tod!«:* Kurt Schuschnigg: *Ein Requiem in Rot-Weiß-Rot* (Amalthea, 1978), S. 57.

S. 84 *die nun einen Totenkopf trug:* Der Totenkopf war das Symbol der SS, der paramilitärischen Organisation der Nazis.

S. 84 *Sie hatte vor, spätestens im Mai einzuziehen:* E, CW, 1932–45, S. 19.

S. 84 *Am 12. Februar 1938:* Éric Vuillard: *L'ordre du jour* (Actes Sud, 2017).

S. 85 *Am 11. März: Schuschuigg, Ein Requiem in Rot-Weiß-Rot,* S. 66–84.

S. 85 *Der Moment wurde als »Anschluss« bekannt:* Bruno Simma und Hans-Peter Folz: *Restitution und Entschädigung im Völkerrecht. Die Verpflichtungen der Republik Österreich nach 1945 im Lichte ihrer außenpolitischen Praxis* (Böhlau, 2004), S. 200.

S. 86 *»So wurde unser Führer«:* E, CW, 1932–45, S. 22.

II MACHT

S. 89 *»Und doch sollte mit einem Mal ein großes Ereignis alles wenden«:* E, CW, 1932–45, S. 19.

S. 89 *»Großen Jubel empfand jeder Nazi«:* E, CW, 1932–45, S. 19–21.

S. 90 *»voller großer Begeisterung über das große Geschehen in unserer Heimat«:* E, CW, 1932–45, S. 21.

S. 90 *»Als ich nach Wien kam«:* E, CW, 1932–45, S. 22–29.

S. 92 *»der schönste Augenblick […] meines Lebens«:* AC, CW und LR, Kassette 1, Seite 2, undatiert.

S. 92 *»Wähle das, was dich persönlich am meisten interessiert«:* E, CW, *Lebensgeschichte* 1932–45, S. 29.

S. 93 *Kameraden aus dem Deutschen Klub:* Deutscher Klub (1908–39), gegründet in Wien als Teil der größeren Deutschnationalen Bewegung in Österreich, viele Mitglieder waren in den Juliputsch 1934 und den »Anschluss« 1938 verwickelt.

S. 93 *Odilo Globocnik wurde Gauleiter von Wien:* Odilo Globocnik, geb. 21. April 1904, Triest, Österreich-Ungarn; gest. 31. Mai 1945, Paternion, Österreich. Gauleiter von Wien 1938–39 und SS- und Polizeiführer in Lublin 1939–43.

S. 93 *Bischof Pawlikowski, kurzzeitig in Haft:* Predikaka, *Ferdinand Pawlikowski*, S. 84.

S. 93 *Josef Bürckel:* Josef Bürckel, geb. 30. März 1895, Lingenfeld; gest. 28. September 1944, Neustadt an der Weinstraße. Mitglied des Deutschen Reichstags 1930–44 und Gauleiter von Wien 1939–40.

S. 93 *Er gründete die Zentralstelle:* Alexandra-Eileen Wenck, Gabriele Anderl, Dirk Rupnow: *Die Zentralstelle für jüdische Auswanderung als Beraubungsinstitution* (Oldenbourg, 2004).

S. 93 *Einer von ihnen war mein Großvater:* Sands, *Rückkehr nach Lemberg*, S. 63 ff.

S. 93 *Man bot ihm eine Stelle als Staatskommissar an:* »Der Staatskommissar beim Reichsstatthalter in Österreich«, *Völkischer Beobachter*. Berliner Ausgabe, 23. 03. 1938.

S. 94 *»Dr. Arthur Seyß-Inquart«:* »NAZIS LIST 1,742 JAILED IN AUSTRIA; Public Believes That Total in ›Protective Custody‹ Is Five Times That Number«, *New York Times*, 23. 03. 1938: https://www.nytimes.com/1938/03/23/archives/nazis-list-1742-jailed-in-austriapublic-believes-that-total-in.html?searchResultPosition=4.

S. 94 *kehrte Hitler nach Wien zurück:* »Stifter des Neuen Reiches«, *Neue Freie Presse*, 09. 04. 1938: http://anno.onb.ac.at/cgi-content/anno?aid=nfp&datum=19380409&seite=1&zoom=33.

S. 94 *»2. Reihe gesessen. Herrlich«:* T, CW, 1938, 09. 04. 1938.

S. 94 *Führer der Sozialdemokraten Karl Renner:* Karl Renner, geb. 14. Dezember 1870, Untertannowitz, Mähren; gest. 31. Dezember 1950, Wien. Staatskanzler von Österreich 1918–20 und 1945. Bundespräsident von Österreich 1945–50.

S. 94 *»Unterdrückung des verderblichen Einflusses«:* Zit. aus: Oskar Veselsky: *Bischof und Klerus der Diözese Seckau unter nationalsozialistischer Herrschaft* (Dbv-Verlag, 1981), S. 309.

S. 94 *Otto erhielt eine weitere positive Nachricht:* Records of the Reich Leader of the SS and Chief of the German Police, NARA, RG 242, Mikrofilm-Veröffentlichung T175, Rolle 32. Himmler an Standartenführer Dr. Wächter, 09. 06. 1938.

S. 95 *und politische Führer – Ernst Kaltenbrunner:* Zu Kaltenbrunners Festnahme und Verfassung in Nürnberg siehe: https://www.cia.gov/library/center-forthe-study-of-intelligence/kent-csi/vol4no2/html/v04i2a07p_0001.htm.

S. 95 *Hermann Neubacher:* Hermann Neubacher, geb. 24. Juni 1893, Wels, Österreich; gest. 1. Juli 1960, Wien. Bürgermeister von Wien 1938–40.

S. 95 *Professor Norbert Gürke:* Norbert Gürke, geb. 14. März 1904, Graz, Österreich-Ungarn; gest. 29. Juni 1941, Wien. Professor für Völkerrecht, Staatsrecht, Staats- und Volkstheorie an der Universität Wien 1939–41, Autor von *Der Einfluss jüdischer Theoretiker auf die deutsche Völkerrechtslehre*.

S. 95 *»Führer ist da«:* B, CW an OW, 29. 07. 1938.

S. 95 *»Trude […] bei Frau Goebbels & Führer gewesen«:* T, CW, 1938, 31. 07. 1938.

S. 95 *»Ich stillte Horst mit Freude«:* E, CW, 1932–45, S. 36.

S. 97 *»Alle auf nach Kiew!«:* Kurkow, *Ukrainisches Tagebuch*, S. 112 f.

S. 98 *Horsts Haltung war die schwierigere:* Guy Walters: »Haunted by the sins of their Nazi fathers«, *Daily Telegraph*, 18. 02. 2014: https://www.telegraph.co.uk/history/world-war-two/10644048/Haunted-bythe-sins-of-their-Nazi-fathers.html.

S. 100 *Es gab eine polnische Anklage:* »Poland Indicts 10 in 400 000 Deaths. They Head Roster of 3000 War Criminals to be Brought to Trial After Peace«, *New York Times*, 17. 10. 1942: https://timesmachine.nytimes.com/timesmachine/1942/10/17/85600360.pdf.

S. 102 *mit Hilfe von Georg Lippert:* Georg Lippert, geb. 27. Januar 1908, Wien; gest. 14. Oktober 1992, Wien. Österreichischer Architekt.

S. 102 *der namhaften Großbäckerei Ankerbrot:* Ankerbrot, 1891 von Fritz und Heinrich Mendl gegründetes Backwarenunternehmen.

S. 102 *»verschaffte uns […] das Haus der Jüdin Bettina Mendl«:* E, CW, 1932–45, S. 31.

S. 103 *»und um die Gunst seiner Nazi-Kollegen zu gewinnen …«:* Phyllis McDuff: *Leben und Schicksal der Ankerbrot-Erbin Bettina Mendl.* Aus dem Engl. übers. (Amalthea, 2016), S. 199.

S. 103 *»einschließlich der Kunstsammlung …«, »In den Jahren nach dem Zweiten Weltkrieg«:* ebd., S. 200.

S. 103 *Die Villa Mendl habe zweifelsohne »eine herrliche Lage«:* E, CW, 1932–45, S. 32.

S. 104 *»unter uns heute als Volksgenossen …«:* Max Domarus: *Hitler. Reden und Proklamationen 1932–1945. Kommentiert von einem deutschen Zeitgenossen*, I. Band *Triumph* (1932–1938) (Verlagsdruckerei Schmidt, 1962), S. 897 ff.

S. 104 *»Chamberlain mit Führer …«:* Das Sudetenland war eine Grenzregion in der Tschechoslowakei, bewohnt von Sudetendeutschen, die nach dem Zusammenbruch der Österreichisch-Ungarischen Monarchie plötzlich in dem neuen Staat Tschechoslowakei lebten. Nach dem »Anschluss« Österreichs erklärte Hitler sich zum Beschützer der Sudetendeutschen und drang auf Autonomie. Nach Verhandlungen zwischen Hitler, dem britischen Premierminister Chamberlain und dem französischen Ministerpräsidenten Daladier musste die Tschechoslowakei das Sudetenland an das Deutsche Reich abtreten; T, CW, 1938, 23. 09. 1938.

S. 105 *»starken Führung im Dienste …«:* W. E. Yates: *Theatre in Vienna. A Critical History, 1776–1995* (CUP, 1996), S. 224.

S. 105 *Falls sie beim Verlassen des Theaters:* Alan E. Steinweis: *Kristallnacht 1938* (HUP, 2009).

S. 105 *»Ich [war] wieder sehr böse & ekelhaft«:* T, CW, 1938, 09.11.1938; 10.11.1938.

S. 105 *»Danach heim & alleine [auf Mitternacht] gewartet«:* E, CW, *Meine Kinderjahre*, S. 63.

S. 106 *»Verordnung zur Neuordnung …«:* GBlfdLÖ Nr. 160/1938; RGBl I 1938, Nr. 87, S. 607 ff. – »Verordnung zur Neuordnung des österreichischen Berufsbeamtentums« (31.05.1938).

S. 106 *So entfernte er […] Victor Kraft:* Victor Kraft, geb. 4. Juli 1880, Wien; gest. 3. Januar 1975, Wien. Nach seiner Rehabilitierung 1945 Rückkehr in den Bibliotheksdienst und an die Universität, 1947 Generalstaatsbibliothekar und ordentlicher Professor für Philosophie: https://gedenkbuch.univie.ac.at/index.php?id=435&no_cache=1&L=2&no_cache=1&person_single_id=33353.

S. 107 *Friedrich König war ein weiteres Zielobjekt:* Friedrich Wilhelm König, geb. 1. Juli 1897, Adlerkosteletz, Böhmen; gest. 5. Februar 1972, Wien. Geschichtsdozent: https://gedenkbuch.univie.ac.at/index.php?id=435&no_cache=1&L=2&no_cache=1&person_single_id=33313.

S. 107 *»Mischling 1. Grades«:* ÖSta/AdR, BKA, BBV, Der Staatskommissar beim Reichsstatthalter, Otto Wächter an König, 05.06.1939.

S. 107 *»Beamte leitender Stellen«, »Entlassen …«, »… zum Beispiel aus dem Personalstande …«: Rot-Weiß-Rot-Buch. Gerechtigkeit für Österreich*, Teil 1, Wien 1946, S. 77, zit. aus Michael Dippelreiter: »Beamtenentlassungen in den höchsten Dienstklassen nach der nationalsozialistischen Machtübernahme 1938/39«: https://www.univie.ac.at/zeitgeschichte/cms/uploads/Paper-Dippelreiter.pdf.

S. 107 *»Ich habe bei Wächter mancherlei …«:* Peter Broucek (Hrsg): *Ein General im Zwielicht. Die Erinnerungen des Edmund Glaises von Horstenau*, Bd. 2: *Minister im Ständestaat und General im OKW* (Böhlau, 1983), S. 280 (von Horstenau berichtete, Wächter sei »besser als sein Ruf«, und »ich sah wiederholt Akten, in denen Waechter Wünsche irgendwelcher Parteistellen milderte«, S. 333).

S. 107 *früheren Generalprokurator Robert Winterstein:* Robert Winterstein, geb. 26. Juni 1874, Gitschin, Böhmen; gest. 13. April 1940, Konzentrationslager Buchenwald. Generalprokurator 1932–35, 1936–38. Österreichischer Justizminister 1935–36.

S. 107 *Auf Grund des § 4 Abs. 3:* Werner Winterstein: *Anmerkung. Prominent – Die Geschichte der Familie Winterstein 1867–1945* (Böhlau, 2008), S. 121.

S. 108 *»Übergangsposten«:* E, CW, 1932–45, S. 33.

S. 108 *Mit anderen Worten:* AC, CW und LR, Kassette 1, Seite 2. E, CW, 1932–45, S. 33.

S. 108 *»Die ›Nazis‹ meinten, er war zu wenig hart …«:* E, CW, 1932–45, S. 33.

S. 109 *Dann wurde unerwartet Seyß-Inquart:* »Peace Key is Held by Foes, Nazis Say«, *New York Times*, 01. 05. 1939: https://timesmachine.nytimes.com/timesmachine/1939/05/01/113344548.pdf.

S. 109 *»Interessensphären«:* Im deutsch-sowjetischen Nichtangriffspakt, am 23. August 1939 von den Außenministern des Deutschen Reichs und der Sowjetunion in Moskau unterzeichnet, verpflichteten sich die Vertragsparteien, weder Krieg gegeneinander zu führen noch sich mit einem Feind des jeweils anderen zu verbünden. Am 22. Juni 1941 wurde der Pakt einseitig vom Reich beendet, als mit dem Überfall der Wehrmacht auf die Sowjetunion das Unternehmen Barbarossa begann.

S. 109 *Zwei Wochen später:* »The First Pictures of Germany's Invasion and Bombardment of Poland«, *New York Times*, 02. 09. 1939: https://timesmachine.nytimes.com/timesmachine/1939/09/02/93952902.pdf.

S. 109 *und ernannte Dr. Hans Frank:* Hans Frank, geb. 23. Mai 1900, Karlsruhe; gest. 16. Oktober 1946, Nürnberg, Generalgouverneur der deutsch besetzten Gebiete Polens 1939–45; Sands, *Rückkehr nach Lemberg*, S. 285 ff.

S. 109 *Das Gebiet des deutsch besetzten Polen:* Martyn Housden: *Hans Frank. Lebensraum and the Holocaust* (Palgrave Macmillan, 2003); Dieter Schenk: *Hans Frank. Hitlers Kronjurist und Generalgouverneur* (Fischer, 2006); Karl Baedeker: *Das Generalgouvernement. Reisehandbuch* (Karl Baedeker, 1943).

S. 109 *Am 17. Oktober:* OW, CW und Lebenslauf Dr. jur. Karl Otto Gustav (Freiherr von) Wächter, S. 18, zur Verfügung gestellt von HW, in den Unterlagen des Autors.

S. 109 *Nun wurde er voll Freude versetzt:* E, CW, 1938–42 I, S. 11.

S. 110 *»war Polen gewonnen«:* E, CW, 1932–45, S. 34–5.

S. 110 *Binnen Monatsfrist wurde Seyß-Inquart:* Paul R. Bartrop und Eve E. Grimm: *Perpetrating the Holocaust. Leaders, Enablers and Collaborators* (ABCCLIO, 2019), S. 301.

S. 110 *»wie menschlich und einfühlend …«:* E, CW, 1932–45, S. 43.

S. 110 *»… ob seiner Anständigkeit und ob seines guten Charakters«:* AC, CW und EF, ehemaliger SS-Hauptsturmführer, Kassette 8, Seite 2, 24. 11. 1976.

S. 110 *Die Wächters bewohnten eine große Villa:* Jodłowa 13, 30–251 Krakau, Polen. Heute bekannt als Schloss Przegorzały, erbaut in den 1920er Jahren von dem polnischen Architekten Adolf Szyszko-Bohusz als Familienwohnsitz, vom Deutschen Reich beschlagnahmt und für die Familie Wächter zu »Schloss Wartenberg« ausgebaut. Bis 2018 beherbergte es das Institute of European Studies und das Centre for Holocaust Studies der Jagiellonen-Universität. Heute ist es ein Restaurant und Hotel: http://www.uziyada.pl/#.

S. 111 *»Sehr intelligent«:* E, CW, 1932–45, S. 45.

S. 111 *Sie genoss seine Gesellschaften:* Krzeszowice (während der deutschen Besatzung 1941–45 Kressendorf), eine Stadt außerhalb von Krakau. Das örtliche

Potocki Palais wurde bekannt als Haus Kressendorf und diente der Familie Frank als Wohnsitz.

S. 111 *»war maßlos eifersüchtig, doch hatte keinen Grund bei mir«:* E, CW, 1932–45, S. 46.

S. 112 *das »neugierig hervor[guckte]«:* E, CW, 1932–45, S. 47–9.

S. 112 *Frank sprach angeregt über Kunstgewerbe und Bauwesen:* Seit 1633 ist die Kaisergruft unter dem Kapuzinerkloster am Wiener Neuen Markt die letzte Ruhestätte für Mitglieder des Hauses Habsburg.

S. 112 *»Eine lange Reihe von Regierenden«:* E, CW, 1932–45, S. 54f.

S. 112 *»judenreinsten Stadt«:* Zit. nach Christopher Browning: *Die Entfesselung der Endlösung. Nationalsozialistische Judenpolitik 1939–1942.* Mit einem Beitrag von Jürgen Matthäus. Aus dem Amerik. übers. (List, 2006), S. 200.

S. 112 *Die meisten Juden sollten ausgewiesen werden:* Doron Rabinovici: *Instanzen der Ohnmacht. Wien 1938–1945. Der Weg zum Judenrat.* (Jüdischer Verlag, 2019).

S. 113 *SS-Obergruppenführer Friedrich-Wilhelm Krüger:* Friedrich-Wilhelm Krüger, geb. 8. Mai 1894, Straßburg; gest. 10. Mai 1945, Gundertshausen, Österreich. Höherer SS- und Polizeiführer Ost in Krakau 1939–43. Staatssekretär für das Sicherheitswesen im Generalgouvernement 1942–43.

S. 113 *»Erst bis Ihr beide unter der Guillotine stehen werdet«:* E, CW, 1932–45, S. 56.

S. 113 *»Er lehnte es ab, Unschuldige zu erschießen«:* E, CW, 1932–45, S. 57.

S. 113 *nach der berüchtigten »Sonderaktion Krakau«:* »Sonderaktion Krakau« war der Codename für die Nazi-Operation, die sich gegen Professoren und andere Lehrende an den Universitäten in Krakau richtete.

S. 114 *»Auf Befehl Franks hat Dr. Wächter als Vorsichtsmaßnahme«:* Der Prozess gegen die Hauptkriegsverbrecher vor dem Internationalen Militärgerichtshof Nürnberg. 14. November – 1. Oktober 1946. Amtlicher Wortlaut in deutscher Sprache. Hauptverhandlungen. Einhundertzwölfter Tag. Dienstag, 23. April 1946. Nachmittagssitzung: http://www.zeno.org/Geschichte/M/Der+Nürnberger+Prozeß/Hauptverhandlungen/Einhundertzwölfter+Tag.+Dienstag,+23.+April+1946/Nachmittagssitzung.

S. 114 *»Zu dieser Zeit war Wächter …«:* Crowe, *Oskar Schindler*, S. 172.

S. 114 *»strenge Bestrafung«:* Anordnung: »Kennzeichnung der Juden im Distrikt Krakau« (18. 11. 1939).

S. 114 *Walther Funk:* Walther Funk, geb. 18. August 1890, Ostpreußen; gest. 31. Mai 1960, Düsseldorf. Reichswirtschaftsminister 1938–45.

S. 114 *Die Wiener Philharmoniker gastierten: Wiener Bild*, 10. 01. 1940, S. 21, mit einem Bericht über das Gastspiel unter Dirigent Hans Knappertsbusch; siehe auch Fritz Trümpi: »The Repertoire of the Vienna Philharmonic in the Nazi Era«: http://wphdata.blob.core.windows.net/documents/Documents/pdf/NS/ns_truem_05_repertoire_en_v01a.pdf.

S. 115 *»Ich muss morgen wieder …«:* B, OW an CW, 17. 12. 1939.

S. 115 *Zwei deutsche Polizisten: Instytut Pamięci Narodowej* (IPN; Institut für Nationales Gedenken), Album mit Fotos, aufgenommen am 18. Dezember 1939 in Bochnia, Archivnummer BUWa-I-541–277/18, in den Unterlagen des Autors.

S. 116 *»fünf an einen Brunnen gelehnte …«:* Broucek, *Ein General im Zwielicht*, S. 445.

S. 116 *»Es war so sehr schmerzhaft …«:* E, CW, 1932–45, S. 38 f.

S. 116 *Schloss Prielau:* Gerti von Hofmannsthal kaufte Schloss Prielau 1932; die Familie wurde im Zweiten Weltkrieg enteignet, das Anwesen von Josef Thorak erworben. Nach dem Krieg wurde der Besitz der Familie Hofmannsthal zurückgegeben. 1987 kaufte die Familie Porsche das Schloss und wandelte es in ein Hotel um.

S. 116 *von Josef Thorak bewohnt:* Josef Thorak, geb. 7. Februar 1889, Wien; gest. 25. Februar 1952, Hartmannsberg, Deutschland. Bildhauer.

S. 116 *Dr. Franz Rehrl:* Franz Rehrl, geb. 4. Dezember 1890, Salzburg; gest. 23. Januar 1947, Salzburg. Landeshauptmann von Salzburg, 1922–38.

S. 116 *»Wie komme ich [ohne das Bauernhaus] aus der Stadt Wien heraus«:* E, CW, 1932–45, S. 43.

S. 116 *»gute[n], gesunde[n], Erholungstage[n]«:* E, CW, 1932–45, S. 43 f.

S. 117 *Otto wollte den Juden nicht erlauben:* E, OW, *Tagebuchblätter Aufenthalt im Sowjetgebiet vom 29. 4. bis 2. 5. 1940 (04. 05. 1940).*

S. 117 *»Holland kapituliert«:* Antony Beevor: *Der Zweite Weltkrieg.* Aus dem Engl. übers. (Pantheon, 2016). T, CW, 1940: 15. 05. 1940; 18. 05. 1940; 19. 05. 1940; 23. 06. 1940.

S. 117 *»eine wunderbare Hilfe in der Küche«:* E, CW, 1932–45, S. 44 f.

S. 117 *»ein liebes, intelligentes Wesen«:* E, CW, 1932–45, S. 40.

S. 117 *»Leider kein Ende abzusehen«:* B, OW an CW, 13. 11. 1940.

S. 119 *das Adelsprädikat seines Vaters (»von«):* BArch, R 9361-III/561695; *Waechter, Otto – Personenbezogene Unterlagen der SS und SA. OW an den Reichsführer SS; Betrifft: Dortiges Schreiben vom* 18.III.1940, ZK-ECK/0, 01. 04. 1940.

S. 119 *Alle anderen sollten vertrieben werden:* 25. November 1940: http://www.holocaustresearchproject.org/ghettos/krakow/krakow.html.

S. 119 *Am 3. März unterschrieb er den Erlass: Krakauer Zeitung*, 03. 03. 1941. Siehe auch Dieter Schenk: *Krakauer Burg. Die Machtzentrale des Generalgouverneurs Hans Frank, 1939–1945* (Christoph Links Verlag, 2010), S. 144; Crowe, *Oskar Schindler*, S. 172 f.

S. 120 *Tausende mussten ihre Wohnungen:* Crowe, *Oskar Schindler*, S. 174.

S. 120 *»In Krakau gibt es ohnehin zu viele Kirchen …«:* zit aus: Crowe, *Oskar Schindler*, S. 174.

S. 120 *»Die Apotheke […] wurde zur Zeugin …«:* Crowe, *Oskar Schindler* S. 174 f.

S. 120 *»Abendessen bei Wächter«:* Curzio Malaparte, *Journal Secret* (1941–1944) (Quai Voltaire, 2019), S. 45.

S. 121 *berichtete Malaparte: Corriere della Sera,* 22. 03. 1942, S. 3; auch 17. und 22. Februar 1942.

S. 121 *Eine Szene in dem Roman:* Curzio Malaparte, *Kaputt.* Aus dem Ital. übers. (Fischer Taschenbuch, [2]2010), S. 106, 121, 127, 195–230.

S. 123 *Am Abend besuchte sie:* T, CW, 1941, 02. 04. 1941.

S. 124 *In Begleitung von Niklas Frank:* Cecilia Gallerani, 1473–1536, Mätresse des Herzogs von Mailand Ludovico Sforza und von Leonardo da Vinci als *Dame mit dem Hermelin* (ca. 1489) porträtiert.

S. 124 *Ein Freund machte mich mit Bronisława Horowitz bekannt:* Bronisława Horowitz, geb. 22. April 1930, Krakau, Polen; Häftling Nummer 76307.

S. 124 *»Panik, Flugzeuge und Sirenen«:* Hans-Christian Jasch und Christoph Kreutzmüller (Hrsg.): *Die Teilnehmer. Die Männer der Wannsee-Konferenz* (Metropol, 2017).

S. 125 *Otto brachte ihn nach Krakau:* VWI-SWA Galizien 1_Augenzeugenbericht_Galizien 3729–7, Rosa Stephenson.

S. 125 *Später wurden sie in das von Amon Göth geleitete:* Amon Leopold Göth, geb. 11. Dezember 1908, Wien; gest. 13. September 1946, Krakau. Kommandant des Konzentrationslagers Plaszów 1943–44.

S. 126 *wo er Oskar Schindler begegnete:* Oskar Schindler, geb. 28. April 1908, Zwittau; gest. 9. Oktober 1974, Hildesheim. Industrieller.

S. 126 *ein anderes Arbeitslager gebracht, Brünnlitz:* KZ-Außenlager Brünnlitz, 1944–45. Standort des von Oskar Schindler geführten vorgeblichen Rüstungsbetriebs, der gegründet wurde, um die Juden in seiner Belegschaft vor der Deportation in Konzentrationslager zu bewahren.

S. 127 *Ob Otto intervenieren könne:* B, Regierung von Krakau an Otto Schremmer, 21. 04. 1941.

S. 128 *»besonderen Schützling Horsti«:* B, OW an JW, 22. 04. 1941.

S. 128 *Im Juni 1941:* David Stahel: *Operation Barbarossa and Germany's Defeat in the East* (CUP, 2009).

S. 128 *Karl Lasch:* Karl Lasch, geb. 29. Dezember 1904, Kassel; gest. 1. Juni 1942 in Breslau oder Auschwitz. Gouverneur des Distrikts Radom 1939–41 und Gouverneur des Distrikts Galizien 1941–42.

S. 128 *hatte er eine Waltraut kennengelernt:* T, CW, 1941, 30. 05. 1941.

S. 128 *»sehr fad ohne Otto«:* T, CW, 1941, 07. 06. 1941.

S. 128 *»Alles in Ordnung«:* B, CW an OW, 1941, undatiert.

S. 129 *»doch fühle ich mich so glücklich …«:* B, CW an OW, 1941, 15. 10. 1941.

S. 129 *»Otto hat dort den letzten Nagel in einen Balken eingeschlagen«:* T, CW, 1941, 15. 11. 1941.

S. 129 *Pianistin Elly Ney:* Elly Ney, geb. 27. September 1882, Düsseldorf; gest. 31. März 1968, Tutzing. Pianistin.

S. 129 *»Ich sehne mich direkt nach einem getrennten Schlafzimmer«:* T, CW, 1941, 22. 11. 1941.

S. 129 *Es kam zu Konflikten:* BArch, NS 19/806. *Wächter Differenzen mit dem Höheren SS- und Polizeiführer Ost, Krüger.*

S. 129 *»letztendlich radikale Lösung«:* Zit. nach: Bogdan Musial: *Deutsche Zivilverwaltung und Judenverfolgung im Generalgouvernement* (Harrassowitz Verlag, 1999), S. 196.

S. 130 *auf Anordnung von Heinrich Himmler:* Belzec, Key Dates: https://encyclopedia.ushmm.org/content/en/article/belzec-key-dates

S. 130 *»Eingriffe […], die irgendwie zu einem Vernichtungserfolg führen«:* Diensttagebuch Hans Frank, 16. 12. 1941; https://www.ns-archiv.de/personen/frank/16-12-1941.php.

S. 130 *»sich gegen alle Mitleidserwägungen zu wappnen …«:* Diensttagebuch Hans Frank, 16. 12. 1941; https://www.ns-archiv.de/personen/frank/16-12-1941.php.

S. 130 *»Mir wird es auch im kommenden Jahre Freude …«:* B, OW an Hans Frank, 20. 12. 1941.

S. 130 *Staatssekretär Dr. Josef Bühler:* Josef Bühler, geb. 16. Februar 1904; gest. 21. August 1948. Stellvertretender Gouverneur des Generalgouvernements im Rang eines Staatssekretärs 1939–45.

S. 130 *»die Zurückdrängung der Juden aus den einzelnen Lebensgebieten …«:* Besprechungsprotokoll der Konferenz am Großen Wannsee in Berlin am 20. 1. 1942; https://www.ghwk.de/fileadmin/Redaktion/PDF/Konferenz/protokolljanuar1942_barrierefrei.pdf.

S. 131 *»vom Westen nach Osten durchgekämmt«:* Besprechungsprotokoll der Konferenz am Großen Wannsee in Berlin am 20. 1. 1942; https://www.ghwk.de/fileadmin/Redaktion/PDF/Konferenz/protokoll-januar1942_barrierefrei.pdf.

S. 131 *Am nächsten Tag, dem 23. Januar:* »Dr Wächter Gouverneur von Galizien«, 24. 01. 1942, in den Unterlagen des Autors.

S. 131 *»Und der Staatssekretär Kundt […] erzählte mir …«:* AC, CW bei EF, Kassette 8, Seite 1, Teil 1, 24. 11. 1976.

S. 131 *Im Juli 1941 besetzte Deutschland:* Sands, *Rückkehr nach Lemberg*, S. 15, 76.

S. 133 *Ein paar Wochen nach seinem Amtsantritt:* NU, 5. 9, 1942, S. 55: »Anordnung über den Arbeitseinsatz von Juden«, 13. 03. 1942, in den Unterlagen des Autors.

S. 133 *die große Villa in der Leuthenstraße 11:* Die Straße heißt heute »Ivana-Franka-Straße«: https://www.lvivcenter.org/en/streets/Leuthenstrasse/.

S. 133 *»Seine Freude war enorm«:* E, CW, 1938–42 I, S. 28.

S. 134 *hoffe er, die Aufgabe zu meistern:* B, OW an JW, 12. 02. 1942.

S. 134 *Zu seinem Team gehörten Dr. Egon Höller:* Egon Ambros Höller, geb. 16. Juli 1907, Kritzendorf, Österreich-Ungarn; gest. 9. August 1991, Kreuth. Stadthauptmann Lemberg 1942–44.

S. 135 *Abteilungsleiter und Stellvertreter Otto Bauer:* Otto Bauer, geb. 1. April 1888, Ravensburg; gest. 9. Februar 1944, Lemberg. Abteilungsleiter Innere Verwaltung 1941–44.

S. 135 *SS-Gruppenführer Theobald Thier:* Theobald Thier, geb. 12. April 1897, Stuttgart; gest. 12. Juli 1949, Krakau. SS-Brigadeführer und Polizeimajor 1942–45.

S. 135 *Erich Koch als Reichskommissar der Ukraine:* Erich Koch, geb. 19. Juni 1896, Elberfeld; gest. 12. November 1986, Barczewo, Polen. Gauleiter von Ostpreußen 1928–45.

S. 135 *den Metropoliten Andrej Scheptyzkyj:* Andrej Scheptyzkyj, geb. 29. Juli 1865, Prylbytschi, Königreich Galizien und Lodomerien; gest. 1. November 1944, Lwiw, Ukraine. Erzbischof von Lemberg und Metropolit der Ukrainischen griechisch-katholischen Kirche 1901–04.

S. 135 *Artikel über Religionswissenschaft und Musikerziehung, die im* Reich *erschienen: Das Reich* (1940–45), von Propagandaminister Joseph Goebbels gegründete Wochenzeitung.

S. 135 *»Man merkt hier, wie in allen anderen Dingen«:* B, OW an CW, 20. 04. 1942.

S. 136 *»heilige Verpflichtung …«:* Zit. nach Timothy Snyder: *Bloodlands. Europa zwischen Hitler und Stalin.* Aus dem Engl. übers. (dtv [2]2014), S. 269.

S. 136 *»Ich bin mit dem Herzen …«:* B, OW an CW, 05. 06. 1942; B, CW an OW, 08. 06. 1942.

S. 136 *»Ich zog Stiefel von Frank an«:* T, CW, 1942, 01. 02. 1942.

S. 136 *»ins Führerhauptquartier«:* T, CW, 1942, 04. 03. 1942.

S. 136 *»Er Klavier gespielt …«:* T, CW, 1942, 06. 03. 1942.

S. 136 *»Seine Luft eingeatmet«:* T, CW, 1942, 07. 05. 1942.

S. 137 *»[…] von G. G. geträumt:* T, CW, 1942, 21. 06. 1942.

S. 137 *enthob Hitler ihn der meisten Ämter:* Hermann Weiß (Hrsg.): *Personenlexikon 1933–1945* (Tosa Verlag, 2003); https://de.wikipedia.org/wiki/Hans_Frank.

S. 137 *Frank sagte seiner Frau:* Sands, *Rückkehr nach Lemberg*, S. 317 ff.

S. 137 *»Er scheint geisteskrank. Liebt eine andere«:* T, CW, 1942, 23. 09. 1942.

S. 137 *»Hast du schon einmal versucht, hier anzurufen?«:* B, CW an OW, 15. 06. 1942.

S. 138 *»In treuer Liebe …«:* Lemberg, 08. 08. 1942.

S. 138 *»Ich muss sagen, Parteigenosse Wächter …«:* zit. nach *Deutsche Politik in*

Polen 1939–1945. Aus dem Diensttagebuch von Hans Frank. Generalgouverneur, hrsg. von Immanuel Geiss und Wolfgang Jacobmeyer (Leske + Budrich, 1980), S. 126; Sands, *Rückkehr nach Lemberg,* S. 323–325.

S. 138 *»innerhalb eines halben Jahres …«:* Vermerk über eine Besprechung am 6. August 1942, über die Umsiedlung der Juden, an der Losacker, Katzmann, Bauer, Gereis teilnahmen, in den Unterlagen des Autors.

S. 139 *»In Lemberg war viel zu tun …«:* B, OW an CW, 16. 08. 1942.

S. 140 *»Ich kam am Flugplatz gerade noch zurecht«:* B, OW an CW, 20. 08. 1942.

S. 140 *»teilweise geradezu beschämt«:* B, OW an CW, 20. 08. 1942.

S. 140 *Anfang September erhielt Martin Bormann:* Martin Bormann, geb. 17. Juni 1900, Halberstadt; gest. 2. Mai 1945, Berlin. Reichsleiter, Chef der Parteikanzlei 1941–45.

S. 140 *»sehr tüchtige[r]«:* Abschrift, Beauftragter des Reichsleiters M Bormann (13. 09. 1942).

S. 141 *klinge es noch besser:* B, CW an OW, 23. 08. 1942.

S. 141 *nicht zuletzt Herbert von Karajan:* »Karajan. Fast wäre er ein Zeller geworden«, *Salzburger Nachrichten,* 23. 08. 2017: https://www.pressreader.com/austria/salzburger-nachrichten/20170823/282282435421614.

S. 141 *»Ich bin gespannt wer sie erhält«:* B, CW an OW, 23. 08. 1942.

S. 141 *»unbeschreiblich schön«:* B, CW an OW, 27. 08. 1942.

S. 142 *»Juden werden in steigender Masse ausgesiedelt …«:* B, OW an CW, 29. 08. 1942.

S. 143 *»einen sehr guten Einblick …«:* B, OW an CW, 10. 09. 1942.

S. 143 *»Der Lebensweg ist eben sehr hügelig«:* B, CW an OW, 15. 08. 1942.

S. 143 *»für das schöne Bild aus Lemberg«:* BArch, R 9361-III/561695; *Waechter, Otto – Personenbezogene Unterlagen der SS und SA. Der Reichsführer SS. Einschreiben an SS-Brigadeführer Gouverneur Dr. Wächter,* 19. 01. 1943.

S. 143 *an seinen Adjutanten, SS-Obergruppenführer Karl Wolff:* Karl Wolff, geb. 13. Mai 1900, Darmstadt; gest. 15. Juli 1984, Rosenheim. Höchster SS- und Polizeiführer in Italien 1943–45, Bevollmächtigter General der Deutschen Wehrmacht in Italien, 1944–45.

S. 143 *Hans Frank rangierte als Nummer eins: New York Times,* 17. Oktober 1942.

S. 146 *Er erinnerte sich an die erste »Aktion«:* Dieter Pohl: »Ivan Kalymon, the Ukrainian Auxiliary Police, and the Nazi Anti-Jewish Policy in L'viv, 1941–1944«, *Report for the Office of Special Investigations,* US-Justizministerium, 31. Mai 2005; Dieter Pohl: *Nationalsozialistische Judenverfolgung in Ostgalizien 1941–1944* (Oldenbourg, ²1997).

S. 146 *»Meine Papiere und ein Ausweis …«: Anordnung über den Arbeitseinsatz von Juden,* 13. 03. 1942, Drohobytsch, in den Unterlagen des Autors.

S. 148 *»Ich möchte gern wissen …«:* B, Myron Taylor an Kardinal Maglione, 26. 09. 1942, NARA, in den Unterlagen des Autors.

S. 149 *verfasste seinen Abschlussbericht:* Bericht von Fritz Katzmann zur »Lösung der Judenfrage im Distrikt Galizien«, 20. 06. 1943: https://www.herder-institut.de/no_cache/digitale-angebote/dokumente-und-materialien/themenmodule/quelle/1672/details/2517.html.

S. 149 *Otto nutzte die Gelegenheit:* Olesya Khromeychuk: *Undetermined Ukrainians. Post-war narratives of the Waffen SS »Galicia« Division* (Peter Lang, 2013), S. 3.

S. 150 *Er wollte eine allgemeine Wehrpflicht:* EM, HJS an PS, 12. 09. 2018.

S. 150 *»Sie verlangten nach ›Gleichberechtigung‹ …«:* E, CW, 1932–45, S. 66.

S. 150 *»… einer d[er] traurigsten Tage …«:* Geoffrey Roberts: *Victory at Stalingrad* (Routledge, 2013). T, CW, 1943, 03. 02. 1943.

S. 150 *»So hatten wir für 100 Schwerstverletzte …«:* E, CW 1932–45.

S. 151 *Sie mochte Stützen inzwischen ebenfalls:* T, CW, 1943, 07. 03. 1943.

S. 151 *»Als ich aufgewacht war …«:* T, CW, 1943, 05. 05. 1943.

S. 151 *Zwei Wochen später wurde Mussolini gestürzt:* Christopher Duggan: *A Concise History of Italy* (CUP, [2]2014).

S. 151 *… dass »der Glaube an den Führer nach wie vor unermesslich« sei:* T, CW, 1943, 28. 08. 1943.

S. 151 *»I like flirting with this child«:* D, CW, 1943, 28. 09. 1943; 23. 09. 1943; 30. 09. 1943.

S. 152 *Rudolf Pavlu wurde wegen eines nicht näher benannten Fehlverhaltens:* AC, CW und EF, Kassette 2, Seite 2, 24. 11. 1976. Siehe auch: »Law Report of Trials of War Criminals«, *The United Nations War Crimes Commission*, Bd. VII, 1948, S. 3 – Prozess gegen Hauptsturmführer Amon Leopold Göth; verfügbar auf: https://www.loc.gov/rr/frd/Military_Law/pdf/Law-Reports_Vol-7.pdf.

S. 153 *um an den Kessel von Brody zu erinnern:* Kessel von Brody (1944), Einkesselung des deutschen XIII. Armeekorps einschließlich der 14. Waffen-SS-Division »Galizien« im Juli/August 1944 durch Truppen der sowjetischen 13. Armee im Rahmen der Lwiw-Sandomierz-Operation der 1. Ukrainischen Front der Roten Armee. Die deutschen Verbände wurden fast vollständig aufgerieben.

S. 155 *Am nächsten Tag fuhren wir:* Sands, *Rückkehr nach Lemberg*, S. 46 ff.

S. 157 *Sympathisanten der Allukrainischen Vereinigung »Swoboda«:* Swoboda, 1995 gegründete ukrainische nationalistische Partei, die weithin als antisemitisch gilt.

S. 159 *Pidhirzi mit der gleichnamigen »Burg«:* Die Burg Pidhirzi liegt etwa 80 km von Lwiw entfernt, erbaut zwischen 1635 und 1640 als Residenzschloss für Stanisław Koniecpolski, einen reichen polnischen Militärbefehlshaber.

S. 160 *Der Attentäter war ein als deutscher Soldat getarnter:* Michael James Melnyk: *The History of the Galician Division of the Waffen-SS, Bd. I: On the Eastern Front, April 1943 to July 1944* (Fonthill Media, 2016), S. 156.

S. 160 *»Hier geht es trotz allen Schwierigkeiten …«:* B, OW an JW, 01. 03. 1944.

S. 160 *Schließung des Lagers Janowska:* Zwangsarbeitslager Lemberg-Janowska, Lwiw, September 1941 bis November 1943. Schätzungen zufolge durchliefen etwa 100 000 Insassen das Lager, von denen etwa 40 000 ermordet wurden.

S. 161 *»wer weiß, wie lange es noch dauert …«:* E, CW, 1932–45, S. 70–71.

S. 161 *Insgesamt 335 italienische Zivilisten:* Alessandro Portelli: *The Order Has Been Carried Out* (Palgrave Macmillan, 2003); Robert Katz: *Mord in Rom.* Aus dem Engl. übers. (Desch, 1968) (verfilmt als *Massaker in Rom*).

S. 161 *»Doch ich war eisern …«:* E, CW, 1932–45, S. 72.

S. 162 *Als die Rote Armee keine 125 Kilometer:* T, CW, 1944, 17.04. 1944.

S. 162 *»Ich befördere den SS-Brigadeführer Dr. Otto Wächter …«:* BArch, R 9361-III/561695; *Waechter, Otto – Personenbezogene Unterlagen der SS und SA. Führerhauptquartier,* 16. 05. 1944.

S. 162 *»Ich werde mich bemühen …«:* BArch, R 9361-III/561695; *Waechter, Otto – Personenbezogene Unterlagen der SS und SA. Dr. Otto G Wächter an den Reichsführer-SS und Chef der Deutschen Polizei,* 03. 06. 1944.

S. 162 *Am 4. Juni marschierten die 88. Infanteriedivision der US Army und andere:* Edward Kennedy: »Nazis Wreck Area in Front of Rome«, *New York Times,* 04. 06. 1944: https://timesmachine.nytimes.com/timesmachine/1944/06/04/85157507.pdf; Milton Bracker: »Road to Rome Hard Fought Yet Crowded with Civilians«, *New York Times,* 05. 06. 1944: https://timesmachine.nytimes.com/timesmachine/1944/06/05/86725571.pdf; Herbert L. Matthews: »Conquerors' Goal Reached by Allies«, *New York Times,* 05. 06. 1944: https://timesmachine.nytimes.com/timesmachine/1944/06/05/86725572.pdf.

S. 162 *»Und so hoffe ich doch …«:* B, CW an OW, 04. 07. 1944.

S. 162 *»Gott sei Dank nichts passiert«:* Hans Royce: *20. Juli 1944* (Berto Verlag, 1961), S. 180–81; T, CW, 1944, 20. 07. 1944; 21. 07. 1944.

S. 163 *»praktisch verloren«: Das Diensttagebuch des deutschen Generalgouverneurs in Polen* (Deutsche Verlags-Anstalt, 1984), 26. Juli 1944, S. 890.

S. 163 *»König ohne Land«:* B, OW an CW, 27. 07. 1944.

S. 163 *»Es war auch sein gr[oßes] Anliegen …«:* E, CW, 1932–45, S. 74.

S. 164 *Himmler versetzte ihn nach Italien: Fernschreiben des Reichsführers-SS an Gouverneur SS-Gruppenführer Wächter,* 01. 08. 1944, in den Unterlagen des Autors.

S. 164 *»als Verbindungsmann von Hitler …«:* E, CW, 1932–45, S. 75.

S. 164 *die Journalistin Melitta Wiedemann:* Melitta Wiedemann, geb. 2. April 1900, Sankt Petersburg, Russland; gest. 13. September 1980, München. Journalistin, Herausgeberin und Schriftleiterin der Zeitschrift *Die Aktion* 1939–44.

S. 164 *»Außerdem hatten wir ein nettes Mädchen …«:* E, CW, 1932–45, S. 76–77.

S. 165 *»Ich schwimme nach Möglichkeit viel«:* B, OW an CW, 20.08.1944.

S. 166 *»ein echtes deutsches Führerkind«:* B, CW an OW, 26.08.1944.

S. 166 *Der Reichsführer erkundigte sich:* Telegramm, HH an OW, 13.10.1944, in den Unterlagen des Autors.

S. 166 *»Von allen Seiten kamen sie uns …«:* E, CW, 1932–45.

S. 166 *»Kopfhängen und viel überlegen …«:* B, OW an CW, 06.09.1944.

S. 166 *»Mit gutem Gewissen und aufrecht …«:* B, OW an CW, 20.09.1944.

S. 166 *Im September bestätigte Hans Frank:* Telegramm an OW, 02.09.1944, in den Unterlagen des Autors.

S. 166 *»Eben war ich mit Globus beisammen …«:* B, OW an OW jr., 26.08.1944; B, OW an CW, 10.09.1944. Globocnik versetzte die meisten der Männer, die mit ihm im Generalgouvernement bei der Aktion Reinhardt zusammengearbeitet hatten, nach Triest, wo sie die Abteilung R bildeten, deren Aufgabe es war, Juden und Partisanen zu fassen: Stefano di Giusto und Tommaso Chiussi: *Globočnik's Men in Italy, 1943–45. Abteilung R and the SS-Wachmannschaften of the Operationszone Adriatisches Küstenland* (Atglen, PA., Schiffer, 2017).

S. 167 *General Wolffs Stabschef notierte:* BArch, R/70/Italien/3 – *Tagebuch des Führungsstabes.*

S. 167 *Er schrieb an den meisten Tagen:* B, OW an CW, 17.11.1944; B, OW an CW, 25.11.1944.

S. 168 *»Ich kenne doch Ihren Gatten besser wie Sie«:* B, CW an Brigitte Frank, 17.11.1944.

S. 168 *»sehr optimistisch«:* B, OW an Hella Jasper-Leithe, 16.12.1944.

S. 168 *der Kampf des Guten und Gerechten gegen die Vernichtungswut: Weihnachtsrede des Gruppenführers Dr. Wächter bei der A. O. der NSDAP Ortsgruppe Fasano*, 17.12.1944, in den Unterlagen des Autors.

S. 169 *»so werden sich die Juden immer einig sein«:* B, CW an OW, 09.12.1944.

S. 170 *»dass wir in der schweren Zeit alle beisammen …«:* B, CW an OW, 06.01.1945; B, OW an CW, 10.01.1945.

S. 170 *Während oben am Himmel alliierte Bomberverbände:* B, CW an OW, 06.01.1945.

S. 170 *Sie freute sich über die Pakete Kaffee:* B, CW an OW, 14.01.1945.

S. 170 *ein Mann, auf dessen Schultern:* B, OW an CW, 08.02.1945.

S. 170 *und Italien ebenfalls »heikel« sei:* B, OW an CW, 14.01.1945; B, OW an CW, 19.01.1945; B, OW an CW, 23.01.1945.

S. 170 *Ja, er unterstütze ihre Idee:* B, OW an CW, 15.01.1945.

S. 170 *»So ist das schöne Reich wieder ganz zerschlagen …«:* B, CW an OW, 24.01.1945.

S. 171 *»Nun sitzt der König ohne Land …«:* B, CW an OW, 26.01.1945.

S. 171 *Die Lage heute sei trostlos:* B, CW an OW, 30.01.1945.

S. 171 *Als Otto eine weitere Hitler-Rede:* B, OW an CW, 31.01.1945.
S. 171 *»100derte von fremdländ. Arbeitern …«:* B, CW an OW, 17.02.1945.
S. 171 *»den Blick über den Garten u. See auf die Berge«:* B, OW an CW, 11.02.1945.
S. 171 *Otto machte sich Sorgen wegen der alliierten Angriffe:* B, OW an CW, 09.02.1945.
S. 171 *»Die Schicksale wirbeln …«:* B, OW an CW, 08.02.1945.
S. 171 *»Es wäre für dieses brave, treue, anständige und so tapfere Volk …«:* B, OW an CW, 17.02.1945.
S. 171 *Eine Dienstreise weckte Kindheitserinnerungen:* B, OW an CW, 10.02.1945.
S. 172 *der deutsche Staatsminister für Böhmen und Mähren Karl Hermann Frank:* Karl Hermann Frank, geb. 24. Januar 1898, Karlsbad, Böhmen; gest. 22. Mai 1946 Prag. Staatsminister für Böhmen und Mähren 1942–45.
S. 172 *Stattdessen verlangte Gottlob Berger:* Gottlob Berger, geb. 16. Juli 1896, Gerstetten; gest. 5. Januar 1975, Stuttgart. Chef des SS-Hauptamtes 1940–45.
S. 172 *Gesucht wurde »in diesen schweren Tagen eine Persönlichkeit«:* Telegramm von Berger an Himmler vom 28. Januar 1945, in den Unterlagen des Autors.
S. 172 *»Ich weiß, daß W. für Sie ein ausgezeichneter Mitarbeiter ist«:* Telegramm von Himmler an Wolff vom 30. Januar 1945, in den Unterlagen des Autors.
S. 172 *Die Rede war von der kleinen Armee:* Die Russische Befreiungsarmee, auch als Wlassow-Armee bezeichnet, die in den Jahren 1944–45 aktiv war, bestand aus russischen Überläufern, ehemaligen sowjetischen Kriegsgefangenen und russischen Freiwilligen, die sich zur Wehrmacht meldeten.
S. 172 *Keineswegs begeistert darüber, Italien zu verlassen:* B, OW an CW, 28.01.1945.
S. 173 *»Noch weiter Ruinen, der Verkehr noch gedrosselter«:* B, OW an CW, 24.03.1945.
S. 173 *unter Führung von General Pawlo Schandruk:* Pawlo Schandruk, geb. 28. Februar 1889, Borsuky, Wolhynien; gest. 15. Februar 1979, New Jersey, USA. Leiter des Ukrainischen Nationalkomitees, Kommandeur der Ukrainischen Nationalarmee 1945.
S. 173 *Anfang Februar verlangte Stalin in Jalta:* Die Konferenz von Jalta zwischen den USA, Großbritannien und der Sowjetunion fand vom 4.–11. Februar 1945 statt, um über Europas Nachkriegszukunft zu entscheiden.
S. 173 *»Die Vertreter aller Ostvölker …«:* B, OW an CW, 19.03.1945.
S. 173 *und vereinbarte die Gründung eines Ukrainischen Nationalkomitees:* Die Ukrainische Nationalarmee wurde im März 1945 geschaffen, um die gegen die Sowjetunion kämpfenden ukrainischen Streitkräfte zu vereinigen, sie war eine Unterorganisation des Ukrainischen Nationalkomitees (UNC), gegründet im März 1945 als alleinige Vertreterin der Ukraine.

S. 174 *den Kommandeur der Waffen-SS-Division Galizien, Generalmajor Fritz Freitag:* Fritz Freitag, geb. 28. April 1894, Allenstein, Ostpreußen; gest. 10. Mai 1945, Graz, Österreich. Kommandeur der Waffen-SS-Division Galizien 1943–44.

S. 174 *Otto unterstützte Schandruks Vorschläge:* Khromeychuk, *Undetermined Ukrainians*, S. 19.

S. 174 *Er wollte, dass die UNA:* Michael Melnyk: *The History of the Galician Division of the Waffen SS*, Bd. II: *Stalin's Nemesis* (Fonthill Media, 2016).

S. 174 *Ich fand keinen Hinweis:* Kerstin von Lingen: *Allen Dulles, the OSS, and Nazi War Criminals. The Dynamics of Selective Prosecution* (CUP, 2013).

S. 174 *Er traf sich mit General Wolffs Stabschef:* BArch R 70/Italien/3 – *Tagebuch des Führungsstabes* (etwa 28. April 1945); EM, JE an PS, 08. 04. 19.

S. 174 *Am 29. April unterschrieb Hitler:* Heiratsurkunde, privates und politisches Testament, verfügbar auf: https://catalog.archives.gov/id/6883511.

S. 174 *Er bestimmte Großadmiral Karl Dönitz:* Karl Dönitz, geb. 16. September 1891, Grünau bei Berlin; gest. 24. Dezember 1980, Aumühle. Oberbefehlshaber der Kriegsmarine 1943–45, Oberbefehlshaber der Wehrmacht und »Reichspräsident« 1945.

S. 174 *Am folgenden Tag beging Hitler Selbstmord:* »The End of Hitler«, *New York Times*, 2. Mai 1945: https://timesmachine.nytimes.com/timesmachine/1945/05/02/313695522.pdf.

S. 175 *Angeblich wurde er dort zusammen mit Globocnik:* Pavlo Shandruk: *Arms of Valor* (R. Speller, 1959), S. 273; zu Ottos Anwesenheit in Timau siehe: Pier Arrigo Carnier: »Storia della Chiesa di ›Christo Re‹ – Timau«, in: *Asou Greats*, Nr. 51, April 2006, S. 11–14; https://drive.google.com/file/d/0BwYsaQ_4psX7QXcycWYocDBock1RWE5XMXFCZ3NVMDhzNE5v/view; und »Storia di una Donazione Tedesca, Verifi catasi Durante la Ritirata in Carnia, 2 Maggio 1945« (23. August 2013): http://pierarrigocarnier storicoegiornalista.blogspot.com/2013/08/storia-di-una-donazione-tedesca.html (Quellen: Dr. Franz Hradetsky, SS-Hauptsturmführer, Befehlshaber des Waffen-SS-Kommandos »Adria« in Triest, und Ernst Lerch, SS-Sturmbannführer und ehemaliger Stabsführer für Odilo Globocnik in Lublin und später in Triest.

S. 175 *Insgeheim jedoch äußerte er:* Shandruk, *Arms of Valor*, S. 277–280.

S. 175 *»Meine Sorge um die noch so Kleinen war groß«:* E, CW, 1932–45, S. 93.

S. 175 *»Mir war so schrecklich zu Mute …«:* E, CW, 1932–45, S. 94.

S. 175 *Am 8. Mai endete der Krieg:* Beller, *Concise History of Austria*, S. 245 f.

S. 175 *»Gestern war der gr. Siegestag der Feinde«:* E, CW, Geburtsbuch, S. 174.

S. 176 *»verbrannte ich einen Teil …«:* E, CW, 1932–45.

S. 176 *Die US Army rückte am Morgen des 9. Mai:* Stephen Ambrose: *Band of Brothers* (Simon & Schuster, 1992), S. 274.

S. 176 *»[Sie] legten sich in unsere Betten«:* E, CW, 1932–45, S. 98.
S. 176 *»Aber ich wurde Fatalist …«:* E, CW, 1932–45, S. 100–102.
S. 178 *»Dort wo es eingegraben wurde, war ein Loch …«:* E, CW, 1932–45, S. 103.
S. 178 *»Meine Freunde waren alle eingesperrt …«:* E, CW, 1932–45, S. 104–105.
S. 178 *Bedauern über ihr Handeln in »Panikstimmung«:* E, CW, 1942–45 II, S. 32–33; E, CW, 1945–47 III, S. 5–6.
S. 179 *Noch am selben Tag ergab sich Kesselring:* Kerstin von Lingen: *Kesselring's Last Battle. War Crimes Trials and Cold War Politics, 1945–1960* (University Press of Kansas, 2009).
S. 179 *»Von diesem Zeitpunkt an fehlt auch für uns …«:* B, F. Ostheim an CW, 1948.
S. 179 *Er bat, in Ruhe gelassen zu werden:* Shandruk, *Arms of Valor*, Kapitel 29.

III FLUCHT

S. 182 *»Einige Monate, nachdem wir das Dorf verlassen hatten …«:* Natalia Ginzburg: *Winter in den Abruzzen*, in: dies.: *Kleine Prosa: Winter in den Abruzzen. Porträt eines Freundes. Er und ich.* Aus dem Ital. (Friedenauer Presse, 1988), S. 3–7, hier S. 7.
S. 183 *»Ein Film … über ein schwieriges Gespräch«:* Pat Padua: »What Our Fathers Did. A Nazi Legacy brings up a difficult conversation', *Washington Post*, 12. 11. 2015: https://www.washingtonpost.com/goingoutguide/movies/what-our-fathers-did-a-nazi-legacy-brings-up-a-difficult-conversation/2015/11/12/e2484c4e-84ab-11e5-a7ca-6ab6ec20f839_story.html?utm_term=.dec177429fdb.
S. 183 *»Verstörend«:* Peter Bradshaw: »My Nazi Legacy review – the poison of the past lives on«, *Guardian*, 19. 11. 2015: https://www.theguardian.com/film/2015/nov/19/my-nazi-legacyreview-the-poison-of-the-past-lives-on.
S. 183 *»Packend und überzeugend«:* Leba Hertz: »Two sons of Nazi fathers take two views«, *SF GATE*, 12. 11. 2015: https://www.sfgate.com/movies/article/Two-sons-take-two-views-of-their-Nazi-fathers-6625367.php.
S. 183 *»Entsetzlich packend«:* Deborah Ross: »What's it like to have a Nazi for a father?«, *Spectator*, 21. 11. 2015: https://www.spectator.co.uk/2015/11/whats-it-like-to-have-a-nazi-for-a-father/.
S. 184 *»beunruhigend«:* Justin Chang: »Film Review: ›What Our Fathers Did. My Nazi Legacy‹, *Variety*, 10. 11. 2015: https://variety.com/2015/film/reviews/what-our-fathers-did-review-a-nazi-legacy-1201637890/.
S. 184 *»verpflichtet sind, die Wahrheit des Geschehenen zu akzeptieren«:* Ken Jaworowski: »Review: What Our Fathers Did. My Nazi Legacy«, *New York Times*,

05.11.2015: https://www.nytimes.com/2015/11/06/movies/review-what-our-fathersdid-a-nazi-legacy.html.

S. 184 *»Horsts verblendete Vergötterung seines Vaters«:* Lizzie Crocker: »Forgiving my Nazi Father. A Horrific Past Made Present«, *Daily Beast*, 17.04.2015: https://www.thedailybeast.com/forgiving-my-nazi-father-a-horrific-past-made-present; Teo Bugbee: »What It's Like Growing Up With a Nazi«, *Daily Beast*, 08.11.2015: https://www.thedailybeast.com/what-its-like-growing-up-with-a-nazi.

S. 186 *Charlotte legte ausführlich Sinn und Zweck:* EM, Kerstin von Lingen an PS, 23.05.2019.

S. 186 *»Nun habe ich mich heute fix entschlossen …«:* E, CW, 1938–42 I, S. 2.

S. 188 *»Dezember 1966 …«:* AC, CW und Melitta Wiedemann, Kassette 2, Seite 2, 02.04.1977.

S. 190 *Sie stellte interessante und komplexe Fragen:* Lisa Jardine: *Temptation in the Archives. Essays in Golden Age Dutch Culture* (UCL Press, 2015), S. 1–17.

S. 192 *Karl Renner, soeben ernannter Chef:* Beller, *Concise History of Austria*, S. 247 ff.

S. 192 *»Die Nazilehrer teilweise …«:* E, CW, 1932–45, S. 109, 113.

S. 193 *»weil der Katholik im Juden durchwegs …«:* Predikaka, *Ferdinand Pawlikowski*, S. 91.

S. 193 *Artikel in der Wiener Zeitung:* S3.1030 ZE Otto und Charlotte Wächter; Military Government – Austria, Property Register, verfügbar auf: www.fold3.com/image/306459764; »Ratskammerbeschluss«, *Wiener Zeitung*, 29.12.1946: in den Unterlagen.

S. 193 *Das Ende des »1000jährigen Reiches«:* E, CW, 1932–45, S. 127–8.

S. 194 *»Ich trat ein, ließ ihn sitzen …«:* E, CW, 1932–45, S. 129–36.

S. 194 *»Der Siegesrausch, den wir wie ein Traum nach 4 Jahren erlebten …«:* E, CW, 1938–42 I, S. 5–7.

S. 195 *Ein neuer Direktor vereitelte:* In den Unterlagen des Autors. *Beiliegendes Schreiben an Landeshauptmann Machold*, 150/Vw/R/Md, 04.09.1945.

S. 195 *»Blaschke, ehemaliger Bürgermeister von Wien …«: London Information of the Austrian Socialists in Great Britain*, 15.12.1945, S. 7–8.

S. 196 *»Österreich klagt an!«: Oberösterreichische Nachrichten*, 04.12.1945: http://anno.onb.ac.at/cgi-content/anno?aid=oon&datum=19451204&seite=1&zoom=33&.

S. 196 *Ende Mai wurde der »liebe Globus«:* David Lester: *Suicide and the Holocaust* (Nova Science, 2005), S. 11.

S. 196 *Ottos Erzfeind im Generalgouvernement:* Nicolas Patin: *Krüger. Un Bourreau Ordinaire* (Fayard, 2017), S. 207. Siehe auch: Lester, *Suicide and the Holocaust*, S. 11.

S. 196 *Kurz darauf wurden seine Frau Margarete:* James MacDonald: »Arch Criminal Dies«, *New York Times*, 25.05.1945: https://timesmachine.nytimes.

com/timesmachine/1945/05/25/88233713.pdf; »Frau Himmler Calm at News of Husband«, *New York Times*, 13. 07. 1945: https://timesmachine.nytimes.com/timesmachine/1945/07/13/94856204.pdf.

S. 196 *»Hiesiger Soldat hilft …«:* »Local Soldier Helps Locate Frau Himmler«, *Jersey Journal*, 16. 05. 1945.

S. 196 *Hans Frank wurde in Bayern verhaftet:* Sands, *Rückkehr nach Lemberg*, S. 287–357.

S. 196 *Ernst Kaltenbrunner, Ottos engster Freund:* »The Last Days of Ernst Kaltenbrunner«: https://www.cia.gov/library/center-for-the-study-of-intelligence/kent-csi/vol4no2/html/v04i2a07p_0001.htm.

S. 196 *Horsts Paten Arthur Seyß-Inquart:* »Canadians Arrest Nazi Trojan Horse«, *New York Times*, 09 .05. 1945: https://timesmachine.nytimes.com/times machine/1945/05/09/88225382.pdf.

S. 196 *Die drei Kameraden schafften es auf die Liste:* Telford Taylor: *Die Nürnberger Prozesse. Hintergründe, Analysen und Erkenntnisse aus heutiger Sicht*. Aus dem Amerik. übers. (Heyne, 1996).

S. 197 *Ein Jahr später, am 1. Oktober 1946:* »Sketches of the 11 Nazi Leaders Who Paid With Their Lives at Nuremberg for War Crimes«, *New York Times*, 16. 10. 1946: https://timesmachine.nytimes.com/timesmachine/1946/10/16/107146522.pdf.

S. 197 *Ihre sterblichen Überreste wurden:* Thomas Darnstädt: »Der Zweite Weltkrieg. Ein Glücksfall der Geschichte«, *Der Spiegel*, 04. 04. 2005: https://www.spiegel.de/spiegel/print/d-39916258.html.

S. 197 *Vom Obersten Nationalen Tribunal Polens:* »Nazi Hanged in Poland; Buehler Convicted in Killing 2 Million, Vast Deportation«, *New York Times*, 23. 08. 1948: https://timesmachine.nytimes.com/timesmachine/1948/08/23/96597127.pdf.

S. 197 *Rudolfs Pvalu wurde im April 1949:* Bernd-A. Rusinek: *Der Fall Greifeld, Karlsruhe – Wissenschaftsmanagement und NS-Vergangenheit* (KIT – Scientific Publishing, 2019), S. 311.

S. 197 *Georg von Ettingshausen verschwand:* Siehe: USHMM, Hans Fischböck Papers, Zeitungsausschnitte 1966–67: https://collections.ushmm.org/search/cataog/irn652282#?rsc=187553&cv=2&xywh=-1015%2C0%2C4567%2C3195&c=0&m=0&s=0.

S. 197 *Fritz Katzmann, Ottos SS-Kollege:* Thomas Sandkühler: *»Endlösung« in Galizien. Der Judenmord in Ostpolen und die Rettungsinitiativen von Berthold Beitz 1941–1944* (Dietz, 1996), S. 426 ff.

S. 197 *Die Juden hatten angeblich »Tötungskommandos« gebildet:* Ronen Bergman: *Der Schattenkrieg. Israel und die geheimen Tötungskommandos des Mossad.* Aus dem Engl. übers. (Deutsche Verlags-Anstalt, 2017). Siehe auch Ian Black: »Rise and Kill First. The Secret History of Israel's Targeted Assassinations –

review«, *Guardian*, 22.07.2018: https://www.theguardian.com/books/2018/jul/22/rise-kill-firstsecrethistory-israel-targeted-assassinations-ronen-bergman-reviewmossad.

S. 197 *die Sowjets gründeten Militärtribunale:* Sanye Romeike: »Transitional Justice in Germany after 1945 and after 1990«, *International Nuremberg Academy Principles*, Einzelbeitrag Nr. 1, 2016, S. 19–22.

S. 197 *Die Polen wollten Gerechtigkeit:* Gabriel N. Finder und Alexander V. Prusin: *Justice Behind the Iron Curtain. Nazis on Trial in Communist Poland* (University of Toronto Press, 2018).

S. 197 *Die Amerikaner richteten sich in Gmunden ein:* Michael Salter: *Nazi War Crimes, US Intelligence and Selective Prosecution at Nuremberg* (Routledge, 2007).

S. 198 *»von Stettin an der Ostsee bis Triest an der Adria …«:* Winston Churchill am 5. März 1946 in Fulton im US-Bundesstaat Missouri in Anwesenheit von US-Präsident Harry S. Truman; https://www.welt.de/geschichte/article189802329/Beruehmte-Zitate-DerEiserne-Vorhang-stammt-nicht-von-Churchill.html.

S. 198 *einen Indianer mit »Schlitzaugen«:* E, CW, 1932–45, S. 153.

S. 198 *Das Jahr stand ganz im Zeichen von Lebensmittelknappheit:* Frederick Taylor: *Zwischen Krieg und Frieden. Die Besetzung und Entnazifizierung Deutschlands 1944–1946.* Aus dem Engl. übers. (Berlin-Verlag, 2011); Perry Biddiscombe: *The Denazification of Germany 1945–48* (The History Press, 2006).

S. 199 *Die erste Finanztranche:* John Agnew und J. Nicholas Entrikin (Hrsg.): *The Marshall Plan Today – Model and Metaphor* (Routledge, 2004).

S. 199 *»fehlt auch für uns hier jede Spur …«:* B, Fritz Ostheim an CW, 1945.

S. 200 *»Plötzlich pfiff es …«:* E, CW, 1932–45, S. 106–7.

S. 200 *»der nun zum zweiten Mal das Schicksal eines Verbrechers …«:* E, CW, 1945–47 III, S. 1–2, 7.

S. 202 *Otto bekam eine Mitgliedskarte:* NU, OW, Identitätskarten, S. 1–2.

S. 202 *Oswald war 1,78 Meter groß:* OW-Unterlagen, 3.1, S. 2, in den Unterlagen des Autors.

S. 202 *war aber »nur im Inland gültig«:* NU, OW, Identitätskarten, S. 3–4.

S. 203 *»Erst kam ein Bus …«:* OW, undatiert, mit dem Titel »Eine trübe Geschichte«, in den Unterlagen des Autors.

S. 203 *»Immer wieder bekam ich so gute Sachen …«:* B, OW an CW, undatiert; NU, Nachlass, Abschnitt 1.

S. 203 *»Tag und Nacht bespitzelt …«:* E, CW, 1932–45, S. 131.

S. 203 *jemandem wie Lukas Hansel:* Lukas Hansel wird auch erwähnt in E, CW, 1945–47 III, S. 14.

S. 203 *Bruck und Fusch, wo Hermann Göring:* »Goering Yields to 7th Army«,

New York Times, 10. 05. 1945: https://timesmachine.nytimes.com/timesmachine/1945/05/10/313716012.pdf.

S. 204 *»Ich war manchmal von all den Strapazen …«:* E, CW, 1932–45, S. 146.

S. 205 *Der Name des jungen Mannes:* Zum militärischen Hintergrund siehe Sergio Corbatti und Marco Nava: *Karstjäger. Du SS-Karstwehr-Bataillon à la 24. Waffen-Gebirgs-Division der SS* (Heimdal, 2009), vor allem S. 391.

S. 205 *»So wusste ich ihn [Otto] gut geborgen«:* E, CW, 1932–45, S. 107, 140.

S. 206 *nach seiner Dienstzeit bei der 24. Waffen-Gebirgs-(Karstjäger-)Division der SS:* Die Hauptaufgabe der in den Jahren 1944–45 aktiven 24. Waffen-Gebirgs-(Karstjäger-)Division der SS (eine Gebirgsjäger-Division) war die Bekämpfung von Partisanen an der Karstlinie, die sich entlang der Grenzen Österreichs, Italiens und Jugoslawiens erstreckte.

S. 207 *»Und da habe ich dann den Otto Wächter getroffen«:* Transkription des Buko-Interviews, 04. 01. 2017, in den Unterlagen des Autors.

S. 207 *»Na ja, aus den Gesprächen habe ich das herausgefunden …«:* Fritz Wächtler, geb. 7. Januar 1891, Triebes/Thüringen; gest. 19. April 1945, Waldmünchen. Gauleiter Bayerische Ostmark (ab 1942 Gau Bayreuth) 1935–45.

S. 207 *»Er hat immer gesagt: ›Da hat der und der zu mir gesagt‹ «:* Transkription des Buko-Interviews.

S. 208 *»Was hat er für einen Charakter gehabt?«:* Transkription des Buko-Interviews.

S. 209 *»Die Amerikaner und Engländer waren meistens zu faul«:* Transkription des Buko-Interviews.

S. 210 *Eigentlich »hätte er mir befehlen müssen«:* Transkription des Buko-Interviews.

S. 211 *»Ich weiß noch, an einem Tag haben wir …«:* Transkription des Buko-Interviews.

S. 211 *»Er hat das nicht gewusst …«:* Transkription des Buko-Interviews.

S. 212 *»Du warst ja bei den Karstjägern oder?«:* Corbatti und Nava, *Karstjäger* (Heimdal, 2009). Burkhard Rathmann taucht auf Fotografien bei *inter alia* auf, S. 17, 18, 21, 27, 135, 162, 164, 165, 275, mit weiteren Informationen auf S. 391.

S. 212 *»Das sollte auch in Deutsch rauskommen …«:* Transkription des Buko-Interviews.

S. 213 *schwieg das Buch: Atlante delle Stargi Naziste e Fasciste in Italia*, herausgegeben von einer gemeinsamen deutsch-italienischen Historikerkommission 2009: http://www.straginazifasciste.it/?page_id=297&ricerca=33&lang=en.

S. 213 *vor einer Ausgabe des Goldenen Deutschen Märchenschatzes: Der Goldene Deutsche Märchenschatz* (ADAC Verlag, 2004).

S. 214 *»[Er] konnte nicht mehr in den Bergen alleine herumwandern«:* E, CW, 1932–35, S. 150; E, CW, 1947–49, S. 14, 25–6.

S. 215 *»das 7te Kind zu opfern«:* E, CW, 1947–49, S. 18.

S. 215 *Er wohnte in dem Bauernhaus von Georg Ettingshausen:* Barbara Sauer und Ilse Reiter-Zatloukal: *Advokaten 1938. Das Schicksal der in Österreich verfolgten jüdischen Rechtsanwälte und Rechtsanwältinnen* (MANZ, 2010). Die Zahl der aus der Wiener Anwaltskammer ausgeschlossenen jüdischen Anwälte lag zwischen 1775 und 1834: http://www.erinnern.at/bundeslaender/oesterreich/e_bibliothek/miscellen/barbara-sauer-ilse-reiter-zatloukaladvokaten-1938-das-schicksal-der-in-den-jahren-1938-bis-1945-verfolgten-oesterreichischen-rechtsanwaltinnen-und-rechtsanwalt.

S. 215 *»Und die göttlichen Gewalten …«:* B, OW an Helga Ettingshausen, Weihnachten 1948.

S. 215 *»Goldenen Hirschen«, das historische Salzburger Hotel:* Als Unterkunft erstmals 1407 urkundlich erwähnt, existiert der »Goldene Hirsch« als Gasthaus seit 1564; heute ist es ein Fünf-Sterne-Hotel.

S. 216 *»Die Zeit war wirklich so schön & harmonisch …«:* E, CW, 1932–45, S. 151–152.

S. 217 *Albert Schnez, ein ehemaliger Wehrmachtsoffizier:* Albert Schnez, geb. 30. August 1911, Abtsgmünd; gest. 26. April 2007, Bonn. Offizier der Wehrmacht.

S. 217 *»Er wollte ja nach Argentinien auswandern«:* AC, CW und HJS, Kassette 3, Seite 2, 28.09.1984.

S. 217 *»Aber ohne mich, habe ich gesagt …«:* AC, CW und HJS, Kassette 3, Seite 2, 28.09.1984.

S. 218 *»das Schreckensjahr«:* E, CW, 1932–45, S. 154.

S. 218 *»So passt alles eigentlich recht gut zusammen …«:* B, OW an CW, 12.02.1949.

S. 219 *»Wenig Schnee …«:* B, OW an CW, 18.02.1949.

S. 219 *»Ich habe meine Fahrt gut abgeschlossen …«:* B, OW an CW, 20.03.1949.

S. 220 *In Bozen bot Frau Oberrauch von Hößlin:* Eleonore »Nora« Oberrauch von Hößlin, geb. 27. November 1905; Todesdatum unbekannt.

S. 220 *»Hier ist es wunderherrlich …«:* Gustav Mahler über Toblach; https://www.drei-zinnen.info/de/toblach/toblach/toblach-erleben/komponierhaeuschen-von-gustav-mahler.html.

S. 220 *»Hier ist es herrlich …«:* B, OW an Richard Woksch, 18.03.1949.

S. 220 *Er verbrachte Zeit mit dem »lustigen Franz«:* Franz Hieronymus Riedl, Journalist.

S. 222 *»für Hütchen, Mantel, Kostüm u.s.f.«:* B, OW an CW, 24.03.1949.

S. 222 *Daher solle sie ein paar Kunstgegenstände oder Antiquitäten mitbringen:* B, OW an CW, 24.03.1949; B, OW an CW, 29.03.1949.

S. 223 *Haus in den Bergen in Völs am Schlern:* Das Haus, eine Mischung aus Jugendstil und Arts-and-Crafts-Bewegung, ist abgebildet in: Renate Brenn-Rammlmair: *Stadtbaumeister Gustav Nolte. Der Heimatstil in Bozen* (Bozen: Verl.-Anst. Athesia, 2007).

S. 223 *»Es war ein sehr eigenartiges Beisammensein«:* B, CW an Richard Woksch, 21. 04. 1949; E, CW, 1932–45, S. 158–159.

S. 225 *Der Ordner in dem Archiv war beschriftet mit:* »Untersuchung gegen Dr. OTTO, WAECHTER Gustaw, Gauleiter des Distrikts Krakau, dann des Distrikts Galizien, angeklagt, Massenhinrichtungen und Maßnahmen angeordnet zu haben, die sich gegen die jüdische Bevölkerung richteten«, Akte Nr. 176, 41 Seiten, IPN (*Instytut Pamięci Narodowej*, Institut für Nationales Gedenken, Warschau), Ermittlungsakten und Dokumentation der Hauptkommission zur Untersuchung deutscher Kriegsverbrechen in Polen (sogenannte B.d.-Akten); USHMM (RG-15.155M); in den Unterlagen des Autors.

S. 226 *sie seien eine »Geheime Reichssache« gewesen:* Günther W. Gellermann: *… und lauschten für Hitler – Geheime Reichssache. Die Abhörzentralen des Dritten Reiches* (Bernard & Graefe, 1991).

S. 227 *Er sah sich veranlasst, an die Polnische Botschaft:* B, Edward Tuszkiewicz an die Polnische Botschaft in Prag, 13. 12. 1945, in Akte 176, Dokument 10.

S. 228 *»Man ist auf die Spur von Dr. Wächter gestoßen«:* B, Rzeczpospolita Polska (Polen), Außenminister an die Hauptkommission zur Untersuchung deutscher Kriegsverbrechen in Polen, 11. 01. 1949, Akte 176, Dokument 21.

S. 229 *Professor Tadeusz Zaderecki, dessen Buch* Lwów under the Swastika: Tadeusz Zaderecki: *Lwów under the Swastika. The Destruction of the Jewish Community through the Eyes of a Polish Writer* (Yad Vashem, 2018).

S. 230 *Einer der Empfänger des Briefes war Dieter Schenk:* Dieter Schenk: *Hans Frank. Hitlers Kronjurist und Generalgouverneur* (S. Fischer, 2006).

S. 230 *Schenk antwortete höflich:* EM, Dieter Schenk an HW, August 2014.

S. 232 *nach den Parlamentswahlen des Vorjahres:* Nach den Wahlen zur verfassunggebenden Versammlung 1946 fanden am 18. Juni 1948 die ersten Parlamentswahlen der jungen Republik statt. Die Wahl wurde von der Democrazia Cristiana (DC) (mit Unterstützung des Vatikans und der USA) gewonnen, mit einem Abstand von fast 17 Prozentpunkten gefolgt von dem Wahlbündnis »Demokratische Volksfront«, bestehend aus der Kommunistischen Partei (PCI) und der Sozialistischen Partei (PSI).

S. 233 *»so dass Empfang, Empfangsessen …«:* B, OW an Walter Ladurner, 06. 05. 1949; B, OW an CW, 30. 04.1949.

S. 234 *»Es ist wirklich eine wunderbare Stadt …«:* B, OW an CW, 04. 05. 1949.

S. 234 *»Er sprach den Abend nicht viel«:* B, OW an CW, 20. 06. 1949; B, Hedi Dupré an CW, 25. 07. 1949.

S. 235 *Sein neues Zuhause befand sich in Vigna Pia:* Vigna Pia, Via Filippo Tajani 50, Rom: http://www.vignapia.com/edificio-storico/. Über die unmittelbaren Nachkriegsjahre schweigt die Geschichte.

S. 235 *»Ein uriges Gebäude […] halb Ruine …«:* B, OW an CW, 05. 05. 1949.

S. 235 *»aus der Zeit Neros«:* B, OW an CW, 22.05.1949.

S. 236 *»unglaublich arm, aber auch unglaublich nett …«:* B, OW an CW, 05.05.1949.

S. 236 *»Hoffentlich wird diese Zeit …«:* B, CW an OW, 09.05.1949.

S. 236 *»reine kühle Almluft …«:* B, OW an CW, 22.05.1949.

S. 237 *»die Nebel über dem Tiber …«:* B, OW an CW, 05.05.1949.

S. 237 *»Ich werde das nun öfter tun …«:* B, OW an CW, 29.06.1949; B, OW an CW, 12.05.1949.

S. 237 *»Lieber Kamerad Reinhardt …«:* Walter Rauff, geb. 19. Juni 1906, Köthen (Anhalt); gest. 14. Mai 1984, Santiago de Chile, Chile. SS-Standartenführer.

S. 238 *»Abenteurer, Strandgut und …«:* B, Walter Rauff an OW, 25.05.1949.

S. 238 *einen SS-Mann, der »Gaswagen entwarf …«:* Kevin Freeman: »Wiesenthal Center Releases Documents Which Link Rauff to Important Figures in the Catholic Church in Italy«, *JTA – Daily News Bulletin*, 10.05.1984: http://pdfs.jta.org/1984/1984-05-10_089.pdf?_ga=2.161615551.2063636335.1564532125-115840253.1564532105.

S. 238 *Aus einer anderen Quelle erfuhr ich:* Klaus Wiegrefe: »SS Colonel Walter Rauff – West German Intelligence Protected Fugitive Nazi«, *Spiegel Online*, 27.09.2011: https://www.spiegel.de/international/germany/ss-colonel-walter-rauff-west-german-intelligence-protected-fugitivenazi-a-788348.html.

S. 238 *»Das Laufen habe ich mir abgewöhnt …«:* B, OW an CW, 22.05.1949.

S. 239 *»Die Sache ist so, dass ich bestimmt glaube …«:* B, OW an Walter Ladurner, 06.05.1949; B, OW an CW, 29.06.1949.

S. 239 *die relativen Vorzüge von »Vergasen« und DDT:* Dichlordiphenyltrichlorethan (DDT) wurde 1939 zunächst als Insektizid entwickelt; später in Verruf wegen negativer Folgen für die Umwelt, wurde seine Anwendung größtenteils verboten.

S. 239 *»Das Vergasen kostet 500 S mindestens«:* B, CW an OW, 07.05.1949; B, CW an OW, 26.05.1949.

S. 240 *»Nimm also hin den Dank, den heißen …«:* B, OW an Nora Oberrauch von Hößlin, 06.05.1949; B, OW an CW, 12.05.1949; B, CW an OW, 21.05.1949; OW an CW, 27.05.1949.

S. 240 *unter der Leitung von Josef Krips:* Josef Krips, geb. 8. April 1902, Wien; gest. 13. Oktober 1974, Genua. Dirigent.

S. 240 *Es sei wahrlich ein Stück für unsere Zeit: Egmont* (1788), Trauerspiel von Johann Wolfgang Goethe, verstanden als politisches Manifest, in welchem die Hauptfigur, der niederländische Graf Egmont dem spanischen Statthalter entgegentritt, um die nationale Freiheit zu verteidigen, und später zum Tode verurteilt wird.

S. 241 *»Leit blickte nebenbei oben recht melancholisch«:* B, OW an CW, 16.05.1949.

S. 241 *Leben als SS-Sturmbannführer:* Leithes Sohn Manfred, mit dem ich mich am 31. Oktober 2015 im Kunsthistorischen Museum Wien traf, war Direktor der Kunstkammer des Museums: EM, HW an PS, 27. 03. 17.

S. 241 *Die Wochenendausgabe der Salzburger Nachrichten: Salzburger Nachrichten*, Tageszeitung, gegründet im Juni 1945 von der US-Besatzungsmacht. *Die Neue Front – Zeitung der Unabhängigen*, Wochenzeitung, gegründet 1945 vom VdU (Verband der Unabhängigen, Vorgänger der FPÖ [Freiheitliche Partei Österreichs], 1973 umbenannt in *Neue Freie Zeitung.*

S. 241 *Einen Baedecker-Reiseführer Rom: Baedeker's Rome and Central Italy* (16. Auflage), 1930.

S. 241 *»Bitte meine Adresse richtig schreiben …«:* B, OW an CW, 22. 05. 1949.

S. 242 *»Ich muss schon sagen, dass ich nicht ganz daran glauben darf …«:* B, CW an OW, 28. 05. 1949; B, CW an OW, 12. 06. 1949.

S. 243 *Eine Begegnung mit »einige[n] Zugvögel[n] …«:* B, OW an CW, 04. 06. 1949.

S. 243 *Ein Mann, der als »Gü« bezeichnet wurde:* B, OW an Herbert Gündel, 08. 05. 1949; B, OW an CW, 16. 04. 1949; B, Franz Hieronymus Riedl an OW, 15. 05. 1949; B, OW an CW, 27. 05. 1949.

S. 244 *»In dieser Lage unterstreiche ich meine Bitte …«:* B, OW an Herbert Gündel, 08. 05. 1949.

S. 244 *Er werde »alles wegen der Unterlagen abpirschen«:* B, OW an CW, 05. 05. 1949.

S. 245 *Jemand, der meinte, das Rote Kreuz:* Das Internationale Komitee vom Roten Kreuz stellt nach humanitären Krisen und Kriegen Reisedokumente aus, um den Empfängern »die Rückkehr in ihre Heimat oder die Emigration in ein Land ihrer Wahl« zu ermöglichen. Anstelle offiziell anerkannter Ausweispapiere ausgestellt, sind sie normalerweise nur für eine einfache Reise gültig. Nach dem Zweiten Weltkrieg gaben sich viele Nazis als Flüchtlinge aus, um solche Papiere zu erhalten: https://www.icrc.org/en/doc/resources/documents/article/other/57jpu5.htm; https://www.roteskreuz.at/organisieren/organisation/humanitaeres-voelkerrecht/genfer-abkommen/reisedokumente-des-ikrk-antworten-auf-ihrefragen/

S. 245 *»embarcó libre-Option«:* Ein *embarcó libre* ist ein Dokument, das zur Einreise in bestimmte Länder Lateinamerikas berechtigte; erwähnt in B, OW an Walter Ladurner, 10. 05. 1949, und B, Sepp Breitenberger an OW, 31. 05. 1949.

S. 245 *»wenn dazu irgendein älteres, mit Fotografie versehenes Dokument …«:* B, OW an Walter Ladurner, 10. 05. 1949.

S. 245 *»sich aber mit einem österr. Pass …«:* B, OW an Walter Ladurner, 10. 05. 1949.

S. 245 *»Ich weiß nun schon von 2 Fällen …«:* B, Walter Ladurner an OW, 12. 05. 1949.

S. 245 *»Ich glaube, für Sie währe [sic] es wohl auch das günstigste …«:* B, Sepp Breitenberger an OW, 31. 05. 1949.

S. 248 *Gemeinsam standen wir: Der Kampf zwischen Karneval und Fasten* (1559) von Pieter Bruegel dem Älteren (1525–1569); Hanns Swarzenski: »The Battle between Carnival and Lent«, *Bulletin of the Museum of Fine Arts*, Bd. 49, Nr. 275 (Februar 1951), S. 2–11.

S. 249 *Verfasserin des Aufsatzes war eine Kuratorin:* Diana Błońska: »O Muzeum Narodowym w Krakowie w czasie drugiej wojny światowej«, *Klio. Czasopismo poświęcone dziejom Polski i powszechnym*, Bd. 28, Nr. 1 (2014), S. 85–128: http://apcz.umk.pl/czasopisma/index.php/KLIO/article/view/KLIO. 2014.005.

S. 249 *unter den wachsamen Augen von Kajetan Mühlmann:* Kajetan (Kai) Mühlmann, geb. 26. Juni 1898, Uttendorf, Österreich-Ungarn; gest. 2. August 1958, München. Sonderbeauftragter für den Schutz und die Sicherung von Kunstwerken in den besetzten Ostgebieten 1939–43.

S. 249 *Professor Kopera von der Jagiellonen-Universität:* Feliks Kopera, geb. 12. Mai 1871, Krakau; gest. 27. März 1952, Krakau. Professor, Jagiellonen-Universität 1910–50; Direktor, Nationalmuseum 1901–50.

S. 250 *Weitere Einzelheiten legte Professor Kopera:* B, Feliks Kopera an die Personalabteilung der Stadtverwaltung von Krakau, 25. 03. 1946, und an die polnische Militärmission zur Erforschung deutscher Kriegsverbrechen, 09. 12. 1946, in den Unterlagen des Autors.

S. 251 *»die Russen bekommen sonst alles in die Hände«:* E, CW, 1932–45, S. 72.

S. 251 *»Wächter, 78, gab drei Werke zurück …«:* Uki Goñi: »Son of Nazi governor returns art stolen from Poland during second world war«, *Guardian*, 26. 02. 2017: https://www.theguardian.com/artanddesign/2017/feb/26/nazi-art-stolen-poland-returned-horst-waechter.

S. 252 *Die Anschuldigungen gelangten:* Henry Foy: »Nazi claims spur fight between Vienna and Kraków over Bruegel«, *Financial Times*, 21. 10. 2015: https://www.ft.com/content/d1eaf34e-7810-11e5-933d-efcdc3c11c89.

S. 253 *ob es sich um eine Skulptur von Veit Stoß handelte:* Veit Stoß (ca. 1450–1533). Deutscher Bildhauer.

S. 254 *für eine neue politische Partei, den Verband der Unabhängigen (VdU):* Der Verband der Unabhängigen (VdU), deutsche nationalistische Partei in Österreich (1949–55), Vorgängerin der FPÖ.

S. 254 *»Es erinnerte mich an vergangene Zeiten«:* Thomas Riegler: »Wie der US-Geheimdienst Ex-Nazis anheuerte und so die FPÖ-Gründung förderte«, *Profil*, 04. 12. 2013: https://www.profi l.at/oesterreich/history/wie-us-geheimdienst-ex-nazis-fpoe-gruendung-370249; B, CW an OW, 01. 06. 1949.

S. 254 *Der VdU ist längst verschwunden und in der FPÖ aufgegangen:* Freiheitliche Partei Österreichs (FPÖ), rechtskonservative politische Partei, gegründet

1956, Dezember 2017 Eintritt in eine Koalitionsregierung mit der ÖVP unter Bundeskanzler Sebastian Kurz; nach der sogenannten Ibiza-Affäre erklärte Kurz im Mai 2019 die Koalition mit der FPÖ für beendet.

S. 254 *eine leichte, einfarbige Jacke aus Lanz-Flanell:* Lanz Trachten, gegründet 1922, Produzent traditioneller Trachtenkleidung in Österreich und Süddeutschland: http://www.lanztrachten.at/lt/geschichte/.

S. 256 *»Nun halt die Daumen am 22. 8h früh«:* B, CW an OW, 12.06.1949; B, CW an OW, 13.06.1949.

S. 257 *»Chance, allerdings auch nur die Chance …«:* B, OW an CW, 18.06.1949.

S. 257 *»in der Luft«:* B, OW an CW, 04.06.1949.

S. 257 *»Dann kam die Woche, wo ich ihm und einigen anderen …«:* B, Hedi Dupré an CW, 25.07.1949.

S. 257 *»Ich habe mein erstes Geld verdient …«:* B, OW an CW, 09.06.1949.

S. 258 *Der Film,* La forza del destino: *La forza del destino* (1950), italienischer Film nach der Oper von Giuseppe Verdi. Regie: Carmine Gallone.

S. 258 *Frauen ohne Namen: Donne Senza Nome* (1950), italienischer Film, der am Ende des Zweiten Weltkriegs in einem Lager für Displaced Persons spielt. Regie: Géza von Radványi, geb. 26. September 1907, Kaschau, Österreich-Ungarn; gest. 27. November 1986, Budapest.

S. 259 *Der Journalist Franz Riedl stellte ihn Luis Trenker vor:* Alois (Luis) Franz Trenker, geb. 4. Oktober 1892, St. Ulrich in Gröden, Österreich-Ungarn; gest. 12. April 1990, Bozen, Italien. Bergsteiger, Schauspieler, Regisseur, Schriftsteller.

S. 259 *»Übrigens habe ich auch Trenker […] angeschwommen …«:* B, OW an CW, 29.06.1949; B, OW an CW, 09.06.1949; B, CW an OW, 04.07.1949.

S. 259 *»Gerade vor ein paar Tagen …«:* B, OW an CW, 04.06.1949.

S. 260 *»Es wäre auch für Franzi sehr schlecht …«:* B, CW an OW, 24.06.1949.

S. 260 *»Wie ich hier feststellen muss …«:* B, OW an CW, 16.06.1949.

S. 260 *Er informierte Otto:* B, Walter Ladurner an OW, 23.06.1949.

S. 260 *Höttls eidesstattliche Erklärung:* eidesstattliche Erklärung von Wilhelm Höttl, in: Der Prozess gegen die Hauptkriegsverbrecher vor dem Internationalen Militärgerichtshof Nürnberg, Zwanzigster Tag, Freitag, 14. Dezember 1945, Vormittagssitzung: http://www.zeno.org/Geschichte/M/Der+Nürnberger+Prozeß/Hauptverhandlungen/Zwanzigster+Tag.+Freitag,+14.+Dezember+1945/Vormittagssitzung.

S. 261 *»Man weiß nie, wozu es führt …«:* B, OW an CW, 29.06.1949; B, OW an CW, 18.06.1949.

S. 262 *»verlässlich antibritische Elemente«:* B, Egon Höller an OW, 15.06.1949.

S. 262 *»nun sehr doch, im Laufe des Juli …«:* B, OW an CW, 29.06.1949; B, OW an CW, 20.06.1949.

S. 263 *»Nehmen wir unseren uralten Kontakt wieder auf«:* B, OW an Lothar Rübelt, 30. 06. 1949.

S. 263 *Er nahm Kontakt mit Dr. Ruggero Vasari auf:* Ruggero Vasari, geb. 6. Februar 1898, Messina, Italien; gest. 1968, Messina. Dramatiker und Dichter.

S. 264 *Leser von* Il Tempo: *Il Tempo,* 02. 07. 1949, in den Unterlagen des Autors.

S. 264 *Schlachtgewitter am Monte Cassino: The Story of G. I. Joe* (1945), US-Kriegsfilm, verfolgt das Schicksal amerikanischer Infanteristen durch die Augen des Kriegsberichterstatters und Pulitzer-Preisträgers Ernie Pyle. Regie: William A. Wellman. *Der Prozeß* (1948), österreichischer Film, der sich auf die Affäre von Tiszaeszlár bezieht und die antisemitischen Einstellungen der 1880er Jahre thematisiert. Im Zentrum der Handlung steht der vermeintliche jüdische Ritualmord an einem jungen Mädchen. Regie: G. W. Pabst.

S. 264 *»wohlgesinnten ehem[aligen] Kameraden«:* B, OW an CW, 04. 07. 1949.

S. 265 *»ging ich gleich zu einem deutschen Arzt«:* B, OW an CW, 04. 07. 1949.

S. 266 *Der Arzt verschrieb ihm eine* Limonade Purgative de Rogé: Eine abführende (laxative) Limonade, basierend auf einer Rezeptur unter Verwendung von Magnesiumzitrat, 1838 erfunden von dem Apotheker M. Rogé-Delabarre; siehe Armand Trousseau und H. Pidoux: *Traité de thérapeutique et de matière médicale,* Bd. 1 (Bechet Jeune, 1858).

S. 266 *»alles, alles Gute und dass Du noch 55 Jahre lebst …«:* B, Traute Wächter an OW, 04. 07. 1949; B, CW an OW, 04. 07. 1949.

S. 266 *»das arme Hümmi ruht …«:* B, OW an CW, 04. 07. 1949; B, OW an CW, 05. 07. 1949.

S. 267 *»Jetzt nehmen sie an, es sei entweder Typhus …«:* B, OW an CW, 06. 07. 1949.

S. 267 *Es war die Rede von einem »amerikanischen Wunderheilmittel«:* Penicillin, dessen Entdeckung im Jahr 1928 dem schottischen Wissenschaftler Alexander Fleming zugeschrieben wird, wurde erstmals 1942 zur Behandlung bakterieller Infektionen eingesetzt.

S. 267 *des deutschen Arztes, Dr. Willi Marchesani:* Willi Marchesani, geb. 12. November 1896, Triest; Todesdatum unbekannt. Praktischer Arzt.

S. 267 *Bis elf Uhr an diesem Morgen habe er sich »sehr ruhig gehalten«:* B, OW an CW, 06. 07. 1949.

S. 268 *Ospedale di Santo Spirito, eine vom Vatikan unterhaltene Einrichtung: Ospedale di Santo Spirito in Sassia,* Europas ältestes Krankenhaus; Sivigliano und Luisa Alloisi: *Santo Spirito in Saxia* (Istituto nazionale di studi romani, 2002).

S. 269 *»Werd nun schnell wieder gesund …«:* B, CW an OW, 10. 07. 1949.

S. 269 *»Da ich doch nirgends übernachten kann …«:* B, CW an OW, 10. 07. 1949.

S. 269 *»Du musst Dir ständig einreden …«:* B, CW an OW, 11.07.1949.

S. 270 *»Bitte hab den Willen …«:* B, CW an OW, 12.07.1949.

S. 270 *Er komme soeben von »Franzi«, schrieb er:* B, Willi Marchesani an CW, 12.07.1949.

S. 271 *»Bitte schreib, wenn nur kurz …«:* B, CW an OW, 13.07.1949.

S. 271 *»Baroness W.«, erkundigte er sich:* AC, CW und HJS, Kassette 3, Seite 2, 28.09.1984.

S. 271 *ein großes Hotel im Zentrum:* Hotel Victoria: https://www.hotelvictoria roma.com/en/.

IV TOD

S. 276 *»Sind Sie ein Spion?«:* John le Carré: *Ein blendender Spion.* Roman. Aus dem Engl. übers. (Naumann & Göbel, 1986), S. 423.

S. 277 *verfasste kurze Erklärung mit Bischof Alois Hudal:* Alois Hudal, geb. 31. Mai 1885, Graz; gest. 13. Mai 1963, Rom. Rektor von Santa Maria dell'Anima 1923–52; in den Unterlagen des Autors.

S. 277 *eine Beileidskarte des Bürgermeisters von Wien:* B, Theodor Körner an CW, 11.11.1949. Körner war österreichischer Bundespräsident von 1951 bis 1957.

S. 277 *Briefe von Briefpartnern:* B, Hans Fischböck an CW, 11.6.1956 (aus Buenos Aires); B, Hans Fischböck an CW, 22.12.1964 (aus Essen).

S. 277 *»Lebt der Juliputschist Wächter noch?«: Arbeiter Zeitung,* 6. März 1951, S. 4.

S. 278 *»Und da ist er eben so schwarz wie dieses Holz dort gelegen …«:* AC, CW und HJS, Kassette 3, Seite 1, 28.09.1984.

S. 278 *Im Archivio Centrale dello Stato in Rom:* Archivio Centrale dello Stato (ACS), Ministero dell'Interno (MI), Direzione Generale di Pubblica sicurezza (DGPS), Divisione Affari riservati (AARR), Categorie permanenti, Ctg. O, Stranieri pericolosi per la sicurezza delle istituzioni, fascicoli personali 1949–1965, Busta 108, Fascicolo »Wächter Otto Gustav fu Josef«.

S. 278 *Auf dem Friedhof hielt ein handschriftliches Dokument fest:* EM, Riccardo Savona Siemens an JE, 03.07.2017.

S. 279 *»Interpol sucht eine Leiche – die Spur führt nach Berlin«: Berliner Zeitung,* 27.04.1961.

S. 280 *Eine italienische Zeitung berichtete, dass:* »I Nazisti Sono Fra Noi – Waechter ›Boia‹ Di Leopoli veramente sepolto a Testaccio?«, *Avanti,* 08.04.1961. Verfügbar auf: https://avanti.senato.it/avanti/js/pdfjs-dist/web/viewer.html?file=/avanti/files/reader.php?f%3DAvanti%201896-1993%20PDF/AvantiLotto2/CFI0422392_19610408_84.pdf.

S. 282 *»Den Leib unseres Bruders Otto Gustav bestatten wir …«:* AC, CW, Begräbnis, Kassette 12, Seite 1, 04.01.1974.

S. 284 *Charlottes Nachlassunterlagen waren in Washington DC:* USHMM, *Archiv Horst von Wächter 1901–1965* (Zugangsnummer 2014.103; RG Nummer: RG-17.049).

S. 285 *Einer schrieb mir:* B, John Beddington an PS, 8.09.2017, mit Charlotte-Beddington-Tagebuch, 09.01.1961.

S. 289 *einen Anwalt zu benachrichtigen, Professor Giangaleazzo Bettoni:* Prof. Dr. Giangalezzo Bettoni, gest. November 2008: http://studiobettoni.org.

S. 290 *einen weiteren Bischof hinzuzuziehen, Jan Bučko:* Ivan Buchko oder Bučko, geb. 1. Oktober 1891, Hermaniv, Österreich-Ungarn; gest. 21. September 1974, Rom. Apostolischer Visitator für die Ukrainer in Westeuropa 1945–71.

S. 290 *Dr. Puccio Pucci informieren, ebenfalls ein »guter Bekannter«:* Dr. Puccio Pucci, geb. 12. April 1904, Florenz; gest. 1985, Florenz. Rechtsanwalt, Leichtathlet und Sportfunktionär.

S. 290 *Der Brief endete:* In den Unterlagen des Autors.

S. 291 *die Schwarzen Brigaden, eine paramilitärische Organisation:* Der *Corpo Ausiliario delle Squadre d'Azione di Camicie nere*, besser bekannt als die Schwarzen Brigaden (*Brigate nere*), italienische paramilitärische Gruppe, aktiv in der Republik von Salò, 1944–45.

S. 291 *Nach dem Krieg zog er als Vertreter seiner Kirche:* Richard Breitman und Norman J. W. Goda: *Hitler's Shadow. Nazi War Criminals, U. S. Intelligence, and the Cold War* (United States, National Archives and Records Administration, 2010), S. 77.

S. 291 *Angeblich spielte er – auf Bitten von General Schandruk – eine Schlüsselrolle:* Christopher Simpson: *Blowback. America's Recruitment of Nazis and its Destructive Impact on our Domestic and Foreign Policy* (Weidenfeld & Nicolson, 1988), Kapitel 13.

S. 291 *Er zeigte sich liebenswürdig und hilfsbereit:* EM, Manfred Bettoni an PS, 20.04.2017.

S. 292 *Im Jahr 1949 bemühte er sich:* Klaus Wiegrefe: »Files Uncovered. Nazi Veterans Created Illegal Army«, *Der Spiegel*, 14.05.2014: http://www.spiegel.de/international/germany/wehrmacht-veterans-created-a-secretarmy-in-west-germany-a-969015.html.

S. 293 *Il Giornale d'Italia brachte einen Artikel:* Auf den *Giornale d'Italia*-Artikel wird verwiesen in: »Si Tratta Dell'Attentatore di Dollfussi – Contrastanti ipotesi sul passato di Otto Wächter«, *Il Quotidiano*, 03.09.1949. In den Unterlagen des Autors.

S. 293 *Am nächsten Tag wurde das Faktum von Ottos Tod:* »Otto Waechter Dies; Former Nazi Official Planned Assassination of Dollfuss«, *New York Times*,

02. 09. 1949: https://www.nytimes.com/1949/09/02/archives/otto-waechter-dies-former-nazi-official-planned-assassination-of.html?searchResultPosition=3.

S. 293 *»Der Vatikan beschützt die faschistischen Verbrecher«:* »L'assassino di Dollfüss viveva nascosto nell'Istituto Cattolico Teutonico«, *L'Unità*, 03. 09. 1949.

S. 294 *Il Quotidiano behauptete:* »Contrastanti ipotesi sul passato di Otto Wachter«, *Il Quotidiano*, 03. 09. 1949.

S. 294 *Il Paese erklärte:* »Il Caso Waechter«, *Il Paese*, 03. 09. 1949.

S. 294 *»Wer ist dieser Monsignore Hudal?«:* »I trascorsi di mons. Hudal protettore del nazista Waechter«, *L'Unità*, 06. 09. 1949.

S. 294 *Nach Ansicht des Osservatore Romano:* Ebd.

S. 294 *L'Unità veröffentlichte eine Karikatur:* »Il partito nazista ricostituito negli istituti religiosi teutonici«, *L'Unità*, 04. 09. 1949.

S. 294 *Il Giornale d'Italia gab Ottos falschen Namen an:* »Wächter aveva documenti regolari al nome di Reinhard«, *Il Giornale d'Italia*, 06. 09. 1949.

S. 294 *Ottos »ruhige und ungestörte« Zeit:* Aristide Raimondi: »Come Viveva a Roma Il Capo Degli Assassini di Dollfuss – ›Quo vadis, Germany?‹ ultima fatica di Otto Wächter«, *Il Gazzettino*, 12. 09. 1949.

S. 295 *Tod durch Schwimmen:* Ebd.

S. 295 *»Besten der SS«:* »Il partito nazista ricostituito negli istituti religiosi teutonici«, *L'Unità*, 04. 09. 1949.

S. 295 *ein Deutscher namens Lauterbacher:* Hartmann Lauterbacher, geb. 24. Mai 1909, Reutte, Österreich; gest. 12. April 1998, Seebruck, Deutschland. Gauleiter Süd-Hannover-Braunschweig 1940–45, Gau-Reichsverteidigungskommissar 1924–45.

S. 295 *unter Leitung von Saverio Pòlito:* Saverio Pòlito, geb. 1881; gest. 12. Mai 1959. Polizeichef von Rom.

S. 295 *»wegen irgendeines Verbrechens oder Kriegsverbrechens«:* Archivio Centrale dello Stato (ACS), Ministero dell'Interno (MI), Direzione Generale di Pubblica sicurezza (DGPS), Divisione Affari riservati (AARR), Categorie permanenti, Ctg. O, Stranieri pericolosi per la sicurezza delle istituzioni, fascicoli personali 1949–1965, Busta 108, Fascicolo »Wächter Otto Gustav fu Josef«. Mitteilung vom 2. September 1949.

S. 295 *»schweren Gelbsucht und Harnvergiftung«:* Archivio Centrale dello Stato (ACS), wie ebd.

S. 296 *»nicht ergeben haben, dass er ein Kriegsverbrecher war«:* Archivio Centrale dello Stato (ACS), wie ebd.

S. 296 *zwei Jahre später wurde der Text in den* Anima Stimmen *veröffentlicht:* »Die katholische Caritas in einer Zeitenwende – Predigt, gehalten am 11. September 1949 in der Deutschen Nationalkirche der Anima zu Rom«, *Anima Stimmen*, Bd. IV, März 1951, S. 25–30, in den Unterlagen des Autors.

S. 296 *»ein Gewebe von Lügen, Verleumdungen, Hass und Rache«:* Ebd., S. 25–29.

S. 298 *Zwei Wochen später suchte ihn:* EM, Mario Tedeschini an PS, 28. 02. 2019.

S. 300 *Im Jahr 1936 veröffentlichte er* Die Grundlagen des Nationalsozialismus*:* Alois Hudal: *Die Grundlagen des Nationalsozialismus. Eine ideengeschichtliche Untersuchung* (Johannes Günther Verlag, 1937).

S. 300 *Hudal blieb beharrlich und erzwang die Abhaltung eines Votums:* Anna Pawlikowska: »Watykań ski agent III Rzeszy«, 14. Oktober 2010: https://www.znak.org.pl/?lang1=pl&page1=people&subpage1=people00&infopassid1=333&scrt1=sn

S. 300 *Leiter der österreichischen Sektion der Pontificia Commissione di Assistenza (PCA):* Pontificia Commissione di Assistenza (Päpstliche Hilfskommission, auch »Vatikan-Mission«), im April 1944 von Papst Pius XII. eingerichtete Kommission, um während des Krieges und danach bedürftigen Bevölkerungsgruppen, Flüchtlingen und Gefangenen schnelle, unbürokratische Hilfe anzubieten.

S. 300 *zusammen mit einem Namen – Carlo Bayer:* Karl Johannes (Carlo) Bayer, geb. 13. Februar 1915, Obernigk, Polen; gest. 16. Januar 1977, Rom. Generalsekretär der Caritas Internationalis 1951–70.

S. 300 *Die Historikerin und Journalistin Gitta Sereny interviewte Karl Bayer:* Gitta Sereny: *Am Abgrund: Gespräche mit dem Henker. Franz Stangl und die Morde von Treblinka.* Aus dem Engl. übers. (Piper, 1995).

S. 301 *meiner Urgroßmutter Amalia:* Sands, *Rückkehr nach Lemberg*, S. 45 ff.

S. 301 *»den besten Lagerkommandanten von Polen«:* Zit. nach Sereny, *Am Abgrund*, S. 10, 323

S. 301 *österreichischen Nazi-Jäger Simon Wiesenthal:* Simon Wiesenthal, geb. 31. Dezember 1908, Buczacz, Galizien; gest. 20. September 2005, Wien. Nazi-Jäger.

S. 301 *»angenehm nach Rasierwasser«:* Sereny, *Am Abgrund*, S. 364.

S. 301 *»wir standen uns nicht so nahe«:* Zit. nach ebd., S. 369.

S. 301 *»das Geld kam ganz bestimmt vom Vatikan«:* Zit. nach ebd., 365.

S. 301 *»nicht die geringste Möglichkeit, die Antworten zu überprüfen«:* Zit. nach ebd., S. 370.

S. 302 *»Woher hätten wir wissen sollen …«, »Aber wir versuchten trotzdem …«:* Zit. nach ebd., S. 372.

S. 302 *Josef Mengele, der Arzt, der in Auschwitz Experimente an Zwillingen durchführte:* Josef Mengele, geb. 16. März 1911, Günzburg, Deutschland; gest. 7. Februar 1979, Bertioga, Brasilien. Arzt, im Konzentrationslager Auschwitz 1943–45.

S. 302 *»Stapel von Pässen«, »ihnen sicherlich Geld gegeben«, »hatte dafür Geld zur Verfügung gestellt …«:* Sereny, *Am Abgrund*, S. 373.

S. 302 *»Vergeltungsmaßnahmen«:* Guy Walters: *Hunting Evil* (Bantam Press, 2009), S. 246.

S. 303 *Außerstande, dem Druck österreichischer:* Gerald Steinacher: *Nazis auf der Flucht. Wie Kriegsverbrecher über Italien nach Übersee entkamen* (Fischer-Taschenbuch-Verlag, 2010), S. 147.

S. 303 *Im Jahr 1960 rief die Entführung von Adolf Eichmann:* »I Nazisti Sono Fra Noi – Il ›boia‹ di Leopoli avvelenato spir. fra le braccia di mons. Hudal«, *Avanti,* 21. 04. 1961, S. 2

S. 303 *Zu Charlottes Nachlass gehörte ein Zeitungsartikel:* »I Nazisti Sono Fra Noi«, *Avanti,* 21. 04. 1961.

S. 303 *Wiener Weihbischof:* Jakob Weinbacher, geb. 20. Dezember 1901, Wien; gest. 15. Juni 1985, Wien. Rektor, Santa Maria dell'Anima 1952–61.

S. 303 *Ein anderes Blatt schrieb – irrigerweise:* James Carroll: *Constantine's Sword* (Houghton Mifflin, 2002), S. 505, 512, zitiert Kardinal Faulhaber.

S. 303 *Unter dem Titel* Römische Tagebücher: Alois C. Hudal: *Römische Tagebücher. Lebensbeichte eines alten Bischofs* (Leopold Stocker Verlag, 1976).

S. 304 *Hansjakob Stehle, der Historiker:* Hansjakob Stehle: »Des ›braunen Bischofs‹ Abschied«, *Die Zeit,* 24. 12. 1976: https://www.zeit.de/1976/53/des-braunen-bischofs-abschied.

S. 304 Der Stellvertreter, *ein kontroverses, 1963 uraufgeführtes Theaterstück:* Rolf Hochhuth: *Der Stellvertreter. Ein christliches Trauerspiel* (1963).

S. 304 *In Hudals* Römischen Tagebüchern *finden sich etliche Verweise:* Hudal, *Römische Tagebücher,* S. 263, 298.

S. 304 *»während sein Chef Frank in Nürnberg gehängt wurde«:* Ebd., S. 298.

S. 305 *»Sie waren in letzter Stunde bei ihm …«:* B, CW an Alois Hudal, 19. 07. 1949.

S. 305 *»eine akute Leberatrophie …«:* B, Hedi Dupré an CW, 25. 07. 1949.

S. 306 *»Und da ist er eben so schwarz wie dieses Holz dort gelegen«:* AC, CW und HJS, Kassette 3, Seite 1, 28. 09. 1984.

S. 307 *Ich stellte diese Frage Professor David Kertzer:* David Kertzer, geb. 1948, Professor für Sozialwissenschaft, Anthropologie und italienische Studien an der Brown University, Vereinigte Staaten.

S. 307 *nachdem er dessen Buch über Mussolini und Papst Pius XI.:* David Kertzer: *Der erste Stellvertreter. Pius XI. und der geheime Pakt mit dem Faschismus.* Aus dem Engl. übers. (Konrad Theiss, 2016).

S. 307 *»schlimme Figur«:* Gespräch mit Dr. Lutz Klinkhammer, Deutsches Historisches Institut in Rom; Lutz Klinkhammer: *Zwischen Bündnis und Besatzung. Das nationalsozialistische Deutschland und die Republik von Salò 1943–1945* (Niemeyer, 1993), S. 94. Wächter wird in dem Buch dreimal erwähnt, in der Zeit zwischen dem Sommer 1944 und Anfang 1945, als er unter General Wolff arbeitete, zusammen mit Globocnik.

S. 308 *Es folgte ein De-facto-Bürgerkrieg:* Duggan, *Concise History of Italy.*

S. 308 *einem Führer, Palmiro Togliatti:* Palmiro Togliatti, geb. 26. März 1893, Genua; gest. 21. August 1964, Jalta, Krim. Gründer und Führer der Kommunistischen Partei Italiens 1927–64.

S. 309 *Herbert Kappler, den früheren Kommandeur:* Herbert Kappler, geb. 29. September 1907, Stuttgart; gest. 9. Februar 1978, Soltau, Deutschland. Kommandeur der Sicherheitspolizei und des SD in Rom 1943–45.

S. 309 *zu einer lebenslangen Haftstrafe:* Felix Nikolaus Bohr: »Flucht aus Rom. Das spektakuläre Ende des ›Falles Kappler‹ im August 1977«, *Vierteljahrshefte für Zeitgeschichte* 60 (IFZ, 2012), S. 111–141: https://www.ifz-muenchen.de/heftarchiv/2012_1_5_bohr.pdf.

S. 309 *Hauptmann Erich Priebke:* Erich Priebke, geb. 29. Juli 1913, Hennigsdorf, Deutschland; gest. 11. Oktober 2013, Rom. SS-Offizier.

S. 309 *Generalfeldmarschall Kesselring:* Albert Kesselring, geb. 30. November 1885, Marktsteft, Deutschland; gest. 16. Juli 1960, Bad Nauheim. Deutscher Heeres- und Luftwaffenoffizier.

S. 309 *arbeitete der Künstler Mirko Basaldella:* »Jewish Museum of Rome Displays Mirko Basaldella Sketch for Holocaust Remembrance Day«, Getty Images: https://www.gettyimages.de/fotos/jewish-museum-ofrome-displays mirko-basaldella-sketch-for-holocaust-remembrance-day?sort=most popular&mediatype=photography&phrase=jewish%20museum%20of%20 rome%20displays%20mirko%20basaldella%20sketch%20for%20holocaust%20 remembrance%20day. Mirko Basaldella, geb. 28. September 1910, Udine, Italien; gest. 24. November 1969, Cambridge, Massachusetts. Künstler.

S. 310 *etwa Mitgliedern des* Movimento Sociale Italiano*: Movimento Sociale Italiano* (MSI), postfaschistische Partei, gegründet 1946 von Anhängern Benito Mussolinis, 1995 aufgelöst, Nachfolgeorganisation war die *Alleanza Nazionale* (AN), die in der von Silvio Berlusconi gegründeten Partei *Il Popolo della Libertà* (»Volk der Freiheit«) aufging (ab 2013 *Forza Italia*).

S. 310 *den Maler Lajos Markos:* Lajos Markos, geb. 1917, Marosvásárhely, Ungarn; gest. 1993, Houston, Texas. Künstler.

S. 310 *Ezio Maria Gray:* Ezio Maria Gray, geb. 9. Oktober 1885, Novara, Italien; gest. 8. Februar 1969, Rom. Faschistischer Politiker, Journalist und Herausgeber der Zeitschrift *Il Pensiero di Benito Mussolini.*

S. 310 *Monsignore Draganović, ein Kroate:* Krunoslav Stjepan Draganović, geb. 30. Oktober 1903, Brčko, Österreich-Ungarn; gest. 3. Juni 1983, Sarajevo, Jugoslawien. Römisch-katholischer Priester und Mitglied der kroatischen faschistischen Organisation Ustascha.

S. 310 *Ottos Hauptbeschützer war Luis Copello:* Santiago Luis Copello, geb. 7. Januar 1880, Buenos Aires; gest. 9. Februar 1967, Rom. Erzbischof von Buenos Aires, 1932–59.

S. 311 *Argentiniens Präsident Juan Perón:* Juan Perón, geb. 8. Oktober 1895, Buenos Aires; gest. 1. Juli 1974, Buenos Aires. Präsident von Argentinien, 1946–55 und 1973–74.

S. 311 *der Klaus Barbie zur Flucht:* Nikolaus (Klaus) Barbie, geb. 25. Oktober 1913, Godesberg; gest. 25. September 1991, Lyon. SS-Offizier und Gestapo-Beamter.

S. 311 *Graf Teodorani Fabbri:* Giovanni (Vanni) Pozzo Teodorani Fabbri, geb. 1916; gest. 1964. Journalist und Politiker.

S. 311 *Baron Folco Aloisi:* Baron Folco Aloisi, geb. 1905, Paris; Todesdatum unbekannt.

S. 311 *Marianne Leibl:* Marianne Leibl, geb. 24. April 1898, Meran, Italien; gest. 5. Juni 1988, Rom. Schauspielerin.

S. 314 *Ottos Papiere enthielten eine Adresse – Villa San Francesco:* Villa Francesco: http://www.villasanfrancesco.org; Adresse: Via Monti Parioli 64, Rom.

S. 315 *eines deutschen Diplomaten, der 1934 in Opposition gegen die Nazis:* Rudolf Nadolny, geb. 12. Juli 1873, Groß Stürlack, Deutsches Reich; gest. 18. Mai 1953, Düsseldorf. Diplomat.

S. 315 *Principessa Lorenza Pignatelli, die außerhalb von Rom lebte:* Robert Katz: *Rom 1943–1944. Besatzer, Befreier, Partisanen und der Papst.* Aus dem Amerik. übers. (Magnus, 2006), S. 103.

S. 315 *Laut der Principessa:* Ebd. Fr. Dennis McManus: »A Brief Note on the Significance of the ›Graham Archives‹«: http://legacy.ptwf.org/Downloads/Grahamnotes9%2008.pdf.

S. 315 *Sie wurden gestoppt:* Giacomo Debenedetti: *October 16, 1943*, mit einem Vorwort von Alberto Moravia (University of Notre Dame Press, 2001).

S. 315 *Bischof Hudal wurde eingeschaltet:* Michael Phayer: *Pius XII, The Holocaust, and the Cold War* (Indiana University Press, 2008), S. 76.

S. 315 *In seinen Erinnerungen findet sich ein Hinweis:* Hudal, *Römische Tagebücher*, S. 261.

S. 316 *In amerikanischen Archiven fand ich:* CIA: »Forwarded Italian-Slanted report on Eugene Dollmann«, 8. Februar 1950, S. 7.

S. 316 *»Er war schweigsam und zurückhaltend«:* EM, Pamela Putnam-Smith an LMK, 04. 01. 2017.

S. 316 *»Wollenweber war unser Stiefvater«:* EM, ebd.

S. 318 *Eines seiner Bücher, bei dem er als Co-Autor fungierte:* Norman Goda u. a.: *U. S. Intelligence and the Nazis* (CUP, 2005).

S. 318 *»Tag und Nacht bespitzelt …«:* E, CW, 1932–45, S. 131.

S. 318 *Das CIC wurde 1942 gegründet:* CIC Center: »History and Mission of the Counter Intelligence Corps in World War II«: https://fas.org/irp/agency/army/cic-wwii.pdf.

S. 319 *die Geschichte von Hermann Höfle:* Hermann Höfle, geb. 19. Juni 1911, Salzburg; gest. 21. August 1962, Wien. Stellvertreter von Odilo Globocnik während der »Aktion Reinhardt« 1940–45; Goda u. a., *U. S. Intelligence and the Nazis*, S. 450–52.

S. 320 *»mit besonderer Freude«:* Zit. nach Christian Ritz: *Schreibtischtäter vor Gericht. Das Verfahren vor dem Münchner Landgericht wegen der Deportation der niederländischen Juden (1959–1967)* (Schöningh, 2012), S. 136; Michael V. Korda: »Beginning the Cold War«, *NYRB*, 29. 12. 1966: https://www.nybooks.com/articles/1966/12/29/beginning-the-cold-war-1/.

S. 320 *Die Amerikaner zögerten nicht, seinen Namen:* Kerstin von Lingen: *Allen Dulles, the ISS, and Nazi War Criminals: the Dynamics of Selected Prosecution* (Cambridge, 2013), S. 155–98, 287–94.

S. 320 *Ich erfuhr, dass das CIC im Jahr 1949:* Goda u. a., *U. S. Intelligence and the Nazis*, S. 456.

S. 320 *Ich erfuhr, dass General Wolffs Untergebener:* Ebd., S. 317–336.

S. 320 *Ich erfuhr, dass Walter Rauff:* Ebd., S. 153.

S. 320 *Ich erfuhr, dass der Chef des CIC in Oberösterreich:* Thomas A. Lucid, geb. 1917; gest. 1985.

S. 321 *Im Jahr 1948 beauftragte Lucid Höttl:* Goda u. a., *U. S. Intelligence and the Nazis*, S. 274. Siehe auch: CIA, »Net Project – Mount Vernon«, und CIA, »Net Project – Montgomery«.

S. 321 *Professor Goda machte mich auf ein Dokument aufmerksam:* CIA: »Illegal Emigration Movements In and Through Italy«, 15. 05. 1947.

S. 323 *Geheimdienstorganisation zu unterwandern, die von Reinhard Gehlen:* Reinhard Gehlen, geb. 3. April 1902, Erfurt; gest. 8. Juni 1979, Starnberg. Generalmajor der Wehrmacht 1944–45. Leiter des Bundesnachrichtendienstes (BND) 1956–68. Goda u. a., *U. S. Intelligence and the Nazis*, S. 307–308.

S. 324 *Ein Beispiel war der von Thomas Lucid angeworbene Höttl:* Zu Höttl siehe Norman Goda: »The Nazi Peddler. Willhelm Höttl and Allied Intelligence«, in: Goda u. a., *U. S. Intelligence and the Nazis*, S. 265–292.

S. 325 *Eine Namensakte der CIA über ihn schien nicht zu existieren:* EM, Norman Goda an PS, 01. 02. 2017.

S. 327 *»Ich habe mich mit meiner Jugend so engagiert …«:* AC, CW und HJS, Kassette 3, Seite 2, 28. 09. 1983.

S. 328 *Hartmann Lauterbacher sagte als Zeuge:* Der Prozess gegen die Hauptkriegsverbrecher vor dem Internationalen Militärgerichtshof Nürnberg. 14. November – 1. Oktober 1946. Amtlicher Wortlaut in deutscher Sprache. Hauptverhandlungen. Einhundertneununddreißigster Tag. Montag, 27. Mai 1946. Nachmittagssitzung: http://www.zeno.org/Geschichte/M/Der+Nürnberger+Prozeß/Hauptverhandlungen/Einhundertneununddreißigster+Tag.+Montag,+27.+Mai+1946/Nachmittagssitzung

S. 328 *und veröffentlichte 1984 seine Autobiographie:* Hartmann Lauterbacher:

Erlebt und mitgestaltet. Kronzeuge einer Epoche 1923–1945. Zu neuen Ufern nach Kriegsende (K. W. Schütz, 1984).

S. 329 *»Ich selbst bin in unmittelbarem Auftrag Schirachs …«:* »Nazis at Eton«, *The Times*, 09. 03. 2010, Brief von Guy Walters: https://www.thetimes.co.uk/article/nazis-ateton-r8nmqfv5brd.

S. 330 *CIC- und CIA-Akten über Hartmann Lauterbacher:* NARA, IRR Personal Name File Hartmann Lauterbacher, XE008169WJ.

S. 330 *Lauterbacher war ca. 1,70 Meter groß:* Ebd.

S. 331 *Sein dortiger Kontaktmann war Joseph Luongo:* Joseph Luongo, geb. 3. Mai 1916, New Haven, USA; Todesdatum unbekannt. CIC- und US-Army-Militäraufklärung.

S. 332 *Es gab noch eine Akte:* Zur Verfügung gestellt von Stefanie Waske, Bundeszentrale für die Unterlagen der Staatssicherheit der DDR (Stasi), AV 2/83 Teil 1 von 2, S. 155.

S. 333 *Ein Hinweis sprang ins Auge:* CIA, »Germans in Italy«, 24. 08. 1950.

S. 334 *besser bekannt als John le Carré:* David Cornwell (John le Carré), geb. 19. Oktober 1931, Poole, England. Britischer Autor von Spionage-Romanen.

S. 337 *»Persilschein«:* Persilschein meint einen Freibrief. Der Inhaber eines »Persilscheins« darf seinen Geschäften nachgehen, ungeachtet der moralischen Anrüchigkeit der Geschäfte oder seiner Person. Der Begriff ist von dem Waschmittel Persil entlehnt (»Persil wäscht so weiß, weißer geht's nicht«), nahm aber nach dem Zweiten Weltkrieg im Zuge des von den Alliierten betriebenen Entnazifizierungsprozesses eine neue Bedeutung an.

S. 342 *128 Akten:* CIA, »HASS Karl, aka ›Carlo‹ 0006«, 28. 08. 1950.

S. 342 *fing er im Rang eines SS-Unterscharführers als Referent in der Presseabteilung:* Michael Wildt: *Generation des Unbedingten. Das Führungskorps des Reichssicherheitshauptamtes* (Hamburger Edition, 2013); ders. (Hrsg.): *Nachrichtendienst, politische Elite und Mordeinheit. Der Sicherheitsdienst des Reichsführers SS* (Hamburger Edition, 2. Aufl., 2016).

S. 343 *Seit Sommer 1944 stand er unter Beobachtung:* UK National Archives, WO 204/12798.

S. 344 *Im Juni 1947 unterrichtete er:* Mario Guarino, Fedora Raugei: *Licio Gelli. Vita, misteri, scandali de capo della logia P2* (Edizione Dedalo, 2. Aufl. 2016), S. 205: https://books.google.de/books?id=P4hcCwAAQBAJ&pg=PA205&lpg=PA205&dq=karl+hass+fermo&source=bl&ots=JZKDiZTx2M&sig=ACfU3U1JctarlI3-AYQh8zvQnTUskdnPAg&hl=de&sa=X&ved=2ahUKEwizhpfpw6TqAhXJqqQKHW3hB1gQ6AEwBH0ECA0QAQ#v=onepage&q=karl%20hass%20fermo&f=false.

S. 344 *Gebilligt wurde die Vereinbarung:* Goda u. a., *U. S. Intelligence and the Nazis*, S. 274.

S. 344 *Das CIC warb Major Hass an:* CIA, »Net Project – Los Angeles«, und CIA, »HASS Karl, aka ›Carlo‹ 0006«, 28. 08. 1950.

S. 346 *Bei zweien von ihnen – Ulderico Caputo und Alberto Barletta:* Das *Ufficio Affari Riservati* (UAR) wurde nach dem Ende des Krieges umstrukturiert. Als eine Art Nachrichtendienst des Innenministeriums beobachtete die Behörde die Aktivitäten von Ausländern auf italienischem Territorium; Ulderico Caputo, Leiter des UAR 1959–61; Alberto Barletta, geb. in Neapel, Leiter des UAR 1948–58.

S. 346 *Albert Griezzar:* Weitere Informationen über Albert Griezzar liegen nicht vor.

S. 346 *Pino Romualdi:* Giuseppe (Pino) Romualdi, geb. 24. Juli 1913, Predappio, Italien; gest. 21. Mai 1988, Rom. Politiker.

S. 346 *Republik von Salò: Repubblica Sociale Italiana* (»Italienische Sozialrepublik«, meist als Republik von Salò bezeichnet) war der im faschistischen Italien errichtete deutsche Marionettenstaat unter Führung von Benito Mussolini, der von September 1943 bis zur deutschen Kapitulation im Mai 1945 Bestand hatte. CIA, »Net Project – Los Angeles«, S. 2, 6, 7, 10, 21.

S. 347 *Monsignore Federico Fioretti:* Zu Monsignore Fioretti liegen keine weiteren Informationen vor.

S. 348 *Laut einer Akte vom August 1950:* CIA, »HASS Karl, aka ›Carlo‹ 0006«, 28. 08. 1950.

S. 348 *wurde identifiziert als Anna Maria Giustini:* Anna Maria Fiorini, geb. 1. Mai 1914, Parma; Todesdatum unbekannt (der Name kann auch Berengere Giglioli gewesen sein, geb. 25. April 1914). Heiratete am 15. Juli 1945 Karl Hass.

S. 348 *Enrica Erna Giustini:* Enrica Erna Williams (geb. Giustini), geb. 18. Mai 1949; Todesdatum unbekannt.

S. 348 *Auf dem Taufschein war als Enricas Vater:* In den Unterlagen des Autors.

S. 349 *»wohlgesinnten ehem[aligen] Kameraden«:* B, OW an CW, 04. 07. 1949.

S. 349 *Diese Akte enthielt auch:* CIA, »HASS Karl, aka ›Carlo‹ 0006«, 28. 08. 1950.

S. 350 *Ein paar Jahre nach Ottos Tod verzichtete das CIC:* Das CIC beendete die Zusammenarbeit mit Hass am 1. Januar 1953 (CIA Karl Hass, 0002, 0038).

S. 350 *»einen zur IRO [Internationale Flüchtlingsorganisation] gehörenden Juden«:* Die Internationale Flüchtlingsorganisation (*International Refugee Organization*, IRO) war eine 1946 gegründete zwischenstaatliche Organisation, die sich um die großen Flüchtlingsbewegungen nach dem Zweiten Weltkrieg kümmerte; sie wurde ersetzt durch den Hochkommissar der Vereinten Nationen für Flüchtlinge (UNHCR, *United Nations High Commissioner for Refugees*).

S. 351 *»für das Kominform arbeitete«:* Das Kommunistische Informationsbüro (Kominform), gegründet 1947 als überstaatliches Bündnis kommunistischer Parteien (bis 1956).

S. 351 *Außerdem trat er in Ottos cineastische Fußstapfen: Londra Chiami Polo Nord* (*London ruft Nordpol*) (1956), italienischer Film über Spionage während des Krieges, in dem Nazis irreführende Funksignale senden, um die Aufklärungsbemühungen der Briten zu untergraben. Regie: Duilio Coletti. *La caduta degli dei* (*Die Verdammten*) (1969) ist ein deutsch-italienischer Film über eine deutsche Industriellenfamilie, die Geschäfte mit den Nationalsozialisten betreibt. Regie: Luchino Visconti.

S. 352 *Donaldson fand Priebke auf einer Straße:* »Nazi Capt. Erich Priebke. An Order Was an Order«, *ABC News*, 05.05.1994, um 05:48: https://abcnews.go.com/International/video/nazi-captain-erichpriebke-found-abc-news-20575216.

S. 353 *Im März 1998 verurteilte das Militärappellationsgericht:* Sentenza della Corte Militare die Appello di Roma vom 07.03.1998: https://www.difesa.it/Giustizia_Militare/rassegna/Processi/Priebke/Pagine/11Sentenza070398.aspx (auf Italienisch).

S. 353 *In der Revision bestätigte Italiens Oberster Kassationsgerichtshof:* Sentenza della Corte Suprema di Cassazione vom 16.11.1998: https://www.difesa.it/Giustizia_Militare/rassegna/Processi/Priebke/Pagine/12Sentenza161198.aspx (auf Italienisch); http://www.internationalcrimesdatabase.org/Case/1104/Hassand-Priebke/ (englischer Verweis).

S. 353 *Erich Priebke brachte seinen Fall:* Erich Priebke legte gegen seine Verurteilung durch die italienischen Gerichte wegen Kriegsverbrechen vor dem Europäischen Gerichtshof für Menschenrechte Berufung ein. Er berief sich darauf, dass die Gerichte befangen gewesen seien, und klagte auf Gleichbehandlung mit anderen, amnestierten Kriegsverbrechern; *Erich Priebke v. Italy* (Dez.), Nr. 48799/99, 5. April 2001; »Priebkes Offensive«, *Spiegel Online,* 3.1.2000; https://www.spiegel.de/spiegel/print/d-15348725.html

S. 357 *Gegründet Mitte des 19. Jahrhunderts:* http://www.vignapia.com/edificio-storico/.

S. 358 *Die Kunstflugstaffel war Teil der* Festa della Repubblica: Die *Festa della Repubblica* (Fest der Republik) wird jährlich am 2. Juni begangen. Sie erinnert an das offizielle Ende der Monarchie nach dem Referendum von 1946.

S. 358 *»So saß ich in meiner Klause …«:* B, OW an CW, 05.05.1949; B, OW an CW 22.05.1949; B, OW an CW, 04.06.1949.

S. 358 *zu denen auch eine Liste der Bewohner gehörte:* Ein Foto von der entsprechenden Seite befindet sich in den Unterlagen des Autors.

S. 358 *Das war das* Ospedale di Santo Spirito: Carla Keyvanian: *Hospitals and Urbanism in Rome, 1200–1500* (Brill, 2016), S. 349.

S. 358 *In dem Operationssaal standen schon:* Garabed Eknoyan: »Michelangelo. Art, anatomy, and the kidney«, *Kidney International*, Bd. 57, Nummer 3, März 2000, S. 1190–1201: https://www.sciencedirect.com/science/article/pii/S0085253815468516.

S. 361 *Um die Gedenkstätte der »Fosse Ardeatine« zu betreten:* Die Gedenkstätte mit dem Mausoleum für die Ermordeten liegt am südlichen Stadtrand von Rom. In den Ardeatinischen Höhlen wurden am 24. März 1944 335 Männer getötet als Vergeltung für einen Anschlag von Partisanen auf deutsche Soldaten in der Via Rasella am 23. März 1944.

S. 361 *Antonio Pisino:* Antonio Pisino, geb. 26. Mai 1917, Maglie, Italien; gest. 24. März 1944. Verhaftet wegen Spionagevorwürfen.

S. 361 *Alessandro Portieri:* Alessandro Portieri, geb. 17. Juli 1924, Rom; gest. 24. März 1944. Zuvor wegen Waffenbesitz verhaftet.

S. 362 *Ettore Ronconi:* Ettore Ronconi, geb. 23. September 1897, Rom; gest. 24. März 1944. Zufällig aufgegriffen.

S. 363 *Dr. Ickx schwebte hinein:* Johan Ickx, geb. 5. Juli 1962, Wilrijk, Belgien. Leiter der Sektion II für Außenbeziehungen des historischen Archivs des vatikanischen Staatssekretariats.

S. 365 *Aushandlung des Konkordats:* Das Reichskonkordat wurde zwischen Nazi-Deutschland und dem Vatikan ausgehandelt und am 20. Juli 1933 von Eugenio Pacelli (dem späteren Papst Pius XII.) und Franz von Papen unterzeichnet; es garantierte die Rechte der römisch-katholischen Kirche in Deutschland.

S. 365 *Franz von Papen:* Franz von Papen, geb. 29. Oktober 1879, Werl; gest. 2. Mai 1969, Sasbach. Reichskanzler 1932, Vizekanzler 1933–34.

S. 368 *»einiges Material verschwunden ist«:* Johan Ickx: »The Roman ›non possumus‹ and the Attitude of Bishop Alois Hudal towards the National Socialist Ideological Aberrations«, Anm. 2, in: Lieve Gevers und Jan Bank (Hrsg.): *Religion under Siege.* Bd. 1: *The Roman Catholic Church in Occupied Europe (1939–1950)* (Peeters Publishers, 2007).

S. 369 *»Schlächter von Lemberg«:* »I Nazisti Sono Fra Noi – Il ›boia‹ di Leopoli avvelenato spirò fra le braccia di mons. Hudal«, *Avanti*, 21. 04. 1961.

S. 370 *»Schlächter von Leopolis wurde vergiftet …«:* Ebd.

S. 370 *Ich dachte an Laurence Olivier: Marathon Man* (*Der Marathon-Mann*, 1976), Film nach dem Roman von William Goldman mit Laurence Olivier als Nazi-Kriegsverbrecher, der sich in Südamerika versteckt. Olivier erhielt für die Rolle einen Oscar als bester Nebendarsteller. Regie: John Schlesinger.

S. 370 *»Mein Vater ist jetzt 70 Jahre alt …«:* B, Franz von Papen jr. an Alois Hudal, 12. 12. 1948.

S. 371 *»Nun aber obliegt es mir, Ihnen aufrichtig …«:* B, Franz Hieronymus Riedl an Alois Hudal, 02. 10. 1949.

S. 371 *»In Erinnerung an die letzten Tage in Rom …«:* B, CW an Alois Hudal, 19. 07. 1949.

S. 371 *Und schließlich das Originalmanuskript der Erinnerungen:* Alois C. Hudal, *Römische Tagebücher* (Manuskript, 1953); Auszüge in den Unterlagen des Autors.

S. 373 *Er hat sehr viel über die Rattenlinie geschrieben:* Steinacher, *Nazis auf der Flucht.*

S. 374 *»brachte das Fass zum Überlaufen«:* Ebd., S. 146.

S. 376 *»Ich habe nie gehört …«:* EM, Anton Weiss-Wendt an PS, 14. 02. 2019.

S. 377 *Die Erklärung, er sei »gottgläubig«:* BArch, R 9361-III/561695; *Waechter, Otto – Personenbezogene Unterlagen der SS und SA: Otto von Wächter an die Personalkanzlei RFSS*, 15. 04. 1937.

S. 379 *abgesehen von einem im Oktober 2013 erschienenen:* »Cos. depistai tutti ai funerali di Hass«, *Il Tempo*, 20. 10. 2013: https://www.iltempo.it/cronache/2013/10/20/news/cosi-depistai-tutti-ai-funerali-di-hass-911504/.

S. 389 *Er zeigte mir ein Dokument:* In den Unterlagen des Autors.

S. 390 *Leptospirosis icterohaemorrhagica:* Leptospirose ist eine Infektionskrankheit, die von Tieren, meist Nagern, übertragen wird, durch Wasser oder Erde, die tierischen Urin enthalten.

S. 390 *Er setzte sich mit einem Experten für Exhumierungen:* B, Bestattung Helmuth Treffer an HW, 28. 02. 2017.

S. 391 *Dame Sue Black:* Dame Susan Margaret Black, geb. 7. Mai 1961, Inverness, Schottland. Forensische Anthropologin.

S. 391 *Professor Niamh Nic Daéid:* Professor Niamh Nic Daéid, Forensikerin.

S. 401 *die* Washington Post *brachte einen Nachruf:* »Obituaries – Thomas A. Lucid«, *Washington Post*, 28. 05. 1985, in den Unterlagen des Autors.

S. 405 *wo er sich offenbar noch heute befindet:* Kevin Ruffner: »World War II Artifacts Donated to Exhibit Centre«, in: *Centre for the Study of Intelligence Bulletin*, Frühjahr 1999, Ausgabe Nr. 9, Artikel verfügbar auf: https://forum.axishistory.com/viewtopic.php?t=33217.

S. 406 *als Kulisse für Los Pollos Hermanos aus* Breaking Bad*: Breaking Bad* (2008–13), US-TV-Serie, in der die Hauptfigur Walter White, ein Highschool-Chemielehrer, Crystal Meth herstellt und verkauft, nachdem er von seiner Krebsdiagnose erfahren hat.

S. 408 *Schah von Persien:* Mohammad Reza Pahlavi, geb. 26. Oktober 1919, Teheran; gest. 27. Juli 1980, Kairo. Schah von Persien 1941–79.

S. 408 *Das* Jersey Journal *berichtete darüber:* »Local soldier helps locate Frau Himmler«, *Jersey Journal*, 16. 05. 1945.

S. 409 *Er nahm auch zwei Weihnachtskarten:* Berlin, Dezember 1937, in den Unterlagen des Autors.

S. 409 *»Da ist Allen Dulles …«:* Allen Welsh Dulles, geb. 7. April 1893, Watertown, USA; gest. 29. Januar 1969, Washington D. C. CIA-Direktor 1953–61; Richard McGarrah Helms, geb. 30. März 1913, Philadelphia, USA; gest. 23. Oktober 2002, Washington D. C. CIA-Direktor, 1966–73; John Edgar Hoover, geb. 1. Januar 1895, Washington D. C, gest. 2. Mai 1972, Washington D. C. FBI-Direktor, 1924–72.

S. 410 *»Oh«:* Kerstin von Lingen: *SS und Secret Service. »Verschwörung des Schweigens«. Die Akte Karl Wolff* (Schöningh, 2010), Kap. 1, Anm. 14.

S. 410 *Aus dem CIA-Hauptsitz in Langley kam ein Brief:* B, Charles A. Briggs an Thomas A. Lucid, 30.08.1983, in den Unterlagen des Autors.

S. 411 *Einige Jahre später veröffentlichte der Präsident des Rechnungshofes:* Bericht des Präsidenten des Rechnungshofes der Vereinigten Staaten: »Nazis and Axis Collaborators Were Used to Further U. S. Anti-Communist Objectives in Europe«, 28. Juni 1985: https://www.cia.gov/library/readingroom/docs/CIARDP87M01152R000300410001-8.pdf.

S. 411 *»Der Westen kämpft einen verzweifelten Kampf …«:* Ebd., S. 24.

S. 412 *ein gottesfürchtiger Kolumbusritter:* Die Kolumbusritter, benannt zu Ehren von Christoph Kolumbus, gegründet 1882 in Connecticut, um katholische Arbeiter- und Immigrantengemeinden in den USA zu unterstützen; heute hat diese römisch-katholische Laienvereinigung etwa zwei Millionen Mitglieder.

S. 414 *in Wiesenthals 1967 veröffentlichten Erinnerungen:* Simon Wiesenthal: *Doch die Mörder leben.* Hrsg. und eingeleitet von Joseph Wechsberg (Droemer Knaur, 1967).

S. 414 *Wiesenthal schildert hier:* Wendy Lower: *Diary of Samuel Golfard and the Holocaust in Galicia* (AltaMira, 2011), S. 119, unter Berufung auf R. W. Kempner: »›Genocide as Official Business‹. The Judgment in the Lemberg Trial«, *Aufbau* (New York), 10.05.1968, S. 7.

S. 415 *»Anfang 1942 sah ich ihn im dortigen Getto«:* Simon Wiesenthal: *Doch die Mörder leben*, S. 317.

S. 416 *»Wächter entkam nach Kriegsende …«:* Ebd.

S. 416 *die unter dem Namen ODESSA bekannt war:* Uki Goñi: *The Real Odessa. How Perón Brought the Nazi War Criminals to Argentina* (Granta, 2002); John Cornwell, *Pius XII. Der Papst, der geschwiegen hat.* Aus dem Engl. übers. (Viking, 1999), S. 267

S. 417 *Da waren zwei längere eidesstattliche Erklärungen:* VWI-SWA, Ritschek Viktor,_Zeugenaussage Wiesenthal_7249.

S. 417 *Da war ein Ordner mit Korrespondenz:* VWI-SWA, Waechter Otto, Korresp Verbleib Archiv 8193.

S. 417 *Zehn maschinengeschriebene Seiten:* VWI-SWA, Galizien_1_Augenzeugenbericht_Galizien3729, Rosa Stephenson.

S. 422 *Professor Massimo Pinzani:* Professor Massimo Pinzani, seit 2012 Direktor des UCL Institute for Liver and Digestive Health am Royal Free Hospital.

S. 426 Circolo Canottieri Roma: Der Ruderclub von Rom, gegründet 1919.

S. 429 *»Danke für Ihr fortgesetztes Bemühen …«:* EM, HW an Klaus Oblin, 05.05.2018.

S. 432 *»Immer wieder hat er mit Freude getan …«:* AC, CW, 12.07.1977 (Band 10).

S. 433 *»Lieber NO!«:* EM, HW an OW Jr., 04.12.2007.

S. 433 *»In Lemberg war viel zu tun …«:* B, OW an CW, 16.08.1942.

S. 433 *»Alles ging sehr nett u[nd] einvernehmlich aus«:* B, OW an CW, 20.08.1942.

S. 434 *Die Worte erinnerten:* AC, CW und Melitta Wiedemann, Kassette 2, Seite 2,02.04.1977.

EPILOG

S. 438 *»Es gibt ein Verhalten«:* Arthur Conan Doyle: *Das Abenteuer mit den sechs Napoleons*, ders., *Die Rückkehr des Sherlock Holmes. Erzählungen.* Aus dem Engl. übers. (Fischer, 2017) S. 220–247, hier S. 221.

S. 439 *Streng und unnachgiebig:* EM, Sue Springer an PS, 12.11.2018.

S. 439 *Er gab ihm den Titel* Unrepentant *(»Reuelos«):* Simon van der Borgh, *Unrepentant* (Theaterstück), 2018.

S. 439 *Der Enkel eines britischen Soldaten schickte:* EM, Charlie Barne an PS, 13.11.2018; Abschrift des Kriegstagebuchs der 4. Husaren, 31. Mai 1945 (»Der Mann, der im Verdacht stand, Glovocnik [sic] zu sein, verriet sich durch eine leichte Kopfbewegung, als Major Ramsey seinen Namen über Hof brüllte«; Tagebuch von Oberstleutnant Anthony Barne, 30. Mai 1945); siehe Anthony Barne: *Churchill's Colonel* (Pen and Sword Books, 2019).

S. 440 *Eine Frau schrieb über die Rückkehr ihres Vaters:* EM, Deborah Michel an PS, 15.10.2018 (sie zitiert ihren Vater Frank Michel). Siehe auch Ernst Klee: *Persilscheine und falsche Pässe. Wie die Kirchen den Nazis halfen* (Fischer, 1991).

S. 440 *Ich tat es und erfuhr:* Die Information stammt von Harald Stockhammer; Florian Beierl: *Hitlers Berg* (Verlag Beierl, 2004), S. 47, 260. Über einen Mittelsmann wurde Kontakt zu Peter Reinhardt hergestellt, dem Sohn von Alfred Reinhardt, der zu verstehen gab, dass ihm, mit 83 Jahren, der Name Wächter nichts sage und dass er kein Interesse habe, mehr zu erfahren.

S. 440 *wo der echte Reinhardt als »Verwaltungsführer«:* Max Hartmann: *Die Verwandlung eines Berges unter Martin Bormann (1936–1945). Ein Augenzeuge berichtet: »Meine 10 Jahre auf dem Obersalzberg«* (Plenk, 1989).

S. 440 *»Die letzte Erkrankung von Wächter …«:* EM, Professor Dr. Thomas Zilker an PS,23.04.2019, 25.04.2019.

S. 442 *ein zerfetztes Exemplar eines Interviews:* Gabriel Rath: »Ich rieche die Gefahr«, *Die Presse*, 08.12.2018: https://diepresse.com/home/ausland/aussen politik/5543143/Ich-rieche-die-Gefahr.

S. 445 *Dabei stieß er zufällig auf ein einzelnes Dokument:* Italy-SS General Waechter, NARA, XA205194.

S. 448 *Wir bewunderten ein Fresko aus dem 17. Jahrhundert:* Klaus Heitzmann: »Aspekte der Kriegs- und frühen Nachkriegsgeschichte im Lungau um 1945«,

Salzburg, Geschichte und Politik, 1999, Bd. 2/3, S. 13: http://www.lechner-forschungsgesellschaft.at/files/zeitschrift/1999_2_3A.pdf.

S. 449 *Das Haus gehöre noch immer der Familie Rehrl:* Das örtliche Grundbuchamt bestätigte, dass die Wächters das Eigentumsrecht an der Immobilie vom 18. April 1940 bis 19. April 1948 hatten, als sie einer Restituierungskommission und schließlich, nach dem Tod ihres Vaters am 21. Juni 1948, den Töchtern von Landeshauptmann Rehrl übertragen wurde; in den Unterlagen des Autors.

S. 452 *die mumifizierten Überreste eines Mannes:* Zu Ötzi, dem Mann aus dem Eis, siehe Brenda Fowler: *Iceman. Uncovering the Life and Times of a Prehistoric Man found in an Alpine Glacier* (University of Chicago Press, 2001).

S. 455 *»Denn siehe, ich will die Meder gegen sie erwecken …«:* Erika Longmuir: *Imagining Childhood* (Yale, 2006), S. 44; siehe auch Diana Bullen Presciutti: »Dead Infants, Cruel Mothers, and Heroic Popes. The Visual Rhetoric of Foundling Care at the Hospital of Santo Spirito, Rome«, *Renaissance Quarterly*, Bd. 64, 2011, S. 752–799.

Abbildungen und Karten

QUELLEN UND GENEHMIGUNGEN (MIT VERWEIS AUF DIE ABBILDUNGSNUMMER)

Jill Edelstein: 13
Eunice D. Howe: 76
Ian Sayer Archive: 12
IPN: 45, 78–80
International Mapping, Karten 1–4, S. 27, 201, 221, 247
Thomas Lucid: 37, 73, 74
NARA: 61, 64
New York Times: 32, 57
Erwin Peterseil: 14
Burkhard Rathmann: 40
Philippe Sands: 35, 39, 41, 44, 47, 51, 54, 63, 67, 69–71, 81–2
Provincia autonoma di Bolzano: 44
Hospital Santo Spirito: 1

Register

Kursiv gesetzte Seitenzahlen verweisen auf Abbildungen. CW steht für Charlotte, OW für Otto Wächter.